3차 개정판

검찰 | 교정보호 | 법원 | 경찰채용·승진 시험대비

형사소송법
합격 마스터

김상천
형사소송법

김상천 편저

2권

박문각 공무원 동영상강의 www.pmg.co.kr

 **박문각**

형사소송법
합격 마스터

김상천
형사소송법

PREFACE

햇볕이 좋고, 바람도 선선합니다.

이런저런 일들은 밀어두고 사람들과 차 한잔하기 좋은 계절이지만,
꿈을 위해 열심히 노력하기에도 좋은 날입니다.

오늘의 땀들이 내일의 열매로 맺어질 것이라는 확신과 자신감이 가장 중요합니다.

이 책을 통해 제가 어느 초여름에 느꼈던 햇볕의 온기, 바람 한 자락의 시원함을 전달할 수 있었으면 하는 바람
입니다.

2021년 7월

김상천

이 책의 차례

CONTENTS

1권

제1장 형사소송법의 기본개념
제1절 형사소송법의 의의와 성격 … 10
제2절 형사소송법의 법원 … 11
제3절 형사소송법의 적용범위 … 14

제2장 형사소송의 이념과 본질
제1절 형사소송의 이념 … 24
제2절 형사소송의 기본구조 … 32
제3절 형사소송절차의 본질 … 34

제3장 수사의 의의와 개시
제1절 수사의 의의 … 42
제2절 수사의 개시 … 63
제3절 수사의 조건 … 90

제4장 임의수사
제1절 임의수사와 강제수사의 경계 … 104
제2절 피의자 신문 … 109
제3절 참고인 조사 … 123
제4절 기타 임의수사 … 125

제5장 강제수사
제1절 강제처분에 대한 통제 … 132
제2절 체포영장에 의한 체포 … 134
제3절 긴급체포 … 141
제4절 현행범인 체포 … 150
제5절 피의자 구속 … 161
제6절 피고인 구속 … 174
제7절 구속기간 … 180
제8절 체포 · 구속적부심사제도 … 190
제9절 보증금납입조건부 피의자석방제도 … 194
제10절 재체포 · 재구속의 제한 … 195
제11절 보 석 … 198
제12절 체포 · 구속장소 감찰 등 … 205
제13절 구속의 집행정지와 취소, 당연실효 … 205
제14절 접견교통권 … 211

제6장 대물적 강제처분
제1절 압수 · 수색 … 228
제2절 수사상 검증 … 243
제3절 신체검사 … 244
제4절 압수 · 수색 · 검증과 영장주의의 예외 … 247
제5절 압수물의 처리 … 267
제6절 수사상의 감정위촉과 감정유치 … 275
제7절 통신수사 … 277
제8절 수사상 증거보전과 증인신문 … 294

제7장 수사의 종결과 불복

제1절 수사의 종결　　　　　　　　　　308

제2절 검사의 불기소처분에 대한 불복　　315

제3절 공소제기 후의 수사　　　　　　　329

제8장 공소의 제기

제1절 공소제기와 공소권　　　　　　　338

제2절 공소장　　　　　　　　　　　　342

제3절 공소장일본주의　　　　　　　　355

제4절 공소제기의 효과　　　　　　　　362

제5절 심판범위 관련 문제　　　　　　　365

제6절 공소장 변경　　　　　　　　　　372

제7절 공소시효　　　　　　　　　　　394

제9장 소송주체 등

제1절 소송주체　　　　　　　　　　　414

제2절 법 원　　　　　　　　　　　　415

제3절 검 사　　　　　　　　　　　　440

제4절 피고인　　　　　　　　　　　　450

제5절 변호인　　　　　　　　　　　　468

제6절 기 타　　　　　　　　　　　　485

제10장 소송행위

제1절 소송행위　　　　　　　　　　　496

제2절 소송조건　　　　　　　　　　　522

제11장 공판절차

제1절 공판절차　　　　　　　　　　　532

제2절 공판정의 심리　　　　　　　　　540

제3절 공판준비절차　　　　　　　　　549

제4절 증거개시　　　　　　　　　　　560

제5절 공판기일의 절차　　　　　　　　569

제6절 증인신문, 검증　　　　　　　　585

제7절 감정 · 통역 · 번역　　　　　　　605

제12장 공판절차의 특수문제

제1절 간이공판절차　　　　　　　　　620

제2절 공판절차의 정지　　　　　　　　627

제3절 공판절차의 갱신　　　　　　　　630

제4절 변론의 병합 · 분리 · 재개　　　　633

제5절 국민참여재판　　　　　　　　　638

이 책의 차례

CONTENTS

2권

제13장 증거의 의의와 증명의 기본원칙
제1절 증거의 의의와 종류   10
제2절 증명의 기본원칙   12

제14장 증거법칙
제1절 자유심증주의   26
제2절 위법수집증거배제원칙   42
제3절 자백배제법칙   50
제4절 전문법칙   65
제5절 당사자의 증거동의   124
제6절 탄핵증거   136
제7절 자백의 보강법칙   141
제8절 공판조서의 증명력   153

제15장 재 판
제1절 재판의 기본개념   162
제2절 종국재판   167
제3절 재판의 확정과 효력   189
제4절 소송비용의 부담   202
제5절 무죄판결에 대한 비용보상   205

제16장 상 소
제1절 상소 일반   212
제2절 항 소   249
제3절 상 고   263
제4절 비약적 상고   273
제5절 상고심판결의 정정   274
제6절 항 고   276

제17장 비상구제절차
제1절 재 심   294
제2절 비상상고   315

제18장 특별형사절차 등
제1절 약식절차   326
제2절 즉결심판절차   336
제3절 소년에 대한 형사절차   351
제4절 형사조정절차   360
제5절 배상명령제도   362
제6절 범죄피해자구조제도   368
제7절 형사보상   371

제19장 집 행

제1절 재판의 집행   384

제2절 재판해석에 대한 의의신청   394

제3절 재판집행에 대한 이의신청   395

제20장 기 타

제1절 고위공직자범죄수사처   402

박문각
공무원
기본서

김상천
형사소송법

증거의 의의와
증명의
기본원칙

제1절 증거의 의의와 종류
제2절 증명의 기본원칙

Chapter 13 증거의 의의와 증명의 기본원칙

제1절 증거의 의의와 종류

❶ 증거의 의의

사실관계를 확인하는 자료를 증거라고 한다.

❷ 증거방법과 증거자료, 증거조사

구 분	내 용	예
증거방법	증거로 사용되는 유형물 자체, 증거조사의 대상물	증인, 감정인, 증거물 07. 경사, 증거서류, 피고인, 피고인의 신체 03. 행시, 상해진단서 19. 해경간부, 증거물인 서면 19. 해경간부 등
증거자료	증거방법을 조사하여 얻어진 내용	증인의 증언 19. 해경간부, 감정인의 감정결과, 증거물의 성질과 상태, 증거서류의 의미내용, 피고인의 자백 07. 경사, 피고인 신체의 검증결과 등
증거조사	증거방법으로부터 증거자료를 획득하는 절차	신문, 검증, 열람, 낭독

▶ 증거방법, 증인신문, 증거자료의 관계

증인(증거방법) ⇨ 증인신문(증거조사) ⇨ 증언(증거자료)

❸ 직접증거와 간접증거

1. 의 의

증거자료와 요증사실과의 관계에 의한 구별이다. 12. 경찰간부

▶ **직접증거와 간접증거의 비교**

구 분	내 용	예
직접 증거	• 요증사실을 직접적으로 증명 하는 증거를 말한다.	• 피고인의 자백 • 범행을 직접 목격한 목격자의 증언
간접 증거	• 요증사실을 간접적으로 증명 하는 증거(정황증거)를 말한다. 03. 9급국가직, 07. 검찰7급	• 상해사건에 있어서 피해자의 진단서 01. 경찰1차, 12. 경찰간부, 21. 경찰승진 • 피고인의 옷에 묻은 피해자의 혈흔 01. 여경1차, 12. 경찰간부 • 범죄현장에서 채취된 피고인의 지문 01. 경찰3차, 08. 9급국가직 • 피고인이 장물을 소지하고 있다는 것을 보았다 는 내용의 증언 19. 해경간부

▶ **간접증거의 특징**

1. 직접증거와 간접증거는 증명력의 우열은 없다. 12. 경찰간부, 19. 해경간부
2. 간접증거만으로도 범죄사실을 인정할 수 있다. 07. 검찰7급, 08. 9급국가직, 11. 7급국가직, 12 · 15.
경찰간부 ⇨ 살인죄 등과 같이 법정형이 무거운 범죄의 경우에도 직접증거 없이 간접증거
만에 의하여 유죄를 인정할 수 있다(2011도1902)(2012도2658). 17. 해경간부, 21. 경찰승진
3. 시체가 발견되지 아니하였더라도 간접증거만으로도 살인죄를 인정할 수 있다.
4. 성범죄의 경우, 물적증거나 직접적인 목격증언이 없어도 제반증거를 종합하여 유죄를
인정할 수 있다. 09. 9급국가직
5. 범의의 경우, 이와 관련된 간접사실을 증명하는 방법에 의하여 입증할 수밖에 없다.
16. 경찰간부
6. 간접증거가 개별적으로는 범죄사실에 대한 완전한 증명력을 가지지 못하더라도 종합적
증명력이 있는 것으로 판단되면 그에 의하여도 범죄사실을 인정할 수 있다(2000도2524).
07. 검찰7급, 08. 9급국가직, 11. 7급국가직, 12 · 15. 경찰간부, 19. 해경간부, 21. 경찰승진

❹ 증거능력과 증명력

구 분	증거능력	증명력
개 념	증거가 '엄격한 증명의 자료'로 사용될 수 있는 법률상의 자격 03. 여경2차	사실을 증명할 수 있는 증거의 실질적 가치 21. 경찰승진
판단방법	증거능력은 법률에 의하여 형식적·객 관적으로 결정	증명력은 법관의 주관적인 자유심증으 로 판단(자유심증주의) 21. 경찰승진
증거법칙	• 증거재판주의(제307조) • 자백배제법칙(제309조) • 위법수집증거배제법칙(제308조의2) • 전문법칙(제310조의2)	• 자유심증주의(제308조) • 자백보강법칙(제310조) 10. 교정특채 • 공판조서의 배타적 증명력(제56조)

OX 탄핵증거란 실질증거의 증명
력을 증강하기 위한 증거를 말한다.
(○, ×) 12. 경찰승진

OX 직접증거와 간접증거의 분류
는 요증사실과의 관계에 따른 분류
이다. (○, ×) 12. 경찰승진

OX 피고인의 옷에 묻은 혈흔과
상해진단서 등은 간접증거에 해당한
다. (○, ×) 12. 경찰승진

OX 범죄현장을 목격한 목격자의
진술은 직접증거이면서 본래의 증거
이다. (○, ×) 12. 경찰승진

OX 유죄의 심증은 반드시 직접증
거에 의하여 형성되어야만 하는 것은
아니고 경험칙과 논리법칙에 위반되지
아니하는 한 간접증거에 의하여 형성
될 수 있다. (○, ×) 12. 경찰간부

OX 간접증거가 개별적으로 완전
한 증명력을 가지지 못한다면 종합
적으로 고찰하여 증명력이 있는 것
으로 판단되더라도 그에 의하여 범
죄사실을 인정할 수 없다. (○, ×)
12. 경찰간부

기출 키워드 체크

유죄의 심증은 반드시 직접증거에
의하여 형성되어야만 하는 것은 아
니고 경험칙과 논리법칙에 위반되지
아니하는 한 _____증거에 의하여
형성될 수 있다.

기출 키워드 체크

배임죄의 고의는 이와 상당한 관련
성이 있는 _____을 증명하는 방법
에 의하여 입증할 수 있다.

Answer

기출 키워드 체크
간접
간접사실

OX
×, ○, ○, ×, ○, ×

제2절 증명의 기본원칙

① 증거재판주의

1. 증거재판주의의 의의

증거재판주의란 "사실의 인정은 증거에 의하여야 한다(제307조 제1항)."는 증거법의 기본원칙을 말한다. 11. 경찰승진, 17. 해경간부

2. 증 명
(1) 증명의 의의

증명(사실의 인정)이란 법관이 어떤 사실의 존부에 관하여 심증을 형성하는 것, 즉 합리적 의심의 여지가 없을 정도의 확신을 갖게 하는 것을 말한다. 08. 9급국가직

(2) 증명의 방법

증명의 방법에는 엄격한 증명과 자유로운 증명이 있다.

3. 엄격한 증명
(1) 엄격한 증명의 의의

① 엄격한 증명이란 법률상 증거능력이 있고, 적법한 증거조사를 거친 증거에 의한 증명을 말한다. 15. 법원, 17. 해경간부

② 형벌권의 존부와 그 범위에 관한 사실이 엄격한 증명의 대상이 되는 주요사실이다.

③ 구성요건에 해당하는 사실은 엄격한 증명에 의하여 이를 인정하여야 하고, 증거능력이 없는 증거는 구성요건 사실을 추인하게 하는 간접사실이나 구성요건 사실을 입증하는 직접증거의 증명력을 보강하는 보조사실의 인정자료로서도 허용되지 아니한다(2008도9757). 20. 9급개론

④ 그 이외의 사실은 자유로운 증명의 대상이 된다.

(2) 엄격한 증명의 대상

1) 구성요건 해당사실

① 객관적 구성요건 : 객관적 구성요건은 엄격한 증명의 대상이다.

ㄱ **행위의 주체** 03. 여경1차, 16. 해경, **객체, 행위, 결과의 발생, 인과관계, 범죄의 일시** 20. 법원, **장소**

ㄴ **야간주거침입에서 일출, 일몰시각**

ㄷ **교사범에 있어 교사의 사실** 01. 행시, 03·09·17. 경찰1차, 16. 해경, 11·16. 경찰승진, 12·17. 경찰간부

ㄹ **위드마크공식의 전제사실인 음주량, 음주시각, 체중, 평소 음주정도[범죄 구성요건 존부 결정을 위한 과학적 연구 결과(과학공식의 전제사실)](2008도5531)** 16·20. 9급개론·9급국가직, 17. 경찰승진·해경간부, 19. 경찰간부

ㅁ **알리바이의 부존재** 04. 행시, 05. 경감, 08. 9급국가직, 09. 전의경, 09·10·11. 경찰승진, 11. 교정특채, 14. 7급국가직, 15. 경찰간부, 16. 9급개론

ㅂ **구 도로법 제54조 제2항에 의한 '적재량 측정 요구'** 16. 경찰승진

ㅅ **횡령죄에서 피해자가 목적과 용도를 정하여 금전을 위탁한 사실 및 그 목적과 용도** 15·20. 법원, 16. 9급국가직, 19 경찰2차, **횡령행위(2016도9027)**

ㅇ **뇌물죄에 있어 수뢰액(2009도2453)** 14·17. 경찰1차, 16. 9급개론·9급국가직·해경, 17. 경찰승진, 19. 경찰간부·해경간부

ㅈ **범죄단체의 구성, 가입행위** 17. 해경간부

ㅊ **횡령한 재물의 가액이 특정경제범죄의 적용기준금액을 초과한다는 사실(2016도9027)** 19. 경찰2차

ㅋ **범죄구성요건에 해당하는 사실을 증명하기 위한 근거가 되는 과학적 연구결과(2009도2338)** 19·20. 7급국가직

② 주관적 구성요건 : 주관적 구성요건도 엄격한 증명의 대상이다.

ㄱ **고의** 09. 전의경, 12. 경찰간부, **과실**

ㄴ **알선수재죄의 범위** 16. 해경

ㄷ **'공무원의 직무에 속한 사항을 알선한다는 명목'으로 수수하였다는 범의** 17. 경찰1차, 19. 경찰2차

관련 **판례**❶

진정한 양심에 따른 병역거부라면, 이는 병역법 제88조 제1항에서 정한 '정당한 사유'에 해당한다고 보아야 한다. (중략)

정당한 사유가 없다는 사실은 범죄구성요건이므로 검사가 증명하여야 한다. 다만 진정한 양심의 부존재를 증명한다는 것은 마치 특정되지 않은 기간과 공간에서 구체화되지 않은 사실의 부존재를 증명하는 것과 유사하다. 위와 같은 불명확한 사실의 부존재를 증명하는 것은 사회통념상 불가능한 반면 그 존재를 주장·증명하는 것이 좀 더 쉬우므로, 이러한 사정은 검사가 증명책임을 다하였는지를 판단할 때 고려해야 한다. 따라서 양심적 병역거부를 주장하는 피고인은 자신의 병역거부가 그에 따라 행동하지 않고서는 인격적 존재가치가 파멸되고 말 것이라는 절박하고 구체적인 양심에 따른 것이며 그 양심이 깊고 확고하며 진실한 것이라는 사실의 존재를 수긍할 만한 소명자료를 제시하고, 검사는 제시된 자료의 신빙성을 탄핵하는 방법으로 진정한 양심의 부존재를 증명할 수 있다. 이때 병역거부자가 제시하여야 할 소명자료는 적어도 검사가 그에 기초하여 정당한 사유가 없다는 것을 증명하는 것이 가능할 정도로 구체성을 갖추어야 한다(2020도8055).

OX 범죄구성요건에 해당하는 사실을 증명하기 위한 근거가 되는 과학적인 연구 결과는 적법한 증거조사를 거친 증거능력 있는 증거에 의하여 엄격한 증명으로 증명되어야 한다. (○, ×) 21. 9급국가직·9급개론

기출 키워드 체크

'공무원의 직무에 속한 사항을 알선한다는 명목'으로 수수하였다는 범의는 _____ 증명의 대상이다.

Answer

기출 키워드 체크
엄격한

OX
○

기출 키워드 체크

강제집행면탈죄의 '강제집행면탈 목적'은 _____ 증명의 대상이다.

기출 키워드 체크

공동정범에서의 공모는 _____ 증명의 대상이다.

기출 키워드 체크

교사범에 있어 '교사의 사실' 인정은 _____ 증명의 대상이 된다.

기출 키워드 체크

구 도로법 제54조 제2항에 의한 '적재량 측정 요구'는 _____ 증명의 대상이 된다.

기출 키워드 체크

뇌물죄에서의 수뢰액은 그 다과에 따라 범죄구성요건이 되므로 _____ 증명의 대상이 된다.

기출 키워드 체크

목적과 용도를 정하여 위탁한 금전을 수탁자가 임의로 소비하면 횡령죄를 구성할 수 있으나, 이 경우 피해자가 목적과 용도를 정하여 금전을 위탁한 사실 및 그 목적과 용도가 무엇인지는 _____ 증명의 대상이 된다.

Answer

기출 키워드 체크
엄격한
엄격한
엄격한
엄격한
엄격한
엄격한

ㄹ 목적

ⓐ 강제집행면탈죄에서 면탈할 목적 04 · 08. 경찰3차

ⓑ 사문서위조죄의 '행사할 목적' 16. 변호사

ⓒ 구 특정범죄 가중처벌 등에 관한 법률 제5조의9 제1항 위반죄(보복 목적 살인죄)에 있어서 보복의 목적(2014도9030) 15. 9급국가직, 19. 경찰2차

ⓓ 내란선동죄에서 국헌문란의 목적(2014도10978) 19 · 20. 경찰2차, 20. 9급국가직 · 9급개론

ㅁ **공모공동정범에 있어 '공모나 모의의 사실'(98도2654)** 03 · 04 · 06 · 09 · 14. 경찰1차, 05 · 08 · 16. 9급국가직, 09 · 11 · 16 · 17. 경찰승진, 12 · 17. 해경간부, 13 · 16. 경찰간부, 16. 9급개론 · 해경, 17. 해경1차 · 경찰특공대, 19. 경찰2차, 20. 9급국가직 · 9급개론

ㅂ **합동범의 공모나 모의** 16 · 17. 경찰1차, 19. 해경간부

ㅅ **횡령죄의 불법영득의사** 16. 9급국가직

2) **위법성과 책임에 관한 사실**

① 원칙 : 엄격한 증명

㉠ 위법성과 책임에 다툼이 있을 경우 위법성조각사유와 책임조각사유의 부존재에 대해서는 엄격한 증명이 필요하다. 02. 여경1차, 04. 경찰1차, 09. 전의경

㉡ **정당방위의 요건사실** 01. 순경3차, **피해자승낙의 부존재**

② 예 외

㉠ 명예훼손죄에 있어서 위법성조각사유의 사실 증명(진실한 사실 + 공공의 이익)은 피고인이 자유로운 증명으로 하여야 한다(95도1473). 14. 7급국가직, 15. 경찰간부, 18. 경찰1차, 20. 9급국가직 · 9급개론 ⇨ 주의 : 다만, 명예훼손죄에 있어서 명예훼손 사실은 구성요건 사실이므로 엄격한 증명이 필요하다. 03. 여경1차

㉡ 형법 제10조의 적용에 있어 심신상실이나 심신미약의 기초가 되는 사실(71도212) 등에 대하여도 자유로운 증명으로 족하다.

3) **처벌조건**

처벌조건은 공소범죄 사실 자체는 아니지만 형벌권 발생에 직접 관련되는 사실이므로 엄격한 증명을 요한다. 02. 여경2차, 04. 행시

㉠ **친족상도례에 있어 일정한 친족관계의 부존재** 01. 경찰3차, 09. 전의경

㉡ **사전수뢰죄에서 피의자가 공무원이나 중재인이 된 사실**

㉢ **파산범죄에 있어 파산의 확정 등** 10. 경찰승진

4) 법률상 형의 가중 · 감면의 이유되는 사실

① 법률상 형의 가중 · 감면이 되는 사실은 범죄사실은 아니지만, 형벌권의 범위에 관한 사실이므로 엄격한 증명을 요한다.

    ㉠ **누범전과, 상습범에서 상습성** 08. 9급국가직, 13. 경찰간부

    ㉡ **중지미수(자의성)** 08. 경찰3차, **불능미수, 자수, 자복 등**

② 누범전과 이외의 전과는 자유로운 증명

5) 몰수 · 추징에 관한 사실

몰수, 추징의 대상이 되는지 여부나 추징액은 자유로운 증명의 대상이다. 04 · 17 · 18. 경찰1차, 05 · 07 · 09 · 16. 9급국가직, 07. 법원, 09. 전의경, 09 · 10. 경찰승진, 12 · 17. 해경간부, 14 · 19. 7급국가직, 16. 9급개론 · 경찰

6) 간접사실

① 주요사실이 엄격한 증명을 요할 경우 간접사실도 엄격한 증명의 대상이 된다. 03. 경찰2차

② 증거능력이 없는 증거는 구성요건 사실을 추인하게 하는 간접사실이나 구성요건 사실을 입증하는 직접증거의 증명력을 보강하는 보조사실의 인정자료로서도 허용되지 아니한다. 17. 9급국가직

7) 경험법칙

① 일반적으로 경험법칙은 공지의 사실이므로 증명을 요하지 않는다.

② 특별한 경험법칙으로서 엄격한 증명을 요하는 사실의 인정에 필요한 때에는 엄격한 증명을 요한다.

8) 과학적 연구 결과

범죄구성요건에 해당하는 사실을 증명하기 위한 근거가 되는 과학적인 연구 결과는 적법한 증거조사를 거친 증거능력 있는 증거에 의하여 엄격한 증명으로 증명되어야 한다 (2009도2338). 21. 9급국가직 · 9급개론

9) 법 규

① 원칙적으로 법규의 존재와 내용은 직권조사사항이므로 증명을 요하지 않는다.

② 법규의 내용이 명백하지 않고 그것이 엄격한 증명을 요하는 사실을 인정하는 자료가 되는 때에는 엄격한 증명을 요한다.

    ㉠ **외국법(행위지의 법률에 의하여 범죄를 구성하는지 여부)** 07. 경사, 10 · 11. 경찰승진, 12 · 17 · 19. 해경간부, 14 · 18. 경찰1차, 16. 9급국가직 · 해경, 17. 해경1차, 19. 7급국가직 · 경찰2차 ⇨ **행위지의 법률에 의하여 범죄를 구성하는지 여부에 대해서는 엄격한 증명에 의하여 검사가 이를 입증하여야 할 것이다(73도289).**

    ㉡ **관습법, 자치법규**

기출 키워드 체크
명예훼손죄에서의 위법성조각사유인 '진실한 사실로서 오로지 공공의 이익에 관한 것인지' 여부에 관한 사실은 _____ 증명을 요구하는 대상이다.

기출 키워드 체크
상습범 가중시의 상습성은 _____ 증명의 대상이다.

기출 키워드 체크
알선수재죄에서의 범의는 _____ 증명의 대상이다.

기출 키워드 체크
업무상횡령죄에서 불법영득의사를 실현하는 행위로서의 횡령행위가 있다는 점은 _____ 증명의 대상이다.

기출 키워드 체크
위법성조각사유에 해당하는 사실의 부존재는 _____ 증명의 대상이다.

기출 키워드 체크
음주운전에 있어서 위드마크 공식의 적용을 위한 전제 사실인 섭취한 알코올의 양, 음주시각, 체중 등의 전제사실은 _____ 증명의 대상이다.

기출 키워드 체크
특정범죄 가중처벌 등에 관한 법률 제5조의9 제1항 위반죄의 행위자에게 '보복의 목적'이 있었다는 점은 _____ 증명의 대상이다.

기출 키워드 체크
'행위지의 법률에 의하여 범죄를 구성'하는가 여부는 _____ 증명의 대상이다.

기출 키워드 체크
횡령한 재물의 가액이 특정경제범죄법의 적용 기준이 되는 하한 금액을 초과한다는 점도 다른 구성요건 요소와 마찬가지로 _____ 증거에 의하여 증명되어야 한다.

Answer
기출 키워드 체크
자유로운
엄격한
엄격한
엄격한
엄격한
엄격한
엄격한
엄격한
엄격한

10) 보조사실

① 증거의 증명력을 탄핵하는 사실은 자유로운 증명으로 족하지만 03. 경찰2차, 04. 여경3차, 14. 경찰1차

② 주요사실을 인정하는 증거의 증명력을 보강하는 자료가 되는 사실은 엄격한 증명의 대상이 된다.

11) 군인신분 취득사실

민간인이 군에 입대하여 군인신분을 취득하였는가의 여부 16. 해경, 19. 해경간부

6. 자유로운 증명

(1) 자유로운 증명의 의의

① 증거능력 없는 증거 또는 증거조사 방법을 거치지 아니한 증거에 의한 증명을 말한다.

② 자유로운 증명의 자료가 되기 위해서는 증거능력이 필요하지 않는다. 04. 경찰2차

③ 자유로운 증명의 경우에도 법관의 확신은 필요하다. 11. 경찰승진

(2) 자유로운 증명의 대상

1) 정상에 관한 사실

① 양형의 기초가 되는 정상에 관한 사실은 복잡하고 비유형적이므로 엄격한 증명의 대상으로 하기에 부적합할 뿐만 아니라, 양형은 성질상 법원의 재량에 맡길 것이므로 자유로운 증명으로 족하다. 04. 경찰3차

② 피고인의 경력, 성격, 환경, 범죄 후의 정황 등이 해당된다. 11. 교정특채

③ 범죄의 수단, 방법, 피해정도는 엄격한 증명의 대상이다.

2) 소송법적 사실

소송조건의 존부와 절차 진행의 적법성에 관한 순수한 소송법적 사실은 형벌권의 행사와 직접적인 관련성이 없으므로 자유로운 증명으로 충분하다.

ㄱ **친고죄에 있어서의 고소유무·고소취소(98도2074)** 03·11·16·17. 경찰승진, 04·06·12·14·16·17. 경찰1차, 08. 경찰3차, 12·17·19. 해경간부, 13·15·20. 법원, 15. 경찰2차·7급국직, 16. 9급개론·경찰간부·해경, 17. 해경1차·경찰특공대, 19. 경찰간부

   ⓛ **반의사불벌죄에서 처벌불원의사 및 그 철회 유무(2010도5610), 피의자 진술의 임**

   의성 유무(83도1718) 06 · 14 · 16 · 17. 경찰1차, 07. 검찰9급, 08. 9급국가직, 09. 전의경, 11. 경찰승진,

   12 · 20. 경찰간부, 16. 해경, 19. 해경간부

   ⓒ **특신상태** 10. 교정특채, 11. 경찰승진, 12 · 17 · 19. 해경간부, 13. 법원, 14 · 16 · 17 · 18. 경찰1차, 16. 9급국가직 · 해경,

   17. 경찰특공대, 19. 7급국가직, 20. 경찰간부, 20. 경찰2차

   ⓔ **공소제기, 관할권의 존재, 공판개시, 피고인의 구속기간, 적법한 피고인 신문**

   여부

   ⓜ **진술서의 진정성립에 관한 사실** 14. 7급국가직

3) 보조사실

  ① 증거의 증명력을 탄핵하는 사실은 자유로운 증명으로 족하다. 03. 경찰2차, 04. 여경3차,

  08. 경찰3차, 09. 경찰1차, 11. 경찰승진, 12. 경찰간부, 16. 해경, 19. 해경간부

  ② 그러나 주요사실을 인정하는 증거의 증명력을 보강하는 사실은 엄격한 증명의 대

    상이다.

7. 불요증 사실

(1) 의 의

불요증 사실이란 엄격한 증명은 물론 자유로운 증명조차 필요 없는 사실을 말한다.

(2) 공지의 사실

  ① 일반적으로 알려진 사실을 말한다.

  ② 모든 사람이 아니라 일정한 범위의 사람에게 알려져 있으면 족하다.

  ③ 증명을 요하지 않는다.

  ④ 다음의 내용이 해당된다.

    ③ **역사상 명백한 사실(1950년 6월 25일 대한민국에 전쟁이 발발한 사실)**

    ⓒ **북한이 반국가단체라는 점(93도1730)**

    ⓒ **자연계에 현저한 사실**

기출 키워드 체크
공판기일에서의 피고인 진술의 임의성은 _____ 증명의 대상이 된다.

기출 키워드 체크
자백의 임의성 판단의 기초가 되는 사실은 _____ 증명의 대상이다.

기출 키워드 체크
피고인의 범행당시의 정신상태가 심신상실이었느냐 또는 심신미약이었느냐의 여부는 _____ 증명의 대상이다.

기출 키워드 체크
형법 제310조의 "형법 제307조 제1항의 행위가 진실한 사실로서 오로지 공공의 이익에 관한 때에는 벌하지 아니한다."는 규정과 관련하여 피고인이 주장하는 사실이 진실로서 오로지 공공의 이익에 해당하는지 여부의 입증은 _____ 증명의 대상이다.

기출 키워드 체크
증거의 증명력을 탄핵하는 보조사실은 _____ 증명의 대상이다.

관련 판례
뇌물수수죄에서 공무원의 직무에 관하여 수수하였다는 범의를 인정하기 위해서는 엄격한 증명이 요구되지만, 피고인이 금품 등을 수수한 사실을 인정하면서도 범의를 부인하는 경우에는, 범의와 상당한 관련성이 있는 간접사실을 증명하는 방법에 의하여 이를 입증할 수밖에 없다(대법원 2017.12.22. 선고 2017도11616 판결)

기출 키워드 체크
법원의 재판부가 이전에 판단하였던 사건의 결과는 _____ 증명의 대상이다.

Answer
기출 키워드 체크
자유로운
자유로운
자유로운
자유로운
자유로운
자유로운

(3) 법원에 현저한 사실

① 법원이 직무상 명백히 알고 있는 사실을 말한다.

② 법관이 알고 있는 사실이라고 해도 증명(자유로운 증명)을 요한다(통설).

③ 재판부가 이전에 선고한 판결이나 결정이 해당된다. 13. 경찰간부

8. 추정적 사실

(1) 법률상 추정

① 어떤 전제사실이 증명되면 다른 사실을 인정하도록 법률에 규정되어 있는 것을 말한다.

② 특별법에 규정된 것을 제외하고는 형사소송에서는 인정할 수 없다.

③ 환경범죄 등의 단속 및 가중처벌에 관한 법률 제11조에 따른 오염물질 불법배출과 위험발생 간의 인과관계 추정, 공무원범죄에 관한 몰수 특례법 제7조의 불법재산의 입증이 해당된다.

(2) 사실상 추정

① 어떤 전제사실이 증명되면 다른 사실에 대하여 특별한 의심이 없는 한 그 존재를 추정하는 것을 말한다.

② 사실상 추정된 사실은 증명을 요하지 않는다. 추정이 깨지면 증명이 필요하다.

③ 검사가 구성요건 해당성을 증명하면, 위법성 책임은 사실상 추정된다.

9. 거증금지사실

① 증명으로 인하여 얻게 될 소송법적 이익보다 더 큰 초소송법적 이익 때문에 증명이 금지된 사실을 말한다.

② 공무원의 증인적격을 제한한 형사소송법 제147조가 그 예이다.

③ 이러한 사실은 원칙적으로 증명을 요하지 않는다.

10. 증거재판주의 위반의 효과

증거재판주의에 위반한 경우에는 판결의 법률위반으로서 판결에 영향을 미친 경우이므로 상소이유(제361조의5 제1호, 제14호, 제383조 제1호, 제4호)가 된다.

❷ 거증책임

1. 거증책임의 의의

① 거증책임(擧證責任)이란 법원의 심리와 증거조사를 거쳤음에도 불구하고 사실의 진위가 불명한 경우 최종적인 불이익한 판단을 받게 되는 일방당사자의 법적 지위를 말한다.

② 거증책임은 사실의 진위를 밝히기 어려워 재판이 어려워지는 것을 방지하기 위해 고안된 장치라는 점에서 당사자주의 소송구조뿐만 아니라 직권주의적 소송구조에서도 필요하다.

③ 증명책임(證明責任), 입증책임(立證責任), 실질적 거증책임, 객관적 거증책임이라고도 한다.

2. 입증의 부담(형식적 거증책임)과 구별

① 입증의 부담이란 구체적 재판절차가 진행되어 감에 따라 어느 사실이 증명되지 않으면 불이익을 받을 당사자가 그러한 불이익을 제거하기 위하여 증거를 제출해야 할 부담을 말한다.

② 이를 형식적 거증책임이라고도 한다.

③ 입증의 부담은 절차가 진행되는 상황에 따라서 일방 당사자로부터 다른 당사자에게 이전되는 성질이 있다.

④ 예를 들어 검사가 구성요건 해당사실을 증명하면 위법성과 책임은 사실상 추정되므로 이에 따라 불리한 판단을 받을 염려가 있는 피고인이 위법성조각사유와 책임조각사유에 대하여 입증의 부담을 가지게 되는 것이다.

3. 거증책임분배의 원칙

(1) 원 칙

헌법 제27조 제4항은 형사피고인의 무죄추정을 규정하고 있으므로, 범죄의 성립과 형벌권의 발생에 영향을 미치는 모든 사실은 원칙적으로 검사가 거증책임을 지게 된다. 09 · 11. 법원, 12 · 13. 9급국가직, 14. 경찰승진, 18. 해경간부

(2) 공소범죄 사실

① 구성요건 해당성 03. 경찰1차, 위법성, 책임의 존재에 대한 거증책임은 검사에게 있다. 10. 교정특채 ⇨ 횡령죄의 불법영득의사에 관한 입증책임은 검사에게 있다. 18. 해경2차

② 객관적 구성요건 해당사실은 물론이고 고의(2009도4949)와 과실, 목적(2010도1189), 불법영득의사(2007도5899) 등과 같은 주관적 구성요건 해당사실에 대해서도 검사가 거증책임을 진다.

③ 위법성, 책임, 알리바이(현장부재)에 대한 거증책임도 검사에게 있다.

(3) 처벌조건의 사실

객관적 처벌조건과 인적 처벌조건 모두 검사가 거증책임을 진다.

방법으로 진정한 양심에 따른 병역거부인지 여부를 판단할 수 있다. (생략)
정당한 사유가 없다는 사실은 범죄구성요건이므로 검사가 증명하여야 한다. 다만 진정한 양심의 부존재를 증명한다는 것은 마치 특정되지 않은 기간과 공간에서 구체화되지 않은 사실의 부존재를 증명하는 것과 유사하다. 위와 같은 불명확한 사실의 부존재를 증명하는 것은 사회통념상 불가능한 반면 그 존재를 주장·증명하는 것이 좀 더 쉬우므로, 이러한 사정은 검사가 증명책임을 다하였는지를 판단할 때 고려하여야 한다. 따라서 양심상의 이유로 예비군훈련과 병력동원훈련소집에 따른 입영을 거부하는 것이라고 주장하는 피고인은 자신의 예비군훈련거부와 병력동원훈련소집에 따른 입영거부가 그에 따라 행동하지 않고서는 인격적 존재가치가 파멸되고 말 것이라는 절박하고 구체적인 양심에 따른 것이며 그 양심이 깊고 확고하며 진실한 것이라는 사실의 존재를 수긍할 만한 소명자료를 제시하고, 검사는 제시된 자료의 신빙성을 탄핵하는 방법으로 진정한 양심의 부존재를 증명할 수 있다. 이때 예비군훈련과 병력동원훈련소집에 따른 입영을 거부하는 자가 제시하여야 할 소명자료는 적어도 검사가 그에 기초하여 정당한 사유가 없다는 것을 증명하는 것이 가능할 정도로 구체성을 갖추어야 한다(대법원 2021. 2.25. 선고 2019도18442 판결).

기출 키워드 체크
횡령죄에 있어서 불법영득의 의사에 관한 입증책임은 검사에게 있으므로 불법영득의 의사를 인정할 수 있는 사정을 _____가 입증하여야 한다.

기출 키워드 체크
무죄추정의 원칙상 거증책임은 원칙적으로 _____가 부담한다.

Answer
기출 키워드 체크
검사
검사

(4) 가중 · 감면 사유

① 가중사유의 존재, 감면사유의 부존재에 관하여 검사가 거증책임을 진다. 00. 경장, 03. 경찰1차

② 누범전과, 심신미약, 자수 등이 해당된다.

(5) 소송조건의 존재

① 소송조건의 존재는 검사가 거증책임을 진다. 00. 경장, 03. 경찰1차

② 친고죄의 고소, 공소시효 완성 등이 해당된다.

(6) 증거능력의 전제

① 증거를 제출한 당사자에게 거증책임이 있다.

② 검사가 제출한 전문증거의 증거능력에 대한 거증책임도 검사에게 있다(例 특신상황 등)(2006도7228, 2000도1743). 13. 법원

③ 진술의 임의성의 기초사실에 대하여도 검사가 거증책임을 진다(2007도7760). 04. 여경1차, 06 · 10. 교정특채, 08 · 11 · 13 · 14 · 15. 9급국가직, 11 · 15. 법원, 18. 해경2차, 20. 경찰2차

4. 거증책임의 전환

(1) 의 의

거증책임의 전환이란 거증책임을 검사가 아닌 피고인이 부담하는 경우를 말한다.

(2) 상해죄의 동시범 특례

① 동시범(同時犯)이란 2인 이상이 공동의 의사 없이 개별적으로 죄를 범한 범행형태를 말한다.

② 형법 제263조에서는 상해죄에 있어서의 예외를 인정하여 '독립행위가 경합하여 상해의 결과를 발생하게 한 경우에 있어서 원인된 행위가 판명되지 아니한 때에는 공동정범의 예에 의한다'고 규정하고 있다.

③ 이러한 형법 제263조의 법적 성질에 대해 다양한 견해가 제시되고 있으나, 통설은 거증책임의 전환으로 보고 있다.

④ 즉, 피고인이 자신의 행위에 의하여 상해의 결과가 발생하지 않았다는 사실(인과관계의 부존재)을 증명할 거증책임을 부담하고 만일 행위와 상해의 결과 사이에 인과관계가 없음을 증명하지 못하면 공동정범으로 처벌된다. 11. 교정특채 ⇨ 甲과 乙이 의사연락 없이 다른 시간에 A를 폭행하였는데 A가 상해를 입은 경우, 甲과 乙은 자신의 행위로 인하여 상해가 발생하지 않았음(인과관계의 부존재)을 증명하지 못하는 이상 공동정범의 예에 의해 처벌된다.

⑶ **명예훼손의 위법성 조각사유**(공익성, 진실성)

① 형법 제310조는 "명예훼손행위가 진실한 사실로서 오로지 공공의 이익에 관한 때에는 처벌하지 아니한다."라고 규정하고 있다.

② 판례는 위 조문의 공익성, 진실성에 대한 거증책임이 피고인(행위자)에게 있다고 보고 있다(95도1473). 17. 9급국가직, 18. 경찰1차·해경2차, 20. 경찰간부

③ 다만, 피고인의 거증책임을 완화하기 위하여 그 증명의 정도는 자유로운 증명으로도 가능하다(95도1473). 11. 교정특채, 13. 9급국가직, 20. 경찰간부

④ 사실이 적시되었다는 점, 적시된 사실이 객관적으로 진실에 부합하지 아니하여 허위일 뿐만 아니라 적시된 사실이 허위라는 것을 피고인이 인식하고서 이를 적시하였다는 점은 모두 검사가 입증하여야 한다(2012도13718).

01 구성요건 사실은 엄격한 증명에 의하여 인정하여야 하고, 증거능력이 없는 증거는 구성요건 사실을 추인하게 하는 간접사실이나 구성요건 사실을 입증하는 직접증거의 증명력을 보강하는 보조사실의 인정자료로서도 허용되지 아니한다. (○)

02 뇌물죄에서의 수뢰액은 그 다과에 따라 범죄구성요건이 되므로 엄격한 증명의 대상이 된다. (○)

03 공동정범에서 공모관계를 인정하기 위해서는 엄격한 증명이 요구된다. (×)

04 주취정도의 계산을 위한 위드마크 공식의 경우 그 적용을 위한 자료로 섭취한 알코올의 양, 음주 시각, 체중 등이 필요하며 그런 전제사실에 대하여는 자유로운 증명으로 족하다. (×)

05 반의사불벌죄에서 피고인 또는 피의자의 처벌을 희망하지 않는다는 의사표시 또는 처벌희망 의사표시 철회의 유무나 그 효력 여부에 관한 사실은 엄격한 증명의 대상이다. (×)

06 「형사소송법」 제312조 제4항에서 정한 '특히 신빙할 수 있는 상태'의 존재 입증은 엄격한 증명의 대상이면서 검사에게 거증책임이 있다. (×)

07 몰수대상이 되는지 여부나 추징액의 인정 등 '몰수·추징의 사유' 입증은 엄격한 증명의 대상이면서 검사에게 거증책임이 있다. (×)

08 명예훼손죄의 위법성조각사유인 「형법」 제310조 규정 중 '진실한 사실로서 오로지 공공의 이익에 관한 것'인지 여부에 대한 입증은 엄격한 증명의 대상이면서 검사에게 거증책임이 있다. (×)

09 「형법」 제6조 단서의 '행위지 법률에 의하여 범죄를 구성하는지' 여부에 대한 입증은 엄격한 증명의 대상이면서 검사에게 거증책임이 있다. (○)

10 친고죄에서 적법한 고소가 있었는지는 자유로운 증명의 대상이 되고, 일죄의 관계에 있는 범죄사실의 일부에 대한 고소의 효력은 일죄 전부에 대하여 미친다. (○)

11 경찰관은 절도범을 현행범으로 체포하면서 상의 주머니와 소지품을 수색하여 지갑과 노트북 1대를 압수하였다. 그 이후 노트북은 피의자의 소유인 것으로 확인하여 돌려주었다가, 추가 수사의 목적으로 다시 임의제출 받았다. 이 경우 노트북 1대를 임의제출 받는 과정에서 제출에 임의성이 있었다는 점에 대해서는 검사가 입증해야 한다. (○)

12 검사는 형벌권의 존부와 범위에 관해서 거증책임을 지므로 공연히 사실을 적시하여 사람의 명예를 훼손한 행위가 진실한 사실로서 오로지 공공의 이익에 관한 때에 해당하지 않는다는 점에 대해서도 검사가 거증책임을 진다. (×)

13 특정범죄 가중처벌 등에 관한 법률 제5조의9 제1항 위반죄의 행위자에게 '보복의 목적'이 있었다는 점은 검사가 증명하여야 하되, 자유로운 증명으로 충분하다. (×)

Chapter 13 실전익히기

01

다음 설명 중 가장 옳지 않은 것은? (다툼이 있는 경우 판례에 의함)

① 엄격한 증명이란 법률상 증거능력이 있고 적법한 증거조사를 거친 증거에 의한 증명을 말한다.

② 공소장에 기재된 범죄사실은 엄격한 증명의 대상이 된다.

③ 목적과 용도를 정하여 위탁한 금전을 수탁자가 임의로 소비하면 횡령죄를 구성할 수 있으나, 이 경우 피해자가 목적과 용도를 정하여 금전을 위탁한 사실 및 그 목적과 용도가 무엇인지는 엄격한 증명의 대상이 된다.

④ 친고죄에서 적법한 고소가 있었는지 여부는 엄격한 증명의 대상이 된다.

02

증명의 기본원칙에 대한 설명으로 옳지 않은 것은? (다툼이 있는 경우 판례에 의함)

① 공모공동정범에 있어서 공모는 엄격한 증명을 요한다.

② 형법 제87조 내란죄에서 국헌문란의 목적은 범죄성립을 위하여 고의 외에 요구되는 초과주관적 위법요소이므로 엄격한 증명을 요한다.

③ 도로교통법위반(음주운전)죄에서 혈중 알코올농도의 추정방식으로 위드마크 공식을 이용한 경우에 그 적용을 위한 자료인 섭취한 알코올의 양, 음주시각, 체중 등의 사실은 자유로운 증명으로 족하다.

④ 형법 제307조 제1항의 명예훼손죄 성립 여부에 있어서 동법 제310조의 위법성조각사유의 존재는 자유로운 증명으로 족하다.

03

다음 중 거증책임에 관한 설명으로 가장 옳지 않은 것은? (다툼이 있으면 판례에 의함)

① 형사재판에 있어 공소가 제기된 범죄사실에 대한 입증책임은 검사에게 있고, 유죄의 인정은 법관으로 하여금 합리적인 의심을 할 여지가 없을 정도로 공소사실이 진실한 것이라는 확신을 가지게 하는 증명력을 가진 증거에 의하여야 한다.

② 횡령죄에 있어서 불법영득의사에 관한 입증책임은 검사에게 있으므로 불법영득의사에 의한 사정을 검사가 입증하여야 한다.

③ 명예훼손죄의 위법성조각사유인 적시한 사실의 진실성과 공익성에 대해서도 그 부존재를 검사가 엄격한 증명의 방식으로 입증하여야 한다.

④ 검사 작성의 피의자신문조서에 기재된 진술의 임의성에 다툼이 있을 때에는 그 임의성을 의심할 만한 합리적이고 구체적인 사실을 피고인이 증명할 것이 아니라, 검사가 그 임의성의 의문점을 제거하는 증명을 하여야 한다.

Answer

01 ④ [×] 친고죄에 있어서의 고소의 존부는 소송법적 사실로서 자유로운 증명으로 족하다(2011도4451).

02 ③ [×] 도로교통법위반(음주운전)죄에서 혈중 알코올농도의 추정방식으로 위드마크 공식을 이용한 경우에 그 적용을 위한 자료인 섭취한 알코올의 양, 음주시각, 체중 등의 사실은 엄격한 증명이 요구된다(2008도5531).

03 ③ [×] 엄격한 증거에 의하여야 하는 것은 아니다.

박문각
공무원
기본서

김상천
형사소송법

CHAPTER

14

증거법칙

제1절 자유심증주의

제2절 위법수집증거배제원칙

제3절 자백배제법칙

제4절 전문법칙

제5절 당사자의 증거동의

제6절 탄핵증거

제7절 자백의 보강법칙

제8절 공판조서의 증명력

Chapter 14 증거법칙

제1절 자유심증주의

❶ 자유심증주의의 의의

1. 개 념

자유심증주의란 증거의 증명력 평가를 법률로 규정하지 않고 법관의 자유로운 판단에 맡기는 원칙을 말한다(제308조).

2. 구별개념(법정증거주의)

① 법정증거주의란 자유심증주의에 대립되는 개념으로 증거의 증명력을 법률로 정해 놓은 주의를 말한다. 03. 행시

② 즉, 법정증거주의하에서는 일정한 증거(직접증거)가 존재하면 반드시 일정한 사실의 존재를 인정해야 하고 그 반대의 경우에 일정한 사실의 존재를 인정할 수 없다.

ⓒ 자유심증주의하에서는 직접증거와 간접증거 간의 증명력의 우열은 없다. 19. 해경간부

ⓛ 법정증거주의에서는 직접증거와 간접증거 사이에 증명력의 차이가 있을 수 있으므로, 직접증거와 간접증거의 구분은 자유심증주의 보다는 법정증거주의에서 더욱 의미를 가진다. 12. 경찰간부

③ 법정증거주의는 법관의 자의를 방지할 수 있으나, 증거의 증명력을 획일적으로 규정함으로써 실체적 진실발견에 부당한 결과를 초래하게 된다.

3. 기 능

자유심증주의는 증거의 증명력 평가를 법관의 자유판단에 맡겨 사실인정의 합리성을 도모함으로써 실체적 진실발견에 기여하기 위한 제도이다. 10. 교정특채

❷ 자유심증주의의 내용

1. 자유판단의 주체

① 증거의 증명력을 판단하는 주체는 개개의 법관이다.

② 자유심증주의는 개개의 법관에 대한 것이므로 합의제 법원에 있어서 사실의 인정은 그 구성원인 각 법관의 자유판단의 결과에 기하여 합의라는 방법으로 행하여진다.

OX 간접증거와 직접증거의 구분은 증거법정주의보다는 자유심증주의에서 더욱 의미를 갖는다. (○, ×)
12. 경찰간부

Answer
OX
×

2. 자유판단의 대상

(1) 의 의

자유판단의 대상은 "증거의 증명력"이다. 08. 7급국가직

(2) 증 거

① 자유판단의 대상인 증거의 증명력에서의 '증거'라 함은 요증사실에 대한 직접증거, 간접증거, 실질증거, 보조증거 등 그 형태를 불문한다.

② 엄격한 증명뿐만 아니라 자유로운 증명의 자료로 사용되는 증거도 포함된다.

③ 민사소송의 경우에는 별도의 증거 없이 변론의 전취지에 입각하여 사실을 인정하는 것이 가능하지만, 형사소송의 경우에는 증거재판주의의 요청에 따라 증거 없이 변론의 전취지만으로 사실을 인정하는 것은 허용되지 않는다.

(3) 증명력

법관이 자유롭게 판단할 수 있는 것은 증거의 증명력이다.

3. 자유판단의 의미

① 자유심증주의는 증거의 증명력을 법관의 자유판단에 의하도록 하고 있고, 여기서 자유판단이란 증명력 판단에 있어서 법관이 법률적 제한을 받지 않는다는 것을 의미한다.

② 즉, 증거의 취사와 이를 근거로 한 사실의 인정은 그것이 경험칙에 위배된다는 등의 특단의 사정이 없는 한 사실심 법원의 전권에 속한다. 09. 9급국가직

4. 인적증거

1) 증인의 증언

① 증인이 성년인가 미성년인가, 책임능력자인가 책임무능력자인가에 따라 증거의 증명력에 법률상 차이가 있는 것은 아니다.

② 선서한 증인의 증언이 선서하지 않은 증인의 증언보다 증명력이 높은 것도 아니다. 03. 행시

③ 증언의 일부분만을 믿고 다른 부분을 믿지 않는다고 하여 채증법칙에 위배된다고는 할 수 없다(86도1606). 17. 경찰승진

2) 피고인의 진술

① 법관은 피고인이 자백한 때에도 자백의 진실성을 심리하여 자백과 다른 사실을 인정할 수 있고 피고인이 법정에서 범죄사실을 부인하여도 검찰에서의 피고인의 자백을 믿을 수 있다(85도826).

② 검찰에서의 피고인의 자백이 법정진술과 다르다는 사유만으로는 그 자백의 신빙성이 의심스럽다고 볼 수 없다(2009도1151). 19. 경찰1차

OX 검찰에서의 피고인의 자백이 법정진술과 다르다는 사유만으로는 그 자백의 신빙성이 의심스럽다고 볼 수 없다. (○, ×) 19. 경찰1차

Answer

OX
○

3) 감정인의 의견

감정인의 감정결과도 반드시 법관을 구속하는 것은 아니다(2018도7658). 03. 행시, 20. 경찰간부

5. 서 증

증거서류의 증명력도 자유판단의 대상이 된다. 따라서 처분문서라 하여도 이를 배척하는 이유를 반드시 설시를 하여야 하는 것은 아니다(81도3148).

6. 증거의 취사선택

① 법관은 하나의 증거의 일부만을 신뢰할 수 있으며, 아무리 신빙성이 없는 증인의 증언이라 할지라도 어느 부분의 증언은 믿을 수 있다(80도145).

② 증거의 취사선택은 법관의 재량에 맡겨지며, 모순되는 증거가 있는 경우에 어느 증거를 믿는가도 법관의 자유에 속한다.

7. 종합증거

① 다수 증거를 종합한 종합증거에 의하여도 사실을 인정할 수 있다.

② 여러 개의 증거를 종합하여 범죄사실을 인정하는 경우 종합증거 중 일부에 부분적으로 모순이 있다 하더라도 이것이 핵심적인 것이 아니고 이를 제외한 나머지 증거로 범죄사실을 인정할 수 있으며 또한 논리법칙과 경험법칙에 반하는 것이 아니라면 위법하다고 할 수 없다(93도1936). 03. 행시

8. 간접증거

① 범죄사실의 증명은 반드시 직접증거만으로 이루어져야 하는 것은 아니고 논리와 경험칙에 합치되는 한 간접증거로도 할 수 있다(96도1783). 12. 경찰간부, 18. 9급국가직

② 살인죄 등과 같이 법정형이 무거운 범죄의 경우에도 직접증거 없이 간접증거만에 의하여 유죄를 인정할 수 있다(2012도2658). 17. 해경간부, 19. 변호사

③ 심증형성은 반드시 직접증거에 의하여 형성되어야만 하는 것은 아니고 간접증거에 의할 수도 있는 것이며, 간접증거는 이를 개별적·고립적으로 평가하여서는 아니 되고 모든 관점에서 빠짐없이 상호 관련시켜 종합적으로 평가하고, 치밀하고 모순 없는 논증을 거쳐야 한다(2008도8486). 08. 7급국가직, 12·18. 9급국가직, 17·21. 경찰간부

④ 간접증거에 의하여 주요사실의 전제가 되는 수개의 간접사실을 인정할 때에는 하나 하나의 간접사실 사이에 모순, 저촉이 없어야 하는 것은 물론 간접사실이 논리와 경험칙, 과학법칙에 의하여 뒷받침되어야 한다(2011도1902). 18. 9급국가직

OX 형사재판에 있어 심증형성은 간접증거에 의할 수도 있으며, 간접증거는 이를 개별적·고립적으로 평가하고, 치밀하고 모순 없는 논증을 거쳐야 한다. (○, ×) 21. 경찰간부

Answer

OX
×

⑤ 범행에 관한 간접증거만이 존재하고 더구나 그 간접증거의 증명력에 한계가 있는 경우, 범인으로 지목되고 있는 자에게 범행을 저지를 만한 동기가 발견되지 않는다면, 만연히 무엇인가 동기가 분명히 있는데도 이를 범인이 숨기고 있다고 단정할 것이 아니라 반대로 간접증거의 증명력이 그만큼 떨어진다고 평가하는 것이 형사증거법의 이념에 부합하는 것이라 할 것이다(2005도8675). 12. 경찰간부

9. 전문증거

본래증거인 공판정 진술보다 전문증거에 보다 높은 증명력을 부여할 수도 있다(85도1547). 17. 해경간부

10. 논리와 경험법칙

① 증거의 증명력을 법관의 자유판단에 의하도록 하는 것은 그것이 실체적 진실발견에 적합하기 때문이지 법관의 자의적인 판단을 인용한다는 것은 아니다(2015도17869). 17. 변호사, 21. 경찰간부

② 따라서 법관의 심증 형성은 논리법칙과 경험법칙에 위배되지 않아야 한다. 03. 행시, 04. 경찰2차

③ 논리법칙이란 논리학상 공리로서 자명한 사고법칙을 말하고, 경험법칙이란 개별적인 체험의 관찰과 그 귀납적 일반화에 의하여 경험적으로 얻어진 법칙을 말한다.

④ 일관성이 없는 진술(83도3150)이나 애매하고 모순된 진술(84도846) 또는 객관적 합리성이 인정되지 않아 신빙성이 없는 증거(87도317)로 사실을 인정하는 것은 논리칙에 반하는 것으로 허용되지 않는다.

⑤ 피고인의 유전자 검사 결과가 범인의 것과 상이하다는 국립과학수사연구소의 감정 결과가 제출되었음에도 불구하고 피고인의 유죄를 인정한 것은 경험칙과 논리칙에 반하여 위법하다(2007도1950).

> **OX** 증거의 증명력을 법관의 자유 판단에 의하도록 하는 것은 그것이 실체적 진실발견에 적합하기 때문이지 법관의 자의적인 판단을 인용한다는 것은 아니다. (○, ×)
> 17. 변호사, 21. 경찰간부

❸ 증명력 판단의 합리성 보장

1. 증거요지의 명시

유죄판결 이유에 증거의 요지를 명시할 것을 요구하고(제323조 제1항), 증거의 요지를 명시하지 아니한 경우를 절대적 항소이유로 규정하고 있다(제361조의5 제11호).

2. 상소에 의한 구제

① 자유심증주의는 법관의 심증형성이 상소이유가 될 수 없음을 의미한다.

② 그러나 증명력의 판단이 논리법칙과 경험법칙에 위배된 경우, '사실의 오인이 있어 판결에 영향을 미친 때'에 해당하여 항소이유(제361조의5 제14호)가 되며, 채증법칙 위반 또는 심리미진으로 상고이유(제383조 제4호)가 된다.

Answer
OX
○

③ 사실심 법원은 주장과 증거에 대하여 신중하고 충실한 심리를 하여야 하고, 그에 이르지 못하여 필요한 심리를 다하지 아니하는 등으로 판결 결과에 영향을 미친 때에는 사실인정을 사실심 법원의 전권으로 인정한 전제가 충족되지 아니하므로 이는 당연히 상고심의 심판대상에 해당한다(2015도17849). 17. 변호사

3. 증거능력의 제한

현행법은 사실인정의 합리성을 보장하려는 취지에서 임의성이 없는 자백 또는 전문증거와 같이 신빙성, 합리성이 없는 증거에 대해서는 증거능력을 부정 또는 제한하여 증명력 평가의 대상에서 제외시키고 있으므로 증거능력의 제한은 증명력 평가의 합리성을 보장하는 기능을 하고 있다.

4. 탄핵증거

현행법은 증명력 판단의 합리성을 보장하기 위해서 증거의 증명력을 탄핵하는 탄핵증거제도를 채택하고 있다(제318조의2).

5. 자백의 신빙성

자백의 증명력 판단에 신중을 기하기 위하여 자백의 진술내용 자체가 객관적인 합리성을 띠는지 여부, 자백의 동기나 이유 및 자백에 이르게 된 경위, 자백 외의 정황증거 중 자백과 모순·저촉되는 것은 없는지 여부를 고려해야 한다(2001도1314).

❹ 자유심증주의 예외

1. 자백의 보강법칙

① 법관이 피고인의 자백만으로 충분한 유죄의 심증을 얻었더라도 이를 보강하는 다른 증거가 없는 한 유죄를 선고할 수 없다(제310조, 자백의 보강법칙).

② 자백에 대한 보강증거가 없을 때에는 자백에 의하여 유죄의 심증을 얻는 경우에도 유죄를 선고할 수 없다는 점에서 자백보강법칙은 자유심증주의의 예외가 된다고 할 수 있다.

2. 공판조서의 배타적 증명력

① 공판기일의 소송절차에 관해서는 공판조서에 기재된 것은 법관의 심증여하를 불문하고 그 기재된 대로 인정해야 한다(제56조).

② 공판기일의 소송절차로서 공판조서에 기재되지 않은 것에 대하여는 자유심증주의가 적용되지만, 공판조서에 기재된 것은 법관의 심증여하를 불문하고 그 기재된 대로 인정해야 된다는 점에서 이를 자유심증주의에 대한 예외로 인정하는 것이 통설의 태도이다.

③ 공판조서의 배타적 증명력은 공판기일의 소송절차 즉, 소송법적 사실에 한하며 공소사실 등 실체법적 사실에 관하여는 배타적 증명력은 인정되지 않는다.

3. 진술거부권

① 형사소송법 제283조의2는 피고인의 진술거부권을 보장하고 있다.

② 피고인의 진술거부를 피고인에게 불리한 간접증거(정황증거)로 사용할 수 있다면 피고인은 불리한 심증을 피하기 위하여 진술을 강요당하게 됨으로써 진술거부권의 보장은 무의미하게 된다.

③ 따라서 진술거부권의 행사를 피고인에게 불리한 심증형성의 자료로 사용할 수 없는 것이 원칙이다.

4. 증언거부권

형사소송법 제148조는 근친자의 형사책임에 대한 증언거부권을 인정하고 있는데, 이러한 증언거부권을 행사하였다는 것을 피고인에게 불리한 정황증거로 인정하여 심증을 형성하는 것은 허용되지 않는다.

5. 국민참여재판에서 배심원의 평결

① 국민참여재판에서 직업법관으로 구성되는 재판부는 배심원의 평결과 의견에 기속되지 않는다(국민참여재판법 제46조 제5항).

② 그렇지만 사법의 민주적 정당성과 사법에 대한 신뢰라는 관점에서 볼 때 배심원의 평결이나 의견이 법관의 자유심증형성에 중요한 참고가 되는 것은 부인할 수 없다.

③ 재판장은 판결선고시 배심원의 평결결과를 고지해야 하고, 배심원의 평결결과와 다른 판결을 선고하는 때에는 피고인에게 그 이유를 설명하여야 하며(동법 제48조 제4항) 판결서에 그 이유를 기재하여야 하는데(동법 제49조 제2항),

④ 이는 자유심증주의에 대한 사실상의 제한요소로 기능하게 된다.

⑤ 자유심증의 정도

1. 합리적 의심의 여지가 없는 정도

① 범죄사실의 인정을 위한 심증의 정도는 합리적 의심이 없을 정도에 이르러야 한다.
16. 7급국가직, 17. 변호사, 18. 해경2차 · 9급국가직

② 법관은 검사의 증명이 위와 같은 확신을 가지게 하는 정도에 이르지 못한 경우에는 피고인의 이익으로 판단하여야 한다(2015도119). 16. 7급국가직 ⇨ 비록 피고인의 주장이나 변명이 모순되거나 석연치 않은 면이 있는 등 유죄의 의심이 간다고 하더라도 피고인의 이익으로 판단하여야 한다. 14. 경찰승진

OX 형사재판에 있어서 유죄로 인정하기 위한 심증형성의 정도는 합리적인 의심을 할 여지가 없을 정도이어야 하고, 여기서 합리적 의심이란 논리와 경험칙에 기하여 요증사실과 양립할 수 없는 사실의 개연성에 대한 합리성 있는 의문을 의미한다. (○, ×) 17. 변호사

관련 **판례**

형사소송에서는 범죄사실이 있다는 증거를 검사가 제시하여야 한다. 피고인의 변소가 불합리하여 거짓말 같다고 하여도 그것 때문에 피고인을 불리하게 할 수 없다. 범죄사실의 증명은 법관으로 하여금 합리적인 의심의 여지가 없을 정도로 고도의 개연성을 인정할 수 있는 심증을 갖게 하여야 한다. 이러한 정도의 심증을 형성하는 증거가 없다면 설령 피고인에게 유죄의 의심이 간다 하더라도 피고인의 이익으로 판단하여야 한다(2018.6.19. 선고 2015도3483 판결).

Answer

OX
○

③ 합리적 의심 없는 정도의 심증이란 논리와 경험법칙에 따라 요증사실과 양립할 수 없는 사실의 개연성에 대한 합리성 있는 의문이 없는 것을 의미하는 것이다(99도1252). 17. 경찰간부 · 변호사

㉠ **모든 가능한 의심을 배제할 정도에 이를 것까지 요구하는 것은 아니다(86도5876, 2008도8486).** 17. 경찰간부, 18. 9급국가직

㉡ **단순히 관념적인 의심이나 추상적인 가능성에 기초한 의심은 합리적 의심에 포함된다고 할 수 없다(2004도2221).** 09 · 12. 9급국가직

2. in dubio pro reo 원칙

① 법원이 범죄사실의 존부와 그 밖의 관련 사실들을 판단함에 있어서 심리를 행하였으나 심증형성이 불가능한 경우에는 특별한 판단기준이 필요하다.

② 이와 같은 진위불명의 상태의 기준으로 제시되는 것이 거증책임이다.

③ 따라서 법관은 합리적 의심 없는 정도의 증명 또는 확신의 상태에 도달하지 못한 때에는 in dubio pro reo의 원칙에 따라 피고인에게 무죄판결을 해야 한다.

⑥ 구체적 검토

1. 범인식별절차

(1) 원칙(단독 대질 불허용)

① 범인식별절차에서 피해자 진술의 신빙성을 높게 평가할 수 있게 하려면 다음의 조치를 취해야 한다. 11. 경찰승진, 17 · 21. 경찰간부

② 범인의 인상착의 등에 관한 목격자의 진술 내지 묘사를 사전에 상세히 기록화

③ 용의자를 포함하여 그와 인상착의가 비슷한 여러 사람을 동시에 목격자와 대면시켜 범인을 지목

④ 용의자와 목격자 및 비교대상자들이 상호 사전에 접촉 제한

⑤ 사후에 증거가치를 평가할 수 있도록 대질 과정과 결과를 문자와 사진 등으로 서면화(2005도2520)

(2) 단독 대질시 신빙성

① 용의자의 인상착의 등에 의한 범인식별 절차에서 용의자 한 사람을 단독으로 목격자와 대질시키거나 용의자의 사진 한 장만을 목격자에게 제시하여 범인 여부를 확인하게 하는 것은 부가적인 사정이 없는 한 그 신빙성이 낮다(2007도5201). 09 · 10. 경찰승진, 15. 경찰2차, 17. 경찰간부

② 야간에 짧은 시간 동안 강도의 범행을 당한 피해자가 어떤 용의자의 인상착의 등에 의하여 그를 범인으로 진술하는 경우에 피해자가 범행 전에 용의자를 한 번도 본 일이 없고 피해자의 진술 외에는 그 용의자를 범인으로 의심할만한 객관적인 사정이 존재하지 않는 상태에서 수사기관이 잘못된 단서에 의하여 범인으로 지목하고 신병을 확보한 피의자를 일대일로 대면하고 그가 범인임을 확인한 것이라면, 위 피해자의 진술은 그 신빙성이 낮다(2000도4946). 10. 경찰승진, 17. 경찰간부

③ 강간피해자가 수사기관이 제시한 47명의 사진 속에서 피고인을 범인으로 지목하자 이어진 범인식별절차에서 수사기관이 피해자에게 피고인만을 촬영한 동영상을 보여주거나 피고인만을 직접 보여주어 피해자로부터 범인이 맞다는 진술을 받고, 다시 피고인을 포함한 3명을 동시에 피해자에게 대면시켜 피고인이 범인이라는 확인을 받은 경우, 위 피해자의 진술은 그 신빙성이 낮다(2007도5201). 10. 경찰승진

(3) 단독 대질이 허용되는 경우

① 범죄 발생 직후 목격자의 기억이 생생하게 살아있는 상황에서 현장이나 그 부근에서 범인식별절차를 실시하는 경우에는 목격자에 의한 생생하고 정확한 식별의 가능성이 열려 있고 범죄의 신속한 해결을 위한 즉각적인 대면의 필요성도 인정할 수 있으므로 용의자와 목격자의 일대일 대면도 허용된다.

② 피해자가 경찰관과 함께 범행 현장에서 범인을 추적하다 골목길에서 범인을 놓친 직후 골목길에 면한 집을 탐문하여 용의자를 확정한 경우에는 그 현장에서 용의자와 피해자의 일대일 대면이 허용된다고 할 것이다(2008도12111). 10. 경찰승진, 15·17. 경찰간부, 19. 해경간부

2. 상해진단서

① 상해사건의 경우 상처를 진단한 의사의 진술이나 진단서는 폭행, 상해 등의 사실자체에 대한 직접적인 증거가 되는 것은 아니고, 다른 증거에 의하여 폭행, 상해의 가해행위가 인정되는 경우에 그에 대한 상해의 부위나 정도의 점에 대한 증거가 된다(82도3021). 14. 경찰승진, 15. 경찰간부

② 상해진단서는 특별한 사정이 없는 한 피해자의 진술과 더불어 피고인의 상해사실에 대한 유력한 증거가 되며, 합리적인 근거 없이 그 증명력을 함부로 배척할 수는 없다(2010도12728). 15. 9급국가직

3. 공동피고인의 자백

공동피고인 중 1인이 다른 공동피고인들과 공동하여 범행을 하였다고 자백한 경우 그 자백을 전부 믿어 공동피고인들 전부에 대하여 유죄를 인정하거나 그 전부를 배척하여야만 하는 것은 아니다(95도2043). 15. 9급국가직, 20. 7급국가직

기출 키워드 체크

거짓말탐지기의 결과를 예외적으로 증거로 사용한다고 하더라도 단지 검사를 받는 사람의 ＿＿＿을 가늠하는 ＿＿＿증거로 사용할 수 있을 뿐이라는 것이 판례의 입장이다.

관련 판례❶

과학적 증거방법이 사실인정에 있어서 상당한 정도로 구속력을 갖기 위해서는 감정인이 전문적인 지식·기술·경험을 가지고 공인된 표준 검사기법으로 분석한 후 법원에 제출하였다는 것만으로는 부족하고, 시료의 채취·보관·분석 등 모든 과정에서 시료의 동일성이 인정되고 인위적인 조작·훼손·첨가가 없었음이 담보되어야 하며 각 단계에서 시료에 대한 정확한 인수·인계 절차를 확인할 수 있는 기록이 유지되어야 한다.
피고인의 투약 사실에 대한 직접적인 증거로는 피고인의 소변과 머리카락에서 메트암페타민 성분이 검출되었다는 국립과학수사연구원의 감정 결과만 있는 사안에서, 국립과학수사연구원의 감정물이 피고인으로부터 채취한 것과 동일하다고 단정하기 어려운 경우 투약사실을 유죄로 인정할 수 없다(2018.2.8. 선고 2017도14222 판결).

Answer
기출 키워드 체크
진술의 신빙성, 정황
OX
○, ○

4. 공판조서

동일한 사항에 관하여 두 개의 서로 다른 내용이 기재된 공판조서가 병존하는 경우에 그중 어느 쪽을 진실한 것으로 볼 것인지는 법관의 자유로운 심증에 따를 수밖에 없다(86도1646). 21. 경찰간부

5. 1심의 증거

항소법원이 제1심에서 채용된 증거의 신빙성에 의문이 있는 경우 이미 증거조사를 거친 동일한 증거라도 그 증거의 신빙성에 대하여 더 심리하여 본 후 그 채부를 판단하여야 한다(96도2461). 08. 법원, 11. 7급국가직, 12. 경찰승진, 15. 9급국가직, 20. 경찰간부

6. 알콜농도 측정

호흡측정기에 의한 음주측정치와 혈액검사에 의한 음주측정치가 다른 경우에 혈액채취에 의한 검사결과를 믿지 못할 특별한 사정이 없는 한, 혈액검사에 의한 음주측정치가 호흡측정기에 의한 측정치보다 측정 당시의 혈중알콜농도에 더 근접한 음주측정치라고 보는 것이 경험칙에 부합한다(2003도6905). 17. 변호사, 18. 경찰2차

7. 거짓말탐지기

거짓말탐지기의 검사는 일정한 조건이 모두 충족되어 증거능력이 있는 경우에도 그 검사 결과는 검사를 받는 사람의 진술의 신빙성을 가늠하는 정황증거로서의 기능을 하는 데 그친다(87도968). 14. 경찰2차

8. 부검의 판단

부검의가 사체에 대한 부검을 실시한 후 어떤 것을 유력한 사망원인으로 지시한다고 하여 그 밖의 다른 사인이 존재할 가능성을 가볍게 배제하여서는 아니 되고, 특히 형사재판에서 위 부검의의 소견에 주로 의지하여 유죄의 인정을 하기 위해서는 다른 가능한 사망원인을 모두 배제하기 위한 치밀한 논증의 과정을 거치지 않으면 아니 된다(2012도231). 14. 경찰승진

9. 국민참여재판

국민참여재판의 형식으로 진행된 제1심의 판단은 실질적 직접심리주의 및 공판중심주의의 취지와 정신에 비추어 항소심에서의 새로운 증거조사를 통해 그에 명백히 반대되는 충분하고도 납득할 만한 현저한 사정이 나타나지 않는 한 한층 더 존중될 필요가 있다(2009도14065). 12. 9급국가직

10. 과학적 증거방법

① 아무런 합리적 근거 없이 함부로 유전자검사나 혈액형검사 등 과학적 증거방법을 배척하는 것은 자유심증주의의 한계를 벗어나는 것으로서 허용될 수 없다(2007도1950). 21. 경찰간부 ⇨ 충분한 증명력이 있는 증거를 합리적인 근거 없이 배척하거나 반대로 객관적인 사실에 명백히 반하는 증거를 아무런 합리적인 근거 없이 채택·사용하는 등으로 논리와 경험의 법칙에 어긋나는 것이 아닌 이상, 법관은 자유심증으로 증거를 채택하여 사실을 인정할 수 있다(2013도11650). 20. 경찰2차

② 과학적 증거방법이 사실인정에 있어서 상당한 정도로 구속력을 갖기 위해서는 감정인이 전문적인 지식·기술·경험을 가지고 공인된 표준 검사기법으로 분석한 후 법원에 제출하였다는 것만으로는 부족하고, 시료의 채취·보관·분석 등 모든 과정에서 시료의 동일성이 인정되고 인위적인 조작·훼손·첨가가 없었음이 담보되어야 하며 각 단계에서 시료에 대한 정확한 인수·인계 절차를 확인할 수 있는 기록이 유지되어야 한다(2017도14222). 21. 9급국가직·9급개론 ⇨ 피고인의 투약 사실에 대한 직접적인 증거로는 피고인의 소변과 머리카락에서 메트암페타민 성분이 검출되었다는 국립과학수사연구원의 감정 결과만 있는 사안에서, 국립과학수사연구원의 감정물이 피고인으로부터 채취한 것과 동일하다고 단정하기 어려운 경우 투약사실을 유죄로 인정할 수 없다(2017도14222).

11. 증언의 신빙성

(1) 검찰 진술과 법원의 증언

① 같은 사람의 검찰에서의 진술과 법정에서의 증언이 다를 경우 반드시 후자를 믿어야 된다는 법칙은 없다고 할 것이므로 같은 사람의 법정에서의 증언과 다른 검찰에서의 진술을 믿고서 범죄사실을 인정하더라도 그것이 위법하게 진술된 것이 아닌 이상 자유심증에 속한다(88도740). 11. 7급국가직, 12. 경찰승진, 14. 경찰간부

② 경찰에서의 자술서, 검사작성의 각 피의자신문조서, 다른 형사사건의 공판조서의 기재와 당해 사건의 공판정에서의 같은 사람의 증인으로서의 진술이 상반되는 경우 반드시 공판정에서의 증언은 믿어야 된다는 법칙은 없고, 상반된 증언, 감정 중에 그 어느 것을 사실인정의 자료로 인용할 것인가는 오로지 사실심 법원의 자유심증에 속한다(86도1547). 15. 경찰간부

③ 정치자금 공여자가 검찰 진술에서는 정치자금을 조성하여 피고인에게 전달했다고 진술하였다가 제1심 법정에서는 정치자금으로 제공한 사실을 부인하면서 자금의 사용처를 달리 증언하였다고 하더라도, 제1심 법원은 공여자의 검찰 진술의 신빙성을 인정하여 甲에게 유죄를 선고할 수 있다(2013도11650). 17. 변호사

④ 증거보전절차에서의 진술에 대하여 법원이 사유가 있어 그것을 믿지 않더라도 자유심증주의의 남용이라고 할 수 없다(79도2125). 08·11. 7급국가직

⑤ 진술조서의 기재 중 일부분을 믿고 다른 부분을 믿지 아니한다고 하여 채증법칙에 위배된다고는 할 수 없다(80도1606). 09. 경찰승진·9급국가직, 17. 경찰승진

⑥ 「정치자금법」상 금품수수 혐의로 공소제기된 피고인 甲이 법정에서 금품수수 사실을 부인하였고, 제1심 법원에 증인으로 출석한 乙은 甲에게 금품을 제공하였다고 증언하였지만 제1심 법원은 乙의 증언에 신빙성이 없고 범죄의 증명이 부족하다는 이유로 무죄를 선고한 경우(2016도2889),

 ㉠ 甲의 혐의를 뒷받침할 금융자료 등 객관적 물증이 없는 경우, 제1심 법원이 금품수수 사실을 부인하는 甲에 대해 乙의 진술만으로 유죄를 인정하기 위해서는 乙의 진술이 증거능력이 있어야 함은 물론 합리적인 의심을 배제할 만한 신빙성이 있어야 한다. 17. 변호사

 ㉡ 항소심 법원이 乙을 증인으로 다시 신문한 결과 제1심이 들고 있는 의심과 일부 어긋날 수 있는 사실의 개연성이 드러나 제1심의 판단에 의문이 생긴다 하더라도, 합리적인 의심을 충분히 해소할 수 있을 정도에까지 이르지 아니한다면, 그와 같은 일부 반대되는 사실에 관한 개연성 또는 의문만으로 그 진술의 신빙성 및 범죄의 증명이 부족하다는 제1심의 판단에 사실오인의 위법이 있다고 단정하여 공소사실을 유죄로 인정하여서는 아니 된다(2016도2889). 17. 변호사

(2) **기 타**

① 비가 오는 야간에 우연히 지나다가 20~30여명이 몰려 있던 싸움현장을 목격하였음에 불과한 사람이 그로부터 1개월여가 지난 뒤에 단순한 당시의 기억만으로 피해자를 때리려고 한 사람이 바로 피고인이었다고 지목하는 것은 경험측상 그 확실성 여부가 의심스러운 것이다(84도2058). 09. 경찰승진

② 일정 기간 동안에 발생한 피해자의 일련의 강간 피해 주장 중 그에 부합하는 진술의 신빙성을 대부분 부정할 경우, 일부 사실에 대하여만 피해자의 진술을 믿어 유죄를 인정하려면 그와 같이 피해자 진술의 신빙성을 달리 볼 수 있는 특별한 사정이 인정되어야 할 것이다(2010도9633). 12. 경찰승진

③ 피해자는 71세의 노인으로 피고인이 구타하고 넘어뜨려 부상하였다고 경찰과 법정에서 진술하고 있으나 이는 폭행을 당했다는 이해 상반하는 상대방의 일방적 진술에 불과하여 위 피해자의 증언만으로는 상해사실을 인정할 수 없다(82도2971). 11. 경찰승진

④ 원진술자의 법정 출석과 피고인에 의한 반대신문이 이루어지지 못하였다면 그 조서는 진정한 증거가치를 가진 것으로 인정받을 수 없는 것이어서 이를 주된 증거로 하여 공소사실을 인정하는 것은 원칙적으로 허용될 수 없다. 이는 수사기관의 조서를 증거로 함에 피고인이 동의한 경우에도 마찬가지이다(2005도9730). 08. 법원, 10·12. 경찰승진, 12. 경찰3차, 19. 해경간부

⑤ 검사의 증인신문청구에 의한 증인신문조서(4288형상184), 증거보전절차에서의 신문조서(79도2125)의 기재내용이 공판정에서의 조서기재내용보다 증명력이 덜한 것은 아니며, 피고인의 법정에서의 진술의 증명력이 전문서류에 기재된 피고인의 진술보다 우월한 것도 아니다(4286형상136).

(3) 성폭력 피해자의 진술

① 성폭행 피해자의 대처 양상은 피해자의 성정이나 가해자와의 관계 및 구체적인 상황에 따라 다르게 나타날 수밖에 없다.

② 따라서 개별적, 구체적인 사건에서 성폭행 등의 피해자가 처하여 있는 특별한 사정을 충분히 고려하지 않은 채 피해자 진술의 증명력을 가볍게 배척하는 것은 정의와 형평의 이념에 입각하여 논리와 경험의 법칙에 따른 증거판단이라고 볼 수 없다(2020도6965).

③ 피고인의 친딸로 가족관계에 있던 피해자가 '마땅히 그러한 반응을 보여야만 하는 피해자'로 보이지 않는다는 이유만으로 피해자 진술의 신빙성을 함부로 배척할 수 없다.

④ 그리고 친족관계에 의한 성범죄를 당하였다는 피해자의 진술은 피고인에 대한 이중적인 감정, 가족들의 계속되는 회유와 압박 등으로 인하여 번복되거나 불분명해질 수 있는 특수성이 있다는 점을 고려해야 한다(2020도6965).

⑤ 피해자의 진술 또는 피해자와 밀접한 관계에 있는 자의 진술이 유일한 증거인 경우, 피고인을 유죄로 판단하기 위해서는 진술이 합리적인 의심을 할 여지가 없을 정도로 공소사실이 진실한 것이라는 확신을 가지게 하고, 피고인의 무죄 주장을 배척하기에 충분할 정도로 신빙성이 있어야 한다(2016도21231).

⑥ 강간죄에서 공소사실을 인정할 증거로 사실상 피해자의 진술이 유일한 경우에 피고인의 진술이 경험칙상 합리성이 없고 그 자체로 모순되어 믿을 수 없다고 하여 그것이 공소사실을 인정하는 직접증거가 4되는 것은 아니지만, 이러한 사정은 법관의 자유판단에 따라 피해자 진술의 신빙성을 뒷받침하거나 직접증거인 피해자 진술과 결합하여 공소사실을 뒷받침하는 간접정황이 될 수 있다(2018도7709). ⇨ 강간죄에서 공소사실을 인정할 증거로 사실상 피해자의 진술이 유일하고 피고인의 진술은 경험칙상 합리성이 없고 그 자체로 모순되어 믿을 수 없는 경우, 이러한 사정은 법관의 자유판단의 대상이 된다. 20. 경찰2차

관련 판례
피해자가 성추행을 당한 뒤 곧바로 항의하거나 주위에 알리지 않고 2년이 지난 후에야 고소를 했더라도 피해자 진술의 신빙성을 배척해서는 안 된다(2020도18225).

관련 판례
성폭행 피해자의 대처 양상은 피해자의 성정이나 가해자와의 관계 및 구체적인 상황에 따라 다르게 나타날 수밖에 없다. 따라서 개별적, 구체적인 사건에서 성폭행 등의 피해자가 처하여 있는 특별한 사정을 충분히 고려하지 않은 채 피해자 진술의 증명력을 가볍게 배척하는 것은 정의와 형평의 이념에 입각하여 논리와 경험의 법칙에 따른 증거판단이라고 볼 수 없다. 피고인의 친딸로 가족관계에 있던 피해자가 '마땅히 그러한 반응을 보여야만 하는 피해자'로 보이지 않는다는 이유만으로 피해자 진술의 신빙성을 함부로 배척할 수 없다. 그리고 친족관계에 의한 성범죄를 당하였다는 피해자의 진술은 피고인에 대한 이중적인 감정, 가족들의 계속되는 회유와 압박 등으로 인하여 번복되거나 불분명해질 수 있는 특수성이 있다는 점을 고려해야 한다(2020.8.20. 선고 2020도6965 판결).

관련 판례
피해자 등의 진술은 그 진술 내용의 주요한 부분이 일관되며, 경험칙에 비추어 비합리적이거나 진술 자체로 모순되는 부분이 없고, 또한 허위로 피고인에게 불리한 진술을 할 만한 동기나 이유가 분명하게 드러나지 않는 이상, 그 진술의 신빙성을 특별한 이유 없이 함부로 배척해서는 아니 된다.
(생략)
강간죄에서 공소사실을 인정할 증거로 사실상 피해자의 진술이 유일한 경우에 피고인의 진술이 경험칙상 합리성이 없고 그 자체로 모순되어 믿을 수 없다고 하여 그것이 공소사실을 인정하는 직접증거가 되는 것은 아니지만, 이러한 사정은 법관의 자유판단에 따라 피해자 진술의 신빙성을 뒷받침하거나 직접증거인 피해자 진술과 결합하여 공소사실을 뒷받침하는 간접정황이 될 수 있다(대법원 2018.10.25. 선고 2018도7709 판결).

⑦ 미성년자인 피해자가 자신을 보호·감독하는 지위에 있는 친족으로부터 강간이나 강제추행 등 성범죄를 당하였다고 진술하는 경우에 그 진술의 신빙성을 판단함에 있어서, 피해자가 자신의 진술 이외에는 달리 물적 증거 또는 직접 목격자가 없음을 알면서도 보호자의 형사처벌을 무릅쓰고 스스로 수치스러운 피해 사실을 밝히고 있고, 허위로 그와 같은 진술을 할 만한 동기나 이유가 분명하게 드러나지 않을 뿐만 아니라, 진술 내용이 사실적·구체적이고, 주요 부분이 일관되며, 경험칙에 비추어 비합리적이거나 진술 자체로 모순되는 부분이 없다면, 그 진술의 신빙성을 함부로 배척해서는 안 된다. 특히 친족관계에 의한 성범죄를 당하였다는 미성년자 피해자의 진술은 피고인에 대한 이중적인 감정, 가족들의 계속되는 회유와 압박 등으로 인하여 번복되거나 불분명해질 수 있는 특수성을 갖고 있으므로, 피해자가 법정에서 수사기관에서의 진술을 번복하는 경우, 수사기관에서 한 진술 내용 자체의 신빙성 인정 여부와 함께 법정에서 진술을 번복하게 된 동기나 이유, 경위 등을 충분히 심리하여 어느 진술에 신빙성이 있는지를 신중하게 판단하여야 한다(2020도2433).

12. 자백의 신빙성

① 피고인의 자백이 임의로 진술한 것이어서 증거능력이 인정된다고 하여 자백의 진실성과 신빙성까지도 당연히 인정되는 것은 아니다(92도2656). 15. 해경3차

② 자백의 내용 자체가 객관적으로 합리성을 띠고 있는지, 자백의 동기나 이유가 무엇이며 자백에 이르게 된 경위는 어떠한지, 그리고 자백 이외의 정황증거 중 자백과 저촉되거나 모순되는 것이 있는지를 고려하여 자백의 신빙성을 판단하여야 한다(2017도17628).

③ 자백의 신빙성에 의심이 있는 경우는 다음과 같다.

　㉠ 피고인은 검찰에서 자백하고 이어서 진술서를 작성·제출하고 그 다음 날부터 연 3일간 자기의 잘못을 반성하고 자백하는 내용의 양심서 등을 작성·제출하고 경찰의 검증조서에도 피고인이 자백하는 기재가 있으나, 검찰에 송치되자마자 자백은 강요에 의한 것이라고 주장하면서 범행을 부인할 뿐더러 연 4일을 계속하여 매일 한 장씩 진술서 등을 작성한다는 것은 부자연하다는 느낌이 드는 등 사정에 비추어 보면 위의 자백은 신빙성이 희박하다(80도2656). 12. 경찰승진

　㉡ 피고인의 검찰에서의 자백과 공범자에 대한 형사기록 검증결과가 각기 다르고 피고인이 공판정에서 범행을 부인하는 경우에 위 자백의 신빙성에 의심이 간다 할 것이다(81도68). 09. 경찰승진

ⓒ 피고인이 평소 투약량의 20배에 달하는 1g의 메스암페타민을 한꺼번에 물에 타서 마시는 방법으로 투약하였다는 것은 쉽게 믿기 어렵고, 또 만약 그렇게 투약하였다면 피고인의 생명이나 건강에 위험이 발생하였을 가능성이 없지 않았을 것으로 보여져, 피고인의 자백을 신빙하기 어렵다(2002도6766). 09. 경찰승진

ⓓ 강도살인범행의 모의장소, 강취 방법, 범행 후의 도주경로와 분배의 내용에 관하여 피고인의 검찰에서의 자백과 공범자에 대한 형사기록 검증결과가 각기 다르고 피고인이 공판정에서 범행을 부인하는 경우 위 자백의 신빙성에 의심이 간다 할 것이다(81도68). 09. 경찰승진

13. 기존판결

① 형사재판에서 이와 관련된 다른 형사사건 등의 확정판결에서 인정된 사실은 특별한 사정이 없는 한 유력한 증거자료가 되는 것이나, 당해 형사재판에서 제출된 다른 증거내용에 비추어 관련 형사사건의 확정판결에서의 사실판단을 그대로 채용하기 어렵다고 인정될 경우에는 이를 배척할 수 있다(2007도5206). 14. 경찰승진, 15. 9급국가직, 20. 경찰간부

② 항소심이 1심 판단을 뒤집어 그 진술의 신빙성을 인정할 수 있다고 판단할 수 있으려면, 진술의 신빙성을 배척한 제1심의 판단을 수긍할 수 없는 충분하고도 납득할 만한 현저한 사정이 나타나는 경우이어야 한다(2006도4994). 11. 7급국가, 12. 경찰승진

③ 민사재판에 있어서 이와 관련된 다른 민·형사사건 등의 확정판결에서 인정된 사실은 특별한 사정이 없는 한 유력한 증거자료가 되는 것이나, 당해 민사재판에서 제출된 다른 증거내용에 비추어 관련 민·형사사건의 확정판결에서의 사실판단을 그대로 채용하기 어렵다고 인정될 경우에는 이를 배척할 수 있고, 이 경우에 그 배척하는 구체적인 이유를 일일이 설시할 필요는 없다(99다55472).

14. 기 타

① 피고인에 대한 유죄증거로서 사법경찰리가 작성한 압수조서 중 판시 피해품의 존재를 들고 있으나 압수한 3,000원은 피고인에 대한 범죄의 증명이 없게 된 경우에는 위 압수물의 존재만으로 그 유죄의 증거가 될 수 없다 할 것이다(83도3067). 10. 경찰승진, 13. 법원, 14. 경찰간부

② 배임죄의 고의는 이와 상당한 관련성이 있는 간접사실을 증명하는 방법에 의하여 입증할 수 있다(2012도3317). 16. 경찰간부

③ 양심은 이와 상당한 관련성이 있는 간접사실 또는 정황사실을 증명하는 방법으로 판단하여야 한다(2016도11841).

미성년자인 피해자가 자신을 보호·감독하는 지위에 있는 친족으로부터 강간이나 강제추행 등 성범죄를 당하였다고 진술하는 경우에 그 진술의 신빙성을 판단함에 있어서, 피해자가 자신의 진술 이외에는 달리 물적 증거 또는 직접 목격자가 없음을 알면서도 보호자의 형사처벌을 무릅쓰고 스스로 수치스러운 피해 사실을 밝히고 있고, 허위로 그와 같은 진술을 할 만한 동기나 이유가 분명하게 드러나지 않을 뿐만 아니라, 진술 내용이 사실적·구체적이고, 주요 부분이 일관되며, 경험칙에 비추어 비합리적이거나 진술 자체로 모순되는 부분이 없다면, 그 진술의 신빙성을 함부로 배척해서는 안 된다. 특히 친족관계에 의한 성범죄를 당하였다는 미성년자 피해자의 진술은 피고인에 대한 이중적인 감정, 가족들의 계속되는 회유와 압박 등으로 인하여 번복되거나 불분명해질 수 있는 특수성을 갖고 있으므로, 피해자가 법정에서 수사기관에서의 진술을 번복하는 경우, 수사기관에서 한 진술 내용 자체의 신빙성 인정 여부와 함께 법정에서 진술을 번복하게 된 동기나 이유, 경위 등을 충분히 심리하여 어느 진술에 신빙성이 있는지를 신중하게 판단하여야 한다(대법원 2020.5.14. 선고 2020도2433 판결).

④ 공모관계를 인정하기 위해서는 엄격한 증명이 요구되지만, 피고인이 범죄의 주관적 요소인 공모관계를 부인하는 경우에는 사물의 성질상 이와 상당한 관련성이 있는 간접사실 또는 정황사실을 증명하는 방법으로 이를 증명할 수밖에 없다(2017도14322). 20. 경찰1차

⑤ 국헌문란의 목적이 있었는지 여부는 피고인들이 이를 자백하지 않는 이상 외부적으로 드러난 피고인들의 행위와 그 행위에 이르게 된 경위 등 사물의 성질상 그와 관련성 있는 간접사실 또는 정황사실을 종합하여 판단하면 되고, 선동자의 표현 자체에 공격대상인 국가기관과 그를 통해 달성하고자 하는 목표, 실현방법과 계획이 구체적으로 나타나 있어야만 인정되는 것은 아니다(2014도10978). 20. 경찰1차

01
□□□
범인식별절차와 관련하여, 용의자 한 사람을 단독으로 목격자와 대질시키거나 용의자의 사진 한 장만을 목격자에 게 제시하여 범인 여부를 확인하게 하는 방식은 부가적인 사정이 없는 한 그 신빙성이 높다고 보아야 한다. (×)

02
□□□
거짓말탐지기의 검사는 일정한 조건이 모두 충족되어 증거능력이 있는 경우에도 그 검사 결과는 검사를 받는 사람 의 진술의 신빙성을 가늠하는 정황증거로서의 기능을 하는 데 그친다. (○)

03
□□□
형사재판에서 당해 사건과 관련된 다른 형사사건의 확정판결에서 인정된 사실은 배척할 수 없다. (×)

04
□□□
상해진단서는 특별한 사정이 없는 한 피해자의 진술과 더불어 피고인의 상해사실에 대한 유력한 증거가 되며, 합 리적인 근거 없이 그 증명력을 함부로 배척할 수는 없다. (○)

05
□□□
공동피고인 중 1인이 다른 공동피고인들과 공동하여 범행을 하였다고 자백한 경우 그 자백을 전부 믿어 공동피고 인들 전부에 대하여 유죄를 인정하거나 그 전부를 배척하여야만 하는 것은 아니다. (○)

06
□□□
항소법원이 제1심에서 채용된 증거의 신빙성에 의문이 있는 경우 이미 증거조사를 거친 동일한 증거라도 그 증거 의 신빙성에 대하여 더 심리하여 본 후 그 채부를 판단하여야 한다. (○)

07
□□□
유죄의 심증은 반드시 직접증거에 의하여 형성되어야만 하는 것은 아니며 경험칙과 논리법칙에 위반되지 아니하 는 한 간접증거에 의하여 형성되어도 된다. (○)

08
□□□
간접증거가 개별적으로는 범죄사실에 대한 완전한 증명력을 가지지 못하더라도 전체 증거를 상호관련하에 종합적 으로 고찰할 경우 종합적 증명력이 있는 것으로 판단되면 그에 의하여도 범죄사실을 인정할 수가 있다. (○)

09
□□□
형사재판에서 유죄로 인정하기 위한 심증형성의 정도는 합리적인 의심을 할 여지가 없을 정도여야 하나, 이는 모 든 가능한 의심을 배제할 정도에 이를 것까지 요구하는 것은 아니다. (○)

10
□□□
간접증거에 의하여 주요사실의 전제가 되는 수개의 간접사실을 인정할 때에는 하나 하나의 간접사실 사이에 모순, 저촉이 없어야 할 정도까지는 요구되지 않으며 전체적으로 고찰하여 유죄의 심증을 형성할 수 있으면 충분하다. (×)

기출 키워드 체크

헌법과 형사소송법이 정한 절차에 따르지 아니하고 수집된 증거는 적법한 절차에 따르지 않은 것으로서 _____적으로 유죄의 증거로 사용할 수 없다.

기출 키워드 체크

위법한 절차에 의하여 수집된 증거의 증거능력을 부정하는 증거법칙으로 _____은 이를 명문으로 규정하고 있다.

기출 키워드 체크

위법수집증거배제법칙은 진술증거와 _____증거 모두에 적용된다.

Answer

기출 키워드 체크
원칙
형사소송법
비진술

제2절 위법수집증거배제원칙

① 위법수집증거배제법칙의 의의

① 위법수집증거배제의 원칙이라 함은 위법한 절차에 의하여 획득한 증거와 그 증거를 원인으로 얻은 부수적 증거에 대해 증거능력을 부인하는 원칙을 말한다.

② 형사소송법 제308조의2는 "적법한 절차에 따르지 아니하고 수집한 증거는 증거로 할 수 없다."고 규정하고 있다. 08. 9급국가직, 16. 경찰승진 ⇨ 헌법에는 명문의 규정이 없고, 형사소송법에 명문의 규정이 있다. 18. 9급국가직, 21. 경찰승진, 21. 9급국가직·9급개론

③ 미국 연방대법원은 적정절차의 법리를 근거로 위법수집증거배제법칙을 확립하였다. 01. 여경2차, 10. 교정특채

④ 위법수집증거배제원칙의 이론적 근거는 적정절차의 보장, 정책적 근거는 위법수사의 억제에 있다. 10. 9급국가직

② 일반적 기준

1. 원칙(증거능력 부정)

① 헌법과 형사소송법이 정한 절차에 따르지 아니하고 수집한 증거는 기본적 인권 보장을 위해 마련된 적법한 절차에 따르지 않은 것으로서 원칙적으로 유죄 인정의 증거로 삼을 수 없다(2007도3061). 09·21. 경찰1차, 13. 경찰간부, 15. 법원

② 비진술증거인 증거물에 대하여도 위법수집증거배제원칙이 인정된다(2007도3061)(2014도10978). 18. 9급국가직, 19. 해경간부, 21. 경찰승진

③ 임의수사의 경우에도 법률이 수사활동의 요건 절차를 규정하고 있다면 그에 위반하여 수집한 증거는 위법수집증거로서 증거능력이 부정된다. 21. 경찰승진

④ 수사기관이 피고인 아닌 자를 상대로 적법한 절차에 따르지 아니하고 수집한 증거는 원칙적으로 피고인에 대한 유죄 인정의 증거로 삼을 수 없다(2009도6717). 21. 경찰1차

2. 예외(증거능력 인정)

① 수사기관의 절차 위반행위가 적법절차의 실질적인 내용을 침해하는 경우에 해당하지 아니하고, 오히려 그 증거의 증거능력을 배제하는 것이 헌법과 형사소송법이 형사소송에 관한 절차 조항을 마련하여 적법절차의 원칙과 실체적 진실 규명의 조화를 도모하고 이를 통하여 형사 사법 정의를 실현하려 한 취지에 반하는 결과를 초래하는 것으로 평가되는 예외적인 경우라면, 법원은 그 증거를 유죄 인정의 증거로 사용할 수 있다(2007도3061). 09. 경찰1차·7급국가직, 10·11. 경찰승진, 13. 경찰간부·경찰2차, 15. 법원, 17. 해경간부, 18. 9급국가직

② 이렇게 예외적으로 증거능력을 인정해야 하는 경우에 해당한다고 볼만한 구체적이고 특별한 사정이 존재한다는 것은 검사가 입증하여야 한다(2008도763). 10·20. 경찰1차, 11. 경찰승진, 21. 9급국가직·9급개론

③ 사소한 절차상의 하자가 있다고 해서 무조건 증거능력을 부정하게 되면 실체적 진실발견에 중대한 지장을 초래하기 때문에 위법수집증거배제법칙은 증거수집의 절차에 중대한 위법이 있는 경우에 한하여 적용해야 한다. 10. 9급국가직

④ 사인에 의한 권리침해에 대해서도 침해되는 이익과 보호되는 이익의 비교형량을 통해서 그 적용여부를 판단해야 할 것으로 보인다. 21. 경찰승진, 21. 9급국가직·9급개론 ⇨ 모든 국민의 인간으로서의 존엄과 가치를 보장하는 것은 국가기관의 기본적인 의무에 속하는 것이고, 이는 형사절차에서도 당연히 구현되어야 하는 것이기는 하나 그렇다고 하여 국민의 사생활 영역에 관계된 모든 증거의 제출이 곧바로 금지되는 것으로 볼 수는 없고 법원으로서는 효과적인 형사소추 및 형사소송에서의 진실발견이라는 공익과 개인의 사생활의 보호이익을 비교형량하여 그 허용 여부를 결정하여야 한다 (97도240).

❸ 사인이 위법하게 수집한 증거

1. 사인이 위법하게 수집한 증거

① 공익과 사익의 비교형량: 효과적인 형사소추 및 형사소송에서의 진실발견이라는 공익과 개인의 사생활의 보호이익을 비교형량하여 사인에 의해 수집된 증거의 허용 여부를 결정해야 한다.

② 수사기관의 의뢰에 의한 수집: 수사기관의 의뢰에 의하여 사인이 증거를 수집한 경우에 수사기관 자신의 행위와 동일하게 취급하여야 한다.

③ 수사기관이 피고인 아닌 자를 상대로 적법한 절차에 따르지 아니하고 수집한 증거는 원칙적으로 피고인에 대한 유죄 인정의 증거로 삼을 수 없다(2009도6717). 20. 경찰1차

2. 사인의 비밀녹음

(1) 타인 간의 대화를 몰래 녹음한 경우

① 누구든지 공개되지 아니한 타인 간의 대화를 녹음하거나 전자장치 또는 기계적 수단을 이용하여 청취할 수 없다(통신비밀보호법 제14조).

② 따라서 이에 위반하여 녹음된 내용은 재판 또는 징계절차에서 증거로 사용할 수 없고(통신비밀보호법 제14조 제2항, 제4조), 15. 경찰승진

③ 공개되지 아니한 타인 간의 전화통화를 녹음한 경우도 마찬가지이다.

(2) 대화당사자의 일방이 상대방과의 대화내용을 몰래 녹음한 경우

① 이 경우는 통신비밀보호법 제3조 제1항 소정의 '타인 간의 대화'에 포함되지 않으므로 위법하게 수집된 증거에 해당하지 않는다.

② 따라서 원진술자의 진술에 의하여 그 녹음테이프에 녹음된 진술내용이 자신이 진술한 대로 녹음된 것이라는 점이 인정되면 증거능력이 인정된다. 19. 변호사

(3) 제3자가 대화당사자 일방의 동의를 얻어 녹음한 경우

① 타인 간의 대화의 비밀을 침해한 것이므로 통신비밀보호법 위반이 되고 그 녹음내용은 증거능력이 없다.

② 제3자가 전화통화 당사자 일방의 동의를 받고 그 통화내용을 녹음한 경우도 마찬가지이다. 14. 경찰1차, 18. 해경2차

▶ 증거능력 인정

- 피고인이 범행 후 피해자에게 전화를 걸어오자 피해자가 증거를 수집하려고 그 전화내용을 녹음한 경우, 그 녹음테이프(전화통화 당사자의 일방이 상대방 몰래 통화내용을 녹음하는 경우, 사인이 상대방 몰래 대화내용을 녹음한 경우)(97도240, 2002도123) 05・16. 경찰1차, 08. 경찰3차, 09・16. 9급국가직, 10・11・15・16・21. 경찰승진, 14・15・19. 경찰간부, 16・19. 9급개론・변호사, 17. 여경・해경간부, 20. 법원
- 지문채취 후 지문채취 대상물을 위법하게 압수한 경우, 지문(2008도7471) 10・13. 법원, 10・15・21. 경찰승진, 11・13・15. 경찰2차, 12. 경찰1차, 15. 지능특채・변호사, 17・20. 7급국가직・여경・경찰특공대・해경간부, 19. 9급개론, 20. 경찰간부
- 사전영장 없이 한 우편물 통관검사절차(2013도7718) 14. 경찰간부, 15. 변호사, 16. 법원, 17. 7급국가직・9급국가직, 19. 변호사・경찰승진
- 검찰관(군 검사)이 형사사법절차를 거치지 않은 채 과테말라 공화국에 출장, 뇌물공여자를 상대로 진술조서 작성한 사례(⇨ 위법수집증거로 증거능력이 부정되지 않지만, 특신상황이 인정되지 않아 증거능력이 부정됨)(2011도3809) 12. 경찰1차, 13. 법원, 14・15. 경찰간부, 17. 9급국가직, 19. 경찰승진
- 제3자가 공갈목적을 숨기고 피고인의 동의하에 나체사진을 찍은 경우, 당해 사진(97도1230) 02. 행시, 04. 경찰3차, 10. 7급국가직, 10・15. 경찰승진, 11. 경찰2차, 12. 경찰1차, 14. 9급국가직
- 범죄피해자 검사가 그 사건 수사에 관여한 사례(2011도12918) 14. 경찰간부・7급국가직, 14・17. 경찰1차, 16. 법원, 17. 해경간부, 19. 경찰승진
- 피처분자가 현장에 없거나 현장에서 그를 발견할 수 없는 경우 등 영장제시가 현실적으로 불가능한 경우에는 영장을 제시하지 아니한 채 압수・수색한 경우(2014도10978) 15・18. 경찰2차, 16. 경찰승진・경찰간부, 17. 해경2차, 19. 변호사
- 경찰관이 전화사기 범행의 혐의자를 긴급체포하면서 그가 보관하고 있던 타인의 주민등록증, 운전면허증을 압수한 경우(2008도2245) 10・14・16. 경찰승진, 12・13. 경찰1차, 15. 경찰2차・경찰3차, 17. 해경2차, 18. 경찰간부
- 의료진이 진료목적으로 채혈해 둔 혈액을 임의로 제출한 사례(98도968) 08. 경찰3차, 11. 경찰승진, 15. 9급국가직・개론・경찰간부

- 변호인 아닌 자가 보관하고 있는 변호인 의견서를 압수·수색영장에 의해 압수한 경우 (2009도6788) 15·16. 변호사, 17. 해경간부
- 피의자 지위에 있지 않은 사람(참고인)에 대하여 진술거부권이 고지되지 않는 경우(2012 도725) 16. 법원, 17. 여경·경찰특공대, 18. 9급개론
- 수사기관이 영장에 따라 압수·수색하는 과정에서 영장 발부의 사유로 된 범죄 혐의사 실과 무관한 별개의 증거를 압수하였다가 피압수자에게 환부한 다음 임의제출받아 다시 압수한 경우(임의성이 있는 경우)(2013도11233) 16. 7급국가직, 17. 법원
- 3인 간의 대화에서 그중 한 사람이 그 대화를 녹음 또는 청취하는 경우(2013도16404) 15. 9급국가직, 17. 변호사
- 고소인이 피고인의 주거에 침입하여 절취한 증거물(2008도3990) 15. 변호사, 16·20. 법원, 19. 경찰간부·해경간부
- 사인(私人)인 제3자가 절취한 업무일지를 소송사기의 피해자가 대가를 지급하고 취득한 경우, 그 업무일지(2008도1584) 13. 법원, 15·19. 경찰간부, 16. 9급개론, 16·18. 9급국가직, 17. 여경, 21. 경찰승진
- 무인카메라에 의한 속도위반차량 단속(98도3329) 16. 9급국가직·9급개론
- 시청공무원이 권한 없이 전자우편에 대한 비밀보호조치를 해제하고 시장의 전자우편을 수집한 경우(2010도12244) 19. 해경간부
- 사법경찰관이 현행범 체포의 현장에서 소지자로부터 임의로 제출하는 물건을 영장 없이 압수하고 사후에 압수·수색영장을 발부받지 않은 사례(2015도13726) 19. 변호사·경찰2차·9급 국가직, 21. 경찰승진
- 변호인접견 전 작성된 피의자신문조서(2000도5701)
- 교도관이 소자의 비망록을 임의로 제출한 사례
- 긴급체포 후 석방 30일 내 법원 통지 않은 경우, 긴급체포 당시 작성 조서
- 법정대리인 동의 없이 미성년자가 자신의 혈액을 임의제출한 사례
- 인터넷서비스이용자를 상대로 피의자의 컴퓨터 등 정보처리장치 내에 저장되어 있는 이 메일 등 전자정보를 압수·수색하는 경우(2017도9747)
- 원격지(외국 포함)의 저장매체에 접속하고 전자정보를 내려받거나 화면에 현출시키는 방법의 전자정보 압수·수색(2017도9747)
- 음주운전으로 체포·구속하지 아니하고, 그 차량의 열쇠를 범행 중 또는 범행 직후의 범죄 장소에서의 압수로 압수한 경우(97다54482) 11·19. 경찰승진, 15. 9급국가직·9급개론, 16. 경찰간부, 17. 여경·경찰특공대
- 현행범 체포현장에서 임의제출한 사례
- 제3자가 피해자와 통화를 마친 후 전화가 끊기지 않은 상태에서 휴대전화를 통해 '악', '우당탕' 소리를 들었다는 진술(2016도19843)
- 압수수색영장에 법관의 서명날인란에 서명만 있고 날인이 없는 경우(2018도20504)

▶ **증거능력 부정**

- 피의자 동의 없이 혈액을 채취하고, 사후영장을 발부받지 않은 경우, 혈액 감정의뢰회보 (2009도2109, 2011도15258) 11. 경찰2차, 12·13·14. 9급국가직, 13·16. 경찰1차, 15. 지능특채, 17. 해경2 차·여경·경찰특공대·해경간부, 18·21. 경찰승진

- 위법한 체포에 의한 유치 중에 작성된 피의자신문조서(2005도5701). 05. 경찰3차, 06. 경찰1차, 09. 7급국가직, 10·11. 9급국가직, 11·12·15. 경찰승진, 12. 경찰간부, 17. 여경

- 선거관리위원회 직원이 고지 없이 녹음한 경우, 녹음파일, 녹취록(2001도3509) 15.·19 경찰 2차, 16. 9급개론·9급국가직, 16·17·18. 경찰승진·해경2차, 17. 경찰1차·법원, 18. 경찰간부

- 수사기관이 피의자 甲의「공직선거법」위반 범행을 영장 범죄 사실로 하여 발부받은 압 수·수색영장의 집행과정에서 乙, 丙 사이의 대화가 녹음된 녹음파일을 압수하여 乙, 丙 의「공직선거법」위반 혐의 사실을 발견한 경우(압수·수색영장에 기재된 피의자와 무 관한 타인의 범죄사실에 관한 녹음파일을 압수한 경우)(2013도7101) 14·15. 9급국가직, 15. 경찰2차·경찰승진·9급개론·해경3차, 16. 경찰1차, 17. 경찰간부·법원

- 피고인의 집에서 20m 떨어진 곳에서 피고인을 체포하여 칼과 합의서를 압수하고, 사후 영장을 발부받지 않은 경우, 위 압수물과 임의제출 동의서, 압수조서 및 목록, 압수품 사 진은 모두 증거능력이 없다고 본 사례(2009도14376) 13. 7급국가직, 15. 경찰간부·해경3차, 16. 경 찰간부, 18. 법원, 19. 경찰승진
  ⇨ 임의제출동의서를 받았더라도 압수가 위법하다는 점에 유의

- 검사가 공소제기 후 수소법원 이외의 지방법원 판사에게 청구하여 발부받은 영장에 의 하여 압수·수색(2009도10412) 12·16. 경찰1차, 12·17. 9급국가직, 13·17. 경찰간부, 15. 경찰3차·해경3차, 15·18. 경찰2차·법원, 16. 해경·7급국가직·변호사, 16·17. 경찰승진, 17. 9급개론·여경·경찰특공대, 19. 해경간부

- 위법한 긴급체포 중 작성된 피의자신문조서

- 피의자가 변호인 참여를 원하는 의사를 표시하였는데도 수사기관이 정당한 사유 없이 변호인을 참여하게 하지 아니한 채 작성한 피의자신문조서(2010도3350) 14. 법원, 15. 경찰간 부·7급국가직, 15·16. 경찰승진, 16. 경찰1차, 18. 해경간부

- 수사기관이 구속수감 중인 자로 하여금 전화하게 하고, 범행에 관한 통화내용을 녹음한 경우, 녹음파일, 녹취록 첨부수사보고서 등(2010도9016) 12. 경찰승진, 14. 7급국가직, 16. 9급 개론·9급국가직, 17. 해경간부, 18. 변호사·경찰2차, 21. 경찰1차

- 피의자에 대한 진술거부권을 불고지한 경우, 피의자신문조서(92도682 등)(임의성 인정 되어도 증거능력 ✕) 00. 경찰승진, 07. 7급국가직, 09. 9급국가직, 14. 경찰간부·법원, 15. 변호사, 16. 법원, 16·17. 경찰1차, 17. 여경

- 위법한 강제연행 상태에서 호흡측정한 후, 피의자가 스스로 혈액채취방법으로 측정 요 구한 경우, 호흡측정결과, 혈액검사 결과(2010도2094) 15. 변호사, 16. 9급개론·9급국가직, 16·20. 경찰간부, 17. 경찰승진·여경·경찰특공대, 18. 경찰2차

- 관리책임자에게는 영장을 제시하였으나, 물건 소지자에게는 영장을 제시하지 않은 경우 (2008도763) 10·11·15·16·17·18. 경찰승진, 10·12·13·14·15. 경찰2차, 11·14·16·19. 경찰1차, 12· 13. 법원, 12·13·14·16·17. 9급국가직, 13·18·20. 경찰간부, 15. 경찰3차·지능특채, 16. 9급개론, 17. 해경2차·변호사

- 피고인 소유 쇠파이프를 피해자가 주워 임의로 제출한 사례(2009도10092) 17. 9급국가직

- 압수물을 환부하고 다시 임의체출하였으나, 임의성에 의문이 있었던 사례(검사가 임의성 입증하면 적법)(2013도11233) 19. 해경간부
- 피고인이 아닌 아들(또는 배우자, 처)이 동의하여 채혈한 사례
- 긴급체포 후 압수 후, 사후압수·수색영장을 발부받지 아니하고, 즉시 반환하지 아니한 압수물(2009도11401)(동의하여도 증거능력 ✕) 11. 법원, 12·13·16. 경찰2차, 12·13·16·17·21. 경찰승진, 13. 7급국가직, 14·16. 경찰1차, 15. 지능특채, 19. 경찰간부
- 미성년자인 피의자에게 의사능력이 없어, 법정대리인(아버지)이 피의자를 대리하여 동의하여 채혈한 사례(2013도1228) 15. 9급국가직·개론, 17. 7급국가직, 18. 법원
- 음란물 유포 혐의 압수·수색영장으로 피고인의 주거지를 수색하는 과정에서 대마를 발견하자, 현행범으로 체포하면서 대마를 압수하였으나 사후압수·수색영장을 발부받지 않은 사안(2008도10914) 11·15·18·19. 경찰승진, 12. 교정특채·법원, 12·17. 9급국가직, 13·14. 경찰1차, 15. 해경3차·지능특채, 17. 9급개론
- 수사기관이 대화의 일방당사자의 동의를 얻어 통화내용을 녹음한 경우(2010도9016) 16. 7급국가직, 21. 경찰승진
- 검사의 직무대리가 합의부의 심판사건에 관하여 피의자를 신문하고 피의자신문조서를 작성한 경우(78도49) 15. 경찰간부
- 소유자, 소지자 또는 보관자가 아닌 자로부터 제출받은 물건을 영장 없이 압수한 경우, 압수물과 압수물을 찍은 사진(2009도10092) 16. 경찰승진, 18. 변호사
- 수사기관이 압수·수색영장 집행을 종료한 후, 유효기간 내 다시 압수·수색한 경우, 압수물(99모161) 05·14. 경찰2차, 06·10. 교정특채, 08. 경찰3차, 11·16·17. 경찰승진, 15. 경찰간부, 17. 변호사·7급국가직·9급국가직
- 피고인이 구속되어 국가안전기획부에서 조사를 받다가 변호인의 접견신청이 불허되어 이에 대한 준항고를 제기 중에 검찰로 송치되어 검사가 피고인을 신문하여 제1회 피의자신문조서를 작성한 후 준항고 절차에서 위 접견불허처분이 취소되어 접견이 허용된 경우, 검사의 피고인에 대한 위 피의자신문조서(90도1586) 03. 여경2차, 06. 경찰2차, 09. 경찰승진, 19. 경찰1차
- 甲이 휴대전화기로 乙과 통화한 후 예우차원에서 바로 전화를 끊지 않고 기다리던 중 그 휴대전화기로부터 乙과 丙이 대화하는 내용이 들리자 이를 그 휴대전화기로 녹음한 경우(2013도15616) 17. 7급국가직
- 수사기관으로부터 통신제한조치의 집행을 위탁받은 통신기관 등이 집행에 필요한 설비가 없을 때에는 수사기관에 설비의 제공을 요청하여야 하는데, 그러한 요청 없이 통신제한조치허가서에 기재된 사항을 준수하지 아니한 채 통신제한조치를 집행한 경우(2016도8137) 17. 경찰1차, 19. 경찰승진
- 피의자를 긴급체포하면서 그 체포현장에서 물건을 긴급 압수하고도 사후 영장을 발부받지 아니한 경우, 그 압수물(2009도11401) 16. 경찰1차
- 소유자, 소지자 또는 보관자가 아닌 자로부터 제출받은 물건을 영장 없이 압수한 경우 그 '압수물' 및 '압수물을 찍은 사진'(동의하여도 증거능력 ✕)(2009도10092) 16. 해경·경찰1차, 10. 7급국가직, 12·15. 경찰3차, 12·16·17·19. 경찰승진, 13. 9급국가직, 15·17. 경찰간부·지능특채
- 변호인접견이 금지된 상태에서 작성된 피의자신문조서(90도1285) 15. 변호사

관련 **판례** ❗

(수사기관이 영장 혐의사실과 무관한 별개의 증거를 압수하였다가), 수사기관이 별개의 증거를 피압수자 등에게 환부하고 후에 임의제출받아 다시 압수하였다면 증거를 압수한 최초의 절차 위반행위와 최종적인 증거수집 사이의 인과관계가 단절되었다고 평가할 수 있으나, 환부 후 다시 제출하는 과정에서 수사기관의 우월적 지위에 의하여 임의제출 명목으로 실질적으로 강제적인 압수가 행하여질 수 있으므로, 제출에 임의성이 있다는 점에 관하여는 검사가 합리적 의심을 배제할 수 있을 정도로 증명하여야 하고, 임의로 제출된 것이라고 볼 수 없는 경우에는 증거능력을 인정할 수 없다(2013도11233).

기출 키워드 체크

검사가 피의자에 대한 _____의 접견을 부당하게 제한하고 있는 동안에 검사가 작성한 피의자신문조서는 증거능력이 없다.

Answer

기출 키워드 체크
변호인

- 피의자가 변호인 참여를 원하는 의사를 표시하였는데도 수사기관이 정당한 사유 없이 변호인을 참여하게 하지 아니한 채 피의자를 신문하여 작성한 피의자신문조서(2010도3359) 16. 경찰승진, 17. 변호사
- 영장발부의 사유로 된 범죄 혐의사실과 무관한 별개의 증거를 압수하였을 경우(2013도11233) 17. 법원
- 임의성이 인정되지 않는 참고인 진술(2004도7900) 16. 법원
- 제척사유가 있는 통역인이 통역한 증인의 증인신문조서(2010도13583) 16. 9급국가직·9급개론
- 피고인에 대하여 '성매매알선 등 행위의 처벌에 관한 법률 위반'으로 공소가 제기된 사건에서 피고인이 아닌 甲을 사실상 강제연행한 상태에서 받은 자술서 및 진술조서(2009도6717) 18. 법원
- 마약류 불법거래 방지에 관한 특례법 제4조 제1항에 따른 조치의 일환으로 (사전에 밀수정보를 입수하여 통제배달을 위해) 특정한 수출입물품을 개봉·검사하고 그 내용물의 점유를 취득한 행위(2014도8719) 18. 경찰2차, 20. 경찰1차·경찰간부
- 수사기관이 영장없이 범죄 수사를 목적으로 금융회사로부터 획득한 '거래정보 등'(2012도13507) 20. 경찰2차
- 제3자에게 위탁하거나 협조를 받아 대화의 녹음·청취를 하는 경우(2014도10978)
- 제3자가 전화통화자 중 일방만의 동의를 얻어 통화내용을 녹음하는 행위(2002도123)
- 압수영장에 '압수장소에 보관 중인 물건'으로 기재하고 압수장소에 현존하고 있는 물건을 압수한 경우
- 이메일에 대한 압수·수색영장을 집행할 당시, 팩스로 영장 사본을 송신하여 집행하고, 압수조서와 압수물 목록을 작성·교부하지 않은 경우(2015도10648)
- 대화 참여자 아닌 자가 타인 간 대화, 전화통화를 녹음한 사례
- 제3자가 일방의 동의를 얻어 녹음한 경우
- 영장에 압수대상으로 '○○○일체' 등으로 기재된 일반영장
- 패킷(packet)을 중간에 확보하여 그 내용을 지득하는 '패킷 감청'(2016헌마263)
- 제3자가 일방의 동의를 얻어 스피커폰으로 녹음한 경우(2018도20504)

④ 파생증거의 증거능력

1. 독수의 과실이론

독수과실의 이론(독수독과의 이론 또는 독나무의 열매 이론)이란 위법수사에 의하여 획득한 1차 증거를 근거로 하여 파생된 2차 증거까지도 증거능력을 배제하자는 이론을 말한다. 15. 경찰1차

2. 독수과실의 예외

(1) 원 칙

위법한 압수·수색을 통하여 수집한 증거는 물론 이를 기초로 하여 획득한 2차적 증거를 유죄 인정의 증거로 삼을 수 없다(2007도3061). 10·14. 법원, 13·15. 경찰간부, 15. 경찰1차, 16. 경찰승진

(2) 예 외

① 절차에 따르지 아니한 증거 수집과 2차적 증거 수집 사이 인과관계의 희석 또는 단절 여부를 중심으로 2차적 증거 수집과 관련된 모든 사정을 전체적·종합적으로 고려하여 예외적인 경우에는 유죄 인정의 증거로 사용할 수 있다(2007도3061). 09·15·20. 경찰1차, 10. 경찰승진, 13·19. 경찰간부, 15. 9급국가직·9급개론

② 적법절차에 위배되는 행위의 영향이 차단되거나 소멸되었다고 볼 수 있는 상태에서 수집한 증거는 그 증거능력을 인정하더라도 적법절차의 실질적 내용에 대한 침해가 일어나지는 않았기 때문에 그 증거능력을 부정할 이유는 없다(2010도2094). 20. 경찰1차, 21. 경찰승진

▶ 독수과실 이론의 예외를 인정한 사례

연 번	구 분	증거조사 방법
1	위 법	구속영장을 제시하지 않고 구속영장을 집행한 사례
	사후사정	구속영장에 기재된 범죄사실에 대해 숙지, 변호인과의 충분한 상의를 거친 후 ⇨ 자백(증거능력 ○)(2009도526) 14. 경찰간부, 16. 법원, 19. 9급개론
2	위 법	진술거부권 고지 않고 조사하여 자백
	사후사정	자백 40여 일 후, 변호인 충분한 조력, 공개된 법정 ⇨ 자백(증거능력 ○)(2008도11437) 10·12·16. 경찰승진, 10·15. 7급국가직, 12. 해경간부, 12·15. 경찰1차, 14·20. 법원, 15. 해경3차, 17·19. 경찰간부, 18. 해경2차, 19. 변호사
3	위 법	압수영장 없이 채뇨
	사후사정	압수영장 발부 받아 2차 채뇨 ⇨ 감정(2012도13611)(증거능력 ○) 15. 경찰간부·변호사
4	위 법	영장 없이 신용카드매출전표를 압수하여 범인을 특정하고 체포 19. 변호사, 20. 경찰간부
	사후사정	수사기관이 영장주의 회피 의도 없음, 피의자 석방 후 상당시간 경과, 제3자 진술 피해품 제출 ⇨ 동일내용 자백(2012도13607)(증거능력 ○) 15. 변호사
5	위 법	수사기관이 영장 혐의사실과 무관한 별개의 증거를 압수
	사후사정	피압수자 등에게 환부하고 후에 임의제출받아 다시 압수(2013도11233)

❺ 위법수집증거와 증거동의, 탄핵증거

1. 증거동의

위법수집증거는 증거동의하더라도 증거능력을 인정할 수 없다. 12. 경찰2차, 15. 법원, 16·19. 경찰승진·법원, 17. 해경2차·경찰승진, 19. 9급개론

2. 탄핵증거

위법수집증거는 탄핵증거로도 사용할 수 없다. 10. 9급국가직

제3절 자백배제법칙

❶ 자백배제법칙의 의의

피고인의 자백이 고문, 폭행, 협박, 신체구속의 부당한 장기화 또는 기망 기타의 방법으로 임의로 진술한 것이 아니라고 의심할 만한 이유가 있는 때에는 이를 유죄의 증거로 하지 못한다(제309조). 12. 경찰2차, 15·16. 법원, 16·17. 경찰승진, 17. 해경2차

❷ 이론적 근거

① 허위배제 또는 인권옹호(판례) : 임의성 없는 진술의 증거능력을 부정하는 취지는 허위진술을 유발 또는 강요할 위험성이 있는 상태하에서 행하여진 진술자체가 실체적 진실에 부합하지 아니하여 오판을 일으킬 소지가 있을 뿐만 아니라 그 진위를 떠나서 진술자의 기본적 인권을 침해하는 위법·부당한 압박이 가하여지는 것을 사전에 막기 위한 것이다. 17. 경찰간부

② 학설 : 허위배제설(진실성담보설), 위법배제설, 인권옹호설, 절충설(허위배제설 + 인권옹호설), 종합설 등이 있다. 01. 경감, 05. 경찰3차

❸ 자백배제법칙의 적용범위

1. 피고인의 자백

(1) 주 체

① 자백에 있어 진술자의 법적지위는 불문한다.

② 따라서 피고인으로서의 진술 이외에 피의자, 참고인, 증인 등의 지위에서 한 진술도 자백에 해당한다. 08. 7급국가직, 14. 경찰간부

(2) 상대방

① 자백의 상대방은 법원, 법관, 수사기관을 불문한다. 00. 법원사무관

② 범죄사실을 일기에 기재하는 것처럼 상대방이 없는 경우도 자백에 해당한다. 08. 7급국가직

(3) 형 식

① 자백의 형식에는 제한이 없다. 00. 법원사무관

② 진술의 형식을 묻지 아니하므로 구두에 의한 진술뿐 아니라 서면에 의한 진술도 자백에 해당한다. 08. 7급국가직

(4) 내 용

① 자기의 범죄사실을 전부이든 일부이든 승인하는 진술이면 자백이며, 형사책임을 긍정할 것까지 요하는 것은 아니다.

② 상업장부와 같이 범죄사실 인정 여부와는 관계없이 계속적, 기계적으로 기재한 문서는 자백하는 문서라고 볼 수 없다(94도2865). 09. 전의경, 12. 해경간부, 18. 경찰간부

③ 검사가 피고인들에게 공소사실 그대로의 사실 유·무를 묻자, 피고인들이 동시에 "예, 있습니다", "예, 그랬습니다"라고 답을 하였으나 재판장의 물음에서는 다시 부동산전매업을 도와주는 모집책이 아니고 단순한 고객일 뿐이라고 진술하면서 범행을 부인하였다면 피고인들이 공모하여 기망 내지 편취하였다는 내용까지 자백한 것이라고 볼 수 없다(84도141). 12·18. 경찰간부

④ "공소사실은 사실대로다"라고 진술한 경우에도 전후의 진술을 종합하여 자백 여부를 판단해야 한다. 00. 법원사무관

⑤ 피고인이 제출한 항소이유서에 '피고인은 돈이 급해 지어서는 안될 죄를 지었습니다.', '진심으로 뉘우치고 있습니다.'라고 기재되어 있고 피고인은 항소심 제2회 공판기일에 위 항소이유서를 진술하였으나, 곧 이어서 있은 검사와 재판장 및 변호인의 각 심문에 대하여 피고인은 범죄사실을 부인하였고, 수사단계에서도 일관되게 그와 같이 범죄사실을 부인하여 온 점에 비추어 볼 때, 위와 같이 추상적인 항소이유서의 기재만을 가지고 범죄사실을 자백한 것으로 볼 수 없다(99도3341). 20. 경찰간부

2. 자백의 임의성에 영향을 미치는 사유

(1) 예시사유

형사소송법 제309조의 고문·폭행·협박·부당한 장기구속·기망은 자백의 임의성을 의심스럽게 하는 정형적인 예시일 뿐이다(82도2413). 07. 7급국가직, 12. 경찰승진, 18. 경찰1차

(2) 고문·폭행·협박

① 타인, 즉 가족이나 다른 피고인이 고문당하는 것을 보고 자백한 경우도 고문에 의한 자백에 해당한다(77도463). 01·04. 경찰1차, 02. 경사, 06. 경찰2차, 15. 경찰승진

② 임의성 없는 심리상태가 계속된 경우 임의성이 부정된다.
  ㉠ **피고인이 검사 이전의 수사기관에서 가혹행위로 인하여 임의성 없는 자백을 하고, 그 후 검사 조사단계에서도 임의성 없는 심리상태가 계속되어 동일한 내용의 자백을 한 경우(2011도14044)** 01. 경찰1차, 02·03·06. 여경2차, 09. 법원, 10·18. 경찰승진, 15. 해경3차·9급국가직, 17. 해경1차, 19. 9급개론
  ㉡ **피고인이 수사기관에서 가혹행위 등으로 인하여 임의성 없는 자백을 하고, 그 후 법정에서도 임의성 없는 심리상태가 계속되어 동일한 내용을 자백한 경우 (2010도3029)** 15. 9급국가직·변호사, 18. 경찰승진, 19. 해경간부, 20. 경찰간부

③ 검사 작성 피의자신문조서가 사건의 송치를 받은 당일에 작성된 것이었다 하여 그
와 같은 조서의 작성 시기만으로 그 조서에 기재된 피고인의 자백진술이 임의성이
없거나 특히 신빙할 수 없는 상태에서 된 것이라 의심하여 증거능력을 부정할 수
없다(84도378). 17. 해경1차

(3) 신체구속의 부당한 장기화

① 구속영장 없이 13여 일간 불법 구속되어 있으면서 고문이나 잠을 재우지 않는 등
진술의 자유를 침해하는 위법사유가 있는 경우를 말한다.

② 구속기간이 장기라는 이유만으로는 증거능력이 부정되지 않는다.

(4) 기 망

① 적극적인 사술이 사용된 경우 증거능력이 부정된다.
  ⊙ 다른 공범자는 이미 자백을 하였다고 속여 자백을 받아낸 경우 11. 교정특채
  ⓛ 자백하면 피의사실을 불문에 붙이겠다고 하여 얻은 자백 07. 9급국가직
  ⓒ 범행현장에서 지문이 나왔다고 속여 자백을 받아낸 경우
  ⓔ 증거가 발견되었다고 속여 자백을 받아낸 경우
  ⓜ 목격자가 있다고 속여 자백을 받아낸 경우
  ⓗ 거짓말탐지기 검사결과 피의자의 진술이 거짓임이 판명되었다고 기망하여 자백
을 받아낸 경우

② 단순한 착오나 논리모순을 이용하는 것은 통상의 신문방법으로 허용된다.

(5) 약 속

① 국가기관이 자백의 대가로 이익을 제공하겠다고 약속하고 자백하게 하는 것을 말
한다.
  ⊙ 검사가 특정범죄 가중처벌 등에 관한 법률을 적용하지 않고 가벼운 수뢰죄로 처
벌받게 해주겠다는 약속에 의하여 자백한 경우(83도2782)
  ⓛ 가벼운 형으로 처벌받도록 유도한 결과 얻어진 자백(83도2782) 16. 7급국가직
  ⓒ 석방, 기소유예, 가벼운 형의 약속 06. 경위
  ⓔ 검사가 기소유예를 해주겠다고 하여 이를 믿고 한 자백

② 형사처벌과 관련이 있는 이익 이외의 세속적 이익(예 가족보호)도 포함된다.

③ 자백하는 것이 유리하다는 일반적인 약속으로는 임의성이 부정되지 않는다.
  ⊙ 증거가 발견되면 자백하겠다는 약속에 의한 자백
  ⓛ 거짓말탐지기 결과 일정한 반응이 나타나면 자백하겠다는 약속에 의한 자백(83
도712)
  ⓒ 담배나 커피를 주겠다는 약속에 의한 자백

(6) 위법한 신문방법

① 이론적 추궁에 의한 신문은 허용된다.

② 야간신문은 그 자체가 위법한 것은 아니나 피의자가 피로로 인하여 정상적인 판단능력을 상실할 정도의 수면부족상태에서의 자백은 증거능력이 없다.

(7) 진술거부권 불고지

증거능력이 부정된다(판례의 근거는 위법수집증거배제법칙).

(8) 변호인의 조력권 침해

① 변호인 선임권, 변호인 접견교통권의 침해에 의한 자백은 증거능력이 없다.

② 다만, 변호인 아닌 자와의 접견이 금지된 상태하에서 피의자신문조서가 작성된 것만으로는 임의성이 부정되는 것은 아니다(84도846). 14. 경찰1차, 17. 해경1차

(9) 거짓말 탐지기

동의가 있는 경우 위법한 침해로 볼 수 없다.

(10) 마취분석

동의 여부를 불문하고 증거능력이 부정된다. 00. 경찰승진

3. 임의성 입증

진술의 임의성에 다툼이 있을 때에는 검사가 그 임의성의 의문점을 없애는 증명을 하여야 하며 검사가 이를 증명하지 못하면 그 진술증거의 증거능력은 부정된다(99도4940). 21. 경찰승진

▶ 임의성 인정 판례

- 비변호인과의 접견이 제한된 상황하에서 피의자신문조서가 작성되었다는 사실만으로 바로 그 조서가 임의성이 없는 것이라고는 볼 수 없다(84도846). 02. 경사, 03. 여경2차, 04·14. 경찰1차, 07. 검찰9급, 10. 경찰승진·교정특채, 12·18. 경찰간부, 17. 여경·해경1차
- 검사 작성 피의자신문조서가 사건을 송치받은 당일에 작성된 것이었다 하여 자백진술이 임의성이 없거나 특히 신빙할 수 없는 상태에서 된 것이라 의심하여 증거능력을 부정할 수 없다(84도378). 02. 경찰3차, 03. 여경2차, 10. 경찰승진
- 일정한 증거가 발견되면 피의자가 자백하겠다고 한 약속이 검사의 강요나 위계에 의하여 이루어졌다거나 불기소나 경한 죄의 소추 등의 이익과 교환조건으로 된 것으로 인정되지 않는다면 이와 같은 약속하에 된 자백이라 하여 곧 임의성 없는 자백이라고 단정할 수는 없다(83도712). 01·18·19. 경찰1차, 02. 경찰3차, 06·07·10·18·21. 경찰승진, 11. 교정특채, 14. 9급국가직, 15. 변호사, 17. 해경1차, 20. 경찰2차
- 사법경찰관이 영장 없이 40일간 조사한 경우라도 검찰 자백의 임의성을 인정한 사례가 있다(84도1846). 12. 해경간부

- 임의성이 없다고 의심하게 된 사유들과 피고인의 자백과의 사이에 인과관계가 존재하지 않는 것이 명백한 때에는 그 자백은 임의성이 있는 것으로 인정된다(84도2252). 08. 경장, 12. 해경간부, 14. 경찰1차·9급국가직, 16. 변호사, 20. 경찰간부

▶ **임의성 부정 판례**

- 피고인은 검찰에서 자백하고 이어서 진술서를 작성·제출하고 그 다음 날부터 연 3일간 자기의 잘못을 반성하고 자백하는 내용의 양심서 등을 작성·제출하고 경찰의 검증조서에도 피고인이 자백하는 기재가 있으나, 검찰에 송치되자마자 자백은 강요에 의한 것이라고 주장하면서 범행을 부인할 뿐더러 연 4일을 계속하여 매일 한 장씩 진술서 등을 작성한다는 것은 부자연하다는 느낌이 드는 등 사정에 비추어 보면 위의 자백은 신빙성이 희박하다(80도2656). 12. 경찰승진

- 피고인이 검사 이전의 수사기관에서 가혹행위로 인하여 임의성 없는 자백을 하고, 그 후 검사조사단계에서도 임의성 없는 심리상태가 계속되어 동일한 내용의 자백을 하였다면 검사조사단계에서 고문 등 자백 강요행위가 없었더라도 검사 앞에서의 자백은 임의성 없는 자백이라고 보아야 한다(2011도14044). 01. 경찰1차, 02·03·06. 여경2차, 09. 법원, 10·18. 경찰승진, 15. 해경3차·9급국가직, 17. 해경1차

- 피고인이 수사기관에서 가혹행위 등으로 인하여 임의성 없는 자백을 하고, 그 후 법정에서도 임의성 없는 심리상태가 계속되어 동일한 내용의 자백을 하였다면 법정에서의 자백도 임의성 없는 자백이라고 보아야 한다(2010도3029). 15. 9급국가직·변호사, 18. 경찰1차·경찰승진·7급국가직, 21. 경찰승진

- 검찰에서의 자백이 잠을 재우지 아니한 상태에서 임의로 진술된 것이 아닌 경우 이를 유죄의 증거로 삼을 수는 없다(84도141). 12·16. 경찰승진

- 검찰주사가 피의사실을 자백하면 피의사실 부분은 가볍게 처리하고 보호감호의 청구를 하지 않겠다는 각서를 작성하여 주면서 자백을 유도한 경우에는 자백의 증거능력이 인정되지 않는다(85도2182). 10. 교정특채, 10·15·18. 경찰승진, 20. 경찰간부

- 자백하면 가벼운 형으로 처벌받게 해주겠다는 각서를 작성해주고 얻은 진술로 기재한 피의자신문조서는 증거능력이 없다(83도2782). 09. 9급국가직, 10·11. 교정특채, 19. 9급개론

- 진술의 임의성에 다툼이 있을 때에는 검사가 그 임의성의 의문점을 없애는 증명을 하여야 하며, 검사가 이를 증명하지 못하면 그 진술증거의 증거능력은 부정된다(2011도14044). 15. 9급국가직

- 특정범죄 가중처벌 등에 관한 법률 위반(절도)죄 대신 형법상 절도죄를 적용하겠다는 각서를 작성하여 주면서 자백을 유도한 경우 자백의 임의성은 부정된다(95도2182). 15. 변호사

- 검사가 특정범죄 가중처벌 등에 관한 법률을 적용하지 않고 가벼운 수뢰죄로 처벌받게 해주겠다는 약속에 의하여 자백한 경우, 자백의 임의성은 부정된다(83도2782).

- 타인이 고문당하는 것을 보고 자백한 경우도 증거능력이 부정된다(83도2782). 15. 경찰승진

- 별건으로 수감 중인 자를 약 1년 3개월의 기간 동안 무려 270회나 검찰청으로 소환하여 밤늦은 시각 또는 그 다음날 새벽까지 조사를 하였거나, 국외로 출국하여야 하는 상황에 놓여있는 자를 심리적으로 압박하여 조사를 하였을 가능성이 충분하다면 그들에 대한 진술조서는 임의성을 의심할 만한 사정이 있는데, 검사가 그 임의성의 의문점을 해소하는 증명을 하지 못하였으므로 그 진술조서는 증거능력이 없다(2004도517). 20. 경찰간부

- 구속영장 없이 13여 일간 불법 구속되어 있으면서 고문이나 잠을 재우지 않는 등 진술의 자유를 침해하는 위법사유가 있는 증거의 증거능력은 부정된다(86도1646).
- 피의자신문에 참여한 검찰주사가 피의사실을 자백하면 피의사실부분을 가볍게 처리하고 보호감호를 청구하지 않겠다는 각서를 작성해 주면서 자백을 유도하였다면 이는 기망에 의한 자백으로서 임의성이 없다(85도2182).

④ 자백배제법칙의 효과

1. 증거능력의 절대적 부정

① 임의성이 인정되지 않는 자백의 경우 증거능력이 없다.

　㉠ 검사 작성의 피의자신문조서는 성립의 진정함이 인정되더라도 피고인의 진술이 임의로 한 것이 아니라고 의심할 만한 사유가 있으면 증거능력이 없다. 17. 경찰간부

　㉡ 임의성이 인정되지 아니하여 증거능력이 없는 진술증거는 피고인이 증거로 함에 동의하더라도 증거로 삼을 수 없다. 18. 경찰1차 · 9급개론, 19. 법원

② 증거동의가 있는 경우에도 증거능력이 없다. 13 · 14. 경찰간부, 15. 변호사 · 경찰승진, 16. 법원

③ 탄핵증거로도 사용할 수 없다. 01. 여경, 07. 9급국가직, 11 · 12 · 15 · 16. 경찰승진, 13. 경찰간부

2. 상소이유

① 상대적 항소, 상고 이유(제361조의5 제1호, 제383조 제1호)가 된다. ⇨ 법원이 임의성 없는 자백에 근거하여 유죄판결을 하였다면 사실오인이 아니라 법령위반으로 상대적 상소이유에 해당한다. 14. 경찰간부

3. 파생증거의 증거능력 부정

파생증거도 위법하게 수집된 증거이므로, 증거능력이 부정된다.

⑤ 관련문제

1. 인과관계의 문제

임의성이 없다고 의심하게 된 사유들과 피고인의 자백과의 사이에 인과관계가 존재하지 않는 것이 명백한 때에는 그 자백은 임의성이 있는 것으로 인정된다(84도2252).
08. 경장, 12. 해경간부, 14. 경찰1차 · 9급국가직, 16. 변호사, 19. 경찰1차, 20. 경찰간부

OX 임의성이 인정되지 아니하여 증거능력이 없는 진술증거는 피고인이 증거로 함에 동의하더라도 증거로 삼을 수 없다. (○, ×) 18. 경찰1차

Answer

OX
○

2. 검사의 거증책임

① 진술의 임의성은 추정된다(97도1720).

② 피고인이 단순한 이의제기가 아닌 구체적 사실을 들어 임의성에 대해 다툼이 생긴 경우, 검사가 임의성의 의문점을 해소하는 입증을 하여야 한다(97도3234, 2007도7760). 08 · 11 · 13 · 14 · 15 · 17. 9급국가직, 10. 교정특채, 10 · 12 · 14 · 16. 경찰승진, 12 · 13 · 14 · 18 · 20. 경찰간부, 15. 법원 · 해경3차, 17. 법원, 16 · 18. 7급국가직

3. 자유로운 증명

① 진술의 임의성에 대한 증명은 기본적으로 자유로운 증명으로 한다(82도3248). 08 · 11 · 14 · 15. 9급국가직, 09. 전의경, 10 · 16. 경찰승진, 12 · 13 · 14. 경찰간부, 15. 해경3차

② 따라서 자백의 임의성은 조서의 형식과 내용, 진술자의 신분 · 학력 · 지능 등 여러 사정을 종합하여 자유로운 심증으로 판단할 수 있다(2011도6380). 15 · 16. 경찰승진

4. 법원의 직권조사

진술증거의 임의성에 관하여 의심할 만한 사정이 나타나 있는 경우에는 법원은 직권으로 그 임의성 여부에 관하여 조사를 하여야 한다(2004도7900).

5. 자백의 임의성과 신빙성

① 검찰에서의 피고인의 자백이 임의성이 있어 그 증거능력이 부여된다 하여 자백의 진실성과 신빙성까지도 당연히 인정되어야 하는 것은 아니다(2007도4959). 21. 경찰승진

② 그 자백이 증명력이 있다고 하기 위해서는 그 자백의 진술내용 자체가 객관적인 합리성을 띠고 있는가, 그 자백의 동기나 이유 및 자백에 이르게 된 경위가 어떠한가, 자백 외의 정황증거 중 자백과 저촉되거나 모순되는 것이 없는가 하는 점을 합리적으로 따져 보아야 한다.

OX 진술의 임의성에 다툼이 있을 때에는 그 임의성을 의심할 만한 합리적이고 구체적인 사실을 피고인이 증명할 것이 아니고 검사가 그 임의성의 의문점을 없애는 증명을 하여야 한다. (○, ×) 17. 법원

01
□□□
위법한 절차에 의하여 수집된 증거의 증거능력을 부정하는 증거법칙으로 형사소송법은 이를 명문으로 규정하고 있다. (○)

02
□□□
위법수집증거배제법칙은 진술증거와 비진술증거 모두에 적용된다. (○)

03
□□□
수사기관의 절차위반행위가 적법절차의 실질적 내용을 침해하는 경우에 해당하지 않는다면, 법원은 예외적으로 위법하게 수집된 증거를 유죄 인정의 증거로 사용할 수 있다. (○)

04
□□□
경찰관이 이른바 전화사기죄 범행의 혐의자를 긴급체포하면서 그가 보관하고 있던 다른 사람의 주민등록증, 운전면허증 등을 압수한 사안에서, 이는 적법한 압수로서 위 혐의자의 점유이탈물횡령죄 범행에 대한 증거로 사용할 수 있다. (○)

05
□□□
범행 현장에서 지문채취 대상물에 대한 지문채취가 먼저 이루어지고 수사기관이 그 이후에 지문채취 대상물을 적법한 절차에 의하지 아니한 채 압수한 경우, 압수 이전에 채취된 지문은 위법하게 압수한 지문채취 대상물로부터 획득한 2차적 증거에 해당하므로 위법수집증거라 할 수 있다. (×)

06
□□□
군검사가 피고인을 뇌물수수 혐의로 기소한 후 형사사법공조 절차를 거치지 아니한 채 외국에 현지 출장하여 그곳에서 우리나라 국민인 뇌물공여자를 상대로 작성한 참고인 진술조서는 위법수집증거로 증거능력이 없다. (×)

07
□□□
세관공무원이 우편물 통관검사절차에서 압수·수색영장 없이 진행한 우편물의 개봉, 시료채취, 성분분석과 같은 검사의 결과는 원칙적으로 증거능력이 없다. (×)

08
□□□
선거관리위원회 위원·직원이 관계인에게 진술이 녹음된다는 사실을 미리 알려 주지 아니한 채 진술을 녹음하였다면, 그와 같은 조사절차에 의하여 수집한 녹음파일 내지 그에 터 잡아 작성된 녹취록은 형사소송법 제308조의2에서 정하는 '적법한 절차에 따르지 아니하고 수집한 증거'에 해당하여 원칙적으로 유죄의 증거로 쓸 수 없다. (○)

09
□□□
위법한 강제연행상태에서 호흡측정방법에 의한 음주측정을 한 다음, 강제연행상태로부터 시간적·장소적으로 단절되었다고 볼 수 없는 상황에서 피의자가 호흡측정결과를 탄핵하기 위하여 스스로 혈액채취방법에 의한 측정을 할 것을 요구하여 혈액채취가 이루어진 경우 그러한 혈액채취에 의한 측정 결과는 유죄 인정의 증거로 쓸 수 있다. (×)

10
□□□
아직 피의자의 지위에 있지 않는 사람에 대하여는 진술거부권이 고지되지 않았더라도 위법수집증거로 보아 그 진술의 증거능력을 부정할 것이 아니다. (○)

11
□□□
수사기관으로부터 참고인 자격으로 조사를 받으면서 진술거부권을 고지 받지 않았다고 하더라도 그 이유만으로 그 진술조서가 위법수집증거로서 증거능력이 없다고 할 수 없다. (○)

12
□□□
수사기관이 피의자를 신문함에 있어서 피의자에게 미리 진술거부권을 고지하지 않은 때에는 그 피의자 진술은 위법하게 수집된 증거에 해당하나, 그 진술의 임의성이 인정되는 경우에는 증거능력이 인정된다.　　　　(×)

13
□□□
수사기관이 영장 또는 감정처분허가장을 발부받지 아니한 채 피의자의 동의 없이 피의자 신체로부터 혈액을 채취하고 사후에도 지체 없이 영장을 발부받지 않았다면, 그 혈액 중 알코올농도에 관한 감정의뢰회보서는 원칙적으로 유죄의 증거로 사용할 수 없다.　　　　(○)

14
□□□
형사소송법 제217조 제2항, 제3항에 위반하여 압수·수색영장을 청구하여 이를 발부받지 아니하고도 즉시 반환하지 아니한 압수물은 이를 유죄의 증거로 사용할 수 없는 것이나, 피고인이나 변호인이 이를 증거로 함에 동의하면 유죄의 증거로 사용할 수 있다.　　　　(×)

15
□□□
압수·수색영장에 기재된 피의자와 무관한 타인의 범죄사실에 관한 녹음파일을 압수한 경우, 이 녹음파일은 적법한 절차에 따르지 아니하고 수집한 증거로서 이를 증거로 사용할 수 없다.　　　　(○)

16
□□□
위법한 체포에 의한 유치 중에 작성된 피의자신문조서는 위법하게 수집된 증거로서 특별한 사정이 없는 한 이를 유죄의 증거로 할 수 없다.　　　　(○)

17
□□□
피고인이 범행 후 피해자에게 전화를 걸어오자 피해자가 증거를 수집하려고 그 전화내용을 녹음한 경우, 이는 위법하게 수집된 증거에 해당하여 증거능력이 없다.　　　　(×)

18
□□□
3인 간의 대화에서 그중 1인이 그 대화를 녹음한 경우 다른 2인의 발언은 그 녹음자에 대한 관계에서 '타인 간의 대화'라고 할 수 있으므로 위 녹음행위는 통신비밀보호법에 위배된다.　　　　(×)

19
□□□
피의자가 변호인의 참여를 원한다는 의사를 명백하게 표시하였음에도 수사기관이 정당한 사유 없이 변호인을 참여하게 하지 아니한 채 피의자를 신문하여 작성한 피의자신문조서라도 증거능력 자체가 부정되는 것은 아니나, 증명력이 낮게 평가될 수밖에 없다.　　　　(×)

20
□□□
소유자, 소지자 또는 보관자가 아닌 자로부터 제출받은 물건을 영장 없이 압수한 경우 '압수물' 및 '압수물을 찍은 사진'은 이를 유죄 인정의 증거로 사용할 수 없지만 피고인이나 변호인이 이를 증거로 함에 동의하였다면 증거능력이 인정된다.　　　　(×)

21
□□□
사인(私人)인 제3자가 절취한 업무일지를 소송사기의 피해자가 대가를 지급하고 취득한 경우, 그 업무일지는 사기죄에 대한 증거로 사용될 수 있다.　　　　(○)

22
□□□
판례는 고소인이 피고인의 주거에 침입하여 절취한 증거물의 증거능력을 인정하였다.　　　　(○)

23
□□□
음란물 유포의 범죄혐의를 이유로 압수·수색영장을 발부받은 사법경찰관(리)이 피고인의 주거지를 수색하는 과정에서 대마를 발견하자, 피고인을 「마약류관리에 관한 법률」 위반죄의 현행범으로 체포하면서 대마를 압수하였으나 그 다음날 피고인을 석방하고도 사후 압수·수색영장을 발부받지 않은 경우 위 압수물과 압수조서는 증거능력이 부정된다.　　　　(○)

24 수사기관이 사전에 영장을 제시하지 않은 채 구속영장을 집행한 다음 공소제기 후에 이루어진 피고인의 법정진술은 이른바 2차적 증거로서 위법수집증거의 배제원칙에 따라 증거능력이 없다는 것이 판례이다. (×)

25 위법하게 압수한 압수물을 피압수자 등에게 환부하고 후에 임의제출 받아 다시 압수하였다면 이를 유죄의 증거로 사용할 수 있다. (○)

26 제척사유가 있는 통역인이 통역한 증인의 증인신문조서는 유죄 인정의 증거로 사용할 수 없다. (○)

27 독수의 과실이론이란 위법하게 수집된 증거에 의하여 발견된 제2차 증거의 증거능력을 배제하는 이론이다. (○)

28 대법원은 위법수집증거에 의하여 획득한 2차적 증거도 원칙적으로 유죄 인정의 증거로 삼을 수 있다고 판시한 바 있다. (×)

29 적법절차를 위반한 수사행위에 기초하여 수집한 증거라도 적법절차에 위배되는 행위의 영향이 차단되거나 소멸되었다고 볼 수 있는 상태에서 수집한 것이라면 유죄 인정의 증거로 사용할 수 있다. (○)

30 적법절차를 따르지 않고 수집한 증거를 기초로 획득한 2차적 증거라도 1차 증거수집과의 사이에 인과관계의 희석 또는 단절여부를 중심으로 2차적 증거수집과 관련된 모든 사정을 전체적·종합적으로 고려하여 예외적인 경우에는 유죄 인정의 증거로 사용할 수 있다. (○)

31 강도 현행범으로 체포된 피고인이 진술거부권을 고지받지 아니한 채 자백을 하고, 이후 40여 일이 지난 후에 변호인의 충분한 조력을 받으면서 공개된 법정에서 임의로 자백한 경우에 법정에서의 피고인의 자백은 증거로 사용할 수 있다. (○)

32 범죄의 피해자인 검사가 그 사건의 수사에 관여하거나, 압수·수색영장의 집행에 참여한 검사가 다시 수사에 관여하였다는 이유만으로 바로 그 수사가 위법하다거나 그에 따른 참고인이나 피의자의 진술에 임의성이 없다고 볼 수는 없다. (○)

33 비변호인과의 접견이 금지된 상태에서 작성된 피의자신문조서는 당연히 임의성이 부정된다. (×)

34 피고인의 자백이 기망에 의하여 임의성이 없다고 의심할 만한 사유가 있다면 그 사유와 자백 사이에 인과관계가 없는 것이 명백한 경우라고 하더라도 그 자백의 임의성은 인정되지 아니한다. (×)

35 임의성이 인정되지 아니하여 증거능력이 없는 진술증거는 피고인이 증거로 함에 동의하더라도 증거로 삼을 수 없다. (○)

36 일정한 증거가 발견되면 피의자가 자백하겠다고 한 약속이 검사의 강요나 위계에 의하여 이루어졌다던가 또는 불기소나 경한 죄의 소추 등 이익과 교환조건으로 된 것으로 인정되지 않는다면 위와 같은 자백의 약속하에 된 자백이라 하여 곧 임의성 없는 자백이라고 단정할 수는 없다. (○)

37
□□□ 「형사소송법」 제309조는 "피고인의 자백이 고문, 폭행, 협박, 신체구속의 부당한 장기화 또는 기망 기타의 방법으로 임의로 진술한 것이 아니라고 의심할 만한 이유가 있을 때에는 이를 유죄의 증거로 하지 못한다"고 규정하고 있는데, 위 법조에서 규정된 피고인의 진술의 자유를 침해하는 위법사유는 원칙적으로 예시사유로 보아야 한다.　　　(○)

38
□□□ 피고인이 검사 이전의 수사기관에서 가혹행위로 인하여 임의성 없는 자백을 하고, 그 후 검사 조사단계에서도 임의성 없는 심리상태가 계속되어 동일한 내용의 자백을 하였다면 검사 조사단계에서 고문 등 자백 강요행위가 없었더라도 검사 앞에서의 자백은 임의성 없는 자백이라고 보아야 한다.　　　(○)

39
□□□ 피고인이 수사기관에서 가혹행위 등으로 인하여 임의성 없는 자백을 하고 그 후 법정에서도 임의성 없는 심리상태가 계속되어 동일한 내용의 자백을 하였더라도 법정에서의 자백은 임의성 없는 자백이라고 볼 수 없다.　　　(×)

40
□□□ 진술의 임의성에 다툼이 있을 때에는 검사가 그 임의성의 의문점을 없애는 증명을 하여야 하며, 검사가 이를 증명하지 못하면 그 진술증거의 증거능력은 부정된다.　　　(○)

41
□□□ 검사 작성의 피의자신문조서에 기재된 피의자의 진술에 관하여 공판정에서 그 임의성 유무가 다투어 지는 경우 법원은 구체적인 사건에 따라 제반사정을 종합 참작하여 적당하다고 인정되는 방법에 의하여 자유로운 증명으로 그 임의성 유무를 판단하면 된다.　　　(○)

Chapter 14 실전익히기

01
17. 경찰간부

범인식별에 관한 다음 설명 중 가장 옳지 않은 것은? (다툼이 있으면 판례에 의함)

① 범인식별절차에서의 피해자의 진술을 신빙성이 높다고 평가할 수 있으려면, 범인의 인상착의 등에 관한 피해자의 진술 내지 묘사를 사전에 상세하게 기록한 다음, 용의자를 포함하여 그와 인상착의가 비슷한 여러 사람을 동시에 피해자와 대면시켜 범인을 지목하도록 하여야 하고, 용의자와 비교대상자 및 피해자들이 사전에 서로 접촉하지 못하도록 하여야 한다.

② 용의자의 인상착의 등에 의한 범인식별절차에서 용의자 한 사람을 단독으로 목격자와 대질시키거나 용의자의 사진 한 장만을 목격자에게 제시하여 범인 여부를 확인하게 하는 것은 부가적인 사정이 없는 한 그 신빙성이 낮다.

③ 야간에 짧은 시간 동안 강도의 범행을 당한 피해자가 어떤 용의자의 인상착의 등에 의하여 그를 범인으로 진술하는 경우에 피해자가 범행 전에 용의자를 한 번도 본 일이 없고 피해자의 진술 외에는 그 용의자를 범인으로 의심할만한 객관적인 사정이 존재하지 않는 상태에서, 수사기관이 잘못된 단서에 의하여 범인으로 지목하고 신병을 확보한 피의자를 일대일로 대면하고 그가 범인임을 확인한 것이라면, 위 피해자의 진술은 그 신빙성이 낮다.

④ 피해자가 경찰관과 함께 범행 현장에서 강제추행을 저지른 범인을 추적하다 골목길에서 범인을 놓친 직후 골목길에 면한 집을 탐문하여 용의자를 확정한 경우, 그 현장에서 용의자와 피해자의 일대일 대면은 허용되지 않는다.

02
17. 변호사

형사소송법 제308조에 규정된 자유심증주의에 관한 설명 중 옳지 않은 것은? (다툼이 있으면 판례에 의함)

① 증거의 증명력을 법관의 자유판단에 의하도록 하는 것은 그것이 실체적 진실발견에 적합하기 때문이지 법관의 자의적인 판단을 인용한다는 것은 아니다.

② 형사재판에 있어서 유죄로 인정하기 위한 심증형성의 정도는 합리적인 의심을 할 여지가 없을 정도이어야 하고, 여기서 합리적 의심이란 논리와 경험칙에 기하여 요증사실과 양립할 수 없는 사실의 개연성에 대한 합리성 있는 의문을 의미한다.

③ 형사재판에 있어서 관련된 다른 형사사건의 확정판결에서 인정된 사실은 특별한 사정이 없는 한 유력한 증거자료가 되기 때문에 당해 형사재판에서 제출된 다른 증거 내용에 비추어 관련 형사사건 확정판결의 사실판단을 그대로 채택하기 어렵다고 인정될 경우라도 이를 배척할 수 없다.

④ 사실심 법원은 주장과 증거에 대하여 신중하고 충실한 심리를 하여야 하고, 그에 이르지 못하여 필요한 심리를 다하지 아니하는 등으로 판결 결과에 영향을 미친 때에는 사실인정을 사실심 법원의 전권으로 인정한 전제가 충족되지 아니하므로 이는 당연히 상고심의 심판대상에 해당한다.

⑤ 호흡측정기에 의한 음주측정치와 혈액검사에 의한 음주측정치가 다른 경우에 혈액채취에 의한 검사결과를 믿지 못할 특별한 사정이 없는 한, 혈액검사에 의한 음주측정치가 호흡측정기에 의한 측정치보다 측정 당시의 혈중알콜농도에 더 근접한 음주측정치라고 보는 것이 경험칙에 부합한다.

03
다음 중 판례의 태도로 가장 적절하지 않은 것은?

① 형사재판에서 이와 관련된 다른 형사사건의 확정판결에서 인정된 사실은 특별한 사정이 없는 한 유력한 증거자료가 되는 것이나 당해 형사재판에서 제출된 다른 증거 내용에 비추어 관련 형사사건 확정판결의 사실판단을 그대로 채택하기 어렵다고 인정될 경우에는 이를 배척할 수 있다.

② 부검의(剖檢醫)가 사체에 대한 부검을 실시한 후 어떤 것을 유력한 사망원인으로 지시한다고 하여 그 밖의 다른 사인이 존재할 가능성을 가볍게 배제하여서는 아니 되고 특히 형사재판에서 부검의의 소견에 주로 의지하여 유죄의 인정을 하기 위해서는 다른 가능한 사망원인을 모두 배제하기 위한 치밀한 논증의 과정을 거치지 않으면 아니 된다.

③ 상해죄의 피해자가 제출하는 상해진단서는 일반적으로 의사가 당해 피해자의 진술을 토대로 상해의 원인을 파악한 후 의학적 전문지식을 동원하여 관찰·판단한 상해의 부위와 정도 등을 기재한 것으로서 거기에 기재된 상해가 곧 피고인의 범죄행위로 인하여 발생한 것이라는 사실을 직접 증명하는 증거가 되기에 충분하다.

④ 형사재판에서 범죄사실의 인정은 법관으로 하여금 합리적인 의심을 할 여지가 없을 정도의 확신을 가지게 하는 증명력을 가진 엄격한 증거에 의하여야 하므로 검사의 증명이 위와 같은 확신을 가지게 하는 정도에 충분히 이르지 못한 경우에는 비록 피고인의 주장이나 변명이 모순되거나 석연치 않은 면이 있는 등 유죄의 의심이 간다고 하더라도 피고인의 이익으로 판단하여야 한다.

04
21. 9급국가직, 21. 9급개론
위법수집증거배제법칙에 대한 설명으로 옳지 않은 것은? (다툼이 있는 경우 판례에 의함)

① 사인이 위법하게 수집한 증거에 대해서는 효과적인 형사소추 및 형사소송에서의 진실발견이라는 공익과 개인의 인격적 이익 등의 보호이익을 비교형량하여 그 허용 여부를 결정하여야 한다.

② '악'과 같은 대화가 아닌 사람의 목소리를 녹음하거나 청취하는 행위가 개인의 사생활의 비밀과 자유 또는 인격권을 중대하게 침해하여 사회통념상 허용되는 한도를 벗어난

것이 아니라면 위와 같은 목소리를 들었다는 진술을 형사절차에서 증거로 사용할 수 있다.

③ 압수·수색영장의 집행과정에서 별건 범죄혐의와 관련된 증거를 우연히 발견하여 압수한 경우에는 별건 범죄혐의에 대해 별도의 압수·수색영장을 발부받지 않았다 하더라도 위법한 압수·수색에 해당하지 않는다.

④ 위법수집증거배제법칙에 대한 예외를 인정하기 위해서는 예외적인 경우에 해당한다고 볼만한 구체적이고 특별한 사정이 존재한다는 점을 검사가 증명하여야 한다.

05
위법수집증거배제법칙에 관한 설명 중 가장 옳은 것은? (다툼이 있으면 판례에 의함)

① 범행 현장에서 지문채취 대상물에 대한 지문채취가 먼저 이루어지고, 수사기관이 그 이후에 지문채취 대상물을 적법한 절차에 의하지 아니한 채 압수하였다면 위와 같이 채취된 지문은 위법하게 압수한 지문채취 대상물로부터 획득한 2차적 증거에 해당하여 위법수집증거이다.

② 위법한 강제연행 상태에서 호흡측정방법에 의한 음주측정을 한 다음, 강제연행 상태로부터 시간적·장소적으로 단절되었다고 볼 수 없는 상황에서 피의자가 호흡측정결과를 탄핵하기 위하여 스스로 혈액채취방법에 의한 측정을 할 것을 요구하여 혈액채취가 이루어진 경우 그러한 혈액채취에 의한 측정 결과는 유죄 인정의 증거로 쓸 수 있다.

③ 수출입물품 통관검사절차에서는 압수·수색영장 없이 우편물의 개봉이나 시료채취 등을 할 수 있지만, 마약류 불법거래 방지를 위한 조치로서 수사기관의 요청으로 특정한 수출입물품을 개봉하여 그 내용물의 점유를 취득하면서 사전이나 사후에 영장을 발부받지 않았다면 이는 위법한 증거수집에 해당한다.

④ 甲이 적법하게 긴급체포되어 조사를 받고 구속영장이 청구되지 아니하여 석방된 후 검사가 석방 통지를 법원에 하지 아니하였다면 긴급체포에 의한 유치 중에 작성된 甲에 대한 피의자신문조서는 증거능력이 부정된다.

06

위법수집증거에 관한 다음 설명 중 가장 옳지 않은 것은? (다툼이 있으면 판례에 의함)

① 판례는 비진술증거인 증거물에 대하여도 위법수집증거의 배제원칙을 인정하고 있다.

② 아직 피의자의 지위에 있지 않는 사람에 대하여는 진술거부권이 고지되지 않았더라도 위법수집증거로 보아 그 진술의 증거능력을 부정할 것이 아니다.

③ 수사기관이 사전에 영장을 제시하지 않은 채 구속영장을 집행한 다음 공소제기 후에 이루어진 피고인의 법정진술은 이른바 2차적 증거로서 위법수집증거의 배제원칙에 따라 증거능력이 없다는 것이 판례이다.

④ 판례는 고소인이 피고인의 주거에 침입하여 절취한 증거물의 증거능력을 인정하였다.

07

증거능력에 관한 설명 중 옳지 않은 것은? (다툼이 있는 경우 판례에 의함)

① 호텔 투숙객 甲이 마약을 투약하였다는 신고를 받고 출동한 경찰관이 임의동행을 거부하는 甲을 강제로 경찰서로 데리고 가서 채뇨 요구를 하자 이에 甲이 응하여 소변검사가 이루어진 경우, 그 결과물인 소변검사시인서는 증거능력이 없다.

② 교도관이 보관하고 있던 피고인의 비망록을 피고인의 승낙 없이 수사기관에 임의제출한 경우, 그 비망록은 증거능력이 없다.

③ 검사가 甲을 긴급체포하여 조사 중, 甲의 친구인 변호사 A가 甲의 변호인이 되기 위하여 검사에게 접견신청을 하였으나, 검사가 변호인선임신고서의 제출을 요구하면서 변호인 접견을 못하게 한 상태에서 검사가 작성한 甲에 대한 피의자신문조서는 甲에 대한 유죄의 증거로 사용할 수 없다.

④ 피고인의 뇌물수수 범행에 대한 추가적인 증거를 확보할 목적으로, 수사기관이 구속 수감되어 있던 A에게 휴대전화를 제공하여 피고인과 통화하게 하고 그 통화내용을 녹음하게 한 경우, 이를 근거로 작성된 녹취록은 피고인이 증거로 함에 동의하더라도 증거능력이 없다.

08

독수의 과실이론에 관한 설명으로 가장 적절하지 않은 것은? (다툼이 있으면 판례에 의함)

① 독수의 과실이론이란 위법하게 수집된 증거에 의하여 발견된 제2차 증거의 증거능력을 배제하는 이론이다.

② 대법원은 위법수집 증거에 의하여 획득한 2차적 증거도 원칙적으로 유죄 인정의 증거로 삼을 수 있다고 판시한 바 있다.

③ 적법절차를 따르지 않고 수집한 증거를 기초로 획득한 2차적 증거라도 1차 증거수집과의 사이에 인과관계의 희석 또는 단절여부를 중심으로 2차적 증거수집과 관련된 모든 사정을 전체적·종합적으로 고려하여 예외적인 경우에는 유죄 인정의 증거로 사용할 수 있다.

④ 강도 현행범으로 체포된 피고인이 진술거부권을 고지받지 아니한 채 자백을 하고, 이후 40여일이 지난 후에 변호인의 충분한 조력을 받으면서 공개된 법정에서 임의로 자백한 경우에 법정에서의 피고인의 자백은 증거로 사용할 수 있다.

09

자백배제법칙에 대한 설명으로 가장 적절한 것은? (다툼이 있는 경우 판례에 의함)

① 피고인이나 그 변호인이 검사 작성의 당해 피고인에 대한 피의자 신문조서의 임의성을 인정하는 진술을 하였다가 이를 번복하는 경우에는 검사가 아니라 피고인이 그 임의성의 의문점을 없애는 증명을 하여야 한다.

② 임의성이 의심되는 자백은 피고인이 증거동의를 하더라도 유죄의 증거로는 사용할 수 없으나, 탄핵증거로는 사용할 수 있다.

③ 진술거부권을 고지하지 아니하고 받은 자백도 진술의 임의성이 인정되는 경우에는 증거능력이 인정된다.

④ 일정한 증거가 발견되면 피의자가 자백하겠다고 한 약속이 검사의 강요나 위계에 의하여 이루어졌다던가 또는 불기소나 경한 죄의 소추 등 이익과 교환 조건으로 된 것으로 인정되지 않는다면 위와 같은 자백의 약속하에 된 자백이라 하여 곧 임의성이 없는 자백이라고 단정할 수 없다.

10

자백의 증거능력에 관한 설명 중 가장 적절하지 않은 것은? (다툼이 있는 경우 판례에 의함)

① 피고인이 직접 고문을 당하지 않았다 할지라도 다른 피고인이 고문당하는 것을 보고 자백한 경우에는 자백의 증거능력이 인정되지 않는다.

② 비변호인과의 접견이 금지된 상태에서 작성된 피의자신문조서는 당연히 임의성이 부정된다.

③ 구속영장에 의함이 없이 경찰에 연행된 이래 강압적인 수사를 받아 15일간의 불법구금상태에서의 자백은 증거능력이 인정되지 않는다.

④ 검찰주사가 피의사실을 자백하면 피의사실 부분은 가볍게 처리하고 보호감호의 청구를 하지 않겠다는 각서를 작성하여 주면서 자백을 유도한 경우에는 자백의 증거능력이 인정되지 않는다.

11

자백배제법칙에 대한 설명으로 가장 적절하지 않은 것은? (다툼이 있는 경우 판례에 의함)

① 임의성이 인정되지 아니하여 증거능력이 없는 진술증거는 피고인이 증거로 함에 동의하더라도 증거로 삼을 수 없다.

② 일정한 증거가 발견되면 피의자가 자백하겠다고 한 약속이 검사의 강요나 위계에 의하여 이루어졌다던가 또는 불기소나 경한 죄의 소추 등 이익과 교환조건으로 된 것으로 인정되지 않는다면 위와 같은 자백의 약속하에 된 자백이라 하여 곧 임의성 없는 자백이라고 단정할 수는 없다.

③ 형사소송법 제309조는 "피고인의 자백이 고문, 폭행, 협박, 신체구속의 부당한 장기화 또는 기망 기타의 방법으로 임의로 진술한 것이 아니라고 의심할 만한 이유가 있을 때에는 이를 유죄의 증거로 하지 못한다."고 규정하고 있는데, 위 법조에서 규정된 피고인의 진술의 자유를 침해하는 위법사유는 원칙적으로 예시사유로 보아야 한다.

④ 피고인이 수사기관에서 가혹행위 등으로 인하여 임의성 없는 자백을 하고 그 후 법정에서도 임의성 없는 심리상태가 계속되어 동일한 내용의 자백을 하였더라도 법정에서의 자백은 임의성 없는 자백이라고 볼 수 없다.

Answer

01 ④ [×] 지문과 같은 상황에서는 예외적으로 일대일 대면이 허용된다.
02 ③ [×] 배척할 수 있다.
03 ③ [×] 상해진단서만으로는 상해가 곧 피고인의 범죄행위로 인하여 발생한 것이라는 사실을 직접 증명하는 증거가 되기에 부족하다.
04 ③ [×] 별도의 압수·수색 영장을 발부받아야 한다(2011도1839).
05 ③ [○] 2014도8719
06 ③ [×] 이 경우 피고인의 법정진술은 이른바 2차적 증거로서 예외적으로 증거능력이 있다.
07 ② [×] 증거능력이 있다(2008도1097).
08 ② [×] 원칙적으로 유죄 인정의 증거로 할 수 없다.
09 ④ [○] 대판 1983.9.13, 83도712
10 ② [×] 검사의 비변호인과의 접견금지결정으로 피고인들의 접견이 제한된 상황하에서 피의자신문조서가 작성되었다는 사실만으로 바로 그 조서가 임의성이 없는 것이라고는 볼 수 없다(84도846).
11 ④ [×] 임의성 없는 자백이라고 보아야 한다.

111

제4절 전문법칙

1 전문증거

1. 전문증거의 의의

① 전문증거란 사실인정의 기초가 되는 경험사실을 경험자 자신이 직접 법원에 진술하지 않고 다른 형태에 의하여 간접적으로 보고하는 것을 말한다. 01. 여경2차

② 반대로 원본증거는 사실을 체험한 자가 중간의 매개체를 거치지 않고 직접 법원에 진술하는 증거이다.

2. 전문증거의 범위

(1) 진술증거

① 전문증거는 경험사실에 대한 경험자의 진술을 내용으로 하는 것이므로 진술증거이다.

② 따라서 진술증거가 아닌 것(비진술증거)은 전문증거가 될 수 없다.

③ 예를 들어 범행에 사용된 도구, 검증의 대상인 물건이나 장소, 문서위조의 경우 위조된 서증은 전문증거가 아니다.

(2) 공판정 외의 진술

① 전문증거는 경험사실에 대한 경험자 자신이 직접 법원에 진술하지 않고 다른 형태에 의하여 간접적으로 보고하는 것이다.

② 따라서 직접 보고하는 형태의 경우는 전문증거라고 할 수 없다.

③ 예를 들어 증인의 공판정에서의 진술, 범죄피해자의 법정증언, 피고인의 공판정에서의 자백은 전문증거가 아니다.

(3) 요증사실과 관련성

① 진술의 의미내용이 요증사실과 관련되어 있어야 한다. 따라서 진술의 의미내용이 아니라 그 존재 자체(존부)가 문제될 때에는 원본증거이지 전문증거가 아니다(2008도5347). 14. 경찰1차, 14 · 16. 법원, 16. 9급국가직

ㄱ 다른 사람의 진술, 즉 원진술의 내용인 사실이 요증사실인 경우에는 전문증거이지만, 원진술의 존재 자체가 요증사실인 경우에는 본래증거이지 전문증거가 아니다(2018도14303). 21. 경찰1차

ㄴ 어떤 진술이 기재된 서류가 그 내용의 진실성이 범죄사실에 대한 직접증거로 사용될 때는 전문증거가 되지만, 그와 같은 진술을 하였다는 것 자체 또는 진술의 진실성과 관계없는 간접사실에 대한 정황증거로 사용될 때는 반드시 전문증거가 되는 것이 아니다(2018도14303). 21. 경찰1차

☑ 전문증거의 형태
• 타인이 경험한 사실을 증인이 법정에서 진술하는 경우(전문진술 또는 전문증언) 02. 행시, 04. 경찰2차
• 경험자 자신이 경험사실을 서면에 기재하는 경우(진술서 또는 자술서)
• 경험사실을 들은 타인이 서면에 기재하는 경우(진술녹취서)

ⓒ 그러나 어떠한 내용의 진술을 하였다는 사실 자체에 대한 정황증거로 사용될 것이라는 이유로 서류의 증거능력을 인정한 다음 그 사실을 다시 진술 내용이나 그 진실성을 증명하는 간접사실로 사용하는 경우에 그 서류는 전문증거에 해당한다(2018도14303).

② 예를 들어 "甲이 乙을 살해하는 것을 목격했다."라는 丙의 말을 들은 丁이 丙의 진술내용을 증언하는 경우, 甲의 살인사건에 대하여는 전문증거이지만, 丙의 명예훼손 사건에 대하여는 전문증거가 아니다. 17. 여경, 18 · 21. 경찰간부 · 9급국가직 · 9급개론

(4) 진실성과 관련 없는 정황증거

① 전문진술이 원진술자의 심리적 · 정신적 상황을 증명하기 위한 정황증거로 사용되는 경우에는 원진술의 내용인 요증사실인 경우가 아니므로 전문법칙이 적용되지 않는다. 10 · 13 · 14. 경찰승진, 12. 해경간부, 14. 경찰1차, 14 · 16. 법원, 16. 9급국가직 · 9급개론

② 예를 들어 살인 피의자 A가 범행 후 "나는 신이다"라고 말하는 것을 들은 B가 그 사실을 증언하는 경우, B의 진술은 전문진술이 아니다.

▶ 원본증거와 전문증거의 비교(피고인 A가 B를 강제추행한 혐의로 기소된 사건)

원본증거	• A가 B를 추행하는 현장을 목격한 C가 증인으로서 법정에 출석하여 "나는 A가 B를 추행하는 것을 보았다."고 증언하는 경우
전문증거	• C가 목격한 바를 D에게 말하고 D가 증인으로서 법정에 출석하여 "나는 C로부터 A가 B를 추행하는 것을 보았다는 말을 들었다."라고 증언하는 경우 • C가 목격한 바를 진술서로 작성하고, 이 진술서가 증거로 제출된 경우 • C가 목격한 바를 D에게 이야기하여, D가 이를 문서로 작성하고, 이 문서가 증거로 제출된 경우

▶ 업무수첩과 전문법칙(2018도14303)

• 피고인이 공소외 1에게 말한 내용에 관한 공소외 1의 업무수첩 등에는 '피고인이 공소외 1에게 지시한 내용'(이하 '지시 사항 부분'이라 한다)과 '피고인과 개별 면담자가 나눈 대화 내용을 피고인이 단독 면담 후 공소외 1에게 불러주었다는 내용'(이하 '대화 내용 부분'이라 한다)이 함께 있다.

• 첫째, 공소외 1의 진술 중 지시 사항 부분은 피고인이 공소외 1에게 지시를 한 사실을 증명하기 위한 것이라면 원진술의 존재 자체가 요증사실인 경우에 해당하여 본래증거이고 전문증거가 아니다. 그리고 공소외 1의 업무수첩 중 지시 사항 부분은 형사소송법 제313조 제1항에 따라 공판준비나 공판기일에서 그 작성자인 공소외 1의 진술로 성립의 진정함이 증명된 경우에는 진술증거로 사용할 수 있다.

기출 키워드 체크

어떤 진술이 기재된 서류가 그 내용의 진실성이 범죄사실에 대한 직접증거로 사용될 때 전문증거가 되는 경우, 그와 같은 진술을 하였다는 것 자체 또는 그 진술의 _____과 _____ 간접사실에 대한 정황증거로 사용될 때는 반드시 _____ 증거가 되는 것은 아니다.

- 둘째, 공소외 1의 업무수첩 등의 대화 내용 부분이 피고인과 개별 면담자 사이에서 대화한 내용을 증명하기 위한 진술증거인 경우에는 전문진술로서 형사소송법 제316조 제1항에 따라 그 진술이 특히 신빙할 수 있는 상태에서 한 것임이 증명된 때에 한하여 증거로 사용할 수 있다. 이 사건에서 공소외 1의 업무수첩 등이 이 요건을 충족하지 못한다. 따라서 공소외 1의 업무수첩 등은 피고인과 개별 면담자가 나눈 대화 내용을 추단할 수 있는 간접사실의 증거로 사용하는 것도 허용되지 않는다. 이를 허용하면 대화 내용을 증명하기 위한 직접증거로 사용할 수 없는 것을 결국 대화 내용을 증명하는 증거로 사용하는 결과가 되기 때문이다.
- 공소외 1의 업무수첩은 공소외 1이 사무처리의 편의를 위하여 자신이 경험한 사실 등을 기재해 놓은 것에 지나지 않는다. 이것은 '굳이 반대신문의 기회 부여가 문제 되지 않을 정도로 고도의 신용성에 관한 정황적 보장이 있는 문서'라고 보기 어려우므로, 형사소송법 제315조 제3호의 '기타 특히 신용할 만한 정황에 의하여 작성된 문서'에 해당하지 않는다. 따라서 공소외 1의 업무수첩이 형사소송법 제315조 제3호에서 정한 문서에 해당하므로 증거능력이 있다는 상고이유 주장은 이유 없다.

▶ **요증사실과 관련성과 전문증거**(범인 B가 피해자 A를 강제추행한 경우)

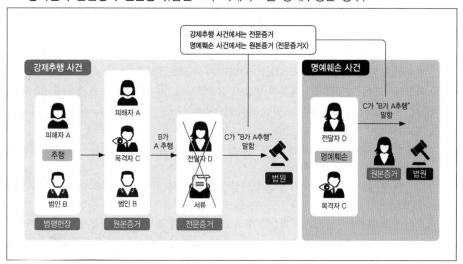

② 전문법칙

형사소송법
제310조의2 【전문증거와 증거능력의 제한】 제311조 내지 제316조에 규정한 것 이외에는 공판준비 또는 공판기일에서의 진술에 대신하여 진술을 기재한 서류나 공판준비 또는 공판기일 외에서의 타인의 진술을 내용으로 하는 진술은 이를 증거로 할 수 없다.

Answer

기출 키워드 체크
진실성, 관계없는, 전문

1. 전문법칙의 의의

① 전문증거는 증거가 아니며 증거능력이 없다는 것을 전문법칙이라 한다(제310조의2).

② 전문증거가 아니거나 탄핵증거, 증거동의가 있는 경우에는 전문법칙이 적용되지 않는다.

2. 배제되는 절차

① 즉결심판절차, 약식절차 02. 행시, 08. 9급국가직에서는 전문법칙이 적용되지 않는다.

② 간이공판 절차의 경우, 당사자가 이의를 하지 않는 한 전문증거도 증거동의가 의제되어 증거능력을 가진다.

▶ **전문증거에 해당한다고 본 사례**

- 피의자를 신문한 경찰관의 법정증언 01. 경사
- 진술서
- 진술조서
- 공판과정에서 작성된 조서
- (공포감 등을 일으키는 문자를 전송받은) 피해자가 제3자에게 피해사실을 알리는 데 사용된 휴대전화 화면(사진) 17. 9급개론 · 9급국가직 · 변호사, 19. 경찰간부
- 압수된 디지털 저장매체로부터 출력한 문건을 진술증거로 사용하는 경우, 그 기재내용 진실성에 관한 부분(2012도16001) 16. 9급국가직 · 9급개론, 16 · 18. 7급국가직
- 녹음테이프에 녹음된 전화대화의 내용이 검증조서에 첨부된 녹취서에 기재된 내용과 같다는 검증조서 기재 중 피고인 아닌 자의 진술내용(2007도10755)(제311조가 아니라 제313조에 의해 증거능력 인정) 17. 여경
- 횡령죄로 기소된 D의 의뢰를 받은 변호사가 작성하여 D에게 이메일로 전송한 '법률의견서'를 출력한 사본 19. 변호사
- F가 한 진술의 내용인 사실이 요증사실인 경우, F의 진술을 내용으로 하는 G의 진술 19. 변호사
- 甲이 반국가단체 구성원 A와 회합한 후 A로부터 지령을 받고 국가기밀을 탐지 · 수집하였다는 공소사실로 기소되었고, 甲의 컴퓨터에서 "A 선생 앞: 2011년 면담은 1월 30일 북경에서 하였으면 하는 의견입니다."라는 등의 내용이 담겨져 있는 파일이 발견되었는데, 이 파일이 甲과 A의 회합을 입증하기 위한 증거로 제출된 경우(2013도2511) 19. 9급국가직

▶ **전문증거에 해당하지 않는다고 본 사례**

- 경험사실을 직접 진술 ⇨ 원본증거
  - 현행범인을 체포한 사법경찰관이 범행을 목격한 부분에 관하여 한 법정증언(95도535) 10 · 15. 경찰승진, 20. 경찰2차
  - 피고인의 공판정에서의 자백 02. 행시, 06. 경찰1차, 08. 9급국가직
  - 범행목격자의 공판정에서의 증언 15. 경찰승진
  - 공판기일에서의 감정인의 진술 09. 9급국가직
  - 범죄피해자의 법정증언 16. 변호사

- 원진술 존재 자체가 요증사실인 경우 17. 해경간부·여경, 18. 경찰간부·9급국직·9급개론, 19. 7급국직
- 원진술의 진실성과 관계없는 간접사실에 대한 정황증거(99도1252, 2012도16001 등) 10·13· 14. 경찰승진, 12. 해경간부, 14. 경찰1차, 14·16. 법원, 16. 9급국직·19급개론
  - B가 C를 껴안은 행동이 폭행인지 우정의 표현인지를 설명하기 위하여 그 장면을 목격한 A가 법정에서 "B는 C에게 나쁜 놈이라고 격노에 찬 말을 하였다"라고 증언한 경우, A의 증언 13. 경찰간부
  - 피고인 B의 정신상태를 나타내기 위해 A가 "평소 B는 자신이 신이라고 말하였다"고 증언한 경우, A의 증언 13. 경찰간부
  - 사인이 피고인 아닌 사람과의 대화내용을 녹음한 녹음테이프에 대하여 법원이 그 진술 당시 진술자의 상태 등을 확인하기 위하여 작성한 검증조서(2007도10755)(제313조가 아니라 제311조에 의해 증거능력 인정) 17. 여경, 18. 경찰간부
  - 진술 당시 진술자가 술에 취해 횡설수설하였다는 것을 확인하기 위하여 제출된 진술 18. 변호사
- 비진술증거
- 부정수표단속법위반죄의 부도수표(사본)(2015도2275) 16. 변호사, 16·17. 7급국직, 17·20. 법원· 경찰간부, 19. 7급국직·경찰2차
- 무고죄의 고소장
- 협박죄의 협박을 위해 사용된 말, 협박편지
- 명예훼손죄의 명예훼손을 위해 사용된 말, 편지, 사진, 휴대폰 문자(사진), 유인물 15. 변호사
- 정보통신망법을 위반하여 공포감 등을 일으키는 문자 전송에 사용된 휴대전화 화면(사진)(2006도2556) 14·19·20. 경찰1차, 16. 법원·7급국직·경찰2차, 17. 9급개론·9급국직, 18. 경찰간부· 경찰승진, 19. 경찰간부·변호사·9급개론, 21. 경찰간부 ⇨ 휴대전화기를 법정에 제출할 수 없거나 그 제출이 곤란한 사정이 있고, 그 사진의 영상이 휴대전화기의 화면에 표시된 문자정보와 정확하게 같다는 사실이 증명되면 증거로 사용할 수 있다.
- 사기죄의 기망의 말을 들었다는 진술(2012도2937) 17. 경찰간부, 19. 9급개론 ⇨ 증인이 법정에서 "갑이 ○○체육관 부지를 공시지가로 매입하게 해 주겠다고 말하였다."라고 증언하였는데, 그 증언이 갑이 그와 같이 말한 사실의 존재를 증명하기 위한 증거로 제출된 경우(2012도2937)
- B가 무고죄로 기소된 사건에서 A가 B로부터 "C가 훔치는 것을 보았다"라는 말을 전해 들었다고 증언한 경우, A의 증언 13. 경찰간부
- 甲이 공판정에서 "乙로부터 '해외여행을 가려고 하는데 여행사에 대금을 대신 내주면 잘 봐 주겠다'라는 말을 들었다."는 취지의 진술을 한 경우, 甲의 진술로 증명하고자 하는 사실이 '乙이 위와 같은 내용의 말을 하였다'는 것이라면 甲이 乙로부터 위와 같은 말을 들었다고 하는 진술은 전문증거가 아니라 본래증거에 해당함 18. 7급국직
- 건축허가를 둘러싼 A의 알선수재사건에서 "건축허가 담당공무원에게 내(B)가 사례비 2,000만원을 주기로 A와 상의하였다."라는 B의 증언(2008도8007) 19. 변호사, 21. 경찰간부
- 甲이 반국가단체로부터 지령을 받고 국가기밀을 탐지·수집하였다는 공소사실로 기소되었는데 甲의 컴퓨터에 저장되어 있던 국가기밀을 담은 서류가 증거로 제출된 경우(2013도2511) 19. 변호사·9급개론

3. 전문법칙의 예외

(1) 의 의

① 전문법칙의 예외란 전문법칙이 적용되어 원칙적으로 증거능력이 없는 전문증거가 예외적으로 증거능력이 인정되는 경우를 말한다.

② 형사소송법은 제311조 내지 제316조에서 전문법칙의 예외를 규정하고 있다.

(2) 예외 인정의 기준

1) 신용성의 정황적 보장

① 신용성의 정황적 보장이란 공판정 외에서의 진술의 진실성이 여러 정황에 의하여 고도로 보장되어 있는 경우를 말한다.

② 여기서 신용성이란 진술내용의 진실성을 의미하는 것이 아니라 그 진술의 진실성을 담보할 만한 외부적 상황을 의미한다.

2) 필요성

① 필요성이란 원진술과 같은 가치의 증거를 얻는 것이 불가능하거나 현저히 곤란하기 때문에 전문증거라도 사용할 필요성이 있는 경우를 말한다.

② 형사소송법은 필요성을 "사망·질병·외국거주·소재불명, 그 밖에 이에 준하는 사유로 진술할 수 없는 때"라고 규정하고 있다(제314조, 제316조).

3) 양자의 관계

① 신용성의 정황적 보장과 필요성은 상호보완관계 및 반비례관계에 있다.

② 따라서 일방의 요건이 강하게 충족되면 타방의 요건의 충족도는 이에 따라서 완화된다.

(3) 예외 요건

① 전문법칙의 예외요건은 형사소송법 제311조부터 제316조에 규정되어 있다.

② 이 조문들에서는 각각의 경우에서 몇 가지 요건들을 만족하면 전문증거라도 예외적으로 증거능력을 인정하고 있다.

(4) 전문법칙 예외(제311조~제316조)에 사용되는 요건들

1) 실질적 진정성립

① 문서의 진정함(진술 = 기재)을 말한다.

② 예전에는 형식적 진정성립(서명, 날인, 간인 등이 진정한 것)이 인정되면 실질적 진정성립이 추정되었으나, 판례가 변경되어 이러한 추정이 인정되지 않는다.

2) 내용 인정

① 문서의 기재가 사실(진실)에 부합하는 것을 말한다(사실 = 기재).

② 내용인정은 실질적 진정성립보다 더 엄격한 요건이라고 볼 수 있다.

3) 반대신문권 보장

① 원진술자에 대한 반대신문 기회의 보장을 말한다.

② 반대신문의 기회만 보장되면 되고 실제 반대신문이 이루어지지 않아도 무방하다.

4) 특신상태

원진술자의 진술이 믿을만 하고, 제대로 전달되었을 만한 상황이 인정되는 것을 말한다.

5) 필요성

① 진술을 해야 할 사람이 사망, 질병, 외국거주, 소재불명 등으로 진술할 수 없는 경우를 말한다.

② 이러한 경우, 예외적으로 다른 사람의 진술이나 서류 등의 증거능력을 인정할 필요가 있는 것이다.

6) 적법절차와 방식

① 수사과정에서 작성된 문서들은 법에서 정하고 있는 절차와 방식에 의해 작성되어야 한다.

② 따라서 수사과정에서 작성된 문서들이 증거능력을 가지기 위해서는 '적법절차와 방식'을 갖추어야 한다.

7) 자필·서명·또는 날인

① 수사과정 외 작성된 문서들은 원칙적으로 원진술자(또는 작성자)의 자필 또는 서명 또는 날인이 필요하다.

② 판례는 녹음파일 등은 예외적으로 이 요건을 갖추지 않아도 증거능력을 인정하기도 한다.

8) 디지털 포렌식, 감정 등

① 디지털 포렌식, 감정 등을 통해 문서가 진정함을 인정하는 방법이다.

② 컴퓨터 파일 등은 원진술자(작성자)의 진정성립이 어려운 경우, 디지털 포렌식, 감정 등을 통해 진정성립이 인정될 수 있다.

▶ 전문증거의 예외 관련 조문 체계

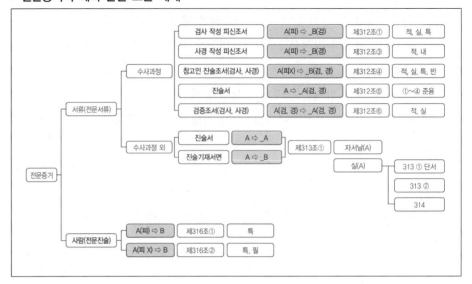

❸ 제311조(법원 또는 법관면전조서)

> **형사소송법**
> 제311조 【법원 또는 법관의 조서】 공판준비 또는 공판기일에 피고인이나 피고인 아닌 자의 진술을 기재한 조서와 법원 또는 법관의 검증의 결과를 기재한 조서는 증거로 할 수 있다. 제184조 및 제221조의2의 규정에 의하여 작성한 조서도 또한 같다.

1. 의 의

① 법원·법관의 면전에서의 진술을 기재한 조서는 그 성립이 진정하고 신용성의 정황적 보장이 높기 때문에 무조건 증거능력이 인정된다. 18. 경찰승진

② 공판준비 또는 공판기일에 피고인이나 피고인 아닌 자의 진술을 기재한 조서와 법원 또는 법관의 검증의 결과를 기재한 조서는 증거로 할 수 있다. 제184조 및 제221조의2의 규정에 의하여 작성한 조서도 또한 같다(제311조). 20. 경찰간부

2. 피고인 또는 피고인 아닌 자의 진술을 기재한 조서

(1) 공판(준비)조서

공판조서뿐 아니라 공판기일이나 공판준비기일에 만들어진 증인신문조서 등도 이에 해당한다.

OX 공판준비 또는 공판기일에 피고인이나 피고인 아닌 자의 진술을 기재한 조서와 법원 또는 법관의 검증의 결과를 기재한 조서는 증거로 할 수 있다. (○, ×) 18. 경찰승진

Answer
OX
○

(2) 진술이 없는 경우

제311조는 진술을 직접 청취하지 않은 법관이 다음과 같이 원본진술을 증거로 사용해야 하는 경우에 사용되는 조문이다.

ㄱ 판사가 경질된 경우 새로운 판사가 기존의 피고인, 피고인 아닌 자의 진술을 증거로 사용하는 경우

ㄴ 상소심에서 원심에서 이루어진 진술을 증거로 사용하는 경우

ㄷ 기타 파기환송, 이송 등에 있어 원진술이 재현불가능한 경우 등

(3) 당해사건 공판조서

① 제311조는 당해사건의 공판조서나 공판준비조서에 대해서만 적용된다. ⇨ 공판(준비)기일에 피고인의 진술을 기재한 조서는 전문법칙에도 불구하고 증거로 할 수 있다. 18. 9급개론

② 다른 사건의 공판조서는 제311조가 아니라 제315조 제3호의 당연히 증거능력 있는 서류로 보아야 한다.

(4) 증거보전, 수사상 증인신문

증거보전절차 및 수사상 증인신문은 수소법원에 준하여 절차가 진행되고 수임판사에게 수소법원 또는 재판장과 동일한 권한을 인정하고 있다는 점(제184조 제2항, 제221조의2 제4항)을 감안하여 예외적으로 수소법원의 조서와 동일하게 증거능력을 인정하고 있다. 10·12·13. 경찰승진, 12. 법원, 15. 경찰간부, 18. 변호사

3. 법원 또는 수소법원 법관 작성의 검증조서

법원 또는 법관의 검증의 결과를 기재한 조서는 당연히 증거능력이 인정된다(제311조). 18. 경찰승진

❹ 피의자신문조서(제312조 제1·2·3항)

1. 의 의

① 피의자신문조서란 수사기관인 검사 또는 사법경찰관이 피의자를 신문하여 그 진술을 기재한 조서를 말한다.

② 피의자신문조서인지 여부는 형식이 아니라 실질에 의해 판단하여야 한다. 08. 7급국가직, 11. 법원, 15. 해경3차, 16. 경찰1차·경찰간부 ⇨ 수사과정에서 담당 검사가 피의자와 대화하는 내용과 장면을 녹화한 비디오테이프에 대한 법원의 검증조서는 피의자신문조서와 실질적으로 같다고 볼 것이므로 피의자신문조서에 준하여 그 증거능력을 가려야 한다(92도682). 05·06. 경찰, 07·08. 7급국가직, 12. 법원·해경간부, 13·14. 경찰승진, 19. 경찰1차

OX 공판기일에 피고인의 진술을 기재한 조서는 전문법칙에도 불구하고 증거로 할 수 있다. (○, ×)
18. 9급개론

Answer

OX

○

2. 전제 조건

① 피의자신문조서의 증거능력을 인정하기 위해서는 조서에 기재된 진술의 임의성이 인정되고 수집과정이 적법한 절차에 따라야 한다.

② 즉, 진술의 내용이 자백인 때에는 제309조에 의하여, 자백 이외의 진술인 때에는 제317조에 의하여 임의성이 인정되어야 하고 위법수집증거가 아니어야 한다(제308조의2).

3. 검사 작성의 피의자신문조서

> **형사소송법**
> 제312조【검사 또는 사법경찰관의 조서 등】① 검사가 피고인이 된 피의자의 진술을 기재한 조서는 적법한 절차와 방식에 따라 작성된 것으로서 피고인이 진술한 내용과 동일하게 기재되어 있음이 공판준비 또는 공판기일에서의 피고인의 진술에 의하여 인정되고, 그 조서에 기재된 진술이 특히 신빙할 수 있는 상태하에서 행하여졌음이 증명된 때에 한하여 증거로 할 수 있다.
> ② 삭제

(1) 의 의

검사가 피고인이 된 피의자의 진술을 기재한 조서는 적법한 절차와 방식에 따라 작성된 것으로서 피고인이 진술한 내용과 동일하게 기재되어 있음이 공판준비 또는 공판기일에서의 피고인의 진술에 의하여 인정되고 그 조서에 기재된 진술이 특히 신빙할 수 있는 상태하에서 행하여졌음이 증명된 때에 한하여 증거로 할 수 있다(제312조 제1항). 18. 경찰2차

(2) 작성의 주체

① 피의자신문조서가 형사소송법 제312조 제1항이나 제2항에 의하여 증거능력이 인정되려면 검사에 의해서 작성된 것이어야 한다.

② 검사직무대리의 경우 합의부 사건에 해당하지 아니하는 사건에 관해 검사의 직무를 대리할 수 있으므로(검찰청법 제32조), 검사직무대리가 이러한 사건의 피의자신문조서를 작성한 경우에는 법 제312조 제1항·제2항의 요건을 충족하는 한 그 증거능력이 인정된다(2010도1107). 13. 9급국가직, 14·15. 경찰간부

③ 그러나 검사직무대리가 작성한 합의부 심판사건 피고인에 대한 피의자신문조서의 증거능력은 인정할 수 없다(78도49).

(3) 작성시기

① 형사소송법 제312조 제1항·제2항이 적용되기 위해서는 원칙적으로 검사가 작성하여야 한다.

② 경찰에서 검찰로 사건이 송치되기 전에 피의자의 진술번복 등을 우려하여 검사가 미리 작성한 피의자신문조서의 경우, 검사작성 피신조서로 취급할 수 없고, 사법경찰관작성 피신조서와 마찬가지로 내용을 부인하면 증거능력이 부정된다(94도1228). 06. 경찰2차, 15. 변호사, 16. 경찰간부

③ 피의자의 진술을 녹취 내지 기재한 서류 또한 문서가 수사기관에서의 조사과정에서 작성된 것이라면, 그것이 '진술조서, 진술서, 자술서'라는 형식을 취하였다고 하더라도 피의자신문조서와 달리 볼 수 없다(2014도1779). 15. 변호사, 16. 경찰간부, 18. 경찰1차

▶ **검사 작성 피의자신문조서로 본 경우**

- 검사가 동석하여 핵심사항을 질문하고 수사관이 보조적 사항을 질문한 경우(84도846)
- 인지서 작성 전 검사 작성 피의자신문조서(2000도2968) 20. 경찰1차
- 검사 직무대리가 합의부 사건 외의 사건에 관해 작성한 피신조서(2010도1107) 13. 9급국가직, 14·15. 경찰간부
- 형식은 '진술조서', '진술서', '자술서'이나 실질은 (검사) 피신조서에 해당하는 경우(2014도1779) 15. 변호사, 16. 경찰간부
- 검사와 피의자 간의 대화가 녹화된 비디오테이프에 대한 법원의 검증조서(92도682)
- 공소제기 후 피고인에 대한 진술조서(84도1646) 18. 변호사

▶ **검사 작성 피의자신문조서로 보지 않은 경우**

- 수사관만 조사 후, 검사가 '모두 사실이냐' 등의 개괄적 질문만 한 경우(90도1483) 05. 경찰1차, 11·17. 경찰2차, 12. 경찰승진, 19. 경찰간부
- 송치 전 검사가 조사한 경우(94도1228) 06. 경찰2차, 15·18. 변호사, 16. 경찰간부, 19. 해경간부

(4) 적법한 절차와 방식에 따라 작성되었을 것

1) 의 의

① 적법한 절차와 방식은 일차적으로 기명날인 또는 서명의 진정성을 의미하는 형식적 진정성립을 비롯하여, 조서작성의 절차와 방식의 적법성까지 포함하는 의미를 갖는다.

② 구체적으로 형사소송법 제242조(피의자신문사항), 제243조(피의자신문과 참여자), 제243조의2(변호인의 참여 등), 제244조(피의자신문조서의 작성), 제244조의3(진술거부권 등의 고지), 제244조의4(수사과정의 기록) 등 형사소송법이 정한 절차와 방식에 따라 조서가 작성되어야 함을 말한다.

③ 피의자신문조서는 검사가 작성한 것이든 검사 이외의 수사기관이 작성한 것이든 적법한 절차와 방식에 따라 작성된 것이라야 증거로 할 수 있다. 16. 경찰승진

OX 피의자의 진술을 기재한 서류 또는 문서가 검사의 수사과정에서 작성된 것이라면 '진술조서, 진술서, 자술서'의 어떤 형식을 취하였더라도 피의자신문조서와 마찬가지로 취급된다. (○, ×) 15. 변호사

OX 검찰주사가 검사의 지시에 따라 검사가 참석하지 않은 상태에서 피의자였던 피고인을 신문하여 작성하고 검사는 검찰주사의 조사 직후 피고인에게 개괄적으로 질문한 사실이 있을 뿐인데도 검사가 작성한 것으로 되어 있는 피고인에 대한 피의자신문조서는 검사 작성의 피의자신문조서로서 인정될 수 없다. (○, ×) 17. 경찰2차

기출 키워드 체크
사법연수생인 검사 직무대리가 작성한 피의자신문조서는 형사소송법 제_____조 제_____항의 요건을 갖추고 있는 한 검사가 작성한 피의자신문조서와 마찬가지로 그 증거능력이 인정된다.

기출 키워드 체크
검사가 작성한 것으로 되어 있는 피고인에 대한 피의자신문조서에 비록 검사의 서명·날인이 있다 하더라도, 검찰주사가 검사의 지시에 따라 검사가 참석하지 않은 상태에서 피의자였던 피고인을 신문하여 작성하고, 검사는 검찰주사의 조사 직후 피고인에게 _____적으로 질문한 사실이 있을 뿐인 경우에는 검사가 작성한 피의자신문조서라고 볼 수 없다.

OX 검찰에 송치되기 전에 검사가 구속피의자를 상대로 작성한 피의자신문조서라도 송치 후에 작성된 검사 작성의 피의자신문조서와 마찬가지로 취급된다. (○, ×) 15. 변호사

Answer
기출 키워드 체크
312, 1
개괄
OX
○, ○, ×

2) 등본·초본의 경우

① 등본과 초본

㉠ 피의자신문조서등본 : 피의자신문조서 원본의 내용 전부를 복사한 다음 원본과 동일하다는 취지의 인증을 한 문서를 말한다.

㉡ 피의자신문조서초본 : 원본의 내용 중 일부를 가린 채 복사한 다음 원본과 동일하다는 취지의 인증을 한 문서를 말한다.

② 등본과 초본을 피의자신문조서원본과 동일하게 취급할 수 있는 요건(2000도5461)
05. 경찰1차

㉠ 그 피의자신문조서의 원본이 존재하거나 존재하였을 것

㉡ 피의자신문조서의 원본 제출이 불능 또는 곤란한 사정이 있을 것 11. 7급국가직

㉢ 원본을 정확하게 전사하였을 것

㉣ 초본의 경우 피의자신문조서 원본 중 가려진 부분의 내용이 가려지지 않은 부분과 분리가능하고 당해 공소사실과 관련성이 없을 것

3) 기명날인 또는 서명

① 피의자 기명날인 또는 서명

㉠ 형사소송법상 피의자신문조서의 작성방법에 따라 피의자의 진술은 조서에 기재하여야 하고, 피의자에게 열람하게 하거나 읽어 들려주어야 하며, 피의자가 조서에 간인한 후 기명날인 또는 서명하게 하여야 한다(제244조).

㉡ 따라서 피의자신문조서 말미에 피의자의 서명만이 있고 날인이나 간인이 없거나(99도237) 05. 경찰3차, 06. 경찰1차, 12. 해경간부, 20. 경찰간부, 피의자의 기명만 있고 날인이나 무인이 없는 경우(81도1370)에는 증거능력이 인정되지 않는다(99도237).
05. 경찰3차, 06. 경찰1차, 11. 경찰승진, 12. 해경간부

② 검사의 기명날인 또는 서명 : 피의자신문조서에 검사의 기명날인 또는 서명이 되어 있지 않은 경우에도 증거능력이 인정되지 않는다(제57조 제1항, 2001도4091). 03. 여경1차, 05. 경찰3차, 10. 7급국가직, 12. 해경간부

4) 신문과정의 적법성

① 피의자의 진술거부권(제244조의3)이나 변호인과의 접견교통권(헌법 제12조 제4항)을 침해하거나 변호인의 피의자신문참여권(제243조의2)이 보장되지 않은 상태에서 작성된 피의자신문조서는 '적법한 절차와 방식'에 위반된 증거가 될 뿐만 아니라 '적법한 절차에 따르지 아니하고 수집한 증거'에도 자백배제법칙 또는 위법수집증거배제법칙에 의해서 증거능력이 부정된다(2010도3359).

② 진술거부권 행사 여부에 대한 피의자의 답변이 자필로 기재되어 있지 아니하거나 그 답변 부분에 피의자의 기명날인 또는 서명이 되어 있지 않은 경우 사법경찰관 작성의 피의자신문조서의 증거능력도 인정되지 않는다(2010도3359). 17. 9급국가직, 18. 경찰2차, 19·20. 법원, 20. 9급국가직·9급개론

▶ 제312조 '적법한 절차와 방식'에 위반되지 않는다고 본 사례

- 인지 전 피신조서 작성(2000도2968) 19·20. 경찰간부, 19. 경찰승진
- 가명조서(2011도7757) 16. 변호사, 19. 9급개론
- 열람, 읽어 들려주지 않은 경우 05. 경찰3차, 06. 경찰1차, 12. 해경간부
- 외국 수사기관 작성
- 사법경찰리 작성(검사 이외의 수사기관 작성 피신조서)(82도1080) 19. 해경간부

▶ 제312조 '적법한 절차와 방식'에 위반된다고 본 사례

- 서명, 기명날인, 간인이 누락된 경우
  - 피의자 서명·날인 및 간인이 없는 경우(92도954) 16. 변호사
  - 피의자의 서명만 있고 간인이 없는 경우(간인거부 취지 기재)(99도237) 18. 9급개론, 20. 경찰간부
  - 피의자 기명만이 있고 그 날인이나 무인이 없는 경우(91도1370) 15. 변호사
  - 검사의 기명날인, 서명이 없는 경우(2001도4091) 16. 7급국가직, 18. 경찰2차
    ⇨ 피고인이 진정성립과 임의성을 인정한 경우도 증거능력 ×
  - 전화문답 수사보고서에 진술자 서명 또는 날인이 없는 경우
  - 화상으로 인해 동생이 대신 서명한 경우(96도2865) 16. 9급국가직·9급개론, 18. 경찰2차
- 진술거부권 고지 답변 기재방식(자필, 기명날인, 서명)이 잘못된 경우(2014도1779) 17. 9급국가직, 18. 경찰2차, 19. 법원
- (참고인 진술서에) 수사과정 기록 누락(2013도3790) 16·19. 7급국가직, 16·17. 변호사, 17. 해경간부

(5) 실질적 진정성립이 증명되었을 것

1) 의 의

① 실질적 진정성립은 조서의 기재내용과 진술자의 진술내용이 같다는 것을 의미한다.
⇨ 진술하게 된 연유나 그 진술의 신빙성 여부는 고려할 것이 아니다(2007도7400). 18. 변호사

② 형식적 진정성립이 인정된다고 하더라도 실질적 진정성립은 추정되지 않는다(2002도537). 05. 경찰1차, 10. 법원, 15. 경찰간부, 16. 경찰승진, 19. 해경간부
  ㉠ 성립(成立)의 진정(眞正)에는 '형식적 진정성립'과 '실질적 진정성립'이 있고, 형식적 진정성립은 진술자의 서명과 무인, 간인 등이 정확하다는 것을 의미한다.
  ㉡ 형식적 진정성립만으로는 증거능력이 인정되지 않고, 실질적 진정성립이 증명되어야만 한다. 16. 경찰승진

2) 실질적 진정성립 증명방법

① 공판준비 또는 공판기일에서의 피고인의 진술에 의한 인정
  ㉠ 실질적 진정성립은 공판준비 또는 공판기일에서의 피고인의 진술에 의하여 인정되어야 하는 것이 원칙이다(제312조 제1항).

ⓛ 실질적 진정성립이 인정되지 아니한다면 그 조서에 기재된 피고인의 진술이 특히 신빙할 수 있는 상태하에서 행하여졌다고 하더라도 이를 증거로 사용할 수 없다(2006도7342). 12. 경찰승진, 14. 경찰간부, 15. 해경3차

② 명시적으로 인정해야 함

㉠ 피고인이 실질적 진정성립에 대하여 이의하지 않았다거나 조서 작성절차와 방식의 적법성을 인정하였다는 것만으로 실질적 진정성립까지 인정한 것으로 보아서는 아니 되고, 18. 법원, 19. 경찰승진

㉡ 특별한 사정이 없는 한 이른바 '입증취지 부인'이라고 진술한 것만으로 이를 조서의 진정성립을 인정하는 전제에서 그 증명력만을 다투는 것이라고 가볍게 단정해서도 안 된다(2011도8325).

㉢ 진술기재내용을 열람·고지받지 못한 경우 — 증거능력 × 17. 변호사

⇨ 진술기재내용을 열람하거나 고지받지 못한 채 단지 검사의 신문에 대하여 사실대로 진술하였다는 취지의 증언만으로는 진술조서의 증거능력이 인정되지 않는다(94도13854).

㉣ 진정성립을 부인한 이상 증언 과정에서 진정성립을 인정하는 취지의 진술을 하였다고 하더라도 이로써 그 조서의 증거능력에 관한 종전의 진술을 번복하는 것임이 분명하게 확인되는 예외적인 경우가 아니라면 원진술자인 피고인의 진술에 의하여 그 조서의 진정성립이 인정되었다고 할 수는 없다(2008도2826).

㉤ 진술자가 법정에서 진술조서의 진술기재내용이 자기가 진술한 것과 다른데도 검사 또는 사법경찰관리가 마음대로 공소사실에 부합되도록 기재한 다음 괜찮으니 서명날인하라고 요구하여서 할 수 없이 진술조서의 끝부분에 서명날인한 것이라고 진술하였다면 진술조서는 증거능력이 없다(90도1474). 15. 경찰승진

③ 일부에 대한 진정성립 인정 가능 15 · 16. 경찰1차, 16 · 18. 경찰간부, 17. 경찰2차, 19. 해경간부

㉠ 일부에 대한 진정성립을 인정하는 경우, 진정성립 인정되는 부분에 한하여 증거능력을 인정하여야 하고, 그 밖에 실질적 진정성립이 부정되는 부분에 대해서는 증거능력을 부정하여야 한다(2011도8325, 2005도1849).

㉡ 실질적 진정성립을 부인하는 경우에는 피고인 또는 변호인은 부인의 대상이 되는 진술을 특정하여야 한다(규칙 제134조 제3항).

④ 진정성립 진술의 번복

㉠ 증거조사 완료 이전에는 허용되나, 증거조사 완료 이후에는 원칙적으로 번복이 허용되지 않는다(2005도3045). 12 · 16. 경찰간부 ⇨ 성립의 진정이 최초의 진술에 그 효력을 그대로 유지하기 어려운 중대한 하자가 있고 그에 관하여 진술인에게 귀책사유가 없는 경우에 한하여 예외적으로 증거조사절차가 완료된 뒤에도 그 진술을 취소할 수 있다(2007도7760). 18 · 19. 변호사

○ 성립의 진정과 임의성을 인정하였다가 그 뒤 부인하는 경우, 제반 사정에 비추어 성립의 진정을 인정한 최초의 진술이 신빙성이 있다고 보아 그 성립의 진정을 인정하는 때에는 그 피의자신문조서는 증거능력이 인정된다(96도88).

(6) 특신상태의 증명

1) 의 의

① 검사가 피고인이 된 피의자의 진술을 기재한 조서는 그 조서에 기재된 진술이 특히 신빙할 수 있는 상태에서 행하여졌음(특신상태)이 증명되어야 한다. 09. 경찰2차·경찰승진, 10. 경찰승진, 12. 해경간부

② 신용성의 정황적 보장과 같은 의미로 진술 내용이 진실하다는 것을 의미하는 것이 아니라,

③ 진술내용이나 조서의 작성에 허위개입의 여지가 거의 없고, 진술내용의 신빙성이나 임의성을 담보할 구체적이고 외부적인 정황이 있는 것을 말한다(2012도2937). 12. 경찰승진·경찰간부·해경간부, 13. 9급국가직, 14. 경찰승진, 15. 경찰2차·변호사, 17·18. 경찰간부

2) 특신상태의 증명

검사가 자유로운 증명을 통하여 증명하여야 한다(2012도2937). 15. 변호사, 18. 경찰간부, 20. 법원

(7) 제314조의 적용 여부

① 피고인이 된 피의자가 '공판기일에 진술할 수 없는 때'란 발생하기 어렵고, 피고인 또는 변호인이 내용의 진정성립을 부인하는 경우에는 증거능력이 부정되므로 필요성을 요건으로 증거능력을 인정하는 제314조가 적용될 여지가 없다.

② 다만, 공범의 검사작성 피의자신문조서의 경우 공범이 진정성립을 인정하면 증거능력이 인정될 수 있으므로 제314조가 적용된다.

4. 사법경찰관 작성 피의자신문조서(제312조 제3항)

> **형사소송법**
> 제312조【검사 또는 사법경찰관의 조서 등】③ 검사 이외의 수사기관이 작성한 피의자신문조서는 적법한 절차와 방식에 따라 작성된 것으로서 공판준비 또는 공판기일에 그 피의자였던 피고인 또는 변호인이 그 내용을 인정할 때에 한하여 증거로 할 수 있다.

(1) 의 의

① 검사 이외의 수사기관이 작성한 피의자신문조서는 적법한 절차와 방식에 따라 작성된 것으로서 공판준비 또는 공판기일에서 그 피의자였던 피고인이나 변호인이 내용을 인정한 때에 한하여 증거능력이 있다(제312조 제3항). 17. 경찰2차, 17·18·19. 경찰승진, 18. 경찰1차·경찰간부, 20. 경찰1차, 21. 9급국가직·9급개론

OX '특히 신빙할 수 있는 상태'란 그 진술내용이나 조서의 작성에 허위개입의 여지가 거의 없고, 그 진술내용의 신용성이나 임의성을 담보할 구체적이고 외부적인 정황이 있는 경우를 말하며 검사가 엄격한 증명을 통해 증명하여야 한다. (○, ×) 15. 변호사

OX 검사 이외의 수사기관이 작성한 피의자신문조서는 적법한 절차와 방식에 따라 작성된 것으로서 공판준비 또는 공판기일에 그 피의자였던 피고인 또는 변호인이 그 내용을 인정할 때에 한하여 증거로 할 수 있다. (○, ×) 18. 경찰승진

Answer
OX
×, ○

② 검사 이외의 수사기관이 작성한 피의자신문조서는 조서 작성의 적법성 이외에 피고인 또는 변호인의 내용인정을 요건으로 증거능력이 필요해 검사 작성의 피의자신문조서에 대한 증거능력의 요건보다 더욱 엄격하다.

(2) 적용범위

1) 사법경찰관리 작성

① 검사 이외의 수사기관은 사법경찰관이다(제243조).

② 사법경찰리도 사법경찰관리집무규칙 제2조 등에 의해 근거하여 적법하게 피의자신문조서를 작성할 권한이 있고, 사법경찰리가 작성한 피의자신문조서도 제312조 제3항의 검사 이외의 수사기관이 작성한 피의자신문조서에 해당한다(81도1357, 82도1080).

③ 피고인에 대한 당해 사건에서만 아니라 전혀 별개의 사건에서 피의자였던 피고인에 대한 검사 이외의 수사기관 작성의 피의자신문조서도 동일하게 적용된다(94도2287).

④ 수사기관의 수사과정에서 작성된 것이라면 그것이 피의자신문조서가 아닌 진술조서(82도385) 등 다른 형식을 취하였더라도 피의자신문조서에 준하여 취급한다(82도385, 2007도6129).

⑤ 사법경찰관이 작성한 검증조서에 피의자이던 피고인이 검사 이외의 수사기관 앞에서 자백한 범행내용을 현장에 따라 진술·재연한 내용이 기재되고 그 재연 과정을 촬영한 사진이 첨부되어 있다면, 이 경우도 제312조 제3항에 따라 증거능력이 인정되어야 한다(2003도6548). 07. 경찰1차, 12. 교정특채 ⇨ 피고인이 공판정에서 그 진술내용 및 범행재연의 상황을 모두 부인하는 이상 증거능력이 없다(98도159) 19. 경찰1차

2) 외국수사기관

① 미국 연방수사국(FBI), 미군 범죄수사대(CID)의 수사관 등 외국의 권한이 있는 수사기관도 검사 외의 수사기관에 해당한다(2003도6548). 10. 경찰1차, 11·15·19. 경찰승진, 13. 7급국가직

② 미국 범죄수사대(CID), 연방수사국(FBI)의 수사관들이 작성한 수사보고서 및 피고인이 위 수사관들에 의한 조사를 받는 과정에서 작성하여 제출한 진술서는 피고인이 그 내용을 부인하는 이상 증거로 쓸 수 없다(2003도6548).

(3) 증거능력 인정의 요건

1) 적법한 절차와 방식

① 사법경찰관이 작성한 피의자신문조서도 적법한 절차와 방식에 따라 작성된 것이어야 한다. 14. 경찰간부, 15. 해경3차, 16. 경찰승진

② 여기서 적법한 절차와 방식의 의미는 검사가 피고인이 된 피의자의 진술을 기재한 조서와 같다.

2) 내용 인정

① 사법경찰관이 작성한 피의자신문조서는 내용의 인정이 있어야 증거능력이 인정된
다. 03 · 18. 경찰2차, 04. 경찰1차, 08. 7급국가직, 09 · 10. 9급국가직, 10 · 14 · 16 · 17. 경찰승진, 12. 경찰3차 · 해경간
부, 13 · 14 · 18. 경찰간부, 15. 해경3차 · 지능특채, 16. 9급개론

② 내용의 인정이란 조서의 진정 성립뿐만 아니라 조서의 기재내용이 객관적 진실(실
제 사실)에 부합한다는 '조서내용의 진실성'을 의미한다. 07. 법원사무관, 07 · 10 · 11. 경찰승진,
12. 경찰간부, 13. 9급국가직, 18. 경찰2차

③ 내용의 인정은 피의자였던 피고인이나 변호인의 진술에 의하여야 한다.
  ㉠ 조서의 기재 내용을 들었다는 다른 증인이나, 조사한 경찰관의 증언에 의하여
  증거능력을 인정할 수도 없다(2000도4383, 94도1905, 97도2211). 10. 법원
  ㉡ 피고인이 다른 사건에서 내용을 인정한 사법경찰관 작성 피의자신문조서라도 피
  고인이 현재의 피고사건에서 다시금 내용을 인정하여야만 증거능력이 인정된다
  (94도2287).
  ㉢ 영상녹화 등으로 진정성립을 대체할 수 있도록 허용하는 제312조 제2항은 삭제
  되었다(2021. 1. 1. 시행).

④ 명시적으로 내용인정을 하여야 한다.
  ㉠ 피고인이 공판정에서 내용을 부인하고 있는 한 공판조서에 내용인정으로 기재되
  어 있다고 하더라도 자백하는 듯한 취지의 사경작성 피의자신문조서의 내용을
  인정한 것으로 보지 않고 있다(2010도5040, 2005도6271, 2004도4389, 2001
  도3997). 10 · 12 · 19. 경찰승진, 12. 경찰간부, 20. 경찰1차
  ㉡ 공소사실을 일관되게 부인하여 경찰작성 피의자신문조서의 진술내용을 인정하
  지 않는 경우, 제1심 제4회 공판기일에 피고인이 위 서증의 내용을 인정한 것으로
  공판조서에 기재된 것은 착오 기재 등으로 보아야 한다(2010도5040). 20. 경찰1차
  ㉢ 피고인이 공판정에서의 피고인의 진술내용과 배치되는 기재부분을 부인한다고
  진술한 때에는 내용을 인정한 경우라고 볼 수 없다(64도723).

⑤ 위 증언 자체가 형사소송법 제316조 제1항의 요건을 갖추어 증거능력이 인정될 수
는 있다.

3) 제314조의 적용 여부

① 피고인이 된 피의자가 '공판기일에 진술할 수 없는 때'란 발생하기 어렵고, 피고인
또는 변호인이 내용을 부인하는 경우에는 증거능력이 부정되므로 필요성을 요건으
로 증거능력을 인정하는 제314조가 적용될 여지가 없다.

② 공범의 검사 이외의 수사기관이 작성한 피의자신문조서의 경우도 당해 피고인이
내용을 인정해야 하므로 제314조가 적용되지 않는다.

5. 진술조서(제312조 제4항)

> **형사소송법**
> 제312조【검사 또는 사법경찰관의 조서 등】④ 검사 또는 사법경찰관이 피고인이 아닌 자의 진술을 기재한 조서는 적법한 절차와 방식에 따라 작성된 것으로서 그 조서가 검사 또는 사법경찰관 앞에서 진술한 내용과 동일하게 기재되어 있음이 원진술자의 공판준비 또는 공판기일에서의 진술이나 영상녹화물 또는 그 밖의 객관적인 방법에 의하여 증명되고, 피고인 또는 변호인이 공판준비 또는 공판기일에 그 기재 내용에 관하여 원진술자를 신문할 수 있었던 때에는 증거로 할 수 있다. 다만, 그 조서에 기재된 진술이 특히 신빙할 수 있는 상태하에서 행하여졌음이 증명된 때에 한한다.

(1) 의 의

① 진술조서란 검사 또는 사법경찰관이 피고인 아닌 자의 진술을 기재한 조서를 말한다. 검사 또는 사법경찰관이 작성한 피고인 아닌 자에 대한 진술조서는 적법한 절차와 방식에 따라 작성된 것으로서 원진술자의 공판준비 또는 공판기일에서의 진술이나 영상녹화물 또는 그 밖의 객관적인 방법에 의하여 성립의 진정이 증명되고, 피고인 또는 변호인의 반대신문의 기회가 보장되었으며, 특히 신빙할 수 있는 상태하에서 행하여졌음이 증명된 때에 증거능력이 인정된다(제312조 제4항). 01. 경찰1차· 101단1차, 05·11. 경찰2차

② 검사가 작성한 경우와 사법경찰관이 작성한 경우 사법경찰관 작성 참고인진술조서와 검사 작성 참고인진술조서 모두 제312조 제4항이 적용되어 그 증거능력 인정요건이 동일하다(제312조 제4항). 15. 변호사

(2) 진술조서의 범위

피의자의 진술을 녹취 내지 기재한 서류 또는 문서가 수사기관에서 작성된 것이라면 그것이 진술조서, 진술서, 자술서라는 형식을 취하였다 하더라도 피의자신문조서이지 진술조서가 아니다(82도385). 16. 경찰1차

(3) 적법한 절차와 방식

① 「형사소송법」이 피고인 아닌 사람의 진술에 대한 조서 작성 과정에서 지켜야 한다고 정한 여러 절차를 준수하고 조서의 작성 방식에도 어긋나지 않아야 한다는 것을 의미한다. 21. 9급국가직·9급개론

② 구체적 내용은 검사작성 피의자신문조서에서 본 것과 같다.

③ 진술자 보호의 필요성 등으로 인해 진술조서를 가명으로 작성하는 경우가 있는데, 이러한 가명조서의 경우에도 '적법한 절차와 방식'을 위반한 것은 아니다(2011도 7757). 16. 변호사

⑷ 진정성립

1) 의 의

① 진술조서는 실질적 진정성립이 인정되어야 증거로 사용할 수 있다(제312조 제4항).

② 여기서 실질적 진정성립의 인정이란 진술조서의 기재내용이 원진술자가 검사 또는 사법경찰관 앞에서 진술한 내용과 동일하게 기재되어 있음이 인정되는 것을 말한다.

③ 실질적 진정성립은 원진술자의 공판준비 또는 공판기일에서의 진술이나, 영상녹화물 기타 객관적 방법으로 증명될 수 있다.

2) 원진술자의 진술

① 원진술자가 공판준비 또는 공판기일에서 실질적 진정성립을 인정한 이상, 내용을 부인하거나 내용과 다른 진술을 하여도 증거능력이 인정된다(85도1843).

② 사실대로 이야기하였다는 정도로 진술하는 정도로만은 부족하고, 자신의 진술내용과 진술조서의 기재내용이 동일하다는 취지로 진술하여야 한다(76도500).

③ 실질적 진정성립이 인정되는 부분과 그렇지 않은 부분을 구분하여, 인정되는 부분에 한하여 증거능력을 인정하여야 한다(2005도1849).

④ 진술기재 내용을 열람하거나 고지받지 못한 채 단지 검사의 신문에 대하여 사실대로 진술하였다는 취지의 증언만으로는 진술조서의 증거능력이 인정되지 않는다(94도13854).

⑤ 절도범과 장물범이 공동피고인으로 기소된 경우, 피고인이 증거로 함에 동의한 바 없는 검사 작성의 공동피고인에 대한 피의자신문조서가 증거능력을 인정받기 위해서는 공동피고인의 증언에 의하여 그 성립의 진정이 인정되어야 한다(2005도7601). 19. 변호사

3) 영상녹화물 기타 객관적 방법

① 영상녹화물 기타 객관적 방법으로도 실질적 진정성립을 인정할 수 있다. 09. 7급국가직, 14. 경찰2차, 15. 경찰승진, 18. 해경2차, 20. 경찰간부

② 통역인 등의 증언에 의한 실질적 진정성립의 대체증명(불허) : '그 밖의 객관적인 방법'은 영상녹화물에 준하는 정도의 객관성을 갖춘 것을 말하고 조사관 또는 조사과정에 참여한 통역인 등의 증언은 이에 해당한다고 볼 수 없다(2015도16586). 16 · 17. 7급국가직, 17. 경찰간부, 17 · 18. 9급국가직, 18 · 19. 경찰승진 · 9급개론 · 법원 · 변호사, 20. 법원

⑸ 반대신문의 기회보장

1) 의 의

검사나 사법경찰관이 작성한 진술조서는 피고인 또는 변호인이 공판준비 또는 공판기일에서 그 기재내용에 관하여 원진술자를 신문할 수 있었던 때에 증거로 할 수 있다(제312조 제4항).

2) 반대신문의 기회 보장

피고인 또는 변호인에게 반대신문의 기회가 보장되면 족하며, 반드시 반대신문이 실제로 행해져야 하는 것은 아니다.

3) 원진술자의 출석 필요

① 반대신문은 원진술자가 공판정에 출석해야 가능할 수 있다.

② 따라서 원진술자가 법정엔 출석하지 않는 경우에는 참고인진술조서는 법정에 증거로 현출될 수 없는 것이 원칙이다.

③ 다만, 증거동의가 있거나 제314조의 요건을 충족한 경우라면 증거능력이 있다.

(6) 특히 신빙할 수 있는 상태

① 검사나 사법경찰관이 작성한 진술조서는 그 조서에 기재된 진술이 특히 신빙할 수 있는 상태하에서 행하여 졌음이 증명된 때에 증거로 할 수 있다(제312조 제4항). 12. 경찰3차, 14. 법원

② 특히 신빙할 수 있는 상태의 의미는 검사 작성의 피의자신문조서의 경우와 같이 진술내용이나 조서의 작성에 허위개입의 여지가 거의 없고, 진술내용의 신빙성이나 임의성을 담보할 구체적이고 외부적인 정황이 있는 것을 말한다.

③ 특신상황의 증명책임은 원칙적으로 검사에게 있고 그 증명은 자유로운 증명에 의하면 족하다(2012도2937).

④ 검찰관이 군사법원의 증거조사절차나 형사사법공조절차나 영사를 통한 조사 등의 방법을 택하지 않고 직접 현지에 가서 조사를 실시한 것은 조사의 정형적 형태를 벗어난 것이라고 볼 수 있는 점 등 제반 사정에 비추어 볼 때, 진술이 특별히 신빙할 수 있는 상태에서 이루어졌다는 점에 관한 증명이 있다고 보기 어렵고, 그 진술조서는 증거능력이 인정되지 않는다(2011도3809). 13. 법원

6. 수사단계에서 작성된 진술서(제312조 제5항)

> **형사소송법**
> 제312조【검사 또는 사법경찰관의 조서 등】⑤ 제1항부터 제4항까지의 규정은 피고인 또는 피고인이 아닌 자가 수사과정에서 작성한 진술서에 관하여 준용한다.

(1) 진술서의 의의

1) 개념

① 진술서(陳述書)란 피고인·피의자 또는 참고인과 같은 서류의 작성자가 스스로 자신의 의사, 사상, 관념 및 사실관계 등을 기재한 서면을 말한다.

② 진술서가 일반적이나 자술서, 의견서, 각서, 시말서 등 명칭여하를 불문한다. 11. 교정특채

③ 진술서는 반드시 자필일 것을 요하지 않으며 타이프 기타 부동문자에 의해 작성될 수도 있고, 컴퓨터 디스켓에 들어있는 것도 진술서에 해당한다. 04. 경찰3차

2) 작성주체

피고인·피의자·참고인이 작성의 주체라는 점에서 법원 또는 수사기관이 작성하는 진술조서와 구별된다.

3) 종 류

① 수사과정의 진술서(제312조 제5항)

㉠ 제312조 제5항의 진술서는 수사과정에서 수사기관의 연관성을 가지고 작성된 진술서를 의미한다.

㉡ 수사기관이 요구하여 작성한 진술서나, 수사기관에 출석하여 수사기관 면전에서 피고인 또는 피고인 아닌 자가 작성한 진술서와 같이 수사기관과 관련성을 맺은 상태에서 작성한 진술서는 제312조 제5항에 따라 증거능력이 판단된다. 19. 9급국가직

② 수사과정 외 진술서(제313조 제1항)

㉠ 제313조 제1항의 진술서는 수사기관과 관련 없이 작성된 피고인 또는 피고인 아닌 자의 진술서를 말한다.

㉡ 제313조 제1항이 적용되는 사례는 다음과 같다.

㉢ 사인인 의사가 작성한 진단서(69도179) 17. 여경

㉣ 로그파일을 복사한 사본의 일부 내용을 요약·정리하여 작성한 새로운 문서파일에서 출력한 문서(2015도3467) 17. 7급국가직, 19. 경찰1차

7. 수사과정에서 작성된 진술서의 증거능력 인정요건 01. 101단1차, 01·03. 여경1차, 01·04·05. 경찰1차, 05. 경찰3차, 05·09·14. 경찰2차, 15. 경찰승진

① 피고인 또는 피고인이 아닌 자가 수사과정에서 작성한 진술서는 수사기관이 작성한 조서와 동일하게 취급된다(제312조 제5항).

② 참고인이 수사과정에서 진술서를 작성하였지만 수사기관이 그에 대한 조사과정을 기록하지 아니한 경우에는 '적법한 절차와 방식'에 따라 수사과정에서 진술서가 작성되었다 할 수 없으므로 그 증거능력을 인정할 수 없다(2013도3790). 16. 경찰1차, 18. 9급개론·법원·변호사

☑ **로그파일 복사본의 일부 내용을 요약·정리한 문서(2015도3467)**
디지털 저장매체에 저장된 로그파일의 원본이 아니라 그 복사본의 일부 내용을 요약·정리하는 방식으로 새로운 문서파일이 작성된 경우 그 문서파일 또는 거기에서 출력한 문서를 로그파일 원본의 내용을 증명하는 증거로 사용하기 위하여는 피고인이 이를 증거로 하는 데 동의하지 아니하는 이상 그 문서파일의 기초가 된 로그파일 복사본과 로그파일 원본의 동일성도 인정되어야 한다. 19. 9급국가직·9급개론 나아가 이때 새로운 문서파일 또는 거기에서 출력한 문서를 진술증거로 사용하는 경우 그 기재 내용의 진실성에 관하여는 전문법칙이 적용되므로 형사소송법 제313조 제1항에 따라 공판준비기일이나 공판기일에서 그 작성자 또는 진술자의 진술에 의하여 성립의 진정함이 증명된 때에 한하여 이를 증거로 사용할 수 있다.

▶ **진술서의 종류에 따른 적용법조**

구 분	적용법조
검사의 수사과정에서 작성한 피의자의 진술서	제312조 제5항, 제1항, 제2항
사법경찰관의 수사과정에서 피의자가 작성한 진술서 01. 101단1차, 01·03. 여경1차, 01·04·05. 경찰1차, 05. 경찰3차, 05·09·14. 경찰2차, 15. 경찰승진	제312조 제5항, 제3항 (제313조 ×)
검사 또는 사법경찰관의 수사과정에서 참고인이 작성한 진술서	제312조 제5항, 제4항
검사의 공동피고인에 대한 진술서	제312조 제5항, 제4항
사법경찰관에게 제출된 공범의 진술서	제312조 제5항, 제3항
수사과정 이외에서 작성한 진술서 수사 이전에 작성한 진술서 수사 중이라 하더라도 수사과정과 별개로 작성한 진술서 공판 중에 작성한 진술서	제313조

8. 검사 또는 사법경찰관 작성 검증조서(제312조 제6항)

> **형사소송법**
> 제312조【검사 또는 사법경찰관의 조서 등】⑥ 검사 또는 사법경찰관이 검증의 결과를 기재한 조서는 적법한 절차와 방식에 따라 작성된 것으로서 공판준비 또는 공판기일에서의 작성자의 진술에 따라 그 성립의 진정함이 증명된 때에는 증거로 할 수 있다. 21. 경찰승진

(1) 검증조서의 의의

① 검증조서란 법원 또는 수사기관이 검증의 결과를 기재한 서면, 즉 검증을 한 자가 오관의 작용에 의하여 사물의 존재와 상태에 대하여 인식한 것을 기재한 서면을 말한다.

② 형사소송법은 법원 또는 법관의 검증조서와 수사기관 작성의 검증조서의 증거능력을 달리 규정하고 있다.
  ㉠ 제311조는 법원 또는 법관의 검증조서는 무조건 증거능력이 있다고 규정한 반면,
  ㉡ 제312조 제6항은 수사기관의 검증조서는 적법한 절차와 방식에 따라 작성된 것으로서 작성자의 진술에 의하여 진정성립이 인정된 경우에 한하여 예외적으로 증거능력을 인정하고 있다.

(2) 검사 또는 사법경찰관 작성 검증조서의 증거능력의 의의

검사 또는 사법경찰관이 검증의 결과를 기재한 조서는 적법한 절차와 방식에 따라 작성된 것으로서 공판준비 또는 공판기일에서의 작성자(피고인 ×, 원진술자 ×)의 진술에 따라 그 성립의 진정함이 증명된 때에는 증거로 할 수 있다(제312조 제6항). 08·10. 경찰1차, 09·18. 경찰2차, 10. 9급국가직, 18. 경찰승진

OX 검사 또는 사법경찰관이 검증의 결과를 기재한 조서는 적법한 절차와 방식에 따라 작성된 것으로서 공판준비 또는 공판기일에서의 피고인의 진술에 따라 그 성립의 진정함이 증명된 때에는 증거로 할 수 있다.
(○, ×) 18. 경찰승진

기출 키워드 체크
검사 또는 사법경찰관이 검증의 결과를 기재한 조서는 _____에 따라 작성된 것으로서 공판준비 또는 공판기일에서의 _____의 진술에 따라 _____이 증명된 때에는 증거로 할 수 있다.

Answer
기출 키워드 체크
적법한 절차와 방식, 작성자, 그 성립의 진정함
OX
×

(3) 영장주의의 준수

① 제312조 제6항에 의해 증거능력이 인정되는 수사기관의 검증조서에는 영장에 의한 검증에 기하여 작성된 조서(제215조)와 영장에 의하지 아니한 강제처분으로서 검증(제216조, 제217조)에 기하여 작성된 조서 및 승낙 검증에 의하여 작성된 조서가 있다(제49조).

② 영장주의 위반의 경우에는 제312조 제6항의 요건에 우선하여 위법수집증거배제법칙(제308조의2)이 우선 적용되어 증거능력이 배제되게 된다.

③ 긴급처분으로 검증이 행해진 경우에는 그 검증이 사후에 법원으로부터 영장을 발부받은 것이어야 당해 검증조서에 증거능력이 부여될 수 있다(83도3006). ⇨ 사법경찰관 사무취급이 행한 검증이 사건발생 후 범행장소에서 긴급을 요하여 판사의 영장 없이 시행된 것이라면 이는 형사소송법 제216조 제3항에 의한 검증이라 할 것임에도 불구하고 기록상 사후영장을 받은 흔적이 없다면 이러한 검증조서는 유죄의 증거로 할 수 없다(83도3006). 06. 경찰2차, 10. 교정특채

④ 검증의 절차를 준수하여 검증조서가 작성되어야 하므로, 제219조가 준용하는 제121조 내지 제123조(당사자의 참여권 보장), 제125조(야간 집행의 제한), 제141조(신체검사시 주의사항) 등을 준수해야 한다.

(4) 적법한 절차와 방식

기타 조서작성 과정이 적법한 절차와 방식에 따라야 한다는 점은 피의자신문조서와 같다.

(5) 진정성립

① 작성주체로서 검증조서를 작성한 자(피고인 ×, 원진술자 ×)가 공판기일 또는 공판준비기일에 진정성립을 인정하여야 한다. 12. 경찰3차, 15. 지능특채, 18. 경찰승진

② 검증조서의 작성자는 검증의 주체인 검사 또는 사법경찰관이므로 검증에 참여한데 불과한 자는 이에 해당되지 않으므로 성립의 진정을 인정할 수 없다(76도500). 02. 경찰3차

9. 검증조서에 기재된 진술의 증거능력

(1) 현장지시와 현장진술의 구분

1) 개 요

① 검증조서에는 검증의 경위와 결과, 검증목적물의 성상을 기재하여야 한다. 그런데 검증과정에 참여한 참여인(피의자 또는 피의자 아닌 자)의 진술이 검증조서에 기재되는 경우가 있다.

② 통설과 판례는 검증조서의 남용가능성을 우려하여 참여인의 진술을 현장지시와 현장진술로 나누어 양자를 달리 판단한다.

2) 현장지시

① 현장지시란 지시하는 진술을 의미한다.

② 예 이것이다, 저것이다 등

3) 현장진술

① 현장진술이란 현장지시를 제외한 나머지 진술로 검증현장의 기회를 이용하여 수사 기관 면전에서 진행되는 진술을 의미한다.

② 예 내가 때렸다, 죽이고 싶었다, 피해자가 눈물을 흘려 마음이 약해졌다 등

(2) 증거능력 인정 요건

1) 현장지시

검증조서와 일체를 이루므로 검증조서에 해당된다.

2) 현장진술

① 작성주체에 따라 실질적으로 어느 조서 등에 해당하는지 판단하여 관련 조문을 적용한다.

② 검사 작성 검증조서에 피의자의 진술이 기재되어 있는 경우, 제312조 제1항에 따라 증거능력을 판단한다.

③ 사경작성 검증조서에 피의자의 전술이 기재되어 있는 경우, 제312조 제3항에 따라 증거능력을 판단한다. ⇨ 사법경찰관이 작성한 실황조사서에 피의자이던 피고인이 사법경찰관의 면전에서 자백한 범행내용을 현장에 따라 진술, 재연하고 사법경찰관이 그 진술, 재연의 상황을 기재하거나 이를 사진으로 촬영한 경우, 피고인이 모두 부인하고 있다면 그 실황조사서는 증거능력이 없다할 것이다(84도378). 10. 경찰2차, 11. 경찰승진, 12. 경찰간부

④ 검사 작성 검증조서에 참고인이나 공동피고인의 진술이 기재되어 있는 경우, 제312조 제4항에 따라 증거능력을 판단한다.

(3) 검증조서에 첨부된 사진의 증거능력

① 검증조서에는 검증 목적물의 현장을 명확하게 하기 위하여 사진이나 도화를 첨부할 수 있다(제49조 제2항).

② 이 경우 사진이나 도화는 검증의 목적물을 표시하는 방법에 불과하므로 검증조서와 일체를 이룬다.

③ 다만, 현장재연사진(예 피고인이나 참고인이 범행을 재연하는 장면을 녹화한 비디오테이프)의 경우 현장진술에 해당하므로 제312조 제1항 내지 제4항에 따라 증거능력이 판단되어야 한다.

기출 키워드 체크

공범으로서 별도로 공소제기된 다른 사건의 피고인 甲에 대한 수사과정에서 담당 검사가 피의자인 甲과 그 사건에 관하여 대화하는 내용과 장면을 녹화한 비디오테이프에 대한 법원의 검증조서는 _____에 준하여 그 증거능력을 가려야 한다.

Answer
기출 키워드 체크
피의자신문조서

⑷ 실황조사서의 증거능력

1) 의 의

① 실황조사서란 수사기관이 수사상 필요에 의해 범죄의 현장 기타 장소에서 실황을 조사하고 그 경위와 결과를 기재한 조서를 말한다.

② 교통사고현장에서 교통경찰이 사고발생 경위와 결과물을 기재한 조서 등을 들 수 있다.

2) 법적근거

① 형사소송법에 실황조사에 대한 구체적인 근거는 없다. ⇨ 검찰사건사무규칙 제17조에서는 검사가 실황조사를 할 수 있다는 취지로 규정되어 있다.

② 실무에서는 영장 없는 검증의 형태로 실황조사를 활용하고 있다.

3) 법적성격

① 실황조사서는 실무상 영장 없이 그리고 대체로 물리적 강제력 없이 이뤄진다(임의수사).

② 실황조사가 동의 없이 행해진 검증에 해당하는 경우에는 영장이 요구된다.

4) 증거능력

① 실황조사서에 검증내용이 있으면 검증조서에 준해 증거능력을 판단한다.

② 원작성자의 공판기일에서의 진술에 의하여 그 성립의 진정함이 인정될 경우 증거능력이 인정될 수 있다(82도1504).

③ 당해인의 동의가 없어 실황조사서가 실질적으로 '검증'에 해당하는 경우에는 명칭 여하에도 불구하고 제216조 제3항에 따라 사후영장을 발부받지 않으면 영장주의에 위배되어 증거능력이 없다(88도1399). 09. 9급국가직, 18. 경찰2차

⑸ 수사보고서의 증거능력

1) 수사보고서

수사보고서는 수사에 직접 관여한 수사기관이 범죄와 관련된 모든 사항을 수사의 감독자에게 보고하는 문서를 말한다.

2) 증거능력

① 사법경찰관이 수사의 경위 및 결과를 내부적으로 보고하기 위하여 수사보고서를 작성하면서 그 수사보고서에 검증의 결과와 관련한 기재를 하였더라도 그 수사보고서를 두고 형사소송법 제312조 제1항(현행 제312조 제6항)이 규정하고 있는 검사 또는 사법경찰관이 검증의 결과를 기재한 조서라고 할 수는 없다(2000도2933). 06 · 16. 경찰2차

② 외국에 거주하는 참고인과의 전화 문답형식으로 기재한 검찰주사보 작성의 수사보고서는 제313조(현재는 제312조 제4항)가 적용되어 그 진술을 기재한 서류에 그 진술자의 서명 또는 날인이 있어야 한다(98도2742).

③ 긴급검증시 작성된 실황조사서는 사후영장을 발부받지 않는 한 유죄의 증거로 삼을 수 없다(88도1309).

④ 고발장에 대하여 피고인의 변호인이 증거 부동의 의견을 밝히고, 같은 고발장을 첨부문서로 포함하고 있는 검찰주사보 작성의 수사보고에 대하여는 증거에 동의하였더라도 위 고발장을 유죄의 증거로 삼을 수 없다(2011도3809).

⑤ 검사가 수사보고서에 첨부하여 제출한 체포장면이 녹화된 동영상 CD에 대하여 원심이 형사소송규칙에서 정한 증거조사절차를 거치지 아니한 채 유죄 증거로 채택한 조치는 잘못이지만 위와 같은 잘못은 판결 결과에 영향이 없다(2009도13846).

10. 제313조 제1항

> **형사소송법**
> 제313조【진술서 등】① 전2조의 규정 이외에 피고인 또는 피고인이 아닌 자가 작성한 진술서나 그 진술을 기재한 서류로서 그 작성자 또는 진술자의 자필이거나 그 서명 또는 날인이 있는 것(피고인 또는 피고인 아닌 자가 작성하였거나 진술한 내용이 포함된 문자·사진·영상 등의 정보로서 컴퓨터용디스크, 그 밖에 이와 비슷한 정보저장매체에 저장된 것을 포함한다. 이하 이 조에서 같다)은 공판준비나 공판기일에서의 그 작성자 또는 진술자의 진술에 의하여 그 성립의 진정함이 증명된 때에는 증거로 할 수 있다. 단, 피고인의 진술을 기재한 서류는 공판준비 또는 공판기일에서의 그 작성자의 진술에 의하여 그 성립의 진정함이 증명되고 그 진술이 특히 신빙할 수 있는 상태하에서 행하여진 때에 한하여 피고인의 공판준비 또는 공판기일에서의 진술에 불구하고 증거로 할 수 있다.
> ② 제1항 본문에도 불구하고 진술서의 작성자가 공판준비나 공판기일에서 그 성립의 진정을 부인하는 경우에는 과학적 분석결과에 기초한 디지털포렌식 자료, 감정 등 객관적 방법으로 성립의 진정함이 증명되는 때에는 증거로 할 수 있다. 다만, 피고인 아닌 자가 작성한 진술서는 피고인 또는 변호인이 공판준비 또는 공판기일에 그 기재 내용에 관하여 작성자를 신문할 수 있었을 것을 요한다.
> ③ 감정의 경과와 결과를 기재한 서류도 제1항 및 제2항과 같다.

(1) 제313조 제1항의 의의

1) 의 의

제313조 제1항은 제311조, 제312조 이외의 피고인 또는 피고인 아닌 자의 진술서, 피고인 또는 피고인 아닌 자의 진술을 기재한 서류에 대하여 규정하고 있다.

2) 진술서

진술서(陳述書)란 피고인·피의자 또는 참고인과 같은 서류의 작성자가 스스로 자신의 의사, 사상, 관념 및 사실관계 등을 기재한 서면을 말한다.

3) 진술기재서류

① 진술을 기재한 서류(진술기재서류)란 제3자가 피고인 또는 피고인 아닌 자의 진술을 기재한 서류를 말한다.

② 이 경우도 수사과정과 별개로 작성한 경우만 제313조가 적용된다.

③ 녹음테이프나 비디오테이프 등의 특수매체기록도 진술서나 진술기재서류로 취급될 수 있다.

⑵ 증거능력 인정요건

1) 개 요

진술서 또는 진술기재서면이 증거능력이 인정되기 위해서는 원진술자(또는 작성자)의 자필이거나 날인 또는 서명이 있는 것으로서, 작성자 또는 원진술자가 공판준비 또는 공판기일에 그 성립의 진정함을 인정하여야 한다.

2) 진정성립

진정성립은 작성자 또는 원진술자가 공판준비 또는 공판기일에서 진술로 하여야 한다.

3) 자필·날인·서명

㉠ 진술서, 진술기재서면 원진술자(또는 작성자)의 자필이거나 날인 또는 서명이 있어야 한다.

㉡ 진술서나 진술서면으로 증거능력이 인정받기 위하여서는 원칙적으로 자필이거나 서명 또는 날인이 존재하여야 하지만(제313조 제1항 본문), 녹음테이프 등은 서명·날인이 적합하지 않을 뿐만 아니라 성립과정상의 진정성은 과학적 분석방법에 의한 증명으로 대신할 수 있으므로 자필 또는 서명 등은 필요하지 않다.

⑶ 원진술자 진정성립(제313조의 제1항 본문) 요건의 완화

1) 개 요

원진술자의 진술에 의해 실질적 진정성립이 인정되기 어려운 경우, 제313조 제1항 단서, 제313조 제2항, 제314조에 의해 증거능력이 인정될 수 있다.

2) 제313조 제1항 단서

피의자(피고인이 된 피의자)가 원진술자(A)인 진술기재서면의 경우, 피의자가 진정성립을 부정하는 경우, 작성자(B)가 실질적 진정성립을 인정하고, 특신상황이 인정되면 증거능력이 인정될 수 있다. 17. 변호사, 19. 경찰간부

3) 제313조 제2항 17. 7급국가직, 19. 경찰간부

① 진술서의 경우, 작성자(A)가 실질적 진정성립을 부정하는 경우, 디지털 포렌식 자료, 감정 등에 의해 진정성립이 인정되면(작성자가 작성한 것으로 인정되면) 증거능력이 인정될 수 있다(제312조 제2항). 17. 변호사 ⇨ 디지털 저장매체의 사용자 및 소유자, 로그기록 등 저장매체에 남은 흔적, 초안 문서의 존재, 작성자만의 암호 사용 여부, 전자서명의 유무 등 객관적 사정에 의하여 동일인이 작성하였다고 볼 수 있다면 그 작성자의 부인에도 불구하고 진정성립을 인정할 수 있다. 19. 9급국가직·9급개론

② 다만, 작성자(A)가 피고인이 아닌 경우에는 원진술자에 대한 반대신문의 기회를 주어야만 증거능력이 인정될 수 있다(제312조 제2항).

제314조가 규정하는 '질병'에 대해서는 공판이 계속되는 기간 동안 임상신문이나 출장신문도 불가능할 정도의 중병임을 요한다고 하였고(대법원 2006.5.25. 선고 2004도3619 판결 참조), '외국거주'에 대해서는 원진술자가 외국에 있다는 사정만으로는 부족하고, 공판정에 출석시켜 진술하게 할 모든 수단을 강구하는 등 가능하고 상당한 수단을 다하더라도 진술을 요할 자를 법정에 출석하게 할 수 없는 사정이 있어야 하며, 해당 국가와 국제형사사법공조조약이 체결된 상태라면 우선 사법공조의 절차에 의하여 증인을 소환할 수 있는지를 검토해야 하고, 소환을 할 수 없는 경우라도 외국의 법원에 사법공조로 증인신문을 실시하도록 요청하는 등의 절차까지 거쳐야 한다고 보았다(대법원 2016.2.18. 선고 2015도17115 판결 등 참조). 그리고 '소재불명'에 해당하려면 소환장이 송달불능되었다는 것만으로는 부족하고, 소재탐지촉탁까지 하여 소재수사를 하였는데도 그 소재를 확인할 수 없어야 한다고 보았다(대법원 2010.9.9. 선고 2010도 2602 판결 등 참조). 이와 같이 제314조가 규정하는 '사망·질병·외국거주·소재불명'은 개인의 신체적 사유나 법정 출석에 따른 장소적, 거리적 제한 내지 출석을 고지할 수 없는 사정 등이 있어 물리적으로 증인이 법정에 나오는 것이 불가능하거나 나오더라도 진술을 할 수 없음이 객관적으로 분명한 경우라고 인정되어야 한다. 그런데 증언거부권의 정당한 행사에 해당하지 않는 증언거부는 위와 같은 '사망·질병·외국거주·소재불명'의 경우에 준한다고 볼 수 있을 정도로 법정에서 진술할 수 없는 경우에 해당한다고 인정하기 어렵다. 증인이 정당하게 증언거부권을 행사한 경우와 증언거부권의 정당한 행사가 아닌 경우를 비교하면, 피고인의 반대신문권이 보장되지 않는다는 점에서 아무런 차이가 없다. 증인의 증언거부가 정당하게 증언거부권을 행사한 것인지 여부는 피고인과는 상관없는 증인의 영역에서 일어나는 문제이고, 피고인으로서는 증언거부권이 인정되는 증인이건 증언거부권이 인정되지 않는 증인이건 상관없

4) 제314조

공판정에서 진정성립을 인정해야 하는 사람이 사망, 질병, 외국거주, 소재불명 등으로 공판정에서 진술할 수 없는 경우, 특신상황이 인정되면 증거능력이 인정될 수 있다.

(4) 감정서

1) 의 의

① 제313조 제3항은 감정의 경과와 결과를 기재한 서류로 제313조 제1항과 같다고 규정하고 있다.

② 따라서 감정서는 자필 또는 서명날인이 있는 것으로서 작성자인 감정인의 공판준비기일 또는 공판기일의 진술에 의하여 진정성립이 인정되어야 증거능력이 있다.

10. 경찰2차

2) 적용범위

법원의 명령에 의하여 감정인이 제출하는 감정서(제170조)뿐만 아니라 수사기관의 감정촉탁을 받은 자가 작성한 감정서(제221조의3 이하)도 본조의 감정서에 해당한다.

11. 제314조에 의한 전문법칙의 예외

> **형사소송법**
> 제314조【증거능력에 대한 예외】제312조 또는 제313조의 경우에 공판준비 또는 공판기일에 진술을 요하는 자가 사망·질병·외국거주·소재불명 그 밖에 이에 준하는 사유로 인하여 진술할 수 없는 때에는 그 조서 및 그 밖의 서류(피고인 또는 피고인 아닌 자가 작성하였거나 진술한 내용이 포함된 문자·사진·영상 등의 정보로서 컴퓨터용디스크, 그 밖에 이와 비슷한 정보저장매체에 저장된 것을 포함한다)를 증거로 할 수 있다. 다만, 그 진술 또는 작성이 특히 신빙할 수 있는 상태하에서 행하여졌음이 증명된 때에 한한다.

(1) 의 의

제314조는 공판정에서 진술을 요하는 자가 불출석한 경우, 일정한 요건을 갖추면 증거능력을 부여하고 있다.

(2) 제314조의 적용범위

1) 피고인의 공판정 진술이 증거능력 인정요건인 경우

적용 안 됨 ⇨ 검사 작성 피의자신문조서, 사법경찰관 작성 피의자신문조서, 피고인의 진술서의 경우와 같이 피고인 자신의 공판정 진술이 증거능력 인정요건인 경우에는 제314조가 적용되지 않는다.

2) 피고인 아닌 자의 공판정 진술이 증거능력 인정요건인 경우

① 적용 ⇨ 이 경우 제314조의 요건을 갖춘 경우에는 해당서류가 증거능력이 인정될 수 있다.

② 甲(목격자)이 소재불명이므로 甲의 진술서는 특히 신빙할 수 있는 상태에서 작성되었음이 증명된 경우에 한해 증거능력이 인정된다. 19. 9급국가직

3) 공범의 피의자신문조서의 경우

① 검사 작성 공범에 대한 피의자신문조서(적용) : 공범이 출석하지 않는 경우라면 제314조의 요건을 갖추면 예외적으로 증거능력이 인정될 수 있다.

② 사법경찰관 작성 공범에 대한 피의자신문조서(적용 ×) : 적용되지 않는다.

　㉠ **사법경찰관 작성 공범(A)에 대한 피의자신문조서가 피고인에 대하여 증거능력이 있으려면 제312조 제3항이 적용되기는 하나, 피고인이 직접 내용인정을 하여야 한다.**

　㉡ **이 경우 제314조는 적용될 여지가 없다(진술을 요하는 피고인이 출석하고 있으므로 제314조의 필요성 요건을 충족하지 못함).**

③ 공범이 원진술자인 전문진술의 경우(적용) : 적용된다.

4) 외국수사기관 작성 수사서류의 경우

적용 ⇨ 외국의 권한 있는 수사기관 등이 작성한 조서나 서류도 같은 법 제314조 소정의 요건을 모두 갖춘 것이라면 이를 유죄의 증거로 삼을 수 있다(97도1351). 13. 법원

(3) 필요성 요건

1) 의 의

① 사망·질병·외국거주·소재불명 기타 이에 준하는 사유로 인하여 원진술자가 진술할 수 없는 경우(필요성)이어야만 한다.

② 증인의 법정 출석을 위한 가능하고도 충분한 노력을 다하였음에도 부득이하게 증인의 법정 출석이 불가능하게 되었다는 사정을 검사가 입증한 경우여야 한다(2006도7228). 08. 법원, 21. 9급국가직·9급개론

2) 사망·질병

① 진술을 요하는 자가 공판이 계속되는 동안 임상신문이나 출장신문도 불가능할 정도의 중병인 경우를 말한다(2004도3619). 03. 경찰2차, 06. 경장

② 정신적 질환도 포함한다.

③ 그러나 출산을 앞두고 있는 경우에는 이러한 경우에 해당되지 않는다(99도915).

3) 외국거주

① 진술을 요할 자가 외국에 있다는 것만으로는 부족하고, 그를 공판정에 출석시켜 진술하게 할 모든 수단을 강구하는 등 가능하고 상당한 수단을 다하더라도 그 진술을 요할 자를 법정에 출석하게 할 수 없는 사정이 있어야 한다(2007도10004). 10. 7급국가직, 15·17. 9급개론, 16. 경찰승진·법원

② 외국거주가 영구적인 경우뿐만 아니라 일시적인 경우도 포함된다.

이 형사소송법이 정한 반대신문권이 보장되어야 한다(정당하게 증언거부권을 행사한 것이 아니라도 제314조에 해당하지 않는다).

다만 피고인이 증인의 증언거부 상황을 초래하였다는 등의 특별한 사정이 있는 경우에는 형사소송법 제314조의 적용을 배제할 이유가 없다. 이러한 경우까지 형사소송법 제314조의 '그 밖에 이에 준하는 사유로 인하여 진술할 수 없는 때'에 해당하지 않는다고 보면 사건의 실체에 대한 심증 형성은 법관의 면전에서 본래증거에 대한 반대신문이 보장된 증거조사를 통하여 이루어져야 한다는 실질적 직접심리주의와 전문법칙에 대하여 예외를 정한 형사소송법 제314조의 취지에 반하고 정의의 관념에도 맞지 않기 때문이다(대법원 2019.11.21. 선고 2018도13945 전원합의체 판결).

OX 「형사소송법」 제314조의 '외국거주'는 진술을 하여야 할 사람이 외국에 있다는 사정만으로는 부족하고, 가능하고 상당한 수단을 다하더라도 그 사람을 법정에 출석하게 할 수 없는 사정이 있어야 예외적으로 그 요건이 충족될 수 있다. (○, ×) 21. 9급국가직·9급개론

기출 키워드 체크
'외국거주'라 함은 진술을 요할 자가 외국에 있다는 것만으로는 부족하고, 그를 공판정에 출석시켜 진술하게 할 모든 수단을 강구하는 등 ＿＿＿하고 ＿＿＿한 수단을 다하더라도 그 진술을 요할 자를 법정에 출석하게 할 수 없는 사정이 있는 예외적인 경우를 말한다.

Answer
기출 키워드 체크
가능, 상당
OX
○

③ 소환장의 발송과 같은 절차를 거쳐 확정되는 것이기는 하지만 항상 그러한 절차를 거쳐야만 되는 것은 아니다. 경우에 따라서는 비록 그러한 절차를 거치지 않았더라도 법원이 그 사람을 법정에서 신문하는 것을 기대하기 어려운 사정이 있다고 인정할 수 있다면, 그 요건은 충족된다고 보아야 한다(2001도5666).

4) 소재불명

① 소환장이 주소불명 등으로 송달불능이 되어 그 소재탐지촉탁까지 하였으나 그 소재를 알지 못하게 된 경우(2000도1765)를 말한다. 06. 경찰2차

② 증인의 법정 출석을 위한 가능하고도 충분한 노력을 다하였음에도 불구하고 부득이 증인의 법정 출석이 불가능하게 되었다는 사정을 검사가 증명한 경우만 이에 해당한다(2013도1435). 17. 9급개론

5) 그 밖에 이에 준하는 사유

① 우선, 사망 또는 질병에 준하여 증인으로 소환될 당시부터 기억력이나 분별력의 상실 상태에 있는 경우가 있다[예 노인성 치매로 인한 기억력 장애, 분별력 상실 등으로 인하여 진술할 수 없는 상태하에 있는 경우를 들 수 있다(91도2281)].

② 그리고 증인소환장을 송달 받고 출석하지 아니하여 구인을 명하였으나 끝내 구인의 집행이 되지 아니하는 경우가 있을 수 있다(2004도3619).

③ 소환장 송달 자체가 불가능한 경우가 있을 수 있다.

④ 일본에 거주하는 사람을 증인으로 채택하고자 하였으나, 일본측에서 형사사건에 대하여는 양국 형법체계상의 상이함을 이유로 송달에 응하지 않고 있어 그 송달이 불가능하다는 취지의 회신을 받고 위 증인을 취소한 경우(87도1446) 12. 법원, 13. 경찰승진

⑤ 일정한 주거 없는 넝마주이 등으로서 소재를 알 수 없는 경우(64도488)

⑥ 그러나 원진술자가 증언거부권을 행사하는 경우, 판례는 이를 제314조에 의해 증거능력을 인정할 수 있는 경우로 보지 않고 있다.

⑦ 또한 피고인의 증거서류의 진정성립을 묻는 검사의 질문에 대하여 진술거부권을 행사하여 진술을 거부한 경우에도 제314조에 의해 증거능력을 인증할 수 있는 경우로 보지 않고 있다(2012도16001). ⇨ 수사기관에서 진술한 참고인이 법정에서 증언을 거부하여 피고인이 반대신문을 하지 못한 경우, 정당하게 증언거부권을 행사한 것이 아니라도 피고인이 증인의 증언거부 상황을 초래하였다는 등의 특별한 사정이 없는 한 「형사소송법」 제314조의 '그 밖에 이에 준하는 사유로 인하여 진술할 수 없는 때'에 해당하지 않으므로 수사기관에서 그 증인의 진술을 기재한 서류는 증거능력이 없다(2018도13945). 20. 7급국가직

⑧ 소재의 확인, 소환장의 발송과 같은 절차를 거쳐 확정되는 것이기는 하지만 항상 그러한 절차를 거쳐야만 되는 것은 아니다(2016도8137).

OX 피고인이 증거서류의 진정성립을 묻는 검사의 질문에 대하여 진술거부권을 행사하여 진술을 거부한 경우는 형사소송법 제314조의 '그 밖에 이에 준하는 사유로 인하여 진술할 수 없는 때'에 해당하지 아니한다. (○, ×) 19. 9급국가직

Answer

OX
○

▶ **필요성 인정 사례**

- 피해자(사건 당시 4세 6월, 증언 당시 6세 11월)가 공판정에서 진술을 한 경우라도 증인 신문 당시 일정한 사항에 관하여 기억이 나지 않는다는 취지로 진술하여 그 진술의 일부 가 재현 불가능하게 된 경우(현주건조물방화치사 사건, 99도3786) 09·10·13·17·18. 경찰승진, 10. 7급국가직, 16. 해경, 17. 9급개론

- 노인성치매로 인한 기억력 장애 등으로 증언을 거절한 때(91도2281) 10·16. 경찰승진, 15. 9급개론, 16. 법원·해경

- 무단전출 또는 주민등록 미등재로 인한 피해자의 소환불능의 경우(83도931)

- 소환불응 및 그에 대한 구인집행도 안 되는 경우(89도351) 16. 법원

- 진술을 요할 자가 주소지를 떠나 그 주소를 알 수 없어 공판정에 출석하지 않은 경우(83도931)

- 피해자가 피고인의 보복이 두렵다는 이유로 주거를 옮기고 또 소환에도 응하지 아니하여 결국 구인장을 발부하였지만 그 집행이 되지 않은 경우(95도933)

- 진술을 요할 자가 중풍, 언어장애 등 장애등급 3급 5호의 장애로 인하여 법정에 출석할 수 없었고, 그 후 신병을 치료하기 위하여 속초로 간 후에는 그에 대한 소재탐지가 불가능하게 된 경우(99도202) 12. 법원, 13·16·17. 경찰승진

- 일본에 거주하는 사람을 증인으로 채택하여 환문코자 하였으나 외교통상부로부터 현재 일본측에서 형사사건에 대하여는 양국 형법체계상의 상이함을 이유로 송달에 응하지 않고 있어 그 송달이 불가능하다는 취지의 회신을 받은 경우(87도1446) 12. 법원, 13. 경찰승진

- 보복이 두렵다는 이유로 주거를 옮기고 또 소환에도 응하지 아니하여, 구인장을 발부하였지만 그 집행조차 되지 아니한 경우(95도523) 10. 7급국가직

- 일정한 주거를 가지고 있더라도 법원의 소환에 계속 불응하고 구인하여도 구인장이 집행되지 아니한 경우(2000도1765) 12·16. 법원, 13. 경찰승진

- 미합중국 법원이 지명한 미합중국 검사가 작성한 피해자 및 공범에 대한 증언녹취서(97도1351) 17. 7급국가직, 19. 경찰간부

- 진술을 요할 자가 외국에 있고 그를 공판정에 출석시켜 진술하게 할 가능하고 상당한 모든 수단을 다하더라도 출석하게 할 수 없는 경우(2007도10004) 10. 7급국가직, 15·17. 9급개론, 16. 경찰승진·법원

- 증인으로 채택하여 국내의 주소지 등으로 소환하였으나 소환장이 송달불능되었고, 미국으로 출국하여 그 곳에 거주하고 있음이 밝혀져 다시 미국 내 주소지로 증인소환증을 발송하자, 제1심법원에 경위서를 제출하면서 장기간 귀국할 수 없음을 통보한 경우(2004도5561) 14. 경찰2차, 17. 경찰승진

- 소환장이 주소불명 등으로 송달불능이 되어 소재탐지촉탁까지 하여 소재수사를 하였어도 그 소재를 확인할 수 없는 경우(2005도2654) 16. 해경

- 피고인과 공동정범에 해당하고 프랑스에 거주하여 법원으로부터 소환장을 송달받는다고 하더라도 법정에 증인으로 출석할 것을 기대하기 어려운 경우, 법원이 그의 소재 확인, 소환장 발송 등의 조치를 다하지 않았다고 하더라도 제314조의 '외국거주' 요건이 충족되었다고 할 수 있음(2016도8137)

▶ **필요성 부정 사례**

- 소환을 받고도 2회나 출석하지 아니한 자에 대하여 구인신청도 하지 아니한 채 도리어 검사가 소환신청을 철회한 경우(69도364)
- 1심에서 송달불능이 된 증인을 항소심에서 다시 증인으로 채택하여 소환함에 있어서 1심에서 송달불능된 주소로만 소환하고 기록상 용이하게 알 수 있는 다른 주소로 소환하지 아니한 경우(73도2124) 14. 경찰2차
- 소환장이 주소불명 등으로 송달불능되었거나 소재탐지촉탁을 하였으나 아직 그 회보가 오지 않은 상태인 경우(증인소환장이 송달되지 않은 경우)(96도575) 01. 경감, 18. 변호사
- 증인의 주소지가 아닌 곳으로 소환장을 보내 송달불능이 되자 그 곳을 중심으로 소재탐지 끝에 소재 불능회보를 받은 경우(79도1002) 09·10·18. 경찰승진
- 원진술자가 공판기일에 증인으로 소환받고도 출산을 앞두고 있다는 이유로 출석하지 아니한 경우(99도915) 09. 경찰승진, 14. 경찰2차, 15. 경찰간부·9급개론, 19. 해경간부
- 원진술자가 만 5세 무렵에 당한 성추행으로 인하여 외상 후 스트레스 증후군을 앓고 있다는 등의 이유로 공판정에 출석하지 아니한 경우(2004도3619) 09·10·13·16. 경찰승진, 10. 7급국가직, 12. 법원, 14. 경찰2차, 16. 해경
- 증언거부권을 행사하여 증언을 거절한 경우(2009도6788) 12·18. 경찰2차, 12·13·14·15·16·17. 법원, 13·17·19. 경찰승진, 15·17. 9급개론, 16·19. 변호사, 17. 7급국가직
  ⇨ 정당한 행사와 정당하지 않은 행사 모두 포함(2018도13945)
- 피고인이 증거서류의 진정성립을 묻는 검사의 질문에 대하여 진술거부권을 행사하여 진술을 거부한 경우(2012도16001) 15·19. 9급국가직, 16. 법원, 19. 변호사, 19. 9급개론
- 국제형사사법공조조약이 체결된 상태에서 이러한 절차(소환, 증인신문) 거치지 않은 경우(2015도17115)

▶ **증언거부권과 제314조의 적용**(2018도13945)

- 이와 같이 제314조가 규정하는 '사망·질병·외국거주·소재불명'은 개인의 신체적 사유나 법정 출석에 따른 장소적, 거리적 제한 내지 출석을 고지할 수 없는 사정 등이 있어 물리적으로 증인이 법정에 나오는 것이 불가능하거나 나오더라도 진술을 할 수 없음이 객관적으로 분명한 경우라고 인정되어야 한다. 그런데 증언거부권의 정당한 행사에 해당하지 않는 증언거부는 위와 같은 '사망·질병·외국거주·소재불명'의 경우에 준한다고 볼 수 있을 정도로 법정에서 진술할 수 없는 경우에 해당한다고 인정하기 어렵다.
- 증인이 정당하게 증언거부권을 행사한 경우와 증언거부권의 정당한 행사가 아닌 경우를 비교하면, 피고인의 반대신문권이 보장되지 않는다는 점에서 아무런 차이가 없다. 증인의 증언거부가 정당하게 증언거부권을 행사한 것인지 여부는 피고인과는 상관없는 증인의 영역에서 일어나는 문제이고, 피고인으로서는 증언거부권이 인정되는 증인이건 증언거부권이 인정되지 않는 증인이건 상관없이 형사소송법이 정한 반대신문권이 보장되어야 한다(정당하게 증언거부권을 행사한 것이 아니라도 제314조에 해당하지 않는다). 20. 7급국가직, 21. 경찰간부

- 다만 피고인이 증인의 증언거부 상황을 초래하였다는 등의 특별한 사정이 있는 경우에는 형사소송법 제314조의 적용을 배제할 이유가 없다. 이러한 경우까지 형사소송법 제314조의 '그 밖에 이에 준하는 사유로 인하여 진술할 수 없는 때'에 해당하지 않는다고 보면 사건의 실체에 대한 심증 형성은 법관의 면전에서 본래증거에 대한 반대신문이 보장된 증거조사를 통하여 이루어져야 한다는 실질적 직접심리주의와 전문법칙에 대하여 예외를 정한 형사소송법 제314조의 취지에 반하고 정의의 관념에도 맞지 않기 때문이다.

(4) 신용성(특신상태) 요건

① 진술 또는 작성이 특히 신빙할 만한 상태하에서 행해져야 한다(특신상태). 이를 신용성 요건이라고 한다.

② 특신상태란 그 진술내용이나 조서 또는 서류의 작성에 허위 개입의 여지가 거의 없고 그 진술내용의 신용성이나 임의성을 담보할 구체적이고 외부적인 정황이 있는 경우를 가리킨다(95도2340). 15 · 18. 경찰2차

③ 특신상태는 검사가 자유로운 증명을 통하여 증명하여야 한다(2006도7228). 18. 경찰2차

④ 특신상태에 대한 증명은 단지 그러할 개연성이 있다는 정도로는 부족하고 합리적인 의심의 여지를 배제할 정도에 이르러야 한다(2013도12652). 17. 법원, 19. 9급국가직 · 7급국가직, 20. 경찰간부

12. 당연히 증거능력이 있는 서류(제315조)

> **형사소송법**
> 제315조【당연히 증거능력이 있는 서류】다음에 게기한 서류는 증거로 할 수 있다.
> 1. 가족관계기록사항에 관한 증명서, 공정증서등본 기타 공무원 또는 외국공무원의 직무상 증명할 수 있는 사항에 관하여 작성한 문서
> 2. 상업장부, 항해일지 기타 업무상 필요로 작성한 통상문서
> 3. 기타 특히 신용할 만한 정황에 의하여 작성된 문서

(1) 의 의

① 형사소송법 제315조는 공무원의 직무문서 · 업무상 통상문서 · 기타 특신문서를 당연히 증거능력 있는 서류로 규정하고 있다.

② 본래 제315조의 서류는 제313조 제1항의 진술서(또는 진술기재서류)로서의 성격을 갖지만, 성립의 진정성이 추정되고 신용성이 보장된다는 점 등을 감안하여 그 증거능력을 인정하고 있다.

③ '기타 특히 신용할 만한 정황에 의하여 작성된 문서'는 굳이 반대신문의 기회 부여 여부가 문제되지 않을 정도로 고도의 신용성의 정황적 보장이 있는 문서를 의미한다(2017도12671). 20. 7급국가직

관련 판례
사무처리 내역을 계속적, 기계적으로 기재한 문서가 아니라 범죄사실의 인정 여부와 관련 있는 어떠한 의견을 제시하는 내용을 담고 있는 문서는 형사소송법 제315조 제3호에서 규정하는 당연히 증거능력이 있는 서류에 해당한다고 볼 수 없으므로, 이른바 보험사기 사건에서 건강보험심사평가원이 수사기관의 의뢰에 따라 그 보내온 자료를 토대로 입원진료의 적정성에 대한 의견을 제시하는 내용의 '건강보험심사평가원의 입원진료 적정성 여부 등 검토의뢰에 대한 회신'은 형사소송법 제315조 제3호의 '기타 특히 신용할 만한 정황에 의하여 작성된 문서'에 해당하지 않는다(대법원 2017.12.5. 선고 2017도12671 판결).

Answer
기출 키워드 체크
검사, 자유로운

▶ **제315조 제1호가 적용된다고 인정한 사례**

- 가족관계기록사항에 관한 증명서, 공정증서등본 기타 공무원 또는 외국공무원의 직무상 증명할 수 있는 사항에 관하여 작성한 문서
- 가족관계 기록사항에 관한 증명서 08. 경찰3차 · 법원, 14 · 15. 경찰승진, 15. 지능특채
- 등기부등본 01. 101단2차
- 주민등록등본 13. 경찰간부, 인감증명 19. 경찰승진
- 보건복지부장관의 시가보고서 08. 경찰3차
- 군의관이 작성한 진단서 04 · 05. 경찰승진, 09. 경찰2차
- 국립과학수사연구소장 작성의 감정의뢰회보서 11. 경찰1차, 13. 경찰2차, 15. 경찰3차
- 외국공무원의 직무문서 02 · 04. 경사
- 공정증서등본 08. 법원
- 보건사회부장관의 시가보고서
- 세무공무원의 시가감정서(85도225) 12. 교정특채, 18. 법원, 20. 7급국가직
- 일본하관 통괄심리관 작성의 범칙물건감정서등본과 분석의뢰서 및 분석 회답서 등본 12. 경찰1차, 14. 9급국가직, 15. 경찰3차, 16 · 19. 경찰승진
- 전과회보서 19. 경찰승진

▶ **제315조 제2호가 적용된다고 인정한 사례**

- 상업장부 · 항해일지 · 진료일지 · 금전출납부 · 전표 등 16. 경찰2차
- 상업장부 02. 경찰3차, 03. 여경2차, 08. 법원, 16. 9급개론, 18. 경찰승진
- 항해일지 00. 7급국가직, 01. 101단1차, 13. 경찰간부, 15. 지능특채, 16. 9급개론, 17. 해경간부
- 의사가 작성한 진료기록부 09. 경찰2차, 19. 경찰간부
- 성매매업소에서 영업에 참고하기 위하여 성매매상대방에 관한 정보를 입력 · 작성한 메모리카드 09 · 10 · 13 · 17. 경찰2차, 09 · 14. 9급국가직, 10 · 13 · 14 · 15 · 19. 경찰승진, 12. 경찰1차 · 해경간부, 15. 경찰3차 · 7급국가직 · 지능특채, 17. 해경간부, 18. 법원, 20. 9급국가직 · 9급개론
- 이면에 필적을 연습한 업무일지(2008도1584)
- 자기에게 맡겨진 사무를 처리한 사무 내역을 그때그때 계속적, 기계적으로 기재한 문서 (2017도12671) 19. 9급국가직 · 9급개론

▶ **제315조 제3호가 적용된다고 인정한 사례**

- 기타 특히 신용할만한 정황 아래 작성된 문서
- 다른 피고사건의 공판조서(2004도6646) 14. 9급국가직, 17. 해경간부 · 경찰2차 · 법원, 19. 경찰승진
    − 민사 판결문
- 군법회의 판결사본 08. 법원, 11. 경찰1차, 13. 경찰간부
- 구속적부심문조서 08. 경찰3차, 09 · 11 · 12 · 19. 경찰1차, 12. 교정특채, 13 · 17. 경찰2차, 14. 9급국가직, 14 · 15. 경찰승진, 17. 해경간부, 18. 법원
- 사법경찰관 작성의 새세대 16호에 대한 수사보고서(새세대 16호라는 유인물의 내용을 분석하고, 이를 기계적으로 복사하여 첨부한 문서) 08. 경찰3차, 15. 지능특채, 20. 9급국가직

▶ **제315조 제1호가 적용되지 않는다고 본 사례**

- 미국 연방범죄수사관이 범죄현장을 확인하고 작성한 보고서 09 · 13 · 17. 경찰2차, 15. 지능특채, 16. 경찰승진
- 수사기관의 조서 · 수사보고서 19. 경찰승진
  - 육군과학수사연구소 실험분석관이 작성한 감정서 02. 여경1차, 08 · 15. 경찰3차, 11 · 12. 경찰1차, 15. 지능특채, 16. 경찰승진
  - 당사자 동의 서류 01. 101단1차
  - 피의자 자술서 03. 여경2차, 07. 경찰1차
  - 감정서 01. 101단2차, 08. 법원, 19. 경찰간부
  - 주중국 영사가 상급자의 지시로 작성한 사실확인서 중 공인부분을 제외한 부분(공적인 증명 ×, 상급자 등에 대한 보고를 목적으로 작성된 것 ○)(2007도7257)
  - 피의자신문조서 01. 여경1차
- 외국수사기관이 작성한 수사보고서 14. 경찰승진
- 대한민국 법원의 형사사법공조요청에 따라 미합중국 법원의 지명을 받은 수명자(미합중국 검사)가 작성한 피해자 및 공범에 대한 증언녹취서(deposition)(97도1351). 19. 경찰1차
- 대한민국 주중국 대사관 영사가 공무수행과정에서 작성하였지만 공적인 증명보다는 상급자에 대한 보고를 목적으로 작성한 사실확인서[공인(公印) 부분은 제외](2007도7257) 20. 9급국가직 · 9급개론

▶ **제315조 제2호가 적용되지 않는다고 본 사례**

- 사인인 의사가 작성한 진단서(69도179)(제313조 제1항) 02. 경찰승진, 03. 경찰2차, 07. 경찰1차, 13. 경찰간부, 16 · 18. 9급개론 · 9급국가직, 17. 여경
- 외부에 보이기 위한 표면장부
- 체포 · 구속인 접견부 19. 7급국가직
- 425지논 파일(국정원 심리전단 직원의 활동 주제 등), 시큐리티 파일(269개 트위터 계정 정보 등)(2015도2625)
- 로그 파일 사본의 일부 내용을 요약 · 정리한 문서(2015도3467) 17. 7급국가직, 19. 경찰1차
- 변호사가 피고인에 대한 법률자문 과정에 작성하여 피고인에게 전송한 전자문서를 출력한 법률의견서(2009도6788) 20. 7급국가직

▶ **제315조 제3호가 적용되지 않는다고 본 사례**

- 주민들의 진정서 사본 02. 경찰2차, 07 · 11. 경찰1차, 09. 9급국가직
- 검사의 공소장 00. 7급국가직, 05 · 15 · 16. 경찰승진, 11. 경찰1차
- 외국수사기관이 수사결과 얻은 정보를 회신하여온 문서 04. 경찰승진, 09. 9급국가직
- 체포 · 구속인접견부 16. 9급국가직 · 9급개론, 19. 7급국가직
- 증거보전, 수사상 증인신문 과정에서 작성된 증인신문조서(제311조 적용, 증거능력 인정) 18. 변호사
- 건강보험심사평가원의 입원진료 적정성 여부 등 검토의뢰에 대한 회신(2017도12671) 18. 법원, 19. 경찰승진 · 경찰2차, 20. 9급국가직 · 9급개론

- 피고인의 지시 및 피고인과 타인과의 대화를 들은 사람이 기재한 업무수첩(사무처리의 편의를 위하여 자신이 경험한 사실을 기재한 수첩)(2018도14303)
- 대한민국 주중국 대사관 영사가 공무수행과정에서 작성하였지만 공적인 증명보다는 상급자에 대한 보고를 목적으로 작성한 사실확인서[공인(公印) 부분은 제외](2007도7257) 20. 9급국가직·9급개론

13. 전문진술(제316조)

형사소송법

제316조【전문의 진술】① 피고인이 아닌 자(공소제기 전에 피고인을 피의자로 조사하였거나 그 조사에 참여하였던 자를 포함한다. 이하 이 조에서 같다)의 공판준비 또는 공판기일에서의 진술이 피고인의 진술을 그 내용으로 하는 것인 때에는 그 진술이 특히 신빙할 수 있는 상태하에서 행하여졌음이 증명된 때에 한하여 이를 증거로 할 수 있다.
② 피고인 아닌 자의 공판준비 또는 공판기일에서의 진술이 피고인 아닌 타인의 진술을 그 내용으로 하는 것인 때에는 원진술자가 사망, 질병, 외국거주, 소재불명 그 밖에 이에 준하는 사유로 인하여 진술할 수 없고, 그 진술이 특히 신빙할 수 있는 상태하에서 행하여졌음이 증명된 때에 한하여 이를 증거로 할 수 있다.

(1) 의 의

전문증거가 법원에 제출되는 형태는 서류에 의한 것과 구두진술에 의한 것이 있다. 구두진술에 의한 전문증거에 대해서는 제316조에서 전문법칙의 예외규정을 두고 있다.

(2) 제316조 제1항의 예외(피고인 아닌 제3자가 피고인의 진술을 전문한 경우)

1) 의 의

① 피고인이 아닌 자(B)(공소제기 전에 피고인을 피의자로 조사하였거나 그 조사에 참여하였던 자를 포함)의 공판준비 또는 공판기일에서의 진술이 피고인(A)의 진술을 그 내용으로 하는 것인 때에는 그 진술이 "특히 신빙할 수 있는 상태하에서 행하여졌음이 증명된 때에 한하여" 이를 증거로 할 수 있다(제316조 제1항). 12. 해경간부, 12·13. 경찰간부, 12·14. 경찰승진

② 예를 들어 증인 B가 법정에서 "피고인 A가 범행 직후 피해자를 폭행한 것을 후회한다고 말하는 것을 들었다."고 진술하는 경우, 피고인 A의 진술이 특신상태에서 행해진 것이라면 증인 B의 진술은 증거능력이 인정된다. ⇨ 만약 주민 B가 "甲(피고인)이 나에게 '망할 놈의 할망구, 내가 A를 없애 버렸다'고 말한 적이 있다."라고 증언하였다면, 甲의 진술이 특히 신빙할 수 있는 상태하에서 행하여졌음이 증명된 때에 한하여 B의 진술을 증거로 할 수 있다. 19. 변호사

2) 증언의 주체

① 전문진술의 주체인 '피고인 아닌 자'란 피고인 이외의 자를 말한다.

② 제3자는 말할 것도 없고 공동피고인이나 공범자를 모두 포함한다(2011도7173).

3) 원진술의 주체

① 피고인의 진술이란 피고인의 지위에서 행하여진 것임을 요하지 않는다.

② 따라서 사건 직후 피고인의 자백을 청취한 자가 그 내용을 증언하는 경우는 물론 피의자를 신문한 사법경찰관이나 제3자가 경찰에서 조사받을 때 범행을 자백한 피고인의 진술내용을 증언하는 경우에도 여기에 해당한다.

4) 조사자 등 증언

개정법 제316조 제1항의 피고인 아닌 자(증언하는 자)에 "공소제기 전에 피고인을 피의자로 조사하였거나 그 조사에 참여하였던 자"(조사자 등)를 포함한다. 09·14. 경찰2차, 10·11·17. 경찰승진, 13. 9급국가직

5) 요 건

특신상태(특) ⇨ 제316조 제1항의 '그 진술이 특히 신빙할 수 있는 상태하에서 행하여진 때'라 함은 그 진술을 하였다는 것에 허위 개입의 여지가 거의 없고, 그 진술 내용의 신빙성이나 임의성을 담보할 구체적이고 외부적인 정황이 있는 경우를 가리킨다(2010도8735). 17. 경찰승진

(3) 제316조 제2항의 예외(피고인 아닌 자가 피고인 아닌 자의 진술을 전문한 경우)

1) 의 의

피고인 아닌 자(B)(공소제기 전에 피고인을 피의자로 조사하였거나 그 조사에 참여하였던 자를 포함)의 공판준비 또는 공판기일에서의 진술이 피고인 아닌 타인(A)의 진술을 그 내용으로 하는 것인 때에는 원진술자(A)가 사망, 질병, 외국거주, 소재불명, 그 밖에 이에 준하는 사유로 인하여 진술할 수 없고(필요성), 그 진술이 특히 신빙할 수 있는 상태하에서 행하여졌음이 증명된 때에 한하여(신용성) 이를 증거로 할 수 있다(제316조 제2항). 09·18. 경찰승진, 10. 경찰1차, 15. 해경3차

2) 증언의 주체

① 전문진술의 주체인 '피고인 아닌 자'의 의미는 제316조 제1항의 경우와 같다.

② 따라서 제3자는 물론 공범자나 공동피고인도 포함된다.

관련 판례

형사소송법은 제310조의2에서 원칙
적으로 전문증거의 증거능력을 인정
하지 않고, 제311조부터 제316조까
지 정한 요건을 충족하는 경우에만
예외적으로 증거능력을 인정한다.
다른 사람의 진술을 내용으로 하는
진술이 전문증거인지는 요증사실이
무엇인지에 따라 정해진다. 다른 사
람의 진술, 즉 원진술의 내용인 사실
이 요증사실인 경우에는 전문증거이
지만, 원진술의 존재 자체가 요증사
실인 경우에는 본래증거이지 전문증
거가 아니다.
어떤 진술이 기재된 서류가 그 내용
의 진실성이 범죄사실에 대한 직접
증거로 사용될 때는 전문증거가 되
지만, 그와 같은 진술을 하였다는 것
자체 또는 진술의 진실성과 관계없
는 간접사실에 대한 정황증거로 사
용될 때는 반드시 전문증거가 되는
것이 아니다. 그러나 어떠한 내용의
진술을 하였다는 사실 자체에 대한
정황증거로 사용될 것이라는 이유로
서류의 증거능력을 인정한 다음 그
사실을 다시 진술 내용이나 그 진실
성을 증명하는 간접사실로 사용하는
경우에 그 서류는 전문증거에 해당
한다. 서류가 그곳에 기재된 원진술
의 내용인 사실을 증명하는 데 사용
되어 원진술의 내용인 사실이 요증
사실이 되기 때문이다. 이러한 경우
형사소송법 제311조부터 제316조까
지 정한 요건을 충족하지 못한다면
증거능력이 없다.
피고인이 공소외 1에게 말한 내용에
관한 공소외 1의 업무수첩 등에는 '피
고인이 공소외 1에게 지시한 내용'(이
하 '지시 사항 부분'이라 한다)과 '피고
인과 개별 면담자가 나눈 대화 내용을
피고인이 단독 면담 후 공소외 1에게
불러주었다는 내용'(이하 '대화 내용
부분'이라 한다)이 함께 있다.

Answer

3) 원진술의 주체

① 피고인 아닌 자(B)의 전문진술은 '피고인 아닌 자'(A)의 진술을 그 내용으로 하고
있어야 한다.

② 전문진술자가 원진술자로부터 진술을 들을 당시 원진술자가 증언능력에 준하는 능
력을 갖춘 상태에 있어야 한다(2005도9561). 12. 해경간부, 13·17·18. 경찰승진, 15. 경찰2차, 17.
여경·경찰간부

4) 조사자 등 증언

① 제316조 제2항의 '피고인 아닌 자'에는 공소제기 전에 조사에 참여하였던 자도 포함
된다(2008도6985).

② 공소제기 전에 피고인 아닌 타인을 조사하였거나 그 조사에 참여하였던 자의 진술
도 제316조 제2항에 따라 필요성과 특신상태의 증명이라는 요건을 충족할 경우 증
거능력이 인정된다. 17. 경찰간부

5) 요건(특신상태와 필요성)

① 필요성(원진술자의 진술불능)과 신용성의 정황적 보장(특신상태)을 요건으로 한다.

② '그 진술이 특히 신빙할 수 있는 상태하에서 행하여졌음'(특신상태)이란 진술 내용
에 허위가 개입할 여지가 거의 없고, 진술 내용의 신빙성이나 임의성을 담보할 구
체적이고 외부적인 정황이 있는 경우를 의미한다. 21. 9급국가직·9급개론

③ 필요성과 신용성의 개념은 제314조에서 본 것과 같다. ⇨ 제314조의 '특신상태'와
제316조 제2항의 '특신상태'는 동일한 의미이다(2012도725). 18. 9급개론

④ 진술자가 공판정에 출석한 경우에는 증거능력이 없다. 10·11. 경찰승진

  ㉠ 원진술자가 사망, 질병, 외국거주, 소재불명, 그 밖에 이에 준하는 사유로 인하
  여 진술할 수 없어야 하는 것이라서 원진술자가 법정에 출석하여 수사기관에서
  한 진술을 부인하는 취지로 증언한 이상 원진술자의 진술을 내용으로 하는 조사
  자의 증언은 증거능력이 없다(2008도6985). 13. 7급국가직, 14. 경찰승진

  ㉡ 甲은 간통 혐의로 乙은 상간 혐의로 각 간통죄로 기소되어 공동피고인이 된 경
  우, 상간자인 乙로부터 간통사실을 들었다는 丙의 증언은 그 진술이 특히 신빙할
  수 있는 상태하에서 이루어진 것이라 할지라도 甲에 대한 공소사실의 증거로서
  증거능력이 없다(84도2279). 09·11. 경찰승진

14. 공범의 경우

(1) 개 요

① 공범 진술의 경우, 그 증거능력을 인정하기 위한 요건이 형사소송법 등에 명시적으로 규정되어 있지 않다.

② 따라서 공범을 피고인과 유사하게 볼 것인지, 제3자와 유사하게 보아 관련 조항을 적용할 것인지 문제된다.

③ 즉, 공범의 피의자신문조서를 피의자의 그것과 유사하게 본다면 제312조 제1항 내지 제3항이 주로 적용될 것이고, 그렇지 않다면 제312조 제4항이 주로 적용될 것이다.

(2) 법정진술

① 반대신문권이 보장되어 있으므로 공범의 법정진술은 증거능력을 갖는다(92도917, 2006도1944). 16. 경찰1차, 17. 경찰간부·변호사·해경1차·법원, 19. 변호사·9급개론

ㄱ 변론이 분리된 경우 공범을 증인으로 신문하여야 한다.

ㄴ 변론이 분리된 공범 甲이 "뇌물을 제공받은 乙이 저에게 '국가와 민족을 위해 잘 쓰겠습니다.'라고 말했습니다."라고 진술한 경우, 乙의 진술내용은 특신상태가 증명된 때 한하여 (乙 사건의) 증거로 할 수 있다(제316조 제1항). 18. 변호사

ㄷ 변론이 분리된 공범 甲이 "뇌물을 제공받은 乙이 저에게 '국가와 민족을 위해 잘 쓰겠습니다.'라고 말했습니다."라고 진술한 경우, 乙의 진술내용은 특신상태가 증명된 때 한하여 (乙 사건의) 증거로 할 수 있다(제316조 제1항). 18. 변호사

② 피고인들 간에 이해관계가 상반된다고 하여도 마찬가지이다(2006도1944). 17. 법원, 19. 9급개론

③ 실제로 충분히 반대신문이 행하여졌는지 여부는 따지지 않는다.

(3) 공판조서 04. 여경3차

① 공동피고인인 경우, 제311조에 의해 당연히 증거능력이 인정된다.

② 공동피고인이 아닌 경우, 제315조 제3호에 의해 당연히 증거능력이 인정된다. 16. 변호사 ▷ 다른 피고인에 대한 형사사건의 공판조서 중 일부인 증인신문조서는 '기타 특히 신용할 만한 정황에 의하여 작성된 문서'에 해당한다(2004도4428).

첫째, 공소외 1의 진술 중 지시 사항 부분은 피고인이 공소외 1에게 지시를 한 사실을 증명하기 위한 것이라면 원진술의 존재 자체가 요증사실인 경우에 해당하여 본래증거이고 전문증거가 아니다. 그리고 공소외 1의 업무수첩 중 지시 사항 부분은 형사소송법 제313조 제1항에 따라 공판준비나 공판기일에서 그 작성자인 공소외 1의 진술로 성립의 진정함이 증명된 경우에는 진술증거로 사용할 수 있다.

둘째, 공소외 1의 업무수첩 등의 대화 내용 부분이 피고인과 개별 면담자 사이에서 대화한 내용을 증명하기 위한 진술증거인 경우에는 전문진술로서 형사소송법 제316조 제1항에 따라 그 진술이 특히 신빙할 수 있는 상태에서 한 것임이 증명된 때에 한하여 증거로 사용할 수 있다. 이 사건에서 공소외 1의 업무수첩 등이 이 요건을 충족하지 못한다. 따라서 공소외 1의 업무수첩 등은 피고인과 개별 면담자가 나눈 대화 내용을 추단할 수 있는 간접사실의 증거로 사용하는 것도 허용되지 않는다. 이를 허용하면 대화 내용을 증명하기 위한 직접증거로 사용할 수 없는 것을 결국 대화 내용을 증명하는 증거로 사용하는 결과가 되기 때문이다. 공소외 1의 업무수첩은 공소외 1이 사무처리의 편의를 위하여 자신이 경험한 사실 등을 기재해 놓은 것에 지나지 않는다(대법원 2019.8.29. 선고 2018도14303 전원합의체 판결, 2019.8.29. 선고 2018도2738 전원합의체 판결 등).

OX 공동피고인의 자백은 이에 대한 피고인의 반대신문권이 보장되어 있어 증인으로 신문한 경우와 다를 바 없으므로 독립한 증거능력이 있고, 이는 피고인들 간에 이해관계가 상반된다고 하여도 마찬가지이다.
(○, ×) 17. 법원

Answer

OX
○

(4) 공범의 검사 작성 피의자신문조서

① 제312조 제4항이 적용된다(다수설)(적, 실, 특, 반). 15. 9급개론, 16·18·19. 변호사, 17. 경찰간부
　㉠ 원진술자인 공범이 성립의 진정을 인정하고, 피고인에게 반대신문 기회가 주어지면 증거로 사용할 수 있다.
　㉡ 공범 乙의 검사 작성 피의자신문조서 등본의 경우, 공범 乙이 자신에 대한 공판절차에서 진정성립을 인정하더라도 그 조서 등본은 甲사건의 공소사실에 대한 증거능력이 없다(乙은 甲사건에 증인으로 출석하여 진정성립을 인정하여야 한다)(99도3063). 15. 7급국가직, 19. 9급국가직·변호사
　㉢ 甲은 사기죄, 乙은 사기방조죄로 기소된 경우, 변론 분리 없이 검사의 피고인신문 과정에서는 한 乙의 진술을 甲의 범죄사실을 인정하는 증거로 삼더라도 위법하지 않다. 19. 변호사

② 원진술자(공범)가 공동피고인이 아닌 경우 증인으로 실질적 진정성립을 인정하여야 한다. ⇨ 피고인이 증거로 함에 동의한 바 없는, 공범이 아닌 공동피고인에 대한 검사 작성 피의자신문조서는 공동피고인의 증언에 의하여 그 성립의 진정이 인정되지 아니하는 한 피고인의 공소 범죄사실을 인정하는 증거로 할 수 없다(2005도7601). 20. 9급개론

③ 제314조가 적용된다. 15. 변호사

(5) 공범의 사경 작성 피의자신문조서

① 제312조 제3항이 적용된다(적, 내). 15. 9급개론, 18. 경찰간부

② 내용인정을 원진술자(공범)가 아닌 피고인이 하여야 한다(2009도1889, 2009도2865). 07·16·18·20. 경찰1차, 09·14. 법원, 11·12. 교정특채, 11·12·14·15. 경찰승진, 11·13·18. 경찰2차, 13. 7급국가직, 13·15·16·17·18. 9급개론, 13·16·17·18·19. 9급국가직, 13·17·21. 경찰간부, 16·17·18·19. 변호사, 18·19. 해경간부

③ 내용인정을 피고인이 해야하므로, 제314조가 적용되지 않는다(2003도7185, 2009도6602). 05·18. 경찰1차, 10·14. 경찰승진, 11. 교정특채, 12. 해경간부, 13. 법원, 15·17·19. 변호사, 17. 7급국가직·경찰2차, 21. 경찰간부

④ 필요적 공범의 경우도 같은 법리가 적용된다(2007도6129). 21. 경찰간부

⑤ 공동정범이나 교사범, 방조범 등 공범관계에 있는 자들 사이에서뿐만 아니라, 법인의 대표자나 법인 또는 개인의 대리인, 사용인, 그 밖의 종업원 등 행위자의 위반행위에 대하여 행위자가 아닌 법인 또는 개인이 양벌규정에 따라 기소된 경우, 이러한 법인 또는 개인과 행위자 사이의 관계에서도 마찬가지로 적용된다고 보아야 한다(2016도9367). 21. 경찰간부
　㉠ 제312조 제3항이 적용된다.
　㉡ 내용인정을 당해 피고인이 해야 한다.
　㉢ 제314조가 적용되지 않는다.

(6) 전문진술

① 제316조 제2항이 적용된다(특, 필). ⇨ 제316조 제2항에서 말하는 '피고인 아닌 타인'(A)이라 함은 제3자는 말할 것도 없고 공동피고인이나 공범자를 포함한다(84도2279). 15. 경찰간부

② 따라서 특신상황뿐만 아니라 원진술자(공범)의 사망 등의 필요성이 있어야 증거능력이 인정된다. ⇨ 甲과 乙이 공범관계가 아닌 경우, 甲의 범죄사실에 대하여 제출된 乙에 대한 검사 작성의 피의자신문조서에 "丙으로부터 甲이 절도를 하였다는 말을 들었습니다."라는 내용이 기재되어 있는 경우, 丙이 이 사건 법정에 증인으로 출석하여 "甲이 절도를 하는 것을 보았고, 이 이야기를 乙에게 하였습니다."라는 내용으로 증언하였더라도 이 조서는 증거능력이 없다. 18. 변호사

③ 제316조 제2항의 '피고인 아닌 자'(B)라고 함은 제3자는 말할 것도 없고 공동피고인이나 공범자를 모두 포함한다고 해석된다(99도5679). 15. 경찰2차

15. 재전문증거의 증거능력

(1) 재전문증거

① 재전문증거란 전문증거의 내용 속에 다시 전문증거가 포함되어 있는 경우를 말한다.

② 재전문증거는 타인의 진술을 내용으로 하는 진술을 다시 전문하여 진술하는 재전문진술과 타인의 진술을 내용으로 하는 진술을 다시 서면으로 제출하는 재전문서류로 나눌 수 있다.

③ 재전문증거의 증거능력을 인정할지 여부에 대해서는 형사소송법 등에 구체적인 규정이 없어 이의 인정 여부가 문제가 되고 있다.

(2) 증거능력

① '재전문진술'이나 '재전문진술을 기재한 조서'는 그 증거능력을 인정하는 규정을 두고 있지 아니하고 있으므로 피고인이 증거로 동의하지 아니하는 한 증거로 할 수 없다(2000도159). 09·10·12·13·14·17. 경찰승진, 12. 법원, 12·14·16·17. 해경간부, 14·21. 경찰1차, 15. 경찰2차·지능특채, 16·17. 변호사, 17. 여경, 20. 경찰2차, 21. 경찰간부

② '전문진술이 기재된 조서'는 형사소송법 제312조 내지 제314조의 규정과 제316조 제1항(2001도3106) 또는 제2항(2005도9561)의 규정에 따른 조건을 갖춘 때에 예외적으로 증거능력이 인정된다. 14. 경찰간부, 16. 변호사, 19. 경찰1차

  ㉠ 강도 범행을 목격한 C로부터 "甲(피고인)이 편의점에서 돈을 빼앗는 것을 보았다."라는 말을 들은 D에 대하여 검사가 참고인조사를 한 후, 그 진술조서를 증거로 제출한 경우, 제312조 제4항, 제316조 제2항의 규정의 요건을 갖춘 때, 증거능력이 인정된다. 16. 변호사

Ⓛ 이때, D가 C로부터 들은 위 내용을 친구 E에게 다시 말하였고 E가 공판정에서 그 내용을 증언한 경우, 피고인이 증거로 하는 데 동의하지 아니하는 한 증거능력이 없다. 16. 변호사

Ⓔ 피해자를 치료한 의사의 초진기록지에 피고인으로부터 범죄피해를 당하였다는 피해자의 진술이 기재되어 있는 경우 의사의 법정 진술로 진정성립이 증명되고 피해자의 진술불능과 원진술의 특신상태가 증명되면 유죄의 증거로 할 수 있다 (2005도9561). [피해자(A) ⇨ B(의사) ⇨ _B] 14. 경찰간부

(3) 증거동의

재전문의 경우라도 피고인이 아무런 조건 없이 이를 증거로 함에 동의하였다면 증거능력을 인정할 수 있다(2010도5948). 12 · 17 · 20. 경찰간부, 15. 경찰2차, 17. 여경 · 경찰승진

(4) 탄핵증거

증거능력이 없는 재전문증거라도 탄핵증거로 사용할 수 있다. 16. 변호사

▶ 재전문증거의 증거능력

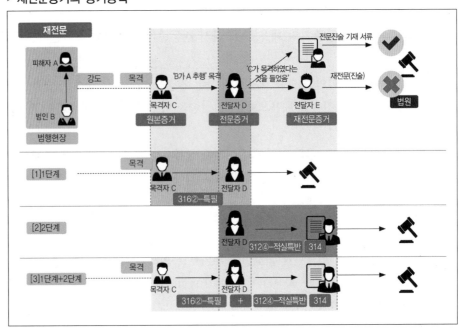

16. 특수매체기록의 증거능력

(1) 의 의

과학기술의 발달과 함께 입법자가 예상하지 못하였던 새로운 형태의 증거방법이 등장하면서 그 증거능력 문제를 둘러싸고 여러 논의들이 대두되고 있다.

(2) 사진의 증거능력

① 사진은 과거에 발생한 역사적 사실을 렌즈에 비친 대로 필름 또는 인화지에 기계적으로 재생시킨 증거방법을 말한다.

② 사진은 그 과정에 허위가 개입될 여지가 적다는 점에서는 신용성이 높다고 볼 수 있지만, 인위적 조작가능성도 배제할 수 없다는 특징이 있다.

③ 사진은 크게 사본으로서의 사진, 진술의 일부인 사진, 현장사진으로 구분할 수 있다.

(3) 사본으로서의 사진

1) 개 념

① 사본으로서의 사진이란 사진이 원래 증거로 제출되어야 할 자료의 대용물로 사용되는 경우를 말한다.

② 이 경우 본래 제출해야 할 증거가 증거물이면 사진도 비진술증거가 되고(예 범행에 사용된 흉기의 사진), 원본증거가 서류 등 진술증거라면 사진도 진술증거가 된다(예 문서를 찍은 사진).

2) 증거물의 사진

① 전문법칙이 적용되지 않는다.

② 증거물을 법정에 제출할 수 없거나 그 제출이 곤란한 사정이 있고, 그 사진의 영상이 증거물과 정확하게 같다는 사실이 증명된 경우에 증거로 사용할 수 있다(2006도2556). 17. 9급국가직, 17·18. 9급개론

3) 진술증거의 사본

① 전문법칙이 적용된다.

② 원본이 존재하거나 존재하였고, 원본 제출이 불능 또는 곤란한 사정이 있으며, 원본을 정확하게 전사하였고, 전문법칙의 예외의 요건을 갖추었을 때 증거능력이 있다.

05. 경찰1차

원합의체 판결 등 참조). 그리고 이러한 법리는 공동정범이나 교사범, 방조범 등 공범관계에 있는 자들 사이에서뿐만 아니라, 법인의 대표자나 법인 또는 개인의 대리인, 사용인, 그 밖의 종업원 등 행위자의 위반행위에 대하여 행위자가 아닌 법인 또는 개인이 양벌규정에 따라 기소된 경우, 이러한 법인 또는 개인과 행위자 사이의 관계에서도 마찬가지로 적용된다고 보아야 한다. 그 구체적 이유는 다음과 같다.

대법원은 앞서 본 바와 같이 형사소송법 제312조 제3항의 규정이 검사 이외의 수사기관이 작성한 해당 피고인과 공범관계에 있는 다른 피고인이나 피의자에 대한 피의자신문조서에 대해서까지 적용된다는 입장을 확고하게 취하고 있다. 이는 하나의 범죄사실에 대하여 여러 명이 관여한 경우 서로 자신의 책임을 다른 사람에게 미루려는 것이 일반적인 인간심리이므로, 만일 위와 같은 경우에 형사소송법 제312조 제3항을 해당 피고인 외의 자들에 대해서까지 적용하지 않는다면 인권보장을 위해 마련된 위 규정의 취지를 제대로 살리지 못하여 부당하고 불합리한 결과에 이를 수 있기 때문이다(대법원 1986.11.1. 선고 86도1783 판결 참조).

나아가 대법원은 형사소송법 제312조 제3항이 형법총칙의 공범 이외에도, 서로 대향된 행위의 존재를 필요로 할 뿐 각자의 구성요건을 실현하고 별도의 형벌규정에 따라 처벌되는 강학상 필요적 공범 내지 대향범 관계에 있는 자들 사이에서도 적용된다는 판시를 하기도 하였다(대법원 1996.7.12. 선고 96도667 판결, 대법원 2007.10.25. 선고 2007도6129 판결 등 참조). 이는 필요적 공범 내지 대향범의 경우 형법총칙의 공범 관계와 마찬가지로 어느 한 피고인이 자기의 범죄에 대하여 한 진술이 나머지 대향적 관계에 있는 자가 저지른 범죄에도 내용상 불가분적으로 관련되어 있어 목격자, 피해자 등 제3자의 진술과는 본질적으로 다른 속성을 지니고 있음을 중시한 것으로 볼 수 있다.

무릇 양벌규정은 법인의 대표자나 법인 또는 개인의 대리인, 사용인, 그 밖의 종업원 등 행위자가 법규위반행위를 저지른 경우, 일정 요건 하

에 이를 행위자가 아닌 법인 또는 개인이 직접 법규위반행위를 저지른 것으로 평가하여 행위자와 같이 처벌하도록 규정한 것으로서, 이때의 법인 또는 개인의 처벌은 행위자의 처벌에 종속되는 것이 아니라 법인 또는 개인의 직접책임 내지 자기책임에 기초하는 것이기는 하다(대법원 2006.2.24. 선고 2005도7673 판결, 대법원 2010.9.9. 선고 2008도7834 판결, 대법원 2010.9.30. 선고 2009도3876 판결 등 참조). 그러나 양벌규정에 따라 처벌되는 행위자와 행위자가 아닌 법인 또는 개인 간의 관계는, 행위자가 저지른 법규위반행위가 사업주의 법규위반행위와 사실관계가 동일하거나 적어도 중요부분을 공유한다는 점에서 내용상 불가분적 관련성을 지닌다고 보아야 하고, 따라서 앞서 본 형법총칙의 공범관계 등과 마찬가지로 인권보장적인 요청에 따라 형사소송법 제312조 제3항이 이들 사이에서도 적용된다고 보는 것이 타당하다.
피고인 A(병원 경영자)이 법정에서 사법경찰관 작성 B(병원 사무국장)에 대한 피의자신문조서를 증거로 함에 동의하지 않았고 오히려 그 내용을 부인하고 있는 이상, 검사 이외의 수사기관이 양벌규정의 행위자인 B에 대하여 작성한 피의자신문조서에 관해서는 형사소송법 제312조 제3항이 적용되어 증거능력이 없고, 이 경우 형사소송법 314조를 적용하여 피의자신문조서의 증거능력을 인정할 수도 없다(대법원 2020.6.11. 선고 2016도9367 판결).

4) 증거조사 방법

① 도면·사진 그 밖에 정보를 담기 위하여 만들어진 물건으로서 문서가 아닌 증거의 조사에 관하여는 특별한 규정이 없으면 법 제292조(증거서류에 대한 조사 방식), 법 제292조의2(증거물에 대한 조사방식)의 규정을 준용한다(규칙 제134조의9).

② 따라서 증거물을 촬영한 사진은 제시의 방법으로(제292조의2), 서증의 사본인 사진은 낭독·내용고지·열람의 방법으로(제292조), 증거물인 서면의 사진은 제시 이외에 낭독·내용고지·열람의 방법으로 증거조사를 하게 된다.

(4) 진술의 일부인 사진

1) 의 의

진술증거의 일부인 사진이란 사진이 진술의 보조수단으로서 당해 진술과 일체를 이루어 사용되는 것을 말한다(예 검증조서, 감정서에 사진이 첨부되는 경우).

2) 증거능력

① 이 경우 사진의 증거능력은 진술증거와 일체로 판단하여야 한다.

② 따라서 사법경찰관이 작성한 검증조서 중 피고인의 범행재연의 영상부분은 피고인에 의하여 재연의 진정함이 인정될 뿐만 아니라 내용이 인정될 때에만 증거능력이 인정된다(98도159).

(5) 현장사진

1) 의 의

현장사진이란 범행상황과 그 전후 상황을 촬영한 사진(예 시위현장사진)으로서 범행을 증명하기 위하여 독립된 증거로 제출된 것을 말한다.

2) 증거능력

① 현장사진의 증거능력 인정 요건에 대해서는 견해가 대립된다.

② 이에 대해서는 진술증거설, 비진술증거설, 검증조서유추설의 대립이 있다.

③ 피고인이 법정에서 경찰의 검증조서 중 범행에 관한 현장진술 부분에 대해서만 부동의하고 범행현장상황 부분에 대해서는 증거동의한 경우, 범행현장상황 부분만 증거로 채용할 수 있다(90도1303). 18. 변호사

3) 증거조사 방법

① 현장사진은 제시의 방법으로 증거조사를 하는 것이 원칙이다(제292조의2).

② 집회 및 시위에 관한 법률위반 사건에서 검사가 수사보고서에 첨부하여 제출한 체포장면이 녹화된 동영상 CD에 대하여 원심이 형사소송규칙 제134조의8에서 규정한 재생하여 청취 또는 시청하는 방법과 같은 증거조사절차를 거치지 아니한 채 유죄 증거로 채택한 조치는 위법하다(2009도13846).

⑹ 녹음테이프의 증거능력

1) 의 의

① 녹음테이프는 사람의 음성과 기타의 음향을 기계적 장치를 통하여 기록하여 재생시킬 수 있도록 한 증거방법을 말한다.

② 녹음테이프는 높은 증거가치를 가진 과학적 증거방법이지만 조작될 위험성 또한 배제할 수 없다.

③ 일반적으로 녹음테이프는 피의자나 참고인의 진술을 녹음한 진술녹음과 현장에서 당사자의 발언·소음 등을 녹음한 현장녹음으로 구별된다.

2) 증거조사 방법

녹음테이프에 대한 증거조사는 녹음테이프를 재생하여 청취하는 방법으로 실시하여야 한다(규칙 제134조의8 제3항).

⑺ 진술녹음

1) 의 의

① 진술녹음이란 녹음테이프에 사람의 진술이 녹음되어 있고 그 진술내용이 요증사실을 증명하기 위하여 사용되는 것을 말한다.

② 이 경우에는 녹음테이프의 내용을 녹취한 검증조서를 증거로 제출하거나 법정에서 재생을 통하여 그 내용을 청취하는 검증을 실시하게 된다.

2) 증거능력

① 수사기관이 아닌 사인이 피고인 아닌 사람들 간의 대화 내용을 촬영한 비디오테이프는 수사과정 외(수사과정 ×)에서 피고인이 아닌 자가 작성한 진술을 기재한 서류(진술서 ×)에 관한 규정이 준용된다. 02. 경찰1차, 18. 경찰2차

② 수사기관이 아닌 사인이 피고인 아닌 사람과의 대화내용을 녹음한 녹음테이프는 원본과 동일성과 제313조 제1항의 요건을 갖추어야 한다(2010도7497). 05. 경찰2차, 09 · 14. 경찰1차, 12. 9급국가직, 15 · 19. 변호사, 16 · 17. 경찰간부

  ㉠ 원본과 동일성

    ⓐ 녹음테이프가 원본이거나 원본으로부터 복사한 사본일 경우에는 복사과정에서 편집되는 등의 인위적 개작 없이 원본의 내용 그대로 복사된 사본임이 인정되어야 한다(원본이어야 한다 ×)(2010도7494). 05 · 18. 경찰2차, 09 · 16. 9급국가직, 10. 경찰승진, 16. 9급개론 · 7급국가직

    ⓑ 대화내용을 녹음한 원본파일로부터 대화내용을 복사한 사본을 증거로 제출하는 경우, 원본 제출이 불능 또는 곤란하고 원본내용 그대로 복사된 사본임이 입증되어야만 증거능력을 인정할 수 있다(2012도7461). 17. 7급국가직, 20. 경찰1차

  ㉡ 제313조 제1항의 요건

ⓐ 공판준비나 공판기일에서 원진술자(작성자 ×)의 진술에 의하여 그 녹음테이프에 녹음된 각자의 진술내용이 자신이 진술한대로 녹음된 것이라는 점이 인정되어야 한다. 18. 경찰2차

ⓑ 원진술자가 비디오테이프의 시청을 마친 후 피촬영자인 자신의 모습과 음성을 확인하고 자신과 동일인이라고 진술한 것은 비디오테이프에 녹음된 진술내용이 자신이 진술한 대로 녹음된 것이라는 취지의 진술을 한 것으로 보아야 한다(2004도3161). 18. 경찰2차

③ 사인이 녹음한 녹음테이프의 검증조서 기재 중 피고인의 진술내용을 증거로 하기 위해서는 원본과 동일성과 제313조 제1항의 요건을 갖추어야 한다. ➡ 피고인이 진정성립을 인정하거나(제313조 제1항 본문), 작성자의 진술에 의하여 녹음테이프에 녹음된 피고인의 진술내용이 피고인이 진술한 대로 녹음된 것이라는 점이 증명되고, 그 진술이 특히 신빙할 수 잇는 상태하에서 행하여진 것으로 인정되어야 한다(제313조 제1항 단서)(2001도3106). 16. 9급국가직·9급개론

④ 수사기관이 피의자나 참고인에 대한 신문과정을 녹음한 경우라면 영상녹화물과 다를 바가 없으므로 독립된 증거로서 증거능력을 인정할 수는 없다.

3) 녹음테이프의 검증

① 녹음·녹화테이프에 대하여 검증을 실시하여 테이프에 녹음·녹화된 대화 또는 진술의 내용을 녹취서로 작성한 다음 이를 검증조서의 일부로서 첨부하였다면, 증거자료가 되는 것은 여전히 테이프에 녹음·녹화된 대화나 진술의 내용이다(2004도1449).

② 녹음테이프에 대한 법원의 검증 내용이 그 진술 당시 진술자의 상태 등을 확인하기 위한 것인 경우, 진술내용이 증거가 아니므로, 위 법원의 검증결과를 기재한 조서는 제311조에 의하여 당연히 증거로 할 수 있다(2007도10755). 10. 경찰승진, 16. 9급국가직, 17. 여경, 18. 경찰간부

4) 서명·날인의 요부

① 제313조 제1항 본문은 진술서 또는 진술기재서류의 증거능력 인정의 전제요건으로서 자필이거나 서명 또는 날인이 있을 것을 요구하고 있다.

② 그러나 녹음테이프는 서명, 날인이 적합하지 않을 뿐만 아니라 진술녹음의 성립과 정상의 진정성 및 조작·편집이 있는지 여부는 과학적 증명으로 대신할 수 있으므로 서명이나 날인은 필요하지 않다(2011도6035, 2005도2945, 96도2417).

5) 비밀 녹음의 증거능력

① 수사기관의 비밀녹음

㉠ 수사기관이 감청 또는 타인 간의 대화를 녹음하기 위해서는 통신비밀보호법의 통신제한조치 절차에 따라야 한다.

ⓛ 이러한 절차를 따르지 아니하고 타인 간의 대화를 녹음한 것은 재판 또는 징계절차에서 증거로 사용할 수 없다(통신비밀보호법 제3조, 제4조). 02. 경찰1차

② 사인 간의 비밀녹음

ㄱ 대화당사자가 아닌 경우 : 누구든지 공개되지 않은 타인 간의 대화를 녹음할 수 없고(통신비밀보호법 제14조 제1항), 대화당사자가 아닌 자가 공개되지 아니한 타인 간의 대화를 몰래 녹음한 경우에는 그 녹음자료는 재판 또는 징계절차에서 증거로 사용할 수 없다(통신비밀보호법 제14조 제2항, 제4조). 09. 경찰2차, 12. 경찰간부, 15. 경찰승진

ㄴ 대화당사자인 경우

ⓐ 대화당사자 일방이 상대방과의 대화 내용을 몰래 녹음한 경우, 이를 증거로 사용할 수 있다고 보고 있다(97도240).

ⓑ 따라서 사인이 피고인 아닌 사람과의 대화 내용을 촬영한 비디오 테이프도, 원본이거나 원본과의 동일성이 인정되고, 형사소송법 제313조 제1항의 요건을 갖추면 증거로 사용할 수 있다(2004도3161).

▶ **원본과의 동일성이 인정된 사례**

- 피고인과의 대화내용을 녹음한 보이스펜 자체에 대하여는 증거동의가 있었지만 그 녹음내용을 재녹음한 녹음테이프, 녹음테이프의 음질을 개선한 후 재녹음한 CD 및 녹음테이프의 녹음내용을 풀어 쓴 녹취록 등에 대하여는 증거로 함에 부동의한 경우, 극히 일부의 청취가 불가능한 부분을 제외하고는 보이스펜, 녹음테이프 등에 녹음된 대화내용과 녹취록의 기재가 일치하는 것으로 확인되고 그 진술이 특히 신빙할 수 있는 상태하에서 행하여진 것으로 인정되므로 이를 증거로 사용할 수 있다(2007도10804). 14. 경찰1차, 20. 경찰간부

- 디지털녹음기로 피고인과의 대화를 녹음한 후 저장된 녹음파일 원본을 컴퓨터에 복사하고 디지털녹음기의 파일 원본을 삭제한 뒤 다음 대화를 다시 녹음하는 과정을 반복하여 작성한 녹음파일 사본과 해당 녹취록의 경우 복사 과정에서 편집되는 등의 인위적 개작 없이 원본 내용 그대로 복사된 것으로 대화자들이 진술한 대로 녹음된 것이 인정되고, 제반 상황에 비추어 그 진술이 특히 신빙할 수 있는 상태하에서 행하여진 것으로 인정된다면 그 녹음파일 사본과 녹취록의 증거능력은 인정된다(2012도7461). 14. 경찰1차

▶ **원본과의 동일성이 부정된 사례**

- 디지털 녹음기에 녹음된 내용을 전자적 방법으로 테이프에 전사한 사본인 녹음테이프를 대상으로 법원이 검증절차를 진행하여, 녹음된 내용이 녹취록의 기재와 일치하고 그 음성이 진술자의 음성임을 확인하였더라도, 그것만으로 녹음테이프의 증거능력을 인정할 수 없다(2008도9414). 10 · 19. 경찰승진, 15 · 16. 9급개론, 16. 9급국가직 · 법원

- 디지털 녹음기로 녹음한 내용이 콤팩트디스크에 다시 복사되어 그 콤팩트디스크에 녹음된 내용을 담은 녹취록이 증거로 제출된 사안에서, 위 콤팩트디스크가 현장에서 녹음하는 데 사용된 디지털 녹음기의 녹음내용 원본을 그대로 복사한 것이라는 입증이 없는 이상, 그 콤팩트디스크의 내용이나 이를 녹취한 녹취록의 기재는 증거능력이 없다(2006도8869). 14. 경찰1차

- 녹음테이프는 그 대화내용을 녹음한 원본이거나 혹은 원본으로부터 복사한 사본일 경우에는 복사과정에서 편집되는 등의 인위적 개작 없이 원본의 내용 그대로 복사된 사본임이 증명되어야만 하고 그러한 증명이 없는 경우에는 쉽게 증거능력을 인정할 수 없으며, 녹음테이프에 수록된 대화내용이 이를 풀어쓴 녹취록의 기재와 일치한다거나 녹음테이프의 대화내용이 중단되었다고 볼 만한 사정이 없다는 점만으로는 위와 같은 증명이 있다고 할 수 없다(2011도6035). 15. 9급개론
- 피해자가 피고인과의 대화내용을 녹음한 디지털 녹음기에 대한 증거조사절차를 거치지 아니한 채 그 녹음내용을 재녹음한 카세트테이프에 대한 제1심 검증조서 중 피고인의 진술부분을 유죄의 증거로 채택한 것은 위법하다(2005도2945). 10. 경찰승진
- 甲 주식회사의 직원인 피고인이 회사의 영업자료를 경쟁업체인 乙 주식회사의 대표이사 丙에게 전달함으로써 甲 회사에 손해를 가하였다고 하여 업무상배임으로 기소된 사안에서, 피고인과 甲 회사의 대표이사 丁의 대화를 녹음한 것을 기재한 녹취록에 대하여 피고인이 증거로 함에 부동의한 경우, 녹취록 작성의 토대가 된 원본 녹음테이프의 증거제출 없이 녹음자인 丁의 증언 및 녹음 사본인 CD에 대한 검증을 실시하였다는 사정만으로는 위 녹취록을 유죄의 증거로 사용할 수 없다(2011도17658). 16. 9급국가직

⑻ 현장녹음

1) 의 의

① 현장녹음이란 범죄현장에서 범행에 수반하여 발생하는 음성이나 음향을 녹음한 것을 말한다.

② 사람의 진술을 녹음한 것도 입증취지에 따라서는 현장녹음에 해당될 수도 있다.

2) 증거능력

① 수사기관이 아닌 사인이 녹화한 영상녹화물은 범행현장의 상황을 그대로 녹화한 영상녹화물인 경우 비진술증거에 해당한다고 보아야 한다. ⇨ 비진술증거이므로 전문법칙이 적용되지 않고 증거능력이 인정된다는 견해(비진술증거설), 현장녹음도 진술증거와 동일하게 판단하여야 한다는 견해(진술증거설), 비진술증거이나 조작·편집의 가능성을 통제하기 위하여 검증조서에 준하여 증거능력을 판단해야 한다는 견해(검증조서유추설) 등이 제시되고 있다.

② 사인이 위법한 방법으로 범행현장을 녹음한 경우에는 모든 증거의 제출이 곧바로 금지되는 것으로 볼 수는 없고, 효과적인 형사소추와 형사절차상 진실발견이라는 공익과 개인의 인격적 이익 등의 보호이익을 비교형량하여 결정하여야 한다(2016도19843).

③ 제3자가 피해자와 통화를 마친 후 전화가 끊기지 않은 상태에서 휴대전화를 통하여 들은 '악'하는 소리와 '우당탕' 소리는 상해 부분에 관한 증거로 사용할 수 있다(2016도19843).

(9) 영상녹화물의 증거능력

1) 영상녹화물의 의의

① 영상녹화물(映像錄畵物)이란 비디오테이프, 컴퓨터용디스크 그 밖에 이와 비슷한 방법으로 음성과 영상을 녹음·녹화하여 재생할 수 있는 매체를 말하며(규칙 제134조의8 제1항),

② 형사소송법상으로는 수사기관이 피의자나 참고인의 진술을 영상녹화하여 기록해 놓은 것으로 한정하여 부르기도 한다(제312조 제2항·제4항).

③ 영상녹화물은 영상과 음향을 동시에 기록한 것이라는 점에서 사진과 녹음테이프를 결합시킨 증거방법이다. 따라서 그 증거능력은 원칙적으로 사진 및 녹음테이프의 경우와 동일하게 취급될 수 있으나, 영상녹화물의 특성과 형사소송법 등의 관련 규정에 따라 증거능력이 검토되어야 한다.

④ 영상녹화물의 증거능력이 인정되기 위해서는 녹음테이프 등과 같이 그 전제로 영상녹화물이 원본이거나 원본으로부터 복사한 사본일 경우에는 복사과정에서 편집되는 등의 인위적 개작 없이 원본의 내용 그대로 복사된 사본임이 증명되어야 한다(2012도7461). 14. 경찰1차, 21. 경찰승진

(10) 진술녹화

1) 수사기관의 영상녹화물

수사기관의 영상녹화물의 증거사용에 관하여는 피의자신문 작성과 관련하여 설명한 바와 같다.

2) 사인의 영상녹화물

수사기관이 아닌 사인이 피고인이나 피고인이 아닌 타인과의 대화 내용을 촬영한 비디오테이프 등 영상녹화물은 진술기재서와 실질에 있어서 같으므로 원본 또는 원본과의 동일성이 인정되는 사본일 것과 제313조의 요건을 갖추면 증거능력이 인정된다(2004도3161).

(11) 현장녹화

1) 수사기관의 영상녹화물

① 수사기관이 피녹화자의 의사에 반하여 영상녹화물을 녹화하려면 검증영장을 발부받아야 하는 것이 원칙이다.

② 판례는 예외적으로 현재 범행이 행하여지고 있거나 행하여진 직후이고, 증거보전의 필요성과 긴급성이 있으며, 일반적으로 허용되는 상당한 방법에 의하여 녹화가 이루어진 경우라면 영장이 없는 녹화라도 위법수집증거가 되지 않고 증거능력이 인정될 수 있다고 보고 있다(2013도2511).

③ 수소법원이 공판기일에 검증을 행한 경우에는 그 검증결과 즉, 법원이 오관의 작용에 의하여 판단한 결과가 바로 증거가 되고, 그 검증의 결과를 기재한 검증조서가 서증으로서 증거가 되는 것은 아니다(2009도8949). 17. 변호사 ⇨ 설령 그 검증의 결과를 검증조서에 일부 기재하지 않았다고 하더라도 이에 관하여 원심에 심리미진의 위법이 있다고 할 수 없다.

2) 사인의 영상녹화물

① 수사기관이 아닌 사인이 범행현장의 상황을 그대로 녹화한 영상녹화물은 비진술증거에 해당한다고 보아야 한다. ⇨ 현장사진이나 현장녹음과 마찬가지로 진술증거설, 비진술증거설, 검증조서유추설 등의 견해가 있다.

② 한편, 사인이 위법한 방법으로 범행현장을 영상녹화한 경우에는 효과적인 형사소추 및 형사소송에서의 진실발견이라는 공익과 개인의 인격적 이익 등의 보호이익을 비교형량하여 그 허용 여부를 결정하여야 한다(이익형량설, 2008도3990, 2008도1584).

③ 영상녹화물에 '공개되지 아니한 타인 간의 대화내용이 녹음되어 있는 경우'에는 통신비밀보호법 제14조가 적용되어 위 녹음내용에 대해서는 증거능력이 인정되지 않게 된다.

3) 증거조사 방법

① 녹화매체에 대한 증거조사는 녹화매체를 재생하여 시청하는 방법으로 한다(규칙 제134조의8 제3항).

② 검사가 조서의 성립의 진정을 증명하거나 또는 진술자의 기억환기를 위하여 영상녹화물의 조사를 신청한 경우에 법원은 공판준비 또는 공판기일에서 봉인을 해체하고 영상녹화물의 전부 또는 일부를 재생하는 방법으로 조사하여야 한다.

③ 이때 영상녹화물은 그 재생과 조사에 필요한 전자적 설비를 갖춘 법정 외의 장소에서 재생할 수 있다(규칙 제134조의4 제3항).

④ 기억환기를 위한 영상녹화물의 재생은 기억의 환기가 필요한 피고인 또는 피고인 아닌 자에게만 이를 재생하여 시청하게 하여야 한다(규칙 제134조의5 제1항).

17. 전자기록의 증거능력

(1) 의 의

① 전자기록(정보저장매체)이란 전자적 방식과 자기적 방식 기타 사람의 지각으로 인식할 수 없는 방식에 의하여 만들어진 기록으로서 컴퓨터에 의한 정보처리에 사용되는 것을 말한다.

② 예 하드디스크, 자기디스크, 광디스크

(2) 증거능력의 판단

① 전자기록의 존재 자체가 증거로 되는 경우에는 일반적인 증거물의 경우와 동일하게 취급된다. ⇨ 전문법칙이 적용되지 않는다. 19. 경찰간부

② 전자기록에 저장된 정보가 음성이나 영상인 경우에는 녹음테이프나 영상녹화물의 예에 따라 증거능력이 판단된다.

③ 전자기록에 저장된 문자정보가 진술증거로 사용되는 경우에는 전문법칙이 적용된다. 16. 경찰간부

(3) 진술증거인 경우 증거능력의 판단

1) 원본과의 동일성 17. 경찰간부

① 압수물인 디지털 저장매체로부터 출력한 문건을 증거로 사용하기 위해서는 디지털 저장매체 원본에 저장된 내용과 출력한 문건의 동일성이 인정되어야 하고,

② 이를 위해서는 디지털 저장매체 원본이 압수시부터 문건 출력시까지 변경되지 않았다는 무결성이 담보되어야 한다(2012도16001). 10 · 16. 경찰승진, 14. 경찰2차, 15. 경찰1차 · 7급국가직, 16 · 20. 법원, 16 · 19. 9급국가직, 19. 9급개론

  ㉠ 디지털 저장매체 원본과 '하드카피' 또는 '이미징'한 매체 사이에 자료의 동일성이 인정되고, 이를 확인하는 과정에서 이용한 컴퓨터의 기계적 정확성, 프로그램의 신뢰성, 입력 · 처리 · 출력의 각 단계에서 조작자의 전문적인 기술능력과 정확성이 담보되어야 한다(2012도16001, 2007도7257).

  ㉡ 증거로 제출된 전자문서 파일의 사본이나 출력물이 복사 · 출력 과정에서 편집되는 등 인위적 개작 없이 원본 내용을 그대로 복사 · 출력한 것이라는 사실은 전자문서 파일의 사본이나 출력물의 생성과 전달 및 보관 등의 절차에 관여한 사람의 증언이나 진술, 원본이나 사본 파일 생성 직후의 해시(Hash)값 비교, 전자문서 파일에 대한 검증 · 감정 결과 등 제반 사정을 종합하여 판단할 수 있다.

  ㉢ 이러한 원본 동일성은 증거능력의 요건에 해당하므로 검사가 그 존재에 대하여 구체적으로 주장 · 증명해야 한다(2017도13263).

2) 전문법칙 규정 적용 17. 법원

① 출력된 문서는 피고인 또는 피고인 아닌 자의 진술을 기재한 전문서류와 다를 바 없으므로 전문법칙이 적용된다. ⇨ 컴퓨터 디스켓에 담긴 문건이 증거로 사용되는 경우 그 기재 내용의 진실성에 관하여는 전문법칙이 적용된다(2000도486, 2007도7257). 18. 7급국가직, 21. 경찰승진, 21. 9급국가직 · 9급개론

② 피고인 또는 피고인 아닌 사람이 컴퓨터용디스크 그 밖에 이와 비슷한 정보저장매체에 입력하여 기억된 문자정보 또는 그 출력물을 증거로 사용하는 경우, 이는 실질에 있어서 피고인 또는 피고인 아닌 사람이 작성한 진술서나 그 진술을 기재한 서류와 크게 다를 바 없어 제313조가 적용된다(2010도3504). 18. 경찰승진, 19. 경찰간부

OX 압수물인 디지털 저장매체로부터 출력한 문건을 증거로 사용하기 위해서는 정보저장매체 원본에 저장된 내용과 출력한 문건의 동일성이 인정되어야 하고, 이를 위해서는 디지털 저장매체원본이 압수시부터 문건 출력시까지 변경되지 않았음이 담보되어야 한다. (○, ×) 15. 경찰1차

OX 컴퓨터 디스켓에 들어 있는 문건이 증거로 사용되는 경우 그 컴퓨터 디스켓은 그 기재의 매체가 다를 뿐 실질에 있어서는 피고인 또는 피고인 아닌 자의 진술을 기재한 서류와 크게 다를 바 없고, 압수 후의 보관 및 출력과정에 조작의 가능성이 있으며, 기본적으로 반대신문의 기회가 보장되지 않는 점 등에 비추어 그 기재내용의 진실성에 관하여는 전문법칙이 적용된다. (○, ×) 21. 9급국가직 · 9급개론

Answer

OX
○, ○

③ 압수된 디지털 저장매체로부터 출력된 문건이 진술증거로 사용되는 경우에는 형사소송법 제313조 제1항에 의하여 공판준비나 공판기일에서의 그 작성자 또는 진술자의 진술에 의하여 그 성립의 진정함이 증명된 때에 한하여 이를 증거로 사용할 수 있다(2012도16001). 18. 7급국가직, 19. 경찰간부, 18·21. 경찰승진

3) 증거조사방법

① 컴퓨터용디스크 그 밖에 이와 비슷한 정보저장매체에 기억된 문자정보를 증거자료로 하는 경우에는 읽을 수 있도록 출력하여 인증한 등본을 낼 수 있다(규칙 제134조의7 제1항).

② 컴퓨터디스크 등에 기억된 문자정보를 증거로 하는 경우에 증거조사를 신청한 당사자는 법원이 명하거나 상대방이 요구한 때에는 컴퓨터디스크 등에 입력한 사람과 입력한 일시, 출력한 사람과 출력한 일시를 밝혀야 한다(동조 제2항).

18. 거짓말탐지기 검사결과의 증거능력

(1) 의 의

① 거짓말탐지기 검사란 피의자 등 피검사자에게 범죄사실과 관련된 질문을 하여 거짓말을 할 경우에 나타나는 신체적, 생리적 변화를 관찰·분석하여 진술의 허위나 인식의 유무를 판단하는 것을 말한다.

② 거짓말탐지기 검사는 과학적 수사방법의 하나로서 우리나라에서도 활용하고 있기는 하지만 기계측정의 신뢰도나 기본권침해 우려 등의 문제를 가지고 있다.

(2) 당사자의 동의 여부

① 거짓말탐지기 검사에 피검사자가 동의하지 않음에도 불구하고 검사가 강행되었다고 한다면 이는 인간의 인격에 대한 명백한 침해일 뿐만 아니라 진술거부권의 침해에도 해당되므로 그 검사결과는 위법수집증거배제법칙에 의해서 당연히 증거능력이 인정되지 않는다.

② 동의하에 이루어진 거짓말탐지기 검사결과에 대해서는 임의수사로서 증거능력이 인정된다(2016도15526). 06. 경찰2차, 06·21. 경찰승진

(3) 사실적 관련성

① 판례는 동의하에 이루어진 거짓말탐지기 검사결과라 하더라도 사실적 관련성을 가진 증거로서 요건을 갖추지 못해 증거능력을 인정할 수 없다고 한다.

② 구체적으로 거짓말탐지기의 검사결과에 대하여 사실적 관련성을 가진 증거로서 증거능력을 인정할 수 있으려면,
㉠ 거짓말을 하면 반드시 일정한 심리상태의 변동이 일어나고,
㉡ 그 심리상태의 변동은 반드시 일정한 생리적 반응을 일으키며,

ⓒ 그 생리적 반응에 의하여 피검사자의 말이 거짓인지 아닌지가 정확히 판정될 수 있다는 세 가지 전제요건이 충족되어야 할 것이며,

ⓓ 특히 마지막 생리적 반응에 대한 거짓 여부 판정은 거짓말탐지기가 검사에 동의한 피검사자의 생리적 반응을 정확히 측정할 수 있는 장치이어야 하고, 질문사항의 작성과 검사의 기술 및 방법이 합리적이어야 하며,

ⓔ 검사자가 탐지기의 측정내용을 객관성 있고 정확하게 판독할 능력을 갖춘 경우라야만 한다.

③ 이상과 같은 여러 가지 요건이 충족되지 않는 한 거짓말탐지기 검사결과에 대하여 형사소송법상 증거능력을 부여할 수는 없다고 한다(2005도130). 02. 경찰승진

(4) 정황증거

거짓말탐지기 검사는 증거능력이 인정되는 경우라도 공소사실의 존부를 인정하는 직접증거로는 사용할 수 없고, 진술의 신빙성을 가늠하는 정황증거로서의 기능을 하는 데 그친다(83도3146). 09 · 14. 경찰2차, 21. 경찰승진

(5) 탄핵증거

거짓말탐지기 검사결과를 피고인의 진술에 대한 신빙성을 다투는 탄핵증거로 사용할 수 있다(2001도1314).

(6) 진술거부권 고지

검사자는 거짓말탐지기 검사시에 피검사자에게 반드시 진술거부권을 고지하여야 한다.

OX 수사기관은 피검사자의 동의를 얻은 경우에 거짓말탐지기를 사용할 수 있다. 다만 그 검사결과를 공소사실의 존부를 인정하는 직접증거로는 사용할 수 없고 진술의 신빙성 유무를 판단하는 정황증거로만 사용할 수 있다. (○, ×) 21. 경찰승진

Answer

OX
○

1. 전문증거 개요 등

01
□□□
"甲이 乙을 살해하는 것을 목격했다" 라는 丙의 말을 들은 丁이 丙의 진술내용을 증언하는 경우, 甲의 살인 사건에 대하여는 전문증거이지만, 丙의 명예훼손 사건에 대하여는 전문증거가 아니다. (○)

02
□□□
어떤 진술이 기재된 서류가 그 내용의 진실성이 범죄사실에 대한 직접증거로 사용될 때 전문증거가 되는 경우, 그와 같은 진술을 하였다는 것 자체 또는 그 진술의 진실성과 관계없는 간접사실에 대한 정황증거로 사용될 때는 반드시 전문증거가 되는 것은 아니다. (○)

03
□□□
정보통신망을 통하여 공포심이나 불안감을 유발하는 글을 반복적으로 상대방에게 도달하게 하는 행위를 하였다는 공소사실에 대하여 휴대전화기에 저장된 문자정보가 그 증거가 되는 경우, 그 문자 정보는 범행의 직접적인 수단이고 경험자의 진술에 갈음하는 대체물에 해당하지 않으므로,「형사소송법」제310조의2에서 정한 전문법칙이 적용되지 않는다. (○)

04
□□□
정보통신망을 통하여 공포심이나 불안감을 유발하는 글을 반복적으로 상대방에게 도달하게 하는 행위를 하였다는 공소사실에 대하여 피해사실을 알리는 문자메시지의 내용을 촬영한 사진은 본래 증거로서 형사소송법 제310조의2가 정한 전문법칙이 적용될 여지가 없다. (×)

05
□□□
문자메시지가 표시된 휴대전화기의 화면을 촬영한 사진을 증거로 사용하려면 그 휴대전화기를 법정에 제출할 수 없거나 제출이 곤란한 사정이 있고, 그 사진이 휴대전화기의 화면에 표시된 문자메시지와 정확하게 같다는 사실이 증명되어야 한다. (○)

06
□□□
피고인이 수표를 발행하였으나 예금부족 또는 거래정지처분으로 지급되지 아니하게 하였다는 부정수표단속법위반의 공소사실을 증명하기 위하여 제출되는 수표는 그 서류의 존재 또는 상태 자체가 증거가 되는 것이어서 증거물인 서면에 해당하고 어떠한 사실을 직접 경험한 사람의 진술에 갈음하는 대체물이 아니다. (○)

2. 전문증거 - 제312조

07
□□□
피의자의 진술을 녹취 내지 기재한 서류 또는 문서가 수사 기관에서의 조사 과정에서 작성된 것이라면, 그것이 '진술조서, 진술서, 자술서'라는 형식을 취하였다고 하더라도 피의자신문조서와 달리 볼 수 없다. (○)

08
□□□
피의자의 진술을 녹취 내지 기재한 서류 또는 문서가 수사기관에서의 조사 과정에서 작성된 것이지만 그것이 진술서라는 형식을 취하였다면 피의자신문조서와 달리 보아야 한다. (×)

09
□□□
피고인이 그 진술을 기재한 검사 작성의 피의자신문조서 중 일부에 관하여만 실질적 진정성립을 인정하는 경우에는 법원은 당해 조서 중 어느 부분이 그 진술대로 기재되어 있고 어느 부분이 달리 기재되어 있는지 여부를 구체적으로 심리함이 없이 전체 피의자신문조서의 증거능력을 부정하여야 한다. (×)

10 검찰주사가 검사의 지시에 따라 검사가 참석하지 않은 상태에서 피의자였던 피고인을 신문하여 작성하고 검사는 검찰주사의 조사 직후 피고인에게 개괄적으로 질문한 사실이 있을 뿐인데도 검사가 작성한 것으로 되어 있는 피고인에 대한 피의자신문조서는 검사 작성의 피의자신문조서로서 인정될 수 없다. (○)

11 사법경찰관이 피의자에게 진술거부권을 행사할 수 있음을 알려 주고 그 행사 여부를 질문하였다 하더라도, 형사소송법 제244조의3 제2항에 규정한 방식에 위반하여 진술거부권 행사 여부에 대한 피의자의 답변이 자필로 기재되어 있지 아니하거나 그 답변 부분에 피의자의 기명날인 또는 서명이 되어 있지 아니한 사법경찰관 작성의 피의자신문조서는 특별한 사정이 없는 한 증거능력이 없다. (○)

12 조사과정에 참여한 통역인의 증언은 검사작성 피의자신문조서에 대한 실질적 진정성립을 증명할 수 있는 수단으로서 형사소송법 제312조 제2항에 규정된 '영상녹화물이나 그 밖의 객관적인 방법'에 해당한다고 볼 수 없다. (○)

13 검사 이외의 수사기관이 작성한 피의자신문조서는 적법한 절차와 방식에 따라 작성된 것으로서 공판준비 또는 공판기일에 그 피의자였던 피고인 또는 변호인이 그 내용을 인정할 때에 한하여 증거로 할 수 있다. (○)

14 당해 피고인과 공범관계에 있는 다른 피고인에 대한 사법경찰관 작성의 피의자신문조서는 당해 피고인이 내용을 부인하더라도 다른 피고인이 법정의 진술로 성립의 진정과 내용을 인정하면 증거능력이 있다. (×)

15 사법경찰관이 작성한 피의자신문조서는 적법한 절차와 방식에 따라 작성된 것으로서 피고인이 진술한 내용과 동일하게 기재되어 있음이 공판준비 또는 공판기일에서의 피고인 진술에 의하여 인정되고, 그 조서에 기재된 진술이 특히 신빙할 수 있는 상태하에서 행하여졌음이 증명된 때에 한하여 증거로 할 수 있다. (×)

16 조서말미에 피고인의 서명만 있고 간인이 없는 검사 작성의 피고인에 대한 피의자신문조서에 대해, 간인이 없는 것이 피고인이 간인을 거부하였기 때문이라는 취지가 조서말미에 기재되었다면, 그 조서의 증거능력을 인정할 수 있다. (×)

17 피고인이 아닌 자가 수사과정에서 진술서를 작성하였으나 수사기관이 그에 대한 조사과정을 기록하지 아니한 경우, 특별한 사정이 없는 한 그 진술서의 증거능력을 인정할 수 없다. (○)

18 사법경찰리 작성의 피해자에 대한 진술조서가 피해자의 화상으로 인한 서명불능을 이유로 입회하고 있던 피해자의 동생에게 대신 읽어 주고 그 동생으로 하여금 서명날인하게 하는 방법으로 작성된 경우 증거능력이 인정된다. (×)

19 형사소송법 제312조 제3항의 '그 내용을 인정할 때'라 함은 피의자신문조서의 기재 내용이 진술 내용대로 기재되어 있다는 의미이고, 그와 같이 진술한 내용이 실제 사실과 부합한다는 것을 의미하는 것은 아니다. (×)

20 사법경찰관이 수사의 경위 및 결과를 내부적으로 보고하기 위하여 수사보고서를 작성하면서 그 수사보고서에 검증의 결과와 관련한 기재를 하였더라도 그 수사보고서를 두고 「형사소송법」 제312조 제1항(현행 제312조 제6항)이 규정하고 있는 '검사 또는 사법경찰관이 검증의 결과를 기재한 조서'라고 할 수는 없다. (○)

3. 전문증거 - 제313조

21
☐☐☐
사법경찰관의 수사과정에서 피의자가 작성한 진술서의 증거능력은 제313조에 의해 성립의 진정이 증명되면 증거로 할 수 있다.　　(×)

22
☐☐☐
사인(私人)이 피고인이 아닌 자의 진술을 녹음한 녹음테이프에 대하여 법원이 실시한 검증의 내용이 녹음테이프에 녹음된 대화내용이 검증조서에 첨부된 녹취서에 기재된 내용과 같다는 것에 불과한 경우, 그 검증조서는 「형사소송법」 제311조의 '법원의 검증의 결과를 기재한 조서'에 해당하여 그 조서 중 위 진술내용은 위 제311조에 의하여 증거능력이 인정된다.　　　　　　　　　　　　　　　　　　　　　　　　　　　　　　　(×)

23
☐☐☐
사인(私人)이 녹음한 녹음테이프의 검증조서 기재 중 피고인의 진술내용을 증거로 하기 위해서는 피고인이 내용을 인정하여야 한다.　　　　　　　　　　　　　　　　　　　　　　　　　　　　　　　　　　　　　　(×)

24
☐☐☐
압수된 디지털 저장매체로부터 출력한 문건을 진술증거로 사용하는 경우 그 기재 내용의 진실성에 관하여는 전문법칙이 적용되므로 형사소송법에 따라 그 작성자 또는 진술자의 진술에 의하여 그 성립의 진정함이 증명된 때에 한하여 이를 증거로 사용할 수 있다.　　　　　　　　　　　　　　　　　　　　　　　　　　　(○)

25
☐☐☐
압수물인 디지털 저장매체로부터 출력한 문건을 증거로 사용하기 위해서는 디지털 저장매체 원본에 저장된 내용과 출력한 문건의 동일성이 인정되어야 하고, 이를 위해서는 디지털 저장매체 원본이 압수시부터 문건 출력시까지 변경되지 않았음이 담보되어야 한다.　　　　　　　　　　　　　　　　　　　　　　　　　　　　　(○)

26
☐☐☐
디지털 녹음기로 녹음한 내용이 콤팩트디스크에 다시 복사되어 그 콤팩트디스크에 녹음된 내용을 담은 녹취록이 증거로 제출된 사안에서, 위 콤팩트디스크가 현장에서 녹음하는 데 사용된 디지털 녹음기의 녹음내용 원본을 그대로 복사한 것이라는 입증이 없는 이상, 그 콤팩트디스크의 내용이나 이를 녹취한 녹취록의 기재는 증거능력이 없다.　　　　　(○)

27
☐☐☐
디지털녹음기로 피고인과의 대화를 녹음한 후 저장된 녹음파일 원본을 컴퓨터에 복사하고 디지털녹음기의 파일 원본을 삭제한 뒤 다음 대화를 다시 녹음하는 과정을 반복하여 작성한 녹음파일 사본과 해당 녹취록의 경우 복사 과정에서 편집되는 등의 인위적 개작 없이 원본 내용 그대로 복사된 것으로 대화자들이 진술한 대로 녹음된 것이 인정되고, 제반 상황에 비추어 그 진술이 특히 신빙할 수 있는 상태하에서 행하여진 것으로 인정된다면 그 녹음파일 사본과 녹취록의 증거능력은 인정된다.　　　　　　　　　　　　　　　　　　　　　　　　　(○)

28
☐☐☐
디지털 녹음기에 녹음된 내용을 전자적 방법으로 테이프에 전사한 사본인 녹음테이프를 대상으로 법원이 검증절차를 진행하여, 녹음된 내용이 녹취록의 기재와 일치하고 그 음성이 진술자의 음성임을 확인하였더라도, 그것만으로 녹음테이프의 증거능력을 인정할 수 없다.　　　　　　　　　　　　　　　　　　　　　　　　　　　(○)

29
☐☐☐
피고인과의 대화내용을 녹음한 보이스펜 자체에 대하여는 증거동의가 있었지만 그 녹음내용을 재녹음한 녹음테이프, 녹음테이프의 음질을 개선한 후 재녹음한 시디 및 녹음테이프의 녹음내용을 풀어 쓴 녹취록 등에 대하여는 증거로 함에 부동의 하였다면, 극히 일부의 청취가 불가능한 부분을 제외하고는 보이스펜, 녹음테이프 등에 녹음된 대화내용과 녹취록의 기재가 일치하는 것으로 확인되고 그 진술이 특히 신빙할 수 있는 상태하에서 행하여진 것으로 인정되더라도 이를 증거로 사용할 수 없다.　　　　　　　　　　　　　　　　　　　　　　(×)

30
☐☐☐
녹음테이프에 수록된 대화내용이 녹취록의 기재와 일치한다거나 녹음테이프의 대화내용이 중단되었다고 볼 만한 사정이 없다는 점만 인정되면 인위적 개작 없이 원본의 내용 그대로 복사된 사본임이 증명되었다고 할 수 있다.　(×)

4. 전문증거 - 제316조

31
□□□ 공소제기 전 피고인을 피의자로 신문한 사법경찰관이 그 진술내용을 법정에서 진술한 경우 형사소송법 제316조 제1항의 적용대상이 될 수 없다. (×)

32
□□□ 전문의 진술을 증거로 함에 있어서는 전문진술자가 원진술자로부터 진술을 들을 당시 원진술자가 증언능력에 준하는 능력을 갖춘 상태에 있어야 할 것이다. (○)

33
□□□ 피고인 아닌 자의 공판준비 또는 공판기일에서의 진술이 피고인 아닌 타인의 진술을 그 내용으로 하는 것인 때에는 원진술자가 사망, 질병 기타 사유로 인하여 진술할 수 없고 그 진술이 특히 신빙할 수 있는 상태하에서 행하여진 때에 한하여 이를 증거로 할 수 있는데, 여기서 말하는 피고인 아닌 자에는 공동피고인이나 공범자는 포함되지 아니한다. (×)

34
□□□ 형사소송법 제316조에 규정된 '그 진술이 특히 신빙할 수 있는 상태하에서 행하여진 때'라 함은 그 진술을 하였다는 것에 허위개입의 여지가 거의 없고, 그 진술 내용의 신빙성이나 임의성을 담보할 구체적이고 외부적인 정황이 있는 경우이어야만 한다. (○)

5. 전문증거 - 제314조

35
□□□ '외국거주'라 함은 진술을 요할 자가 외국에 있다는 것만으로는 부족하고, 그를 공판정에 출석시켜 진술하게 할 모든 수단을 강구하는 등 가능하고 상당한 수단을 다하더라도 그 진술을 요할 자를 법정에 출석하게 할 수 없는 사정이 있는 예외적인 경우를 말한다. (○)

36
□□□ 증인이 '소재불명이거나 그 밖에 이에 준하는 사유로 인하여 진술할 수 없는 때'에 해당한다고 인정할 수 있으려면 증인의 법정 출석을 위한 가능하고도 충분한 노력을 다하였음에도 불구하고 부득이 증인의 법정 출석이 불가능하게 되었다는 사정이 있어야 하며, 이는 검사가 증명하여야 한다. (○)

37
□□□ 수사기관에서 진술한 피해자인 유아가 공판정에서 진술을 하였더라도 증인신문 당시 일정한 사항에 관하여 기억이 나지 않는다는 취지로 진술하여 그 진술의 일부가 재현 불가능하게 된 경우는 '원진술자가 진술을 할 수 없는 때'에 해당하지 않는다. (×)

38
□□□ 1심에서 송달불능이 된 증인을 항소심에서 다시 증인으로 채택하여 소환함에 있어서 1심에서 송달불능된 주소로만 소환하고 기록상 용이하게 알 수 있는 다른 주소로 소환하지 아니한 경우, 형사소송법 제314조에 규정된 '진술을 요하는 자가 사망, 질병, 외국거주, 소재불명 그 밖에 이에 준하는 사유로 인하여 진술할 수 없는 때'에 해당한다. (×)

39
□□□ 만 5세 무렵에 당한 성추행으로 인하여 외상 후 스트레스 증후군을 앓고 있다는 등의 이유로 출석하지 않은 경우, 형사소송법 제314조에 규정된 '진술을 요하는 자가 사망, 질병, 외국거주, 소재불명 그 밖에 이에 준하는 사유로 인하여 진술할 수 없는 때'에 해당한다. (×)

40
□□□ 증인으로 채택하여 국내의 주소지 등으로 소환하였으나 소환장이 송달불능되었고, 미국으로 출국하여 그곳에 거주하고 있음이 밝혀져 다시 미국 내 주소지로 증인소환증을 발송하자, 제1심법원에 경위서를 제출하면서 장기간 귀국할 수 없음을 통보한 경우, 형사소송법 제314조에 규정된 '진술을 요하는 자가 사망, 질병, 외국거주, 소재불명 그 밖에 이에 준하는 사유로 인하여 진술할 수 없는 때'에 해당한다. (○)

41
□□□ 피해자가 증인으로 소환받고도 출산을 앞두고 있다는 사유로 출석하지 아니한 경우, 형사소송법 제314조에 규정된 '진술을 요하는 자가 사망, 질병, 외국거주, 소재불명 그 밖에 이에 준하는 사유로 인하여 진술할 수 없는 때'에 해당한다. (×)

42
□□□ 법정에 출석한 증인이 형사소송법 제148조, 제149조 등에서 정한 바에 따라 정당하게 증언거부권을 행사하여 증언을 거부한 경우는 형사소송법 제314조의 '그 밖에 이에 준하는 사유로 인하여 진술할 수 없는 때'에 해당하지 아니한다. (○)

43
□□□ 노인성치매로 인하여 기억력에 장애가 있는 경우, 제314조의 '필요성'이 인정될 수 있다. (○)

44
□□□ 증인으로 출석해야 할 자가 외국에 거주하면서 법원의 소환에 계속 불응하고, 구인장 집행도 불가능한 상태에 있는 등 가능하고 상당한 수단을 다하더라도 그 진술을 요할 자를 법정에 출석하게 할 수 없는 경우, 제314조의 '필요성'이 인정될 수 있다. (○)

45
□□□ 형사소송법 제314조의 '특신상태'와 관련된 법리는 원진술자의 소재불명 등을 전제로 하고 있는 형사소송법 제316조 제2항의 '특신상태'에 관한 해석과 동일하다. (○)

46
□□□ 형사소송법 제314조에 따라 참고인의 소재불명 등의 경우에 그 참고인이 진술하거나 작성한 진술조서나 진술서에 대하여 증거능력을 인정하는 경우 참고인의 진술 또는 작성이 '특히 신빙할 수 있는 상태하에서 행하여졌음에 대한 증명'은 그러할 개연성이 있다는 정도에 이르러야 한다. (×)

6. 전문증거 – 제311조, 제315조

47
□□□ 공판기일에 피고인의 진술을 기재한 조서는 전문법칙에도 불구하고 증거로 할 수 있다. (○)

48
□□□ 상업장부, 항해일지, 사인(私人)인 의사의 진단서와 같이 기타 업무상 필요로 작성한 문서는 「형사소송법」 제315조에 의하여 당연히 증거능력이 인정된다. (×)

49
□□□ 의사가 작성한 진단서는 업무상 필요에 의하여 순서적, 계속적으로 작성되는 것이고 그 작성이 특히 신빙할 만한 정황에 의하여 작성된 문서이므로 당연히 증거능력이 인정되는 서류라고 할 수 있다. (×)

50
□□□ 성매매업소에서 영업에 참고하기 위하여 성매매상대방에 관한 정보를 입력하여 작성한 메모리카드의 내용은 「형사소송법」 제315조에 의해서 당연히 증거능력이 인정된다. (○)

51
□□□ 구속적부심문조서는 법원 또는 법관 면전에서 작성된 조서로서 형사소송법 제311조에 의하여 당연히 그 증거능력이 인정된다. (×)

52
□□□ 구속적부심사절차에서 피의자를 심문하고 그 진술을 기재한 구속적부심문조서는 「형사소송법」 제315조에 의해서 당연히 증거능력이 인정된다. (○)

53
□□□ 다른 피고인에 대한 형사사건의 공판조서는 「형사소송법」 제315조에 의해서 당연히 증거능력이 인정된다. (○)

54 미국 연방수사국(FBI)의 수사관이 작성한 수사보고서는 「형사소송법」 제315조에 의해서 당연히 증거능력이 인정된다. (×)
☐☐☐

55 체포·구속인접견부는 특히 신용할 만한 정황에 의하여 작성된 문서로서 형사소송법 제315조 제2호, 제3호에 규
☐☐☐ 정된 '당연히 증거능력이 있는 서류'에 해당된다. (×)

56 증인신문조서가 증거보전절차에서 피고인이 증인으로서 증언한 내용을 기재한 것이 아니라 증인의 증언내용을 기
☐☐☐ 재한 것이고 다만 피의자였던 피고인이 당사자로 참여하여 자신의 범행사실을 시인하는 전제하에 위 증인에게 반
대신문 한 내용이 기재되어 있을 뿐이라면 위 조서는 공판준비 또는 공판기일에 피고인 등의 진술을 기재한 조서
도 아니고, 반대신문과정에서 피의자가 한 진술에 관한 한 「형사소송법」 제184조에 의한 증인신문조서도 아니므로
위 조서 중 피의자의 진술기재부분에 대하여는 「형사소송법」 제311조에 의한 증거능력을 인정할 수 있다. (○)

7. 전문증거 – 공범, 재전문

57 「형사소송법」 제312조 제3항은 사법경찰관이 작성한 당해 피고인에 대한 피의자신문조서를 유죄의 증거로 하는
☐☐☐ 경우뿐만 아니라 사법경찰관이 작성한 당해 피고인과 공범관계에 있는 다른 피고인이나 피의자에 대한 피의자신
문조서를 당해 피고인에 대한 유죄의 증거로 채택할 경우에도 적용된다. (○)

58 당해 피고인과 공범관계에 있는 공동피고인에 대해 검사 이외의 수사기관이 작성한 피의자신문조서는 그 공동피
☐☐☐ 고인의 법정진술에 의하여 성립의 진정이 인정되더라도 당해 피고인이 공판기일에서 그 조서의 내용을 부인하면
증거능력이 부정된다. (○)

59 공범의 사법경찰관작성 피의자신문조서는 공범이 법정에서 "경찰수사를 받던 중에 피의자신문조서에 기재된 것과
☐☐☐ 같은 내용으로 진술하였다."는 취지로 증언하였다면 그 증언은 유죄 인정의 증거로 할 수 있다. (×)

60 당해 피고인과 공범관계가 있는 다른 피의자에 대한 검사 이외의 수사기관 작성의 피의자신문조서는 사망 등 사유
☐☐☐ 로 인하여 법정에서 진술할 수 없는 때에 예외적으로 증거능력을 인정하는 규정인 「형사소송법」 제314조가 적용되
지 아니한다. (○)

61 「형사소송법」은 전문진술에 대하여 제316조에서 실질상 단순한 전문의 형태를 취하는 경우에 한하여 예외적으로
☐☐☐ 그 증거능력을 인정하는 규정을 두고 있을 뿐, 재전문진술이나 재전문진술을 기재한 조서에 대하여는 달리 그 증
거능력을 인정하는 규정을 두고 있지 아니하고 있으므로, 피고인이 증거로 하는데 동의하지 아니하는 한 「형사소
송법」 제310조의2의 규정에 의하여 이를 증거로 할 수 없다. (○)

62 재전문진술이나 재전문진술을 기재한 조서에 대하여 형사소송법이 그 증거능력을 인정하는 규정을 두고 있지 않
☐☐☐ 기 때문에 피고인이 증거로 함에 동의하더라도 증거로 할 수 없다. (×)

63 피고인과는 별개의 범죄사실로 기소되고 다만 병합심리된 것뿐인 공동피고인이 증인선서를 하였다면 그가 한 공
☐☐☐ 판정에서의 진술을 피고인에 대한 공소범죄사실을 인정하는 증거로 사용할 수 있다. (○)

64 공동피고인인 절도범과 그 장물범은 서로 다른 공동피고인의 범죄사실에 관하여는 증인의 지위에 있다 할 것이므
☐☐☐ 로, 피고인이 증거로 함에 동의한 바 없는 공동피고인에 대한 피의자신문조서는 공동피고인의 증언에 의하여 그
성립의 진정이 인정되지 아니하는 한 피고인의 공소 범죄사실을 인정하는 증거로 할 수 없다. (○)

제5절 당사자의 증거동의

① 증거동의의 의의와 본질

1. 증거동의의 의의

① 제318조 제1항은 검사와 피고인이 증거로 할 수 있음을 동의한 서류 또는 물건은 진정한 것으로 인정한 때에는 증거로 할 수 있다고 규정하고 있다. 15. 경찰2차, 16 · 21. 경찰승진, 18. 7급국가직

② 이를 증거동의라고 한다.

2. 증거동의의 본질[전문법칙의 예외(전문법칙 부적용 ×)]

증거동의를 인정한 제318조 제1항은 전문증거금지원칙에 대한 예외로서 반대신문권을 포기하겠다는 피고인의 의사표시에 의하여 서류 또는 물건의 증거능력을 부여하는 규정이다(82도2873). 11. 9급국가직, 13. 7급국가직, 15. 경찰2차

② 증거동의의 방법

1. 동의의 주체

(1) 당사자

① 동의의 주체는 증거를 신청한 측의 상대방(검사, 피고인)이다. 03. 경찰2차

② 피고인의 동의가 있으면 별도로 변호인의 동의는 필요없다.

③ 일방당사자가 신청한 증거에 대해서는 타방당사자의 동의가 있어야 하며, 법원이 직권으로 채택한 증거에 대해서는 양당사자의 동의가 필요하다.

④ 유죄의 자료가 되는 것으로 제출된 증거의 반대증거 서류에 대하여는 그것이 유죄사실을 인정하는 증거가 되는 것이 아닌 이상 반드시 그 진정성립이 증명되지 아니하거나 이를 증거로 함에 있어서의 상대방의 동의가 없다고 하더라도 증거판단의 자료로 할 수 있다(74도1687 등). 02. 경찰2차, 07 · 13. 경찰1차, 09. 9급국가직, 10 · 12 · 17. 경찰승진, 12 · 19. 법원, 15. 7급국가직, 16. 해경, 16 · 18. 경찰간부

⑤ 변호인이 무죄에 관한 자료로 제출한 서증 가운데 도리어 유죄임을 뒷받침하는 내용이 있다 하여도 법원은 상대방의 원용(동의)이 없는 한 그 서류의 진정성립 여부 등을 조사하고 아울러 그 서류에 대한 피고인이나 변호인의 의견과 변명의 기회를 준 다음이 아니면 그 서증을 유죄인정의 증거로 쓸 수 없다고 보아야 한다(87도966). 13. 경찰1차, 19. 7급국가직

⑥ 구성요건 사실을 추인하게 하는 간접사실이나 구성요건 사실을 입증하는 직접증거의 증명력을 보강하는 보조사실의 인정자료로서도 허용되지 아니한다(2004도5493).
18. 7급국가직, 20. 경찰간부 ⇨ 증거동의 필요

(2) 변호인

① 변호인은 피고인의 명시한 의사에 반하지 아니하는 한 피고인을 대리하여 증거로 함에 동의할 수 있다(2004도4428). 15. 7급국가직, 16. 경찰2차, 18. 경찰간부, 18·19. 법원, 20. 경찰1차

☑ 피고인의 명시한 의사에 반할 수 없는 변호인 대리권
기피(제18조 제2항), 상소(제342조 제2항), 증거동의(판례)

② 변호인의 동의에 대하여 피고인이 즉시 이의하지 아니하는 경우에는 변호인의 동의로 증거능력이 인정되므로 독립대리권이라 할 수 있다(88도1628).
⇨ 변호인의 증거동의에 대하여 피고인이 즉시 이의하지 아니하는 경우에는 변호인의 동의로 증거능력이 인정되어 증거조사 완료 전까지 그 동의가 취소 또는 철회되지 아니한 이상 일단 부여된 증거능력은 그대로 존속한다. 18. 7급국가직

③ 피고인이 출석한 공판기일에서 증거로 함에 부동의한다는 의견이 진술된 경우에는 그 후 피고인이 출석하지 아니한 공판기일에 변호인만이 출석하여 종전 의견을 번복하여 증거로 함에 동의하였다 하더라도 이는 특별한 사정이 없는 한 효력이 없다고 보아야 한다(2013도3). 14·16. 경찰1차, 15. 9급개론·지능특채, 18. 변호사·7급국가직, 19. 법원

④ 피고인이 동의가 법률적으로 어떠한 효과가 있는지를 모르고 한 것이었다고 주장하더라도 변호인이 그 동의시 공판정에 재정하고 있으면서 피고인이 하는 동의에 대하여 아무런 이의나 취소를 한 사실이 없다면 그 동의에 무슨 하자가 있다고 할 수 없다(83도1019). 16. 경찰2차, 18. 변호사

2. 동의의 상대방

① 동의의 의사표시는 법원에 대해서 하여야 한다.
② 따라서 반대당사자에 대한 동의의 의사표시는 증거동의로서의 효력이 없다.

3. 동의의 대상

▶ 동의의 대상으로 인정된 사례

- 증거능력이 없는 증거 06. 경찰2차, 08. 9급국가직
- 문서의 사본(95도2526) 07. 경찰1차, 10·16. 경찰승진, 19. 해경간부
- 변호인이 무죄에 관한 자료로 제출한 서증 가운데 도리어 유죄임을 뒷받침하는 내용
- 공동피고인에 대한 피의자신문조서, 진술조서
- 녹음테이프, 비디오테이프
- 물건(86도893)
- 비진술증거인 상해부위사진(2007도3906)

▶ **동의의 대상으로 인정되지 않은 사례**

- 위법수집증거(2009도10092 등) 11. 법원, 12·13·15. 경찰2차, 12·13·16·17. 경찰승진, 12·15. 경찰3차, 13. 9급국가직, 14·15. 지능특채, 15. 경찰간부, 16. 경찰1차
  ⇨ 동의하여도 증거능력이 인정되지 않음
- 임의성 없는 자백, 진술 17·18·21. 경찰간부
- 유죄증거에 대하여 피고인이 반대증거로 제출한 서류(74도1687) 02. 경찰2차, 07·13. 경찰1차, 09. 9급국가직, 10·12·17. 경찰승진, 12. 법원, 15. 7급국가직, 16. 해경, 16·18. 경찰간부
- 이미 증거능력이 인정된 전문증거
- 진정성 없는 증거

4. 동의의 시기

(1) 원칙 ⇨ 증거조사 전

증거능력이 없는 증거에 대하여 증거조사가 허용되지 않으므로 동의는 원칙적으로 증거조사 전에 하여야 한다.

동의는 반드시 공판기일에서 할 것을 요하지 않고 공판준비기일에 하더라도 관계없다.

(2) 변론종결까지 하자치유 가능

증거조사 후에 동의가 있는 때에도 그 하자가 치유되어 증거능력이 소급적으로 인정된다.

5. 동의의 방식

(1) 명시적으로 동의하지 않아도 무방

피고인이 신청한 증인의 전문진술에 대하여 "별다른 의견이 없다"고 한 피고인의 진술에 대하여 증거동의로 볼 수 있다(83도516). 03. 경감, 16. 7급국가직, 17. 경찰2차, 19. 해경간부·법원, 20. 경찰간부

(2) 포괄적 동의 가능

① 개개의 증거에 대하여 개별적인 증거조사방식을 거치지 아니하고 "검사가 제시한 모든 증거에 대하여 피고인이 증거로 함에 동의한다"는 방식으로 이루어진 것이라 하여도 증거동의로서의 효력이 인정된다(82도2873). 02·20. 경찰1차, 03·05·10. 경찰승진, 05. 경사, 09. 9급국가직, 13·16·20. 7급국가직, 17. 경찰2차, 19. 해경간부, 21. 경찰간부

② 검사 작성의 피고인 아닌 자에 대한 진술조서에 관하여 피고인이 공판정진술과 배치되는 부분은 부동의한다고 진술한 것은 조사내용의 특정부분에 관하여 증거로 함에 동의한다는 특별한 사정이 있는 때와는 달리 그 조서를 증거로 함에 동의하지 아니한다는 취지로 해석하여야 한다(84도1552). 16. 경찰2차, 19. 해경간부

6. 동의의 의제(간주)

(1) 피고인 불출석과 퇴정

① 다음과 같은 피고인의 출정 없이 증거조사를 할 수 있는 경우에 피고인이 출정하지
아니한 때에는 피고인이 증거로 함에 동의한 것으로 간주한다(제318조 제2항).
10 · 11 · 16 · 19. 법원, 12. 경찰간부 · 경찰3차, 17 · 21. 경찰승진, 19. 해경간부

  ㉠ 필요적 변호사건에서 피고인이 무단퇴정하고, 변호인도 이에 동조하여 퇴정한
  경우(91도865) 14 · 20. 경찰1차, 16. 7급국가직, 17. 경찰2차, 18 · 21. 경찰간부, 20. 9급국가직 · 9급개론

  ㉡ 피고인이 공시송달의 방법에 의한 공판기일의 소환을 2회 이상 받고도 출석하지
  아니하여 법원이 피고인의 출정 없이 증거조사를 하는 경우(2010도15977) 15. 9급
  개론, 16 · 19. 법원, 17. 7급국가직

  ㉢ 약식명령에 대하여 정식재판을 청구한 피고인이 정식재판절차의 공판기일에
  2회 출정하지 아니한 때(제458조 제2항, 제365조)(2007도577) 12 · 13. 경찰승진,
  13. 9급국가직 · 7급국가직 · 9급개론, 14. 경찰1차, 17. 경찰2차, 18 · 20. 법원

  ㉣ 피고인이 법인이고 그 대표자나 대리인이 출석하지 아니한 경우(제276조 단서)

  ㉤ 공소기각 또는 면소의 재판을 할 것이 명백한 사건(제277조 제2호)

  ㉥ 다액 500만원 이하의 벌금 또는 과료에 해당하는 사건(제277조 제1호)

  ㉦ 장기 3년 이하의 징역 또는 금고, 다액 500만원을 초과하는 벌금 또는 구류에
  해당하는 사건에서 피고인의 불출석허가신청이 있고 법원이 피고인의 불출석이
  그의 권리를 보호함에 지장이 없다고 인정하여 이를 허가한 사건(제277조 제3호)

  ㉧ 항소심에서 피고인이 공판기일에 2회 출정하지 아니한 때(제365조)

  ㉨ 약식명령에 대하여 피고인만이 정식재판의 청구를 하여 판결을 선고하는 사건
  (제277조 제4호)

  ㉩ 구속된 피고인이 정당한 사유 없이 출석을 거부하고 교도관리에 의한 인치가 불
  가능하거나 현저히 곤란하다고 인정되는 경우(제277조의2 제1항)

② 증거동의가 간주되지 않는 경우는 다음과 같다.
  ㉠ 피고인의 대리인 또는 변호인이 출정한 때(제318조 제2항 단서) 16. 변호사, 19. 법원
  ㉡ 재판장이 증인 · 감정인이 피고인의 면전에서 충분한 진술을 할 수 없다고 인정
  하여 피고인을 퇴정한 경우
  ㉢ 피고인이 다른 피고인의 면전에서 충분한 진술을 할 수 없다고 인정하여 다른
  피고인을 퇴정하게 한 경우(제297조 제1항)

(2) 간이공판절차

① 간이공판절차의 결정(제286조의2)이 있는 사건의 증거에 관하여는 제310조의2, 제
312조, 제313조, 제314조, 제316조의 규정에 대하여 제318조 제1항의 증거동의가 있
는 것으로 간주된다. 16. 변호사, 18 · 21. 경찰간부

② 검사, 피고인 또는 변호인이 증거로 함에 이의가 있는 때에는 그러하지 아니하다 (제318조의3). 16. 변호사

(3) 번복 불가

증거동의가 간주된 후 증거조사를 완료한 이상, 비록 피고인이 항소심에 출석하여 간주된 증거동의를 철회 또는 취소한다는 의사표시를 하더라도 증거능력이 상실되는 것은 아니다(2007도5776). 14. 경찰1차, 15. 경찰2차, 16·17. 경찰간부, 17. 경찰승진·9급국가직, 18. 해경2차, 19. 법원·9급개론

7. 증거동의의 철회와 취소

(1) 가능여부(가능)

증거동의는 절차형성행위이므로 절차의 안정성을 현저히 해하지 않는 한 철회가 허용된다.

(2) 가능시기(증거조사 완료시) 09·13. 9급국가직, 10·12·13·16. 경찰승진, 11·17·18. 법원, 12·20. 경찰간부, 14·16. 경찰1차·7급국가직, 15·16. 경찰2차, 17. 변호사, 19. 해경간부

① 증거조사가 완료된 뒤에는 취소 또는 철회가 인정되지 아니하므로 취소 또는 철회 이전에 이미 취득한 증거능력은 상실되지 아니한다(96도2507, 2015도3467). 19. 해경간부

② 제1심에서 한 증거동의는 항소심에서도 그 효력이 있다(2004도4428). 18. 법원

③ 증거동의가 의제된 경우라도 아직 증거조사가 완료되지 않았다면 증거동의를 철회할 수 있다(2010도15977). 14. 7급검찰직

8. 동의의 효과

(1) 증거능력의 인정

1) 진정성 인정되면 증거능력 부여

당사자가 동의한 서류 또는 물건은 제311조 내지 제316조의 요건을 갖추지 않은 경우에도 법원에 의해 진정성이 인정되면 증거능력이 부여된다. 01. 경사, 02. 경찰1차, 03. 행시, 06·15. 경찰2차, 12. 경찰간부, 13·16. 경찰승진

2) 진정성의 증명

① 진정한 것으로 인정하는 방법을 제한하고 있지 아니하다(2015도3467). 18. 7급국가직

② 진정성은 증거능력 인정의 요건이기는 하나 법원이 주도적으로 판단할 사항에 관한 것이므로 자유로운 심증으로 인정하면 족하다.

③ 진술서에 작성자의 서명이나 날인이 없고 단지 기명 다음에 사인이 되어 있는 경우라도 당사자가 증거로 함에 동의한 경우 증거능력이 인정된다(79도1431). 05. 경찰1차, 11. 교정특채

(2) 반대신문권의 상실

① 동의의 본질은 반대신문권의 포기에 있으므로 동의한 당사자가 원진술자를 증인으로 신청하는 것은 허용되지 않는다. 01. 경찰승진

② 그러나 반대신문 이외의 방법으로 증명력을 다투는 것은 허용된다.

(3) 동의의 효력범위

1) 물적 범위

① 원칙 : 동의의 효력은 원칙적으로 동의의 대상으로 특정된 서류 또는 물건의 전체에 미친다. 12. 해경간부

② 예 외

㉠ 다만, 동의한 서류 또는 물건의 내용이 분리 가능한 때에는 그 일부에 대하여도 동의할 수 있다(90도1303).

㉡ 경찰의 검증조서 중 일부에 대한 증거동의는 가능하다(90도1303). 21. 경찰승진

2) 인적 범위

① 피고인이 수인인 경우에 피고인이 각자가 독립하여 반대신문권을 가지므로 동의의 효력은 동의한 피고인에게만 미치고 다른 피고인에게는 미치지 않는다. 03. 경찰2차, 08. 9급국가직

② 따라서 공동피고인 중의 1인이 동의한 경우에 다른 공동피고인에 대하여는 동의의 효력이 미치지 않는다. 12. 해경간부

3) 시간적 범위

① 동의의 효력은 공판절차의 갱신이 있거나 심급을 달리한다고 하여 소멸되지 않는다. 10. 경찰승진, 12. 해경간부, 18. 법원

② 제1심에서 경찰작성조서에 대하여 증거동의 하였다면 항소심에서 범행 여부를 다투어도 1심에서 행한 증거동의의 효력은 계속 유지된다고 보았다(89도2366). 09. 9급국가직, 12. 법원, 13. 7급국가직, 14. 경찰1차, 15. 지능특채, 19. 법원

01
□□□
검사와 피고인이 증거로 할 수 있음을 동의한 서류 또는 물건은 진정한 것으로 인정한 때에는 증거로 할 수 있다. (○)

02
□□□
형사소송법 제318조 제1항은 전문증거 금지의 원칙에 대한 예외로서 반대신문권을 포기하겠다는 피고인의 의사표시에 의하여 서류 또는 물건의 증거능력을 부여하려는 규정이다. (○)

03
□□□
개개의 증거에 대하여 개별적인 증거조사방식을 거치지 아니하고 검사가 제시한 모든 증거에 대하여 피고인이 증거로 함에 동의한다는 방식의 증거동의도 효력이 있다. (○)

04
□□□
피고인이 신청한 증인의 증언이 피고인 아닌 타인의 진술을 그 내용으로 하는 전문진술이라고 하더라도 피고인이 그 증언에 대하여 별 의견이 없다고 진술하였다면 그 증언을 증거로 함에 동의한 것으로 볼 수 있으므로 이는 증거능력이 있다. (○)

05
□□□
검사 작성의 피고인 아닌 자에 대한 진술조서에 관하여 피고인이 공판정진술과 배치되는 부분은 부동의한다고 진술한 것은 조사 내용의 특정부분에 관하여 증거로 함에 동의한다는 특별한 사정이 있는 때와는 달리 그 조서를 증거로 함에 동의하지 아니한다는 취지로 해석하여야 한다. (○)

06
□□□
공판기일에서 피고인이 출석하여 증거로 함에 부동의한다는 의견을 진술하였으나, 그 후 피고인이 출석하지 아니한 공판기일에 변호인만이 출석하여 종전 의견을 번복하고 증거로 함에 동의하였다면 증거동의의 효력이 인정된다. (×)

07
□□□
피고인이 사법경찰관 작성의 피해자진술조서를 증거로 동의함에 있어서 그 동의가 법률적으로 어떠한 효과가 있는지를 모르고 한 것이었다고 주장한다면 설령 변호인이 그 동의시 공판정에 재정하고 있었고 피고인이 하는 동의에 대하여 아무런 이의나 취소를 제기한 사실이 없다 하더라도 그 동의에는 법률상 하자가 존재한다고 볼 수밖에 없다. (×)

08
□□□
긴급체포를 하며 압수한 물건에 관하여 형사소송법 제217조 제2항, 제3항에 위반하여 압수수색영장을 청구하여 이를 발부받지 아니하고도 즉시 반환하지 아니한 압수물은 이를 유죄 인정의 증거로 사용할 수 없으나 피고인이 이를 증거로 함에 동의하였다면 유죄인정의 증거로 사용할 수 있다. (×)

09
□□□
형사소송법 제318조에 규정된 증거동의의 의사표시는 증거조사가 완료된 뒤에도 취소 또는 철회가 인정되므로, 취소 또는 철회 이전에 이미 취득한 증거능력은 상실된다. (×)

10
□□□
피고인의 변호인은 피고인의 명시한 의사에 반하지 아니하는 한 피고인을 대리하여 증거동의를 할 수 있으나 피고인이 증거조사 완료 후에 변호인의 증거동의에 관해 이의를 제기하였다면 법원은 해당증거의 증거능력을 인정하여서는 아니 된다. (×)

11
□□□
약식명령에 불복하여 정식재판을 청구한 피고인이 정식재판 절차에서 정당한 사유 없이 2회 불출석한 경우 검사가 제출한 증거에 관하여 증거동의한 것으로 간주하여 증거능력을 부여할 수 있다. (○)

12
□□□
약식명령에 불복하여 정식재판을 청구한 피고인이 정식재판 절차의 제1심에서 2회 불출정하여 「형사소송법」 제
318조 제2항에 따른 증거동의가 간주된 후 증거조사를 완료하였더라도 피고인이 항소심에 출석하여 간주된 증거
동의를 철회 또는 취소한다는 의사표시를 하면 제1심에서 부여된 증거의 증거능력은 상실된다. (×)

13
□□□
필요적 변호사건이라 하여도 피고인이 재판거부의 의사를 표시하고 재판장의 허가 없이 퇴정하고 변호인마저 이
에 동조하여 퇴정해 버렸다면, 법원은 피고인이나 변호인의 재정 없이도 심리 판결할 수 있고 이 경우 피고인의
진의와는 관계없이 증거동의가 있는 것으로 간주된다. (○)

14
□□□
피고인이 공시송달의 방법에 의한 공판기일의 소환을 2회 이상 받고도 출석하지 아니하여 법원이 피고인의 출정
없이 증거조사를 하는 경우 피고인의 진의와는 관계없이 증거동의가 있는 것으로 간주된다. (○)

15
□□□
임의성이 인정되지 아니하여 증거능력이 없는 진술증거는 피고인이 증거로 함에 동의하더라도 증거로 삼을 수 없다. (○)

Chapter 14 실전익히기

01
21. 경찰간부

전문법칙에 관한 설명 중 옳지 않은 것은? (다툼이 있는 경우 판례에 의함)

① "甲이 乙을 살해하는 것을 목격했다"라는 丙의 말을 들은 丁이 丙의 진술내용을 증언하는 경우, 甲의 살인 사건에 대하여는 전문증거이지만, 丙의 명예훼손 사건에 대하여는 전문증거가 아니다.

② 정보통신망을 통하여 공포심이나 불안감을 유발하는 글을 반복적으로 상대방에게 도달하게 하는 행위를 하였다는 공소사실에 대하여 휴대전화기에 저장된 문자정보가 그 증거가 되는 경우, 그 문자정보는 범행의 직접적인 수단이고 경험자의 진술에 갈음하는 대체물에 해당하지 않으므로 전문법칙이 적용되지 않는다.

③ A가 특정범죄가중처벌 등에 관한 법률위반(알선수재)죄로 기소된 피고인으로부터 건축허가를 받으려면 담당공무원에게 사례비를 주어야 한다는 말을 들었다는 취지의 법정진술을 한 경우, 원진술의 존재 자체가 알선수재죄에서의 요증사실이므로 A의 진술은 전문증거가 아니라 본래증거에 해당한다.

④ 보험사기 사건에서 건강보험심사평가원이 수사기관의 의뢰에 따라 그 보내온 자료를 토대로 입원진료의 적정성에 대한 의견을 제시하는 내용의 '건강보험심사평가원의 입원진료 적정성 여부 등 검토의뢰에 대한 회신'은 형사소송법 제315조 제3호의 '기타 특히 신용할 만한 정황에 의하여 작성된 문서'에 해당한다.

02
18. 경찰승진

전문법칙에 대한 설명 중 가장 적절하지 않은 것은? (다툼이 있는 경우 판례에 의함)

① 어떤 진술이 기재된 서류가 그 내용의 진실성이 범죄사실에 대한 직접증거로 사용될 때는 전문증거가 된다고 하더라도 그와 같은 진술을 하였다는 것 자체 또는 그 진술의 진실성과 관계없는 간접사실에 대한 정황증거로 사용될 때는 반드시 전문증거가 되는 것은 아니다.

② 정보통신망을 통하여 공포심이나 불안감을 유발하는 글을 반복적으로 상대방에게 도달하게 하는 행위를 하였다는 공소사실에 대하여 휴대전화기에 저장된 문자정보가 그 증거가 되는 경우 그 문자 정보는 범행의 직접적인 수단이고 경험자의 진술에 갈음하는 대체물에 해당하지 않으므로 전문법칙이 적용되지 않는다.

③ 디지털녹음기에 녹음된 내용을 전자적 방법으로 테이프에 전사한 사본인 녹음테이프를 대상으로 법원이 검증절차를 진행하여 녹음된 내용이 녹취록의 기재와 일치하고 그 음성이 진술자의 음성임을 확인하였다면, 그것만으로 녹음테이프의 증거능력을 인정할 수 있다.

④ 상업장부나 항해일지, 진료일지 또는 이와 유사한 금전출납부 등과 같이 범죄사실의 인정여부와는 관계없이 자기에게 맡겨진 사무를 처리한 내역을 그때그때 계속적, 기계적으로 기재한 문서는 사무처리 내역을 증명하기 위하여 존재하는 문서로서 당연히 증거능력이 인정된다.

03

검사 이외의 수사기관이 작성한 피의자신문조서에 관한 설명 중 옳지 않은 것은? (다툼이 있는 경우 판례에 의함)

① 양벌규정에 따라 처벌되는 행위자와 사업주가 공동피고인으로 기소된 경우 그 행위자에 대해 검사 이외의 수사기관이 작성한 피의자신문조서는 그 행위자의 법정진술에 의해 그 성립의 진정이 인정되는 등 형사소송법 제312조 제4항의 요건을 갖추면 그 사업주가 공판기일에서 그 조서의 내용을 부인하더라도 그 사업주에 대해 증거능력이 인정된다.

② 검사 이외의 수사기관이 작성한 피의자신문조서는 적법한 절차와 방식에 따라 작성된 것으로서 공판준비 또는 공판기일에 그 피의자였던 피고인 또는 변호인이 그 내용을 인정할 때에 한하여 형사소송법 제312조 제3항에 따라 증거로 할 수 있다.

③ 피고인과 공범관계에 있는 다른 피의자에 대한 검사 이외의 수사기관 작성의 피의자신문조서에 대하여는 사망 등 사유로 인하여 법정에서 진술할 수 없는 때에 예외적으로 증거능력을 인정하는 규정인 형사소송법 제314조가 적용되지 않는다.

④ 형사소송법 제312조 제3항은 형법 총칙의 공범 이외에도, 서로 대향된 행위의 존재를 필요로 할 뿐 각자의 구성요건을 실현하고 별도의 형벌 규정에 따라 처벌되는 강학상 필요적 공범 내지 대향범 관계에 있는 자들 사이에서도 적용된다.

04

전문증거에 관한 설명 중 가장 옳은 것은? (다툼이 있는 경우 판례에 의함)

① 임의성 없는 진술을 내용으로 하는 전문증거라도 증거동의를 거치면 유죄증거이다.

② 원진술의 존재 자체 또는 그 내용인 사실이 요증사실인 경우에는 전문증거이다.

③ 전문서류의 실질적 진정성립은 원진술자 또는 작성자의 법정 진술로만 할 수 있다.

④ 본래증거인 공판정 진술보다 전문증거에 보다 높은 증명력을 부여할 수도 있다.

05

다음 설명 중 가장 옳은 것은? (다툼이 있으면 판례에 의함)

① 형사소송법은 전문진술에 대하여 제316조에서 실질상 단순한 전문의 형태를 취하는 경우에 한하여 예외적으로 그 증거능력을 인정하는 규정을 두고 있을 뿐, 재전문진술이나 재전문진술을 기재한 조서에 대하여는 달리 그 증거능력을 인정하는 규정을 두고 있지 아니하고 있으므로, 피고인이 증거로 하는 데 동의하지 아니하는 한 형사소송법 제310조의2의 규정에 의하여 이를 증거로 할 수 없다.

② 피고인이 제1심에서 증거동의의 의사표시를 한 후, 항소심에 이르러 증거동의를 철회한 경우 증거능력이 상실된다.

③ 수사기관 아닌 사인이 피고인 아닌 사람과의 대화내용을 녹음한 녹음테이프는 형사소송법 제311조, 제312조 규정 이외의 피고인 아닌 자의 진술을 기재한 서류와 다를 바 없으므로, 피고인이 녹음테이프를 증거로 할 수 있음에 동의하지 않으면 어떠한 경우에도 증거능력을 부여할 수 없다.

④ 컴퓨터 디스켓에 들어 있는 문건이 증거로 사용되는 경우 전문법칙이 적용되지 않는다.

06

수사기관 작성의 피의자신문조서의 증거능력에 관한 다음 설명 중 가장 옳은 것은? (다툼이 있는 경우 판례에 의함)

① 검사가 작성한 피의자신문조서의 일부에 대하여만 피고인이 성립의 진정을 인정하는 것은 허용되지 않는다.

② 형사소송법 제312조 제4항의 '특히 신빙할 수 있는 상태'란 그 진술내용이나 조서의 작성에 허위개입의 여지가 거의 없고, 그 진술내용의 신용성이나 임의성을 담보할 구체적이고 외부적인 정황이 있는 경우를 말하며, 이는 검사가 엄격한 증명을 통해 증명하여야 한다.

③ 사법경찰관이 작성한 피의자신문조서는 적법한 절차와 방식에 따라 작성된 것으로서 피고인이 진술한 내용과 동일하게 기재되어 있음이 공판준비 또는 공판기일에서의 피고인 진술에 의하여 인정되고, 그 조서에 기재된 진술이 특히 신빙할 수 있는 상태에서 행하여졌음이 증명된 때에 한하여 증거로 할 수 있다.

④ 형사소송법 제312조 제3항은 검사 이외의 수사기관이 작성한 당해 피고인과 공범관계에 있는 다른 피고인이나 피의자에 대한 피의자신문조서를 당해 피고인에 대한 유죄의 증거로 채택할 경우에도 적용된다.

07

다음은 녹음과 관련된 설명이다. 가장 적절하지 않은 것은? (다툼이 있는 경우 판례에 의함)

① 수사기관 아닌 사인(私人)이 피고인 아닌 사람과의 대화내용을 녹음한 녹음테이프는 피고인의 증거동의가 없는 이상 그 증거능력을 부여하기 위해서는, 첫째 녹음테이프가 원본이거나 인위적 개작 없이 원본 내용 그대로 복사된 사본일 것, 둘째 형사소송법 제313조 제1항에 따라 공판준비나 공판기일에서 원진술자의 진술에 의하여 녹음테이프에 녹음된 각자의 진술내용이 자신이 진술한대로 녹음된 것이라는 점이 인정되어야 한다.

② 디지털 녹음기로 녹음한 내용이 콤팩트디스크에 다시 복사되어 그 콤팩트디스크에 녹음된 내용을 담은 녹취록이 증거로 제출된 사안에서, 위 콤팩트디스크가 현장에서 녹음하는 데 사용된 디지털 녹음기의 녹음내용 원본을 그대로 복사한 것이라는 입증이 없는 이상, 그 콤팩트디스크의 내용이나 이를 녹취한 녹취록의 기재는 증거능력이 없다.

③ 피고인과의 대화내용을 녹음한 보이스펜 자체에 대하여는 증거동의가 있었지만 그 녹음내용을 재녹음한 녹음테이프, 녹음테이프의 음질을 개선한 후 재녹음한 시디 및 녹음테이프의 녹음내용을 풀어 쓴 녹취록 등에 대하여는 증거로 함에 부동의하였다면, 극히 일부의 청취가 불가능한 부분을 제외하고는 보이스펜, 녹음테이프 등에 녹음된 대화내용과 녹취록의 기재가 일치하는 것으로 확인되고 그 진술이 특히 신빙할 수 있는 상태하에서 행하여진 것으로 인정되더라도 이를 증거로 사용할 수 없다.

④ 디지털 녹음기로 피고인과의 대화를 녹음한 후 저장된 녹음파일 원본을 컴퓨터에 복사하고 디지털 녹음기의 파일 원본을 삭제한 뒤 다음 대화를 다시 녹음하는 과정을 반복하여 작성한 녹음파일 사본과 해당 녹취록의 경우 복사 과정에서 편집되는 등의 인위적 개작 없이 원본 내용 그대로 복사된 것으로 대화자들이 진술한 대로 녹음된 것이 인정되고, 제반 상황에 비추어 그 진술이 특히 신빙할 수 있는 상태하에서 행하여진 것으로 인정된다면 그 녹음파일 사본과 녹취록의 증거능력은 인정된다.

08

전문증거에 대한 설명으로 가장 적절하지 않은 것은? (다툼이 있으면 판례에 의함)

① 전문진술이 기재된 조서로서 재전문서류는 「형사소송법」 제312조 또는 제314조의 전문서류의 증거능력 인정요건을 갖추어야 함은 물론 나아가 「형사소송법」 제316조 제2항의 전문진술의 증거능력 인정요건을 모두 갖추어야 증거능력이 인정된다.

② 디지털 저장매체에 저장된 로그파일의 원본이 아니라 그 복사본의 일부내용을 요약·정리하는 방식으로 새로운 문서파일이 작성된 경우에 피고인이 증거사용에 동의하지 않은 상황에서 새로운 문서파일에 대해 진술증거로서 증거능력을 인정하기 위해서는 로그파일 원본과의 동일성이 인정되는 외에 전문법칙에 따라 작성자 또는 진술자의 진술에 의해 성립의 진정이 증명되어야 한다.

③ 구속적부심문조서는 법원 또는 법관의 면전에서 작성된 조서로서 법원 또는 법관의 검증의 결과를 기재한 조서이므로 「형사소송법」 제311조에 따라 당연히 증거능력이 인정된다.

④ 대한민국 법원의 형사사법공조요청에 따라 미합중국 법원의 지명을 받은 수명자(미합중국 검사)가 작성한 피해자 및 공범에 대한 증언녹취서(deposition)는 이를 「형사소송법」제315조 소정의 당연히 증거능력이 인정되는 서류로 볼 수 없다.

09

증거동의에 관한 설명 중 옳지 않은 것은? (다툼이 있는 경우 판례에 의함)

① 검사가 제시한 모든 증거에 대하여 피고인이 증거로 함에 동의한다는 방식으로 증거동의를 하여도 효력이 있다.

② 간이공판절차에서는 검사, 피고인 또는 변호인이 증거로 함에 이의가 없는 한 전문증거에 대하여 동의가 있는 것으로 간주한다.

③ 필요적 변호사건에서 피고인과 변호인이 재판거부의 의사를 표시하고 재판장의 허가 없이 퇴정한 경우, 형사소송법 제318조 제2항에 따라 증거동의가 간주된다.

④ 진술에 임의성이 인정되지 않아 증거능력이 없는 증거라고 할지라도 당사자가 동의하고 법원이 진정한 것으로 인정한 경우에는 증거능력이 있다.

10

증거동의에 대한 설명 중 가장 적절하지 않은 것은? (다툼이 있는 경우 판례에 의함)

① 개개의 증거에 대하여 개별적인 증거조사방식을 거치지 아니하고 검사가 제시한 모든 증거에 대하여 피고인이 증거로 함에 동의한다는 방식은 증거동의로서의 효력을 가질 수 없다.

② 피고인과 변호인이 재판장의 허가 없이 퇴정한 상태에서 증거조사를 할 수밖에 없는 경우에는 피고인의 진의와는 관계 없이 피고인의 증거동의가 있는 것으로 간주된다.

③ 사법경찰관 A는 살인죄 혐의로 B를 긴급체포하면서 흉기를 긴급히 압수할 필요가 있다고 판단하여 압수·수색 영장 없이 압수하였음에도 영장을 발부받지 못하였다면, 이후 공판절차에서 B가 그 흉기를 증거로 사용함에 동의하였더라도 그 압수물의 증거능력은 인정할 수 없다.

④ 증거동의의 주체는 검사와 피고인이지만 피고인이 증거로 함에 동의하지 아니한다고 명시적인 의사표시를 한 경우 외에는 변호인은 서류나 물건에 대하여 증거로 함에 동의할 수 있고 이에 대해 피고인이 즉시 이의하지 아니하는 경우에는 증거능력이 인정된다.

11

증거동의에 대한 설명으로 가장 적절하지 않은 것은? (다툼이 있는 경우 판례에 의함)

① 검사와 피고인이 증거로 할 수 있음을 동의한 서류 또는 물건은 법원이 진정한 것으로 인정한 때에는 증거로 할 수 있다.

② 공판준비 또는 공판기일에서 피고인에게 유리한 증언을 한 증인을 수사기관이 법정 외에서 다시 참고인으로 조사하면서 그 증언을 번복하게 하여 작성한 참고인진술조서는 피고인이 동의하더라도 증거로 사용할 수 없다.

③ 피고인의 출정 없이 증거조사를 할 수 있는 경우에 피고인이 출정하지 아니한 때에는 피고인의 대리인 또는 변호인이 출정한 때를 제외하고 피고인이 증거로 함에 동의한 것으로 간주한다.

④ 경찰의 검증조서 중 일부에 대한 증거동의는 가능하다.

Answer

01   ④ [×] 제315조 제3호 문서에 해당하지 않는다.

02   ③ [×] 원본인 디지털녹음기를 조사하지 않고 녹음테이프와 녹취록을 확인한 것으로 원본과의 동일성이 인정되지 않아 증거능력을 인정할 수 없다 (2008도9414).

03   ① [×] 양벌규정의 사업주가 내용인정을 하여야 한다(제312조 제3항).

04   ④ [○] 본래증거와 전문증거에는 증명력의 차이가 없고, 자유심증에 의해 증명력이 부여된다.

05   ① [○] 2010도5948

06   ④ [○] 2014도1779

07   ③ [×] 원본인 보이스펜과 사본의 동일성이 입증되었으므로 증거로 사용할 수 있다.

08   ③ [×] 제311조가 아니라, 제315조 제3호에 의하여 당연히 그 증거능력이 인정된다.

09   ④ [×] 임의성이 없는 진술은 동의하더라도 증거능력이 없다.

10   ① [×] 모든 증거에 대한 포괄적 동의도 가능하다.

11   ② [×] 증거동의하면 증거로 사용할 수 있다.

제6절 탄핵증거

1 탄핵증거의 의의

① 진술의 증명력을 다투기 위한 증거를 탄핵증거라고 한다. 04. 경찰2차, 10. 교정특채

② 甲이 "현장에서 乙이 丙을 살해하는 것을 보았다"라고 증언하자 丁이 "甲이 乙의 살해 현장을 보지 못했다고 말하는 것을 들었다"라고 증언했을 때, 丁의 증언은 甲의 진술의 증명력을 다투는 탄핵증거이다.

③ 탄핵증거제도는 법관으로 하여금 증거가치를 재음미하게 함으로써 증명력 판단의 합리성을 도모할 수 있다. 01. 여경2차, 05. 경찰승진, 10. 교정특채

2 탄핵증거의 증거능력과 증명력

1. 증거능력

① 전문법칙에 의하여 증거능력이 없는 증거라도 탄핵증거로 사용할 수 있다. 01. 여경2차, 03. 행시, 03·09·10. 경찰승진, 04·17. 경찰2차, 10. 교정특채, 14. 경찰간부, 16. 경찰1차·법원, 21. 경찰1차

② 제318조의2의 탄핵증거에는 전문법칙이 적용되지 않는다. 03. 경찰3차, 04·05. 경사

③ 사법경찰관리 작성의 피고인에 대한 피의자신문조서는 피고인이 그 내용을 부인하는 이상 증거능력이 없으나, 그것이 임의로 작성된 것이 아니라고 의심할 만한 사정이 없는 한 피고인의 법정에서의 진술을 탄핵하기 위한 반대증거로 사용할 수 있다 (2013도12507). 08·13. 9급국가직, 09·21. 경찰승진, 09·15·16. 7급국가직, 10·11·16·21. 경찰1차, 10·16. 법원, 13·15. 해경3차, 14. 경찰간부·경찰2차, 17. 변호사

2. 증명력

탄핵증거가 제출되더라도 증거의 증명력은 법관의 자유판단에 의하여 결정된다. 따라서 탄핵증거는 자유심증주의의 예외가 아니라 이를 보강하는 의미를 가진 제도이다.

3. 증거조사

엄격한 증거조사를 거칠 필요가 없다.

3 탄핵증거의 허용범위

① 형사소송규칙 제75조 제2항이나 제77조는 자기모순진술 이외에 다툼 없는 사실, 증인의 신빙성·신용성에 대한 보조사실 등을 탄핵신문 사항에 포함시키고 있다.

---

② 전문증거로서 증거로 할 수 없는 서류나 진술이라도 상대방의 증거동의 여부와 관계없이 탄핵증거로 사용할 수 있다(제318조의2 제1항). 17. 9급개론, 18. 변호사

④ 탄핵의 대상

1. 진술증거

① 탄핵의 대상은 공판준비 또는 공판기일에서의 피고인 또는 피고인 아닌 자의 진술의 증명력이다(제318조의2 제1항).

② 법관 면전 진술뿐 아니라 진술이 기재된 서면도 포함된다. 15. 경찰승진

2. 피고인 진술

피고인의 공판정 외 진술뿐만 아니라 공판정 진술도 탄핵할 수 있다.

3. 피고인 아닌 자의 진술

피고인 아닌 자의 진술에는 공소제기 전 피고인을 피의자로 조사하였거나 그 조사에 참여한 자를 포함한다. 15. 해경3차

4. 자기 측 증인의 탄핵

자기 측 증인이라도 적대적인 증인에 대한 탄핵은 필요하다는 점 등을 고려할 때 자기 측 증인에 대한 탄핵도 가능하다.

⑤ 탄핵증거의 제한

1. 범죄사실 또는 간접사실 인정(×)

① 탄핵증거는 진술의 증명력을 다투기 위한 것으로서 그 증거를 범죄사실 또는 간접사실을 인정하기 위해서는 사용할 수 없다(2011도5459). 03. 경찰3차, 09·19·21. 경찰승진, 09·16. 7급국가직, 10. 교정특채, 17. 9급개론·변호사, 18. 경찰1차·경찰간부, 20. 경찰1차·9급국가직

② 검사가 탄핵증거로 신청한 체포·구속인접견부 사본은 공소사실 자체를 입증하기 위한 것에 불과하므로 피고인의 진술의 증명력을 다투기 위한 탄핵증거로 볼 수 없다(2011도5459). 16. 법원, 18. 해경2차, 19. 경찰승진

2. 임의성이 없는 자백, 진술(×)

임의성이 없는 자백이나 진술 또는 그러한 진술이 기재된 서면은 탄핵증거로 허용되지 않는다(97도1770). 04·20. 경찰2차

3. 위법수집증거(×)

위법하게 수집된 증거는 탄핵증거로 사용할 수 없다.

4. 증언을 번복하는 진술(×)

증인의 공판정에서 증언 이후 수사기관이 그 증인을 신문하여 작성한 진술조서를 탄핵증거로 사용하는 것은 공판중심주의와 공정한 재판의 이념에 반하므로 허용될 수 없다 (2012도13665). 10. 7급국가직, 14. 경찰2차

5. 영상녹화물(×)

영상녹화물은 탄핵증거로 사용할 수 없다(제318조의2 제2항). 08. 법원, 09. 7급국가직, 10·11. 경찰승진, 16. 해경, 18. 경찰1차·변호사

6. 증명력 회복(○)

① 증명력을 감쇄하는 경우뿐만 아니라 감쇄된 증명력을 회복하는 경우도 공평의 원칙상 증명력을 다투기 위한 경우에 해당한다.

② 그러나 처음부터 증명력을 지지, 보강하는 경우는 포함되지 않는다. 15. 경찰승진

7. 조사자 증언(○)

개정법 제318조의2 제1항은 조사자증언을 탄핵증거로 사용할 수 있다는 점과 조사자 증언도 탄핵의 대상이 된다는 점을 명확히 하고 있다.

8. 형식적 진정성립이 인정되지 않는 서류(○)

판례는 성립의 진정이 없는 증거의 탄핵증거사용을 긍정하고 있다(94도1159). 08. 9급국가직, 09. 경찰승진·7급국가직, 10. 법원, 10·11. 경찰1차, 13. 경찰2차, 18. 변호사

▶ 탄핵증거로 인정되는 사례

- 증거능력 없는 증거 01. 여경2차, 03. 행시, 03·09·11. 경찰승진, 04·07. 경찰2차, 10. 교정특채, 14. 경찰간부, 16. 경찰1차·법원
- 전문증거(피고인이 내용을 부인한 사법경찰관작성의 피의자신문조서)(97도1770) 08·13. 9급국가직, 09. 경찰승진, 09·15. 7급국가직, 10·11·16·20. 경찰1차, 10·16. 법원, 13·14. 경찰2차, 14. 경찰간부, 15. 해경3차, 17. 9급개론, 18. 변호사, 20. 9급국가직·9급개론
- 성립의 진정이 없는 증거(94도1159) 08. 9급국가직, 09. 경찰승진·7급국가직, 10. 법원, 10·11. 경찰1차, 13. 경찰2차, 18. 변호사, 20. 9급국가직·9급개론
- 진술 기재 서면 15. 경찰승진
- 자기측 증인의 진술
- 조사자 증언
- 증명력을 감쇄, 감쇄된 증명력을 회복하는 경우

▶ 탄핵증거로 인정되지 않는 사례

- 영상녹화물 08. 법원, 09. 7급국가직, 10 · 11. 경찰승진
- 수사기관이 증언을 번복시키는 방식으로 작성한 진술조서, 진술서, 위증 피신조서 10. 7급 국가직, 14. 경찰2차
- 범죄사실 또는 간접사실 인정 증거 03. 경찰3차, 09. 경찰승진 · 7급국가직, 10. 교정특채, 20. 9급국가직 · 9급개론
- 처음부터 증명력을 지지, 보강하는 경우 15. 경찰승진
- 공소사실 자체를 입증하기 위한 체포 · 구속인접견부 사본(2011도5459). 15. 7급국가직, 16. 법원, 20. 경찰1차
- 위법수집증거
- 임의성 없는 자백, 진술(97도1770) 04. 경찰2차

❻ 탄핵증거에 대한 증거조사

1. 조사방식

① 탄핵증거는 범죄사실을 인정하는 증거가 아니므로 엄격한 증거조사를 거쳐야 할 필요가 없다(2005도2617). 10. 법원 · 교정특채, 14. 경찰2차, 15. 해경3차, 16. 경찰1차, 17. 해경간부 · 변호사, 18. 경찰간부, 21. 경찰승진

② 그러나 공판정에서 탄핵증거로서의 증거조사는 필요하다(97도1770). 09 · 19. 경찰승진, 09 · 15. 7급국가직, 11 · 13 · 16 · 18. 경찰1차, 13. 9급국가직, 15. 경찰3차, 17. 변호사, 18. 경찰간부 · 해경2차

2. 탄핵할 대상 부분 특정

① 탄핵증거의 제출의 경우에도 상대방에게 공격방어의 수단을 강구할 기회를 사전에 부여하여야 한다. 17. 해경간부, 18. 해경2차, 21. 경찰승진

㉠ 따라서 탄핵증거를 제출할 때에는 탄핵증거의 어느 부분에 의하여 진술의 어느 부분을 다투려고 한다는 것을 사전에 상대방에게 알려야 한다(2005도2617). 10 · 11 · 13 · 16 · 18 · 20. 경찰1차, 12. 해경간부, 13. 9급국가직, 14. 경찰2차, 15. 경찰3차 · 경찰승진, 17. 9급개론 · 변호사, 18. 경찰간부 · 변호사, 19. 경찰승진, 20. 9급국가직 · 9급개론, 20. 7급국가직, 21. 경찰간부

㉡ 탄핵증거의 제출에 있어서는 그 증거와 증명하고자 하는 사실과의 관계 및 입증 취지 등을 미리 구체적으로 명시하여야 한다(규칙 제132조의2 제1항). 18. 경찰1차

② 증거목록에 기재되지 않고 증거결정이 있지 아니한 서증들이 공판과정에서 그 입증취지가 구체적으로 명시되고 제시된 경우, 탄핵증거로서의 증거조사가 이루어졌다고 볼 수 있다(2005도6271). 16. 해경, 17. 해경간부, 21. 경찰1차

01 탄핵증거로 사용될 수 있는 전문증거에는 전문서류만이 포함되며 전문진술은 제외된다. (×)
☐☐☐

02 탄핵증거로 사용되기 위해서는 상대방이 증거로 함에 동의함을 요한다. (×)
☐☐☐

03 공판준비 또는 공판기일에서 이미 증언을 마친 증인을 검사가 소환한 후 피고인에게 유리한 그 증언 내용을 추궁
☐☐☐ 하여 이를 일방적으로 번복시키는 방식으로 작성한 진술조서는 탄핵증거로 사용할 수 없다. (○)

04 사법경찰리 작성의 피고인에 대한 피의자신문조서는 검사가 유죄의 자료로 제출한 증거로서 피고인이 그 내용을
☐☐☐ 부인하는 이상 증거능력이 없으나 피고인의 법정에서의 진술을 탄핵하기 위한 반대증거로 사용할 수 있다. (○)

05 탄핵증거의 제출에 있어서도 상대방에게 이에 대한 공격방어의 수단을 강구할 기회를 사전에 부여하여야 한다는
☐☐☐ 점에서 그 증거와 증명하고자 하는 사실과의 관계 및 입증취지 등을 미리 구체적으로 명시하여야 하지만, 증명력
을 다투고자 하는 증거의 어느 부분에 의하여 진술의 어느 부분을 다투려고 한다는 것을 사전에 상대방에게 알려
야 하는 것은 아니다. (×)

06 탄핵증거는 진술의 증명력을 감쇄하기 위하여 인정되는 것이고 범죄사실 또는 그 간접사실의 인정의 증거로서는
☐☐☐ 허용되지 않는다. (○)

07 피고인의 진술을 내용으로 하는 영상녹화물은 공판준비 또는 공판기일에 피고인 진술의 증명력을 다투기 위한 증
☐☐☐ 거로 사용할 수 없다. (○)

08 탄핵증거는 범죄사실을 인정하는 증거가 아니므로 엄격한 증거조사를 거쳐야 할 필요가 없으며, 법정에서 이에
☐☐☐ 대한 탄핵증거로서의 증거조사도 필요하지 않다. (×)

제7절 자백의 보강법칙

❶ 자백보강법칙의 의의

1. 개 념

자백의 보강법칙이란 피고인이 임의로 한 증거능력 있는 자백에 의하여 법관이 유죄의 심증을 얻었다 할지라도 보강증거가 없으면 유죄로 인정할 수 없다는 원칙을 말한다(헌법 제12조 제7항 후단, 형사소송법 제310조). 04. 법원서기보, 08 · 14. 9급국가직, 19. 변호사

2. 자유심증주의 예외

자백보강법칙은 법관의 유죄심증에도 불구하고 보강증거가 없으면 유죄판결을 할 수 없다는 점에서 자유심증주의에 대한 예외가 된다. 01. 경찰3차 · 경사, 02. 행시, 08. 9급국가직, 10. 교정특채, 12. 경찰승진

3. 근 거

자백보강법칙의 근거는 자백의 진실성을 담보하여 법원의 오판의 위험성을 배제하고 수사기관의 자백편중 수사로 인한 인권침해를 방지하려는 데 있다. 08. 경찰승진, 10. 9급국가직

❷ 적용범위

1. 적용되는 절차

① 자백보강법칙은 검사의 공소제기에 의하여 공판절차가 진행되는 통상의 형사소송절차에 적용된다.

② 간이공판절차, 약식명령절차도 자백보강법칙이 적용된다. 08. 경찰3차, 12. 경찰1차, 15. 해경3차

2. 적용되지 않는 절차 10. 9급국가직, 10 · 12 · 17. 법원, 15. 해경3차, 20. 경찰간부

① 즉결심판(즉결심판에 관한 절차법 제10조, 형사소송법 제310조) 18. 경찰승진 · 9급개론 · 경찰2차, 19. 7급국가직

② 소년법의 적용을 받는 소년보호사건(82모36)

❸ 보강을 필요로 하는 자백

1. 피고인의 자백

① 보강증거에 의해 보강을 필요로 하는 것은 피고인의 자백이다.

② 따라서 증인이나 참고인의 진술에는 적용되지 않고, 보강증거가 없어도 유죄의 증거가 될 수 있다. 01. 여경2차

③ 피의자의 지위에서 참고인 또는 증인으로서 한 자백도 그가 후에 피고인이 되었을 때에는 피고인의 자백이 된다.

2. 증거능력, 증명력

① 자백의 보강법칙을 적용하기 위해서는 우선적으로 증거능력 있는 자백이 있어야 한다. 보강법칙이 적용되기 위해서는 자백의 신빙성(증명력)도 있어야 한다.

② 자백의 신빙성 판단은 법관의 자유심증에 맡겨지지만 판단은 객관적 합리성을 가지지 않으면 안 된다.

③ 자백내용의 객관적 합리성, 자백 동기나 이유 및 자백경위, 자백 이외의 정황증거가 자백과 모순되는가 등이 자백의 신빙성의 판단척도가 된다(2001도1314).

3. 공판정의 자백

피고인이 공판정에서 자백하였다 하더라도 보강증거가 없으면 피고인에게 유죄판결을 할 수 없다(4292형상1043). 02. 행시, 04. 경찰2차, 08. 7급국가직, 15 · 17. 법원

❹ 보강증거의 자격

1. 증거능력

① 보강증거도 증거능력이 있는 증거여야 한다(제307조). 03. 경찰1차, 19. 변호사

② 전문증거는 전문법칙의 예외가 되는 경우를 제외하고는 보강증거로 될 수 없다.
   15. 지능특채

③ 공판정에서 적법한 증거조사절차를 거친 흔적이 없는 공소외인 진술서를 증거로 채택하여 유죄로 인정할 수 없다(71도415). 03. 경찰승진

2. 독립증거

(1) 보강증거의 독립성

① 보강증거는 자백과는 실질적으로 독립된 증거여야 한다.

② 따라서 자백은 아무리 반복되어도 피고인의 자백만 있는 경우에 해당한다.

　㉠ '피고인이 범행을 자인하는 것을 들었다'는 피고인 아닌 자의 진술내용은 제310조의 피고인의 자백에는 포함되지 아니하나 이는 피고인의 자백의 보강증거로 될 수 없다(2007도10937). 04. 여경3차, 06 · 14 · 15 · 16. 경찰1차, 10 · 11 · 13 · 18 · 19. 경찰승진, 10 · 14 · 15 · 17. 법원, 12 · 13. 경찰3차, 12 · 14. 경찰간부 · 9급국가직, 16 · 19 · 20. 7급국가직, 17. 변호사 · 여경 · 경찰특공대 · 해경1차 · 해경간부, 18. 9급개론 · 경찰2차

ⓛ 피고인이 범행장면을 재연하는 것도 실연에 의한 자백에 불과하여 보강증거가 되지 않는다.

ⓒ 수사기관에서 행한 자백을 공판정에서의 자백에 대한 보강증거로 사용할 수 없다(78도743). 06. 경찰1차

③ 피고인의 자백이 서면화·소송서류화 된 경우에도 자백만 있는 경우에 해당한다.

④ 검사 작성의 피의자신문조서에 자백하는 진술이 기재되어 있더라도 다른 보강증거가 없다면 그 자백만으로는 유죄를 선고할 수 없다(2007도10937). 16. 변호사

(2) 피고인의 자백이 기재된 비밀장부, 수첩 등의 경우

상업장부나 항해일지, 진료일지 또는 이와 유사한 금전출납부 등과 같이 범죄사실의 인정 여부와는 관계없이 자기에게 맡겨진 사무를 처리한 사무 내역을 그때그때 계속적, 기계적으로 기재한 문서 등의 경우는 자백에 대한 독자적인 보강증거가 될 수 있다(자백하는 문서라 볼 수 없다)(94도2865). 18. 7급국가직·경찰2차, 19. 변호사

(3) 정황증거도 보강증거로 사용 가능

① 자백에 대한 보강증거는 범죄사실의 전부 또는 중요 부분을 인정할 수 있는 정도가 되지 아니하더라도 피고인의 자백이 가공적인 것이 아닌 진실한 것임을 인정할 수 있는 정도만 되면 족하다(2010도11272, 2001도1897). 03·11·15·20. 경찰1차, 04. 여경1차, 08. 경찰3차, 09. 전의경, 12·17. 해경간부, 13·17·18·19. 경찰승진, 15. 해경3차, 16. 경찰2차, 16·17·18. 7급국가직, 20. 경찰간부, 19. 변호사

② 직접증거가 아닌 간접증거나 정황증거도 보강증거가 될 수 있다(98도159). 08·10·11·12·14. 법원, 10. 교정특채, 10·16·19. 경찰승진, 12. 경찰3차, 12·15·20. 경찰1차, 13·16·18·19. 경찰2차, 14. 경찰간부, 16. 9급개론·9급국가직, 17. 해경간부, 18. 7급국가직, 19. 변호사

(4) 공범자의 자백

① 공범인 공동피고인이 자백만으로도 피고인에 대하여 유죄판결을 할 수 있다(92도917). 01·10·16·17. 경찰승진, 08·13·15. 7급국가직, 08·16·17. 9급국가직, 08·17. 법원, 10. 교정특채, 12·17. 해경간부, 14·15·16·19. 경찰1차, 15. 해경3차·지능특채, 16. 경찰2차, 16·17. 9급개론·변호사, 17. 해경1차·경찰간부, 21. 경찰간부

ⓛ 공범인 공동피고인들의 각 진술은 다른 공동피고인에 대한 범죄사실을 인정하는 증거로 할 수 있을 뿐만 아니라 상호간에 서로 보강증거가 될 수 있다(90도1939). 04. 여경3차, 06·10·11·12·16·18. 경찰승진, 07·18. 7급국가직, 08. 경찰2차, 09. 전의경, 10·12·13·16. 9급국가직, 10·12·14. 법원, 12·14. 경찰간부, 15. 경찰1차, 17·18. 해경간부, 19. 변호사

ⓒ 공동피고인의 자백은 이에 대한 피고인의 반대신문권이 보장되어 있어 증인으로 신문한 경우와 다를 바 없으므로 독립한 증거능력이 있고, 이는 피고인들 간에 이해관계가 상반된다고 하여도 마찬가지라 할 것이다(2006도1944). 17. 7급국가직·해경1차·법원, 19. 해경간부

ⓒ 제310조(피고인의 자백이 그 피고인에게 불이익한 유일의 증거인 때에는 이를 유죄의 증거로 하지 못한다)의 피고인의 자백에는 공범인 공동피고인의 진술은 포함되지 않는다. 16·19. 경찰1차, 17. 여경·경찰특공대·해경1차

② 예를 들어, 특수절도죄의 공범으로 기소된 A와 B에 대한 공판심리 도중 A는 범행을 부인하고 있으나, B는 공동범행을 자백하고 있는 경우, A는 공범인 공동피고인 B의 법정진술을 근거로 유죄판결을 선고받을 수 있으나, B는 자신의 자백만 존재하는 경우이므로 자백의 보강법칙에 따라 무죄판결을 받을 수 있다.

③ 다만, 공동피고인(공범)의 자백에 다른 보강증거가 곁들여야 되겠는지의 여부는 오로지 법관의 자유심증에 달려있다(63도185). 16. 경찰1차

▶ **자백의 보강증거가 된다고 본 경우**

- 범행일시경에 피고인의 가출과 외박이 잦아 의심하였다는 취지의 피고인의 남편의 진술을 기재한 사법경찰관 작성의 참고인 진술조서는 피고인이 자백한 간통사실에 대한 보강증거가 된다.
- 현존하는 위조된 신분증은 피고인이 자백한 위조신분증의 제시·행사사실에 대한 보강증거가 된다(82도3107). 01·15. 경찰승진, 06. 경찰2차, 14. 7급국가직, 18. 9급개론, 20. 경찰1차
- 피고인이 간통사실을 자인하는 것을 들었고 공소사실 기재의 간통범행 일시경에 피고인의 가출과 외박이 잦아 의심을 하게 되었다는 취지의 피고인의 남편에 대한 진술조서 기재는 피고인의 간통사실 자백에 대한 보강증거가 될 수 있다(93도686). 06. 경찰2차, 11. 경찰1차, 12. 경찰3차, 14. 7급국가직
- 과거 낙태를 시키려고 했던 정황적 사실은 피고인이 가정불화로 유아를 살해했다는 자백에 대한 보강증거가 된다(4292형상880). 06. 경찰2차, 15. 경찰승진
- 피고인 명의로 차량 소유자 등록이 되어 있는 자동차등록증은 피고인이 자백한 무면허 운전사실에 대한 보강증거가 된다(2000도2365). 09. 전의경, 10. 경찰승진·교정특채, 12. 경찰간부, 16. 경찰2차, 19. 7급국가직·법원
- 뇌물수수자가 무자격자인 뇌물공여자로 하여금 건축공사를 하도급 받도록 알선하고 그 하도급 계약을 승인받을 수 있도록 하였으며 공사와 관련된 각종의 편의를 제공한 사실이 인정되면, 뇌물공여자의 자백에 대한 보강증거가 될 수 있다(98도2890). 10. 경찰승진, 17. 경찰2차
- 2010. 2. 18. 01:35경 자동차를 타고 온 피고인으로부터 필로폰을 건네받은 후 피고인이 위 차량을 운전해 갔다고 한 甲의 진술과 2010. 2. 20. 피고인으로부터 채취한 소변에서 나온 필로폰 양성 반응은, 피고인이 2010. 2. 18. 02:00경의 필로폰 투약으로 정상적으로 운전하지 못할 우려가 있는 상태에 있었다는 공소 사실 부분에 대한 자백을 보강하는 증거가 되기에 충분하다(2010도11272). 12. 경찰1차, 17. 경찰2차, 19. 법원
- 피고인이 업무추진과정에서 지출한 자금내역을 기록한 수첩의 기재내용은 피고인이 검찰에서 자백한 뇌물공여 사실에 대한 보강증거가 된다(94도2865). 04. 여경1차, 10·13·15·16·17. 경찰승진, 07. 7급국가직, 11. 경찰1차, 12. 법원, 12·16. 9급국가직, 12·19. 해경간부, 14. 경찰간부, 16. 9급개론, 17. 여경·경찰특공대, 19. 변호사

- 피고인 자신이 거주하던 다세대주택의 여러 세대에서 7건의 절도행위를 한 것으로 기소된 사안에서, 그중 4건은 범행장소인 구체적 호수가 특정되지 않았다 하더라도, 위 4건에 관하여 피고인이 자백하고 있고 피고인의 집에서 해당 피해품이 발견되어 이에 대한 입수조서와 압수물의 사진이 제출되었다면 위 입수조서와 압수물의 사진은 피고인의 자백에 대한 보강증거가 된다(2008도2343). 10 · 17. 경찰승진, 12. 경찰1차 · 경찰간부, 17. 경찰2차, 19. 해경간부 · 법원

- 피고인이 피해자의 재물을 절취하려다가 미수에 그쳤다는 내용의 공소사실을 자백한 경우, 피고인을 현행범인으로 체포한 피해자가 수사기관에서 한 진술 또는 노루발못뽑이, 손괴된 쇠창살 사진(현장사진) 등이 첨부된 수사보고서는 피고인 자백의 진실성을 담보하기에 충분한 보강증거가 될 수 있다(2011도8015). 16. 7급국가직 · 변호사, 17. 경찰2차, 19. 경찰승진, 20. 경찰간부

- 뇌물공여 상대방이 뇌물공여자를 만났던 사실 및 청탁을 받은 사실을 시인한 것(수뢰자인 공범자의 자백)은 뇌물공여자가 자백한 증뢰사실에 대한 보강증거가 된다(94도993). 16. 경찰2차

- 히로뽕, 주사기, 자기앞수표 등에 대한 압수조서는 피고인이 자백한 (압수된 양을 초과하는) 히로뽕의 소지 및 매매사실에 대한 보강증거가 된다(97도470). 06. 경찰2차

- 검사의 피고인에 대한 피의자신문조서기재에 피고인이 성명불상자로부터 반지 1개를 편취한 후 이 반지를 1984.4.20경 소송외 甲에게 매도하였다는 취지로 진술하고 있고 한편 검사의 甲에 대한 진술조서기재에 위 일시경 피고인으로부터 금반지 1개를 매입하였다고 진술하고 있다면 위 甲의 진술은 피고인이 자백하고 있는 편취물품의 소재 내지 행방에 부합하는 진술로서 형식적으로 피고인의 자백의 진실성을 보강하는 증거가 될 수 있다(피고인이 반지를 편취하였다고 자백하는 때에, 피고인으로부터 반지를 매입하였다는 참고인의 진술이 제출된 경우)(85도1838). 14. 7급국가직, 18. 해경2차

- 국가보안법상 회합죄를 피고인이 자백하는 경우 회합 당시 상대방으로부터 받았다는 명함의 현존은 보강증거가 될 수 있다(90도741). 18. 변호사

- 피고인이 乙로부터 수수한 러미라를 투약하고 甲에게 제공하였다는 자백의 임의성이 인정되고, 乙에 대한 검찰 진술조서 등이 자백의 진실성을 담보하기에 충분하다면, 피고인에게 유죄를 선고할 수 있다(2017도20247).

- 피고인이 육군보충대에 전입하라는 명령을 받았음에도 불구하고 체포될 당시까지 약 2년10개월 간 군무이탈상태에 있었다는 사실 자체가 피고인의 군무이탈사실에 대한 자백진술의 보강증거라 할 수 있다(70도234).

- "압수한 쉐타 3점"은 "친구가 절취한 쉐타 3점의 매도의뢰를 받고 운전하였다"는 피고인이 자백한 장물운반 사실에 대한 보강증거가 된다(67도1084).

- 피고인이 제1심법정에서 공문서 변조 및 동행사의 공소범죄사실을 자백한 사실에 대하여 제출된 증거자료 중 형사민원사무처리부에 피고인이 변조하였다는 내용이 기재되어 있는 것은 보강증거가 될 수 있다(2001도4091).

- 피고인이 자백한 야간주거침입절도죄의 자백에 대하여 입수된 피해품의 현존은 보강증거가 된다(85도848).

- 오토바이 시동이 걸려는 것을 보고 오토바이를 압수하였다는 사법경찰관 작성의 압수조서는 피고인이 자백한 무면허운전사실에 대한 보강증거가 된다(94도1146).

- 피고인이 검문 당시 버린 주사기에서 메스암페타민이 검출된 사실은 피고인이 검찰에서 자백한 메스암페타민 투약사실에 대한 보강증거가 된다(99도338).

관련 판례
피고인이 乙로부터 수수한 러미라를 투약하고 甲에게 제공하였다는 자백의 임의성이 인정되고, 乙에 대한 검찰 진술조서 등이 자백의 진실성을 담보하기에 충분하다면, 피고인에게 유죄를 선고할 수 있다(2018.3.15. 선고 2017도20247).

관련 판례
피고인은 수사기관에서 이 사건 공소사실을 자백하면서 제1심판결의 범죄일람표 기재 일자별 횡령행위와 횡령 금액, 피고인이 공소외인 명의로 이 사건 부동산을 매수하면서 부족한 매수자금을 마련하기 위해 이 사건 횡령 범행을 저질렀다는 횡령의 경위와 동기, 횡령 금액의 사용처 등에 관하여 매우 구체적으로 진술하였다. 피고인이 제1심 법정과 원심 법정에서도 일관되게 이 사건 공소사실을 자백한 사정에 비추어 그 자백의 임의성을 의심할 만한 사정이 없다. 나아가 원심이 적법하게 증거로 채택한 '부동산등기부등본', '수사보고(압수수색검증영장 집행 결과 보고)', 횡령 및 반환 일시 거래내역', '수사보고(공소외인 계좌 영장집행 결과 보고), 계좌거래내역', '사실확인서'(증거목록 9번)는 피고인의 자백이 진실함을 뒷받침하기에 충분하다고 판단된다(대법원 2017.12.28. 선고 2017도17628 판결).

원심이 증거로 채택한 공소외인의 각 경찰 피의자신문조서사본과 검찰 진술조서의 각 기재에 의하면, 공소외인은 피고인의 최초 메트암페타민 투약행위가 있었던 2015. 12. 28. 당일 피고인의 지시에 따라 □□버스터미널에서 버스를 통하여 운송된 메트암페타민이 담긴 쇼핑백을 받아 피고인에게 이를 전달하고 그 즉시 메트암페타민의 일부를 무상으로 교부받았는데 피고인과 함께 △△△모텔에 갔다가 바로 집으로 돌아왔고 피고인은 위 모텔에 그대로 남았다는 것이다. 이러한 공소외인의 진술은 피고인이 위 모텔에서 2015. 12. 28.과 그 다음 날 2회에 걸쳐 메트암페타민을 투약하였다는 자백의 진실성을 담보하기에 충분하다. 위와 같은 사정을 앞서 본 법리에 비추어 살펴보면, 공소외인에 대한 각 피의자신문조서사본과 진술조서는 피고인의 자백에 대한 보강증거가 되기에 충분하다고 할 것이다(대법원 2017. 6. 8. 선고 2017도4827 판결).

기출 키워드 체크

포괄일죄인 상습범에 있어서도 이를 구성하는 각 행위에 관하여 _____적으로 보강증거가 필요하다.

기출 키워드 체크

국가보안법상 회합죄를 피고인이 자백하는 경우, 회합 당시 상대방으로부터 받았다는 _____의 현존은 보강증거로 될 수 있다.

Answer

기출 키워드 체크
개별
명함

- 대마를 흡연하였다는 피고인의 자백에 대하여 기소된 대마 흡연일자로부터 한 달 후 피고인의 주거지에서 압수된 대마잎은 보강증거가 된다(2007도5845).
- 고추를 절취하였다는 피고인의 자백에 대해 "누가 훔쳐갔는지는 모르지만 고추를 도난당한 사실이 있다."는 피해자의 진술은 보강증거가 된다(68도148).

▶ **자백의 보강증거가 될 수 없다고 본 경우**

- 피고인이 필로폰 매수와 필로폰 투약사실을 자백하는 경우, 피고인이 필로폰을 매수하면서 공소외인에게 그 대금을 은행계좌로 송금하였다는 사실을 증명하는 압수·수색·검증영장 집행보고서는 필로폰 매수행위에 대한 보강증거는 될 수 있어도, 그와 실체적 경합범관계에 있는 필로폰 투약행위에 대한 보강증거는 될 수 없다(2007도10937).
  10·19. 경찰승진, 16. 9급국가직·9급개론, 19. 해경간부·법원, 20. 경찰간부
- 검사가 보강증거로서 제출한 증거의 내용이 피고인과 공소외 甲이 현대자동차 춘천영업소를 점거했다가 甲이 처벌받았다는 것이고, 피고인의 자백내용은 현대자동차 점거로 甲이 처벌받은 것은 학교측의 제보 때문이라 하여 피고인이 그 보복으로 학교총장실을 침입점거했다는 것이라면, 위 증거는 공소사실의 객관적 부분인 주거침입, 점거사실과는 관련이 없는 범행의 침입동기에 관한 정황증거에 지나지 않으므로 위 증거와 피고인의 자백을 합쳐 보아도 자백사실이 가공적인 것이 아니고 진실한 것이라 인정하기에 족하다고 볼 수 없으므로 검사 제출의 위 증거는 자백에 대한 보강증거가 될 수 없다(90도2010). 14. 7급국가직
- 성남시 태평동 자기집 앞에 세워둔 봉고화물차 1대를 도난당하였다는 공소외인의 진술은 피고인이 위 차를 타고 그 무렵 충주까지 가서 소매치기 범행을 하였다고 자백하고 있는 경우, 위 피고인의 자백이 그 차량을 범행의 수단, 방법으로 사용하였다는 취지가 아니고 피고인이 범행장소인 충주까지 가기 위한 교통수단으로 이용하였다는 취지에 불과하여 위 소매치기범행과는 직접적으로나 간접적으로 아무런 관계가 없어 이는 위 피고인의 자백에 대한 보강증거가 될 수 없다(85도2656).
- 피고인이 2만원을 뇌물로 교부한 사실(1968. 11.경)을 자백하였다 하더라도 피고인에게 2만원을 대여(1968. 9.경)하였다는 증인의 증언에 의하여 그 대여금원이 뇌물에 쓰인 것과 전혀 별개인 경우의 증언은 보강증거가 될 수 없다(69도2200).
- 피고인이 점포바닥에 타다 남은 성냥개비를 버렸다는 취지의 검찰에서의 자백에 대하여 점포 내의 상품이 화학성섬유로 되어 있는 의류와 같은 경우에는 훈소현상의 발생이 희박하다는 감정증인의 증언부분은 보강증거가 될 수 없다(78도3226).
- 소변검사 결과는 1995. 1. 17.자 투약행위로 인한 것일 뿐 그 이전의 4회에 걸친 투약행위와는 무관하고, 압수된 약물도 이전의 투약행위에 사용되고 남은 것이 아니므로, 위 소변검사 결과와 압수된 약물은 결국 피고인이 투약습성이 있다는 점에 관한 정황증거에 불과하다 할 것인바, 피고인의 습벽을 범죄구성요건으로 하며 포괄1죄인 상습범에 있어서도 이를 구성하는 각 행위에 관하여 개별적으로 보강증거를 요구하고 있는 점에 비추어 보면 투약습성에 관한 정황증거만으로 향정신성의약품관리법위반죄의 객관적 구성요건인 각 투약행위가 있었다는 점에 관한 보강증거로 삼을 수는 없다(95도1794). ⇨ 포괄일죄의 상습범과 관련하여 개별행위별로 보강증거를 요한다는 취지 18. 변호사

• 피고인이 성명불상 여자로부터 동인이 끼고 있는(여성용) 금반지를 편취하였다고 자백하고 있는 경우, 참고인으로 출석한 여성으로 들은 "피고인이 남성용 금반지를 매도하였다는 진술내용"은 피고인의 자백에 대한 보강증거가 될 수 없다(85도1838).

▶ 보강증거가 될 수 있다고 본 판례 정리

증 거	범 죄	비 고
위조신분증	위조신분증 제시 · 행사	82도3107
남편진술("피고인 외박")	간통	93도686
과거 낙태정황	유아 살해	4292형상880
자동차등록증(피고인 명의)	무면허운전	2000도2365
히로뽕 주사기, 수표	마약소지, 매매	97도470
수첩(자금내역 기재)	뇌물공여	94도2865
공사편의 제공 사실 등	뇌물공여	98도2890
"만났다", "청탁" 진술	뇌물공여	94도993
필로폰 받아 감, 필로폰 양성반응	마약 취해 위험운전	2010도11272
7건 중 4건 절도의 피해품(사진)(범행장소 특정 ×)	특수절도	2008도2343
피고인을 체포한 피해자의 진술, 수사보고서(노루발못뽑이, 손괴된 쇠창살 사진 첨부)	특수절도 미수	2011도8015
피고인으로부터 반지를 매입하였다는 참고인 진술	반지 편취	85도1838
회합 상대방으로부터 받은 명함	국가보안법상 회합	90도741
피고인에게 러미라를 제공하였다는 진술	러미라 투약	2017도20247
부동산등기부 등본, 계좌거래내역 등	부동산 매수자금 마련을 위한 횡령	2017도17628
피고인의 지시에 따라 운송된 메트암페타민을 피고인에게 전달하고, 일부를 무상으로 교부받았다는 등의 진술	메트암페타민 투약	2017도4827
형사민원사무처리부	공문서 변조/행사	2001도4091
휴대전화기를 압수하고, 그 압수조서에 "범인이 여성을 쫓아가 뒤에 밀착하여 치마 속으로 휴대폰을 집어넣는 등 해당 여성의 신체를 몰래 촬영하는 행동을 하였다"는 내용 기재	성폭력범죄의 처벌 등에 관한 특례법위반(카메라등이용 촬영)	2019도13290

관련 판례

1. 피고인이 증거로 함에 동의한 서류들 중 이 사건 휴대전화기에 대한 압수조서의 '압수경위'란에는, 이 부분 공소사실과 관련하여 "2018. 3. 26. 08:15경 지하철 1호선 서울역 승강장 및 '가' 게이트 앞에서 경찰관이 소매치기 및 성폭력 등 지하철범죄 예방·검거를 위한 비노출 잠복 근무 중 검정재킷, 검정바지, 흰색 운동화를 착용한 20대 가량 남성이 짧은 치마를 입고 에스컬레이터를 올라가는 여성을 쫓아가 뒤에 밀착하여 치마 속으로 휴대폰을 집어넣는 등 해당 여성의 신체를 몰래 촬영하는 행동을 하였다"는 내용이 포함되어 있고, 그 하단에는 이 부분 공소사실에 관한 피고인의 범행을 직접 목격하면서 위 압수조서를 작성한 사법경찰관 및 사법경찰리의 각 기명날인이 들어가 있다.
이 사건 휴대전화기에 대한 압수조서 중 '압수경위'란에 기재된 상기의 내용은, 피고인이 이 부분 공소사실과 같은 범행을 저지르는 현장을 직접 목격한 사람의 진술이 담긴 것으로서 형사소송법 제312조 제5항에서 정한 '피고인이 아닌 자가 수사과정에서 작성한 진술서'에 준하는 것으로 볼 수 있고, 이에 따라 이 사건 휴대전화기에 대한 임의제출절차가 적법하였는지 여부에 영향을 받지 않는 별개의 독립적인 증거에 해당하므로, 피고인이 증거로 함에 동의한 이상 유죄를 인정하기 위한 증거로 사용할 수 있을 뿐 아니라 이 부분 공소사실에 대한 피고인의 자백을 보강하는 증거가 된다고 볼 여지가 많다.

Answer
OX
○

▶ **보강증거가 될 수 없다고 본 판례 정리**

증 거	범 죄	비 고
"현대자동차 점거 후 처벌받음" 진술	교장실 침입	90도2010
송금사실	마약 투약('마약 매매'의 보강증거는 됨)	2007도20937
이전 소변 검사	다른 마약 투약(상습범)	85도1794
피고인으로부터 남성용 반지를 매입하였다는 참고인의 진술	여성용 반지를 편취	85도1838

▶ **압수경위의 기재와 보강증거(2019도13290)**

- 경찰관이 소매치기 및 성폭력 등 지하철범죄 예방·검거를 위한 비노출 잠복 근무 중 범인을 검거하여 휴대전화기를 압수하고, 그 압수조서에 "범인이 여성을 쫓아가 뒤에 밀착하여 치마 속으로 휴대폰을 집어넣는 등 해당 여성의 신체를 몰래 촬영하는 행동을 하였다"는 내용 기재한 경우, 이는 '피고인이 아닌 자가 수사과정에서 작성한 진술서'에 준하는 것으로 볼 수 있다.
- 위 압수조서의 '범행 목격 부분에 관한 기재'는 형사소송법 제312조 제5항의 요건을 갖추면 피고인의 자백에 대한 보강증거로 사용할 수 있다.
- 위 휴대전화기에 대한 임의제출절차가 적법하였는지 여부에 영향을 받지 않는 별개의 독립적인 증거에 해당하므로, 20. 9급국가직 피고인이 증거로 함에 동의한 이상 유죄를 인정하기 위한 증거로 사용할 수 있을 뿐 아니라 이 부분 공소사실에 대한 피고인의 자백을 보강하는 증거가 된다고 볼 여지가 많다.
- 현행범 체포현장이나 범죄현장에서도 소지자 등이 임의로 제출하는 물건은 형사소송법 제218조에 의하여 영장 없이 압수하는 것이 허용되고, 이 경우 검사나 사법경찰관은 별도로 사후에 영장을 받을 필요가 없다. 20. 9급국가직·9급개론

⑤ 보강증거의 요부

1. 객관적 구성요건 요소(○)

협의의 객관적 범죄구성요건 요소를 이루는 사실에 대해서는 보강증거가 필요하다.

2. 주관적 구성요건 요소(×)

① 고의·과실·공범자 간의 의사연락·목적 등은 보강증거 없이 피고인의 자백만으로 인정할 수 있다(4294형상171). 17. 법원·해경1차

② 범인의 내심세계에 존재하는 주관적 사유에 대해서까지 그 입증에 보강증거를 요구하는 것은 현실적으로 곤란하며, 주관적 요소에까지 보강증거를 요하게 되면 결국 자백사건의 유무죄가 보강증거의 형식적 존부라는 우연에 좌우될 우려가 있기 때문이다.

3. 전과, 판결 등(×)

① 전과, 확정판결의 존부, 협의의 구성요건 사실 이외의 처벌조건에 관한 사실, 누범
가중의 원인 사실 및 정상 등에 관한 사실은 엄격한 범죄사실과 구별되기 때문에
보강증거 없이 피고인의 자백만으로 이를 인정할 수 있다(79도1528 등). 03 · 06 ·
11. 경찰1차, 04. 여경3차, 06 · 17. 해경1차, 08. 경찰3차, 10. 교정특채, 12 · 13 · 15. 경찰간부, 13. 경찰2차 · 경찰승진,
14. 법원

② 전과에 관한 사실은 누범가중의 사유가 되는 경우도 피고인의 자백만으로 인정할
수 있다(79도1528). 18. 변호사

4. 범인과 피고인의 동일성(×)

범인과 피고인의 동일성 판단에는 보강증거가 없어도 무방하다.

⑥ 죄수론과 보강증거

1. 경합범

실체적 경합범은 실질적으로 수죄이므로 각 범죄사실에 관하여 자백에 대한 보강증거
가 있어야 한다(2007도10937). 12. 9급국가직, 13. 경찰간부, 16. 경찰승진, 18. 변호사, 20. 7급국가직

2. 상상적 경합

상상적 경합에서는 한 죄에 대한 보강증거는 통상 다른 죄에 대해서도 보강증거로 사용
된다.

3. 상습범

① 피고인의 습벽을 범죄구성요건으로 하며 포괄일죄인 상습범에 있어서도 이를 구성
하는 각 행위에 관하여 개별적으로 보강증거가 필요하다(95도1794). 07. 경찰1차, 11. 법원,
11 · 13. 경찰승진, 12. 경찰3차, 13 · 15. 경찰간부, 15. 해경3차, 17. 여경 · 경찰특공대 · 해경간부, 19. 7급국가직, 20. 경찰
간부

② 약 3개월에 걸쳐 8회의 상습도박을 한 경우, 8회 중 3회에 대한 보강증거가 없다면
그 부분에 대해서는 유죄판결을 할 수 없다. 18. 변호사

⑦ 보강법칙위반의 효과

1. 협의의 불기소처분 / 무죄판결의 이유

① 아무리 신빙성이 있는 피고인의 자백이 존재한다 하더라도 독립된 보강증거가 없
는 경우라면 검사는 혐의 없음의 협의의 불기소처분을 하여야 하고,

② 법원 역시 제325조에 따라 무죄판결을 선고하여야 한다.

---

2. 범죄를 실행 중이거나 실행 직후
의 현행범인은 누구든지 영장 없
이 체포할 수 있고(형사소송법 제
212조), 검사 또는 사법경찰관은
피의자 등이 유류한 물건이나 소
유자 · 소지자 또는 보관자가 임
의로 제출한 물건은 영장 없이 압
수할 수 있으므로(제218조), 현행
범 체포현장이나 범죄현장에서도
소지자 등이 임의로 제출하는 물
건은 형사소송법 제218조에 의하
여 영장 없이 압수하는 것이 허용
되고, 이 경우 검사나 사법경찰관
은 별도로 사후에 영장을 받을 필
요가 없다(대법원 2019.11.14. 선
고 2019도13290 판결).

OX 전과에 관한 사실은 누범가중
의 사유가 되는 경우에도 피고인의
자백만으로 인정할 수 있다. (○, ×)
18. 변호사

OX 실체적 경합범의 경우 각 범죄
사실에 관하여 자백에 대한 보강증거
가 있어야 한다. (○, ×) 18. 변호사

OX 2017. 2. 18. 01:35경 자동차
를 타고 온 甲으로부터 필로폰을 건
네받은 후 甲이 위 차량을 운전해 갔
다고 한 A의 진술과 2017. 2. 20. 甲
으로부터 채취한 소변에서 나온 필
로폰 양성 반응 결과는, 甲이 2017.
2. 18. 02:00경의 필로폰 투약으로
정상적으로 운전하지 못할 우려가
있는 상태에서 운전하였다는 자백을
보강하는 증거가 되기에 충분하다.
(○, ×) 18. 변호사

OX 약 3개월에 걸쳐 8회의 도박
을 하였다는 혐의로 검사가 피고인
에 대해 상습도박죄로 기소한 경우,
총 8회의 도박 중 3회의 도박사실에
대해서는 피고인의 자백 외에 보강
증거가 없는 경우에도 법원은 소위
진실성담보설에 입각하여 8회의 도
박행위 전부에 대하여 유죄판결을
할 수 있다. (○, ×) 18. 변호사

Answer

OX

○, ○, ○, ×

2. 상소이유

① 자백을 유일한 증거로 하여 유죄판결을 선고한 경우에는 판결에 영향을 미친 법령위반으로서(2007도7835), 10. 경찰승진 상대적 항소이유(제361조의5 제1호) 또는 상대적 상고이유(제383조 제1호)가 된다.

② 자백을 유일한 증거로 하여 유죄판결이 확정된 경우는 비상상고의 이유(제441조)가 된다.

③ 제1심법원이 증거의 요지에서 피고인의 자백을 뒷받침할 만한 보강증거를 거시하지 않았음에도, 원심법원이 조사·채택한 증거들로 피고인의 자백을 뒷받침하기에 충분하다는 이유로 제1심법원의 판단을 유지한 것은 위법하다(2007도7835). 15. 경찰1차

01 □□□ 자백에 대한 보강증거는 범죄사실 전부나 그 중요부분의 전부에 일일이 그 보강증거를 필요로 하는 것이며, 간접 증거 내지 정황증거는 보강증거가 될 수 없다.　　(×)

02 □□□ 「형사소송법」 제310조 소정의 "피고인의 자백"에 공범인 공동 피고인의 진술은 포함되지 아니하므로 공범인 공동 피고인의 진술은 다른 공동피고인에 대한 범죄사실을 인정하는 증거로 할 수 있는 것일 뿐만 아니라 공범인 공동 피고인들의 각 진술은 상호간에 서로 보강증거가 될 수 있다.　　(○)

03 □□□ 2010. 2. 18. 01:35경 자동차를 타고 온 피고인으로부터 필로폰을 건네받은 후 피고인이 위 차량을 운전해 갔다고 한 甲의 진술과 2010. 2. 20. 피고인으로부터 채취한 소변에서 나온 필로폰 양성 반응은, 피고인이 2010. 2. 18. 02:00경의 필로폰 투약으로 정상적으로 운전하지 못할 우려가 있는 상태에 있었다는 도로교통법위반 공소사실 부분에 대한 자백을 보강하는 증거가 되기에 충분하다.　　(○)

04 □□□ 甲과 乙은 공동으로 공원에서 술에 취하여 잠을 자고 있는 피해자 丙의 손목시계를 절취하였다는 공소사실로 기소 되어 공동피고인으로 재판을 받고 있는 경우, 乙의 진술은 甲에 대한 범죄사실을 인정하는데 있어서 증거로 쓸 수 있다.　　(○)

05 □□□ 공범인 공동피고인의 진술은 다른 공동피고인의 자백에 대한 보강증거가 될 수 있다.　　(○)

06 □□□ 공범의 자백 외에 다른 증거가 없더라도 법원은 유죄를 선고할 수 있다.　　(○)

07 □□□ 뇌물공여의 상대방인 공무원이 뇌물을 수수한 사실을 부인하면서도 그 일시 경에 뇌물공여자를 만났던 사실 및 공무에 관한 청탁을 받기도 한 사실 자체는 시인하였다면, 이는 뇌물을 공여하였다는 뇌물공여자의 자백에 대한 보강증거가 될 수 있다.　　(○)

08 □□□ 뇌물수수자가 무자격자인 뇌물공여자로 하여금 건축공사를 하도급 받도록 알선하고 그 하도급계약을 승인받을 수 있도록 하였으며, 공사와 관련된 각종의 편의를 제공한 사실을 인정할 수 있는 증거들은 뇌물공여자의 자백에 대한 보강증거가 될 수 있다.　　(○)

09 □□□ 자동차등록증에 차량의 소유자가 피고인으로 등록·기재된 것이 피고인이 그 차량을 운전하였다는 사실의 자백 부분에 대한 보강증거가 될 수 있고 결과적으로 피고인의 무면허운전이라는 전체 범죄사실의 보강증거로 충분하다.　　(○)

10 □□□ 자백에 대한 보강증거는 피고인의 임의적인 자백사실이 가공적인 것이 아니고 진실하다고 인정될 정도의 증거이 면 직접증거이거나 간접증거이거나 보강증거 능력이 있다 할 것이나 적어도 그 증거만으로 객관적 구성요건에 해 당하는 사실을 인정할 수 있는 정도는 되어야 한다.　　(×)

11
□□□
제1심법원이 증거의 요지에서 피고인의 자백을 뒷받침할 만한 보강증거를 거시하지 않았음에도, 항소심이 적법하게 증거조사를 마쳐 채택한 증거들로 피고인의 자백을 뒷받침하기에 충분한 경우 제1심법원의 판단을 유지한 것은 정당하다.　　　　　　　　　　　　　　　　　　　　　　　　　　　　　　　　(×)

12
□□□
피고인의 습벽을 범죄구성요건으로 하는 포괄일죄인 상습범에 있어서도 이를 구성하는 각 행위에 관하여 개별적으로 보강증거를 요구한다.　　　　　　　　　　　　　　　　　　　　　　　　　　　　　　　　(○)

13
□□□
피고인이 甲과 합동하여 乙의 재물을 절취하려다가 미수에 그쳤다는 내용의 공소사실을 자백한 사안에서, 피고인을 현행범으로 체포한 乙의 수사기관에서의 진술과 현장사진이 첨부된 수사보고서가 피고인 자백에 대한 보강증거가 될 수 없다.　　　　　　　　　　　　　　　　　　　　　　　　　　　　　　(×)

14
□□□
피고인이 범행을 자인하는 것을 들었다는 피고인 아닌 자의 진술내용은 피고인의 자백에 대한 보강증거가 될 수 없다.　　　　　　　　　　　　　　　　　　　　　　　　　　　　　　　　(○)

15
□□□
피고인이 업무추진 과정에서 그 업무수행에 필요한 자금을 지출하면서, 스스로 지출한 자금내역을 자료로 남겨두기 위하여 뇌물자금과 기타 자금을 구별하지 아니하고 그 지출 일시, 금액, 상대방 등의 내역을 계속적, 기계적으로 기입한 수첩의 기재내용은 피고인의 자백에 대한 보강증거가 될 수 없다.　　　　　　　　　　　　　　　(×)

16
□□□
피고인이 자신이 거주하던 다세대주택의 여러 세대에서 7건의 절도행위를 한 것으로 기소되었는데 그중 4건은 범행장소인 구체적 호수가 특정되지 않은 사안에서, 위 4건에 관한 피고인의 범행 관련 진술이 매우 사실적·구체적·합리적이고 진술의 신빙성을 의심할 만한 사유도 없어 자백의 진실성이 인정되므로, 피고인의 집에서 해당 피해품을 압수한 압수조서와 압수물 사진은 위 자백에 대한 보강증거가 된다.　　　　　　　　　　(○)

17
□□□
피고인 甲이 乙로부터 필로폰을 매수하면서 그 대금을 乙이 지정하는 은행계좌로 송금한 사실에 대한 압수·수색·검증영장 집행보고는 피고인 甲의 필로폰 매수행위와 실체적 경합범 관계에 있는 필로폰 투약행위에 대한 보강증거가 될 수 있다.　　　　　　　　　　　　　　　　　　　　　　　　　　　　　　(×)

18
□□□
피고인이 위조신분증을 제시·행사한 사실을 자백하고 있는 때에는 그 신분증의 현존은 자백을 보강하는 간접증거가 된다.　　　　　　　　　　　　　　　　　　　　　　　　　　　　　　　　(○)

19
□□□
즉결심판이나 소년보호사건에서는 피고인의 자백만을 증거로 범죄사실을 인정할 수 있다.　　　(○)

제8절 공판조서의 증명력

① 공판조서의 의의

① 공판기일의 소송절차로서 공판조서에 기재된 것은 그 조서만으로써 증명한다(제56조).

② 공판조서만으로써 증명한다는 것은 다른 증거를 참작하거나 반증을 허용하지 않고 공판조서에 기재된대로 인정한다는 것을 의미한다. 03. 경찰승진, 08. 9급국가직, 10. 경찰2차, 11·12·18. 법원, 12·21. 경찰간부, 19. 변호사

③ 법관은 심증 여하에 불구하고 공판조서에 기재된 사실을 인정하여야 하므로 공판조서의 증명력은 자유심증주의의 예외에 해당한다.

② 공판조서의 취지

① 공판기일의 소송절차에 법령위반이 있는가를 상소심에서 심판하는 경우, 원심의 법관이나 법원사무관 등을 증인으로 신문하는 것은 소송절차를 불필요하게 지연시킬 뿐만 아니라 번잡을 초래할 우려가 있다.

② 이에 제56조는 공판기일의 소송절차로서 공판조서에 기재된 것은 공판조서만으로써 증명하도록 함으로써, 상소심이 실체문제의 심리에 집중할 수 있도록 배려하고 있다.

③ 배타적 증명력 인정을 위한 공판조서의 정확성 보장장치

1. 의 의

① 현행법은 소송경제적 필요성에서 공판조서에 배타적 증명력을 인정하고, 그 전제로서 조서기재의 정확성을 보장하기 위한 장치를 마련하고 있다.

② 이러한 정확성 담보장치에 하자가 있는 공판조서는 배타적 증명력을 갖지 못한다.

2. 기명날인, 서명

재판장과 합의부원 법원사무관 등이 교차하여 기명날인 또는 서명하여야 하고(제53조), 매 기일 공판조서의 기재내용을 고지하고 이에 대해 이의를 제기할 수 있다(제54조).

3. 열람·등사, 이의신청

피고인과 변호인의 열람·등사청구권을 인정하면서 이에 불응시 공판조서의 증거사용을 제한하고 있다(제55조).

❹ 배타적 증명력이 인정되는 범위

1. 공판기일의 소송절차

(1) 공판기일의 절차

① 공판조서에 의하여 증명할 수 있는 것은 공판기일의 절차에 한한다.

② 공판기일에서의 소송절차가 아닌 것에 대하여는 공판조서의 배타적 증명력이 인정되지 않는다. ⇨ 공판기일 외의 증인신문·검증절차에서 작성된 조서는 공판기일의 소송절차가 아니므로 배타적 증명력도 인정되지 않는다.

(2) 소송절차

① 공판기일의 절차 가운데 소송절차에 대해서만 공판조서의 배타적 증명력이 인정된다.

② 따라서 피고인이나 증인의 진술내용과 같은 실체에 관한 사항은 배타적 증명력이 인정되지 않는다. 03. 경감

③ 반면, 피고인이나 증인이 진술하였다는 사실 및 검사나 변호인이 논고·구형·변론하였다는 사실 그 자체는 소송절차이므로 공판조서에 의한 배타적 증명력의 대상이 된다.

④ 소송절차에 관한 것인 이상 소송절차의 적법성뿐만 아니라 그 존부도 배타적 증명력의 대상이 된다.

2. 공판조서에 기재된 소송절차

(1) 당해사건의 공판조서

① 여기에서의 공판조서란 당해 사건의 공판조서를 가리키는 것이다.

② 따라서 당해 사건이라면 상소심이건 원심의 이의절차이건 배타적 증명력이 인정된다.

③ 예를 들어 증인 乙이 위증죄로 재판을 받는 경우에 원사건에서 선서를 하였는가에 대한 판단은 당해사건이 아니므로 원사건의 공판조서가 위증사건에 있어서 배타적 증명력을 가지는 것은 아니다.

(2) 공판조서에 기재된 소송절차

1) 기재된 사항의 증명

① 공판조서의 배타적 증명력은 공판기일의 소송절차로서 공판조서에 기재된 것에 한정된다. ⇨ 공판조서의 기재가 명백한 오기인 경우를 제외하고는 공판기일의 소송절차로서 공판조서에 기재된 것은 조서만으로써 증명하여야 하고, 그 증명력은 공판조서 이외의 자료에 의한 반증이 허용되지 않는 절대적인 것이다(2011도12571).

② 일단 공판조서에 기재된 소송절차라면, 필요적 기재사항뿐만 아니라, 임의적 기재사항도 배타적 증명력이 인정된다.

③ 검사가 제출한 증거에 대한 피고인의 동의 또는 진정성립 여부 등에 관한 의견이 증거목록에 기재되었다면 증거목록의 기재는 공판조서의 일부로서 명백한 오기가 아닌 이상 절대적인 증명력을 가지게 된다(2015도3467). 10. 경찰2차, 16·17. 7급국가직, 17·19. 변호사, 18. 법원, 20·21. 경찰간부 ➭ 피고인이 변호인과 함께 출석한 공판기일의 공판조서에 검사가 제출한 증거에 대하여 동의한다는 기재가 되어 있다면 이는 피고인이 증거 동의를 한 것으로 보아야 하고, 그 기재는 절대적인 증명력을 가진다(2015노1806). 19. 경찰2차

④ 1심 공판조서에 제1심 법원이 공개금지결정을 선고한 후 수사관들에 대하여 비공개 상태에서 증인신문절차를 진행한 것으로 기재된 이상, 그 공개금지결정 선고 여부에 대하여 공판조서 이외의 다른 방법에 의한 증명이나 반증은 허용되지 않는다(2013도2511). 14. 경찰간부

⑤ 공판조서에 재판장이 판결서에 의하여 판결을 선고하였음이 기재되어 있다면 동 판결선고 절차는 적법하게 이루어 졌음이 증명되었다고 할 것이고 여기에는 다른 자료에 의한 반증은 허용되지 않는다(2015도3352). 19. 법원, 20. 7급국가직 ➭ 공판조서에 재판장이 판결서에 의하여 판결을 선고하였음이 기재되어 있다면 검찰서기의 판결서 없이 판결선고되었다는 내용의 보고서가 있더라도 공판조서의 기재내용이 허위라고 판정할 수 없다(82도571). 20. 7급국가직

2) 공판조서에 기재되지 않은 소송절차

① 공판조서의 명시적인 기재가 없다 하더라도 기타의 기재내용에 의해 논리적으로 추론이 가능한 사안에 대하여는 공판조서의 배타적 증명력이 미친다(72도2421).

② 공판조서에 피고인에 대하여 인정신문을 한 기재가 없다 하여도, 다른 사실로 인정신문이 있었던 사실이 추정된다면 조서의 기재에 인정신문에 관한 누락이 있었다고 볼 수 있다(72도2421).

③ 결심공판에 출석한 검사가 사실과 법률적용에 관하여 의견을 진술하지 않더라도 공판절차가 무효로 되는 것은 아니며 위 공판조서에 검사의 의견진술이 누락되어 있다 하여도 이로써 판결에 영향을 미친 법률위반이 있는 경우에 해당한다고는 볼 수 없다(74도3293). 19. 법원

3) 기재가 불분명한 사항의 증명

① 기재사항이 불명확하거나 전후 모순된 경우, 조서기재의 정확성에 이의신청(제54조 제2항)이 방해된 경우 등에는 그 공판조서의 배타적 증명력을 인정할 수 없다.

② 한편, 동일한 사항에 관하여 두 개의 서로 다른 내용이 기재된 공판조서가 병존하는 경우 양자는 동일한 증명력을 가지는 것으로서 그 증명력에 우열이 있을 수 없다.

③ 따라서 그 중 어느 쪽이 진실한 것으로 볼 것인지는 공판조서의 증명력을 판단하는 문제로서 법관의 자유로운 심증에 따를 수밖에 없다(86도1646). 09. 경찰승진, 10. 경찰2차, 20. 7급국가직, 21. 경찰간부

4) 명백한 오기의 기재

① 공판조서의 기재가 명백한 오기인 경우에는 공판조서의 기재에도 불구하고 공판조서에 기재된 내용과 다른 사실을 인정할 수 있다(95도1289). 14. 경찰간부, 19. 법원

② 명백한 오기의 유무는 공판조서의 기재사항만을 기초로 삼아 판단해야 하고 다른 자료는 참작할 수 없다.

(3) 배타적 증명력이 있는 공판조서

1) 유효한 공판조서

① 공판조서의 배타적 증명력은 공판조서가 유효할 것을 전제로 한다.

② 따라서 공판조서가 작성되지 않았기 때문에 존재하지 않는 경우 또는 멸실된 경우 공판조서의 배타적 증명력이 인정될 수 없다.

③ 당해 공판기일에 열석하지 아니한 판사가 재판장으로서 서명 · 날인한 공판조서(82도2940)는 적식의 공판조서가 아니므로 배타적 증명력이 인정되지 않는다. 08 · 18. 법원, 09. 7급국가직, 10. 경찰승진

2) 공판조서의 멸실 · 무효의 경우

① 공판조서가 멸실 · 무효인 경우에는 공판조서가 존재하지 않는 것과 동일하므로 다른 자료에 의한 증명이 허용된다. 03. 경감

② 상소심에서 다른 자료에 의한 증명은 허용되지 않고 원심 판결은 결국 공판조서의 분실로 인하여 원심의 소송절차가 없었던 것으로 되므로 원심판결을 파기하고 사건을 원심으로 환송해야 한다(4283형상9).

Chapter 14 실전익히기

01

탄핵증거에 대한 설명으로 가장 적절하지 않은 것은? (다툼이 있는 경우 판례에 의함)

① 탄핵증거는 진술의 증명력을 감쇄하기 위하여 인정되는 것이고 범죄사실 또는 그 간접사실 인정의 증거로서는 허용되지 않는다.

② 검사가 탄핵증거로 신청한 체포·구속인접견부 사본은 피고인의 부인진술을 탄핵한다는 것이므로 결국 검사에게 입증책임이 있는 공소사실 자체를 입증하기 위한 것에 불과하므로 탄핵증거로 볼 수 없다.

③ 탄핵증거는 엄격한 증거조사를 거쳐야 할 필요가 없지만 법정에서 이에 대한 탄핵증거로서의 증거조사는 필요하다.

④ 탄핵증거의 제출에 있어서도 상대방에게 이에 대한 공격방어의 수단을 강구할 기회를 사전에 부여하여야 하지만, 증명력을 다투고자 하는 증거의 어느 부분에 의하여 진술의 어느 부분을 다투려고 한다는 것인지를 사전에 상대방에게 알려야 할 필요는 없다.

02

탄핵증거에 관한 설명 중 가장 적절하지 않은 것은? (다툼이 있는 경우 판례에 의함)

① 피고인이 내용을 부인하여 증거능력이 없는 사법경찰리 작성의 피의자신문조서가 당초 증거제출 당시 탄핵증거라는 입증취지를 명시하지 아니하였다면 탄핵증거로서의 증거조사절차가 대부분 이루어졌더라도 피의자신문조서를 피고인의 법정 진술에 대한 탄핵증거로 사용할 수 없다.

② 탄핵의 대상은 진술의 증명력이고 진술에는 구두진술과 진술이 기재된 서면도 포함된다.

③ 탄핵증거는 진술의 증명력을 다투기 위한 경우에만 허용되므로 처음부터 증명력을 지지하거나 보강하기 위하여 탄핵증거를 사용하는 것은 허용되지 않는다.

④ 탄핵증거의 제출에 있어서는 상대방에게 이에 대한 공격방어의 수단을 강구할 기회를 사전에 부여하여야 한다.

03

형사절차에 관한 설명 중 옳지 않은 것으로만 묶인 것은? (다툼이 있는 경우 판례에 의함)

가. 탄핵증거의 제출에 있어서도 상대방에게 이에 대한 공격방어의 수단을 강구할 기회를 사전에 부여하여야 할 것이지만, 증명력을 다투고자 하는 증거의 어느 부분에 의하여 진술의 어느 부분을 다투려고 한다는 것을 사전에 상대방에게 알려야 할 필요는 없다.

나. 국세청장의 고발이 있어야 논할 수 있는 「조세범 처벌법」의 범칙행위의 경우, 고발의 구비 여부는 양벌규정에 의하여 처벌받는 자연인인 행위자와 법인에 대하여 개별적으로 논하여야 한다.

다. 공소제기의 효력은 상상적 경합관계에 있는 죄의 전부에 미치고, 상상적 경합관계에 있는 죄들 중 일부의 죄에 대하여 형을 선고한 판결이 확정되면 기판력은 다른 죄에도 미친다.

라. 공소장변경으로 인해 피고인의 불이익이 증가할 염려가 있다고 인정하여 법원이 공판절차정지결정을 한 경우, 공판절차 정지기간은 피고인의 구속기간에 산입한다.

마. 긴급체포 후 석방된 자 또는 그 변호인 법정대리인 배우자 직계친족 형제자매는 검사가 법원에 제출한 석방통지서 및 관련 서류를 열람 등사할 수 있다.

① 가, 라   ② 가, 마

③ 나, 라   ④ 다, 라

04

자백의 보강증거에 대한 설명으로 가장 적절하지 않은 것은? (다툼이 있는 경우 판례에 의함)

① 자백에 대한 보강증거는 범죄사실의 전부 또는 중요 부분을 인정할 수 있는 정도가 되지 아니하더라도 피고인의 자백이 가공적인 것이 아닌 진실한 것임을 인정할 수 있는 정도만 되면 족할 뿐만 아니라 직접증거가 아닌 간접증거나 정황증거도 보강증거가 될 수 있다.

② 피고인이 범행을 자인하는 것을 들었다는 피고인 아닌 자의 진술내용은 피고인의 자백에 대한 보강증거가 될 수 없다.

③ '피고인이 필로폰을 매수하면서 그 대금을 은행계좌로 송금한 사실'에 대한 압수수색검증영장 집행보고는 필로폰 매수행위와 실체적 경합범 관계에 있는 필로폰 투약행위에 대해서도 보강증거가 될 수 있다.

④ 피고인이 피해자의 재물을 절취하려다가 미수에 그쳤다는 내용의 공소사실을 자백한 경우 피고인을 현행범으로 체포한 피해자의 수사기관에서 한 진술과 현장사진이 첨부된 수사보고서는 피고인 자백의 진실성을 담보하기에 충분한 보강증거가 될 수 있다.

05

피고인의 자백에 대한 보강증거가 될 수 없는 것은? (다툼이 있는 경우 판례에 의함)

① 피고인 甲이 위조신분증을 제시·행사하였다고 자백하는 때에, 그 위조신분증이 제출된 경우

② 피고인 乙이 주거침입의 범행을 자백하는 때에, 주거침입행위의 동기에 관한 참고인의 전문진술이 제출된 경우

③ 피고인 丙이 간통사실을 자백하는 때에, 그 범행 시점에 가출과 외박이 잦아 의심을 하게 되었다는 남편의 진술조서가 제출된 경우

④ 피고인 丁이 반지를 편취하였다고 자백하는 때에, 피고인으로부터 반지를 매입하였다는 참고인의 진술이 제출된 경우

06

자백의 보강법칙에 관한 다음 설명 중 가장 옳지 않은 것은?

① 필로폰 매수 대금을 송금한 사실에 대한 증거는 필로폰 매수죄와 실체적 경합범 관계에 있는 필로폰 투약행위의 자백에 대한 보강증거가 될 수 있다.

② 2010. 2. 18. 01:35경 자동차를 타고 온 피고인으로부터 필로폰을 건네받은 후 피고인이 위 차량을 운전해 갔다고 한 甲의 진술과 2010. 2. 20. 피고인으로부터 채취한 소변에서 나온 필로폰 양성 반응은, 피고인이 2010. 2. 18. 02:00경의 필로폰 투약으로 정상적으로 운전하지 못할 우려가 있는 상태에 있었다는 공소사실 부분에 대한 자백을 보강하는 증거가 되기에 충분하다.

③ 피고인이 자신이 거주하던 다세대주택의 여러 세대에서 7건의 절도행위를 한 것으로 기소되었는데 그중 4건은 범행장소인 구체적 호수가 특정되지 않은 사안에서, 위 4건에 관한 피고인의 범행 관련 진술이 매우 사실적·구체적·합리적이고 진술의 신빙성을 의심할 만한 사유도 없어 자백의 진실성이 인정되므로, 피고인의 집에서 해당 피해품을 압수한 압수조서와 압수물 사진은 위 자백에 대한 보강증거가 된다.

④ 자동차등록증에 차량의 소유자가 피고인으로 등록·기재된 것이 피고인이 그 차량을 운전하였다는 사실의 자백 부분에 대한 보강증거가 될 수 있고, 결과적으로 피고인의 무면허운전이라는 전체 범죄사실의 보강증거로 충분하다.

07

공판조서에 관한 설명 중 옳지 않은 것은? (다툼이 있는 경우 판례에 의함)

① 공판기일의 소송절차로서 공판조서에 기재된 것은 그 조서만으로 증명하고, 명백한 오기인 경우를 제외하고는 다른 자료에 의한 반증이 허용되지 않는다.

② 검사가 제출한 증거에 대하여 동의 또는 진정성립 여부 등에 관한 피고인의 의견이 증거목록에 기재된 경우, 그 증거목록의 기재도 공판조서의 일부로서 명백한 오기가 아닌 이상 절대적인 증명력을 가진다.

③ 공판기일의 소송절차에 관하여는 수소법원의 재판장이 아니라 참여한 법원사무관 등이 공판조서를 작성한다.

④ 피고인이 공판조서에 대해 열람 또는 등사를 청구하였는데 법원이 불응하여 피고인의 열람 또는 등사청구권이 침해된 경우, 그 공판조서를 유죄의 증거로 할 수 없으나 그 공판조서에 기재된 증인의 진술은 다른 절차적 위법이 없는 이상 증거로 할 수 있다.

Answer

01   ④ [×] 사전에 상대방에게 알려야 한다.

02   ① [×] 탄핵증거로 사용할 수 있다.

03   ① (가, 라)가 옳지 않다.

04   ③ [×] 필로폰 매수 대금을 송금한 사실에 대한 증거가 필로폰 매수죄와 실체적 경합범 관계에 있는 필로폰 투약행위에 대한 보강증거가 될 수 없다 (2007도10937).

05   ② [×] 전문증거는 보강증거가 될 수 없다.

06   ① [×] 투약행위에 대한 보강증거는 될 수 없다.

07   ④ [×] 피고인의 열람 또는 등사청구에 법원이 불응하여 피고인의 열람 또는 등사청구권이 침해된 경우에는 ⓐ '그 공판조서'와 ⓑ '공판조서에 기재된 당해 피고인이나 증인의 진술'을 증거로 할 수 없다(2003도3282).

CHAPTER

15

재 판

제1절 재판의 기본개념

제2절 종국재판

제3절 재판의 확정과 효력

제4절 소송비용의 부담

제5절 무죄판결에 대한 비용보상

Chapter **15**

재 판

제1절 재판의 기본개념

❶ 재판의 의의

① 재판이란 협의로는 유·무죄에 대한 법원의 종국적 판단을 말한다.

② 넓은 의미의 재판이란 널리 법원 또는 법관의 법률행위적 소송행위를 총칭한다.

❷ 재판의 종류

1. 재판의 기능에 의한 분류

구 분	종국재판	종국전재판
의 의	소송을 그 심급에서 종결시키는 재판	종국재판에 이르기까지의 절차에 관한 재판
종 류	• 유죄·무죄판결 • 관할위반·공소기각·면소의 재판 _{01. 검찰7급} • 상소심의 파기자판, 상소기각재판, 파기환송·파기이송판결	• 종국재판 이외의 결정·명령 • 보석허가결정, 공소장변경허가결정, 증거신청에 대한 결정 등
취소·변경	취소·변경할 수 없음	취소·변경할 수 있음
상 소	원칙적으로 상소 허용	원칙적으로 상소 불허(제403조) 14. 9급개론 ⇨ 다만, 압수, 환부, 구금, 보석, 감정 유치결정은 상소 가능

2. 재판의 내용에 의한 분류

구 분	형식재판	실체재판
의 의	사건의 실체가 아닌 절차적·형식적 법률관계를 판단하는 재판	사건의 실체 즉, 실체적 법률관계를 판단하는 재판(본안재판)
종 류	• 종국전재판 • 종국재판 중 관할위반·공소기각·면소의 재판 01. 검찰7급, 04. 행시	종국재판 중 유죄·무죄 판결

3. 재판의 형식에 의한 분류

구 분	판 결	결 정	명 령
의 의	수소법원에 의한 종국재판의 원칙적 형식	수소법원에 의한 종국전재판의 원칙적 형식	재판장·수명법관·수탁판사로서 법관이 하는 재판
종 류	• 실체재판인 유죄·무죄 판결 • 형식재판 중 관할위반·공소기각·면소판결	• 종국전재판 　- 공소장변경허가 결정 　　01. 검찰7급 　- 보석허가 결정, 증거신청에 대한 결정 • 종국재판 04. 행시 　- 공소기각결정, 상소기각결정, 이송결정	재판장 또는 법관 1인이 하는 재판 ⇨ 재판장의 공판기일 지정 02. 9급국가직
주 체	법원	법원	법관(재판장·수명법관·수탁판사)
시 기	종국재판(원칙)	종국전재판(원칙)	종국전재판
구두변론 요부	구두변론이 원칙이다. 15. 경찰간부	• 구두변론을 요하지 않는다. 15. 경찰간부 • 필요한 경우에는 사실을 조사할 수 있다(제37조 제3항). 10. 교정특채	• 구두변론을 요하지 않는다. 14. 9급개론 • 필요한 경우에는 사실을 조사할 수 있다(제37조 제3항).
방 식	선고(공판정에서 구술의 방식)	고지(적당한 방식)	고지(적당한 방식)
재판서	재판서 필요	재판서 불요, 조서에만 기재하여 할 수 있음	재판서 불요, 조서에만 기재하여 할 수 있음
이유명시 요부	필요 15. 경찰간부	• 필요 ⇨ 상소가 허용되는 결정 • 불요 ⇨ 상소가 허용되지 않는 결정	불요
상소의 형식	항소, 상고	항고, 재항고 15. 경찰간부	• 상소는 불가능 15. 경찰간부 • 예외적으로 일부명령에 대해 이의신청, 준항고 가능 00. 9급검찰, 15. 경찰간부

▶ **약식명령**

약식명령은 명령이 아니라 04. 행시 독립된 형식의 재판으로 내용은 판결이나 형식은 결정에 가깝다.

❸ 재판의 성립 및 방식

1. 재판의 성립

구 분	내부적 성립	외부적 성립
의 의	재판의 의사표시적 내용이 당해 사건의 심리에 관여한 재판기관의 내부에서 결정되는 것을 말한다.	재판의 의사표시적 내용이 재판을 받는 자에 의해서 인식될 수 있는 상태에 이른 것을 말한다.
시 기	• 합의부 ⇨ 법관들의 합의가 있을 때 • 단독판사 ⇨ 재판서의 작성시	선고시 또는 고지시 ⇨ 선고 · 고지는 내부적 성립에 관여하지 않은 판사가 하여도 효력에 영향이 없다. 14. 9급개론
효 과	내부적으로 성립하면 법관이 경질되어도 공판절차를 갱신할 필요가 없다(제301조 단서). 00. 7급검찰, 04. 행시	• 상소기간 진행 　− 재판이 선고 · 고지된 날로부터 상소기간이 진행한다. 04 · 12. 경찰3차, 10. 경찰승진, 13. 경찰1차, 14. 법원 　− 피고인이 불출석한 상태에서 재판을 하는 경우에도 마찬가지이다(2002모6). 14. 법원 • 구속영장 실효 ⇨ 무죄, 면소, 공소기각의 재판, 벌금, 집행유예, 선고유예, 형의 면제의 판결이 선고되면 그 선고와 동시에 구속영장은 실효된다. • 재판의 구속력, 집행력 발생

2. 재판서

(1) 의 의

① 재판서란 재판의 내용을 기재한 문서를 말한다.

② 재판은 재판서에 의하여 하는 것이 원칙이다. ⇨ 결정 · 명령은 재판서를 작성하지 아니하고 조서에만 기재할 수 있다. 10. 법원

③ 재판의 형식에 따라 판결서, 결정서, 명령서로 구분된다.

(2) 기재사항

1) 주 문

① 주문이란 재판의 대상이 된 사실에 대한 최종적 결론을 말한다.

② 주문에 기재되는 사항: 선고형, 형의 집행유예, 미결구금일수의 산입, 노역장유치 기간, 재산형의 가납명령, 소송비용의 부담, 피해자환부, 배상명령 등

③ 주문에 기재되지 않는 사항: 선고 유예한 형의 종류와 양 및 부수처분

2) 이 유

① 재판서의 이유란 주문에 이르게 된 논리적 과정을 설명한 것이다.

② 상소를 불허하는 결정 또는 명령을 제외하고 재판에는 이유를 명시하여야 한다.

③ 선고유예한 형의 종류와 양, 부수처분도 이유에 명시한다.

3) 검 사

기소 검사, 공판 관여 검사의 관직·성명과 변호인의 성명을 기재하여야 한다(제40조 제3항).

4) 당사자

① 재판서에는 법률에 다른 규정이 없으면 재판을 받는 자의 성명·연령·직업과 주 거를 기재하여야 한다.

② 재판을 받는 자가 법인인 때에는 그 명칭과 사무소를 기재하여야 한다. 09. 법원

5) 서명, 날인

① 법관의 서명날인 : 재판서에는 재판한 법관이 서명날인하여야 한다(제40조 제1항).

② 재판장이 서명날인할 수 없는 때(⇨ 다른 법관 ⇨ 재판장)

  ㉠ 재판장이 서명날인할 수 없는 때에는 다른 법관이 그 사유를 부기하고 서명날인 하여야 하며, 다른 법관이 서명날인할 수 없는 때에는 재판장이 그 사유를 부기 하고 서명날인하여야 한다(동조 제2항).

  ㉡ 공판조서는 법관 전원이 서명, 날인할 수 없는 때에는 법원사무관 등이 서명날인 하는 제도가 있으나 재판서에는 그러한 제도가 없다.

③ 판결문, 영장은 반드시 서명날인(기명날인 불가)

  ㉠ 판결문, 각종 영장(감정유치장, 감정처분허가장 포함)은 반드시 서명날인이 필 요하다. 08. 법원, 10. 7급국가직

  ㉡ 판결서 기타 대법원규칙이 정한 재판서를 제외한 재판서에 대하여는 서명날인에 갈음하여 기명날인할 수 있다.

6) 양형의 이유 16. 경찰간부

① 법관은 형의 종류를 선택하고 형량을 정할 때 양형기준을 존중하여야 한다.

② 다만, 양형기준은 법적 구속력을 갖지 아니한다.

③ 법원이 양형기준을 벗어난 판결을 하는 경우에는 판결서에 양형의 이유를 적어야 한다.

④ 다만, 약식절차 또는 즉결심판절차에 따라 심판하는 경우에는 그러하지 아니하다 (법원조직법 제81조의7)(2010도7410).

관련 판례

1심 판결문에 법관의 서명날인이 누락됐는데도 항소심이 이를 간과한 채 항소기각판결을 선고한 것은 위법이다.
〈형사소송법 제38조는 '재판은 법관이 작성한 재판서에 의하여야 하고, 재판서에는 재판한 법관이 서명날인하여야 한다. 재판장이 서명날인할 수 없는 때에는 다른 법관이 그 사유를 부기하고 서명날인하여야 한다'고 규정하고 있다.〉(2020도12358)

(3) 기 타

1) 선고·고지된 내용과 재판서가 불일치하는 경우(⇨ 선고·고지)

선고·고지된 내용에 따라 효력이 발생하고 검사는 선고된 형을 집행하여야 한다(81모8).

16. 경찰간부

2) 오기 기타 이에 유사한 오류가 명백한 경우(⇨ 재판서의 경정)

① 재판서에 오기 기타 이에 유사한 오류가 있는 것이 명백한 때에는 법원은 직권 또는 당사자의 신청에 의하여 경정결정을 할 수 있다.

② 경정결정에 대하여는 즉시항고를 할 수 있다. 다만, 재판에 대하여 적법한 상소가 있는 때에는 그러하지 아니하다.

③ 대법원은 그 판결 내용에 오류가 있음을 발견한 때에는 직권 또는 검사·피고인이나 변호인의 신청에 의하여 판결로써 경정할 수 있다.

(4) 재판서의 경정과 판결정정

재판서의 경정과 정정은 재판서의 기재 또는 내용에 대한 오류를 바로잡는 것을 말하는 것으로 다음과 같이 구별된다.

구 분	경 정	정 정
근 거	형사소송규칙 제25조	형사소송법 제400조
대 상	대법원 판결 이외의 모든 재판	대법원 판결
사 유	오기 기타 이에 유사한 오류	판결내용에 사소한 오류
주 체	법원	대법원(상고법원)
신 청	직권 또는 당사자의 신청	직권 또는 검사, 상고인, 변호인의 신청 (선고일로부터 10일 내 서면 신청)
변 론	불요(임의적 변론)	불요(임의적 변론)

(5) 재판서의 송달·송부·교부 청구

1) 송 달

① 판 결

㉠ 선고일로부터 7일 이내 판결서등본 송달 : 법원은 피고인에 대하여 판결을 선고한 때에는 선고일로부터 7일 이내에 피고인에게 그 판결서등본을 송달하여야 한다(규칙 제148조 제1항).

㉡ 불구속 또는 구속영장이 실효된 경우, 신청시에만 송달 : 불구속 피고인과 무죄 등이 선고되어 구속영장의 효력이 상실된 구속 피고인에 대하여는 피고인이 송달을 신청하는 경우에 한하여 판결서 등본을 송달한다.

② 결정·명령 : 공판정 외에서 고지하는 경우에는 재판서 등본의 송달 또는 다른 적당한 방법으로 하여야 한다.

관련 판례

제1심판결의 이유 중 제1 증언 관련 범죄사실을 삭제하고 이에 대한 이유무죄 판단을 추가하는 것으로 경정하는 것은 이미 선고된 제1심판결의 내용을 실질적으로 변경하는 것으로서 경정의 범위를 벗어나기 때문에 허용되지 않는다.
또한 원심이 판결 이유에서 직권으로 경정결정을 하였다고 하더라도 주문에 이를 기재하지 아니한 이상 경정결정으로서 효력도 생기지 않는다(대법원 2021.1.28. 선고 2017도18536 판결).

2) 송 부

① **10일 이내 검사에게 송부**: 검사의 집행 지휘를 요하는 재판은 재판서 또는 재판을 기재한 조서의 등본 또는 초본을 재판의 선고 또는 고지한 때로부터 10일 이내에 검사에게 송부하여야 한다. 단, 법률에 다른 규정이 있는 때에는 예외로 한다. 10. 법원

② **3일 이내에 보호관찰소장에게 송부**: 보호관찰 등을 조건으로 한 판결이 확정된 때에는 당해사건이 확정된 법원의 법원사무관 등은 3일 안에 판결문등본을 대상자의 주거지를 관할하는 보호관찰소의 장에게 송부하여야 한다.

3) 교 부

① **피고인 기타의 소송관계인의 등본 또는 초본의 교부 청구**: 피고인 기타의 소송관계인은 비용을 납입하고 재판서 또는 재판을 기재한 조서의 등본 또는 초본의 교부를 청구할 수 있다.

② **고소인, 고발인 또는 피해자의 재판서·재판 조서 등·초본 교부 청구**: 고소인, 고발인 또는 피해자는 비용을 납입하고 재판서 또는 재판을 기재한 조서의 등본 또는 초본의 교부를 청구할 수 있다. 다만, 그 청구하는 사유를 소명하여야 한다.

제2절 종국재판

❶ 종국재판의 의의

① 종국재판이란 피고사건에 대한 당해 소송을 그 심급에서 종결시키는 재판을 말한다.

② 종국재판에는 유죄판결, 무죄판결, 관할위반의 판결, 공소기각결정, 공소기각판결, 면소판결이 있다.

❷ 종국재판의 사유

구 분	사 유
유죄판결 (제321조)	범죄의 증명이 있는 때
무죄판결 (제325조)	• 피고사건이 범죄로 되지 않는 때 19. 경찰승진 • 범죄사실의 증명이 없는 때 19. 경찰승진
면소판결 (제326조)	• 확정판결이 있은 때 • 사면이 있은 때 • 공소의 시효가 완성되었을 때 • 범죄 후의 법령개폐로 형이 폐지되었을 때

관할위반판결 (제319조)	피고사건이 법원의 관할에 속하지 아니한 때
공소기각판결 (제327조)	• 피고인에 대하여 재판권이 없는 때 • 공소제기의 절차가 법률의 규정에 위반하여 무효인 때 • 공소가 제기된 사건에 대하여 다시 공소가 제기되었을 때 • 제329조(공소취소에 의해 공소기각결정이 확정된 후 주요 증거 발견 없는 재기소 제한)의 규정에 위반하여 공소가 제기되었을 때 • 친고죄에 있어 고소의 취소가 있은 때 • 반의사불벌죄에 있어 처벌불원 의사표시가 없거나, 철회되었을 때
공소기각결정 (제328조 제1항)	• 공소가 취소되었을 때 • 피고인이 사망하였거나 피고인인 법인이 존속하지 아니하게 되었을 때 • 제12조 또는 제13조의 규정에 의하여 재판할 수 없는 때(관할의 경합) • 공소장에 기재된 사실이 진실하다 하더라도 범죄가 될 만한 사실이 포함되지 아니하는 때

③ 유죄판결

1. 유죄판결의 의의

① 유죄판결이란 피고사건의 범죄의 증명이 있는 때에 선고하는 재판을 말한다.

② 실체재판이자 종국재판이다.

2. 유죄판결의 종류

① 형을 선고하는 경우 : 형선고 판결 ⇨ 형을 선고하는 경우 재판장은 상소할 기간뿐만 아니라 상소할 법원을 피고인에게 고지해야 한다. 21. 9급국가직·9급개론

② 형을 선고하지 않는 경우 : 형의 면제 판결, 선고유예 판결 ⇨ 형의 면제 또는 선고유예를 하는 때에도 판결(결정 ✕)로서 선고해야 한다. 10. 경찰승진

▶ 형선고시 유죄판결의 주문에 명시하여야 할 사항

- 주형
- 병과형·부가형·몰수 또는 추징
- 집행유예의 취지와 기간(징역 또는 금고를 선고하는 경우에 한하여 명시)
- 미결구금일수의 본형통산(법률상 규정은 존재하나, 명시하지 않음)
- 노역장 유치기간(벌금 또는 과료를 선고하는 경우에 한하여 명시)
- 가납명령
- 압수된 장물의 피해자 환부
- 소송비용의 부담
- 배상명령

관련 판례 🔖
형사소송법 제323조 제2항은 '법률상 범죄의 성립을 조각하는 이유 또는 형의 가중, 감면의 이유되는 사실의 진술이 있을 때에는 이에 대한 판단을 명시하여야 한다'고 규정하고 있다. 여기에서 '형의 가중, 감면의 이유되는 사실'이란 형의 필요적 가중, 감면의 이유되는 사실을 말하고 형의 감면이 법원의 재량에 맡겨진 경우, 즉 임의적 감면사유는 이에 해당하지 않는다. 따라서 피해회복에 관한 주장이 있었더라도 이는 작량감경 사유에 해당하여 형의 양정에 영향을 미칠 수 있을지언정 유죄판결에 반드시 명시하여야 하는 것은 아니다(대법원 2017.11.9. 선고 2017도14769 판결).

관련 판례 🔖
경합범 관계에 있는 두 개의 1심판결을 항소심에서 병합한 뒤 유죄판결을 선고할 때에는 각각의 범죄사실과 증거요지, 적용법령 등 형사소송법이 요구하는 내용을 모두 기재해야 한다.
유죄판결의 판결이유에는 범죄사실, 증거의 요지와 법령의 적용을 명시하여야 하므로(형사소송법 제323조 제1항), 유죄판결을 선고하면서 판결이유에 이 중 어느 하나를 전부 누락한 경우에는 형사소송법 제383조 제1호에 정한 판결에 영향을 미친 법률위반으로서 파기사유가 된다.
원심판결 이유에 의하면, 원심은 각 1심판결에 대한 각 항소사건을 병합하여 심리하기로 결정한 후 이에 따라 각 1심판결을 모두 직권으로 파기하고 공소사실 전부에 대하여 유죄판결을 선고하면서 그 판결이유에서 법령의 적용만 기재하였을 뿐 범죄사실 및 증거의 요지를 전부 누락한 사실을 알 수 있으므로, 원심판결에는 형사소송법 제383조 제1호를 위반한 잘못이 있다(2020도735).

3. 유죄판결에 명시할 이유

(1) 명시사항

1) 판결이유에 명시해야 하는 것 04. 행시, 17. 7급국가직 · 경찰승진

① 범죄될 사실

② 증거의 요지

③ 법령의 적용

2) 주장이 있는 경우 그 판단을 명시해야 하는 것 00. 9급검찰

① 법률상 범죄의 성립을 조각하는 이유

② 형의 가중 · 감면의 이유

(2) 불비효과

1) 이유불비 또는 이유모순 : 절대적 항소이유, 상대적 상고이유

① 유죄판결을 선고하면서 판결이유에 범죄사실, 증거의 요지, 법령의 적용 중 어느 하나를 전부 누락한 경우 판결에 영향을 미친 법률위반에 해당한다(2013도13673).

04. 행시, 15. 9급국가직 · 9급개론, 16. 경찰간부, 17. 경찰승진, 18. 법원

② 경합범 관계에 있는 두 개의 1심 판결을 항소심에서 병합한 뒤 유죄판결을 선고할 때에는 각각의 범죄사실과 증거요지, 적용법령 등 형사소송법이 요구하는 내용을 모두 기재해야 한다(2020도735).

2) 판단을 명시하지 않은 경우 : 상대적 항소 · 상고 이유

4. 범죄될 사실

(1) 의 의

① 유죄판결에는 구성요건 해당사실, 처벌조건 등과 같은 범죄될 사실을 기재하여야 한다.

(2) 구성요건 해당사실

① 객관적 구성요건 요소는 물론 주관적 구성요건 요소에 속하는 사실도 명시하여야 한다.

㉠ 공문서위조의 수단이나 방법(79도1782), 증뢰죄에 있어서의 공무원의 직무범위(80도2309), 상해죄에 있어서의 상해의 부위와 정도(82도2588)를 명시하여야 한다. 09. 검찰9급

㉡ 고의는 객관적 구성요건 요소의 존재에 의하여 인정되는 것이므로 명시하지 않아도 무방하나, 구성요건에 해당하는 사실만으로 고의가 인정되지 않을 때에는 고의도 명시하여야 한다.

관련 판례

형사소송법 제38조에 의하면 재판은 법관이 작성한 재판서에 의하여야 하고 제41조에 의하면 재판서에는 재판한 법관이 서명날인하여야 하며(제1항) 재판장이 서명날인할 수 없는 때에는 다른 법관이 그 사유를 부기하고 서명날인하여야 하므로(제2항), 이러한 법관의 서명날인이 없는 재판서에 의한 판결은 형사소송법 제383조 제1호가 정한 '판결에 영향을 미친 법률의 위반이 있는 때'에 해당하여 파기되어야 한다.

제1심법원은 제12회 공판기일에 판결서에 의하여 제1심판결을 선고하였으나 제1심판결서에 재판한 법관의 서명날인이 누락되어 있고 원심은 이를 간과한 채 피고인의 항소를 기각하는 판결을 선고한 사실을 알 수 있으므로, 원심판결에는 판결에 영향을 미친 법률의 위반이 있어 이를 그대로 유지할 수 없다(2021도1650)

OX 유죄판결의 판결이유에는 범죄사실, 증거의 요지와 법령의 적용을 명시하여야 하므로, 유죄판결을 선고하면서 판결이유에 이 중 어느 하나를 전부 누락한 경우에는 형사소송법 제383조 제1호에 정한 판결에 영향을 미친 법률위반으로서 파기사유가 된다. (○, ×) 17. 경찰승진

기출 키워드 체크

공문서위조죄에서 위조의 수단과 방법, 뇌물죄에서는 공무원의 _____ 상해죄에서 _____ 등은 유죄판결 이유에 명시하여야 한다.

Answer
기출 키워드 체크
직무범위, 상해의 부위와 정도
OX
○

② 미수(장애미수, 중지미수, 불능미수 구별)·예비·음모의 경우 해당하는 사실도 명시하여야 한다.

③ 공범의 경우에는 공동정범·교사범·종범을 구별하여야 하고, 교사범·종범은 정범의 범죄사실도 명시하여야 한다. 09. 검찰9급, 10. 7급국가직, 12. 경찰승진

(3) 위법성과 책임

① 명시할 필요가 없다.

② 다만, 이에 대한 주장이 있다면 판단을 명시하면 된다.

(4) 처벌조건

명시하여야 한다.

(5) 가중·감면사유

1) 원칙: 명시

누범전과는 범죄사실은 아니나 형벌권의 범위에 관한 중요사실이므로 범죄사실에 준하여 명시하여야 한다.

2) 예외: 양형사유인 정상에 관한 사실

① 단순한 양형사유인 정상에 관한 사실은 사형을 선고하거나 이례적인 양형을 하는 경우를 제외하고는 명시할 필요가 없다(94도2584). 10. 7급국가직·9급개론, 15. 9급국가직

② 제1심의 형량이 적절하다고 판단된다고 하여 항소기각의 판결을 선고하였다면, 양형의 조건이 되는 사유에 관하여는 이를 판결에 일일이 명시하지 아니하여도 위법이 아니다(94도2584). 15. 9급국가직·9급개론, 17. 해경간부

(6) 명시의 정도

1) 동일성을 식별할 수 있는 정도로 명시

① 범죄될 사실은 그 범죄를 다른 범죄와 구별하여 그 동일성을 식별할 수 있을 정도로 구체적으로 표시하여야 한다.

② 실체적 경합범, 상상적 경합범은 각개의 범죄사실을 구체적으로 명시하여야 한다.

2) 포괄일죄

① 개개의 행위를 구체적으로 특정하지 않아도 된다.

② 포괄일죄는 전체 범죄의 시기와 종기, 범행방법, 범행횟수, 피해액의 합계 등을 명시하여 포괄적으로 명시할 수 있다. 09. 9급국가직

3) 증뢰죄(직무권한 범위 포함)

증뢰죄에서 공무원의 직무 중 개개의 직무행위에 대한 대가관계에 있는 사실까지 판단할 필요는 없다 할지라도 적어도 공무원의 어떠한 직무권한의 범위에 관한 것인가에 대하여는 구체적으로 판시할 필요가 있다(80도2309). 08. 경찰2차, 12. 경찰승진, 17. 해경간부

기출 키워드 체크

교사범, 방조범의 사실 적시에 있어서는 그 전제조건이 되는 _____의 구성요건이 되는 사실 전부를 적시하여야 한다.

OX 증뢰죄의 판시에 있어서 죄로될 사실의 적시는 공무원의 직무 중 개개의 직무행위에 대한 대가관계에 있는 사실까지를 판시할 필요는 없다 할지라도 적어도 공무원의 어떠한 직무권한의 범위에 관한 것인가에 대하여는 구체적으로 판시할 필요가 있다. (○, ×) 17. 경찰승진

Answer
기출 키워드 체크
정범
OX
○

4) 공모공동정범 : 의사 합치 성립

공모공동정범에 있어서 공모 또는 모의는 모의의 구체적인 일시, 장소, 내용 등을 상세하게 판시하여야만 할 필요는 없고 의사합치가 성립된 것이 밝혀지는 정도면 된다(88도2381). 13. 경찰승진, 14. 7급국가직, 20. 경찰간부

5) 일시, 장소 : 개괄적으로 설시 가능

책임능력을 명확히 하고, 공소의 시효 완성 여부를 명확히 할 수 있는 정도로 개괄적으로 명시 가능하다(70도2536, 86도1073). 08. 9급국가직, 10. 7급국가직

6) 상해죄 : 상해부위 설시

상해죄에 있어서 신체의 완전성을 해하는 행위와 그로 인한 상해의 부위와 정도가 증거에 의하여 명백하게 확정되어야 하고, 상해부위에 관하여 판시 없는 상해죄의 인정은 위법하다(2002도5016). 10. 7급국가직

5. 증거의 요지

(1) 의 의

① 증거의 요지란 범죄될 사실을 인정하는 자료가 된 증거의 요지를 말한다.

② 판결이유에 증거의 요지를 기재하도록 하는 것은 법관의 사실인정의 합리성을 담보하고 소송관계인에게 판결의 타당성을 설득하며 상소심의 심판자료로 제공하기 위함이다.

(2) 범죄사실을 증명할 적극적 증거

① 범죄사실을 증명할 적극적 증거를 명시하면 족하고, 범죄사실의 인정에 배치되는 소극적 증거는 명시할 필요가 없다. 17. 경찰승진

② 피고인이 알리바이로 내세우는 증거도 명시할 필요가 없다(82도1798).

③ 고의는 범죄사실의 내용을 이루지만 객관적 구성요건 요소에 의하여 그 존재가 인정되므로 이를 인정한 증거요지를 명시할 필요가 없다.

④ 누범전과는 범죄사실에 준하는 사실이므로 증거요지를 명시하여야 한다.

(3) 증거 명시의 정도

1) 개별증거와 각 범죄사실과의 관계를 짐작할 수 있을 정도

① 어떠한 증거자료에 의하여 범죄사실을 인정하였는가를 짐작할 수 있을 정도로 기재하여야 한다(2009도2338). 09. 9급국가직, 10. 경찰1차, 10·17. 경찰승진, 16. 경찰간부, 17. 해경간부

② 어느 증거의 어느 부분에 의하여 어느 범죄사실을 인정하였는가를 구체적으로 설시할 필요는 없다(99도5312). 12·17. 경찰승진, 16. 경찰간부, 17. 7급국가직·해경간부

OX 유죄판결의 증거는 범죄될 사실을 증명할 적극적 증거를 거시하면 되므로 범죄사실에 배치되는 증거들에 관하여 배척한다는 취지의 판단이나 이유를 설시하지 아니하여도 잘못이라 할 수 없고 증언의 일부분만을 믿고 다른 부분을 믿지 않는다고 하여 채증법칙에 위배된다고는 할 수 없다. (○, ×) 17. 경찰승진

OX 증거의 요지를 적시할 때 어느 증거의 어느 부분에 의하여 범죄사실을 인정하였느냐 하는 이유 설명까지 할 필요는 없지만 적어도 어떤 증거에 의하여 어떤 범죄사실을 인정하였는가를 알아볼 정도로 증거의 중요 부분을 표시하여야 한다. (○, ×) 17. 경찰승진

Answer
OX
○, ○

③ 적법한 증거설시

　　㉠ 서증 중 가분인 일부분을 특정하여 적시한 경우(93도1969)

　　㉡ 검사작성의 피의자신문조서 중 판시사실에 부합하는 진술기재라고 설시한 경우 (69도1007) 03. 행시

④ 위법한 증거설시 ⇨ '피고인의 법정 진술과 적법하게 채택되어 조사된 증거들'(99도 5312) 18. 법원

⑤ 증거의 중요부분의 표시 ⇨ 증거의 요지의 표목만을 기재하여서는 안 되고 적어도 어떠한 증거에 의하여 어떠한 범죄사실을 인정하였는가를 일응 알아볼 수 있을 정도로 증거의 중요 부분을 표시하여야 한다(70도2529).

⑥ 범죄될 사실을 증명할 적극적 증거만 거시하면 되고, 증거를 배척한다는 취지의 판단이나 이유를 설시할 필요는 없다(87도1240). 03. 행시, 12·17. 경찰승진

⑦ 증거가 적법한 이유나 증거취사의 이유를 설시할 필요는 없다(70도2376).

▶ 증거요지의 명시를 요하지 않는 것

1. 범죄의 원인과 동기
2. 고의를 인정하는 증거(4291형상539)
3. 피고인이 알리바이로 내세우는 증거(82도1798)
4. 소송법적 사실(자백의 임의성이나 신빙성 또는 소송조건에 관한 사실)
5. 증명을 요하지 않는 공지의 사실, 소송비용의 부담, 미결구금일수의 산입

6. 법령의 적용

(1) 의 의

유죄판결의 이유에서는 법령의 적용을 명시하여야 한다.

(2) 명시방법

① 형법 각 '조'는 명시하여야 하나, '항'을 기재하지 않아도 위법하지 않다. ⇨ 사기죄의 법률적용에 있어서 제347조만을 적시하고 제1항에 해당하는 범죄인지 제2항에 해당하는 범죄인지를 밝히지 않았다 하여도 형사소송법 제323조 제1항의 규정에 위배된 것이라 할 수 없다(71도1334). 15. 9급국가직·9급개론, 20. 경찰간부

② 판례는 다음의 경우, 법령을 명시하지 않아도 위법한 것으로 보지 않았다.

　　㉠ 공동정범(형법 제30조)(83도1942, 92도2196) 11. 경찰승진 ⇨ 피고인을 공동정범으로 인정하였음이 판결이유 설시 자체에 비추어 명백하더라도 법률적용에서 「형법」 제30조를 빠뜨려 명시하지 않았다고 한다면 판결에 영향을 미친 위법이 있다고 할 수 없다.

ⓒ **몰수와 압수장물의 환부 법조(71도510)** 10 · 11. 경찰승진 ⇨ **주문에 몰수와 부수처분 인 압수장물의 환부를 선고하였음에도 불구하고 그 이유에 있어서는 그 적용 법 조를 표시하지 않았다 하여도, 그 판결 이유에 몰수 취지가 완연하고, 피해자 환 부할 이유가 명백한 것이라면 위법이라 할 수 없다.**

ⓒ **선택형 중 어떠한 형을 선택하였는지, 경합범 중 어느 죄에 정한 형에 가중하는 지 여부(99도3092)** 11. 경찰승진 ⇨ **경합범의 경우에 판결이유에서 경합범가중을 할 적용법조문만을 나열한 데 그쳤다면 주문에서 형종과 형기를 명기하였더라도 「형사소송법」 제323조 제1항의 규정에 위배된 것이라 할 수 없다(99도3092).**

③ 피고인이 복수인 경우에는 어느 피고인에게 어느 법령이 적용되는지와 범죄사실이 여러 개인 경우에는 어느 사실에 어떤 법령이 적용되었는지를 명시하여야 한다 (2004도340).

7. 소송관계인의 주장에 대한 판단

(1) 의 의

법률상 범죄의 성립을 조각하는 이유와 형의 가중 · 감면의 이유되는 사실의 진술이 있 을 때에는 이에 대한 판단을 명시하여야 한다.

(2) 명시대상

① 위법성조각사유와 책임조각사유 : 정당방위, 책임무능력 상태 04. 행시 등 ⇨ 구성요 건에 해당하지 않는다는 주장에 대한 판단은 명시하지 않는다.

② 필요적 가중 · 감면 사유 : 누범, 심신장애 등 ⇨ 임의적 감면 주장에 대한 판단은 명시하지 않는다(예 자수감경 등). 18. 법원, 20. 경찰간부

▶ **유죄 판결문에 판단을 명시하여야 하는 경우**

- 범행 당시 술에 만취하였기 때문에 전혀 기억이 없다는 취지의 진술(89도2364)
- 정당방위에 관한 주장(67도1458)
- 자구행위 주장, 범의 부인(4294형상41)
- 상관의 지시에 응하지 않을 기대가능성이 없다는 주장(63도165)

▶ **유죄 판결문에 판단을 명시하지 않는 경우**

- 자수에 의한 형의 감경(80도905) 10. 경찰1차, 10 · 11. 경찰승진, 14. 7급국가직, 17. 9급개론, 20. 경찰간부
- 알리바이 주장(82도1798) 10. 경찰1차 · 경찰승진, 13 · 16. 경찰간부, 15. 9급국가직 · 9급개론, 16 · 17. 해경간부
- 공정증서원본불실기재죄 및 그 행사죄에서 당해 등기가 실체적 권리관계에 부합하는 유 효한 등기라는 주장(97도1180) 10. 경찰1차, 14. 7급국가직, 16. 경찰간부, 17. 경찰승진
- 공소권이 소멸되었다는 주장(4286형상186)
- 범죄사실의 부인 주장(82도409)
- 업무상배임죄에서 증권업계의 일반화된 관행에 따라 인출해 주었다는 취지의 주장(83도594)

- 고의가 없다는 주장(83도594)
- 사기죄에 있어서 사기의 의사가 없다는 진술(83도2281)

8. 기 타

(1) 양형기준

① 법원이 양형기준을 벗어난 판결을 하는 경우에는 판결서에 양형의 이유를 적시하여야 한다. 16. 경찰간부

② 다만, 약식절차 또는 즉결심판절차에 따라 심판하는 경우에는 그러하지 아니하다.

(2) 양형조사(법원의 직권 또는 양형조사관에 의해 가능)

① 법원은 직권으로 양형조건에 관한 형법 제51조의 사항을 수집·조사할 수 있다.

ⓐ 법원은 범죄의 구성요건이나 법률상 규정된 형의 가중·감면의 사유가 되는 경우를 제외하고는, 법률이 규정한 증거로서의 자격이나 증거조사방식에 구애됨이 없이 상당한 방법으로 조사하여 양형의 조건이 되는 사항을 인정할 수 있다.

ⓑ 당사자가 직접 수집하여 제출하기 곤란하거나 필요하다고 인정되는 경우 등에는 직권으로 양형조건에 관한 형법 제51조의 사항을 수집·조사할 수 있다.

② 대법원과 각급 법원에 조사관을 둘 수 있다(법원조직법 제54조의3 제1항).

ⓐ 조사관은 법관의 명을 받아 법률 또는 대법원규칙으로 정하는 사건에 관한 심판에 필요한 자료를 수집·조사하고, 그 밖에 필요한 업무를 담당한다(동조 제2항).

ⓑ 대법원장은 다른 국가기관에 대하여 그 소속 공무원을 조사관으로 근무하게 하기 위하여 법원에의 파견근무를 요청할 수 있다(동조 제3항).

❹ 무죄판결

1. 의 의

① 무죄판결이란 피고사건에 대하여 형벌권의 부존재를 확인하는 판결을 말한다.

② 무죄의 제1심판결에 대하여 공소기각 사유가 있다고 인정될 경우, 항소심법원은 직권으로 판단하여 제1심판결을 파기하고 공소기각의 판결을 선고하여야 하고, 공소기각 사유가 있으나 피고인의 이익을 위한다는 이유로 검사의 항소를 기각하여 무죄의 제1심판결을 유지할 수 없다(94도1818). 13. 9급국가직, 20. 9급개론

③ 공소기각판결 사안에 대해 피고인의 이익을 위해 무죄의 실체판결을 선고하였더라도 이를 위법이라고 볼 수는 없다(2012도11431).

2. 성 격

실체재판이자, 종국재판이다.

3. 주 문

"피고인은 무죄"라고 기재한다.

4. 종 류

(1) 피고사건이 범죄로 되지 아니하는 때

① 구성요건해당성이 없거나 또는 위법성조각사유나 책임조각사유가 존재한다는 것
   이 밝혀진 경우를 말한다. 11. 교정특채

② 공소장 기재에 의하여 공소사실이 범죄로 되지 않는 것이 명백한 경우에는 제328조
   제1항 제4호에 해당하여 공소기각결정을 해야 한다.

③ 형벌에 관한 법령이 헌법재판소의 위헌결정으로 소급하여 효력을 상실하거나 법원
   에서 위헌무효로 선언된 경우에는 당해 법령을 적용하여 공소가 제기된 피고사건
   도 범죄로 되지 아니하는 때에 해당하게 된다(무죄판결)(면소판결 ×)(99도3003).
   05. 경찰, 16. 법원, 16 · 17. 변호사, 18. 9급국가직, 19. 경찰승진 · 경찰1차, 21. 경찰1차

④ 피고인이 유죄판결에 대하여 상고하였는데, 그 후에 헌법재판소가 처벌의 근거가
   된 법률조항에 대해 헌법불합치결정을 선고하면서 개정시한을 정하여 입법개선을
   촉구하였는데도 위 시한까지 법률 개정이 이루어지지 아니한 경우, 무죄를 선고하
   여야 한다(2008도7562). 20. 9급국가직 · 9급개론

⑤ 재심이 개시된 사건에서 형벌에 관한 법령이 재심판결 당시에 이미 폐지된 경우라
   도 그 폐지가 당초부터 헌법에 위배되어 효력이 없는 법령에 대한 것이라면 마찬가
   지로 무죄(면소 ×)를 선고하여야 한다(2010도5986). 16 · 17. 변호사, 19. 경찰2차, 20. 9급국가직

(2) 범죄사실의 증명이 없는 때

① 부존재가 적극적으로 증명되거나 공소사실의 존부에 대하여 증거가 불충분하여 법
   관이 합리적인 의심의 여지가 없을 정도로 확신을 갖지 못한 경우를 말한다.

② 피고인의 자백에 의하여 법관이 유죄의 심증을 얻은 경우라도 보강증거가 없으면
   유죄를 인정할 수 없으므로(제310조) 이 경우에도 증거불충분으로 범죄사실의 증
   명이 없는 때에 해당된다.

③ 공소기각판결의 사유가 있지만(교통사고처리특례법 등) 무죄의 실체판결을 선고하
   더라도 위법이라고 볼 수 없다(2012도11431).

기출 키워드 체크

기소된 공소사실에 대한 적용법조가
헌법재판소의 위헌결정으로 소급하
여 실효된 경우, 법원은 당해 법조를
적용하여 기소한 피고사건에 대하여
_____를 선고하여야 한다.

Answer
기출 키워드 체크
무죄

(3) 판시 방법

1) 경합범

수개의 범죄사실이 전부 무죄인 때에는 '피고인은 무죄'라고 주문에 기재하고, 일부만이 무죄인 경우에는 그 부분에 대하여 무죄를 선고한다.

2) 상상적 경합범과 포괄일죄

① 포괄일죄의 일부에 대하여는 유죄의 증거가 없고 나머지 부분에 대하여 공소시효가 완성된 경우에는 주문에 무죄를 표시하고 면소부분은 판결이유에서 설명하면 된다(77도1320). 17. 9급개론, 21. 경찰1차

② 포괄일죄의 관계에 있는 공소사실에 대하여는 그 일부가 무죄로 판단되는 경우에도 이를 판결 주문에 따로 표시할 필요가 없으나 이를 판결 주문에 표시하였다 하더라도 판결에 영향을 미친 위법사유가 되는 것은 아니다(93도1512). 17. 변호사, 21. 경찰1차

3) 검사로 하여금 상소제기 여부를 검토할 정도로 명시

무죄판결에 명시하여야 하는 이유에 대해서는 유죄판결의 경우(제323조)와 달리 명문 규정은 없으나 재판의 일반원칙에 따라 당연히 이유를 명시하여야 한다(제39조).

(4) 효 력

1) 구속력 발생

무죄판결의 선고에 의하여 구속력이 발생하며, 소송은 당해 심급에서 종결되고, 선고와 동시에 상소권이 발생한다.

2) 구속영장 실효

구속영장은 실효된다.

3) 확 정

무죄판결이 확정되면, 형식적 확정력과 기판력이 발생하며 형사보상 및 비용보상의 사유가 된다.

4) 상 소

① 검사는 무죄판결에 대해서 상소할 수 있다.

② 피고인은 상소의 이익이 없으므로 상소할 수 없다.

5) 판결의 공시

① 피고사건에 대하여 무죄의 판결을 선고하는 경우에는 무죄판결공시의 취지를 선고하여야 한다.

② 다만, 무죄판결을 받은 피고인이 무죄판결공시 취지의 선고에 동의하지 아니하거나 피고인의 동의를 받을 수 없는 경우에는 그러하지 아니하다. 14. 법원

▶ **경합범 주문의 예**

1. A 무죄, B 무죄
   - 피고인은 무죄
   - 이 판결의 요지를 공시한다.
2. A 유죄, B 유죄
   - 피고인을 징역 3년에 처한다.
3. A 유죄, B 무죄
   - 피고인을 징역 1년에 처한다.
   - 이 사건 공소사실 중 B의 점은 무죄
   - 피고인에 대한 위 무죄 부분에 관한 판결 요지를 공시한다.

❺ 관할위반의 판결

1. 의 의

관할위반의 판결이란 피고사건이 법원의 관할에 속하지 아니할 때 하는 판결을 말한다.

2. 성 격

형식재판이자 종국재판이다.

3. 사 유

(1) 관할권 부존재

① 피고사건이 법원의 관할에 속하지 아니하는 때에는 판결로서 관할위반의 선고를 하여야 한다(제319조).

② 사물관할·토지관할을 불문한다.

(2) 판단시기

① 사물관할: 재판시 ⇨ 공소제기시 뿐만 아니라 공소제기 후 재판시에도 존재해야 한다.

② 토지관할: 공소제기시 ⇨ 공소제기시에 관할권이 존재하면 족하다.

(3) 판단기준

① 공소장이 변경된 경우: 변경된 공소사실을 기준으로 한다.

② 예비적 기재: 주위적 공소사실을 기준으로 한다.

③ 택일적 기재: 가장 중한 공소사실을 기준으로 한다.

교통사고처리특례법 제3조 제1항, 제2항 단서 제2호의 사유로 공소제기되었으나 공판절차에서 심리한 결과 피고인이 중앙선을 침범하여 차를 운행한 사실이 없다는 점이 분명하게 되고, 한편 사고 당시 피고인이 운행하던 차가 교통사고처리특례법 제4조 제1항 본문 소정의 보험에 가입되어 있음이 밝혀졌다면 그 공소제기는 형사소송법 제327조 제2호 소정의 공소제기의 절차가 법률의 규정에 위반하여 무효인 때에 해당하므로, 법원으로서는 그 교통사고에 있어서 피고인에게 아무런 업무상 주의의무위반이 없다는 점이 증명되었다 하여 바로 무죄를 선고할 것이 아니라 소송조건의 흠결을 이유로 공소기각의 판결을 선고하여야 한다(94도1818).

관련 판례
교통사고처리 특례법 제3조 제1항, 제2항 단서, 형법 제268조를 적용하여 공소가 제기된 사건에서, 심리 결과 교통사고처리 특례법 제3조 제2항 단서에서 정한 사유가 없고 같은 법 제3조 제2항 본문이나 제4조 제1항 본문의 사유로 공소를 제기할 수 없는 경우에 해당하면 공소기각의 판결을 하는 것이 원칙이다. 그런데 사건의 실체에 관한 심리가 이미 완료되어 교통사고처리 특례법 제3조 제2항 단서에서 정한 사유가 없는 것으로 판명되고 달리 피고인이 같은 법 제3조 제1항의 죄를 범하였다고 인정되지 않는 경우, 같은 법 제3조 제2항 본문이나 제4조 제1항 본문의 사유가 있더라도, 사실심 법원이 피고인의 이익을 위하여 교통사고처리특례법 위반의 공소사실에 대하여 무죄의 실체판결을 선고하였다면, 이를 위법이라고 볼 수는 없다(2012도11431). 21. 경찰간부

OX 교통사고처리 특례법 위반으로 공소가 제기된 사건에 대해, 사건심리가 이미 완료되어 검사가 제출한 모든 증거에 의하더라도 피고인이 신호를 위반한 과실로 이 사건사고가 발생하였음을 인정하기에 부족하고, 피고인 차량이 공제조합에 가입하여 원래 공소를 제기할 수는 없는 경우라면 공소기각판결을 해야하고 무죄의 실체판결을 하는 것은 위법하다. (○, ×) 21. 경찰간부

Answer
OX
×

4. 신 청

① 토지관할위반의 경우 피고인 신청이 필요하다. 14. 경찰간부, 20. 9급국가직 · 9급개론

② 법원은 피고사건에 대하여 토지관할이 없는 경우에도 피고인이 관할위반의 신청을 하지 않는 한 관할위반의 선고를 하지 못한다(제320조 제1항).

5. 효 력

(1) 구속력 발생

관할위반판결의 선고에 의하여 구속력이 발생하며, 소송은 당해 심급에서 종결된다.

(2) 구속영장 실효 ×

재기소의 가능성이 크므로 구속영장은 실효되지 않는다.

(3) 기판력 발생 ×

형식재판이므로 기판력은 발생하지 않는다.

(4) 공소시효 다시 진행

공소제기에 의하여 정지된 공소시효가 확정시부터 다시 진행한다.

(5) 소송행위 유효

소송행위는 관할위반인 경우에도 그 효력에 영향이 없다.

(6) 상 소

① 검사는 관할위반의 판결에 대하여 상소할 수 있다.

② 피고인은 무죄를 구하는 상소가 허용되지 않는다.

6. 공소기각의 재판

(1) 의 의

① 공소기각의 재판(결정, 판결)은 피고사건에 대하여 관할권 이외의 형식적 소송조건이 결여된 경우에 실체심리 없이 소송을 종결시키는 재판을 말한다.

② 공소기각판결 사안에 대해 피고인의 이익을 위해 무죄의 실체판결을 선고하였더라도 이를 위법이라고 볼 수는 없다(2012도11431).

(2) 성 격

형식재판이자 종국재판이다.

⑶ 종 류

1) 공소기각결정

① 공소기각결정은 공소기각판결보다 그 절차의 하자가 명백하고 중요한 경우이다.

② 구두변론을 거치지 않고 재판할 수 있다.

③ 공소기각결정에 대한 상소는 즉시항고이다.

2) 공소기각판결

① 구두변론을 거쳐야 한다.

② 공소기각판결에 대한 상소는 항소와 상고이다.

⑷ 특 칙

1) 출석의무 면제

① 공소기각의 재판을 할 것이 명백한 사건에 관하여는 피고인의 출석을 요하지 아니한다.

② 다만, 피고인은 대리인을 출석하게 할 수 있다.

2) 공판절차정지의 예외

공소기각의 재판을 할 것이 명백한 때에는 피고인이 심신상실상태에 있거나 질병으로 출정할 수 없는 때에도 공판절차를 정지하지 않고 피고인의 출정 없이 재판할 수 있다.

⑸ 공소기각결정 사유(제328조) 15. 경찰간부

1) (제1호) 관할의 경합(제12조 또는 제13조)

① 동일사건이 사물관할을 달리하는 수개의 법원에 계속된 때에는 법원합의부가 심판하게 된 경우(제12조), 뒤에 공소를 받은 법원은 공소기각결정을 해야 한다.

② 동일사건이 사물관할을 같이하는 수개의 법원에 계속되어 먼저 공소를 받은 법원이 심판하게 된 경우(제13조), 뒤에 공소를 받은 법원은 공소기각결정을 해야 한다.
21. 경찰간부

2) (제2호) 공소장에 기재된 사실이 진실하더라도 범죄가 될 만한 사실이 포함되지 아니한 때 09. 경찰1차 · 법원, 16. 경찰2차 · 해경, 17. 경찰간부 · 9급국가직, 19. 경찰2차

① 공소장 기재사실 자체에 대한 판단으로 그 사실 자체가 죄가 되지 아니함이 명백한 경우를 말한다(73도2173). 15. 법원

② 부정수표 단속법 위반 사건에 있어서 수표가 그 제시기일에 제시되지 아니한 사실이 공소사실 자체에 의하여 명백하다면 공소기각결정을 하여야 한다(73도2173).

③ 공소장 기재 사실 및 적용법조에 대한 판단만으로 공소시효가 완성된 것이 명백한 때에는 면소판결(공소기각결정 ×)을 하여야 한다. 18. 법원

3) **(제3호) 공소가 취소되었을 때** 02 · 03. 행시, 17. 경찰특공대 · 경찰간부, 18. 법원

4) **(제4호) 피고인이 사망하거나 피고인인 법인이 존속하지 아니하게 되었을 때** 01. 여경1차, 17. 경찰간부 · 9급국가직, 18. 법원, 19. 경찰

(6) 공소기각판결 사유(제327조) 15. 경찰간부

1) **(제1호) 피고인에 대하여 재판권이 없는 때** 10 · 15. 법원, 17. 경찰특공대 · 경찰간부

2) **(제2호) 공소제기의 절차가 법률의 규정에 위반하여 무효인 때** 17. 경찰특공대

3) **(제3호) 공소가 제기된 사건에 대하여 다시 공소가 제기되었을 때** 17. 경찰특공대

4) **(제4호) 공소취소 후 다른 중요한 증거가 발견되지 않았음에도 다시 공소제기를 한 경우**(제329조의 규정에 위반하여 공소가 제기되었을 때) 18. 법원 · 9급국가직

5) **(제5호) 고소가 있어야 죄를 논할 사건에 대하여 고소의 취소가 있은 때** 02. 여경1차, 17 · 21. 경찰간부

친고죄에 대하여 고소가 없이 기소된 경우에는 제327조 제2호에 의하며, 기소 이후에 고소의 취소가 있는 경우에는 제327조 제5호에 의하여 각각 공소기각의 판결이 선고된다.

6) **(제6호)반의사불벌죄에 대하여 처벌을 희망하지 아니하는 의사표시가 있거나 처벌을 희망하는 의사표시가 철회되었을 때**

(7) 효 력

1) **고지, 선고의 효력**
   ① 구속력 발생, 소송은 당해 심급에서 종료, 상소권 발생
   ② 구속영장 효력 상실

2) **공소기각의 재판 확정의 효력**
   ① 기판력은 발생하지 않는다.
   ② 공소제기에 의하여 정지된 공소시효가 확정시부터 다시 진행한다.

⑻ 상 소

1) 공소기각재판에 대한 상소

① 검사는 상소 가능하다.

② 피고인은 무죄를 주장하는 상소를 할 수 없다(상소 이익 없음).

2) 상소심에서의 공소기각재판

① 항소심, 상고심에서도 공소기각판결 및 결정을 선고하는 것이 가능하다.

② 상고제기 후 피고인이 당사자능력을 상실한 경우에는 상고법원은 공소기각의 결정을 하여야 한다(제382조).

▶ **공소제기절차가 법률의 규정에 위반하여 무효인 때(제327조 제2호)에 해당되는 경우**

- 소년법 제32조의 보호처분이 확정된 사건과 동일한 사건에 관하여 다시 공소제기가 된 경우(96도47)(면소 ×) 15. 9급국가직, 16. 7급국가직·법원·변호사, 18. 9급국가직·법원·해경간부, 19. 경찰1차, 21. 경찰간부
- 가정폭력처벌법에 따른 보호처분의 결정이 확정된 후, 동일한 사건에 대하여 다시 공소제기가 된 경우(2016도5423) 19. 9급국가직·경찰2차
- 친고죄에서 공범 중 일부에 대하여만 처벌을 구하고 나머지에 대하여는 처벌을 원하지 않는 내용의 고소를 하였다가 공소제기 전에 고소를 취소한 경우(2008도7462) 17. 9급국가직
- 수표발행자가 수표발행 후 예금부족으로 인하여 제시 기일에 지급되지 아니하게 하였으나 제1심 판결 선고 전에 부도수표가 회수된 경우(2009도9939) 12. 경찰승진, 16. 법원, 17. 9급국가직
- 범의유발형 함정수사에 기하여 공소가 제기된 때(2008도7362) 15. 9급국가직, 16. 해경, 18. 해경간부
- 검사의 공소제기가 소추재량을 현저히 일탈한 경우(2016도5423) 18. 법원
- 피고인이 중앙선을 침범하여 차를 운행한 사실이 없다는 점이 분명하게 되고, 한편 사고 당시 피고인이 운행하던 차가 교통사고처리특례법 제4조 제1항 본문 소정의 보험에 가입되어 있음이 밝혀진 경우(94도1818) 12. 법원
- 동거하지 않는 사촌동생의 신용카드를 훔쳤으나(상대적 친고죄) 고소가 없는 경우 16. 변호사
- 공소장에 기재된 공소사실이 그 범죄의 일시·방법을 구체적으로 명시하지 않아서 특정할 수 없는 경우(4293형상306)
- 구 강간죄(친고죄)에 대한 공소제기 없이 강간범행의 수단인 폭행·협박죄로 공소제기한 경우(2002도51)
- 권한 없는 자에 의한 공소제기
- 공소장일본주의에 위반한 경우
- 세무공무원의 고발이 없는 조세포탈죄의 기소
- 공소제기가 없었음에도 착오로 사실상 소송계속이 된 경우
- 위장출석의 경우 위장출석자(형식적 피고인)에 대한 판결
- 성명모용에 의하여 피고인이 특정되지 않은 경우(85도756)
- 친고죄에 있어서 무효인 고소를 토대로 공소가 제기된 경우(재고소금지규정 위반한 고소, 고소기간 도과 후의 고소)

The Criminal Procedure Law

OX 기소된 공소사실에 대한 적용법조가 헌법재판소의 위헌결정으로 소급하여 실효된 경우, 법원은 당해 법조를 적용하여 기소한 피고사건에 대하여 무죄를 선고하여야 한다. (○, ×)
16. 법원

관련 판례

가정폭력처벌법에 따른 보호처분의 결정이 확정된 경우에는 원칙적으로 가정폭력행위자에 대하여 같은 범죄사실로 다시 공소를 제기할 수 없으나(가정폭력처벌법 제16조), 보호처분은 확정판결이 아니고 따라서 기판력도 없으므로, 보호처분을 받은 사건과 동일한 사건에 대하여 다시 공소제기가 되었다면 이에 대해서는 면소판결을 할 것이 아니라 공소제기의 절차가 법률의 규정에 위배하여 무효인 때에 해당한 경우이므로 형사소송법 제327조 제2호의 규정에 의하여 공소기각의 판결을 하여야 한다. 그러나 가정폭력처벌법은 불처분결정에 대해서는 그와 같은 규정을 두고 있지 않을 뿐만 아니라, 가정폭력범죄에 대한 공소시효에 관하여 불처분결정이 확정된 때에는 그때부터 공소시효가 진행된다고 규정하고 있으므로(가정폭력처벌법 제17조 제1항), 가정폭력처벌법은 불처분결정이 확정된 가정폭력범죄라 하더라도 일정한 경우 공소가 제기될 수 있음을 전제로 하고 있다. 따라서 가정폭력처벌법 제37조 제1항 제1호의 불처분결정이 확정된 후에 검사가 동일한 범죄사실에 대하여 다시 공소를 제기하였다거나 법원이 이에 대하여 유죄판결을 선고하였더라도 이중처벌금지의 원칙 내지 일사부재리의 원칙에 위배된다고 할 수 없다.
(생략)
종전 가정보호사건의 확정된 불처분결정의 효력을 뒤집을 특별한 사정이 없음에도 불구하고 이 사건 공소제기가 단지 고소인의 개인적 감정에 영합하거나 이혼소송에서 유리한 결과를 얻게 할 의도만으로 이루어진 것이라면

Answer

OX
○

▶ **공소제기절차가 법률의 규정에 위반하여 무효인 때(제327조 제2호)에 해당되지 않는 경우**

- 피고인이 체류자격이 없는 외국인들을 고용하여 구 출입국관리법 위반으로 기소된 경우, 당초 위 사건을 입건한 지방경찰청이 지체 없이 관할 출입국관리사무소장 등에게 인계하지 않고 그 고발 없이 수사를 한 경우(2008도7724) ⇨ 실체판단 16. 해경
- 공소의 시효가 완성된 범죄사실에 관하여 공소가 제기되었을 때(제326조 제3호) ⇨ 면소 16. 해경
- 공소장에 기재된 사실이 진실하다고 하더라도 범죄가 될 만한 사실이 포함되지 아니한 때(제328조 제1항 제4호) ⇨ 공소기각결정 16. 해경
- 공소제기 이후 피고인이 사망하거나 피고인인 법인이 존속하지 아니하게 된 경우 ⇨ 공소기각결정(제328조 제1항 제2호) 17. 9급국가직
- 불법구금, 구금장소의 임의적 변경 등의 위법사유가 있는 경우(96도561)
- 재구속 제한을 위반하여 동일사건으로 재구속한 경우(66도1288)
- 검사의 무혐의결정이 있은 후 그로부터 3년이 지난 뒤에야 뒤늦게 다시 피고인을 동일한 혐의로 고소함에 따라 검사가 새로이 수사를 제기하여 기소한 경우(94도2598)
- 공소제기된 범죄사실에 대한 적용법조가 헌법재판소의 위헌결정으로 효력이 상실한 경우(무죄판결)(99도3003) 05. 경찰, 16. 법원, 16 · 17. 변호사, 18. 9급국가직

⑥ 면소판결

1. 의 의

① 피고사건에 대하여 실체적 소송조건이 결여된 경우에 선고하는 판결이다.

② 면소판결을 하는 경우 몰수(추징)형도 선고할 수 없다(92도700). 18. 법원, 19. 9급국가직

2. 성 격

형식재판 04. 행시 이자, 종국재판이다.

3. 사 유

(1) 확정판결

① 확정판결에는 유 · 무죄의 실체판결, 면소판결을 포함한다. ⇨ 약식명령, 즉결심판에서 선고되어 확정된 것도 포함한다. 08 · 10 · 13 · 15 · 17. 9급국가직, 12. 교정특채, 13. 경찰간부, 17. 법원, 18. 해경간부

② 형의 실효 여부는 불문한다.

③ 경범죄처벌법 또는 도로교통법상의 범칙금납부도 확정판결에 준하는 효력이 인정된다.

④ 면소판결을 할 수 있는 범위는 확정판결의 기판력이 미치는 범위와 일치한다. 03. 행시 ⇨ 물적으로는 범죄사실과 동일성이 인정되고, 시간적으로는 사실심판결선고시까지의 범행부분이 면소판결의 대상이 된다.

(2) 사 면

① 일반사면만 의미하고, 특별사면은 해당하지 않는다. 03. 행시, 07. 경찰2차, 12. 경찰간부 · 교정특채, 16. 법원, 17. 변호사, 19. 9급국가직

② 재심대상판결 확정 후에 형선고의 효력을 상실케 하는 특별사면이 있는 경우, 유 · 무죄 등의 판단을 해야지, 특별사면이 있음을 들어 면소판결을 하여서는 아니 된다 (2011도1932). 16. 변호사, 18 · 20. 7급국가직, 20. 9급국가직 · 9급개론

(3) 공소시효완성

① 공소제기시에 이미 공소시효가 완성된 경우 면소하여야 한다. 11. 교정특채, 14. 경찰간부, 16. 해경 ⇨ 공소장 기재 사실 및 적용법조에 대한 판단만으로도 공소시효가 완성된 것이 명백한 때에는 면소판결(공소기각결정 ×)을 선고하여야 한다. 18. 법원

② 공소시효가 완성된 것으로 의제되는 경우에도 면소하여야 한다. 18. 법원

③ 공소장변경절차에 의하여 변경된 공소사실에 대한 법정형을 기준으로 공소제기 당시 이미 공소시효가 완성된 경우 면소하여야 한다(2013도6182). 17. 9급국가직

(4) 형의 폐지

① 법령제정의 이유가 된 법률이념의 변경에 따라 종래의 처벌 자체가 부당하였다는 반성적 고려에서 법령을 개폐한 경우로 제한된다(동기설). 14. 9급개론, 15. 변호사, 19. 경찰2차

② 구 형법 제304조 중 혼인빙자간음죄 부분은 헌법재판소 2009. 11. 26. 선고 2008헌바58 등 결정에 의하여 위헌으로 판단되었고, 또한 위 개정 형법 부칙 등에서 그 시행 전의 행위에 대한 벌칙의 적용에 관하여 아무런 경과규정을 두지 아니하였다. 이러한 사정 등에 비추어 보면, 구 형법 제304조의 삭제는 법률이념의 변천에 따라 과거에 범죄로 본 음행의 상습없는 부녀에 대한 위계간음 행위에 관하여 현재의 평가가 달라짐에 따라 이를 처벌대상으로 삼는 것이 부당하다는 반성적 고려에서 비롯된 것으로 봄이 타당하므로, 이는 범죄 후의 법령개폐로 범죄를 구성하지 않게 되어 형이 폐지되었을 때에 해당한다(2012도14253). 20. 9급국가직 · 9급개론, 21. 경찰간부

4. 효 력

(1) 구속력

면소판결이 선고되면 구속력이 발생하고, 소송은 당해 심급에서 종결되며, 상소권이 발생한다.

(2) 구속영장 실효

선고와 동시에 구속영장은 실효된다.

이러한 조치는 공소권의 남용으로서 위법한 것으로 볼 수 있다. 그러나 기록에 나타난 이 사건 공소제기에 이르게 된 경위, 이 사건 범죄사실의 내용 및 피고인과 고소인의 관계 등을 비롯한 제반 사정에 비추어 보면, 이 사건 공소는 검사가 이 사건 제2차 고소의 범죄 혐의에 대한 수사 결과와 종전 가정보호사건의 기록 검토 결과 등에 근거하여 이 사건 범죄사실에 대하여 국가 형벌권의 실행이 필요하다고 판단하여 제기한 것임을 알 수 있다(대법원 2017.8.23. 선고 2016도5423 판결).

OX 면소판결의 사유인 '사면이 있을 때'란 일반사면이 있을 때를 말하는 것이므로, 특별사면 이전에 저지른 것으로 공소제기된 공소사실은 면소판결의 대상에 해당하지 아니한다. (○, ×) 16. 법원

기출 키워드 체크

면소판결의 사유인 '사면이 있을 때'란 _____사면이 있을 때를 말하는 것이므로, _____사면 이전에 저지른 것으로 공소제기된 공소사실은 면소판결의 대상에 해당하지 아니한다.

OX 구 형법상 위계간음죄(제304조)로 기소된 경우에 이 사건 심리 중 해당 조문의 혼인빙자간음죄 부분이 헌법재판소의 결정에 의하여 위헌으로 판단되어 이를 삭제하는 형법 개정이 이루어진 경우, 무죄판결을 선고해야 한다. (○, ×) 21. 경찰간부

Answer
기출 키워드 체크
일반, 특별
OX
○, ×

(3) 공 시

피고사건에 대하여 면소의 판결을 선고하는 경우에는 면소판결 공시의 취지를 선고할 수 있다.

(4) 기판력 발생

면소판결이 확정되면 형식적 확정력과 기판력이 발생한다.

(5) 상 소

① 검사는 면소판결에 대해서 항소 및 상고할 수 있다.

② 피고인은 면소판결에 대해서 무죄를 주장하는 상소를 할 수 없다. 03·04. 행시 ⇨ 헌법재판소가 헌법불합치결정을 하였음에도 불구하고 원심이면 면소판결을 한 경우에는 예외적으로 무죄 주장 상소가 가능하다(2010도5986). 14. 국가직·법원, 15. 변호사, 16. 9급국가직

5. 특 칙

(1) 부정지

면소판결을 할 것으로 명백한 때에는 피고인이 심신상실상태에 있거나 질병으로 인하여 출정할 수 없는 때에도 공판절차를 정지하지 않고 피고인의 출정 없이 재판할 수 없다.

(2) 출석의무 면제

면소판결을 할 것이 명백한 사건에 관하여는 피고인의 출석을 요하지 아니한다. 03. 행시 ⇨ 다만, 피고인은 대리인을 출석하게 할 수 있다.

❼ 종국재판의 부수효과

1. 구속영장의 실효

① 무죄, 면소, 형의 면제, 형의 선고유예, 형의 집행유예, 공소기각 또는 벌금이나 과료를 과하는 판결이 선고된 때에는 구속영장은 효력을 잃는다(제331조). 14. 9급개론, 15. 법원·경찰간부

② 이 경우 판결확정을 기다릴 필요 없이 검사는 즉시 석방지휘를 하여야 한다.

③ 관할위반 판결이 선고된 때에는 구속영장은 효력을 잃지 않는다.

④ 사형, 자유형 판결은 확정될 때 구속영장이 실효된다.

2. 압수물 관련

(1) 환 부

1) 피해자 환부·교부 선고

① 압수한 장물로서 피해자에게 환부할 이유가 명백한 것은 판결로써 피해자에게 환부하는 선고를 하여야 한다.

② 이 경우에 장물을 처분하였을 때에는 판결로써 그 대가로 취득한 것을 피해자에게 교부하는 선고를 하여야 한다.

2) 가환부 장물의 환부 선고 간주

① 가환부한 장물에 대하여 별단의 선고가 없는 때에는 환부의 선고가 있는 것으로 간주한다.

② 이 경우 이해관계인이 민사소송절차에 의하여 그 권리를 주장함에 영향을 미치지 아니한다.

(2) 환부불능 공고

1) 소재 불능, 기타 사유

압수물의 환부를 받을 자의 소재가 불명하거나 기타 사유로 인하여 환부를 할 수 없는 경우에는 검사는 그 사유를 관보에 공고하여야 한다.

2) 국고 귀속

① 3월 이내에 환부의 청구가 없는 때에는 그 물건은 국고에 귀속한다.

② 3월 이내에도 가치 없는 물건은 폐기할 수 있고 보관하기 어려운 물건은 공매하여 그 대가를 보관할 수 있다.

(3) 압수해제

① 몰수 선고 없는 때에는 압수해제 간주 15. 법원: 압수한 서류 또는 물품에 대하여 몰수의 선고가 없는 때에는 압수를 해제한 것으로 간주한다.

② 제출인 환부 원칙: 압수가 해제되므로 압수물을 환부하여야 하며 환부의 대상자는 제출인이다.

3. 재산형의 가납판결

(1) 사유(판결 확정 후 집행 불능, 집행 곤란 염려) 15·16. 경찰간부

법원은 벌금, 과료 또는 추징의 선고를 하는 경우에 판결의 확정 후에는 집행할 수 없거나 집행하기 곤란할 염려가 있다고 인정한 때에는 직권 또는 검사의 청구에 의하여 피고인에게 벌금, 과료 또는 추징에 상당한 금액의 가납을 명할 수 있다.

(2) 선 고

가납의 재판은 형의 선고와 동시에 판결로써 선고하여야 한다.

(3) 집 행

이 판결은 즉시로 집행할 수 있다.

4. 집행유예 취소

(1) 검사는 피고인의 현재지·최후의 거주지 관할법원에 청구

① 형의 집행유예를 취소할 경우에는 검사는 피고인의 현재지 또는 최후의 거주지를 관할하는 법원에 청구하여야 한다.

② 취소 청구를 받은 법원은 피고인 또는 그 대리인의 의견을 물은 후에 결정을 하여야 한다.

(2) 즉시항고 가능

집행유예 취소결정에 대하여는 즉시항고를 할 수 있다.

01 유죄판결을 선고하면서 판결이유에 범죄사실, 증거의 요지, 법령의 적용 중 어느 하나를 전부 누락한 경우 판결에
□□□ 영향을 미친 법률위반에 해당한다. (○)

02 사기죄의 법률적용에 있어서 형법 제347조만을 적시하고 그것이 동조 제1항에 해당하는 범죄인지 제2항에 해당하
□□□ 는 범죄인지를 밝히지 않았다면 위법이다. (×)

03 사실인정에 배치되는 증거에 대한 판단을 반드시 판결이유에 기재하여야 하는 것은 아니므로 피고인의 알리바이
□□□ 를 내세우는 증인들의 증언에 관한 판단을 하지 아니하였더라도 위법이 아니다. (○)

04 유죄판결을 함에 있어서 형의 가중 또는 감면의 이유되는 사실의 진술이 있는 때에는 이에 대한 판단을 명시해야
□□□ 하므로, 임의적 감경사유인 자수의 주장에 대하여 판단을 하지 아니하는 것은 위법하다. (×)

05 포괄일죄의 일부에 대하여는 유죄의 증거가 없고 나머지 부분에 대하여 공소시효가 완성된 경우에는 주문에 무죄
□□□ 를 표시하고 면소부분은 판결이유에서 설명하면 된다. (○)

06 공소가 제기된 사건에 대하여 다시 공소가 제기되었을 때, 공소기각판결을 한다. (○)
□□□

07 공소가 취소되었을 때, 공소기각판결을 한다. (×)
□□□

08 공소취소로 공소기각이 확정된 후 그 범죄사실에 대한 다른 중요한 증거가 발견되지 않았음에도 다시 공소를 제기
□□□ 한 경우, 공소기각판결을 한다. (○)

09 피고인에 대하여 재판권이 없을 때, 공소기각판결을 한다. (○)
□□□

10 공소제기의 절차가 법률의 규정에 위반하여 무효인 때, 공소기각판결을 한다. (○)
□□□

11 공소장에 기재된 사실이 진실하다 하더라도 범죄가 될 만한 사실이 포함되지 아니하는 때는 공소기각판결 사유에
□□□ 해당한다. (×)

12 동일한 사건에 대해 동일한 법원에 이중으로 공소가 제기된 때에는 법원으로서는 후소에 대해 공소기각의 결정을
□□□ 하여야 한다. (×)

13 친고죄에서 공범 중 일부에 대하여만 처벌을 구하고 나머지에 대하여는 처벌을 원하지 않는 내용의 고소를 하였다
□□□ 가 공소제기 전에 고소를 취소한 경우, 공소기각판결을 선고한다. (○)

14 공소장변경절차에 의하여 변경된 공소사실에 대한 법정형을 기준으로 공소제기 당시 이미 공소시효가 완성된 경우, 공소기각판결을 선고한다. (×)
☐☐☐

15 수표발행자가 수표발행 후 예금부족으로 인하여 제시 기일에 지급되지 아니하게 하였으나 제1심판결 선고 전에 부도수표가 회수된 경우 공소기각판결을 선고한다. (○)
☐☐☐

16 공소제기 이후 피고인이 사망하거나 피고인인 법인이 존속하지 아니하게 된 경우, 공소기각판결을 선고한다. (×)
☐☐☐

17 범의유발형 함정수사에 기하여 공소가 제기된 때는 면소판결을 선고한다. (×)
☐☐☐

18 소년법상 보호처분을 받은 사건과 동일한 사건에 대하여 공소가 제기된 때는 면소판결을 선고한다. (×)
☐☐☐

19 즉결심판으로 확정된 경범죄처벌법 위반의 범죄사실과 기본적 사실관계에 있어서 동일한 사실에 대하여 상해치사죄로 공소가 제기된 때는 면소판결을 선고한다. (○)
☐☐☐

20 공소제기된 범죄사실에 대한 적용법조가 헌법재판소의 위헌결정으로 효력을 상실한 경우에는 면소판결을 선고한다. (×)
☐☐☐

제3절 재판의 확정과 효력

❶ 재판의 확정

1. 의 의

① 재판의 확정이란 재판이 통상의 불복방법으로는 더 이상 다툴 수 없게 되어 내용을 변경할 수 없게 된 상태를 말한다.

② 재판이 확정됨으로서 발생하는 효력을 재판의 확정력이라고 한다.

2. 확정시기

⑴ 불복이 허용되는 경우

1) 불복신청기간의 경과

① 제1심과 항소심의 판결, 약식명령, 즉결심판의 경우는 선고·고지일로부터 7일을 경과하면 확정된다.

② 즉시항고가 허용되는 결정은 고지일로부터 7일을 경과하면 확정된다.
항소기각결정은 고지일로부터 7일이 경과하면 확정된다. 02. 행시, 04. 경사

2) 불복신청의 포기·취하

① 상소의 포기·취하에 의하여 재판은 확정된다. 02. 행시

② 약식명령·즉결심판의 경우에는 정식재판청구의 포기·취하에 의하여 재판이 확정된다.

⑵ **불복이 허용되지 않는 경우**[선고 또는 고지시(즉시항고를 할 수 있는 경우는 제외)]

① 대법원의 결정, 판결(67초22) 04. 행시, 07. 경찰

② 법원의 관할·판결 전 소송절차에 관한 결정 ⇨ 공소장변경신청을 허가하는 결정
02. 행시

③ 항고법원·고등법원의 결정

❷ 재판확정의 효력

1. 의 의

재판이 확정되면 재판의 확정력이 발생한다. 재판의 확정력에는 형식적 확정력과 내용적 확정력이 있다.

2. 형식적 확정력

(1) 의 의

① 재판이 형식적으로 확정되면 이에 따라 그 의사표시적 내용도 확정되는 것을 내용적 확정이라고 말한다.

② 재판의 내용적 확정력은 실체재판·형식재판을 불문하고 발생한다. 04. 행시

③ 특히, 실체재판의 내용적 확정력을 실체적 확정력이라고 한다.

(2) 대내적 효과

1) 집행력 발생

① 재판이 확정되면 대내적으로 집행력이 발생한다.

② 재판의 집행력은 실체재판·형식재판을 불문하고 집행을 요하는 재판만 발생한다.

2) 발생시기

① 재판의 집행력은 재판의 확정에 의해서 발생하나 예외적으로 확정 전에도 인정된다.

② 결정이나 명령은 즉시항고가 허용되는 경우를 제외하고는 원칙적으로 고지에 의해 (외부적 성립에 의해) 집행력이 발생하며, 벌금 등의 가납제도도 확정 전에 즉시 집행할 수 있다.

(3) 대외적 효과

1) 내용적 구속력

① 재판이 확정되면 그 표시된 판단내용이 후소법원을 구속하여 후소법원으로 하여금 동일한 사항에 대하여 원래의 재판과 다른 판단을 할 수 없는 효력이 발생한다.

② 종국재판인 이상 실체재판, 형식재판을 불문하고 발생한다.

2) 형식재판의 대외적 효과

관할위반판결, 공소기각판결·결정 등 형식재판이 확정되면 다른 법원은 동일한 사정 및 동일한 사항에 관하여 다른 판단을 할 수 없다.

3) 실체재판의 대외적 효과

① 유무죄 및 면소판결이 확정되면 내용적 확정력의 외부적 효력으로 일사부재리의 효력이 발생한다(협의의 기판력, 고유한 의미의 기판력).

② 즉, 후소법원이 다시 심리·판단할 수 없다.

OX 경범죄 처벌법의 범칙행위에 대하여 경찰서장이 통고처분을 한 후 그 통고처분에서 정한 범칙금 납부기간이 경과하지 않았다면 원칙적으로 즉결심판을 청구할 수 없다.
(○, ×) 21. 경찰간부

Answer
OX
○

❸ 기판력

1. 기판력의 의의

① 기판력이란 동일사건에 대하여 다시 심리·판결하는 것을 허용하지 않는 효력을 말한다(일사부재리의 효력).

② 이중처벌 방지, 사법기관의 업무와 비용절약, 재판의 공적 판단의 권위 유지 등을 위해 인정된다.

③ 일사부재리 원칙을 선언한 헌법은 제13조 제1항의 '처벌'이란 원칙적으로 범죄에 대한 국가의 형벌권 실행으로서의 과벌을 의미하고, 국가가 행하는 일체의 제재나 불이익처분이 모두 여기에 포함되는 것은 아니다(2016도5423).

2. 기판력이 발생하는 경우

(1) 실체재판

① 실체재판(유·무죄 판결)은 기판력이 발생한다. 13. 7급국가직

② 약식명령, 즉결심판도 확정되면 확정판결과 동일하게 기판력이 발생한다. 08·10·13·15·17. 9급국가직, 12. 교정특채, 13. 경찰간부, 17. 법원, 18·19. 해경간부

③ 통고처분을 받고 범칙금을 납부한 경우 확정재판의 효력에 준하는 효력이 발생한다(기판력 발생)(95도2664, 2001도849). 08·10. 9급국가직, 10. 경찰2차, 19. 해경간부

㉠ 통고처분에서 정한 범칙금 납부기간까지는 원칙적으로 경찰서장은 즉결심판을 청구할 수 없고, 검사도 동일한 범칙행위에 대하여 공소를 제기할 수 없다(2017도13409). 21.경찰간부

㉡ 통고처분에 따라 범칙금을 납부할 경우 이를 납부하는 사람에 대하여는 기소를 하지 않는 처벌의 특례를 마련해 둔 것으로 법원의 재판절차와는 제도적 취지와 법적 성질에서 차이가 있다(2017도13409).

(2) 형식재판

① 공소기각·관할위반의 재판: 기판력이 발생하지 않는다. 19. 해경간부 ⇨ 기판력은 실체재판에 수반되는 효력이므로 기판력이 발생하지 않는다.

② 면소판결: 기판력이 발생한다. 08·10. 9급국가직, 18. 9급개론, 19. 해경간부 ⇨ 형식재판이지만 실체심리를 행할 필요성이나 소송추행의 이익이 없기 때문이다.

> 관련 판례 📌
>
> 경범죄 처벌법상 범칙금제도는 범칙 행위에 대하여 형사절차에 앞서 경찰서장의 통고처분에 따라 범칙금을 납부할 경우 이를 납부하는 사람에 대하여는 기소를 하지 않는 처벌의 특례를 마련해 둔 것으로 법원의 재판절차와는 제도적 취지와 법적 성질에서 차이가 있다(대법원 2012.9.13. 선고 2012도6612 판결 등 참조). 또한 범칙자가 통고처분을 불이행하였더라도 기소독점주의의 예외를 인정하여 경찰서장의 즉결심판청구를 통하여 공판절차를 거치지 않고 사건을 간이하고 신속·적정하게 처리함으로써 소송경제를 도모하되, 즉결심판 선고 전까지 범칙금을 납부하면 형사처벌을 면할 수 있도록 함으로써 범칙자에 대하여 형사소추와 형사처벌을 면제받을 기회를 부여하고 있다.
> 따라서 경찰서장이 범칙행위에 대하여 통고처분을 한 이상, 범칙자의 위와 같은 절차적 지위를 보장하기 위하여 통고처분에서 정한 범칙금 납부기간까지는 원칙적으로 경찰서장은 즉결심판을 청구할 수 없고, 검사도 동일한 범칙행위에 대하여 공소를 제기할 수 없다고 보아야 한다. [피고인이 음식을 제공받아 편취하였다는 사기 사건에 대하여 경찰서장이 통고처분을 하였고, 위 통고처분에서 정한 범칙금 납부기간이 도과전 검사가 위 사기 사건에 대하여 공소를 제기한 사안에서, 통고처분을 한 이상 범칙자의 형사소추와 형사처벌을 면제받을 기회를 보장하기 위하여 범칙금 납부기간까지는 원칙적으로 경찰서장은 즉결심판을 청구할 수 없고, 검사도 동일한 범칙행위에 대하여 공소를 제기할 수 없다는 이유로, 위와 같은 공소제기가 법률의 규정에 위반되어 무효인 때에 해당하여 공소를 기각한 원심이 정당하다는 이유로 상고기각한 사례](대법원 2020.4.29. 선고 2017도13409 판결).

(3) 당연무효

당연무효인 재판에도 기판력이 인정된다(다수설).

▶ **기판력이 인정되는 재판**

- 유·무죄의 실체판결(정식재판)
- 면소판결 08·10. 9급국가직, 19. 해경간부
- 확정된 약식명령(89도10467), 즉결심판(91도2536) 08·10·13. 9급국가직, 12. 교정특채, 13. 경찰간부, 19. 해경간부
- 통고처분을 받고 범칙금을 납부한 경우(95도2664)(2001도849) 08·10. 9급국가직, 10. 경찰2차, 19. 경찰간부·해경간부
- 군사법원 판결

3. 기판력이 발생하지 않는 경우

① 소년법상 보호처분 (⇨ 공소기각판결사유)(85도21) 05. 경찰1차, 09. 전의경·9급국가직, 09·10. 경찰승진, 10. 경찰2차, 12. 경찰간부, 12·16. 법원, 15. 9급개론, 19. 해경간부

② 가정폭력처벌법에 따른 보호처분 결정의 확정(⇨ 공소기각판결사유) 또는 불처분 결정의 확정(2016도5423) 19. 9급국가직

③ 행정벌인 과태료의 부과처분 10. 경찰2차, 12. 교정특채·경찰간부, 18. 9급개론

④ 구 행형법상의 징벌(200도3874) 12·13. 경찰간부, 16. 경찰1차, 18. 경찰승진

⑤ 검사의 불기소처분(87도2678) 05·14. 경찰2차, 09. 9급국가직, 12·18. 경찰간부, 15·16. 경찰승진, 16. 경찰1차

⑥ 외국판결(83도2366) 09·18. 경찰승진, 13·16·18. 경찰간부, 15. 9급국가직, 16. 경찰1차, 18. 변호사, 19. 해경간부, 20. 9급국가직·9급개론

⑦ 행정법상의 징계처분 08. 7급국가직

⑧ 범칙행위의 동일성을 벗어나 형사범죄행위에 대한 범칙금 납부 14. 7급국가직, 16. 경찰간부, 16·17. 경찰1차, 19. 경찰간부

⑨ 통고처분의 대상이 아닌 것을 통고처분한 경우

⑩ 고발 후 통고처분하여 범칙금을 납부한 경우(2014도10748)

⑪ 교통사고처리특례법 보험 또는 공제가입이 증명된 경우(동법 제3조 제2항 단서의 제외사유에 해당하지 않은 경우)(⇨ 공소기각판결사유)

⑫ 특정 성폭력범죄자에 대한 위치추적 전자장치 부착(2009전도13)

⑬ 군사법원의 판결

4. 기판력의 범위

(1) 인적 범위(주관적 범위)

① 기판력은 판결을 받은 피고인에게만 미친다. 04. 경사 ➡ 그 외의 자는 공동 피고인이라 하더라도 기판력이 미치지 않는다. 08 · 13. 7급국가직

② 성명모용의 경우 기판력은 모용자에게만 미친다. 03. 경찰2차 ➡ 피모용자에게는 기판력이 미치지 않는다. 18. 9급개론

③ 위장출석의 경우 공소장에 기재된 자에게만 기판력이 미친다. ➡ 위장출석한 사람에 대해서는 기판력이 발생하지 않는다.

(2) 물적 범위(객관적 범위)

1) 공소사실과 동일성이 인정되는 모든 사실 02. 행시, 10. 경찰2차

① 법원의 현실적 심판대상인 공소사실은 물론이고, 그 공소사실과 단일성 · 동일성이 인정되는 모든 사실에 미친다.

② 기본적 사실관계의 동일성은 범행장소와 시간, 수단, 방법 및 상대방이나 행위의 태양뿐만 아니라 피해법익과 죄질을 고려하여 판단하여야 한다(2011도6911). 13. 9급국가직, 18. 해경간부

2) 기판력이 나머지 부분에까지 미치는 경우 : 과형상 일죄, 포괄일죄 등

① 상상적 경합 13. 9급국가직, 15. 9급개론, 17. 법원, 18. 해경간부, 19. 경찰승진

　　㉠ 강간의 수단으로 감금이 이루어진 경우, 감금죄에 대한 기판력은 강간죄부분에까지 미친다. 03. 경찰2차, 04. 경사 · 행시, 13. 9급국가직, 15. 9급개론

　　㉡ A죄와 B죄가 상상적 경합관계에 있는 경우에 A죄에 대한 판결이 확정되었다면 법원은 공소제기된 B죄에 대하여 면소판결을 선고하여야 한다(2008도5634). 17. 변호사

② 포괄일죄 13. 9급국가직, 18. 해경간부

　　㉠ 상습범의 일부에 대한 확정판결이 있으면 현실적 심판대상이 되지 않았다 하더라도 기판력은 상습범 전부에 미친다. 02. 행시, 04. 경찰3차

　　㉡ 휴대전화로 공포심이나 불안감을 유발하는 문자메시지 발송의 경우, 일부 기간의 행위에 대한 유죄판결이 확정되면 나머지 기간의 행위에까지 기판력이 미친다(2009도39). 13. 경찰승진

③ 단순일죄 : 강간과 그 수단으로 욕설을 하며 진로를 방해하는 등 공포심과 혐오감을 주게 하였다는 범죄사실은 기본적 사실관계가 동일하다(83도1790). 11. 경찰승진

OX 피고인이 성명을 모용한 경우 기판력은 피모용자에게 미치지 않는다. (○, ×) 18. 9급개론

기출 키워드 체크

확정판결의 기판력은 공소가 제기된 '당해 공소사실 자체'뿐만 아니라 그것과 '_____이 인정되는 공소사실 전체'에 미친다.

기출 키워드 체크

기판력의 범위를 정하는 기본적 사실관계의 동일성은 범행 장소와 시간, 수단, 방법 및 상대방이나 행위의 태양뿐만 아니라 _____을 고려하여 판단하여야 한다.

OX 상상적 경합관계에 있는 1죄에 대한 확정판결의 기판력은 다른 죄에 미치지 아니한다. (○, ×) 18. 경찰승진

관련 판례

도로교통법 제44조는 '술에 취한 상태에서 운전 금지'에 관하여 정하고 있는데, 제1항에서 누구든지 술에 취한 상태에서 자동차 등, 노면전차 또는 자전거를 운전해서는 안 된다고 정하고, 도로교통법(2018. 12. 24. 법률 제16037호로 개정되어 2019. 6. 25. 시행된 것, 이하 '개정 도로교통법'이라 한다) 제148조의2 제1항은 '도로교통법 제44조 제1항 또는 제2항을 2회 이상 위반한 사람(자동차 등 또는 노면전차를 운전한 사람으로 한정한다)'을 2년 이상 5년 이하의 징역이나 1,000만원 이상 2,000만원 이하의 벌금에 처하도록 정하고 있다. 위 규정의 문언과 입법 취지에 비추어 '도로교통법 제44조 제1항 또는 제2항을 2회 이상 위반한 사람'에 위와 같이 개정된 도로교통법이 시행된 2019. 6. 25. 이전에 구 도로교통법 제44조 제1항 또는 제2항을 위반한 전과가 포함된다고 보아야 한다. 이와 같이 해석하더라도 형벌불소급의 원칙이나 일사부재리의 원칙에

Answer

기출 키워드 체크
동일성
피해법익과 죄질

OX
○, ×

위배되지 않는다.
개정 도로교통법 부칙 제2조는 도로교통법 제82조 제2항과 제93조 제1항 제2호의 경우 위반행위의 횟수를 산정할 때에는 2001. 6. 30. 이후의 위반행위부터 산정하도록 한 반면, 제148조의2 제1항에 관한 위반행위의 횟수 산정에 대해서는 특별히 정하지 않고 있다. 이처럼 제148조의2 제1항에 관한 위반행위의 횟수를 산정하는 기산점을 두지 않았다고 하더라도 그 위반행위에 개정 도로교통법 시행 이후의 음주운전 또는 음주측정 불응 전과만이 포함되는 것이라고 해석할 수 없다(2020.8.20. 선고 2020도7154 판결).

기출 키워드 체크
4회(2.1., 2.10., 4.15., 4.30.)에 걸친 상습 도박행위 중 2.1.과 2.10.의 범행에 대해 상습도박죄로 4.1. 유죄판결이 선고되고 상소기간 경과로 그 판결이 확정된 경우, 그 확정판결의 효력은 _____과 _____의 범행에는 미치지 않는다.

기출 키워드 체크
상습범으로 공소제기된 피고사건이 항소된 경우 기판력의 기준시점은 _____이다.

OX 포괄일죄의 관계에 있는 범행의 일부에 대하여 약식명령이 확정된 경우에는 그 약식명령의 발령시를 기준으로 하여 그 이전에 이루어진 범행에 대하여는 면소의 판결을 선고하여야 한다. (○, ×) 18. 경찰승진

기출 키워드 체크
포괄일죄의 관계에 있는 범행 일부에 관하여 약식명령이 확정되었다면 그 약식명령의 _____를 기준으로 하여 그 전의 범행에 대하여는 _____을 하고, 그 이후의 범행에 대해서만 1개의 범죄로 처벌하여야 한다.

Answer
기출 키워드 체크
4.15., 4.30.
항소심 판결선고시
발령시, 면소판결
OX
○

---

3) **기판력이 나머지 범죄사실에 미치지 않는 경우 : 실체적 경합범, 동일성이 인정되지 않는 사건**

① 실체적 경합범의 경우 일부 사실에 대한 확정판결의 기판력은 나머지 범죄 사실에 미치지 않는다. 03. 경찰, 04. 경사

② 범칙행위와 같은 일시, 장소에서 이루어진 행위라 하더라도 범칙행위의 동일성을 벗어난 형사범죄 행위에 대하여는 범칙금의 납부에 따라 확정판결의 효력에 준하는 효력이 미치지 아니한다(2012도6612). 16. 경찰간부, 16·17. 경찰1차, 19. 경찰승진

③ 공소가 제기된 사기죄의 수단의 일부로 범한 사문서위조 및 동행사죄에 대하여 추가로 공소가 제기된 경우 일사부재리의 원칙에 위반되거나, 공소권을 남용한 것으로서 공소제기의 절차가 법률의 규정에 위반하여 무효인 때에 해당한다고 볼 수 없다(89도2102). 18. 7급국가직

(3) 시간적 범위

1) **사실심 판결선고시** 04. 경찰3차, 04·12. 경찰승진, 08. 9급국가직, 13. 7급국가직, 14·17. 법원, 16. 변호사, 21. 경찰간부

사실심리가 가능한 최후 시점인 판결선고시를 기준으로 기판력의 범위가 결정된다.

2) **약식명령 : 발령시**(송달시 ×, 도달시 ×) 03. 여경3차, 03·16. 경찰2차, 06·14·15·16. 법원, 12·18·19. 경찰승진, 13·19. 경찰간부, 14. 7급국가직, 15. 해경3차, 16·17. 변호사, 18. 9급개론, 19. 경찰1차

포괄일죄의 관계에 있는 범행의 일부에 대하여 약식명령이 확정된 경우에는 그 약식명령의 발령시를 기준으로 하여 그 이전에 이루어진 범행에 대하여는 면소의 판결을 선고하여야 한다(2013도4737).

3) **항소기각결정 : 항소기각결정시**

항소이유서를 제출하지 아니하여 항소기각이 결정된 경우 사실심리의 가능성이 있는 최후시점은 항소기각결정이라고 보아야 한다(93도836). 10·14. 7급국가직, 17. 법원, 18. 경찰간부

4) **동일한 습벽에 의하여 저질러진 범죄사실 A, B, C(시간순서대로 범행)에 대해, B(상습범)에 대한 확정판결이 있는 경우(C는 B의 사실심 선고 후 범행)** 07. 경찰2차, 16. 변호사

① A와 B는 하나의 상습범 구성, C는 별개의 상습범을 구성한다.

② A에 대해서는 B의 확정판결의 기판력이 미친다.

  ㉠ 상습범으로서 포괄일죄의 관계에 있는 여러 개의 범죄사실 중 일부에 대하여 유죄판결이 확정되어 상습범으로 처단된 후 그 확정판결의 사실심선고 전에 저질러진 나머지 범행(A)에 대해 공소가 제기된 때에는 면소판결을 선고하여야 한다(2001도3206). 17. 경찰간부·9급개론

  ㉡ 다만, 이러한 법리가 적용되기 위해서는 전의 확정판결에서 당해 피고인이 상습범으로 기소되어 처단되었을 것을 요한다. 13. 9급국가직, 17·19. 경찰간부, 18. 해경간부

ⓒ 유죄판결을 선고받고 그 판결이 확정된 바 있는 사기죄의 범죄사실과 그 확정판결 이전에 이루어진 사기죄의 범죄사실이 다 같이 피고인의 사기습벽에서 이루어진 것이라면, 이미 확정판결을 받은 위 사기죄의 범죄사실과 위 판결 전 사기죄의 공소사실은 실체법상 포괄일죄인 상습사기죄의 관계에 있다 할 것이고, 따라서 위 사기죄에 대한 확정판결의 기판력은 그와 포괄일죄의 관계에 있으나 단순사기죄로 기소된 확정판결 이전의 사기공소사실에 미치게 되는 것이어서 이에 대하여는 면소의 판결을 하여야 한다(99도4797).

③ C에 대해서는 B의 확정판결의 기판력이 미치지 않는다.

④ 포괄일죄인 영업범 재판 중 다른 유죄의 확정판결이 있은 경우, 공소장변경절차에 의해 확정판결 후 범죄사실과 동일성이 있는 범죄사실을 공소사실로 추가할 수 없다(2016도21342).

5) 동일한 습벽에 의하여 저질러진 범죄사실 A, B, C(시간순서대로 범행)에 대해, 다른 죄명으로 B(비상습범)에 대한 확정판결이 있는 경우 06·10. 경찰승진, 13. 경찰간부, 13·14·19. 9급국가직, 14. 법원, 15. 9급개론, 16. 변호사, 17. 9급법원

① B(비상습범)에 대한 확정판결의 효력은 A, C에 모두 미치지 않는다.

② 즉, 포괄일죄 중간에 별종의 범죄에 대한 확정판결이 끼어 있다면 그로 인해 사기죄의 포괄적 범죄는 둘로 나뉘는 것은 아니다(2002도202). 12. 경찰간부, 14. 경찰2차

③ 검사가 상습범으로서 포괄일죄의 관계에 있는 여러 개의 범죄사실 중 일부를 단순일죄로 기소하여 그에 대한 유죄판결이 확정된 후 그 확정판결의 사실심 판결선고 전에 저질러진 나머지 범죄(A)에 대하여 공소가 제기된 때는 실체재판을 하여야 한다(2001도3206). 15. 9급국가직, 16. 변호사, 17. 법원, 18. 해경간부, 19. 변호사

④ 또한 비상습범으로 기소되어 판결이 확정된 경우, 뒤에 드러난 다른 범죄사실이나 그 밖의 사정을 부가하여 전의 확정판결의 효력을 상습범에 대한 판결로 바꾸어 적용할 수 없다(2010도2182). 12. 9급국가직

5. 기판력의 효과

1) 법원은 면소판결

① 기판력이 발생한 범죄사실과 동일성이 인정되는 범죄사실이 공소제기된 경우에는 법원은 면소판결로 소송을 종결하여야 한다.

② 확정된 장물취득의 범죄사실과 강도상해의 공소사실은 동일성이 인정되지 않으므로 유·무죄의 실체판결을 하여야 한다(93도2080). 15. 9급국가직

2) 검찰은 공소권 없음을 이유로 불기소처분

이미 기판력이 발생한 사건에 다시 결정해야 하는 경우, 검사는 공소권 없음을 이유로 불기소처분을 하여야 한다.

관련 판례❶
판결의 확정력은 사실심리의 가능성이 있는 최후의 시점인 판결선고시를 기준으로 하여 그때까지 행하여진 행위에 대하여만 미치는 것으로서, 제1심판결에 대하여 항소가 된 경우 판결의 확정력이 미치는 시간적 한계는 현행 형사항소심의 구조와 운용실태에 비추어 볼 때 항소심 판결선고시라고 보는 것이 상당하다(대법원 2020.12.24. 선고 2020도10814 판결).

OX 약식명령에 대한 기판력의 시간적 범위는 약식명령의 도달시를 기준으로 한다. (○, ×) 18. 9급개론

관련 판례❶
[동일성 인정 ○]
합계 1,155만원을 당사자 간 지급기일 연장에 관한 합의 없이 퇴직일로부터 14일 이내에 지급하지 아니하였다(근로기준법 퇴직 후 금품 청산의무를 위반) = 합계 1,155만원을 매월 1회 이상 일정한 날짜를 정하여 지급하지 아니하였다(근로기준법 매월 임금지급의무를 위반)(대법원 2017. 4.7. 선고 2017도744 판결).

기출 키워드 체크
상습범으로서 포괄적 일죄의 관계에 있는 여러 개의 범죄사실 중 일부에 대하여 유죄판결이 확정된 경우에, 그 확정판결의 사실심 판결선고 전에 저질러진 나머지 범죄에 대하여 새로이 공소가 제기되면 면소의 선고를 하여야 한다. 다만 이러한 법리가 적용되기 위해서는 전의 확정판결에서 당해 피고인이 _____으로 기소되어 처단되었을 것을 요한다.

OX 사기죄에 있어서 동일한 피해자에 대하여 수회에 걸쳐 기망행위를 하여 금원을 편취한 경우, 그 범의가 단일하고 범행 방법이 동일하다면 사기죄의 포괄일죄만이 성립한다고 할 것이나, 포괄일죄의 중간에 별종의 범죄에 대한 확정판결이 끼어 있다면 그로 인해 사기죄의 포괄적 범죄는 둘로 나뉘는 것이다. (○, ×) 14. 경찰2차

Answer
기출 키워드 체크
상습범
OX
×, ×

6. 기판력의 배제

(1) 상소권 회복

판결을 확정시키는 것이 현저하게 정의에 반하는 경우에 재판의 확정을 저지하여 피고인을 구제하는 제도이다.

(2) 재 심

확정판결에 명백한 사실오인이 있는 경우에 유죄판결을 받은 자의 불이익을 구제한 제도이다. 08. 7급국가직

(3) 비상상고

확정판결에 적용된 법령위반을 시정하여 법령해석의 통일을 기하기 위한 제도이다. 08. 7급국가직

▶ **기판력 인정 사례**

- 상상적 경합범 03. 경찰2차, 04. 경사·행시, 13. 9급국가직, 15. 9급개론, 21. 경찰간부
- 포괄일죄(상습범, 영업범 등), 일죄 관계에 있는 범죄사실 02. 행시, 04. 경찰3차, 13. 9급국가직
- (포괄일죄)휴대전화로 공포심이나 불안감을 유발하는 문자메시지 발송의 경우, 일부 기간의 행위 ⇔ 나머지 기간의 행위(2009도39) 13. 경찰승진, 19. 경찰간부
- 강간 ⇔ 그 수단으로 욕설을 하며 진로를 방해하는 등 공포심과 혐오감을 주게 하였다는 범죄사실(83도1790) 11. 경찰승진
- 음주소란 행위(경범죄처벌법위반죄) ⇔ 같은 일시, 장소에서의 약 2주간의 상해사실(95도1270) 11. 경찰승진
- 강간 ⇔ 그 수단인 감금
- 정류소 질서를 어지럽히고, 다수에게 불안감을 조성하였다는 범죄사실(경범죄처벌법위반) ⇔ 피고인들이 합동하여 절취하였다는 범죄사실(86도2454) 11. 경찰승진
- 청객행위(호객행위)를 이유로 폭력전과를 과시하며 피해자에게 시비하고 행패를 부렸다는 범죄사실(경범죄처벌법위반) ⇔ 폭행치사 범죄사실 11. 경찰승진
- 소란행위로 인한 통고처분을 받고 범칙금을 납부한 경우 ⇔ 10분 후 약 2주간의 상해 범죄사실(2002도2642) 13. 경찰간부
- 위증 사건 ⇔ 같은 날 다른 허위진술로 인한 위증 사건(97도3340) 13. 경찰승진
- 즉결심판으로 확정된 경범죄처벌법 위반의 범죄사실 ⇔ 기본적 사실관계에 있어서 동일한 사실에 대한 상해치사죄(89도1046) 15. 9급국가직

OX 공소제기의 효력은 상상적 경합관계에 있는 죄의 전부에 미치고, 상상적 경합관계에 있는 죄들 중 일부의 죄에 대하여 형을 선고한 판결이 확정되면 기판력은 다른 죄에도 미친다. (○, ×) 21. 경찰간부

Answer
OX
○

▶ 기판력 부정 사례

- 안전운전의무 위반 범칙행위 ⇎ 같은 일시, 장소에서 중앙선을 침범한 과실로 사고를 일으켜 피해자에게 부상을 입혔다는 교통사고처리특례법위반죄(83도1296) 12. 경찰간부, 15. 9급국가직
- 교통사고처리특례법 제3조 제2항 단서 각 호에서 규정한 예외사유에 해당하는 신호위반 등의 범칙행위 ⇎ 같은 법 제3조 제1항 위반죄(업무상과실치사상)(2006도4322) 14. 경찰2차
- '휴대용 칼을 소지하였고, 이를 하수구에 버려 타인의 형사사건에 관한 증거를 인멸하였다'는 범죄사실 ⇎ '피고인이 위 칼을 이용하여 피해자를 살해하였다'는 범죄사실(2016도15526) 17. 경찰1차, 18. 경찰간부
- 경범죄처벌법상 음주소란 ⇎ 근접한 일시, 장소에서 폭력행위 등 처벌에 관한 법률상 흉기휴대협박(2012도6612) 13. 7급국가직, 15. 9급국가직
- 과실로 교통사고를 발생시켰다는 교통사고처리특례법위반죄와 ⇎ 고의로 교통사고를 낸 뒤 보험금을 청구하여 수령하거나 미수에 그쳤다는 '사기 및 사기미수'(2009도14263) 14. 경찰2차, 16. 9급국가, 17. 경찰1차
- 회사 대표이사가 업무상 보관하던 회사 자금을 빼돌려 횡령 ⇎ 그중 일부를 배임증재에 공여(2009도13463) 14. 경찰2차 · 7급국가직, 17. 경찰1차
- 사기 ⇎ 유사수신행위(2005도9678) 15. 9급국가직
- 위험물인 유사석유제품을 제조한 석유사업법위반 및 소방법위반의 범행 ⇎ 1달 이상 범행을 중단하였다가 다시 위험물인 유사석유제품을 제조한 행위(2006도3172) 13. 경찰승진
- 구 특정범죄 가중처벌 등에 관한 법률 제5조의4 제5항(3회 이상 절도 등으로 징역형을 받은 자로서 다시 절도 등을 범하여 누범으로 처벌할 경우) ⇎ 확정전 다른 절도범행 13. 경찰승진
- 명의신탁된 부동산에 관하여 2005. 11. 18. 근저당권을 설정한 행위 ⇎ 2008. 5. 8. 근저당권을 설정한 행위(2010도8556) 16. 경찰간부
- 조세범처벌법 위반(세금계산서 발급의무 위반 등) ⇎ 특정범죄 가중처벌 등에 관한 법률 위반(세금계산서 교부의무 위반 등 가중처벌)(2015도2207)
- 시술후기를 허위로 게시(표시 · 광고의 공정화에 관한 법률 위반죄) ⇎ 환자들을 소개 · 유인 · 알선하고, 그 대가로 환자들이 지급한 진료비 중 일정 비율을 수수료로 의사들로부터 지급(의료법위반)(2018도20928)
- 피고인이 자기 소유의 건물을 2017. 8. 31. 甲에게 월 70만원에, 2018. 6. 18. 乙에게 월 100만원에 성매매장소로 제공 ⇎ 위 건물을 2014. 6.경부터 2016. 4.경까지, 2018. 3.경부터 2018. 5. 13.경까지 丙에게 월 300만 원에 임대하는 등 성매매장소로 제공하여 성매매 알선 등 행위를 함(임차인이 다른 경우)(2020도1355)

기출 키워드 체크

과실로 교통사고를 발생시켰다는 각 '교통사고처리 특례법 위반죄'와 고의로 교통사고를 낸 뒤 보험금을 청구하여 수령하거나 미수에 그쳤다는 '_____ 및 _____'는 그 기본적 사실관계가 동일하다고 볼 수 없다.

기출 키워드 체크

회사의 대표이사가 업무상 보관하던 회사 자금을 빼돌려 _____한 다음 그중 일부를 더 많은 장비 납품 등의 계약을 체결할 수 있도록 해달라는 취지의 묵시적 청탁과 함께 _____에 공여한 사안에서, 위 횡령의 점에 대하여 약식명령이 확정되었다고 하더라도 그 기판력이 배임증재의 점에는 미치지 아니한다.

OX 과실로 교통사고를 발생시켰다는 각 '교통사고처리 특례법 위반죄'와 고의로 교통사고를 낸 뒤 보험금을 청구하여 수령하거나 미수에 그쳤다는 '사기 및 사기미수죄'는 서로 행위 태양이 전혀 다르고, 그 기본적 사실관계가 동일하다고 볼 수 없으므로, 위 전자에 관한 확정판결의 기판력이 후자에 미친다고 할 수 없다. (○, ×) 14. 경찰2차

OX 회사의 대표이사가 업무상 보관하던 회사 자금을 빼돌려 횡령한 다음 그중 일부를 더 많은 장비납품 등의 계약을 체결할 수 있도록 해달라는 취지의 묵시적 청탁과 함께 배임증재에 공여한 경우, 위 횡령의 점에 대하여 약식명령이 확정되었다고 하더라도 그 기판력이 배임증재의 점에는 미치지 아니한다. (○, ×) 14. 경찰2차

Answer
기출 키워드 체크
사기, 사기미수죄
횡령, 배임증재
OX
○, ○

[동일성 인정 ✕]

인터넷 성형쇼핑몰 형태의 통신판매 사이트를 운영하는 피고인들이 '병원 시술상품을 판매하는 배너광고를 게시하면서 배너의 구매 개수와 시술후기를 허위로 게시하였다.'는 표시·광고의 공정화에 관한 법률 위반죄의 범죄사실로 각 벌금형의 약식명령을 받아 확정되었는데, '영리를 목적으로 병원 시술상품을 판매하는 배너광고를 게시하는 방법으로 병원에 환자들을 소개·유인·알선하고, 그 대가로 환자들이 지급한 진료비 중 일정 비율을 수수료로 의사들로부터 지급받았다.'는 의료법 위반 공소사실로 기소된 사안에서, 공소사실에 따른 의료법 위반죄는 유죄로 확정된 표시·광고의 공정화에 관한 법률 위반죄의 범죄사실과 동일성이 있다고 보기 어렵고, 1죄 내지 상상적 경합관계에 있다고 볼 수도 없으므로, 표시·광고의 공정화에 관한 법률 위반죄의 약식명령이 확정되었다고 하여 그 기판력이 공소사실에까지 미치는 것은 아니다(표시·광고의 공정화에 관한 법률 위반죄≠의료법위반)(대법원 2019.4.25. 선고 2018도20928 판결).

[동일성 인정 ✕]

피고인이 유사석유제품을 판매하였다는 석유 및 석유대체연료 사업법 위반죄의 범죄사실로 유죄판결을 받아 확정되었는데, 위와 같은 유사석유제품을 제조하여 판매하고도 그에 관한 부가가치세 등을 신고·납부하지 않고 조세를 포탈하였다는 공소사실로 기소된 사안에서, 석유 및 석유대체연료 사업법 위반죄의 범죄사실과 조세 포탈행위로 인한 공소사실 사이에 기본적 사실관계의 동일성을 인정할 수 없다(대법원 2017.12.5. 선고 2013도7649 판결).

▶ **관련판례**

• 도로교통법 제148조의2 제1항 제1호에서 정하고 있는 '도로교통법 제44조 제1항을 2회 이상 위반한'것에 개정된 도로교통법이 시행된 2011. 12. 9. 이전에 구 도로교통법 제44조 제1항을 위반한 음주운전 전과까지 포함되는 것으로 해석하는 것이 형벌불소급의 원칙이나 일사부재리의 원칙 또는 비례의 원칙에 위배된다고 할 수 없다(2012도10269).
16. 경찰간부

• '도로교통법 제44조 제1항 또는 제2항을 2회 이상 위반한 사람'에 위와 같이 개정된 도로교통법이 시행된 2019. 6. 25. 이전에 구 도로교통법 제44조 제1항 또는 제2항을 위반한 전과가 포함된다고 보아야 한다. 이와 같이 해석하더라도 형벌불소급의 원칙이나 일사부재리의 원칙에 위배되지 않는다(2020도7154).

• 포괄일죄의 관계에 있는 범행 일부에 대하여 판결이 확정된 경우에는 사실심 판결선고 시를 기준으로 그 이전에 이루어진 범행에 대하여는 확정판결의 기판력이 미쳐 면소의 판결을 선고하여야 할 것인데, 동일 죄명에 해당하는 여러 개의 행위 혹은 연속된 행위를 단일하고 계속된 범의하에 일정 기간 계속하여 행하고 피해법익도 동일한 경우에는 이들 각 행위를 통틀어 포괄일죄로 처단하여야 할 것이나, 범의의 단일성과 계속성이 인정되지 아니하거나 범행방법 및 장소가 동일하지 않은 경우에는 각 범행은 실체적 경합범에 해당한다.
피고인이 자기 소유의 건물을 2017. 8. 31. 甲에게 월 70만원에, 2018. 6. 18. 乙에게 월 100만원에 성매매장소로 제공하였다는 범죄사실로 각 약식명령이 확정되었는데, 위 건물을 2014. 6.경부터 2016. 4.경까지, 2018. 3.경부터 2018. 5. 13.경까지 丙에게 월 300만원에 임대하는 등 성매매장소로 제공하여 성매매알선 등 행위를 하였다는 공소사실로 기소된 사안에서, 확정된 각 약식명령의 범죄사실과 공소사실이 포괄일죄 관계에 있다고 보아 각 약식명령의 기판력이 공소사실에 미친다는 이유로 면소를 선고한 원심판결에 성매매장소 제공에 의한 성매매알선 등 행위의 처벌에 관한 법률 위반(성매매알선 등)죄에서 포괄일죄와 경합범의 구별 기준에 관한 법리오해 등의 잘못이 있다고 한 사례
(확정된 위 각 약식명령의 장소제공행위는 2017. 8. 31. 하루 동안 1심 공동피고인 3에게 임료를 월 70만원으로 정하여 임대하였다는 것과 2018. 6. 18. 하루 동안 공소외인에게 임료를 월 100만원으로 정하여 임대하였다는 것이고, 이 사건 공소사실의 장소제공행위는 그와 다른 시기에 원심공동피고인 1에게 임료를 월 300만원으로 정하여 임대하였다는 것으로, 별개의 법률관계인 각각의 임대차계약이 그 시기를 달리하여 존재하고, 임대차계약의 중요한 내용인 임차인과 임료 등이 모두 다르다. 확정된 위 각 약식명령과 이 사건 범행의 장소제공행위는, 장소를 제공받은 성매매업소 운영주가 성매매알선 등 행위로 단속되어 기소·처벌을 받는 과정에서 함께 처벌을 받게 된 것으로, 피고인은 그때마다 새로운 성매매업소 운영주와 사이에 다시 임대차계약을 체결하여 온 것으로 보인다)
(대법원 2020.5.14. 선고 2020도1355 판결). [동일성 인정 ✕]

01
☐☐☐
과태료를 납부한 후에 다시 형사처벌을 하는 것은 일사부재리의 원칙에 반하는 것이 아니다.
(○)

02
☐☐☐
피고인이 성명을 모용한 경우 기판력은 피모용자에게 미치지 않는다.
(○)

03
☐☐☐
면소판결이 확정된 경우에는 일사부재리의 효력이 인정된다.
(×)

04
☐☐☐
약식명령에 대한 기판력의 시간적 범위는 약식명령의 도달시를 기준으로 한다.
(×)

05
☐☐☐
유·무죄의 실체재판에는 일사부재리의 효력이 인정되고, 약식명령과 즉결심판도 확정되면 유죄판결과 동일한 효력이 인정되므로 일사부재리의 효력이 인정된다.
(○)

06
☐☐☐
포괄일죄와 과형상 일죄에 속하는 범죄사실에는 일사부재리의 효력이 인정된다.
(○)

07
☐☐☐
상상적 경합관계에 있는 수죄 중 1죄에 대한 확정판결의 기판력은 다른 죄에도 미친다.
(○)

08
☐☐☐
두 죄의 기본적 사실관계가 동일한가의 여부는 그 규범적 요소를 전적으로 배제한 채 순수하게 사회적·전법률적 관점에서 파악하여야 한다.
(×)

09
☐☐☐
기판력의 범위를 정하는 기본적 사실관계의 동일성은 범행 장소와 시간, 수단, 방법 및 상대방이나 행위의 태양뿐만 아니라 피해법익과 죄질을 고려하여 판단하여야 한다.
(○)

10
☐☐☐
甲은 장물취득죄로 제1심에서 징역 1년을 선고받고 항소하였으나 공범이 검거되어 강도상해죄로 처벌될 상황에 이르자 항소를 취하하여 확정되었다. 이후 검사가 甲에 대하여 강도상해죄로 공소제기한 경우, 확정된 장물취득의 범죄사실과 강도상해의 공소사실은 동일성이 인정되므로 면소판결을 하여야 한다.
(×)

11
☐☐☐
검사의 불기소처분에는 확정재판에 있어서의 확정력과 같은 효력이 없어 일단 불기소처분을 한 후에도 공소시효가 완성되기 전이면 언제라도 공소를 제기할 수 있다.
(○)

12
☐☐☐
과실로 교통사고를 발생시켰다는 각 '교통사고처리 특례법 위반죄'와 고의로 교통사고를 낸 뒤 보험금을 청구하여 수령하거나 미수에 그쳤다는 '사기 및 사기미수죄'는 서로 행위 태양이 전혀 다르고, 그 기본적 사실관계가 동일하다고 볼 수 없으므로, 위 전자에 관한 확정판결의 기판력이 후자에 미친다고 할 수 없다.
(○)

13
□□□
구(舊) 행형법상의 징벌은 형법 법령에 위반한 행위에 대한 형사책임과 그 목적, 성격을 달리하는 것이 아니므로, 징벌을 받은 뒤에 형사처벌을 하는 것은 일사부재리의 원칙에 반하는 것이다.   (×)

14
□□□
범칙행위와 같은 시간과 장소에서 이루어진 행위라 하더라도 범칙행위의 동일성을 벗어난 형사범죄행위에 대하여 는 범칙금의 납부에 따라 확정판결에 준하는 일사부재리의 효력이 미치지 아니한다.   (○)

15
□□□
사기죄에 있어서 동일한 피해자에 대하여 수회에 걸쳐 기망행위를 하여 금원을 편취한 경우, 그 범의가 단일하고 범행 방법이 동일하다면 사기죄의 포괄일죄만이 성립한다고 할 것이나, 포괄일죄의 중간에 별종의 범죄에 대한 확정판결이 끼어 있다면 그로 인해 사기죄의 포괄적 범죄는 둘로 나뉘는 것이다.   (×)

16
□□□
포괄일죄 관계에 있는 죄 중 일부에 대한 유죄판결이 확정된 다음에 확정판결의 사실심 선고 전에 저질러진 범행 을 나중에 기소한 경우, 그 확정판결의 죄명이 상습범이었는지 여부와 무관하게 확정판결의 기판력이 새로 기소된 죄에 미친다.   (×)

17
□□□
피고인이 '1997. 4. 3. 21:50경 서울 용산구 이태원동에 있는 햄버거 가게 화장실에서 피해자 甲을 칼로 찔러 乙과 공모하여 甲을 살해하였다'는 내용으로 기소되었는데, 선행사건에서 '1997. 2. 초순부터 1997. 4. 3. 22:00경까지 정당한 이유 없이 범죄에 공용될 우려가 있는 위험한 물건인 휴대용칼을 소지하였고, 1997. 4. 3. 23:00경 乙이 범행 후 햄버거 가게 화장실에 버린 칼을 집어들고 나와 용산 미8군영 내 하수구에 버려 타인의 형사사건에 관한 증거를 인멸하였다'는 내용의 범죄사실로 유죄판결을 받아 확정된 사안에서, 살인죄의 공소사실과 선행사건에서 유죄로 확정된 폭력행위 등 처벌에 관한 법률 위반(우범자)죄와 증거인멸죄의 범죄사실 사이에는 기본적 사실관계 의 동일성이 있다.   (×)

18
□□□
피고인이 동일한 행위에 관하여 외국에서 형사처벌을 과하는 확정판결을 받았다 하더라도 이런 외국판결은 우리 나라에서는 기판력이 없으므로 여기에 일사부재리의 원칙이 적용될 수 없다.   (○)

19
□□□
회사의 대표이사가 업무상 보관하던 회사 자금을 빼돌려 횡령한 다음 그중 일부를 더 많은 장비 납품 등의 계약을 체결할 수 있도록 해달라는 취지의 묵시적 청탁과 함께 배임증재에 공여한 사안에서, 위 횡령의 점에 대하여 약식 명령이 확정되었다고 하더라도 그 기판력이 배임증재의 점에는 미치지 아니한다.   (○)

20
□□□
포괄일죄의 관계에 있는 범행일부에 관하여 약식명령이 확정된 경우, 약식명령의 송달시를 기준으로 하여 그 전의 범행에 대하여는 면소의 판결을 하여야 하고, 그 이후의 범행에 대하여서만 일개의 범죄로 처벌하여야 한다.   (×)

21
□□□
같은 일시·장소에서 도로교통법상 안전운전의무위반의 범칙행위와 교통사고처리 특례법 위반의 범죄 행위를 한 경우 안전운전의무 불이행을 이유로 통고처분을 받아 범칙금을 납부한 자를 교통사고처리 특례법 위반죄로 처벌 하더라도 이중처벌에 해당하지 않는다.   (○)

22
□□□
피고인이 공소사실의 내용이 된 사기범행과 관련하여 유사수신행위의 규제에 관한 법률에서 금지하고 있는 유사 수신행위를 하였다는 범죄사실로 이미 유죄의 확정판결을 받았다면 다시 사기죄로 처벌할 수 없다.   (×)

23
□□□
근접한 일시·장소에서 각각 '음주소란'과 '흉기휴대협박행위'를 한 경우 '음주소란'에 대하여 경범죄처벌법상 통고 처분을 받아 범칙금을 납부한 자를 '흉기휴대협박행위'에 대하여 폭력행위 등 처벌에 관한 법률 위반죄로 처벌하더 라도 이중처벌에 해당하지 않는다.   (○)

24
□□□
검사가 상습범으로서 포괄일죄의 관계에 있는 여러 개의 범죄사실 중 일부를 단순일죄로 기소하여 그에 대한 유죄판결이 확정된 후 그 확정판결의 사실심 판결선고 전에 저질러진 나머지 범죄에 대하여 공소가 제기된 때는 면소판결을 선고한다. (×)

25
□□□
상습범으로서 포괄일죄의 관계에 있는 여러 개의 범죄사실 중 일부에 대하여 유죄판결이 확정되어 상습범으로 처단된 후 그 확정판결의 사실심 선고 전에 저질러진 나머지 범행에 대해 공소가 제기된 때에는 면소판결을 선고하여야 한다. (○)

제4절 소송비용의 부담

❶ 소송비용의 의의

① 소송비용이란 소송절차를 진행함으로 인하여 발생한 비용으로서 형사소송비용 등에 관한 법률이 소송비용으로 규정한 것을 말한다.

② 형사소송비용 등에 관한 법률은 소송비용을 아래와 같이 규정하고 있다.
   ㉠ 증인, 감정인, 통역인 또는 번역인의 일당, 여비 및 숙박료
   ㉡ 감정인, 통역인 또는 번역인의 감정료, 통역료, 번역료 기타 비용
   ㉢ 국선변호인의 일당, 여비, 숙박료 및 보수 ⇨ 사선변호인의 일당 등은 포함되지 않는다.

❷ 소송비용의 부담자

1. 원 칙

① 소송비용은 국가가 부담하는 것이 원칙이다.

② 다만, 일정한 조건 아래 피고인 기타의 자에게 부담하게 할 수 있는데 형사소송법은 이에 대해 명문규정을 두고 있다.

2. 피고인

(1) 형선고시 : 필요적 부담

① 형의 선고를 하는 때에는 피고인에게 소송비용의 전부 또는 일부를 부담하게 하여야 한다. 02. 법원

② 형의 면제나 선고유예는 해당되지 않으나, 집행유예는 해당된다.

③ 다만, 피고인의 경제적 사정으로 소송비용을 납부할 수 없는 때에는 소송비용 부담을 면제할 수 있다.

(2) 형선고가 없는 경우 : 임의적 부담

① 원칙적으로 형의 선고 없이 소송비용만 부담하게 할 수는 없으나,

② 피고인에게 책임지울 사유로 발생된 비용은 형의 선고를 하지 아니하는 경우에도 피고인에게 부담하게 할 수 있다(제186조 제2항). 02 · 04 · 09. 법원

(3) 공범에게 연대부담 가능 13. 7급국가직

공범의 소송비용은 공범에게 연대부담하게 할 수 있다.

⑷ 검사만이 상소한 경우 비용 부담 불가

검사만이 상소 또는 재심청구를 한 경우에 상소 또는 재심의 청구가 기각되거나 취하된 때에는 그 소송비용을 피고인에게 부담하게 하지 못한다.

3. 고소인, 고발인(고의 또는 중과실이 있는 경우 - 임의적 부담) 09. 법원서기보

고소 또는 고발에 의하여 공소를 제기한 사건에 관하여 피고인이 무죄 또는 면소의 판결을 받은 경우에 고소인 또는 고발인에게 고의 또는 중대한 과실이 있는 때에는 그 자에게 소송비용의 전부 또는 일부를 부담하게 할 수 있다.

4. 제3자

⑴ 상소 또는 재심청구가 기각되거나 취하된 때 : 임의적 부담

검사 아닌 자가 상소 또는 재심청구를 한 경우에 상소 또는 재심의 청구가 기각되거나 취하된 때에는 그 자에게 그 소송비용을 부담하게 할 수 있다.

⑵ 변호인에게는 소송부담하게 할 수 없음

변호인이 피고인을 대리하여 상소 또는 재심청구를 취하한 때에는 피고인을 대리하여 한 것이므로 변호인에게 소송비용을 부담하게 할 수 없다.

❸ 재 판

⑴ 재판으로 소송절차가 종료되는 경우

1) 피고인 부담의 경우 직권으로 재판(본안재판에 관한 상소로만 불복 가능)
   ① 재판으로 소송절차가 종료되는 경우에 피고인에게 소송비용을 부담하게 하는 때에는 직권으로 재판하여야 한다.
   ② 본안의 재판에 관하여 상소하는 경우에 한하여 불복할 수 있다.

2) 피고인 아닌 자의 경우 직권 결정(즉시항고 가능)
   ① 재판으로 소송절차가 종료되는 경우에 피고인 아닌 자에게 소송비용을 부담하게 하는 때에는 직권으로 결정을 하여야 한다.
   ② 결정에 대하여는 즉시항고를 할 수 있다.

⑵ 재판에 의하지 않고 소송절차가 종료되는 경우 : 최종계속법원의 직권으로 결정 (즉시항고 가능)

재판에 의하지 아니하고 소송절차가 종료되는 경우에 소송비용을 부담하게 하는 때에는 사건의 최종계속법원이 직권으로 결정을 하여야 한다.

OX 소송비용부담의 결정과 보석허가결정에 대해서는 즉시항고할 수 없다. (○, ×) 16. 7급국가직

Answer

OX
×

(3) 불 복

소송비용의 재판에 대한 불복은 본안의 재판에 대한 상소의 전부 또는 일부가 이유 있는 경우에 한하여 허용되고, 본안의 상소가 그 이유가 없는 경우에는 허용되지 않는다 (2008도4759). 19. 경찰2차, 20. 9급국가직·9급개론

④ 소송비용 부담액의 산정

(1) 구체적 명시 불요

소송비용 부담액을 재판에 의하여 구체적으로 명시할 것은 요하지 않는다.

(2) 금액 표시하지 않는 경우 검사가 산정(이의신청 가능)

소송비용 부담을 명하는 재판에 그 금액을 표시하지 아니한 때에는 집행을 지휘하는 검사가 산정한다. 09. 법원
산정에 이의가 있는 때에는 법원에 이의신청을 할 수 있다.

(3) 검사에 의하여 집행

소송비용부담 재판은 검사 지휘에 의하여 집행하며 재판 집행비용은 집행을 받는 자가 부담한다.

(4) 빈곤을 이유로 재판의 집행면제 신청 가능(확정 후 10일)

① 소송비용부담의 재판을 받은 자가 빈곤으로 인하여 이를 완납할 수 없는 때에는 그 재판의 확정 후 10일 이내에 재판을 선고한 법원에 소송비용의 전부 또는 일부에 대한 재판의 집행면제를 신청할 수 있다.

② 소송비용 부담재판은 소송비용 집행면제 신청기간 내 또는 그 신청에 대한 재판이 확정될 때까지는 집행할 수 없다.

Answer
OX
×, ○

제5절 무죄판결에 대한 비용보상

❶ 의 의

① 국가는 무죄판결이 확정된 경우에는 당해사건의 피고인이었던 자에 대하여 그 재판에 소요된 비용을 보상하여야 한다(제194조의2 제1항). 09. 법원, 19. 경찰승진

② 다음의 어느 하나에 해당하는 경우에는 비용의 전부 또는 일부를 보상하지 아니할 수 있다(제194조의2).

  ㉠ 피고인이었던 자가 수사 또는 재판을 그르칠 목적으로 거짓 자백을 하거나 다른 유죄의 증거를 만들어 기소된 것으로 인정된 경우 09. 법원

  ㉡ 1개의 재판으로써 경합범의 일부에 대하여 무죄판결이 확정되고 다른 부분에 대하여 유죄판결이 확정된 경우

    ⇨ 이 경우, 판결 주문에서 무죄가 선고된 경우뿐만 아니라 판결이유에서 무죄로 판단된 경우에도 유추적용 한다(2018모906).

  ㉢ 형법 제9조(형사미성년) 및 제10조 제1항(심신상실)의 사유에 따른 무죄판결이 확정된 경우

  ㉣ 그 비용이 피고인이었던 자에게 책임지울 사유로 발생한 경우

❷ 절 차

① 비용보상의 청구(안 날부터 3년, 확정된 때부터 5년): 무죄판결이 확정된 경우 그 재판에 소요된 비용의 보상청구는 피고인이었던 자가 무죄판결이 확정된 사실을 안 날부터 3년, 무죄판결이 확정된 때부터 5년 이내에 하여야 한다(제194조의3 제2항). 09. 법원, 13. 경찰1차, 20. 9급국가직

② 비용보상의 결정(합의부): 무죄판결이 확정된 경우 그 재판에 소요된 비용의 보상은 피고인이었던 자의 청구에 따라 무죄판결을 선고한 법원의 합의부에서 결정으로 한다(제194조의3 제1항). 09. 법원, 20. 9급국가직

③ 결정에 대한 불복(즉시항고): 비용보상에 대한 합의부의 결정에 대해서는 즉시항고를 할 수 있다(제194조의3 제3항). 09. 법원

OX 현행법은 불기소처분되거나 무죄로 확정된 사람이 미결구금이나 형의 집행으로 받은 피해에 대한 보상은 인정하고 있으나 무죄로 확정된 피고인이 그 재판에서 사용한 비용에 대한 보상은 인정하고 있지 않다. (○, ×) 21. 경찰간부

OX 국가는 무죄판결이 확정된 경우에도 당해 사건의 피고인이었던 자에 대하여 그 재판에 소요된 비용을 보상할 의무는 없다. (○, ×) 19. 경찰승진

관련 판례

판결 주문에서 무죄가 선고된 경우뿐만 아니라 판결이유에서 무죄로 판단된 경우에도 재판에 소요된 비용 가운데 무죄로 판단된 부분의 방어권 행사에 필요하였다고 인정된 부분에 관하여는 보상을 청구할 수 있다고 보아야 한다. 다만 법원은 이러한 경우 형사소송법 제194조의2 제2항 제2호를 유추적용하여 재량으로 보상청구의 전부 또는 일부를 기각할 수 있다.
보복의 목적이 있었다고 인정할 증거가 부족하다는 이유로 그 부분에 대하여 판결이유에서 무죄 판단을 하면서 그 공소사실에 포함되어 있는 폭행죄에 대하여는 피해자의 처벌불원 의사가 담긴 합의서가 공소제기 전에 수사기관에 제출되었다는 이유로 주문에서 공소기각판결을 선고한 경우, 재항고인은 판결이유에서 특정범죄 가중처벌 등에 관한 법률 위반(보복폭행 등)의 공소사실에 대하여 무죄의 판단을 받아 확정되었으므로, 형사소송법 제194조의2 제1항에 따라 재판에 소요된 비용에 관해 보상을 청구할 수 있다고 보아야 한다(대법원 2019.7.5.자 2018모906 결정).

Answer

OX
×, ×

❸ 비용보상의 범위

① 비용보상의 범위는 피고인이었던 자 또는 그 변호인이었던 자가 공판준비 및 공판기일에 출석하는데 소요된 여비, 일당, 숙박료와 변호인이었던 자에 대한 보수에 한한다.

② 이 경우 보상금액에 관하여는 "형사소송비용 등에 관한 법률"을 준용하되, 피고인이었던 자에 대하여는 증인에 관한 규정을, 변호인이었던 자에 대하여는 국선변호인에 관한 규정을 준용한다(제194조의4 제1항).

③ 법원은 공판준비 또는 공판기일에 출석한 변호인이 2인 이상이었던 경우에는 사건의 성질, 심리상황, 그 밖의 사정을 고려하여 변호인이었던 자의 여비, 일당 및 숙박료를 대표변호인이나 그 밖의 일부 변호인의 비용만으로 한정할 수 있다(제194조의4 제2항).

❹ 형사보상법의 준용

비용보상청구, 비용보상절차, 비용보상과 다른 법률에 따른 손해배상과의 관계, 보상을 받을 권리의 양도, 압류 또는 피고인이었던 자의 상속인에 대한 비용보상에 관하여 이 법에 규정한 것을 제외하고는 "형사보상법"에 따른 보상의 예에 따른다(제194조의5).

Chapter 15 실전익히기

The Criminal Procedure Law

01

유죄판결에 명시될 '이유의 기재'에 관한 설명 중 가장 적절하지 않은 것은? (다툼이 있으면 판례에 의함)

① 공정증서원본부실기재죄 및 그 행사죄로 공소제기된 피고인이 당해 등기가 실체적 권리관계에 부합하는 유효한 등기라고 주장하는 경우 그 주장이 받아들여지지 아니한 때에는 유죄의 선고를 하는 것으로 부족하고 그에 대한 판단을 판결이유에 명시하여야 한다.

② 증거의 요지를 적시할 때 어느 증거의 어느 부분에 의하여 범죄사실을 인정하였느냐 하는 이유 설명까지 할 필요는 없지만 적어도 어떤 증거에 의하여 어떤 범죄사실을 인정하였는가를 알아볼 정도로 증거의 중요 부분을 표시하여야 한다.

③ 유죄판결의 판결이유에는 범죄사실, 증거의 요지와 법령의 적용을 명시하여야 하므로, 유죄판결을 선고하면서 판결이유에 이 중 어느 하나를 전부 누락한 경우에는 형사소송법 제383조 제1호에 정한 판결에 영향을 미친 법률위반으로서 파기사유가 된다.

④ 유죄판결의 증거는 범죄될 사실을 증명할 적극적 증거를 거시하면 되므로 범죄사실에 배치되는 증거들에 관하여 배척한다는 취지의 판단이나 이유를 설시하지 아니하여도 잘못이라 할 수 없고 증언의 일부분만을 믿고 다른 부분을 믿지 않는다고 하여 채증법칙에 위배된다고는 할 수 없다.

02

무죄판결에 대한 설명으로 가장 적절하지 않은 것은? (다툼이 있는 경우 판례에 의함)

① 피고사건이 범죄로 되지 아니하거나 범죄사실의 증명이 없는 때에는 판결로써 무죄를 선고하여야 한다.

② 헌법재판소의 위헌결정으로 인하여 형벌에 관한 법률 또는 법률조항이 소급하여 그 효력을 상실한 경우에는 당해 법조를 적용하여 기소한 사건은 범죄로 되지 아니하는 때에 해당하므로, 공소사실은 무죄라 할 것이다.

③ 무죄판결이 선고된 때에는 구속영장은 효력을 잃는다.

④ 국가는 무죄판결이 확정된 경우에도 당해 사건의 피고인이었던 자에 대하여 그 재판에 소요된 비용을 보상할 의무는 없다.

03

다음 중 사례와 판결의 종류가 바르게 연결된 것은? (다툼이 있으면 판례에 의함)

① 공판심리 중 위헌결정으로 인하여 형벌에 관한 법률조항이 소급하여 효력을 상실한 경우: 무죄판결

② 「소년법」 제32조의 보호처분을 받은 사건과 동일한 사건에 대하여 다시 공소가 제기된 경우: 면소판결

③ 본래 범의를 가지지 아니한 자에 대하여 수사기관이 사술이나 계략을 써서 범의를 유발케 하여 범죄인으로 검거하고, 이러한 함정수사에 기해 검사가 공소를 제기한 경우: 공소기각결정

④ 공소제기 이후 피고인이 사망하거나 피고인인 법인이 존속하지 아니하게 된 경우: 공소기각판결

제15장 재 판 207

04

다음 중 공소기각판결의 사유만을 모두 고른 것은?

㉠ 공소가 취소되었을 때
㉡ 공소장에 기재된 사실이 진실하다 하더라도 범죄가 될 만한 사실이 포함되지 아니하는 때
㉢ 피고인에 대하여 재판권이 없는 때
㉣ 공소가 제기된 사건에 대하여 다시 공소가 제기되었을 때
㉤ 공소제기의 절차가 법률의 규정에 위반하여 무효인 때

① ㉠, ㉡, ㉢   ② ㉡, ㉢, ㉣
③ ㉢, ㉣, ㉤   ④ ㉠, ㉢, ㉣

05

다음 중 공소기각판결을 해야 하는 경우는 모두 몇 개인가?
(다툼이 있으면 판례에 의함)

㉠ 공소장 기재사실 자체에 대한 판단으로 그 사실 자체가 죄가 되지 아니함이 명백한 경우
㉡ 친고죄에서 공범 중 일부에 대하여만 처벌을 구하고 나머지에 대하여는 처벌을 원하지 않는 내용의 고소를 하였다가 공소제기 전에 고소를 취소한 경우
㉢ 공소장변경절차에 의하여 변경된 공소사실에 대한 법정형을 기준으로 공소제기 당시 이미 공소시효가 완성된 경우
㉣ 수표발행자가 수표발행 후 예금부족으로 인하여 제시 기일에 지급되지 아니하게 하였으나 제1심판결 선고 전에 부도수표가 회수된 경우
㉤ 공소제기 이후 피고인이 사망하거나 피고인인 법인이 존속하지 아니하게 된 경우

① 1개   ② 2개
③ 3개   ④ 4개

06

일사부재리 효력 또는 기판력에 대한 설명으로 가장 적절하지 않은 것은? (다툼이 있는 경우 판례에 의함)

① 범칙행위와 같은 시간과 장소에서 이루어진 행위라 하더라도 범칙행위의 동일성을 벗어난 형사범죄행위에 대하여는 범칙금의 납부에 따라 확정판결에 준하는 일사부재리의 효력이 미치지 아니한다.
② 검사의 불기소처분에는 확정재판에 있어서의 확정력과 같은 효력이 없어 일단 불기소처분을 한 후에도 공소시효가 완성되기 전이면 언제라도 공소를 제기할 수 있다.
③ 포괄일죄의 관계에 있는 범행일부에 관하여 약식명령이 확정되었다면 그 약식명령의 발령시를 기준으로 하여 그 전의 범행에 대하여는 면소의 판결을 해야 한다.
④ 상상적 경합관계의 경우에 그중 1죄에 대한 확정판결의 기판력은 다른 죄에 대하여 미치지 아니한다.

07

기판력 또는 일사부재리의 효력에 대한 설명으로 옳지 않은 것은? (다툼이 있는 경우 판례에 의함)

① 포괄일죄의 관계에 있는 범행 일부에 관하여 약식명령이 확정되었다면 그 약식명령의 발령시를 기준으로 하여 그 전의 범행에 대하여는 면소판결을 하고, 그 이후의 범행에 대해서만 1개의 범죄로 처벌하여야 한다.
② 항소이유서 미제출을 이유로 항소법원이 항소기각결정을 하여 피고인이 상고하였으나 대법원이 상고를 기각한 경우, 기판력의 기준시점은 항소기각 결정시이다.
③ 동일인 대출한도 초과대출 행위로 인하여 상호저축은행에 손해를 가함으로써 「상호저축은행법」 위반죄와 업무상배임죄가 모두 성립한 경우, 양 죄는 상상적 경합관계에 있으므로 그중 1죄에 대한 확정판결의 기판력은 다른 죄에 대하여도 미친다.
④ 회사의 대표이사가 업무상 보관하던 회사자금을 빼돌려 횡령한 다음 그중 일부를 더 많은 납품계약을 체결할 수 있도록 도와달라는 취지의 청탁과 함께 배임증재에 공여한 경우, 업무상횡령에 대한 약식명령이 확정되었다면 그 기판력은 배임증재의 범죄사실에도 미친다.

08

20. 9급 검찰·마약수사직

상소에 대한 설명으로 옳은 것은? (다툼이 있는 경우 판례에 의함)

① 검사는 법령의 정당한 적용을 청구할 임무를 가지므로 재판의 이유만을 다투기 위하여 상소할 수 있다.

② 소송비용부담의 재판에 대하여는 본안의 재판에 관하여 상소하지 않는 경우에도 불복할 수 있다.

③ 필요적 몰수를 요하는 범죄사건에서 몰수 또는 추징에 관한 부분만을 불복대상으로 삼아 상소가 제기되었더라도 상소심으로서는 이를 적법한 상소제기로 다루어야 하고, 그 부분에 대한 상소의 효력은 그 부분과 불가분의 관계에 있는 본안에 관한 판단 부분에까지 미쳐 그 전부가 상소심으로 이심된다.

④ 변호인의 상소취하에 대한 피고인의 동의는 공판정에서 구술로써 할 수 있으며, 피고인의 구술동의는 묵시적 동의로도 충분하다.

Answer

01 ① [×] 판결이유에 명시하여야만 하는 것은 아니다.

02 ④ [×] 국가는 무죄판결이 확정된 경우에는 당해 사건의 피고인이었던 자에 대하여 그 재판에 소요된 비용을 보상하여야 한다(형사소송법 제194조의 2 제1항).

03 ① [○] 위헌결정으로 형벌에 관한 법률 또는 법률조항이 소급하여 효력을 상실한 경우는 무죄사유에 해당한다(대판 1992.5.8. 91도2825).

04 ③ ㉢, ㉣, ㉤ 공소기각판결의 사유이다.

05 ② ㉡, ㉣ 2개이다.

06 ④ [×] 확정판결의 기판력은 다른 죄에 대하여도 미친다.

07 ④ [×] 기판력이 배임증재의 점에는 미치지 아니한다.

08 ③ [○] 대판 2008.11.20. 2008도5596 전원합의체

김상천
형사소송법

CHAPTER

16

상 소

제1절 상소 일반

제2절 항 소

제3절 상 고

제4절 비약적 상고

제5절 상고심판결의 정정

제6절 항 고

Chapter 16

상 소

제1절 상소 일반

❶ 상소 의의

상소란 미확정 재판에 대하여 상급법원의 구제를 구하는 제도를 말한다.

미확정	↔ 재심, 비상상고(확정 판결에 대한 비상구제절차)는 상소 아님
재판에 대하여	↔ 검찰항고, 재정신청(검사의 불기소 처분에 대한 불복)은 상소 아님
	↔ 준항고(검사 또는 사법경찰관의 구금 또는 압수물 환부에 관한 처분 등에 대한 불복)는 상소 아님
상급법원에	↔ 정식재판청구(동급법원에 대한 구제)는 상소 아님

❷ 상소의 종류

판결에 대한 상소로는 항소와 상고, 결정에 대한 상소로는 항고, 재항고가 있다.

1심		2심		3심
지방법원(지원) 단독판사	항소 ⇨ 항고	지방법원 합의부	상고 ⇨ 재항고	대법원
지방법원(지원) 합의부		고등법원		

❸ 상소권 및 상소권자

1. 고유의 상소권자

① 판결에 대해서는 검사 16. 7급국가직, 피고인가 고유의 상소권자가 된다.

② 결정에 대해서는 검사, 피고인, 결정을 받은 자(과태료 부과 결정을 받은 증인 등)가 고유의 상소권자가 된다.

▸ 검사 또는 피고인이 아닌 자이면서 항고할 수 있는 자(결정을 받은 자)

1. 과태료의 결정을 받은 증인·감정인의 경우(제151조, 제161조, 제177조)
2. 피고인 아닌 자로서 소송비용 부담의 결정을 받은 자(제190조, 제192조)
3. 비용부담의 결정을 받은 재정신청인(제262조의3)
4. 보석보증금의 몰수결정을 받은 피고인 이외의 자(제100조, 제103조)

2. 상소대리권자

(1) 피고인의 법정대리인

피고인의 법정대리인은 피고인의 명시한 의사에 반하여 상소 가능하다.

(2) 그 외

① 피고인의 배우자·직계친족·형제자매 또는 원심의 대리인이나 변호인도 상소할 수 있다.

③ 이 경우 피고인의 명시한 의사에 반하여 상소 불가하다.

(3) 독립대리권

① 상소대리권자의 상소권(제340조, 제341조)은 독립대리권으로, 피고인의 상소권이 소멸한 후에는 이들의 상소권도 소멸한다(98도253).

② 변호인은 피고인의 상소권이 소멸된 후에는 상소를 제기할 수 없다(96모24). 19. 경찰승진

❹ 상소권의 발생과 소멸

1. 상소권의 발생

상소권은 재판의 선고 또는 고지에 의해 발생한다.

2. 상소권의 소멸

① 상소제기기간 경과 04. 경찰3차, 10. 경찰승진, 13. 경찰1차, 15. 경찰2차

㉠ 항소 및 상고 : 7일

㉡ 즉시항고, 준항고 : 7일

㉢ 보통항고 : 제한없음(항고 이익 존재기간)

㉣ 기산점 : 재판을 선고 또는 고지한 날부터 12. 경찰3차, 14. 경찰간부(초일불산입 ⇨ 선고·고지 다음 날부터 계산)

② 상소의 포기·취하

③ 상소제기 기간 중 피고인의 사망

기출 키워드 체크

피고인의 배우자, 직계친족, 형제자매 또는 _____은 피고인을 위하여 상소할 수 있다.

Answer
기출 키워드 체크
원심의 대리인이나 변호인

❺ 상소의 이익

1. 의 의
상소는 원심재판이 당사자의 법적 이익을 침해하고 있고, 이를 시정할 필요가 있는 경우에만(상소의 이익이 있는 경우에만) 허용된다.

2. 검사의 상소의 이익
① 검사가 상소하는 경우에도 상소의 이익이 있어야 하나,
② 검사는 공익의 대표자로서 피고인의 이익 여부와 관계없이 상소를 제기할 수 있다. 16. 법원, 19. 경찰승진
③ 그러나 재판의 이유만을 다투기 위하여 검사가 상소하는 것은 허용되지 않는다(92모21). 09·19. 경찰승진, 09·15. 7급국가직, 20. 9급국가직·7급국가직

3. 피고인의 상소의 이익

(1) 유죄판결(○)
① 형선고 ⇨ 무죄 또는 경한 형의 선고를 구하는 경우 상소의 이익이 인정된다.
② 형면제 및 선고유예 판결 ⇨ 무죄를 주장하는 경우 이익이 인정된다. 09. 경찰승진, 10. 7급국가직
③ 제3자의 소유물에 대한 몰수재판은 피고인이 제3자로부터 배상청구를 받을 위험이 있으므로 상소이익이 인정된다.

(3) 무죄판결(×)
① 피고인에게 가장 유리한 판결인 무죄 판결에 대한 피고인의 상고는 부적법하다(2017도20455). 21. 경찰1차
② 무죄판결의 이유를 다투는 상소도 상소의 이익이 없다.

(3) 형식재판

1) 원 칙
상소이익이 없다(면소, 공소기각, 관할위반). 04. 여경3차, 09. 7급국가직, 10·18·19. 9급국가직, 12. 교정특채, 13·17·18. 경찰간부, 14. 9급개론, 15. 법원·7급국가직, 17. 여경·경찰특공대·9급개론, 17·18. 변호사, 18. 법원
㉠ 공소사실에 대해서 모두 공소시효가 완성되었다는 이유로 면소판결이 선고된 경우 피고인은 범죄혐의가 없음을 이유로 무죄판결을 구하는 상소를 제기할 수 없다(2005도4738). 17. 경찰간부·9급개론
㉡ 피고인이 공소를 기각한 제1심판결에 대해 무죄를 주장하며 항소를 한 경우에, 법원은 결정으로 항소를 기각하여야 한다(2007도6793). 17·18. 경찰간부, 19. 9급국가직·9급개론, 20. 9급개론

2) 예 외

애초의 위헌으로 무효인 법률이 폐지된 경우에는 면소판결에 대해 무죄 주장 상소가 가능하다. 12. 법원·경찰3차

3) 기 타

① 항소를 포기 또는 취하한 피고인은 (검사의 항소를 기각하는) 항소심의 판결에 대해 상고를 제기할 상소의 이익이 없다. 09. 경찰승진, 09·15. 7급국가직

② 피고인은 누범가중을 하지 아니한 위법을 주장하며 상고할 수 없다. 09. 7급국가직

❻ 상소의 제기

1. 방 식

① 상소는 서면으로 원심법원에 제기한다.

② 구술에 의한 상소는 허용되지 않는다. 16. 법원, 17. 여경·경찰특공대

③ 상소제기기간 내에 상소장을 원심법원에 제출한다(상소법원에 제출하는 것이 아님에 주의). 12. 경찰2차

2. 상소기간

(1) 기 간

① 항소 및 상고 : 7일 15. 경찰2차, 20. 9급국가직·9급개론

② 즉시항고, 준항고 : 7일 15. 경찰2차

③ 보통항고 : 항고의 이익 존재기간

(2) 기산점 ⇨ 재판을 선고 또는 고지한 날부터

① 상소의 제기기간은 재판을 선고 또는 고지한 날로부터 진행된다(제343조 제2항).

② 형사소송에서는 판결등본이 당사자에게 송달되는 여부에 관계없이 공판정에서 판결이 선고된 날부터 상소기간이 기산되며, 이는 피고인이 불출석한 상태에서 재판을 하는 경우에도 마찬가지이다(2002모6). 21. 9급국가직·9급개론

(3) 초일불산입 20. 9급국가직·9급개론 ⇨ 선고·고지 다음 날부터 계산 18. 경찰간부

① 기간의 계산에 관하여는 시(時)로 계산하는 것은 즉시(卽時)부터 기산하고 일(日), 월(月) 또는 연(年)으로 계산하는 것은 초일을 산입하지 아니한다(제66조 제1항).

② 연 또는 월로 정한 기간은 연 또는 월 단위로 계산한다(동조 제2항).

③ 기간의 말일이 공휴일이거나 토요일이면 그날은 기간에 산입하지 아니한다(동조 제3항).

기출 키워드 체크

상소의 제기는 _____에 의하여야 하고, _____에 의한 상소는 허용되지 않는다.

기출 키워드 체크

상소제기기간은 항소 및 상고의 경우에는 _____일이며 즉시항고의 경우에는 원칙적으로 _____일이다.

Answer

기출 키워드 체크
서면, 구술
7, 7

기출 키워드 체크

교도소 또는 구치소에 있는 피고인이 상소의 제기기간 내에 상소장을 _____ 또는 그 직무를 대리하는 자에게 제출한 때에는 상소의 제기기간 내에 상소한 것으로 간주한다.

(4) 재소자 특칙 적용 : 상소기간 내에 교도소장 등에게 상소장 제출 가능

교도소 또는 구치소에 있는 피고인이 상소의 제기기간 내에 상소장을 교도소장 또는 구치소장 또는 그 직무를 대리하는 자에게 제출한 때에는 상소의 제기기간 내에 상소한 것으로 간주한다(제344조 제1항). 15. 해경3차, 16. 경찰간부

3. 상소제기의 효과

(1) 정 지

상소제기에 의해 확정정지의 효력과 집행정지의 효력(예외 : 보통항고, 재산형의 가납판결)이 발생한다.

(2) 이 심

① 상소제기에 의해 소송계속이 원심법원에서 상소심으로 옮겨간다(이심).

② 효력 발생 시기

　　㉠ **상소장 · 증거물 · 소송기록을 상소법원에 송부한 때**

　　㉡ **소송기록이 상소법원에 도달하기까지 구속, 보석 등에 관한 결정은 원심법원이 하여야 한다(구속, 구속기간갱신, 구속취소, 보석, 보석의 취소, 구속집행정지와 그 정지의 취소).** 10 · 12. 경찰승진, 11. 경찰1차

4. 원심법원의 상소기각결정

① 상소제기가 법률상의 방식에 위반하거나 상소권 소멸 후인 것이 명백한 때 원심법원(상소법원 ×)은 상소기각결정을 하여야 한다. 16. 경찰간부

② 원심법원의 상소기각결정에 대해서는 즉시항고 가능하다. 16. 경찰간부

▶ **재소자의 특칙 적용 비교**

적용	• 상소장 • 상소이유서 • 약식명령에 대한 정식재판청구서 • 국민참여재판을 원하는지의 여부에 대한 서면 • 상소권회복청구서 • 상소포기서 및 취하서 • 재심청구서 및 그 취하서 • 소송비용집행면제신청서 및 그 취하서 • 재판해석의의신청서 및 그 취하서 • 재판집행이의신청서 및 그 취하서
적용되지 않음	• 재정신청서, 재정신청 기각 결정에 대한 재항고

Answer

기출 키워드 체크
교도소장 또는 구치소장

❼ 상소의 포기·취하

1. 의 의

① 상소의 포기: (상소제기 전) 상소제기기간 내에 상소권 행사를 포기하는 것을 말한다.

② 상소의 취하: (상소제기 후) 일단 제기한 상소를 철회하는 것을 말한다.

2. 포기·취하권자

① 검사나 피고인은 포기·취하가 가능하다.

② 상소대리권자(법정대리인, 변호인 등)는 피고인의 동의를 얻어야만 취하가 가능하다. 15·19. 경찰2차, 16. 법원, 17. 여경·경찰특공대

   ㉠ 포기는 할 수 없다.

   ㉡ 포기권자와 취하권자는 다르다. 11. 경찰승진

   ㉢ 피고인의 동의가 없는 경우에는 상소취하의 효력은 발생하지 않는다. 11·15. 경찰2차, 16·19. 법원, 20. 7급국가직

   ㉣ 상소취하에 대한 피고인의 동의는 공판정에서 구술로도 할 수 있으나, 구술 동의는 명시적으로 이루어져야만 한다(2015도7821). 16·19. 법원, 18. 7급국가직, 19. 경찰승진, 20. 경찰1차·9급국가직, 20. 9급개론 ⇨ 공판기일에 출석한 피고인이 변호인의 상소취하에 대한 동의 여부를 묻는 재판장의 질문에 특별히 의사를 표시하지 않았다면 상소취하에 동의한 것으로 볼 수 없다(2015도7821). 19. 9급국가직·9급개론·경찰2차

③ 법정대리인이 있는 피고인이 상소의 포기 또는 취하를 할 때에는 법정대리인의 동의를 얻어야 한다. 12. 경찰2차, 15. 해경3차, 19. 경찰승진

   ㉠ 법정대리인의 동의를 얻지 않고 한 상소의 포기 또는 취하는 효력이 없다.

   ㉡ 단, 법정대리인의 사망 등의 사유로 동의를 얻을 수 없는 때는 동의 없이도 가능하다. 19. 경찰승진

   ㉢ 미성년자인 피고인이 항소취하서를 제출하였고, 피고인의 법정대리인 중 어머니가 항소취하 동의서를 제출하였어도 아버지가 항소취하 동의서를 제출하지 않았다면 피고인의 항소취하는 효력이 없다(2015도7821). 20. 법원

④ 사형·무기징역·무기금고가 선고된 판결에 대하여는 상소의 포기를 할 수 없다(취하는 가능)(제349조). 10. 교정특채, 12. 경찰2차, 14·15·16·20. 경찰간부, 15. 지능특채, 16. 법원, 19. 경찰승진, 20. 9급개론

3. 절 차

① 포기는 원심법원에, 취하는 상소법원에 하여야 한다(제353조). 08. 경위, 10. 7급국가직·9급국가직, 12. 경찰2차, 15. 지능특채, 15·16. 경찰간부, 19. 법원, 20. 경찰1차 ⇨ 단, 소송기록이 송부되지 않은 경우 원심법원에 할 수 있다. 16. 경찰간부, 19. 법원, 20. 경찰1차

② 상소의 포기·취하는 서면으로 해야 한다. 다만, 공판정에서는 구술로써 할 수 있다. 16. 변호사, 18. 경찰간부 ⇨ 구술 동의는 명시적으로 이루어져야 한다.

③ 포기는 상소기간 내, 취하는 종국재판이 있기 전까지 가능하다.

④ 재소자 특칙이 적용된다.

⑤ 상소의 포기나 취하가 있는 때에는 법원은 지체 없이 상대방에게 그 사유를 통지하여야 한다. 08. 경위

4. 효 과

(1) 상소권 소멸

상소를 포기 또는 취하하면 상소권은 소멸되고 재판은 확정이 된다.

(2) 재상소 금지

상소를 포기·취하한 자 또는 동의한 자는 다시 상소할 수 없다. 10. 9급국가직·교정특채, 14·15. 경찰간부, 15. 지능특채, 19. 경찰승진

5. 절차속행 신청

① 포기·취하의 부존재 또는 무효를 주장하는 자는 소송기록이 있던 법원에 절차속행 신청을 할 수 있다(상소권회복 신청 ✕). 10. 법원, 11. 경찰승진, 15. 지능특채 ⇨ 그러나 상소를 포기한 이후 상소제기기간 내라면 상소절차속행 신청을 할 수 없다.

② 신청기각결정에 대하여는 즉시 항고할 수 있다.

6. 상소권의 회복

(1) 의 의

① 상소권자 또는 대리인이 책임질 수 없는 사유로 상소기간이 경과하여 소멸한 상소권을 회복시키는 제도를 말한다. 10. 법원

② 책임질 수 없는 사유란 상소권자 본인 또는 대리인의 고의 또는 과실이 없음을 말한다.

(2) 절 차

① 상소제기와 동시에 서면으로 한다. ⇨ 상소권회복청구는 그 사유가 종료한 날로부터 상소제기기간에 상당한 기간 내에, 상소제기와 동시에 서면으로 원심법원(상소법원 ×)에 제출해야 한다(제346조 제1항). 11. 경찰승진, 18. 법원, 20·21. 경찰간부

② 상소제기기간 내에는 할 수 없다.

　㉠ 상고를 포기한 후 그 포기가 무효라고 주장하는 경우 상고제기기간이 경과하기 전에는 상고포기의 효력을 다투면서 상고를 제기하여 그 상고의 적법 여부에 대한 판단을 받으면 되고, 별도로 상소권회복청구를 할 여지는 없다(99모40). 10·
14. 법원, 17. 경찰1차, 20. 경찰간부, 20. 9급개론

　㉡ 상소권을 포기한 자가 상소제기기간이 도과한 후에 상소포기의 효력을 다투는 경우, 상소제기와 함께 상소권회복청구를 할 수 있다(2003모451). 19. 법원

③ 상소심이 선고된 후에는 할 수 없다. ⇨ 제1심판결에 대하여 검사의 항소에 의한 항소심판결이 선고된 후 피고인이 동일한 제1심판결에 대하여 항소권 회복청구를 하는 경우, 법원은 기각결정을 하여야 한다(2016모2874). 13. 법원, 19. 경찰2차

(3) 허부 결정

① 상소권회복의 청구를 받은 법원은 청구의 허부에 관한 결정을 하여야 한다(제347조 제1항).

② 임의적 집행정지 11. 경찰승진 : 법원은 허부의 결정을 할 때까지 재판의 집행을 정지하는 결정을 할 수 있다.

③ 인용(회복) 결정시 재판은 미확정의 상태로 돌아간다. 04. 행시

④ 허부 결정에 대하여는 즉시항고를 할 수 있다(제347조 제2항). 11. 경찰승진, 17. 경찰1차

(4) 포기와 관계

① 상소권은 상소포기로 소멸하고, 상소권회복청구로 회복할 수 없다.

② 상소포기가 무효인 경우

　㉠ 상소제기기간 도과 전 : 상소권회복청구 불가
　㉡ 상소제기기간 도과 후 : 상소권회복청구 가능

기출 키워드 체크

피고인이 소송계속 중인 사실을 알면서도 법원에 거주지 변경 신고를 하지 않았다고 하더라도 잘못된 _____에 터 잡아 피고인의 진술 없이 공판이 진행되고 피고인이 출석하지 않은 기일에 판결이 선고되었다면, 피고인은 자기 또는 대리인이 책임질 수 없는 사유로 상소제기기간 내에 상소를 하지 못한 것으로 볼 수 있다.

▶ **상소권회복사유를 긍정한 사례**

- 부적법한 공시송달에 의해 피고인의 진술 없이 공판절차를 진행하여 판결이 선고되고, 동 판결 등본이 공시송달되었으나 피고인이 판결선고 사실을 알지 못하여 상소제기기간 내에 상소를 하지 못한 경우(83모55, 2006모691) 14·18. 법원, 15. 9급국가직
- 피고인이 소송이 계속 중인 사실을 알면서도 법원에 거주지 변경 신고를 하지 않았다 하더라도, 잘못된 공시 송달에 터 잡아 피고인의 진술 없이 공판이 진행되고 피고인이 출석하지 않은 기일에 판결이 선고된 경우(2005모507) 15. 9급국가직·해경3차, 17. 7급국가직·여경·경찰특공대
- 교도소장이 형집행유예취소결정정본을 송달받고 1주일이 지난 뒤에 그 사실을 구속된 피고인에게 알렸기 때문에 피고인이나 그 배우자가 항고제기기간 내에 항고장을 제출할 수 없게 된 경우(91모32) 10. 법원, 12. 교정특채, 15. 9급국가직, 18. 7급국가직
- 소송촉진 등에 관한 특례법 제23조에 따라 피고인이 불출석한 상태에서 재판이 진행되어 유죄판결이 선고된 것도 모른 채 상소제기기간이 도과된 경우(86모3) 15. 9급국가직
- 제1심이 공시송달의 방법으로 진행되어 피고인이 공소제기 사실이나 판결선고 사실을 전혀 몰랐고, 피고인이 제1심 판결에 대한 항소를 법정기간 내에 제기하지 못한 경우(2003모447) 18. 법원
- 공시송달로 피고인을 소환하였으나 피고인이 불출석한 가운데 공판절차가 진행되고 제1심판결이 선고되었지만, 피고인으로서는 공소장부본 등을 송달받지 못한 관계로 공소가 제기된 사실은 물론이고 판결선고 사실에 대하여 알지 못한 나머지 항소제기기간 내에 항소를 제기하지 못한 경우(2003모447) 18. 7급국가직
- 피고인의 주거의 번지를 틀리게 기재하여 송달불능으로 공시송달하여 재판을 진행한 경우(73모68)
- 피고인이 출석한 가운데 제1심 형사재판이 변론종결되어 판결선고기일이 고지되었지만 그 선고기일에 피고인이 불출석하자, 소송촉진 등에 관한 특례법에 의하여 공시송달로 피고인을 소환한 최초의 공판기일에 곧바로 피고인의 불출석 상태에서 판결을 선고하였으나 피고인이 그 선고 사실을 알지 못하여 항소제기기간을 도과한 경우(91모23) 18. 7급국가직
- 기명날인이 누락된 정식재판청구서에 대한 보정 명령을 하지 않은 경우(정식재판청구 기각, 정식재판청구권 회복)(2008모605)

▶ **상소권회복사유를 부정한 사례**

- 사무소에 나가지 아니하여 사무소로 송달된 약식명령을 송달받지 못한 사례(2002모184) 15. 9급개론
- 변호인이 약식명령에 대해 정식재판청구서를 제출할 것으로 믿고 피고인이 스스로 적법한 정식재판의 청구기간 내에 정식재판청구서를 제출하지 못한 경우(2017모1557) 18. 경찰1차·7급국가직, 20. 경찰1차, 20. 법원
- 재판계속 중인 형사피고인이 자기의 새로운 주소지에 대한 신고 등의 조치를 취하지 않음으로써 소송서류 등이 송달되지 않아 공판기일에 출석하지 못하거나 판결선고 사실을 알지 못하였던 경우(96모56) 14. 법원, 15. 9급국가직, 18. 경찰간부

기출 키워드 체크

_____이 정식재판청구서를 제출할 것으로 믿고 피고인이 스스로 적법한 정식재판의 청구기간 내에 정식재판청구서를 제출하지 못하였더라도, 그것이 피고인 또는 대리인이 책임질 수 없는 사유로 인하여 정식재판의 청구기간 내에 정식재판을 청구하지 못한 때에 해당하지 않는다.

Answer
기출 키워드 체크
공시송달
변호인

- 피고인에게 징역형의 실형이 선고되었으나 형의 집행유예를 선고받은 것으로 잘못 전해 듣고 또한 판결주문을 제대로 알아들을 수가 없어서 항소제기기간 내에 항소하지 못한 경우(2000모85) 07. 경찰1차
- 상소권자 또는 그 대리인이 단순히 질병으로 입원하였었기에 상소하지 못한 경우(86모46) 18. 법원
- 피고인이 당해 사건의 공동피고인의 기망에 의하여 항소권을 포기하였음을 항소제기 기간이 도과한 뒤에야 비로소 알게 된 경우(84모40) 18. 7급국가직
- 피고인이 1심에서 실형과 항소심에서 항소기각판결을 받은 다음 위 판결 이전에 이미 다른 사건으로 확정되어 있던 징역형의 집행유예 판결의 선고일을 잘못 안 나머지 상고포기서를 제출한 경우(96모44)
- 피고인에게 교도소 담당직원이 상소권회복청구를 할 수 없다고 하면서 형사소송규칙 제177조에 따른 편의를 제공해 주지 않아 법률을 알지 못하는 바람에 상소제기기간을 경과한 경우(86모47)

❽ 일부상소

1. 의 의

① 일부상소란 재판의 일부에 대한 상소를 말한다. ⇨ 상소는 재판의 일부에 대해 가능하다(제342조 제1항). 12. 경찰3차, 15. 경찰2차

② 일부상소가 허용되지 않는 경우, 그 상소의 효력은 사건 전부에 미쳐 전부가 이심된다. ⇨ 상소는 재판의 일부에 대하여 할 수 있으며, 일부에 대한 상소는 그 일부와 불가분의 관계에 있는 부분에 대하여도 효력이 미친다. 12. 9급국가직, 15. 경찰2차, 18. 경찰간부

2. 일반원칙

① 재판의 내용이 가분적이고 독립된 판결이 가능한 경우 일부상소 가능하다.

② 즉, 실체적 경합범이고 판결의 주문이 분리되어야 일부상소 가능하다.

    ㉠ **실체적 경합범** ⇔ 단순일죄, 포괄일죄, 과형상 일죄(상상적 경합범)(일부상소 불가)

    ㉡ **판결 주문의 분리** ⇔ 주문이 하나인 경우(일부상소 불가)

3. 허 용

(1) 실체적 경합범 관계에 있는 수죄에 대하여

1) 일부는 유죄, 다른 일부는 무죄·면소·공소기각재판이 선고된 경우

① 검사만 무죄부분 상소하여 이유 있는 경우: 검사 상소 부분(무죄부분)만 심판대상 (파기)(일부파기)(91도1402) 12·13. 법원, 12·16·18. 9급국가직, 14. 7급국가직, 15. 해경3차, 16·19. 변호사, 19. 경찰간부

② 검사만 전부 상소하여 무죄부분만 이유 있는 경우 : 전부 심판(파기)(2011도12571)
01·16. 9급국가직, 14. 7급국가직, 15. 해경3차, 16·19. 경찰간부, 19. 9급국가직·9급개론

③ 쌍방 상소, 검사의 상소만 이유 있는 경우 : 전부 심판(파기)(2010도9110)
16. 경찰간부·9급국가직

2) 일부는 징역형, 다른 일부는 벌금형이 선고된 경우

3) 전부에 대하여 무죄가 선고된 경우 01. 경감

(2) 수개의 형이 선고된 경우(형법 제37조 후단)

① 피고인만 1개의 죄에 대하여만 무죄를 주장하며 항소를 하였다면, 경합범 관계에 있는 그 외 부분은 항소기간이 지남으로써 확정된다(2010도10985). 17. 변호사, 18. 7급국가직 ⇨ 확정판결 전의 공소사실과 확정판결 후의 공소사실에 대하여 따로 유죄를 선고하여 두 개의 형을 정한 제1심 판결에 대하여 피고인만이 확정판결 전의 유죄판결 부분에 대하여 항소한 경우, 항소심에 계속된 사건은 확정판결 전의 유죄판결 부분뿐이므로 항소심이 심리·판단하여야 할 범위는 확정판결 전의 유죄판결 부분에 한정된다(2016도18553). 18·20. 7급국가직

② 검사만 무죄로 선고된 A죄에 대하여 상고를 하자 대법원이 원심판결 중 A죄에 대해서만 파기하고 이를 원심법원에 환송한 경우, 환송 후의 원심에는 파기환송된 A죄 부분만이 계속된 것이므로 환송 후의 원심으로서는 이 부분만을 심리하여야 한다(2010도10985). 18. 7급국가직, 20. 경찰간부

③ 항소심이 확정된 부분에 대해 심리·판단한 경우, 이 부분은 이미 확정되어 당초부터 원심의 대상이 아니었으므로 상고심은 항소심에 환송할 수 없고, 이를 파기해야 한다(2016도18553).

(3) 유죄판결과 함께 선고된 배상명령

① 배상명령에 대해서만 상소제기 기간에 즉시항고 가능하다. 01·11. 경찰승진, 10. 경찰2차, 14. 7급국가직

4. 허용되지 않음

(1) 일죄의 일부

1) 단순일죄의 일부

① 단순일죄의 관계에 있는 공소사실의 일부에 대하여만 유죄로 인정한 경우에 피고인만이 항소하여도 그 항소는 그 일죄의 전부에 미쳐서 항소심은 무죄부분에 대하여도 심판할 수 있다(2000도5000). 10·13. 법원, 16. 9급국가직

② 1죄의 관계에 있는 공소사실 중 일부 유죄, 나머지 무죄의 판결에 대하여 검사만 무죄부분에 대하여 상고를 하고 피고인은 상고하지 아니하였더라도 유죄부분은 상고심에 이전되어 심판대상이 된다(89도478). 20. 7급국가직, 21. 경찰간부

2) 포괄일죄의 일부

① 포괄일죄 일부만 유죄이고 피고인만 상소한 경우: 전부 이심은 되나 상소한 부분만 심판(90도2820)(단순일죄는 전부 심판 가능) 03. 행시, 09. 전의경, 10. 법원, 13. 9급국가직, 21. 경찰간부

② 공소사실의 동일성이 인정되는 범죄사실의 일부에 대한 경우도 동일(2008도4740). [허위사실 적시 명예훼손(정보통신망법위반)으로 공소제기되었으나 법원이 사실을 적시 명예훼손한 것만 유죄로 인정하고, 피고인만 유죄부분에 대해 상소한 경우 ⇨ 전부 이심되나 상소한 부분만 심판가능] 13. 법원

③ 포괄일죄의 일부만이 유죄로 인정된 경우 그 유죄 부분에 대하여 피고인만이 항소하였을 뿐 공소기각으로 판단된 부분에 대하여 검사가 항소를 하지 않았다면, 유죄 이외의 부분도 항소심에 이심되기는 하나 그 부분은 이미 당사자 간의 공격·방어의 대상으로부터 벗어나 사실상 심판대상에서부터도 이탈하게 되므로 항소심으로서도 그 부분에까지 나아가 판단할 수 없다(2009도12934). 20. 경찰간부

④ 포괄일죄 일부만 유죄이고, 검사만 무죄부분에 대해 상소한 경우: 심판대상은 전부(유죄부분도 포함) 09. 전의경, 13. 법원

3) 상상적 경합(과형상 일죄)

① 상상적 경합관계에 있는 두 죄에 대하여 한 죄는 무죄, 한 죄는 유죄가 선고되어 검사만이 무죄 부분에 대하여 상고하였다 하여도 유죄 부분도 상고심의 심판대상이 된다(80도384). 10. 7급국가직, 15. 9급개론, 16. 법원, 17. 경찰1차·경찰간부, 16. 변호사

② 상상적 경합관계에 있는 수죄 전부에 대하여 무죄가 선고되었고, 검사가 상고하면서 그중 일부 무죄 부분에 대하여 상고이유로 삼지 않았다면, 상고심에서는 그 무죄 부분에까지 나아가 판단할 수 없다(2008도8922). 15. 9급개론, 18. 7급국가직, 20. 경찰간부

③ 항소심이 두 개의 죄를 경합범으로 보고 한 죄는 유죄, 다른 한 죄는 무죄를 각 선고하자 검사가 무죄부분만에 대하여 불복상고 하였다고 하더라도 두 죄가 상상적 경합관계에 있다면 유죄부분도 상고심의 심판대상이 된다(80도384). 16. 변호사

(2) 주형과 일체가 된 부가형 13. 9급국가직

1) 집행유예, 노역장유치 일수 등

2) 몰수·추징(囧 관세법 제282조) 18. 9급국가직

① 몰수형에 대한 일부 상소 ⇨ 전부 이심(상소기각이 아님) 10·12. 법원, 10·14. 7급국가직

② 추징에 관한 부분만을 불복대상으로 삼아 항소를 제기하였더라도 항소심 심리범위
는 본안에 관한 부분에까지 미친다(2008도5596). 18. 변호사, 20. 경찰1차·경찰간부·9급국가직

③ 상소심에서 원심의 주형 부분을 파기하는 경우 부가형인 몰수 또는 추징 부분도 함
께 파기하여야 하고, 몰수 또는 추징을 제외한 나머지 주형 부분만을 파기할 수는
없다(2009도2807). 11. 경찰승진, 12. 9급국가직

3) 소송비용부담의 재판

(3) 한 개의 형이 선고된 경합범 09. 전의경, 10. 경찰2차·법원, 11. 경찰승진

(4) 주위적·예비적 공소사실 13. 9급국가직

5. 방 식

① 일부상소를 한다는 취지를 명시하여야 하고, 불복부분을 특정해야 한다.

㉠ 검사가 항소장에는 경합법 중 1개의 죄에 대한 형만 기재하고, 항소이유서에 나
머지 죄에 대하여 항소이유를 개진한 경우, 판결전부에 대한 항소로 본다(2004
도3515). 10. 경찰2차

㉡ 경합범의 일부에 대해서만 유죄가 선고되고, 검사만이 항소하면서 무죄 부분에
대하여는 항소이유를 기재하고 유죄부분에 대하여는 이를 기재하지 않았으나 항
소 범위를 '전부'로 표시한 경우, 전부 이심되어 제1심판결 전부를 파기하고 경합
범 관계에 있는 공소사실 전부에 대하여 하나의 형을 선고하여야 한다(2010도
17779). 12. 9급국가직, 18. 7급국가직

② 일부상소의 취지나 불복부분이 명시되지 않았더라도 판결주문의 구성상 일부상소
임이 명백한 경우에는 일부상소가 인정된다.

6. 효 과

① 상소가 없는 부분은 상소기간이 경과하면 그대로 확정된다. 10. 법원, 11. 경찰승진

② 따라서 상소심은 일부상소된 부분만 심판 가능하고, 확정된 부분에 대해서는 심판
하지 못한다. 01. 경감

▶ **전부 상소된 것으로 본 사례**

1. 항소장에 경합범으로서 2개의 형이 선고된 죄 중 일죄에 대한 형만을 기재하고 나머지 일죄에 대한 형을 기재하지 아니하였다 하더라도 항소이유서에서 그 나머지 일죄에 대하여도 항소이유를 개진한 경우에는 판결 전부에 대한 항소로 볼 수 있다(2004도3515).
2. 검사가 불복의 범위란에 아무런 기재를 하지 아니하고, 판결주문란에 유죄부분의 형만을 기재하고 무죄의 주문은 기재하지 아니한 항소장을 제출하였으나 항소이유서에 무죄부분에 대하여도 항소이유를 개진한 경우 판결전부에 대한 항소로 보아야 한다(91도1937).
3. 경합범 관계에 있는 공소사실 중 일부에 대하여 유죄, 나머지 부분에 대하여 무죄를 선고한 제1심판결에 대하여 검사만이 항소하면서 무죄부분에 대하여는 항소이유를 기재하고 유죄부분에 대하여는 이를 기재하지 않았으나 항소 범위는 '전부'로 표시한 경우에는 제1심판결 전부가 이심되어 심판대상이 된다(2010도17779). 19. 경찰간부

▶ **단순일죄의 경우**

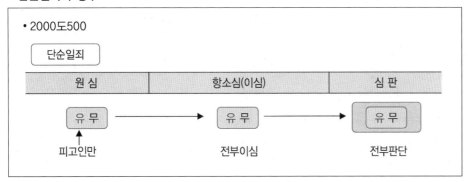

▶ **일부상소가 허용되는 경우 주요판례**(유죄＋무죄, 면소, 공소기각)

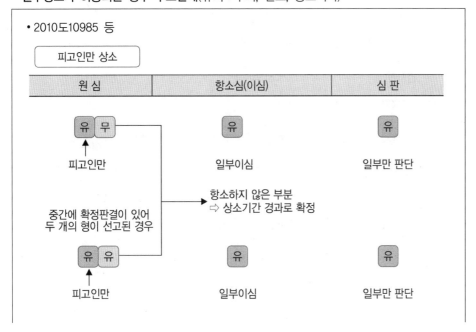

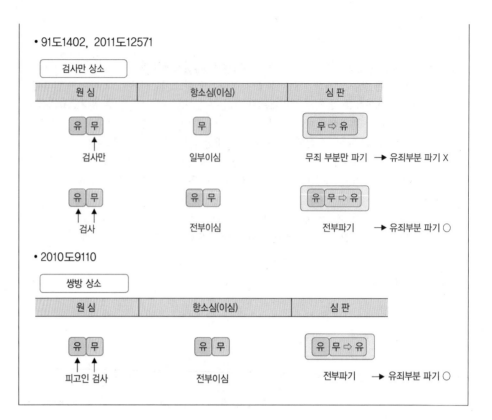

- 91도1402, 2011도12571

▶ **일부상소가 허용되지 않는 경우 주요 판례**

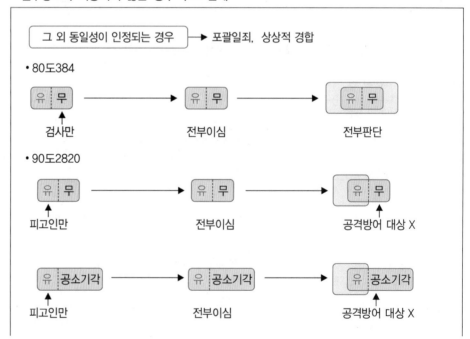

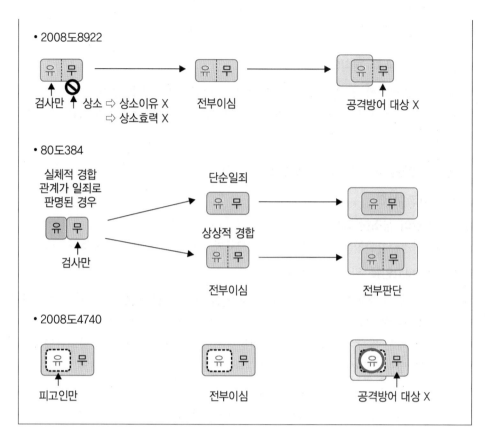

• 2008도8922

검사만 ↑ 상소 ⇨ 상소이유 X   전부이심   공격방어 대상 X
⇨ 상소효력 X

• 80도384

실체적 경합
관계가 일죄로
판명된 경우

검사만

단순일죄

상상적 경합

전부이심   전부판단

• 2008도4740

피고인만   전부이심   공격방어 대상 X

▶ **주위적·예비적 공소사실에 대한 일부 상소에 대한 판례**(2006도1146)

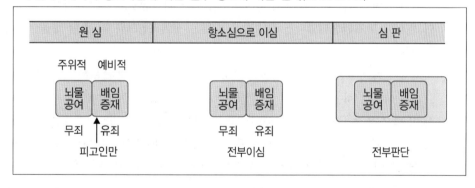

원 심	항소심으로 이심	심 판

주위적 예비적

뇌물공여 배임증재

무죄 ↑유죄

피고인만

뇌물공여 배임증재

무죄 유죄

전부이심

뇌물공여 배임증재

전부판단

❾ 불이익변경금지의 원칙

1. 불이익변경금지 원칙의 의의

불이익변경금지의 원칙이란 피고인이 상소한 사건과 피고인을 위하여 상소한 사건에 관하여 상소심은 원심판결의 형보다 중한 형을 선고하지 못한다는 원칙을 말한다. 10. 법원, 16. 경찰2차

2. 불이익변경금지 원칙의 적용범위

(1) 적용되는 사건

1) 피고인만이 상소한 경우

불이익변경금지원칙은 공소장 변경이 있는 경우에도 적용된다. 16. 9급국가직 · 9급개론

2) 검사가 피고인을 위하여 상소한 경우

3) 피고인과 검사 쌍방이 상소하였으나 검사가 상소이유서를 제출하지 않아 결정으로 상소기각된 경우(68도1870, 98도2111) 03. 행시, 12 · 15 · 19. 경찰간부, 14 · 19. 경찰2차 · 9급국가직, 19. 9급개론

피고인과 검사 쌍방이 피고사건 및 부착명령 청구사건 전부에 대하여 항소하였으나 검사가 부착명령 청구사건에 대한 항소이유서를 제출하지 아니한 경우 불이익변경금지원칙이 적용된다(2013도9666). 16. 경찰간부

4) 피고인만 항소한 2심판결에 대하여 검사가 상고한 때(4290형상1) 12. 교정특채, 18. 9급국가직 · 9급개론

① 법원이 징역 3년을 선고하자 甲만 항소하였으나 기각되었고, 그 후 검사가 상고하여 원심이 파기환송되었다면 환송받은 법원은 징역 3년보다 더 중한 형을 선고할 수 없다. 17. 7급국가직

② 이미 선고된 형 이외에 다시 형을 선고하는 것이 피고인에게 불리한 결과가 된다면 그러한 이유로 형을 선고하지 아니한다는 주문을 선고할 수 있다(91도1402). ⇨ 경합범(A죄 : 유죄, B죄 : 유죄)에 대해 제1심 징역 2년 선고 ⇨ 피고인만 항소 ⇨ 제2심 징역 2년(A죄 : 무죄, B죄 : 유죄) 선고 ⇨ 검사가 A죄(무죄)에 대해 상고 ⇨ 대법원 A죄를 유죄 취지로 파기 환송 ⇨ 환송된 2심은 A죄를 유죄로 판단할 경우 주문은 '형을 선고하지 아니한다.' 19. 변호사

5) 피고인만의 상고에 의하여 상고심에서 원심판결을 파기하고 사건을 항소심에 환송한 경우(2005도8607) 03. 행시, 09 · 10 · 18. 9급국가직, 10 · 14 · 15 · 20. 법원, 12. 해경간부, 16 · 18. 경찰간부, 18. 변호사 · 9급개론, 19. 경찰승진 · 경찰1차, 20. 7급국가직

이 경우 파기 환송심에서 공소장 변경이 있는 경우에도 적용된다(79도2105). 16 · 18. 경찰간부, 19. 법원, 21. 경찰1차

6) 재심절차 01. 경찰승진, 08 · 12 · 14 · 15. 법원, 12. 경찰간부, 18. 변호사

OX 피고인과 검사 쌍방이 피고사건 및 부착명령 청구사건 전부에 대하여 항소하였으나 검사가 부착명령 청구사건에 대한 항소이유서를 제출하지 아니한 경우, 실질적으로 부착명령 청구사건에 대해서는 피고인만이 항소한 경우와 같게 되므로 부착명령 청구사건에 관하여 불이익변경금지의 원칙이 적용된다. (○, ×) 16. 경찰간부

OX 피고인의 상고에 의하여 상고심에서 원심판결을 파기하고 사건을 항소심에 환송한 경우에 그 항소심에서는 환송 전 원심판결과의 관계에서도 불이익변경금지의 원칙이 적용되지만, 환송 후 항소심에서 적법한 공소장 변경으로 인하여 새로운 범죄사실을 유죄로 인정하는 경우에는 적용되지 않는다. (○, ×) 16. 경찰간부

Answer

OX
○, ×

7) 주한 미군 지위 협정

주한 미군 지위 협정 사건은 검사가 상소한 사건이나 검사와 피고인 쌍방이 상소한 사건도 불이익변경원칙이 적용된다.

(2) 적용되지 않는 사건

1) 검사만이 상소한 경우(피고인의 이익을 위한 경우는 제외)(71도574, 2008도1092)

11. 경찰2차, 11 · 12. 법원, 12. 경찰승진, 15. 경찰간부

검사만이 양형부당을 이유로 항소한 경우에도 원심이 제1심의 양형보다 가벼운 형을 선고하였다고 하여 위법은 아니다(80도2097). 19. 법원

2) 피고인과 검사 쌍방이 상소한 경우(검사의 상소가 기각되지 않은 경우)(2005도8507)

01 · 11. 경찰승진, 08. 7급국가직, 09. 9급국가직 · 법원, 12. 해경간부, 13. 경찰1차

3) 쌍방이 상소한 결과 검사의 상소가 받아들여져 원심판결 전부가 파기된 환송 후 원심

(2005도7473) 12. 9급국가직, 16. 경찰2차

4) 다른 사건(경합범)이 병합된 경우(2001도3448) 02 · 10. 경찰승진, 03 · 04. 행시, 09 · 10. 9급국가직,

12. 교정특채 · 해경간부, 14. 경찰2차

5) 항고사건

(3) 내 용

1) 중형변경금지

① 형이 같은 이상 원심이 인정한 죄보다 중한 죄를 인정하였다 하더라도(절도 ⇨ 강도) 불이익변경금지의 원칙에 위배되지 않는다(81도2779). 16. 경찰2차

② 판결이유나 죄명이나 적용법조를 변경하는 것은 제한되지 않는다(88도1983 등).
10. 9급국가직, 13. 7급국가직, 16. 경찰간부, 18. 변호사

  ㉠ 원심에서 유기징역을 선택하였다가 상소심에서 무기징역을 선택하였으나 선고한 형이 중하게 변경되지 않는 경우 ⇨ 적법(98도4534) 09. 전의경, 10 · 18. 경찰1차,
  13. 7급국가직, 18. 경찰승진

  ㉡ 제1심에서 인정한 범죄사실의 일부가 제2심에서 무죄가 되었음에도 동일한 형이 선고된 경우 ⇨ 적법(2002도5679) 04. 행시, 08. 경찰3차, 10 · 12. 경찰승진, 16. 해경

③ 죄수만 변경하는 것은 허용된다. ⇨ 제1심과 항소심의 선고형이 동일한 경우, 제1심에서 일죄로 인정한 것을 항소심에서 검사의 공소장변경신청을 받아들여 경합범으로 선고하더라도 불이익변경금지원칙에 위배되지 아니한다(83도3211). 17. 변호사

OX 불이익변경금지 원칙은 이익변경까지 금지하는 것은 아니므로 검사만이 양형부당을 이유로 항소한 경우에도 항소심 법원은 직권으로 심판하여 제1심의 양형보다 가벼운 형을 선고할 수 있다. (○, ×) 19. 법원

기출 키워드 체크
피고인에게 유리한 사실을 인정하면서도 동일한 _____을 선고하는 것은 불이익변경금지의 원칙에 반하지 않는다.

관련 판례
부정기형과 실질적으로 동등하다고 평가될 수 있는 정기형은 부정기형의 장기와 단기의 정중앙에 해당하는 형(예를 들어 징역 장기 4년, 단기 2년의 부정기형의 경우 징역 3년의 형이다. 이하 '중간형'이라 한다)이라고 봄이 적절하므로, 피고인이 항소심 선고 이전에 19세에 도달하여 제1심에서 선고한 부정기형을 파기하고 정기형을 선고함에 있어 불이익변경금지 원칙 위반 여부를 판단하는 기준은 부정기형의 장기와 단기의 중간형이 되어야 한다. 그 상세한 이유는 다음과 같다.
(중략)

Answer
기출 키워드 체크
형
OX
○

불이익변경금지 원칙은 상소심에서 불이익한 결과를 받게 될 위험으로 인해 상소권의 행사가 위축되는 것을 방지하기 위해 채택된 제도로 상소심법원이 이미 선고받은 형보다 실질적으로 불이익한 형을 선고하지 못한다는 원칙일 뿐, 상소 제기 후의 상황 변화에도 불구하고 피고인에게 최대한 유리한 결과를 부여한다는 원칙은 아니다.

소년법이 정하고 있는 형사처분에 관한 특별조치는 소년이라는 상태를 중시하여 소년이 건전하게 성장하도록 돕기 위해 규정된 것이지, 연령을 책임요소로 파악한 것이라거나 소년의 특성을 책임의 문제로 파악하여 규정된 것은 아니다. 이처럼 책임의 문제와 별개로 소년법이 소년이라는 상태를 중시하여 형사처분에 관한 특별조치로서 부정기형과 그 장기·단기의 상한(제60조 제1항), 형의 감경(제60조 제2항) 등을 규정하고 있는 목적에 비추어 보면, 소년법이 규정한 부정기형 등 형사처분에 관한 특별조치는 책임주의 원칙에 소년이라는 상태가 피고인에게 이익이 되는 방향으로 반영될 수 있도록 하기 위해 마련된 것이라고 봄이 타당하다. 부정기형의 장기 또는 단기는 선고된 형이 실질적으로 불이익하게 변경되었는지 여부를 형의 경중에 의하여 객관적으로 비교·판단할 수 있는 적절한 기준이 되지 않는다. 원심은, 제1심판결 선고 당시 소년이었던 피고인 1이 원심에 이르러 성인이 되었음을 이유로 피고인 1에 대하여 징역 장기 15년, 단기 7년의 부정기형을 선고한 제1심판결을 파기한 다음, 종전 대법원판결과 같이 피고인 1만이 항소를 하고 검사는 항소를 하지 않았으므로 불이익변경금지 원칙에 따라 제1심이 선고한 부정기형 중 단기인 징역 7년을 초과하는 징역형을 선고할 수 없다는 이유로 피고인 1에게 징역 7년을 선고하였다. 그러나 앞서 본 법리에 비추어 보면, 원심이 제1심에서 선고한 징역 장기 15년, 단기 7년의 부정기형 대신 정기형을 선고함에 있어 불이익변경금지 원칙 위반 여부를 판단하는 기준은 부정기형의 장기인 15년과 단기인 7년의 중간형, 즉 징역 11년[= (15 + 7) / 2]이 되어야 한다(대법원 2020.10.22. 선고 2020도4140 전원합의체 판결).

2) 불이익변경의 판단 기준 : 전체적·실질적으로 판단(선고형은 객관적으로 비교)

① 어떠한 경우 불이익한 것인지 여부에 대한 명문의 규정은 없다.

② 변경 전후의 형의 비교에 있어서는 불이익 여부를 개별적, 형식적으로 고찰할 것이 아니라 전체적, 실질적으로 고찰하여 결정하여야 한다(2016도2136). 11. 경찰승진, 16. 해경

② 사건이 경합범에 해당한다고 하여 개개 범죄별로 불이익변경의 여부를 판단할 것은 아니다(2005도7473). 16. 경찰2차

▶ 약식명령에 대하여 피고인만이 정식재판을 청구한 경우

1. 이전에는 약식명령에 대하여 피고인만이 정식재판을 청구한 경우, 약식명령의 형보다 중한 형을 선고하지 못하여 불이익변경금지원칙이 적용되었으나

2. 개정법(2017. 12. 19. 개정)에서는 '중한 종류의 형'을 선고하지 못하도록 바뀌었다(제457조의2 제1항). 13. 9급국가직, 14. 경찰2차

3. 따라서 위 정식재판에서 벌금형을 상향하는 것은 가능하나 징역형을 선고하지는 못한다. 18. 9급국가직·9급개론, 19. 경찰간부

4. 약식명령의 형보다 중한 형을 선고하는 경우(벌금형을 상향하는 경우)에는 판결서에 양형의 이유를 적어야 한다(동조 제2항).

3. 구체적 고찰

(1) 형의 추가

① 불이익하다고 판단된 사례

㉠ 제1심 무기징역 ⇨ 항소심 무기징역 + 징역 6월(제37조 후단 경합)(81도1945).

㉡ 원심판결의 징역형을 감경하고 벌금형을 추가하는 경우(징역 5년형 ⇨ 징역 4년 및 벌금 1억 5천만원)

㉢ 징역형은 감경되었으나 이에 자격정지형을 추가한 경우(84도1958) 09. 경찰1차

㉣ 제1심 징역 1년6월 및 추징 ⇨ 제2심 징역 1년6월, 집행유예 3년, 추징 및 벌금 5,000만원(필요적 병과)(2012도7198) 18. 변호사

② 불이익하지 않다고 판단된 사례

㉠ 1심 : 징역 6월, 집행유예 3년, 2심 : 징역 1년, 선고유예, 대법원 파기환송, 벌금 4천만원, 추징 1,648만원, 선고유예(추징 추가)(97도1716) 15. 9급국가직

(2) 형의 종류 변경

1) 징역형과 금고형

① 불이익하다고 판단된 사례

㉠ 징역형을 금고형으로 변경하면서 형기를 높이는 경우

㉡ 형기를 그대로 유지하면서 금고형을 징역형으로 변경하는 경우

② 불이익하지 않다고 판단된 사례

㉠ 형기를 줄여 금고형을 징역형으로 변경하는 경우

㉡ 형기를 그대로 유지하면서 징역형을 금고형으로 변경하는 경우

2) 자유형을 벌금형으로 변경(불이익 변경 ×)

㉠ 징역형이나 금고형을 ⇨ 벌금형으로 변경하는 경우

㉡ 징역형이나 금고형을 벌금형으로 변경하면서 노역장유치기간이 징역형이나 금고형의 형기를 초과하는 경우(80도765)

3) 벌금형을 자유형으로 변경 및 노역장유치기간

① 불이익하다고 판단된 사례

㉠ 징역형이나 금고형으로 변경하는 경우

㉡ 구류형을 벌금형으로 변경하는 경우(2003도3880)

㉢ 벌금형은 동일하지만 노역장유치기간이 길어진 경우(76도3161) 13. 법원

② 불이익하지 않다고 판단된 사례

㉠ 벌금형을 구류형으로 변경하는 경우(2011도1531) 12. 경찰승진

㉡ 벌금형이 감경되었지만 노역장유치기간이 길어진 경우(2000도3945) 10. 경찰승진, 12. 법원, 14. 9급국가직 · 경찰간부, 15. 해경3차, 19. 경찰간부 · 해경간부, 19. 경찰1차

㉢ 노역장유치기간도 줄어든 경우에는 비록 노역장유치 환산의 기준금액이 낮아졌다고 하더라도 불이익변경이 되었다고 볼 수 없다(2000도3945)(93도2563). 10. 경찰1차 · 경찰승진, 12. 법원

㉣ 징역형의 형기가 단축되었지만 벌금형의 액수가 같고 벌금형에 대한 환형유치기간이 길어진 경우(93도2894)

㉤ 징역형 대신 벌금형을 선고하면서 벌금형의 환형유치기간이 제1심에서 선고한 징역형의 기간을 초과하는 경우(80도765) 05. 검찰, 06. 법원, 08. 경찰3차, 10. 경찰1차 · 경찰승진, 11. 경찰2차

㉥ 주형은 동일하면서 미결구금일수를 줄여서 선고한 경우(95도2500) 08. 법원

4) 부정기형과 정기형(중간형 기준)

① 피고인이 항소심 선고 이전에 19세에 도달하여 제1심에서 선고한 부정기형을 파기하고 정기형을 선고함에 있어 불이익변경금지 원칙 위반 여부를 판단하는 기준은 부정기형의 장기와 단기의 중간형이 되어야 한다(2020도4140).

5) 기 타

① 불이익하다고 판단된 사례
  ㉠ 치료감호를 징역형으로 변경하는 것은 불이익변경에 해당(83도765)

② 불이익하지 않다고 판단된 사례
  ㉠ 주형의 형기를 감축하고, 압수장물을 피해자에게 환부하는 선고를 추가하는 경우(90도16) 16. 9급국가직·9급개론, 18. 경찰1차·경찰간부
  ㉡ 소송비용 부담이 불리하게 변경된 경우(2001도872) 09·19. 법원·경찰승진, 12·13·19·21. 경찰1차, 14. 경찰간부, 21. 9급국가직·9급개론
  ㉢ 판결서 경정을 통하여 잘못된 미결구금일수를 수정한 경우(2007도3448) 12·19. 법원, 13. 7급국가직

(3) 집행유예

① 불이익하다고 판단된 사례
  ㉠ 자유형의 집행유예가 선고된 판결에 대하여 징역형의 형기를 단축하여 실형을 선고한 경우(70도33) 05. 경찰3차, 11·20. 법원, 16·19. 변호사, 17·18. 9급개론·9급국가직, 18. 경찰1차
  ㉡ 집행유예의 기간을 늘리는 경우(83도2034)
  ㉢ 집행유예가 선고된 자유형의 형기를 그대로 유지하면서 집행유예의 기간만을 늘리는 경우(83도2034)
  ㉣ 자유형의 형기를 늘리면서 집행유예를 선고하는 경우(66도1319) 03. 경찰승진, 10. 9급국가직, 11. 법원
  ㉤ 징역형을 선고한 판결에 대하여 징역형의 집행유예와 벌금형을 선고한 경우(2012도7198) 03. 경찰승진, 09. 전의경
  ㉥ 징역형과 벌금형을 선고한 판결에 대하여 동일한 징역형의 형기에 대한 집행유예와 2배의 벌금형을 선고한 경우(80도2977)
  ㉦ 2개의 벌금형을 선고한 판결에 대하여 징역형의 집행유예와 사회봉사명령을 선고한 경우는 벌금형보다 징역형의 집행유예가 더 무거운 형이라는 이유로 불이익변경에 해당된다(2005도8607). 15. 해경3차, 17. 9급개론·9급국가직

② 불이익하지 않다고 판단된 사례
  ㉠ 자유형의 형기를 그대로 유지하면서 집행유예를 선고하는 경우

ⓛ 형기의 변경 없이 금고형을 징역형으로 바꾸어 집행유예를 선고하는 경우(2013
도6608) − 제1심이 피고인에게 금고 5월의 실형을 선고하였는데, 항소심이 징
역 5월, 집행유예 2년, 보호관찰 및 40시간의 수강명령을 선고하였다면 피고인
에게 불이익하게 변경된 경우(2013도6608) 17. 변호사

ⓒ 형의 집행면제를 집행유예로 변경하는 경우(84도2972) 05. 경찰3차, 10. 경찰승진, 21. 경찰간부

ⓔ 제1심 징역 1년, 집행면제 ⇨ 제2심 징역 8월, 집행유예 2년(89도780) 18. 변호사

ⓜ 집행유예의 판결은 소정 유예기간을 특별한 사유 없이 경과한 때에는 그 형의
선고의 효력이 상실되나 형의 집행면제는 그 형의 집행만을 면제하는 데 불과하
므로 집행유예의 판결이 형 집행면제보다 피고인에게 불리한 것이라 할 수 없다.
16. 경찰2차

ⓗ 자유형의 집행유예 ⇨ 벌금형(징역 10월, 집행유예 2년 ⇨ 벌금 1천만원)(90도
1534) 10. 법원, 19. 경찰1차

(4) 형의 선고유예

① 불이익하다고 판단된 사례

ㄱ 징역형의 선고유예에 대하여 벌금형을 선고하는 경우(99도3776) 09. 전의경, 11. 경찰1차,
12. 교정특채, 12 · 18 · 21. 경찰간부, 13 · 20. 법원, 15. 해경3차, 16. 9급국가직 · 9급개론, 17. 변호사, 19. 해경간부

② 불이익하지 않다고 판단된 사례

ㄱ 징역형의 실형과 벌금형의 선고유예에 대하여 징역형에 대해서는 집행유예를,
선고유예된 벌금형에 대해서는 감액된 벌금형을 선고한 경우(74도1785) 09. 경찰1차

ㄴ 징역형의 선고유예에 대하여 벌금형과 추징의 선고유예를 한 경우(97도1716)

(5) 몰수와 추징

① 불이익하다고 판단된 사례

ㄱ 몰수, 추징액이 증가하여 불리하게 변경된 경우 원칙적으로 불이익변경금지원칙
적용(2006도4888) 09 · 11. 법원, 10. 경찰승진 · 7급국가직, 12. 경찰1차, 14 · 16. 경찰간부, 15. 해경3차,
16. 해경 · 9급국가직 · 9급개론 ⇨ 추징도 몰수에 대신하는 처분으로서 몰수와 마찬가지로
형에 준하여 평가하여야 할 것이므로 그에 관하여도 불이익변경금지의 원칙이
적용된다. 16. 경찰간부, 19. 해경간부 · 경찰승진

ㄴ 주형은 동일하지만 새로이 몰수 · 추징을 추가하는 경우(92도2020) 13. 법원

ㄷ 동일한 징역형을 선고하면서 원심보다 무거운 추징을 병과하는 경우(77도541)

ㄹ 주형이 단축되어도 몰수 · 추징의 액수가 크게 증가한 경우(81도2685, 징역 1월,
미결구금일수 115일, 추징 20만원 ⇨ 징역 8월, 미통 100일, 추징 45만원)

ㅁ 추징을 불리하게 변경하는 경우(2006도4888)

관련 판례🎯
[불이익변경금지 원칙 위반 ○]
① 징역 2년, 집행유예 3년 ➡ ② (징역 1년, 집행유예 2년)과 (징역 1년, 집행유예 2년) 및 (성폭력치료강의 수강명령 40시간)

피고인이 군인 신분에서 폭행, 모욕, 군인등강제추행, 군용물손괴, 특수폭행으로 기소되어 보통군사법원에서 진행된 제1심에서 징역 2년에 집행유예 3년의 유죄판결을 선고받고 위 판결에 대하여 피고인만이 항소하였는데, 항소심인 고등군사법원은 피고인이 예비역으로 전역하였음을 이유로 군용물손괴 부분을 제외한 나머지 공소사실을 원심으로 이송하면서, 군사법원법에 따라 여전히 신분적 재판권이 인정되는 군용물손괴 부분을 유죄로 인정하여 징역 1년에 집행유예 2년의 유죄판결을 선고하였고, 위 분리된 항소심판결 확정 후 원심이 이송받은 공소사실 전부를 유죄로 인정하여 징역 1년에 집행유예 2년을 선고하면서 40시간의 성폭력 치료강의 수강명령을 병과한 사안에서, 집행을 유예한 징역형의 합산 형기가 동일하더라도 원심이 새로 수강명령을 병과한 것은 전체적·실질적으로 볼 때 피고인에게 불이익하게 변경한 것이어서 허용되지 않는다.

Answer

OX
○, ○

② 불이익하지 않다고 판단된 사례
  ㉠ 주형을 경하게 하고 몰수·추징을 다소 추가하거나 증가시키는 경우(96도2850) (징역 2년, 집행유예 3년, 추징 5억 ➡ 징역 1년, 집행유예 2년, 추징 6억) 12. 법원
  ㉡ 추징을 몰수로 변경하는 경우(2005도5822) 08. 7급국가직, 09. 경찰1차·9급국가직, 09·11. 경찰승진, 12. 해경간부
  ㉢ 징역형의 선고유예에 대해 벌금형의 선고유예로 변경하면서 새로 추징을 추가하여 선고유예한 경우(97도1716)

(6) 보안처분

① 불이익하다고 판단된 사례
  ㉠ 치료감호만 선고되고 피고인만이 항소하였는데, 항소심에서 징역형을 선고하는 경우(83도765) 09. 경찰1차
  ㉡ 자유형의 형기나 집행유예의 기간을 그대로 유지하면서 보호관찰, 수강명령, 사회봉사 등을 새로이 부가하거나 그 기간을 늘리는 경우
  ㉢ 다른 형은 동일하게 선고하면서 부착명령기간만 늘인 경우(2013도9666) 16. 경찰간부, 17. 9급개론·9급국가직, 19. 경찰승진
  ㉣ 제1심과 동일한 벌금형을 선고하면서 성폭력 치료프로그램 이수명령을 병과한 경우(2015도11362) 17. 변호사
  ㉤ ⓐ 징역 2년, 집행유예 3년 ➡ ⓑ (징역 1년, 집행유예 2년)과 (징역 1년, 집행유예 2년) 및 (성폭력치료강의 수강명령 40시간)(2016도15961)
  ㉥ 동일한 형을 선고하면서 더 긴 취업제한기간을 부가(2019도15961)
  ㉦ 제1심 : 징역 1년과 120시간의 성폭력 치료프로그램 이수명령, 아동·청소년 관련기관 등에 5년간의 취업제한명령 ➡ 제2심 : 개정법에 따라 제1심과 동일한 형 등과 함께 장애인복지시설에 5년간의 취업제한명령을 선고(2019도11540) 20. 7급국가직, 21. 경찰1차

② 불이익하지 않다고 판단된 사례
  ㉠ 치료에 중점을 두고 있는 치료감호는 피고인에게 유리한 것이므로 불이익변경금지원칙이 적용되지 않음(2010도9013) 12. 경찰1차
  ㉡ 제1심에서는 청구되지 않았고 항소심에서 처음 청구된 검사의 전자장치부착명령 청구에 대하여 항소심에서 부착명령을 선고하는 경우(2010도9013) 12. 경찰1차, 17. 변호사
  ㉢ 성폭력범죄, 제1심 징역 장기 7년, 단기 5년 및 위치추적 전자장치 부착명령 5년 ➡ 제2심 징역 장기 5년, 단기 3년 및 위치추적 전자장치 부착명령 20년(2010도7955, 2010전도46) 12. 법원·경찰승진

ⓐ 성폭력범죄 제1심 징역 15년 및 위치추적 전자장치 부착명령 5년 ⇨ 제2심 징역 9년, 동안의 공개명령 5년 및 위치추적 전자장치 부착명령 6년(2010도16939)

12·14. 경찰간부, 12·13·18. 경찰1차, 13. 7급국가직, 19. 해경간부

ⓜ ⓐ 징역 5년, 성폭력치료프로그램 이수명령 40시간 및 추징 18만원 ⇨ ⓑ 징역 5년, 성폭력치료프로그램 이수 40시간, 추징 18만원, 취업제한 5년(취업제한 명령의 선고가 없더라도 5년간 취업이 제한됨)(2018도13367)

ⓗ 누락된 신상정보 고지(2014도13529) 19. 경찰승진

ⓢ 제1심 : 징역 7년과 80시간의 성폭력 치료프로그램 이수명령, 아동·청소년 관련기관 등에 10년간의 취업제한명령을 선고 제2심 : 제1심보다 가벼운 징역 6년과 80시간의 성폭력 치료프로그램 이수명령, 아동·청소년 관련기관 등에 10년간의 취업제한명령과 함께 장애인복지시설에 10년간의 취업제한명령을 선고 (2019도11609).

⑺ 미결구금일수

① 불이익하다고 판단된 사례

㉠ 미결구금일수만을 제1심판결보다 줄여서 선고한 경우(95도2500)

② 불이익하지 않다고 판단된 사례

㉠ 판결서 경정을 통하여 잘못된 미결구금일수를 수정한 경우(2007도3448) 12. 법원,

13. 7급국가직, 17. 경찰간부

⑻ 병합의 경우

1) 원 칙

① 다른 사건이 병합된 경우 원칙적으로 불이익변경금지원칙이 적용되지 않는다.

2) 사 례

① 불이익하다고 판단된 사례

㉠ 약식명령에 대하여 정식재판을 청구하여 다른 사건과 병합되어 징역형이 선고된 경우(2004도6784) 13. 급국가직

구 분	약 식	정식재판(1심)
사건 A	교통사고처리특례법위반 350만	A, B 병합
사건 B	음주운전	징역 6월

㉡ 벌금 150만원의 약식명령을 고지받고 정식재판을 청구한 '당해 사건'과 정식 기소된 '다른 사건'을 병합·심리한 후 두 사건을 경합범으로 처단하여 벌금 900만원을 선고한 제1심판결에 대해, 피고인만이 항소한 원심에서 다른 사건의 공소사실 전부와 당해 사건의 공소사실 일부에 대하여 무죄를 선고하고 '당해 사건'의 나머지 공소사실은 유죄로 인정하면서 그에 대하여 벌금 300만원을 선고한 경우(2009도10754) 13. 경찰1차

관련 판례

[불이익변경금지 원칙 위반 ○]

[징역 1년, 이수명령 120시간, 아동청소년 관련기관 취업제한 5년 ⇨ 동일한 형 + 장애인복지시설 취업제한 5년] 취업제한명령은 범죄인에 대한 사회 내 처우의 한 유형으로서 형벌 그 자체가 아니라 보안처분의 성격을 가지는 것이지만, 실질적으로 직업선택의 자유를 제한하는 것이다. 따라서 원심이 제1심판결에서 정한 형과 동일한 형을 선고하면서 제1심에서 정한 취업제한기간보다 더 긴 취업제한명령을 부가하는 것은 전체적·실질적으로 피고인에게 불리하게 변경한 것이므로, 피고인만이 항소한 경우에는 허용되지 않는다.

(중략)

취업제한명령은 범죄인에 대한 사회 내 처우의 한 유형으로서 형벌 그 자체가 아니라 보안처분의 성격을 가지는 것이지만, 실질적으로 직업선택의 자유를 제한하는 것이다. 따라서 원심이 제1심판결에서 정한 형과 동일한 형을 선고하면서 제1심에서 정한 취업제한기간보다 더 긴 취업제한명령을 부가하는 것은 전체적·실질적으로 피고인에게 불리하게 변경한 것이므로, 피고인만이 항소한 경우에는 허용되지 않는다. 제1심이 개정법 시행일 이전에 유죄를 인정하여 징역 1년과 120시간의 성폭력 치료프로그램 이수명령, 아동·청소년 관련기관 등에 5년간의 취업제한명령을 선고하였고, 이에 대하여 피고인만 양형부당을 이유로 항소하였는데, 개정법 시행일 이후에 판결을 선고한 원심이 개정법 부칙 제2조와 개정법 제59조의3 제1항(이하 '개정규정'이라 한다)에 따라 판결 선고와 동시에 아동·청소년 관련기관 등에 대한 취업제한명령뿐 아니라 장애인복지시설에 대한 취업제한명령을 선고하여야 한다는 이유로 제1심판결을 직권으로 파기하고 유죄를 인정하면서 제1심과 동일한 형 등과 함께 장애인복지시설에 5년간의 취업제한명령을 선고한 경우, 피고인에게 불리하게 제1심판결을 변경한 것이어서 허용되지 않는다(대법원 2019.10.17. 선고 2019도11540 판결).

관련 판례

[불이익변경 금지 원칙 위반 ○]
〈피고인만 항소한 항소심에서 검사의 공소장 변경으로 공소사실이 추가돼 변경됐더라도 원심보다 중한 형을 선고하지는 못한다〉
형사소송법 제368조, 제399조는 피고인이 상소하거나 피고인을 위해 상소한 사건에 대하여는 원심판결의 형보다 중한 형을 선고하지 못한다고 규정해 이른바 불이익 변경 금지의 원칙을 규정하고 있다.
피고인만이 항소한 항소심에서 공소장 변경에 의해 공소사실이 추가·철회·변경된 경우에도 형의 불이익변경은 허용되지 않는다.
원심은 상해의 공소사실을 택일적으로 추가하는 검사의 공소장 변경 신청을 허가했음을 이유로 직권으로 1심 판결을 파기하고 택일적으로 추가된 상해의 공소사실을 유죄로 인정하면서 A씨에게 1심보다 무거운 벌금 150만원을 선고했다.
이는 불이익 변경 금지의 원칙에 관한 법리를 오해해 판결에 영향을 미친 잘못이 있다(2021도1140).

OX 제1심에서 별개의 사건으로 징역 1년에 집행유예 2년과 추징금 1천만원 및 징역 1년 6월과 추징금 1백만원의 형을 선고받고 항소한 피고인에 대하여 사건을 병합심리한 후 경합범으로 처단하면서 제1심의 각 형량보다 중한 형인 징역 2년과 추징금 1,100만원을 선고한 것은 불이익변경금지의 원칙에 어긋나지 아니한다.
(○, ×) 14. 경찰2차

관련 판례

[불이익변경금지 원칙 위반 ×]
[징역 7년, 이수명령 80시간, 아동청소년 관련기관 취업제한 10년 ⇨ 징역 6년, 이수명령 80시간, 아동청소년관련기관 취업제한 10년, 장애인복지시설 취업제한 10년]
제1심이 개정법 시행일 이전에 유죄를 인정하여 징역 7년과 80시간의 성폭력 치료프로그램 이수명령, 아동·청소년 관련기관 등에 10년간의 취업제한명령을 선고하였고, 이에 대

Answer
OX
○

구 분		약 식	정식재판(1심)	2심
사건 A	A1	150만원	900만원	300만원
	A2			무죄
사건 B				무죄

② 불이익하지 않다고 판단된 사례
  ㉠ 약식명령에 대하여 정식재판을 청구한 사건과 공소가 제기된 다른 사건이 병합되어 중한 벌금형이 선고되는 경우(2003도4732) 04. 행시, 08. 경찰3차·7급국가직, 10·11. 경찰승진, 14. 경찰2차, 16. 해경, 17. 9급개론·9급국가직

구 분	약 식	정식재판(1심)
사건 A	200만원	A, B 병합 300만원
사건 B		

  ㉡ 제1심에서 피고인이 벌금 300만원의 약식명령을 고지받고 정식재판을 청구한 A사건과 공소가 제기된 B사건을 병합 심리 후 위 각 죄가 경합범 관계에 있다는 이유로 하나의 형인 벌금 400만원을 선고하였는데, 피고인이 항소하여 원심이 위 병합된 A·B사건과 제1심에서 징역 4년이 선고된 C사건을 병합하여 징역 3년을 선고한 경우(2016도2136)

구 분	약 식	정식재판(1심)	2심
사건 A	300만원	400만원	징역 3년
사건 B			
사건 C		징역 4년	

  ㉢ 제1심에서 별개의 사건으로 징역 1년에 집행유예 2년과 추징금 1천만원 및 징역 1년 6월과 추징금 1백만원의 형을 선고받고 항소한 피고인에 대하여 사건을 병합심리한 후 경합범으로 처단하면서 제1심의 각 형량보다 중한 형인 징역 2년과 추징금 1,100만원을 선고한 경우(2001도3448) 14. 경찰2차, 19. 경찰간부

구 분	1심	2심
사건 A	징역 1년, 집유 2년, 추징 1천만원	징역 2년, 추징 1천1백만원
사건 B	징역 1년 6월, 추징 1백만원	

3) 형종 상향 금지의 원칙과 병합
  ① 형종 상향 금지 원칙 적용
    ㉠ 형종 상향 금지의 원칙은 피고인이 정식재판을 청구한 사건과 다른 사건이 병합·심리된 후 경합범으로 처단되는 경우에도 정식재판을 청구한 사건에 대하여 그대로 적용된다(대법원 2020.1.9. 선고 2019도15700 판결)

② 불이익하다고 판단된 사례

　㉠ 피고인이 절도죄 등으로 벌금형(300만원)의 약식명령을 발령받은 후 정식재판을 청구하였는데, 제1심법원이 위 정식재판청구 사건을 통상절차에 의해 공소가 제기된 다른 점유이탈물횡령 등 사건들과 병합한 후 각 죄에 대해 모두 징역형을 선택한 다음 경합범으로 처단한 징역형(징역 1년 2월)을 선고하자, 피고인과 검사가 각 양형부당을 이유로 항소한 사안에서, 제1심판결 중 위 정식재판청구 사건 부분에 형사소송법 제457조의2 제1항에서 정한 형종 상향 금지의 원칙을 위반한 잘못이 있고, 제1심판결에 대한 피고인과 검사의 항소를 모두 기각함으로써 이를 그대로 유지한 원심판결에도 형사소송법 제457조의2 제1항을 위반한 잘못이 있다(2019도15700)

구 분	약 식	정식재판(1심)
사건 A	절도 300만원	A, B 병합
사건 B	점유이탈물횡령	징역 1년 2월

　㉡ 사기죄, 상해죄 및 업무방해죄에 대해 징역 1년 2월(A)을 선고한 1심판결에 대한 항소사건과 폭행죄 및 모욕죄에 대하여 벌금 300만원의 약식명령에 대한 정식재판의 제1심판결(벌금)(B)에 대한 항소사건을 병합하여, 이를 모두 파기한 후 각 죄를 모두 유죄로 인정하고 징역형을 각 선택한 후 징역 1년 2월을 선고한 것은 형사소송법 제457조의2 제1항에서 정한 형종상향금지의 원칙을 위반한 잘못이 있다.

구 분	약 식	정식재판(1심)	2심
사건 A	×	사기죄 등 징역 1년 2월	A, B 병합
사건 B	폭행죄 등 300만원	300만원	징역 1년 2월

4. 불이익변경금지원칙 위반의 효과

① 항소심이 이 원칙을 위반하면 판결에 영향을 미친 법률 위반으로서 상고이유가 된다.

② 상고심이 위반하면 확정판결이 법령에 위반한 경우로서 비상상고의 이유가 된다.

③ 약식명령에 대한 정식재판에서 선고한 형이 불이익변경에 해당하는 경우에는 판결에 영향을 미친 법률 위반으로서 항소이유가 된다.

하여 피고인만이 양형부당으로 항소하였는데, 개정법 시행일 이후에 판결을 선고한 원심이 제1심판결을 직권으로 파기하고 유죄를 인정하면서 제1심보다 가벼운 징역 6년과 80시간의 성폭력 치료프로그램 이수명령, 아동·청소년 관련기관 등에 10년간의 취업제한명령과 함께 개정법 부칙 제2조와 개정법 제59조의3 제1항 본문에 따라 장애인복지시설에 10년간의 취업제한명령을 선고한 사안에서, 원심판결에 불이익변경금지원칙을 위반한 잘못이 없다(대법원 2019.10.17. 선고 2019도11609 판결).

관련 판례⚑
[불이익변경금지 원칙 위반 ×]
[① 징역 5년, 성폭력치료프로그램 이수명령 40시간 및 추징 18만원 ⇨ ② 징역 5년, 성폭력치료프로그램 이수 40시간, 추징 18만원, 취업제한 5년 (취업제한 명령의 선고 없더라도 5년간 취업이 제한됨)]
2018. 1. 16. 법률 제15352호로 개정된 아동·청소년의 성보호에 관한 법률의 시행 전에 아동·청소년 대상 성범죄를 범한 피고인에 대하여, 제1심이 개정법 시행일 이전에 유죄를 인정하여 징역 5년과 성폭력치료프로그램 이수명령(40시간), 추징(18만원)을 선고하였고, 이에 대하여 피고인만 사실오인과 양형부당을 이유로 항소하였는데, 개정법 시행일 이후에 판결을 선고한 원심이 개정법 부칙 제3조와 제56조 제1항에 따라 판결 선고와 동시에 취업제한 명령을 선고하여야 한다는 이유로 제1심판결을 직권으로 파기하고 유죄를 인정하여 제1심과 동일한 형과 함께 5년간의 취업제한 명령을 선고한 사안에서, 불이익변경금지원칙에 반하지 않는다(대법원 2018.10.25. 선고, 2018도13367 판결).

❿ 파기판결의 기속력(구속력)

1. 의 의

파기판결의 구속력 또는 기속력이란 상소심이 원판결을 파기하여 환송 또는 이송한 경우에 상급심의 판단이 환송 또는 이송받은 하급심을 구속하는 효력을 말한다.

2. 구속력의 범위

(1) 구속력이 발생하는 재판 : 상소심의 파기판결

① 기속력이 발생하는 재판은 상소심의 파기판결이고, 원심법원에의 파기환송인지 아니면 원심 동급법원에의 파기이송인지는 불문한다. 02. 행시

② 재항고심에서는 대법원에 의한 파기환송 또는 파기이송이 가능하므로 기속력은 파기판결의 경우뿐만 아니라 파기결정의 경우에도 발생한다.

(2) 구속력이 미치는 법원

① 당해 사건의 하급법원 02. 행시 : 파기환송심은 상고법원이 파기이유로 한 사실상·법률상 판단에 기속된다(2008도11036). 17. 7급국가직

② 파기한 법원(2004도517) 12. 경찰1차, 13. 법원, 15. 9급개론 : 파기판결의 기속력은 파기판결을 행한 상고법원에 대하여서도 미친다(2007도5987). 15. 9급국가직·9급개론

(3) 구속력이 미치지 않는 법원

① 파기한 법원의 상급법원 02. 행시, 03. 경찰승진

② 대법원 전원합의체(98두15597)

(4) 구속력이 미치는 판단

① 법률판단과 사실판단(2008도10572)

② 소극적·부정적 판단(2004도340) 12. 경찰1차 ⇨ 적극적·긍정적 판단에는 구속력이 미치지 않는다(2004도340).

3. 구속력의 배제

(1) 사실관계의 변경

① 환송 이송 후에 새로운 사실과 증거에 의하여 사실관계가 변경되면 구속력은 배제된다. 03. 경찰승진, 20. 경찰간부 ⇨ 상고심으로부터 사건을 환송받은 법원이 상고법원이 파기이유로 한 사실상 및 법률상의 판단에 대하여 심리하는 과정에서 새로운 증거가 제시되어 기속적 판단의 기초가 된 증거관계에 변동이 생기지 아니하는 한 그 판단에 기속된다(2003도3976). 19. 변호사

② 환송 또는 이송 후에 새로운 증거에 따라 환송 또는 이송 전의 판단과 동일한 결론에 이르게 되거나(84도1379) 환송 또는 이송 후에 공소사실이 변경됨에 따라 새로운 사실을 인정하여도 기속력에 반하지 않게 된다(2004도340). 12. 경찰1차, 15. 9급국가직·9급개론 ⇨ 무거운 결론을 내리더라도 위법하지 않다(2017도14322).

⑵ 법령, 판례의 변경

파기판결 후에 법령·판례가 변경된 경우에도 구속력이 배제된다. 02. 행시

⑶ 상소심이 판단하지 않은 부분

① 상소심에서 판단을 하지 않았다면 그 부분은 파기판결의 선고로 실체적으로 확정되는 것이 아니므로 환송받은 법원은 그 부분에 대하여 다시 판단할 수 있다(2007도7042).

② 몰수형 부분의 위법을 이유로 원심판결 전부가 파기환송된 후, 환송 후 원심이 주형을 변경한 조치는 환송판결의 기속력에 저촉된다고 볼 수는 없다(2003도4781).
12. 경찰1차, 15. 9급국가직·9급개론

4. 구속력의 효과

원심법원이 상고법원이 파기이유로 한 사실상 또는 법률상의 판단에 반하는 판단을 한 경우에는 상고심은 법령위반을 이유로 원심판결을 파기하여야 한다(93도2023).

[기출 키워드 체크]

환송받은 법원에서 _____이 변경된 경우 환송받은 법원은 파기판결이 한 사실판단에 기속될 필요가 없다.

[관련 판례]
환송판결의 하급심에 대한 기속력은 파기의 이유가 된 원심판결의 사실상 판단이나 법률상 판단이 위법하다는 소극적인 면에서만 발생하므로, 환송 후의 심리과정에서 새로운 증거나 이에 준하는 새로운 간접사실이 제시되는 등의 사유로 그 판단의 기초가 된 증거관계 등에 변동이 있었다면 기속력이 미치지 않는다. 따라서 환송 후 법원이 파기이유가 된 잘못된 판단을 피하여 새로운 증거 등에 따라 환송 전의 판결과 같은 결론은 물론이고, 그보다 무거운 결론을 내리더라도 위법하지 않다(대법원 2018.4.19. 선고 2017도14322 전원합의체 판결).

[OX] 몰수형 부분의 위법을 이유로 원심판결 전부가 파기환송되었다면 환송 후 원심이 주형을 변경하는 것은 환송판결의 기속력에 저촉된다.
(○, ×) 12. 경찰1차

[Answer]
[기출 키워드 체크]
공소사실
[OX]
×

01 □□□ 상소의 제기는 그 기간 내에 서면 또는 구술로 할 수 있다. (×)

02 □□□ 상소제기기간은 항소 및 상고의 경우에는 7일이며, 즉시항고의 경우에는 원칙적으로 3일이다. (×)

03 □□□ 피고인의 법정대리인은 피고인의 동의를 얻어 상소를 취하할 수 있다. (○)

04 □□□ 공소기각의 재판이 있으면 피고인은 유죄판결의 위험으로부터 벗어나는 것이므로 그 재판은 피고인에게 불이익한 재판이라고 할 수 없어서 이에 대하여 피고인은 상소권이 없다. (○)

05 □□□ 적법한 공소기각판결 또는 면소판결에 대해 피고인은 무죄를 주장하며 상소할 수 있다. (×)

06 □□□ 공소사실에 대해서 모두 공소시효가 완성되었다는 이유로 면소판결이 선고된 경우 피고인은 범죄혐의가 없음을 이유로 무죄판결을 구하는 상소를 제기할 수 없다. (○)

07 □□□ 변호인은 독립한 상소권자로서 피고인의 상소권이 소멸한 후에도 상소를 제기할 수 있다. (×)

08 □□□ 상소권회복의 청구를 받은 법원은 청구의 허부에 관한 결정을 하여야 하고, 위 결정에 대하여는 즉시항고를 할 수 있다. (○)

09 □□□ 피고인이 소송이 계속 중인 사실을 알면서도 법원에 거주지 변경 신고를 하지 않았다 하더라도, 잘못된 공시송달에 터 잡아 피고인의 진술 없이 공판이 진행되고 피고인이 출석하지 않은 기일에 판결이 선고된 이상, 피고인은 자기 또는 대리인이 책임질 수 없는 사유로 상소제기기간 내에 상소를 하지 못한 것으로 봄이 타당하다. (○)

10 □□□ 피고인이 주소지인 사무소에 나가지 아니하여 그 사무소로 송달된 약식명령을 송달받지 못한 것은 정식재판청구권회복 청구의 사유가 될 수 없다. (○)

11 □□□ 수감 중인 피고인을 대리하여 법원결정정본을 수령한 교도소장이 1주일이 지난 뒤에 그 사실을 피고인에게 알림으로써 항고제기기간 내에 항고장을 제출할 수 없게 된 경우, 상소권회복 사유가 된다. (○)

12 □□□ 부적법한 공시송달에 의해 피고인의 진술 없이 공판절차를 진행하여 판결이 선고되고, 동 판결 등본이 공시송달되었으나 피고인이 판결선고 사실을 알지 못하여 상소제기기간 내에 상소를 하지 못한 경우, 상소권회복 사유가 된다. (○)

13
□□□
소송촉진 등에 관한 특례법 제23조에 따라 피고인이 불출석한 상태에서 재판이 진행되어 유죄판결이 선고된 것도 모른 채 상소제기기간이 도과된 경우, 상소권회복 사유가 된다. (○)

14
□□□
공소제기 후 이사한 피고인이 신주소지를 법원에 제출하지 않아 소송서류가 송달되지 아니하여 공판기일에 출석하지 못하고 판결선고 사실을 알지 못한 채 상소제기기간이 도과된 경우, 상소권회복 사유가 된다. (×)

15
□□□
상고를 포기한 후 그 포기가 무효라고 주장하는 경우 상고제기기간이 경과하기 전에는 상고포기의 효력을 다투면서 상고를 제기하여 그 상고의 적법 여부에 대한 판단을 받으면 되고, 별도로 상소권회복청구를 할 여지는 없다. (○)

16
□□□
상소는 재판의 일부에 대하여 할 수 있으며, 일부에 대한 상소는 그 일부와 불가분의 관계에 있는 부분에 대하여도 효력이 미친다. (○)

17
□□□
피고사건에 대한 판결 중 몰수 또는 추징에 관한 부분만을 불복대상으로 삼아 상소가 제기된 경우 상소의 효력은 그 몰수 또는 추징의 부분에 한정된다. (×)

18
□□□
상상적 경합관계에 있는 두 죄에 대하여 한 죄는 무죄, 한 죄는 유죄가 선고되어 검사만이 무죄 부분에 대하여 상고하였다 하여도 유죄 부분도 상고심의 심판대상이 되는 것이다. (○)

19
□□□
상상적 경합관계에 있는 수죄 전부에 대하여 무죄가 선고되었고, 검사가 상고하면서 그중 일부 무죄부분에 대하여 상고이유로 삼지 않았다고 하더라도 상고심에서는 그 무죄부분까지 전부 판단하여야 한다. (×)

20
□□□
경합범 중 일부에 대하여 무죄, 일부에 대하여 유죄를 선고한 제1심판결에 대하여 검사만이 무죄부분에 대하여 항소를 한 경우, 피고인과 검사가 항소하지 아니한 유죄판결 부분은 항소기간이 지남으로써 확정되므로, 항소심에서 이를 파기할 때에는 유죄부분만을 파기하여야 한다. (×)

21
□□□
수개의 범죄사실에 대하여 항소심이 일부는 유죄, 일부는 무죄의 판결을 하고, 그 판결에 대하여 피고인 및 검사 쌍방이 상고를 제기하였으나, 유죄부분에 대한 피고인의 상고는 이유 없고 무죄부분에 대한 검사의 상고만 이유 있는 경우, 항소심이 유죄로 인정한 죄와 무죄로 인정한 죄가 형법 제37조 전단의 경합범 관계에 있다면 항소심판결의 유죄부분도 무죄 부분과 함께 파기되어야 한다. (○)

22
□□□
제1심이 단순일죄의 관계에 있는 공소사실의 일부에 대하여만 유죄로 인정한 경우에 피고인만이 항소하여도 그 항소는 그 일죄의 전부에 미쳐서 항소심은 무죄부분에 대하여도 심판할 수 있다. (○)

23
□□□
형법 제37조 전단의 경합범 관계에 있는 죄에 대하여 일부는 유죄, 일부는 무죄를 선고한 원심판결에 대하여 피고인은 상소하지 아니하고, 검사만이 무죄부분에 한정하지 아니하고 전체에 대하여 상소한 경우에 무죄부분에 대한 검사의 상소만 이유 있는 때에도 원심판결의 유죄부분은 무죄부분과 함께 파기되어야 하므로 상소심으로서는 원심판결 전부를 파기하여야 한다. (○)

24
□□□
동일한 사실관계에 대하여 양립할 수 없는 적용법조의 적용을 주위적·예비적으로 구하는 사안에서 예비적 공소사실만 유죄로 인정되고 그 부분에 대하여 피고인만이 상소한 경우, 주위적 공소사실까지 상소심의 심판대상에 포함된다. (○)

25 파기판결의 기속력은 파기판결을 행한 상고법원에 대하여서는 미치지 아니한다.   (×)
□□□

26 환송받은 법원은 환송 후의 심리과정에서 새로운 증거가 제시되어 기속적 판단의 기초가 된 증거관계에 변동이   (○)
□□□ 생긴 때에는 상고법원이 파기이유로 한 사실상 및 법률상의 판단에 기속되지 않는다.

27 몰수형 부분의 위법을 이유로 원심판결 전부가 파기환송된 경우 환송받은 법원은 환송 전 원심이 피고인의 항소를 (○)
□□□ 기각한 것과 달리 피고인의 양형부당의 항소이유를 받아들여 주형을 변경하여 선고할 수 있다.

28 환송받은 법원에서 공소사실이 변경된 경우 환송받은 법원은 파기판결이 한 사실판단에 기속될 필요가 없다.   (○)
□□□

29 피고인이 항소한 사건과 피고인을 위하여 항소한 사건에 대하여는 원심판결의 형보다 중한 형을 선고하지 못한다 (○)
□□□ 는 원칙을 의미한다.

30 불이익변경금지의 원칙은 피고인만이 상소한 사건에 있어서 원심의 형보다 중한 형을 선고할 수 없다는 것에 불과 (○)
□□□ 하고, 그 형이 같은 이상 원심이 인정한 죄보다 중한 죄를 인정하였다 하더라도 불이익변경금지의 원칙에 위배되
지 아니한다.

31 제1심판결에 대하여 피고인만이 항소한 사건에서 항소심이 검사의 공소장변경신청을 받아들여 그 변경된 적용법 (×)
□□□ 률에 따라 판결을 선고한 경우에는 그 선고된 항소심의 형이 제1심의 그것보다 무겁다고 하더라도 불이익변경금지
의 원칙에 위배되지 아니한다.

32 피고인만 상고한 상고심에서 항소심판결을 파기하고 사건을 항소심에 환송한 경우에 그 항소심에서는 파기된 항 (○)
□□□ 소심판결보다 중한 형을 선고할 수 없다.

33 피고인만 항소한 항소심판결에 대해 검사만 상고한 경우 상고심에서도 불이익변경금지의 원칙이 적용된다.   (○)
□□□

34 피고인과 검사 쌍방이 항소하였으나 검사가 항소 부분에 대한 항소이유서를 제출하지 아니하여 결정으로 항소를 기 (○)
□□□ 각하여야 하는 경우에는 항소심은 불이익변경금지의 원칙에 따라 제1심판결의 형보다 중한 형을 선고하지 못한다.

35 피고인과 검사 쌍방이 상소한 결과 검사의 상소가 받아들여져 원심판결 전부가 파기됨으로써 피고인에 대한 형량 (×)
□□□ 전체를 다시 정해야 하는 경우에는 불이익변경금지의 원칙이 적용되지 않지만 사건이 경합범에 해당하는 경우에
는 개개 범죄별로 불이익변경의 여부를 판단하여야 한다.

36 피고인이 정식재판을 청구한 사건에 대하여는 약식명령의 형보다 중한 형을 선고하지 못한다.   (×)
□□□

37 제1심에서 별개의 사건으로 징역 1년에 집행유예 2년과 추징금 1천만원 및 징역 1년 6월과 추징금 1백만원의 형을 (○)
□□□ 선고받고 항소한 피고인에 대하여 사건을 병합심리한 후 경합범으로 처단하면서 제1심의 각 형량보다 중한 형인
징역 2년과 추징금 1,100만원을 선고한 것은 불이익변경금지의 원칙에 어긋나지 아니한다.

38
☐☐☐
집행유예의 판결은 소정 유예기간을 특별한 사유 없이 경과한 때에는 그 형의 선고의 효력이 상실되나 형의 집행 면제는 그 형의 집행만을 면제하는 데 불과하므로 집행유예의 판결이 형 집행면제보다 피고인에게 불리한 것이라 할 수 없다. (○)

39
☐☐☐
원심이 유기징역형을 선택한 1심보다 중하게 무기징역형을 선택한 경우에는 결과적으로 선고형이 중하게 변경되지 않았더라도 불이익변경금지 원칙에 위배된다. (×)

40
☐☐☐
제1심에서 징역형의 집행유예를 선고한 데 대하여 제2심이 그 징역형의 형기를 단축하여 실형을 선고하는 것도 불이익변경금지원칙에 위배된다. (○)

41
☐☐☐
피고인만이 항소한 사건에서 항소심이 제1심 판결을 직권으로 파기하고 다른 형은 동일하게 선고하면서 위치추적 전자장치부착명령의 기간만을 제1심 판결보다 장기의 기간으로 부과한 것은 불이익변경금지의 원칙에 위배된다. (○)

42
☐☐☐
아동·청소년 대상 성폭력범죄의 피고인에게 '징역 15년 및 5년 동안의 위치추적 전자장치 부착명령'을 선고한 제1심판결을 파기한 후 '징역 9년, 5년 동안의 공개명령 및 6년 동안의 위치추적 전자장치 부착명령'을 선고한 원심의 조치는 불이익변경금지원칙에 위배된다. (×)

43
☐☐☐
피고인만이 항소한 사건에서 항소심법원이 제1심판결을 파기하고 새로운 형을 선고함에 있어 피고인에 대한 주형에서 그 형기를 감축하고 제1심판결이 선고하지 아니한 압수장물을 피해자에게 환부하는 선고를 추가하였더라도 그것만으로는 불이익변경금지원칙에 위배되지 않는다. (○)

44
☐☐☐
두 개의 벌금형을 선고한 환송 전 원심판결에 대하여 피고인만이 상고하여 파기환송되었는데, 환송 후 원심이 징역형의 집행유예와 사회봉사명령을 선고한 것은 불이익변경금지의 원칙에 위배된다. (○)

45
☐☐☐
제1심의 징역형의 선고유예의 판결에 대하여 피고인만이 항소한 경우에 제2심이 벌금형을 선고한 것은 불이익변경금지의 원칙에 위배되지 아니한다. (×)

46
☐☐☐
형벌인 몰수에는 불이익변경금지의 원칙이 적용되지만 몰수에 대신하는 처분인 추징에 대해서는 불이익변경금지의 원칙이 적용되지 아니한다. (×)

47
☐☐☐
제1심에서 징역 1년 6월에 집행유예 3년의 형을 선고받고, 항소심에서 징역 1년 형의 선고유예를 받은 데 대하여, 상고심에서 파기환송 받은 법원에서 제1심 판결을 파기하고 벌금 4,000만원과 추징금 1,500만원의 선고를 모두 유예한 것은 불이익변경금지의 원칙에 반한다. (×)

48
☐☐☐
제1심에서 사문서위조죄로 벌금형의 선고를 받은 피고인만 항소한 항소심에서 동일한 공소사실에 대해 법정형에 벌금형이 없는 사서명위조죄가 인정되었다면 항소심법원은 불이익변경금지의 원칙에도 불구하고 벌금형을 선고할 수는 없다. (×)

실전익히기

01

상소의 취하 및 포기에 관한 다음 설명 중 가장 옳지 않은 것은?

① 상소의 취하는 상소법원에 하여야 하지만 소송기록이 상소법원에 송부되지 아니한 때에는 상소취하서를 원심법원에 제출할 수 있다.

② 구금된 피고인이 교도관이 내어주는 상소권포기서를 항소장으로 잘못 믿고 이를 확인해 보지도 않은 채 자신의 서명무인을 하여 교도관을 통해 법원에 제출하였더라도 이는 항소포기로서 유효하다.

③ 피고인의 동의 없이 이루어진 변호인의 상소취하는 효력이 발생하지 않는데 이때 피고인의 동의는 서면으로 하여야 한다.

④ 상소권을 포기한 후에 상소기간이 도과된 상태에서 상소포기의 효력을 다투려는 사람은 상소권회복청구를 할 수 있다.

02
17. 여경 · 경찰특공대

상소에 대한 설명 중 가장 적절하지 않은 것은? (다툼이 있는 경우 판례에 의함)

① 공소기각의 재판이 있으면 피고인은 유죄판결의 위험으로부터 벗어나는 것이므로 그 재판은 피고인에게 불이익한 재판이라고 할 수 없어서 이에 대하여 피고인은 상소권이 없다.

② 상소의 제기는 그 기간 내에 서면 또는 구술로 할 수 있다.

③ 피고인의 법정대리인은 피고인의 동의를 얻어 상소를 취하할 수 있다.

④ 피고인이 소송이 계속 중인 사실을 알면서도 법원에 거주지 변경신고를 하지 않았다 하더라도, 잘못된 공시송달에 터잡아 피고인의 진술 없이 공판이 진행되고 피고인이 출석하지 않은 기일에 판결이 선고된 이상, 피고인은 자기 또는 대리인이 책임질 수 없는 사유로 상소제기기간 내에 상소를 하지 못한 것으로 봄이 타당하다.

03

형사소송법 제345조에서 상소권회복의 청구요건으로 규정하고 있는 '자기 또는 대리인이 책임질 수 없는 사유'에 해당하는 경우가 아닌 것은? (다툼이 있는 경우 판례에 의함)

① 피고인이 당해 사건의 공동피고인의 기망에 의하여 항소권을 포기하였음을 항소제기기간이 도과한 뒤에야 비로소 알게 된 경우

② 교도소장이 형집행유예취소결정정본을 송달받고 1주일이 지난 뒤에 그 사실을 구속된 피고인에게 알렸기 때문에 피고인이나 그 배우자가 항고제기기간 내에 항고장을 제출할 수 없게 된 경우

③ 공시송달로 피고인을 소환하였으나 피고인이 불출석한 가운데 공판절차가 진행되고 제1심판결이 선고되었지만, 피고인으로서는 공소장부본 등을 송달받지 못한 관계로 공소가 제기된 사실은 물론이고 판결선고 사실에 대하여 알지 못한 나머지 항소제기기간 내에 항소를 제기하지 못한 경우

④ 피고인이 출석한 가운데 제1심 형사재판이 변론종결되어 판결선고기일이 고지되었지만 그 선고기일에 피고인이 불출석하자, 소송촉진 등에 관한 특례법에 의하여 공시송달로 피고인을 소환한 최초의 공판기일에 곧바로 피고인의 불출석 상태에서 판결을 선고하였으나 피고인이 그 선고 사실을 알지 못하여 항소제기기간을 도과한 경우

04

상소권회복의 사유에 해당되지 않는 것은? (다툼이 있으면 판례에 의함)

① 수감 중인 피고인을 대리하여 법원결정정본을 수령한 교도소장이 1주일이 지난 뒤에 그 사실을 피고인에게 알림으로써 항고제기기간 내에 항고장을 제출할 수 없게 된 경우

② 부적법한 공시송달에 의해 피고인의 진술 없이 공판절차를 진행하여 판결이 선고되고, 동 판결 등본이 공시송달되었으나 피고인이 판결선고 사실을 알지 못하여 상소제기기간 내에 상소를 하지 못한 경우

③ 소송촉진 등에 관한 특례법 제23조에 따라 피고인이 불출석한 상태에서 재판이 진행되어 유죄판결이 선고된 것도 모른 채 상소제기기간이 도과된 경우

④ 공소제기 후 이사한 피고인이 신주소지를 법원에 제출하지 않아 소송서류가 송달되지 아니하여 공판기일에 출석하지 못하고 판결선고 사실을 알지 못한 채 상소제기기간이 도과된 경우

05

상소권회복청구에 관한 다음 설명 중 가장 옳지 않은 것은?

① 상소권회복의 청구는 사유가 종지한 날로부터 상소의 제기기간에 상당한 기간 내에 서면으로 상소권회복청구를 함과 동시에 상소를 제기하여야 한다.

② 상소권회복청구에서 상소권자 또는 그 대리인이 단순히 질병으로 입원하였었기에 상소하지 못하였다는 것은 상소권회복의 사유에 해당하지 아니한다.

③ 제1심이 공시송달의 방법으로 진행되어 피고인이 공소제기 사실이나 판결선고 사실을 전혀 몰랐다면, 피고인이 제1심 판결에 대한 항소를 법정기간 내에 제기하지 못한 것은 피고인이 책임질 수 없는 사유로 인한 때에 해당한다.

④ 제1심 재판 또는 항소심 재판이 소송촉진 등에 관한 특례법이나 형사소송법 등에 따라 피고인이 출석하지 않은 가운데 불출석 재판으로 진행되었다면, 제1심판결에 대하여 검사의 항소에 의한 항소심판결이 선고되었더라도 피고인은 제1심판결에 대하여 적법하게 항소권회복청구를 할 수 있다.

06

상소에 관한 다음 설명 중 가장 옳지 않은 것은? (다툼이 있는 경우 판례에 의함)

① 상소제기기간은 초일을 산입하여 계산하여야 하며, 항소 및 상고의 제기기간은 모두 7일이다.

② 피고인이 공소를 기각한 제1심판결에 대해 무죄를 주장하며 항소를 한 경우에, 법원은 결정으로 항소를 기각하여야 한다.

③ 형사 피고사건으로 법원에 재판이 계류 중인 자는 공소제기 당시의 주소지나 그 후 신고한 주소지를 옮긴 때는 자기의 신주소지를 법원에 제출한다거나 기타 소송진행 상태를 알 수 있는 방법을 강구하여야 하고, 만일 이러한 조치를 취하지 않았다면 소송서류가 송달되지 않아 공판기일에 출석하지 못하거나 판결선고 사실을 알지 못하여 상고기간을 도과하는 등 불이익을 받는 책임을 면할 수 없다.

④ 상소는 재판의 일부에 대하여 할 수 있으며, 일부에 대한 상소는 그 일부와 불가분의 관계에 있는 부분에 대하여도 효력이 미친다.

07

일부상소에 대한 설명으로 옳은 것은? (다툼이 있는 경우 판례에 의함)

① 수개의 「마약류 관리에 관한 법률」위반으로 기소된 사안에서 선고된 일부유죄, 일부무죄의 제1심 법원 판결에 대하여 검사만 무죄 부분에 대해서 항소한 경우, 항소심에서 이를 파기할 때에는 유죄로 확정된 부분까지 심리하여 위 무죄 부분과 함께 형을 선고하여야 한다.

② 형법 제37조 전단의 경합범(판결이 확정되지 아니한 수개의 죄)에 대하여 항소심이 일부유죄, 일부무죄의 판결을 하고 그 판결에 대하여 피고인과 검사 모두 상고하였으나 무죄 부분에 대한 검사의 상고만 이유 있는 경우, 대법원은 무죄 부분만 파기하면 된다.

③ 피고사건의 판결 중 몰수 또는 추징에 관한 부분만을 불복대상으로 삼아 상소가 제기된 경우, 상소의 효력은 그 부분과 불가분의 관계에 있는 본안에 관한 판단부분에까지 미쳐 그 전부가 상소심으로 이심된다.

④ 유죄판결과 동시에 배상명령이 선고된 경우, 피고인이 유죄판결에 대해서 상소를 제기하지 않고 배상명령에 대해서만 독립적으로 상소를 제기하는 것은 허용되지 않는다.

08

상소심의 재판에 관한 설명 중 옳지 않은 것은? (다툼이 있는 경우 판례에 의함)

① 포괄일죄 중 유죄부분에 대하여 피고인만 상소하였을 뿐 무죄 부분에 대하여 검사가 상소를 하지 않은 경우, 상소심은 무죄 부분에 대하여 심리·판단할 수 없다.

② 1죄의 관계에 있는 공소사실 중 일부 유죄, 나머지 무죄의 판결에 대하여 검사만 무죄부분에 대하여 상고를 하고 피고인은 상고하지 아니하였더라도 유죄부분은 상고심에 이전되어 심판 대상이 된다.

③ 제1심판결에 대해 피고인만 항소한 경우, 항소심이 제1심의 징역형의 선고유예를 변경하여 벌금형을 선고하는 것은 피고인에게 불이익하게 변경된 것이어서 허용되지 아니한다.

④ 징역 1년에 처하되 형의 집행을 면제한다는 제1심판결에 대해 피고인만 항소한 경우, 항소심이 징역 8월에 집행유예 2년을 선고하는 것은 불이익변경금지원칙에 어긋난다.

09

일부상소에 대한 설명으로 옳은 것(○)과 옳지 않은 것(×)을 바르게 연결한 것은? (다툼이 있는 경우 판례에 의함)

ㄱ. 확정판결 전의 공소사실과 확정판결 후의 공소사실에 대하여 따로 유죄를 선고하여 두 개의 형을 정한 제1심 판결에 대하여 피고인만이 확정판결 전의 유죄판결 부분에 대하여 항소한 경우, 항소심에 계속된 사건은 확정판결 전의 유죄판결 부분뿐이므로 항소심이 심리·판단하여야 할 범위는 확정판결 전의 유죄판결 부분에 한정된다.

ㄴ. 형법 제37조 전단 경합범관계에 있는 공소사실 중 일부에 대하여 유죄, 나머지 부분에 대하여 무죄를 선고한 제1심 판결에 대하여 검사만이 항소하면서 무죄부분에 대하여는 항소이유를 기재하고 유죄부분에 대하여는 이를 기재하지 않았으나 항소범위는 '전부'로 표시한 경우, 항소심이 제1심판결의 무죄부분을 유죄로 인정하는 때에는 제1심판결 전부를 파기하고 경합범 관계에 있는 공소사실 전부에 대하여 하나의 형을 선고하여야 한다.

ㄷ. 환송 전 항소심판결에서 경합범관계에 있는 A죄에 대해서는 무죄를 선고하고 B죄에 대해서는 유죄로 인정하여 형을 선고하였는데, 검사만 무죄로 선고된 A죄에 대하여 상고를 하자 대법원이 원심판결 중 A죄에 대해서만 파기하고 이를 원심법원에 환송한 경우, 환송 후의 원심에는 파기환송된 A죄 부분만이 계속된 것이므로 환송 후의 원심으로서는 이 부분만을 심리하여야 한다.

ㄹ. 환송 전 원심에서 상상적 경합관계에 있는 수죄에 대하여 모두 무죄가 선고되었고, 이에 검사가 무죄부분 전부에 대하여 상고하였으나 그중 일부 무죄부분에 대하여는 이를 상고이유로 삼지 않은 경우, 상고이유로 삼지 아니한 무죄부분도 상고심에 이심되므로 상고심은 그 무죄 부분까지 판단할 수 있다.

	ㄱ	ㄴ	ㄷ	ㄹ
①	×	×	○	○
②	○	×	○	○
③	○	○	×	×
④	○	○	○	×

10

불이익변경금지원칙에 대한 설명으로 가장 적절하지 않은 것은? (다툼이 있는 경우 판례에 의함)

① 추징도 몰수에 대신하는 처분으로서 몰수와 마찬가지로 형에 준하여 평가하여야 할 것이므로 그에 관하여도 「형사소송법」 제368조의 불이익변경금지의 원칙이 적용된다.

② 법원이 유죄판결을 선고하면서 신상정보 제출의무 등의 고지를 누락한 경우, 상급심 법원에서 신상정보 제출의무 등을 새로 고지하는 것은 형을 피고인에게 불리하게 변경하는 경우에 해당한다.

③ 피고인만의 상고에 의하여 상고심에서 원심판결을 파기하고 사건을 항소심에 환송한 경우에 그 항소심에서는 환송 전 원심판결과의 관계에서도 불이익변경금지의 원칙이 적용되어 그 파기된 항소심판결보다 중한 형을 선고할 수 없다.

④ 원심이 다른 형은 동일하게 선고하면서 위치추적 전자장치의 부착명령기간만을 제1심판결보다 장기의 기간으로 부과한 것은 부착명령 청구사건에 관하여 제1심판결의 형을 피고인에게 불이익하게 변경한 것이다.

11

불이익변경금지원칙에 대한 설명으로 가장 적절한 것은? (다툼이 있는 경우 판례에 의함)

① 피고인만이 상고한 상고심에서 원심판결을 파기하고 사건을 항소심에 환송한 경우 환송 후 원심판결은 환송 전 원심판결과의 관계에서 불이익변경금지의 원칙이 적용되지 않으므로, 환송 후 원심판결이 환송 전 원심판결에서 선고하지 아니한 몰수를 새로이 선고하는 것은 불이익변경금지원칙에 위배되지 아니한다.

② 피고인에 대한 벌금형이 제1심보다 감경되었더라도 그 벌금형에 대한 노역장유치기간이 제1심보다 길어졌다면, 전체적으로 보아 형이 불이익하게 변경되었다고 할 수 있다.

③ 「형사소송법」 제186조 제1항의 피고인의 소송비용 부담은 형은 아니지만 실질적인 의미에서 형에 준하여 평가할 수 있는 것이어서 불이익변경금지원칙이 적용된다.

④ 징역 10월에 집행유예 2년을 선고한 제1심 판결을 파기하고 벌금 일천만원을 선고한 항소심 판결은 불이익변경금지원칙에 위반되지 아니한다.

12

다음 중 불이익변경금지원칙을 위반하지 않은 사례인 경우는? (다툼이 있는 경우 판례에 의함)

① 검사가 피고인을 위하여 제기한 항소심에서 원심의 형보다 중한 형을 선고한 경우

② 피고인과 검사 쌍방이 제기한 항소에서 항소심이 검사의 항소를 기각하면서 원심보다 중한 형을 선고한 경우

③ 약식명령에 대하여 피고인이 정식재판을 청구한 사건에서 약식명령의 형보다 중한 형을 선고한 경우

④ 원심판결보다 경한 형을 선고했으나 죄명 또는 적용법조를 피고인에게 불리하게 적용한 경우

13

불이익변경금지원칙에 관한 설명으로 가장 옳지 않은 것은? (다툼이 있는 경우 판례에 의함)

① 피고인만이 항소한 사건에서 항소심이 피고인에 대해 제1심이 인정한 범죄사실의 일부를 무죄로 인정하면서도 제1심과 동일한 형을 선고하였다 하여 그것이 불이익변경금지원칙에 위배된다고 볼 수 없다.

② 변경 전후의 형의 비교에 있어서는 불이익 여부를 개별적, 형식적으로 고찰할 것이 아니라 전체적, 실질적으로 고찰하여 결정하여야 한다.

③ 형벌인 몰수에는 불이익변경금지의 원칙이 적용되지만 몰수에 대신하는 처분인 추징에 대해서는 불이익변경금지의 원칙이 적용되지 아니한다.

④ 피고인이 약식명령에 대하여 정식재판을 청구한 사건에서 다른 사건을 병합심리한 후 경합범으로 처단하면서 약식명령의 형량보다 중한 형을 선고한 것은 불이익변경금지의 원칙에 어긋나지 아니한다.

14

파기판결의 기속력(구속력)에 관한 다음 설명 중 가장 적절하지 않은 것은? (다툼이 있는 경우 판례에 의함)

① 파기판결의 기속력은 하급심뿐 아니라 파기판결을 한 상급심에도 미친다고 해석된다.

② 상고심으로부터 사건을 환송받은 법원은 그 사건을 재판함에 있어서 상고법원이 파기이유로 한 사실상 및 법률상의 판단에 대하여 환송 후의 심리과정에서 새로운 증거가 제시되어 기속적 판단의 기초가 된 증거관계에 변동이 생기지 않는 한 이에 기속된다.

③ 몰수형 부분의 위법을 이유로 원심판결 전부가 파기환송되었다면 환송 후 원심이 주형을 변경하는 것은 환송판결의 기속력에 저촉된다.

④ 파기판결의 구속력은 파기의 직접적 이유가 된 원심판결에 대한 소극적인 부정판단에 한하여 생긴다.

Answer

01 ③ [×] 피고인은 공판정에서 구술로써 상소취하를 할 수 있다.

02 ② [×] 상소를 함에는 상소제기기간 내에 상소장을 원심법원에 제출하여야 한다(제343조 제1항, 제359조, 제375조, 제406조).

03 ① [×] 상소권회복 사유에 해당하지 않는다.

04 ④ [×]

05 ④ [×] 항소심이 선고된 이후에는 항소권회복청구를 할 수 없다(2016모2874).

06 ① [×] 기간의 계산에 관하여는 일, 월 또는 연으로써 계산하는 것은 초일을 산입하지 아니한다(제66조 제1항).

07 ③ [○] 2008도5596

08 ④ [×] 불이익금지원칙에 어긋나지 않는다(84도2972).

09 ④

10 ② [×] 상급심 법원에서 이와 같이 신상정보 제출의무 등을 새로 고지하더라도 형을 피고인에게 불리하게 변경하는 경우에 해당되지 아니한다(2014도13529).

11 ④ [○] 90도1534

12 ④ [○] 죄명이나 적용법조가 약식명령의 경우보다 불이익하게 변경되었다고 하더라도 선고한 형이 약식명령과 같거나 약식명령보다 가벼운 경우에는 불이익변경금지의 원칙에 위배된 조치라고 할 수 없다(2011도14986).

13 ③ [×] 추징도 몰수에 대신하는 처분으로서 몰수와 마찬가지로 형에 준하여 평가하여야 할 것이므로 그에 관하여도 불이익변경금지의 원칙이 적용되는 것이다(2006도4888).

14 ③ [×] 몰수형 부분의 위법을 이유로 원심판결 전부가 파기환송된 후, 환송 후 원심이 주형을 변경한 조치가 환송판결의 기속력에 저촉된다고 볼 수는 없다(2003도4781).

제2절 항 소

① 항소의 의의

항소란 제1심 판결에 불복하여 제2심 법원에 제기하는 상소를 말한다.

② 구 별

구 별	제1심	⇔ 상고('제2심' 판결에 불복)
	판결에 불복	⇔ 항고('결정'에 불복)
	제2심에 제기	⇔ 비약적 상고('제3심'에 제기)

③ 항소심의 구조

1. 심급의 구분

구 분	복 심	속 심	사후심
개 념	처음부터 다시 심판	제1심을 토대로 심리 속행	원심판결의 당부를 사후적으로 심사
심판대상	피고사건	피고사건	원판결
증거조사	○	○	×
공소장 변경	○	○	×
기판력시점	항소심 선고시	항소심 선고시	원판결 선고시
비 교	소설 처음부터 다시	소설 이어서(제2권)	소설 비평

2. 현행법상 항소심의 구조

판례는 항소심은 원칙적으로 속심이고 일부 사후심적 요소를 도입하고 있다고 보고 있다. 02. 경찰승진, 05. 9급국가직, 17. 경찰간부

OX 현행 형사소송법상 항소심은 기본적으로 실체적 진실을 추구하는 면에서 속심적 기능이 강조되고 있고, 다만 사후심적 요소를 도입한 형사소송법의 조문들이 남상소의 폐단을 억제하고 항소법원의 부담을 감소시킨다는 소송경제상의 필요에서 항소심의 속심적 성격에 제한을 가하고 있음에 불과하다. (○, ×)
17. 경찰간부

Answer

OX
○

〈1심이 인정한 피해자 진술의 신빙성과 증거들을 항소심이 추가 증거 조사 없이 배척하고 뒤집는 것은 부당하다.〉 형사소송법이 채택하고 있는 직접심리주의의 정신에 따라 제1심 증인의 진술에 대한 제1심과 항소심의 신빙성 평가 방법의 차이를 고려해 보면, 제1심판결 내용과 제1심에서 적법하게 증거조사를 거친 증거들에 비추어 제1심 증인이 한 진술의 신빙성 유무에 대한 제1심의 판단이 명백하게 잘못되었다고 볼 특별한 사정이 있거나, 제1심의 증거조사 결과와 항소심 변론종결시까지 추가로 이루어진 증거조사 결과를 종합하여 제1심 증인이 한 진술의 신빙성 유무에 대한 제1심의 판단을 그대로 유지하는 것이 현저히 부당하다고 인정되는 예외적인 경우가 아니라면, 항소심으로서는 제1심 증인이 한 진술의 신빙성 유무에 대한 제1심의 판단이 항소심의 판단과 다르다는 이유만으로 이에 대한 제1심의 판단을 함부로 뒤집어서는 아니 된다. 항소심법원이 피해자 등의 제1심 증언의 신빙성을 받아들였던 제1심의 판단을 뒤집으면서 지적한 사정들이 주로 제1심에서 적법하게 채택하여 조사한 증거 등에 기초하여 수사 및 제1심 과정에서 이미 지적이 되었던 사정들이고, 원심에서 추가로 이루어진 증거조사 결과 밝혀진 사정은 범행 이후 문자메시지 발송 등의 사정에 불과한 경우 위 '특별한 사정'에 해당한다고 보기 어렵다(위 대법원 2008도7917 판결 참조). 또한 항소심법원이 제1심의 판단을 뒤집으면서 지적한 사정들이 제1심이 피해자 진술의 신빙성을 판단함에 있어 이미 고려했던 여러 정황들 중 일부에 불과한 것으로 보이는 경우에도 제1심의 판단을 뒤집을 만한 특별한 사정으로 내세울 만한 사정이 달리 존재하지 아니한 이상 마찬가지라 할 것이다(대법원 2020.10.29. 선고 2019도4047 판결)

3. 현행 항소심의 특징

속심적 요소	사후심적 요소
• 항소이유로서 사실오인과 양형부당의 사유, 판결 후 형의 폐지나 변경 또는 사면, 재심청구의 사유가 있을 때를 포함하고 있는 점 12. 경찰승진 • 항소심은 이유서의 제출이 없어도 직권조사사항이 있으면 항소기각결정을 할 수 없고(제361조의4 제1항 단서), 항소법원은 판결에 영향을 미친 사유에 관하여는 항소이유에 포함되지 아니한 경우에도 직권으로 심판할 수 있다는 점(제364조 제2항) • 1심법원에서 증거로 할 수 있던 증거는 항소법원에서도 증거로 할 수 있다는 점(제364조 제3항) • 항소이유가 있는 경우에는 항소법원이 제1심판결을 파기하고 직권으로 피고사건에 관하여 다시 판결하도록 한 점(제364조 제6항, 파기자판이 원칙) • 항소심의 사실심리나 증거조사 등에 법조문상 별다른 제한 없이 제1심의 공판절차가 준용되고 있다는 점(제370조) • 파기자판이 원칙이라는 점(제364조 제6항)	• 항소이유의 법정화(제361조의5) 12. 경찰승진 • 항소이유서 제출의 의무화(제361조의3) 12. 경찰승진 • 항소이유서를 중심으로 한 항소심 심판대상의 원칙적 제한(제364조 제1항) • 항소이유 없음을 이유로 한 항소기각판결(제364조 제4항) • 항소이유 없음이 명백한 때에는 변론 없이 항소를 기각할 수 있다는 점(제364조 제5항) 12. 경찰승진

❹ 항소이유

1. 의 의

항소이유란 항소권자가 적법하게 항소를 제기할 수 있는 법률상의 이유를 말한다.

2. 절대적 항소이유와 상대적 항소이유

(1) 절대적 항소이유

사유가 있으면 판결에의 영향 여부를 불문하고 항소이유로 되는 것을 말한다.

① 판결 후 형의 폐지나 변경 또는 사면이 있는 때(제361조의5 제2호)

② 관할 또는 관할위반의 인정이 법률에 위반한 때(동조 제3호)

③ 판결법원의 구성이 법률에 위반한 때(동조 제4호)

④ 법률상 그 재판에 관여하지 못할 판사가 그 사건의 심판에 관여한 때(동조 제7호)

⑤ 사건의 심리에 관여하지 아니한 판사가 그 사건의 판결에 관여한 때(동조 제8호)
12. 법원

⑥ 공판의 공개에 관한 규정에 위반한 때(동조 제9호) 08. 법원

⑦ 판결에 이유를 붙이지 아니하거나 이유에 모순이 있는 때(동조 제11호)

⑧ 재심청구의 사유가 있는 때(동조 제13호)

(2) 상대적 항소이유

사유의 존재가 판결에 영향을 미친 경우에 한하여 항소이유로 되는 것을 말한다.

① 판결에 영향을 미친 헌법·법률·명령 또는 규칙의 위반이 있는 때(제1호)

② 사실의 오인이 있어 판결에 영향을 미친 때(동조 제14호)

③ 형의 양정이 부당하다고 인정할 사유가 있는 때(동조 제15호 양형부당)

관련 판례
판결에 영향을 미친 때 : 사실오인에 의하여 판결의 주문에 영향을 미쳤을 경우와 범죄에 대한 구성요건적 평가에 직접 또는 간접으로 영향을 미쳤을 경우를 의미한다(96도1665).

❺ 항소심의 절차

1. 항소의 제기

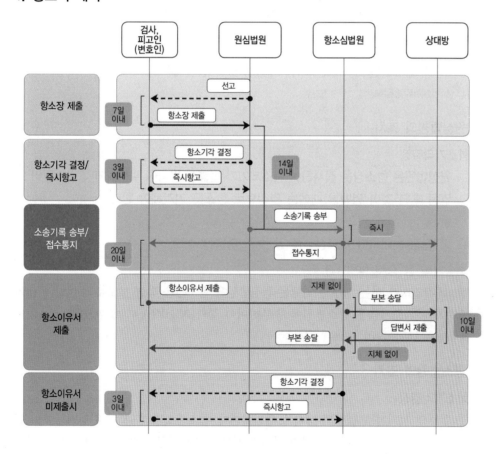

(1) 관할(제357조)

원심(제1심)	항소심(제2심)
지방법원 단독판사	지방법원 합의부
지방법원 합의부	고등법원

(2) 제기기간

① 항소는 제1심판결을 선고한 날로부터 7일 이내에 제기하여야 한다(제358조). 16. 7급 국가직, 19. 변호사

② 초일(선고한 날)은 산입되지 않는다(제66조). 16. 7급국가직, 19. 변호사

③ 발일이 공휴일 또는 토요일에 해당하는 날은 기간에 산입하지 아니한다. 19. 변호사

④ 재소자 특칙이 적용된다. ⇨ 피고인이 항소장 제출기간 내에 교도소장 또는 구치소장 및 그 직무를 대리하는 자에게 제출하였다면 비록 기간 도과 후에 법원에 전달되었더라도 적법한 항소장 제출에 해당한다. 12. 교정특채

(3) 항소장 제출

항소장을 원심법원(항소법원 ×)에 제출하여야 한다(제359조). 11. 경찰1차 · 경찰승진, 11 · 12 · 14 · 15. 법원, 12. 경찰2차, 14 · 21. 경찰간부

(4) 원심법원의 조치

1) 항소기각결정

㉠ 원심법원은 항소장을 심사하여 항소제기가 법률상 방식에 위반하거나 항소권이 소멸된 후인 것이 명백한 때에는 결정으로 항소를 기각해야 한다. 11. 경찰승진 · 법원, 12. 경찰2차

㉡ 이 결정에 대하여 즉시항고를 할 수 있다(제360조).

2) 소송기록 등 송부(14일 내)

항소기각결정을 하는 경우 이외에는 원심법원은 항소장을 받은 날로부터 14일 이내에 소송기록과 증거물을 항소법원에 송부하여야 한다(제361조). 11. 경찰1차 · 7급국가직, 12. 법원, 14. 경찰간부, 20. 9급국가직 · 9급개론

(5) 항소법원의 조치

1) 항소기각결정

① 항소의 제기가 법률상의 방식에 위반하거나 항소권소멸 후인 것이 명백함에도 원심법원이 항소기각결정을 하지 아니한 때에는 항소법원은 결정으로 항소를 기각하여야 한다. 08. 법원

② 이 결정에 대하여는 즉시항고를 할 수 있다(제362조).

---

2) 항소인과 상대방에게 사유의 통지(즉시) 11. 경찰승진, 12. 경찰2차, 19. 해경간부

① 항소법원이 기록의 송부를 받은 때에는 즉시 항소인과 상대방에게 그 사유를 통지하여야 한다(제361조의2 제1항).

② 피고인의 항소대리권자인 배우자가 피고인을 위하여 항소한 경우에도 소송기록접수통지는 항소인인 피고인에게 하여야 한다(2018모642). 19. 법원

③ 배우자에게 소송기록접수통지를 하였으나 피고인이 적법하게 소송기록접수통지서를 받지 못하였다면 항소이유서 제출기간이 지났다는 이유로 항소기각결정을 하는 것은 위법하다(2018모642). 19. 법원

3) 변호인에게 통지

① 통지 전에 변호인의 선임이 있는 경우에는 변호인에게도 통지하여야 한다(제361조의2 제2항). 17. 법원

② 변호인의 항소이유서 제출기간은 변호인이 통지를 받은 날로부터 계산하여야 한다(96도166).

　㉠ 피고인에게 소송기록접수통지를 한 후에 사선변호인이 선임된 경우에는 변호인에게 다시 같은 통지를 할 필요가 없고, 17. 법원

　㉡ 설령 사선변호인에게 같은 통지를 하였다 하여도 항소이유서의 제출기간은 피고인이 그 통지를 받은 날부터 계산하면 된다(65모34).

4) 필요적 변호사건의 경우 ⇨ 변호인 선정 후 통지

① 필요적 변호사건의 경우, 변호인이 없는 경우에는 지체 없이 변호인을 선정한 후 그 변호인에게 소송기록접수통지를 하여야 한다(2008도4558). 19. 법원

② 이러한 소송기록접수통지를 하지 않은 채 판결을 선고하는 것은 위법하다(2008도4558).

③ 필요적 변호사건이 아니고 형사소송법 제33조 제3항에 의하여 국선변호인을 선정하여야 하는 경우도 아닌 사건에서 피고인이 항소이유서 제출기간이 도과한 후에 국선변호인 선정청구를 하여 국선변호인이 선정된 경우, 변호인에게 소송기록접수통지를 할 필요가 없고, 이때의 국선변호인의 항소이유서 제출기간은 피고인이 소송기록접수통지를 받은 때로부터 계산된다(2013도4114). 19. 법원

5) 피고인 이송

피고인이 교도소 또는 구치소에 있는 경우에는 원심법원에 대응한 검찰청 검사는 위 통지를 받은 날로부터 14일 이내에 피고인을 항소법원 소재지 교도소 또는 구치소에 이송하여야 한다. 19. 해경간부

OX 피고인의 항소대리권자인 배우자가 피고인을 위하여 항소한 경우에는 소송기록접수통지는 피고인뿐만 아니라 항소대리권자인 배우자에게도 하여야 하므로, 배우자가 적법하게 소송기록접수통지서를 받지 못하였다면 항소이유서 제출기간은 진행되지 않고, 피고인이 적법하게 소송기록접수 통지를 받았다고 하더라도 그 날로부터 20일 이내에 항소이유서가 제출되지 않았다는 이유로 항소기각결정을 할 수 없다. (○, ×)
19. 법원

관련 판례 🔖
피고인과 국선변호인에 대한 소송기록접수통지 후에 선임된 사선변호인에게 다시 소송기록접수통지를 해야 할 필요는 없다.
형사소송규칙 제156조의2 제3항은 항소이유서 제출기간 내에 피고인이 책임질 수 없는 사유로 국선변호인이 변경되면 그 국선변호인에게도 소송기록접수통지를 하여야 한다고 정하고 있는데, 이 규정을 새로 선임된 사선변호인의 경우까지 확대해서 적용하거나 유추적용할 수는 없다. 결국, 형사소송법이나 그 규칙을 개정하여 명시적인 근거규정을 두지 않는 이상 현행 법규의 해석론으로는 필요적 변호사건에서 항소법원이 국선변호인을 선정하고 피고인과 국선변호인에게 소송기록접수통지를 한 다음 피고인이 사선변호인을 선임함에 따라 국선변호인의 선정을 취소한 경우 항소법원은 사선변호인에게 다시 소송기록접수통지를 할 의무가 없다고 보아야 한다. 이러한 경우 항소이유서 제출기간은 국선변호인 또는 피고인이 소송기록접수통지를 받은 날부터 계산하여야 한다(대법원 2018.11.22. 2015도10651).

기출 키워드 체크
피고인에게 _____가 된 후에 사선변호인이 선임된 경우에는 사선변호인에게 별도로 소송기록접수통지를 하지 않는다.

Answer
기출 키워드 체크
소송기록접수통지
OX
×

OX 항소인이 항소이유서에 '위 사건에 대한 원심판결은 도저히 납득할 수 없는 억울한 판결이므로 항소를 한 것입니다'라고만 기재하였다고 하더라도 항소심은 이에 대하여 심리를 하여야 한다. (○, ×) 14. 경찰간부

Answer

OX
○

---

2. 항소이유서 제출

(1) 항소이유서

1) 의 의
항소이유서는 항소이유를 적은 서면을 말한다.

2) 항소이유서 기재
① 항소이유서에는 항소이유를 구체적으로 간결하게 명시하여야 한다(규칙 제155조).

② 피고인이 '위 사건에 대한 원심판결은 도저히 납득할 수 없는 억울한 판결이므로 항소를 한 것입니다.'라고 기재한 경우에도 항소이유로서는 적법하다(2002모265).
12. 법원, 14. 경찰간부, 14 · 16. 7급국가직

③ 항소인 또는 변호인이 항소이유서에 추상적으로 제1심판결이 부당하다고만 기재함으로써 항소이유를 특정하여 구체적으로 명시하지 아니하였다고 하더라도 항소이유서가 법정의 기간 내에 적법하게 제출된 경우에는 이를 항소이유서가 법정의 기간 내에 제출되지 아니한 것과 같이 보아 형사소송법 제361조의4 제1항에 의하여 결정으로 항소를 기각할 수는 없다(2002모265).

④ 검사가 제1심 무죄판결에 대한 항소장의 '항소의 이유'란에 '사실오인 및 법리오해'라고만 기재한 경우 이를 적법한 항소이유의 기재가 있는 것으로 볼 수 없다(2003도2219).

⑤ 항소장이나 항소이유서에 단순히 '양형부당'이라는 문구만 기재하였을 뿐 그 구체적인 이유를 기재하지 않았다면, 이는 적법한 항소이유의 기재라고 볼 수 없다. 한편 검사가 항소한 경우 양형부당의 사유는 직권조사사유나 직권심판사항에 해당하지도 않는다. 그러므로 위와 같은 경우 항소심은 검사의 항소에 의해서든 직권에 의해서든 제1심판결의 양형이 부당한지 여부에 관하여 심리 · 판단할 수 없고, 따라서 제1심판결의 유죄 부분의 형이 너무 가볍다는 이유로 파기하고 그보다 무거운 형을 선고하는 것은 허용되지 않는다(2020도2795).

3) 하자의 치유 14. 경찰간부
① 검사가 전혀 다른 두 개의 사건에 대한 항소이유서를 마치 하나의 사건에 대한 항소이유서인 것처럼 하나로 작성한 경우, 위 항소이유서는 부적법하지만,

② 그것이 두 개의 사건 중 어느 하나의 사건에 편철되고 그 사건의 피고인들에게 부본이 송달되어 피고인들의 방어권행사에 아무런 지장을 초래하지 아니한 채 정상적인 소송절차가 진행된 경우,

③ 그 사건(항소이유서가 편철된 사건)에 관하여서만은 항소이유서의 제출의 하자가 치유된다(97모101).

(2) 항소이유서 제출기간, 제출법원

1) 20일 내 항소법원에 제출

① 항소인 또는 변호인은 항소법원으로부터 소송기록의 접수통지를 받은 날로부터 20일 이내에 항소이유서를 항소법원에 제출하여야 한다(제361조의3 제1항). 08 · 11 · 14 · 15. 법원, 11. 경찰1차 · 경찰승진, 19. 변호사, 21. 경찰간부

② 소송기록접수통지서를 받고서도 정당한 이유 없이 20일 이내에 항소이유서를 제출하지 않았어야 한다(2018모642).

③ 피고인이 적법하게 소송기록접수통지서를 받지 못하였다면 항소이유서 제출기간이 지났다는 이유로 항소기각결정을 하는 것은 위법하다(2018모642).

2) 변호인의 제출기간은 독립적으로 진행

피고인에게 소송기록접수통지가 되기 전에 변호인이 선임되어 있어 변호인에게도 소송기록접수통지를 한 경우, 변호인의 항소이유서 제출기간은 변호인이 이 통지를 받은 날로부터 계산하여야 한다(96도166).

3) 재소자 특칙 적용

항소이유서의 제출에 대해서는 재소자에 관한 특칙(제344조)이 준용된다. 따라서 피고인이 항소이유서 제출기간 내에 교도소장 또는 구치소장 및 그 직무를 대리하는 자에게 제출하였다면 비록 기간 도과 후에 법원에 전달되었더라도 적법한 항소이유서의 제출에 해당한다(제361조의3 제1항). 12 · 14. 법원

4) 2회 통지시 - 최초 송달 기준

피고인에게 소송기록접수통지를 함에 있어 2회에 걸쳐 그 통지서를 송달하였다고 하더라도 항소이유서 제출기간의 기산일은 최초 송달의 효력이 발생한 날의 다음 날부터라고 보아야 한다.

(3) 항소법원의 조치

① 항소이유서를 제출받은 항소법원은 지체 없이 그 부본 또는 등본을 상대방에게 송달해야 한다(제361조의3 제2항). 11. 경찰승진, 12. 경찰2차, 20. 경찰1차

② 항소이유서 부본을 상대방에게 송달하지 아니하였어도 상대방으로부터 그 방어의 기회를 박탈했다고 볼 수 없는 특별사정이 있으면 그 하자는 치유된다. ⇨ 검사의 항소이유서 부본(요지는 양형부당임)을 피고인에게 송달하지 아니하였으나 피고인도 사실오인과 양형과중을 이유로 항소하였고, 항소심은 변론 없이 기록에 의하여 양형조건이 되는 제반사항을 참작하여 한 제1심의 형의 양정이 적절하다 하여 쌍방 항소를 기각한 경우, 항소이유서 부본을 송달하지 않는 하자는 치유된다(81도2040). 18. 7급국가직

OX 항소이유서는 소송기록접수통지를 받은 날로부터 20일 안에 제출하여야 한다. (○, ×) 21. 경찰간부

관련 판례

형사소송법 제66조 제3항에 의하면, 시효와 구속의 기간을 제외하고는 기간의 말일이 공휴일 또는 토요일에 해당하는 날은 항소이유서 제출기간에 산입하지 아니하도록 되어 있다. 이때 기간의 말일이 공휴일인지 여부는 '공휴일'에 관하여 규정하고 있는 '관공서의 공휴일에 관한 규정' 제2조 각호에 해당하는지에 따라 결정되고, 같은 조 제11호가 정한 '기타 정부에서 수시 지정하는 날'인 임시공휴일 역시 공휴일에 해당한다. 피고인이 제1심판결에 대해 항소를 제기하여 2020. 7. 27. 원심으로부터 소송기록접수통지서를 송달받고 2020. 8. 18. 항소이유서를 제출하였는데, 원심이 국선변호인을 선정하거나 피고인이 사선변호인을 선임한 바는 없으며, 정부는 2020. 7.경 국무회의의 심의·의결, 대통령의 재가 및 관보 게재를 통해 2020. 8. 17.을 임시공휴일로 지정한 사안에서, 피고인이 소송기록접수통지를 받은 2020. 7. 27.부터 계산한 항소이유서 제출기간의 말일인 2020. 8. 16.은 일요일이고, 다음 날인 2020. 8. 17. 역시 임시공휴일로서 위 기간에 산입되지 아니하여 그 다음 날인 2020. 8. 18.이 위 기간의 말일이 되므로, 2020. 8. 18. 제출된 피고인의 항소이유서는 제출기간 내에 적법하게 제출되었다는 이유로, 이와 달리 보아 피고인의 항소를 기각한 원심결정에 항소이유서 제출기간에 관한 법리오해의 잘못이 있다고 한 사례(대법원 2021.1.14.자 2020모3694 결정)

Answer

OX
○

2) 항소이유의 철회

항소이유를 제출한 자는 항소이유의 일부를 철회할 수 있으나, 그 철회는 명백히 이루어져야만 그 효력이 있다(2013도1473).

3. 항소이유서 미제출 또는 부적법한 제출의 효과

(1) 원 칙

1) 항소기각결정

① 피고인이 항소이유서를 제출하지 않은 경우 항소심은 원칙적으로 항소기각결정을 하여야 한다.

② 항소이유서가 제출되지 않은 경우라도 항소심법원은 그 제출기간의 경과를 기다리지 않고 변론을 종결하여 심판할 수 없다(2015도1466). 16. 변호사, 19. 경찰간부

③ 변론이 종결되었더라도, 항소이유서 제출기간 내에 항소이유서가 제출되었다면, 특별한 사정이 없는 한 항소심법원으로서는 변론을 재개하여 항소이유의 주장에 대해서도 심리를 해 보아야 한다(2015도1466).

2) 즉시항고 가능

항소기각결정에 대해서는 즉시항고가 가능하다(제361조의4). 08. 법원

(2) 예 외

1) 항소장에 항소이유 기재, 직권조사사유 존재

항소장에 항소이유가 기재된 경우나 직권조사사유가 있는 경우에는 항소기각결정을 할 수 없다(제361조의4). 19. 변호사

2) 필요적 변호사건에 관한 판례

① 국선변호인 미선정 − 선정 후 통지 10. 경찰승진, 12. 해경간부

㉠ 피고인에게 변호인이 없는 때에는 국선변호인을 선정하지 않은 채 항소기각결정을 할 수 없다(96모100).

㉡ 이 경우, 국선변호인 선정 결정과 함께 그 변호인에게 소송기록접수통지를 하여 국선변호인이 그 통지를 받은 날로부터 기산하여 소정의 기간 내에 피고인을 위하여 항소이유서를 제출할 기회를 주어야 한다.

② 국선변호인 미선정 중 사선변호인 선정 - 사전변호인에게 통지 04. 행시, 12. 경찰2차, 12·17. 법원, 18. 경찰승진

   ⓐ 필요적 변호사건에서 법원이 정당한 이유 없이 국선변호인을 선정하지 않고 있는 사이에 피고인 스스로 변호인을 선임하였으나 그때는 이미 피고인에 대한 항소이유서 제출기간이 도과해버린 경우,

   ⓑ 사선변호인에게 통지하여, 항소이유서를 작성·제출할 수 있는 기회를 주어야 한다(2000도4694).

   ⓒ 피고인과 국선변호인에 대한 소송기록접수 통지 후에 선임된 사선변호인에게 다시 소송기록접수통지를 해야 할 필요는 없다(2015도10651). 20. 9급국가직·9급개론

   ⓓ 형사소송규칙 제156조의2 제3항은 항소이유서 제출기간 내에 피고인이 책임질 수 없는 사유로 국선변호인이 변경되면 그 국선변호인에게도 소송기록접수통지를 하여야 한다고 정하고 있는데, 이 규정을 새로 선임된 사선변호인의 경우까지 확대해서 적용하거나 유추적용할 수는 없다(2015도10651).

   ⓔ 필요적 변호사건에서 항소법원이 국선변호인을 선정하고 피고인과 그 변호인에게 소송기록접수통지를 한 다음 피고인이 사선변호인을 선임함에 따라 항소법원이 국선변호인의 선정을 취소한 경우에도 마찬가지이다. 이러한 경우 항소이유서 제출기간은 국선변호인 또는 피고인이 소송기록접수통지를 받은 날부터 계산하여야 한다(2015도10651). 20. 경찰2차

③ 국선변호인이 기간을 도과한 경우 - 바로 항소기각결정 불가 15·16. 7급국가직, 17. 해경간부·여경·경찰특공대, 18. 법원, 20. 경찰1차·9급국가직·9급개론

   ⓐ 필요적 변호사건에서 선임된 국선변호인이 이유서 제출기간 내에 항소이유서를 제출하지 않은 경우,

   ⓑ 법원은 곧바로 항소기각결정을 하여서는 아니 되고, 피고인에게 귀책이 없는 경우, 종전 국선변호인선정을 취소한 이후 새로운 국선변호인을 선임하여 그에게 이유서 제출기간을 보장하여야 한다(2009모1044).

④ 병합사건이 있는 경우 - 국선변호인에게 통지 필요 12. 경찰1차, 16·19 7급국가직, 17·19. 법원

   ⓐ 항소심에서 국선변호인이 선정된 이후 변호인이 없는 다른 사건이 병합된 경우,

   ⓑ 항소법원은 지체 없이 국선변호인에게 병합된 사건에 관한 소송기록 접수통지를 하여야 한다(2015도2046).

인이 2017. 7. 19. 열린 제1회 공판기일에서 항소이유를 사실오인 및 양형부당이라고 주장하며 추후 항소이유서를 제출할 예정이라고 진술하였는데, 원심이 변론을 종결하고 선고기일을 2017. 8. 9.로 지정한 다음 피고인의 사선변호인이 2017. 7. 21. 사실오인 및 양형부당의 사유를 구체적으로 기재한 항소이유서를 제출하면서 선고기일 연기를 요청하였음에도 변론을 재개하지 아니한 채 지정된 선고기일에 판결을 선고한 것은 위법하다(2018.4.12. 선고 2017도13748).

OX 필요적 변호사건이 아니고 형사소송법 제33조 제3항에 의하여 국선변호인을 선정하여야 하는 경우도 아닌 사건에 있어서 피고인이 항소이유서 제출기간이 도과한 후에야 비로소 형사소송법 제33조 제2항의 규정에 따른 국선변호인 선정청구를 하고 법원이 국선변호인 선정결정을 한 경우에는 그 국선변호인에게 소송기록접수통지를 할 필요가 없다. (○, ×) 19. 법원

OX 기록을 송부받은 항소법원은 항소이유서 제출기간이 도과하기 전에 이루어진 형사소송법 제33조 제2항의 국선변호인 선정청구에 따라 변호인을 선정한 경우 그 변호인에게 소송기록 접수통지를 하여야 한다. (○, ×) 19. 법원

Answer

OX
○, ○

3) 항소이유서 제출기간 경과 전 심판 ✕

① 이미 항소이유서를 제출하였더라도 항소이유를 추가·변경·철회할 수 있으므로, 항소이유서 제출기간의 경과를 기다리지 않고는 항소사건을 심판할 수 없다(2017 도13748).

② 항소이유서 제출기간 내에 변론이 종결되었는데 그 후 위 제출기간 내에 항소이유서가 제출되었다면, 특별한 사정이 없는 한 항소심법원으로서는 변론을 재개하여 항소이유의 주장에 대해서도 심리를 해 보아야 한다(2017도13748). 19. 법원

③ 항소이유서 제출기간이 경과하기 전에 항소사건을 심판할 수 없고, 변론이 종결되었더라도 항소이유서 제출기간 내에 항소이유서가 제출되었다면, 특별한 사정이 없는 한 항소심법원으로서는 변론을 재개하여 항소이유의 주장에 대해서도 심리를 해 보아야 한다(2015도1466).

4. 답변서 제출

(1) 10일 이내에 답변서 제출

상대방은 송달받은 날로부터 10일 이내에 답변서를 항소법원에 제출하여야 한다. 11. 경찰1차·경찰승진, 12. 경찰2차, 15. 법원, 19. 해경간부, 20. 경찰1차

(2) 부본 송달

항소법원은 지체 없이 그 부본 또는 등본을 항소인 또는 변호인에게 송달하여야 한다(제361조의3 제4항).

5. 항소법원의 심판범위

① 항소법원은 항소이유에 포함된 사유에 관하여 심판하여야 한다(제364조 제1항). 17. 경찰간부

② 다만, 판결에 영향을 미친 사유에 관하여는 항소이유서에 포함되지 아니한 경우에도 직권으로 심판할 수 있다(동조 제2항). 17. 경찰간부, 20. 법원

③ 피고인이나 변호인이 항소이유서에 포함시키지 아니한 사항을 공판정에서 진술하는 경우, 항소심은 이를 심판할 필요가 없다(98도1234). 14. 7급국가직

④ 검사의 항소이유가 실질적으로 구두변론을 거쳐 심리되지 않았다고 평가될 경우 항소심법원이 검사의 항소이유 주장을 받아들여 피고인에게 불리하게 제1심 판결을 변경하는 것은 허용되지 않는다(2015도11696). 17. 9급개론·9급국가직

6. 항소심의 심리

(1) 불출석 재판

1) 2회 불출석시 진술 없이 판결 가능

① 피고인이 정당한 사유 없이 다시 정한 기일에 출정하지 아니한 때에는 피고인의 진술 없이 판결을 할 수 있다(제365조). 15. 9급국가직, 18. 해경간부

② 이 경우, 적법한 공판기일소환장을 받고서 정당한 사유 없이 출정하지 않아야 하고 (88도419), 불출석이 2회 이상 계속되어야 한다(2016도2210).

2) 예 외

다만, 판결에 영향을 미친 사유에 관하여는 항소이유서에 포함되지 아니한 경우에도 직권으로 심판할 수 있다(동조 제2항).

(2) 항소인 진술 등

1) 항소이유 및 답변의 진술

① 항소인은 그 항소이유를 구체적으로 진술하여야 하고, 상대방은 항소인의 항소이유 진술이 끝난 뒤에 항소이유에 대한 답변을 구체적으로 진술하여야 한다.

② 피고인 및 변호인은 이익이 되는 사실 등을 진술할 수 있다(규칙 제156조의3).

2) 쟁점의 정리

법원은 항소이유와 답변에 터 잡아 해당사건의 사실상, 법률상 쟁점을 정리하여 밝히고 그 증명되어야 하는 사실을 명확히 하여야 한다(규칙 제156조의4).

(3) 증거조사 등

1) 제1심의 증거

① 재판장은 증거조사절차에 들어가기에 앞서 제1심의 증거관계와 증거조사결과의 요지를 고지하여야 한다(규칙 제156조의5 제1항).

② 제1심 법원에서 증거로 할 수 있었던 증거는 항소법원에서도 증거로 할 수 있다(제364조 제3항).

2) 증인신문

다음의 경우 증인신문 가능하다(규칙 제156조의5 제2항).

㉠ 제1심에서 조사되지 아니한 데에 대하여 고의나 중대한 과실이 없고, 그 신청으로 인하여 소송을 현저하게 지연시키지 아니하는 경우

㉡ 제1심에서 증인으로 신문하였으나 새로운 중요한 증거의 발견 등으로 항소심에서 다시 신문하는 것이 부득이하다고 인정되는 경우

㉢ 그 밖에 항소의 당부에 관한 판단을 위하여 반드시 필요하다고 인정되는 경우

관련 판례🔎

항소심에서도 피고인의 출석 없이는 개정하지 못하는 것이 원칙이다(형사소송법 제370조, 제276조). 다만 피고인이 항소심 공판기일에 출정하지 않아 다시 기일을 정하였는데도 정당한 사유 없이 그 기일에도 출정하지 않은 때에는 피고인의 진술 없이 판결할 수 있다(형사소송법 제365조). 이와 같이 피고인이 불출석한 상태에서 그 진술 없이 판결할 수 있기 위해서는 피고인이 적법한 공판기일 통지를 받고서도 2회 연속으로 정당한 이유 없이 출정하지 않은 경우에 해당하여야 한다.

피고인이 제1심에서 도로교통법 위반(음주운전)죄로 유죄판결을 받고 항소한 후 원심 제1회, 제2회 공판기일에 출석하였고, 제3회 공판기일에 변호인만이 출석하고 피고인은 건강상 이유를 들어 출석하지 않았으나, 제4회 공판기일에 변호인과 함께 출석하자 원심은 변론을 종결하고 제5회 공판기일인 선고기일을 지정하여 고지하였는데, 피고인과 변호인이 모두 제5회 공판기일에 출석하지 아니하자 원심이 피고인의 출석 없이 공판기일을 개정하여 피고인의 항소를 기각하는 판결을 선고한 사안에서, 피고인이 고지된 선고기일인 제5회 공판기일에 출석하지 않았더라도 제4회 공판기일에 출석한 이상 2회 연속으로 정당한 이유 없이 출정하지 않은 경우에 해당하지 않아 형사소송법 제365조 제2항에 따라 제5회 공판기일을 개정할 수 없다는 이유로, 그런데도 피고인의 출석 없이 제5회 공판기일을 개정하여 판결을 선고한 원심의 조치에 소송절차에 관한 형사소송법 제365조에 반하여 판결에 영향을 미친 잘못이 있다(대법원 2019.10.31. 선고 2019도5426 판결).

3) 항소심에서의 피고인 신문

① 검사 또는 변호인은 항소심의 증거조사가 종료한 후 항소이유의 당부를 판단함에 필요한 사항에 한하여 피고인을 신문할 수 있다.

② 재판장은 필요하다고 인정하는 때에는 피고인을 신문할 수 있다(규칙 제156조의6 제1항, 제3항).

③ 재판장은 피고인 신문을 실시하는 경우에도 제1심의 피고인 신문과 중복되거나 항소이유의 당부를 판단하는 데 필요 없다고 인정하는 때에는 그 신문의 전부 또는 일부를 제한할 수 있다(제156조의6 제2항).

4) 항소심에서의 의견진술

① 항소심의 증거조사와 피고인 신문절차가 종료한 때에는 검사는 원심판결의 당부와 항소이유에 대한 의견을 구체적으로 진술하여야 한다(규칙 제156조의7 제1항).

② 재판장은 검사의 의견을 들은 후 피고인과 변호인에게도 의견을 진술할 기회를 주어야 한다(규칙 제156조의7 제2항).

7. 항소심의 재판

(1) 공소기각결정

① 공소기각결정의 사유(제328조)가 있는 때에는 항소법원은 공소기각의 결정을 하여야 한다. 14. 법원

② 이 결정에 대하여는 즉시항고를 할 수 있다(제363조).

(2) 항소기각결정

1) 부적법한 항소

① 항소의 제기가 법률상의 방식에 위반하거나 항소권 소멸 후인 것이 명백한 때에 원심법원이 항소기각의 결정을 하지 아니한 때에는 항소법원은 결정으로 항소를 기각하여야 한다. 08. 법원

② 이 결정에 대하여는 즉시항고를 할 수 있다(제362조).

2) 항소이유서의 미제출

① 항소인이나 변호인이 항소이유서 제출기간 내에 항소이유서를 제출하지 아니한 때에는 결정으로 항소를 기각하여야 한다. 08. 법원

② 다만, 직권조사 사유가 있거나 항소장에 항소이유의 기재가 있는 때에는 예외로 한다.

③ 이 결정에 대하여는 즉시항고를 할 수 있다(제361조의4).

(3) 항소기각판결

① 항소가 이유 없다고 인정한 때에는 판결로써 항소를 기각해야 한다(제364조 제4항).

② 항소기각판결은 구두변론을 거치는 것이 원칙이지만(제37조),

③ 항소가 이유 없음이 명백한 때에는 변론 없이 판결로써 항소를 기각할 수 있다(제 364조 제5항).

⑷ 파기판결

1) 파기자판

① 항소가 이유 있다고 인정한 때에는 항소법원은 원심판결을 파기하고 다시 판결을 하여야 하는데(제364조 제6항) 이를 파기자판이라고 한다. 20. 법원

② 반드시 구두변론을 거쳐야 한다(81도1482).

③ 항소심은 항소이유가 인정되면 파기자판함이 원칙이지만 경우에 따라서는 환송하거나 이송할 수도 있다. 02. 행시, 17. 경찰간부

④ 상소심에서 원심의 주형 부분을 파기하는 경우 부가형인 몰수 또는 추징 부분도 함께 파기하여야 하고, 몰수 또는 추징을 제외한 나머지 주형 부분만을 파기할 수는 없다(2009도2807).

⑤ 무죄로 판단한 특수절도미수죄와 유죄로 판단한 절도미수죄가 일죄의 관계에 있는 경우, 항소심이 제1심 법원이 무죄로 판단한 특수절도미수죄를 파기하는 경우에는 유죄로 인정한 절도미수죄도 함께 파기하여야 한다(2011도8015). 16. 변호사

⑥ 제1심의 양형이 과중하다고 인정하여 제1심판결 전부를 파기한 경우에는 제1심판결의 각 주문보다 개별적으로 가벼운 형을 각 선고하여야 한다(2008도11718).

2) 파기환송

① 공소기각 또는 관할위반의 재판이 법률에 위반됨을 이유로 원심판결을 파기하는 때에는 항소법원은 파기환송하여야 한다(제366조). 04. 여경1차, 08. 법원, 15. 9급국가직, 18. 해경간부

② 원심(항소심)으로서는 위와 같이 제1심의 공소기각판결이 법률에 위반된다고 판단한 이상 본안에 들어가 심리할 것이 아니라 제1심판결을 파기하고 사건을 제1심법원에 환송하여야 한다(2017도1430). 21. 경찰간부

3) 파기이송

① 관할인정이 법률에 위반됨을 이유로 원심판결을 파기하는 때에는 판결로써 사건을 관할법원에 이송하여야 한다(제367조 본문). 17. 7급국가직

② 다만, 항소법원이 그 사건의 제1심 관할권이 있는 때에는 제1심으로서 심판하여야 하고 파기이송할 수 없다(동조 단서).

4) 공통파기

① 항소법원이 피고인을 위하여 원심판결을 파기하는 경우에 파기의 이유가 항소한 공동피고인에게 공통되는 때에는 그 공동피고인에 대하여도 원심판결을 파기하여야 한다(제364조의2). 08 · 12. 9급국가직, 09 · 17. 7급국가직, 12. 경찰승진 · 경찰간부, 17 · 18. 경찰1차

☑ **관련 판례(2008도11718)**
항소심이 제1심의 양형이 과중하다고 인정하여 피고인의 항소이유를 받아들여 제1심판결을 파기하면서 제1심 그대로의 형을 선고하면, 판결의 이유와 주문이 저촉·모순되는 위법이 있고 이러한 위법은 판결 결과에 영향이 있다.
동일 피고인의 확정판결 전후의 범죄에 대하여 주문 2개를 선고한 제1심의 항소심은 제1심판결의 하나의 주문 관련 부분과 그에 대한 항소이유, 또 하나의 주문 관련 부분과 그에 대한 항소이유를 살펴 개별적으로 항소이유가 있는지 여부를 판단하여야 한다.

관련 판례🔖
형사소송법 제366조는 '공소기각 또는 관할위반의 재판이 법률에 위반됨을 이유로 원심판결을 파기하는 때에는 판결로써 사건을 원심법원에 환송하여야 한다'고 규정하고 있으므로, 원심(항소심)으로서는 위와 같이 제1심의 공소기각 판결이 법률에 위반된다고 판단한 이상 본안에 들어가 심리할 것이 아니라 제1심판결을 파기하고 사건을 제1심법원에 환송하여야 한다(2017도1430).

기출 키워드 체크
항소심은 항소이유가 인정되면 파기_____함이 원칙이지만 경우에 따라서는 _____하거나 _____할 수도 있다.

OX 항소심이 제1심의 공소기각 판결이 법령에 위반됨을 이유로 파기할 경우 본안에 들어가 심리한 후 피고인에게 유죄를 선고하는 판결을 할 것이 아니라 제1심법원에 환송하는 판결을 선고해야 한다. (○, ×)
21. 경찰간부

기출 키워드 체크
관할_____의 재판이 법률에 위반됨을 이유로 원심판결을 파기하는 때에는 판결로써 사건을 원심법원에 환송하여야 한다.

Answer
기출 키워드 체크
자판, 환송, 이송
위반
OX
○

② 공동피고인 사이에서 파기의 이유가 공통되는 해당 범죄사실이 동일한 소송절차에서 병합심리된 경우에만 적용된다(2018도14303). 20. 7급국가직, 20. 법원

8. 항소심 재판서의 기재방식

(1) 개 요

항소법원의 재판서도 재판서의 일반적인 방식에 의한다(제38조 이하).

(2) 항소이유에 대한 판단

① 항소법원의 재판서에는 항소이유에 대한 판단을 기재하여야 한다(제369조).

② 검사와 피고인 쌍방이 항소하고 그 주장들이 모두 이유 없는 때에는 쌍방의 항소이유를 모두 판단하여야 한다.

③ 항소심이 피고인의 항소에 대하여 양형부당을 이유로 제1심 판결을 파기·자판하면서 피고인에 대한 범죄사실을 모두 유죄로 인정한 경우 사실오인의 항소이유에 대해서는 배척한 것으로 볼 수 있다(2000도123). 15. 9급국가직, 18. 해경간부

④ 항소이유에 포함되지 아니한 사유를 직권으로 심리하여 제1심판결을 파기하고 자판할 때에는 별도로 항소인의 항소이유의 당부에 대한 판단을 명시하지 아니하였다고 하여 판단누락이라고 볼 것이 아니다(2010도11338). 15. 9급국가직, 18. 해경간부

⑤ 검사와 피고인 양쪽이 상소를 제기한 경우, 어느 일방의 상소는 이유 없으나 다른 일방의 상소가 이유 있어 원판결을 파기하고 다시 판결하는 때에는 이유 없는 상소에 대해서는 판결이유 중에서 그 이유가 없다는 점을 적으면 충분하고 주문에서 그 상소를 기각해야 하는 것은 아니다(2019도17995).

(3) 범죄사실, 증거요지의 기재

1) 항소기각판결

항소이유에 대한 판단으로 족하고, 범죄될 사실이나 증거의 요지를 기재할 필요가 없다(93도3524).

2) 유죄판결

① 원심판결을 파기하고 형을 선고하는 경우에는 항소이유에 대한 판단과 함께 판결이유에 범죄될 사실, 증거의 요지와 법령의 적용을 명시하여야 한다(제370조, 제323조).

② 다만, 원심판결에 기재한 사실과 증거를 인용할 수 있다(제369조). 그러나 법령의 적용은 인용할 수 없다(2000도1660).

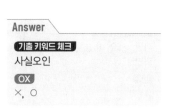

제3절 상 고

❶ 상고의 의의

1) 상고의 개념

① 상고란 판결에 불복하여 대법원에 상소하는 것을 말한다.

② 상고는 원칙적으로 제2심판결에 대해서 허용되는 것이지만 예외적으로 비약적 상고(제372조)는 제1심판결에 대해서 인정된다.

2) 비약적 상고와의 구별

상고는 제2심판결에 불복하여 대법원에 제기하는 것임에 반해 제1심판결에 대해 항소 제기 없이 곧바로 대법원에 제기하는 비약적 상고와는 구별된다.

3) 상고의 기능

① 상고도 오판 시정에 의한 당사자의 권리구제기능을 가지고 있으나, 상고심의 가장 중요한 기능은 법령해석의 통일에 있다.

② 하급심의 적법절차위반의 판결에 대해 상고심이 이를 파기하면 하급심은 상급심의 판결 내용에 기속되어 적법절차를 준수할 수밖에 없게 되는데 이런 점에서 상고심은 적법절차의 실현을 감시하고 독려하는 기능을 수행한다.

❷ 상고심의 구조와 특색

1. 원칙적 법률심

(1) 원칙적 법률심

① 상고심은 원칙적으로 하급심이 인정한 사실관계를 고정해 놓고 원심판결의 법률문제만을 판단하는 법률심이다.

② 증거의 취사선택 및 평가와 이를 토대로 한 사실의 인정은 논리와 경험의 법칙을 위반하여 자유심증주의의 한계를 벗어나지 않는 한 사실심법원의 전권에 속하고 상고법원도 이에 기속된다(2016도13489).

(2) 예외적 사실심

① 피고인 구제를 위하여 사실오인과 양형부당을 상고이유로 하고(제383조 제4호), 상고심에서도 파기자판을 허용하고 있다(제396조).

② 사실심 법원은 주장과 증거에 대하여 신중하고 충실한 심리를 하여야 하고, 그에 이르지 못하여 필요한 심리를 다하지 아니하는 등으로 판결 결과에 영향을 미친 때에는 사실인정을 사실심 법원의 전권으로 인정한 전제가 충족되지 아니하므로 이는 당연히 상고심의 심판대상에 해당한다(2015도17869). 17. 변호사

> **관련 판례❶**
> 형사소송법 제383조 제4호에 따르면 사형, 무기 또는 10년 이상의 징역이나 금고가 선고된 사건에서만 양형부당을 이유로 상고할 수 있다. 피고인 1에 대하여 그보다 가벼운 형이 선고된 이 사건에서 형이 너무 무거워 부당하다는 주장은 적법한 상고이유가 아니다.
> 양형의 조건에 관한 형법 제51조는 형을 정하는 데 참작할 사항을 정하고 있다. 형을 정하는 것은 법원의 재량사항이므로, 형사소송법 제383조 제4호에 따라 사형·무기 또는 10년 이상의 징역·금고가 선고된 사건에서 양형의 당부에 관한 상고이유를 심판하는 경우가 아닌 이상, 사실심법원이 양형의 기초 사실에 관하여 사실을 오인하였다거나 양형의 조건이 되는 정상에 관하여 심리를 제대로 하지 않았다는 주장은 적법한 상고이유가 아니다(대법원 2020. 9.3. 선고 2020도8358 판결)

관련 **판례**
피고인은 제1심판결에 대하여 항소하면서 양형부당만을 항소이유로 내세웠다가 항소가 기각되었음을 알 수 있다. 이러한 경우 원심판결에 사실오인 내지 법리오해의 위법이 있다는 취지의 주장은 적법한 상고이유가 되지 못한다. 그런데 상고심법원은 원심판결에 형사소송법 제383조 제1호 내지 제3호의 사유가 있는 경우에는 형사소송법 제384조에 의하여 상고이유서에 포함되지 아니한 때에도 직권으로 심판할 수 있으므로, 이러한 점을 주장하는 상고이유는 직권발동을 촉구하는 의미는 있다(대법원 2017.4.26. 선고 2017도1799 판결)

관련 **판례**
상고심은 항소심에서 심판대상으로 되었던 사항에 한하여 상고이유의 범위 내에서 그 당부만을 심사하여야 한다.
항소인이 항소이유로 주장하거나 항소심이 직권으로 심판대상으로 삼아 판단한 사항 이외의 사유를 상고이유로 삼아 다시 상고심의 심판범위에 포함시키는 것은 상고심의 사후심 구조에 반한다.
피고인이 유죄가 인정된 제1심판결에 대하여 항소하지 않거나 양형부당만을 이유로 항소하고 검사는 양형부당만을 이유로 항소하였는데, 항소심이 검사의 항소를 받아들여 제1심판결을 파기하고 그보다 높은 형을 선고한 경우, 피고인이 항소심의 심판대상이 되지 않았던 법령위반 등 새로운 사항을 상고이유로 삼아 상고하는 것은 위법하다.
피고인들이 약사법 위반으로 기소되어 제1심에서 각각 벌금형을 선고받은 후 항소하지 않거나 양형부당만을 이유로 항소하였고 검사도 양형부당을 이유로 항소하였는데, 항소심에서 검사의 항소이유가 인용됨으

Answer
OX
○

2. 원칙적 사후심

(1) 원칙적 사후심

① 사후심이므로 항소심에서 심판대상이 되지 않은 사항은 상고심의 심판범위에 들지 않는 것이어서 피고인이 항소심에서 항소이유로 주장하지 아니하거나 항소심이 직권으로 심판대상으로 삼은 사항 이외의 사유에 대하여는 이를 상고이유로 삼을 수 없는 것이다(2017도12649).

② 제1심판결에 대하여 검사만이 양형부당을 이유로 항소하였을 뿐이고 피고인은 항소하지 아니한 경우에는, 피고인으로서는 항소심판결에 대하여 사실오인, 채증법칙위반, 심리미진 또는 법령위반 등의 사유를 들어 상고이유로 삼을 수 없다(2009도579, 2017도16593 − 1). 18. 법원, 19. 9급국가직

③ 피고인이 제1심판결에 대하여 양형부당만을 항소이유로 내세운 경우, 이를 일부 인용한 항소심판결에 대하여 피고인은 법리오해나 사실오인의 점을 상고이유로 삼을 수 없다(97도163). 18. 법원

④ 위법한 공시송달결정으로 인하여 피고인의 출석 없이 이루어진 판결에 대하여 검사만이 양형부당으로 항소하였으나 항소가 기각된 후에 상고권회복결정이 확정되어 피고인이 상고에 이르게 된 경우, 그 상고가 적법하다(2003도4983).

(2) 예외적 속심

판결 후 형의 폐지 변경 또는 사면이 있는 때(제383조 제2호) 또는 원심판결 후에 재심청구의 사유가 판명된 때(동조 제3호)에는 원심판결 후에 발생한 사실이나 증거가 상고심 판단의 대상이 된다.

▶ **상고심의 사후심적 요소**

1. 원칙적으로 상고이유서에 포함된 사유에 한하여 심판(제384조)
2. 변론 없이 서면심리에 의하여 판결할 수 있음(제390조 제1항)
3. 원심판결을 파기하는 때에는 파기환송·파기이송이 원칙(제397조)
4. 새로운 증거를 제출·증거조사 제한
5. 원판결시를 기준으로 원심판결의 당부를 판단
6. 검사의 공소장변경이 허용되지 않음

❸ 상고이유

1. 의 의

상고는 법률심으로서 다음의 사유가 있을 경우에만 제기할 수 있도록 상고이유를 엄격히 제한하고 있다(제383조).

2. 상고이유(제383조)

(1) **판결에 영향을 미친 헌법·법률·명령 또는 규칙의 위반이 있을 때**(제1호)

(2) **판결 후 형의 폐지나 변경 또는 사면이 있는 때**(제2호)

(3) **재심청구의 사유가 있는 때**(제3호)

피고인이 항소심에서 유죄판결을 받은 후 피고인 이외의 자가 진범으로 다시 제소된 경우 형사소송법 제383조 제3호 소정의 상고사유가 된다(90도1753). 07. 경찰2차

(4) **사형, 무기 또는 10년 이상의 징역이나 금고가 선고된 사건에 있어서 중대한 사실의 오인이 있어 판결에 영향을 미친 때 또는 형의 양정이 심히 부당하다고 인정할 현저한 사유가 있는 때**(제4호) 11. 교정특채, 18. 법원

① 피고인에 대하여 사형, 무기 또는 10년 이상의 징역이나 금고의 형이 선고된 경우, 검사는 사실오인(69도472) 또는 양형부당(94도1705)을 이유로 상고할 수 없다. 18. 법원

② 형사소송법 제383조 제4호에 따라 사형·무기 또는 10년 이상의 징역·금고가 선고된 사건에서 양형의 당부에 관한 상고이유를 심판하는 경우가 아닌 이상, 사실심법원이 양형의 기초 사실에 관하여 사실을 오인하였다거나 양형의 조건이 되는 정상에 관하여 심리를 제대로 하지 않았다는 주장은 적법한 상고이유가 아니다(2020도8358).

③ 피고인에 대하여 사실상 공소가 제기되지 않은 범행을 추가로 처벌한 것과 같은 실질에 이른 경우에는 단순한 양형판단의 부당성을 넘어 죄형 균형 원칙이나 책임주의 원칙의 본질적 내용을 침해하였다고 볼 수 있다. 따라서 그 부당성을 다투는 피고인의 주장은 이러한 사실심법원의 양형심리와 양형판단 방법의 위법성을 지적하는 것으로 보아 적법한 상고이유라고 할 수 있다(2020도8358).

④ (피고인에게 공소가 제기되지 않았고 따로 양형조건도 될 수 없는 사실인 필로폰 '판매'가 양형사유처럼 기재된 부분이 있더라도)피고인에 대하여 사실상 공소가 제기되지 않은 필로폰 판매 범행을 추가로 처벌한 것과 같은 실질에 이르렀다고 볼 수 없다는 이유로, 원심의 양형판단에 죄형 균형 원칙이나 책임주의 원칙의 본질적 내용을 침해하여 판결에 영향을 미친 잘못이 없다(2020도8358).

로써 제1심판결이 파기되고 피고인들에 대해 각각 그보다 높은 형이 선고되자, 피고인들이 항소심에서 심판대상이 되지 않았던 채증법칙위반, 심리미진 및 법리오해의 새로운 사유를 상고이유로 삼아 상고한 사안에서, 피고인들의 위 상고이유 주장은 항소심에서 심판대상이 되지 아니한 사항이므로 적법한 상고이유가 아니라고 한 사례 [대법원 2019.3.21. 선고 2017도16593−1(분리) 전원합의체 판결]

OX 사형, 무기 또는 10년 이상의 징역이나 금고가 선고된 사건에서만 피고인의 양형부당을 이유로 한 상고가 허용된다. (○, ×) 18. 법원

OX 검사는 항소심의 형의 양정이 가볍다는 사유를 상고이유로 주장할 수 없다. (○, ×) 18. 법원

기출 키워드 체크
_____는 항소심의 형의 양정이 가볍다는 사유를 상고이유로 주장할 수 없다.

관련 판례
판결내용 자체가 아니고 다만 피고인의 신병확보를 위한 구속 등 소송절차가 법령에 위반된 경우에는, 그로 인하여 피고인의 방어권이나 변호인의 조력을 받을 권리가 본질적으로 침해되고 판결의 정당성마저 인정하기 어렵다고 보이는 정도에 이르지 않는 한, 그것 자체만으로는 판결에 영향을 미친 위법이라고 할 수 없다.
기록에 따르면 다음 사실을 알 수 있다. 피고인은 이 사건 범죄사실에 관하여 형사소송법 제72조에서 정한 사전 청문절차 없이 발부된 구속영장에 기하여 2018. 1. 19. 구속되었다. 그러나 제1심법원이 위 구속의 위법을 시정하기 위하여 2018. 4. 13. 구속취소결정을 하고 적법한 청문절차를 밟아 구속사유가 있음을 인정하고 같은 날 피고인에 대한 구속영장을 새로 발부하였다. 이와 같이 적법하게 발부된 새로운 구속영장에 따라 피고인에 대한 구속이 계속되었다.

Answer
기출 키워드 체크
검사
OX
○, ○

OX 제1심판결에 대하여 검사만이
양형부당을 이유로 항소하였을 뿐
피고인은 항소하지 아니한 경우에도
항소심이 검사의 항소를 받아들여
피고인에 대하여 제1심보다 무거운
형을 선고하였다면 피고인으로서는
항소심판결에 대하여 사실오인, 채
증법칙 위반, 심리미진 또는 법령위
반 등의 사유를 들어 상고이유로 삼
을 수 있다. (○, ×) 18. 법원

OX 피고인이 제1심판결에 대하여
양형부당만을 항소이유로 내세운 경
우, 이를 일부 인용한 항소심판결에
대하여 피고인은 법리오해나 사실오
인의 점을 상고이유로 삼을 수 없다.
(○, ×) 18. 법원

3. 제 한

① 상고심은 항소법원판결에 대한 사후심이므로 항소심에서 심판대상이 되지 않은 사항은 상고심의 심판 범위에 들지 않는다(2014도1079). 16. 법원 ⇨ 제1심 법원의 판결에 대하여 검사만이 양형부당을 이유로 항소한 경우, 피고인은 항소심판결에 대하여 사실오인, 채증법칙 위반, 심리미진 또는 법령위반 등의 사유를 들어 상고이유로 삼을 수 없다(2015도9010). 17. 변호사, 18. 법원

② 피고인이 항소심에서 항소이유로 주장하지 아니하거나 항소심이 직권으로 심판대상으로 삼은 사항 이외의 사유에 대하여는 이를 상고이유로 삼을 수 없다(99도2831).

③ 피고인이 제1심판결에 대하여 양형부당만을 항소이유로 내세워 항소하였다가 그 항소가 기각된 경우, 피고인은 원심판결에 대하여 사실오인 또는 법리오해의 위법이 있다는 것을 상고이유로 삼을 수는 없다(2005도3345). 07. 경찰1차, 12. 9급국직, 16. 7급국가직 ⇨ 법원의 직권발동을 촉구하는 의미는 있다(2017도1799).

▶ **관련 판례**

1. 형사소송법 제307조 제1항, 제308조는 증거에 의하여 사실을 인정하되 그 증거의 증명력은 법관의 자유판단에 의하도록 규정하고 있다. 따라서 증거의 취사 선택 및 평가와 이를 토대로 한 사실의 인정은 논리와 경험의 법칙을 위반하여 자유심증주의의 한계를 벗어나지 않는 한 사실심법원의 전권에 속하고 상고법원도 이에 기속된다(2016도13489).

2. 사실심 법원은 주장과 증거에 대하여 신중하고 충실한 심리를 하여야 하고, 그에 이르지 못하여 필요한 심리를 다하지 아니하는 등으로 판결 결과에 영향을 미친 때에는 사실인정을 사실심 법원의 전권으로 인정한 전제가 충족되지 아니하므로 이는 당연히 상고심의 심판대상에 해당한다(2015도17869).

3. 사기죄의 요건으로서의 기망은 널리 재산상의 거래관계에서 서로 지켜야 할 신의와 성실의 의무를 저버리는 모든 적극적 또는 소극적 행위를 말하고, 이러한 소극적 행위로서의 부작위에 의한 기망은 법률상 고지의무 있는 자가 일정한 사실에 관하여 상대방이 착오에 빠져 있음을 알면서도 이를 고지하지 않는 것을 말한다. 여기에서 법률상 고지의무는 법령, 계약, 관습, 조리 등에 의하여 인정되는 것으로서 문제가 되는 구체적인 사례에 즉응하여 거래실정과 신의성실의 원칙에 의하여 결정되어야 한다. 그리고 법률상 고지의무를 인정할 것인지는 법률문제로서 상고심의 심판대상이 되지만 그 근거가 되는 거래의 내용이나 거래관행 등 거래실정에 관한 사실을 주장·증명할 책임은 검사에게 있다(2018도13696).

4. 피고인은 제1심판결에 대하여 항소하면서 양형부당만을 항소이유로 내세웠다가 항소가 기각되었음을 알 수 있다. 이러한 경우 원심판결에 사실오인 내지 법리오해의 위법이 있다는 취지의 주장은 적법한 상고이유가 되지 못한다. 그런데 상고심법원은 원심판결에 형사소송법 제383조 제1호 내지 제3호의 사유가 있는 경우에는 형사소송법 제384조에 의하여 상고이유서에 포함되지 아니한 때에도 직권으로 심판할 수 있으므로, 이러한 점을 주장하는 상고이유는 직권발동을 촉구하는 의미는 있다(2017도1799).

5. 피고인이 유죄가 인정된 제1심판결에 대하여 항소하지 않거나 양형부당만을 이유로 항소하고 검사는 양형부당만을 이유로 항소하였는데, 항소심이 검사의 항소를 받아들여 제1심판결을 파기하고 그보다 높은 형을 선고한 경우, 피고인이 항소심의 심판대상이 되지 않았던 법령위반 등 새로운 사항을 상고이유로 삼아 상고하는 것은 위법하다(2017도16593 - 1).

6. 사형·무기 또는 10년 이상의 징역·금고가 선고된 사건에서 양형의 당부에 관한 상고이유를 심판하는 경우가 아닌 이상, 사실심법원이 양형의 기초 사실에 관하여 사실을 오인하였다거나 양형의 조건이 되는 정상에 관하여 심리를 제대로 하지 않았다는 주장은 적법한 상고이유가 아니다. 피고인에 대하여 사실상 공소가 제기되지 않은 범행을 추가로 처벌한 것과 같은 실질에 이른 경우에는 단순한 양형판단의 부당성을 넘어 죄형 균형 원칙이나 책임주의 원칙의 본질적 내용을 침해하였다고 볼 수 있다(2020도8358).

▶ **소송절차가 법령 위반이 판결에 영향을 미친 위법이 있다고 본 사례**

1. 피고인에 대한 공소사실 중 폭력행위 등 처벌에 관한 법률위반의 점은 같은 법 제3조 제1항, 제2조 제1항, 형법 제257조 제1항에 정한 형이 3년 이상의 유기징역이므로 이 사건은 형사소송법 제282조에 규정된 필요적 변호 사건에 해당하고, 따라서 이 사건에 대하여는 항소심으로서도 그 준용규정인 같은 법 제370조에 따라 변호인이 없이 개정하거나 심리하지 못함에도 불구하고 원심은 사선변호인이 없는 이 사건에 있어 직권으로 변호인을 선정하지 아니한 채 개정하여 사건을 심리하였는바, 이와 같이 위법한 공판절차에서 이루어진 소송행위는 무효이므로, 결국 원심판결은 소송절차가 법령에 위반하여 판결에 영향을 미친 위법을 범하였다(95도1721).

2. 70세 이상인 피고인으로서 사선변호인이 없음에도 국선변호인을 선정하지 아니한 채 개정하여 심리한 원심판결을 소송절차가 법령에 위반하였음을 이유로 직권파기한 사례(2005도5925)

3. 지방법원본원 합의부에서 재판하여야 할 항소사건에 대하여 고등법원이 관할권이 없음을 간과하고 그 실체에 들어가 재판한 경우, 이는 소송절차의 법령을 위반한 잘못을 저지른 것으로서, 관할제도의 입법 취지(관할획일의 원칙)와 그 위법의 중대성 등에 비추어 판결에 영향을 미쳤음이 명백하다는 이유로, 직권으로 원심판결을 파기하고 형사소송법 제394조에 의하여 사건을 관할권이 있는 지방법원본원 합의부에 이송한 사례(96도2789)

4. 원심이 위법한 공시송달결정에 터 잡아 절차를 진행한 제1심의 위법을 시정하기 위하여 추가로 소재탐지 등을 거쳐 다시 공시송달결정을 하고, 새로이 증거조사를 한 것 자체는 잘못이 없다고 할 것이나, 원심이 그 과정에서 공소장 부본을 공시송달하지 않은 채 공판절차를 진행한 것은 소송절차에 관한 법령을 위반한 경우에 해당한다. (중략) 원심이 위법한 공시송달결정에 터 잡아 절차를 진행한 제1심의 위법을 시정하기 위하여 추가로 소재탐지 등을 거쳐 다시 공시송달결정을 하고, 새로이 증거조사를 한 것 자체는 잘못이 없다고 할 것이나, 원심이 그 과정에서 공소장 부본을 공시송달하지 않은 채 공판절차를 진행한 것은 소송절차에 관한 법령을 위반한 경우에 해당한다(2014도11273).

▶ **소송절차가 법령 위반이 판결에 영향을 미친 위법이 없다고 본 사례**

1. 판결내용 자체가 아니고 다만 피고인의 신병확보를 위한 구속 등 소송절차가 법령에 위반된 경우에는, 그로 인하여 피고인의 방어권이나 변호인의 조력을 받을 권리가 본질적으로 침해되고 판결의 정당성마저 인정하기 어렵다고 보이는 정도에 이르지 않는 한, 그것 자체만으로는 판결에 영향을 미친 위법이라고 할 수 없다. 피고인은 이 사건 범죄사실에 관하여 형사소송법 제72조에서 정한 사전 청문절차 없이 발부된 구속영장에 기하여 2018. 1. 19. 구속되었다. 그러나 제1심법원이 위 구속의 위법을 시정하기 위하여 2018. 4. 13. 구속취소결정을 하고 적법한 청문절차를 밟아 구속사유가 있음을 인정하고 같은 날 피고인에 대한 구속영장을 새로 발부하였다. 이와 같이 적법하게 발부된 새로운 구속영장에 따라 피고인에 대한 구속이 계속되었다. 피고인이 위 청문절차에서부터 제1심과 원심의 소송절차에 이르기까지 변호인의 조력을 받았다. 위와 같은 사실관계를 기록에 비추어 살펴보면, 피고인에 대한 신체구금 과정에 피고인의 방어권이 본질적으로 침해되어 원심판결의 정당성마저 인정하기 어렵다고 볼 정도의 위법은 없다. 따라서 피고인에 대한 구속영장 발부와 집행에 관한 소송절차의 법령위반 등을 다투는 상고이유 주장은 받아들이지 않는다(2018도19034). 20. 경찰2차

2. 원심이 2006. 5. 4. 제2회 공판기일에 검사의 공소장변경허가신청서에 기한 공소장변경을 허가하였으면서도 재정 중인 피고인 및 변호인에게 그 부본을 교부 또는 송달한 흔적을 찾아 볼 수 없으나, 당초에 협박죄로 공소제기된 이 사건에서 피고인이 수사단계부터 피해자에 대한 협박의 해악 고지를 부인하면서 다투어 온 이상 협박미수의 예비적 공소사실에는 피고인이 방어하여야 할 새로운 내용이 들어있다고 보기 어려운 점, 검사는 항소이유서에도 협박미수로의 공소장변경을 언급하였고, 원심 제1회 공판기일 당시 공소장변경을 위한 속행을 요청하기도 하였으므로 제2회 공판기일에 협박미수로의 공소장변경이 있으리라는 점은 예측할 수 있었던 점, 변론종결이 이루어진 원심 제2회 공판기일에는 공소장변경만 이루어진 후 피고인 최후진술 및 변호인의 변론이 진행되었을 뿐 별도의 증거조사 등이 이루어지지 않은 점 등 또한 기록상 분명하므로, 원심의 공소장변경절차에 앞에서 본 바와 같은 흠이 있다고 하더라도 그로 인하여 피고인의 방어권, 변호인의 변호권이 본질적으로 침해되어 판결에 영향을 미친 위법이 있다고 볼 수는 없다(2006도3983).

❹ 상고의 제기

1. 상고제기 방식

① 상고를 할 때에는 상고제기 기간 내에 상고장을 원심법원에 제출하여야 한다(제375조).
11. 교정특채

② 상고법원은 대법원이 되고 상고기간은 7일이다(제371조, 제374조).

2. 원심법원의 조치

(1) 상고기각결정

① 상고의 제기가 법률상의 방식에 위반하거나 상고권 소멸 후인 것이 명백한 때에는 원심법원은 상고기각의 결정을 하여야 한다.

② 이 결정에 대하여는 즉시항고를 할 수 있다(제376조).

(2) 기록 송부

상고기각결정을 하는 경우를 제외하고는 원심법원은 상고장을 받은 날부터 14일 이내에 소송기록과 증거물을 상고법원에 송부하여야 한다(제377조).

3. 상고법원의 조치

① 상고법원이 소송기록의 송부를 받은 때에는 즉시 상고인과 상대방에 대하여 그 사유를 통지하여야 한다(제378조 제1항).

② 소송기록접수통지 전에 변호인의 선임이 있는 때에는 변호인에 대하여도 위의 통지를 하여야 한다(동조 제2항).

4. 상고이유서의 제출

(1) 제출방식

상고인 또는 변호인은 소송기록접수통지를 받은 날로부터 20일 이내에 상고이유서를 상고법원에 제출하여야 한다(제379조 제1항). 15. 경찰간부

(2) 기재정도

① 상고이유서에는 소송기록과 원심법원의 증거조사에 표현된 사실을 인용하여 그 이유를 명시하여야 한다(동조 제2항).

② 이 경우 상고이유서에는 상고이유를 특정하여 원심판결의 어떤 점이 법령에 어떻게 위반되었는지에 관한 구체적이고도 명시적인 이유의 설시가 있어야 한다.

③ 단순히 원심판결에 사실오인 내지 법리오해의 위법이 있다고만 기재함에 그친 경우, 적법한 상고이유라 볼 수 없다(99도5513).

(3) 법정 상고이유가 포함되지 않은 경우

① 상고이유서에 형사소송법 제383조 각 호에 규정한 상고이유가 포함되지 않은 경우, 상고기각 결정을 할 수 있다. ⇨ 상고이유서에 벌금을 감액하여 달라는 뜻이 기재되어 있을 뿐이고(제383조에서 정한 상고이유가 기재되어 있지 않음), 상고장에도 상고이유가 기재되지 않은 경우, 상고법원은 상고기각결정을 하여야 한다(제380조 제2항, 2010도759).

② 다만, 상고법원은 상고이유서에 포함되지 아니한 때에도 직권으로 이를 심판할 수 있는 사항(제383조 제1호 내지 제3호의 사유)이 있으면 이에 대해 직권으로 심판할 수 있다(제384조 단서). ⇨ 사형, 무기, 10년 이상 징역, 금고 선고 사건의 중대한 사실오인, 양형부당의 경우에는 직권 심판할 수 없다. 15. 경찰간부

(4) 재소자에 관한 특칙의 준용

상고이유서 제출에도 재소자에 관한 특칙 규정(제344조)이 준용된다(제379조 제1항).

(5) 상고법원의 조치

상고이유서의 제출을 받은 상고법원은 지체 없이 그 부본 또는 등본을 상대방에게 송달하여야 한다(동조 제3항).

5. 답변서의 제출 및 송달

① 상대방은 상고이유서의 부본 또는 등본의 송달을 받은 날로부터 10일 이내에 답변서를 상고법원에 제출할 수 있다(동조 제4항). 12. 9급국가직, 15. 경찰간부, 18. 해경간부

② 답변서를 제출하지 않아도 상고 효력에는 영향이 없다. 04. 경찰2차

③ 답변서의 제출을 받은 상고법원은 지체 없이 그 부본 또는 등본을 상고인 또는 변호인에게 송달하여야 한다(동조 제5항).

❺ 상고심의 심리

1. 상고심의 심판범위

(1) 원 칙

상고법원은 상고이유서에 포함된 사유에 관하여 심판하여야 한다(제384조). 상고심은 원칙적으로 사후심이기 때문이다.

(2) 예 외

다음의 경우에는 상고이유서에 포함되지 아니한 때에도 직권으로 심판할 수 있다(제384조 단서). 15. 경찰간부

㉠ 판결에 영향을 미친 헌법, 법률, 명령, 규칙의 위반이 있는 때(제383조 제1호)
㉡ 판결 후 형의 폐지, 변경 또는 사면이 있는 때(동조 제2호)
㉢ 재심청구의 사유가 있는 때(동조 제3호)

2. 상고심의 변론

(1) 변호사인 변호인에 의한 변론

① 상고심에는 변호인 아니면 피고인을 위하여 변론하지 못한다(제387조).

② 상고심이 법률심이라는 점을 고려하여 피고인의 변론능력을 제한한 것이다.

③ 한편, 상고심에는 변호사 아닌 자를 변호인으로 선임하지 못한다(제386조). 04. 경찰2차

OX 상고이유서 부본을 송달받은 상대방은 송달을 받은 날부터 10일 이내에 답변서를 상고법원에 제출할 수 있다. (○, ×) 18. 법원

Answer
OX
○

(2) 피고인의 소환 불요

① 따라서 상고심의 공판기일에는 피고인의 출석을 요하지 않으므로 공판기일에는 피고인의 소환을 요하지 아니한다(제389조의2). 14. 법원

② 그러나 법원사무관 등은 피고인에게 공판기일통지서는 송달하여야 한다(규칙 제161조 제1항).

(3) 상고이유서에 의한 변론

① 검사와 변호인은 상고이유서에 의하여 변론하여야 한다(제388조).

② 이 규정은 변론의 주체가 검사와 변호인이고, 변론의 범위도 상고이유서에 제한됨을 명시한 것이다.

(4) 변호인의 출정과 변론

① 변호인의 선임이 없거나 변호인이 공판기일에 출정하지 아니한 때에는 직권으로 변호인을 선정해야 하는 경우(제283조)를 제외하고는 검사의 진술을 듣고 판결할 수 있다(제389조 제1항).

② 이 경우에 적법한 상고이유서의 제출이 있는 때에는 그 진술이 있는 것으로 간주한다(제389조 제2항).

3. 서면심리

① 상고법원은 상고장·상고이유서 기타의 소송기록에 의하여 변론 없이 판결할 수 있다(제390조 제1항). 14. 법원

② 상고기각의 경우 이외에 원심판결을 파기하는 경우에도 서면심리를 할 수 있다.

4. 참고인의 진술 청취

상고법원은 필요한 경우에는 특정한 사항에 관하여 변론을 열어 참고인의 진술을 들을 수 있다(제390조 제2항). 18. 9급국가직

❻ 상고심의 재판

1. 상고법원의 결정

(1) 공소기각결정

① 공소기각결정의 사유(제328조)가 있는 때에는 상고법원은 결정으로 공소를 기각하여야 한다(제382조). 02. 행시, 14. 법원

② 예를 들어 상고 후 피고인의 사망, 피고인인 법인이 존속하지 않게 되었을 때, 공소장에 범죄가 될 만한 사실이 포함되지 않은 경우, 공소기각결정을 하여야 한다.

(2) 상고기각결정

① 상고이유서를 제출기간 안에 제출하지 못하거나(제380조) 02. 7급국가직, 상고제기가 법률의 방식에 위반되거나, 상소권 소멸 후인 것이 명백함에도 불구하고 원심법원이 상고기각결정을 하지 않을 때에는 상고법원은 결정으로 상고를 기각하여야 한다(제381조).

② 상고심의 상고기각결정에 대하여는 즉시항고가 허용되지 않는다. 불복을 허용하더라도 심판할 법원이 없다는 점을 고려한 것이다.

③ 또한, 상고기각결정은 다른 특별한 사정이 없는 한 그 등본이 피고인에게 송달되는 등의 방법으로 고지되고, 이때 판결이 확정된다(2011도15914, 제42조).

④ 상고이유서가 제출되었으나 상고이유서에 적법한 상고이유가 기재되어 있지 않은 경우, 상고기각결정이 가능하다(2010도759).

　㉠ '상고이유서'에 벌금을 감액하여 달라는 내용만 기재되어 있는 경우, 상고기각결정을 할 수 있다.

　㉡ 다만, 직권에 의해 상고심이 진행될 수도 있다.

2. 상고법원의 판결

(1) 상고기각판결

상고의 이유가 없다고 인정되면 판결로써 상고를 기각하여야 한다(제399조, 제364조 제4항).

(2) 원심판결의 파기판결

① 상고의 이유가 있다고 인정하는 때에는 원심판결을 파기하여야 한다(제391조).

　㉠ 주형과 몰수 또는 추징을 선고한 항소심 판결 중 몰수 또는 추징부분에 관해서만 파기사유가 있을 때에는 대법원이 그 부분만을 파기할 수 있으나,

　㉡ 항소심이 몰수나 추징을 선고하지 아니하였음을 이유로 파기하는 경우에는 항소심 판결에 몰수나 추징부분이 없어 그 부분만 특정하여 파기할 수 없으므로 원심판결의 유죄부분 전부를 파기하여야 한다(2014도1547). 11. 경찰승진, 12. 9급국가직, 16. 법원

② 피고인의 이익을 위하여 원심판결을 파기하는 경우에 파기의 이유가 상고한 공동피고인에 공통되는 때에는 그 공동피고인에 대하여도 원심판결을 파기하여야 한다(제392조).

(3) 파기 후의 조치

1) 의 의

원심판결을 파기한 때에는 파기와 동시에 환송, 이송, 자판을 하여야 한다.

OX 항소심이 몰수나 추징을 선고하지 아니하였음을 이유로 파기하는 경우 항소심판결의 유죄부분 전부를 파기하는 것이 아니라 그 부분만 특정하여 파기하여야 한다. (○, ×)
16. 법원

Answer
OX
×

2) 파기환송

① 공소기각 또는 관할위반의 재판이 법률에 위반됨을 이유로 원심판결 또는 제1심판결을 파기한 때에는 판결로써 사건을 원심법원 또는 제1심법원에 환송하여야 한다(제393조).

② 항소심이 제1심의 공소기각판결이 잘못이라고 하여 파기하면서도 사건을 제1심법원에 환송하지 아니하고 본안에 들어가 심리한 후 피고인에게 유죄를 선고한 것은 「형사소송법」 제366조를 위반한 것이다(2013도2198). 20. 경찰2차

3) 파기이송

관할의 인정이 법률에 위반됨을 이유로 원심판결 또는 제1심판결을 파기한 때에는 판결로써 사건을 관할 있는 법원에 이송하여야 한다(제394조). 02. 행시, 13. 경찰승진, 14. 법원

4) 파기자판

상고법원이 원심판결을 파기한 경우에 해당소송기록 그리고 원심법원과 제1심법원이 조사한 증거로 충분히 판결할 수 있다고 인정되면 피고사건에 대하여 직접 판결을 내릴 수도 있다(제296조 제1항).

(4) 재판서 기재방식

① 상고심의 재판서에는 재판서의 일반적 기재사항(제38조 이하) 이외에 상고이유에 관한 판단을 기재하여야 한다(제398조).

② 그 밖의 사항에 관한 대법관의 의견도 기재하여야 한다(법원조직법 제15조).

제4절 비약적 상고

❶ 의 의

① 비약적 상고란 제1심판결에 불복이 있는 상고권자가 항소를 제기하지 않고 직접 대법원에 상고하는 것을 말하는 것으로(제372조),

② 법령해석의 통일에 신속을 기하고 피고인의 이익을 조기에 회복시키기 위하여 인정된 제도이다.

❷ 대 상

비약적 상고는 제1심판결에 대해서 할 수 있다. 따라서 제1심법원의 결정에 대해서는 비약적 상고가 허용되지 않는다.

관련 판례

형사소송법 제372조에 의하면, 비약적 상고는 제1심판결이 그 인정한 사실에 대하여 법령을 적용하지 아니하였거나 법령의 적용에 착오가 있는 때 또는 제1심판결이 있은 후 형의 폐지나 변경 또는 사면이 있는 때에 한하여 제기할 수 있는데, 여기서 말하는 '제1심판결이 인정한 사실에 대하여 법령을 적용하지 아니하거나 법령의 적용에 착오가 있는 때'라 함은, 제1심판결이 인정한 사실이 옳다는 것을 전제로 하여 볼 때 그에 대한 법령을 적용하지 아니하거나 법령의 적용을 잘못한 경우를 말하는 것이다.

그런데 국선변호인이 주장하는 사유는 형이 너무 무거워 부당하다는 취지이므로 적법한 비약적 상고이유가 되지 못한다(대법원 2017.2.3. 선고 2016도20069 판결).

❸ 이 유

1. 의 의

다음의 경우에는 제1심판결에 대하여 항소를 제기하지 아니하고 상고를 할 수 있다.

2. 법령적용의 오류

① '원심판결이 인정한 사실에 대하여 법령을 적용하지 아니하였거나 법령의 적용에 착오가 있는 때(제372조 제1호)'를 말한다. 이는 형법을 비롯한 실체법을 적용하지 않았거나 잘못 적용한 경우를 말한다(특별형법을 적용해야 하는 경우에 일반형법을 적용한 경우).

② 따라서 채증법칙의 위반(83도2792), 중대한 사실오인(94도458), 양형의 과중(83도3236)은 비약적 상고의 이유가 되지 않는다. ⇨ 형이 너무 무거워 부당하다는 주장은 비약적 상고이유가 되지 못한다(2016도20069).

3. 형의 폐지 · 변경 · 사면

① "원심판결이 있은 후 형의 폐지나 변경 또는 사면이 있는 때(동조 제2호)"를 말한다.

② 이는 항소이유의 경우와 동일하다.

❹ 제 한

① 비약적 상고는 그 사건에 대한 항소가 제기된 때에는 그 효력을 잃는다(제373조).

    14. 법원

② 단, 항소의 취하 또는 항소기각의 결정이 있는 때에는 비약적 상고는 다시 효력을 갖게 된다(동조 단서).

③ 상대방으로부터 항소가 제기된 경우에는 비약적 상고는 효력을 잃게 되어 상고는 물론 항소로서의 효력도 인정되지 않는다(71도28).

제5절 상고심판결의 정정

❶ 판결정정의 의의

① 상고심판결에 명백한 오류가 있는 경우에 이를 바로잡는 것을 판결의 정정이라고 한다(제400조, 제401조).

② 상고심은 최종심이며 그 판결은 선고와 동시에 확정되므로 정정할 수 없는 것이 원칙이나, 판결의 적정을 위하여 일정한 경우 정정이 인정된다.

③ 상고심판결의 정정은 오산, 오기 등과 같은 판결내용의 오류를 정정하는 것에 지나지 않으므로 상고심판결은 그 선고와 동시에 확정된다(67조22).

❷ 판결정정의 사유

① 상고심판결은 "판결의 내용에 오류가 있음을 발견한 때" 정정할 수 있다(제400조 제1항).

② 여기서 오류라 함은 오기 기타 이와 유사한 명백한 잘못이 있는 경우를 말한다.

③ 따라서 판결내용의 본질적 부분은 판결정정의 방법으로 바로잡을 수 없다.

④ 예를 들어 판결정정은 판결내용의 오류를 정정하는데 그치는 것이므로 판결의 결론이 부당하다고 하여 판결정정의 방법으로 이를 바로잡을 수는 없으므로, 유죄를 무죄로 정정해 달라는 신청은 판결정정의 사유가 되지 못한다(81초60).

⑤ 상고이유서를 제출하였음에도 불구하고 상고법원이 상고이유서 미제출을 이유로 상고기각결정을 한 경우에 상고기각결정을 판결정정할 경우에는 그 내용을 변경할 수 있다고 보고, 원심판결 파기의 판결로 판결정정한 사례가 있다(79도952).

❸ 판결정정의 절차

1. 신청 또는 직권에 의한 정정

상고법원은 그 판결의 내용에 오류가 있음을 발견한 때에는 직권 또는 검사, 상고인이나 변호인의 신청에 의하여 판결로써 정정할 수 있다(제400조 제1항).

2. 신청방식

판결정정의 신청은 신청의 이유를 기재한 서면으로 판결의 선고가 있은 날로부터 10일이내에 하여야 한다(동조 제2항, 제3항). 12. 9급국가직, 15. 경찰1차·경찰간부, 18. 해경간부

3. 직권에 의한 경우

직권으로 판결을 정정하는 경우에는 10일간의 신청기간의 제한을 받지 않는다(79도952).

4. 무변론 판결

정정의 판결은 변론 없이 할 수 있다(제401조 제1항).

5. 불이익변경금지 원칙의 부적용

대법원이 판결을 정정하는 경우에는 불이익변경금지의 원칙이 적용되지 않는다. 판결의 정정은 명백한 내용적 오류를 시정하는 데에 그치는 것이기 때문이다.

OX 판결정정신청은 판결의 선고가 있은 날부터 10일 이내에 하여야 한다. (○, ×) 18. 해경간부

기출 키워드 체크
상고법원은 그 판결의 내용에 오류가 있음을 발견한 때에는 직권 또는 검사, 상고인이나 변호인의 신청에 의하여 판결로써 _____할 수 있다. 이 신청은 판결의 선고가 있은 날로부터 _____일 이내에 하여야 한다.

Answer
기출 키워드 체크
정정, 10
OX
○

6. 신청의 기각

정정할 필요가 없다고 인정한 때에는 지체 없이 결정으로 신청을 기각하여야 한다(동조 제2항).

제6절 항 고

❶ 항고의 의의

① 항고란 법원의 결정에 대한 상소를 말한다.

② 결정은 종국재판인 판결과 달리 원칙적으로 판결에 이르는 과정에서의 절차상의 사항에 관한 종국전재판이다.

③ 따라서 이 결정에 대한 항고는 법이 특히 필요하다고 인정하는 경우에 한하여 허용 되고, 그 절차도 항소 및 상고에 비하여 간이화되어 있다.

❷ 일반항고와 특별항고

1. 일반항고

일반항고에는 즉시항고와 보통항고가 있다.

2. 특별항고

특별항고에는 재항고가 있다.

❸ 즉시항고

OX 즉시항고의 제기기간은 7일로 한다. (○, ×) 21. 9급국가직·9급개론

1. 의 의

① 즉시항고란 항고제기기간이 7일로 제한되어 있는 항고를 말한다(제405조). 21. 9급국 가직·9급개론

② 즉시항고의 제기기간은 결정을 고지한 날로부터 기산한다(제343조 제2항). 14. 경찰간부

③ 즉시항고 제기기간을 3일로 제한하고 있는 형사소송법 제405조는 재판청구권을 침 해한다(2015헌바77, 2015헌마8323).

2. 허용범위

즉시항고는 명문규정이 있는 경우에 한하여 허용된다. 15. 법원

3. 집행정지

① 즉시항고는 집행정지효가 있는 것이 원칙이다. 15. 법원, 17. 9급국가직 ⇨ 즉시항고의 제기기간 내와 그 제기가 있는 때에는 재판의 집행은 정지된다(제410조). 19. 7급국가직

② 다만, 기피신청에 대한 간이기각결정 19. 경찰간부이나 증인의 출석의무위반에 대한 소송비용부담, 감치, 과태료부과 결정에 대한 즉시항고는 집행정지효가 없다(제23조 제2항, 제151조 제8항).

▶ **즉시항고가 허용되는 경우**

- 공소기각의 결정(제328조, 제363조 제2항) 02. 행시, 06. 경찰1차
- 상소기각의 결정(제360조 제2항, 제361조의4 제2항, 제362조 제2항) 06. 경찰1차, 11. 경찰승진·법원, 12. 경찰2차, 16. 7급국가직
- 원심법원에서의 상고기각결정(제376조 제2항)
- 약식명령, 즉결심판에 대한 정식재판 청구의 기각 결정(제455조 제2항, 즉결심판에 관한 절차법 제14조 제4항) 10·17. 경찰승진
- 상소권 회복에 대한 결정(제347조 제2항) 10. 경찰2차
- 정식재판 청구권 회복의 청구에 대한 허부 결정(제458조 제1항, 제347조 제2항)
- 보석조건을 위반한 피고인에 대한 과태료·감치 결정(제102조 제2항)
- 보석에 있어 출석보증인에 대한 과태료부과 결정(제100조의2 제2항)
- 증인의 증언·선서의무위반에 대한 과태료 결정(제161조 제2항)
- 증인·감정인·통역인·번역인의 불출석에 대한 과태료·비용부담 결정(제151조, 제177조, 제183조)
- 형의 집행유예 취소 및 유예한 형의 선고 결정(제335조 제3항, 제4항) 06. 경찰1차
- 형의 소멸신청에 대한 각하 결정(제337조 제3항)
- 제3자에 대한 소송비용부담 결정(제192조 제2항) 02. 행시·경찰1차, 16. 7급국가직
- 재판에 의하지 않는 절차종료에 따른 소송비용부담 결정(제193조 제2항)
- 재심청구기각 결정, 재심개시 결정(제437조, 제433조, 제434조 제1항, 제435조 제1항, 제436조 제1항)
- 소송비용집행면제신청, 형의 집행에 관한 재판의 해석에 대한 이의신청, 집행에 관한 검사의 처분에 대한 이의신청에 대한 결정(제491조, 제487조 내지 제489조)
- 기피신청에 대한 결정(제23조 제1항) 02. 행시, 06. 경찰1차, 10. 경찰2차, 17. 경찰승진
- 구속취소에 대한 결정(제97조 제4항) 06. 경찰1차, 10. 경찰2차, 17. 경찰승진
- 원심법원의 항고기각결정(제407조 제2항)
- 국민참여재판에 있어 배심원 등에 대한 과태료 부과 결정(국민의 형사재판 참여에 관한 법률 제60조)
- 국민참여재판 배제 결정(국민의 형사재판 참여에 관한 법률 제9조) 02. 행시, 10. 경찰2차, 16. 경찰1차, 17. 9급개론
- 재정신청에 대한 기각결정(대법원)(제262조 제4항)
- 재정신청에 있어 재정신청인에 대한 비용부담 결정(제262조의3 제3항) 10. 경찰2차
- 무죄판결에 따른 비용보상 결정(제194조의3 제3항) 10. 경찰2차
- 형사보상 결정(1주일 내), 기각 결정(형사보상 및 명예회복에 관한 법률 제20조) 18. 경찰1차
- 배상명령(상소제기 기간)(소송촉진 등에 관한 특례법 제33조 제5항)
- 재판서경정 결정(형사소송규칙 제25조)
- 상소절차속행신청 기각 결정(형사소송규칙 제154조)

기출 키워드 체크

기피신청 기각결정에 대해서는 ____ 항고를 할 수 있다.

Answer

기출 키워드 체크

즉시

▶ **즉시항고가 허용되지 않는 경우**

- 보석허가 결정, 불허 결정 10. 경찰2차, 16. 7급국가직
- 지방법원판사의 체포, 구속, 압수영장발부, 구속영장 허가 10. 경찰2차, 17. 9급개론
- 구속집행정지 13·17. 경찰승진, 16. 7급국가직
- 피고인 감정유치에 관한 결정 10. 7급국가직
- 항고법원의 항고기각결정
- 국민참여재판 개시결정
- 재정신청에 대한 공소제기결정
- 상고심의 상고기각결정

▶ **즉시항고 관련 유의점**

- 상소기각결정에 대해서는 즉시항고가 허용된다(제360조 제2항, 제361조의4 제2항, 제362조 제2항, 제407조 제2항). (상고심의 상고기각결정, 항고법원의 항고기각결정 제외)
- 보석허가 또는 불허결정에 대하여는 즉시항고가 가능하지 않고, 보통항고는 가능하다.
- 구속의 집행정지의 경우에도 즉시항고는 허용되지 않으나, 구속취소의 경우에는 즉시항고가 허용된다.
- 국민참여재판 배제결정에 대해서는 즉시항고가 가능하고, 국민참여재판 개시결정에 대해서는 즉시항고가 불가능하다. 20. 9급국가직
- 재정신청 기각결정에 대해서는 대법원에 즉시항고(재항고) 할 수 있으나(제415조), 공소제기결정에 대해서는 불복할 수 없다. 17. 9급국가직
- 기피신청에 대한 간이기각결정이나 증인의 출석의무위반에 대한 소송비용부담, 감치, 과태료부과 결정에 대한 즉시항고는 집행정지효가 없다(제23조 제2항, 제151조 제8항).

❹ 보통항고

1. 의 의

보통항고란 즉시항고 이외의 항고를 말한다.

2. 제기기간

① 보통항고의 제기기간에는 제한이 없다.

② 항고의 이익은 있어야 한다. ⇨ 원심결정을 취소하여도 실익이 없게 된 때는 제기할 수 없다.

3. 집행정지

① 항고는 즉시항고 외에는 재판의 집행을 정지하는 효력이 없다. 17. 9급국가직

② 단, 원심법원 또는 항고법원은 결정으로 항고에 대한 결정이 있을 때까지 집행을 정지할 수 있다(제409조). 17. 9급국가직, 21. 9급국가직·9급개론

4. 허용범위

(1) 법원의 결정

① 법원의 결정에 대하여 불복이 있으면 항고할 수 있다(제402조 본문).

② 지방법원 판사가 행한 압수 · 수색영장의 발부나 체포영장 또는 구속영장의 청구에 대한 재판은 항고의 대상이 되지 않는다.

(2) 예 외

1) 관할 또는 판결 전 소송절차에 관한 결정 17. 해경간부

① 즉시항고를 할 수 있는 경우 외에는 항고하지 못한다(제403조 제1항). 19. 경찰간부

② 구금, 보석, 압수나 압수물의 환부에 관한 결정 또는 유치결정

  ㉠ 예외적으로 보통항고가 허용된다(제403조 제2항).

  ㉡ 피고인의 신체의 자유나 재산권에 대한 강제처분으로서 이에 대한 신속한 구제가 중요하기 때문이다.

2) 성질상 항고가 허용되지 않는 결정

㉠ 대법원의 결정(87모34)

㉡ 항고법원, 고등법원, 항소법원의 결정(즉시항고의 대상, 제415조)

▶ 적부심과 보통항고

• 체포 · 구속적부심사청구(제214조의2)에 대한 청구기각결정 또는 구속된 피의자의 석방을 명하는 결정에 대하여는 항고가 허용되지 않는다(제214조의2 제8항).
• 그러나 보증금납입부 피의자석방결정(제214조의2 제5항)에 대하여는 항고가 가능하다(97모21).

▶ 보통항고 대상 비교

구 분	보통항고가 허용되는 경우	보통항고가 허용되지 않는 경우
대 상	• 법원의 결정 • 구금, 보석, 압수나 압수물의 환부에 관한 결정 • 감정하기 위한 피고인의 유치에 관한 결정 10. 7급국가직, 19. 경찰간부	• 지방법원 판사의 결정 • 법원의 관할 또는 판결 전의 소송절차에 관한 결정 • 대법원의 결정(87모34) • 항고법원, 고등법원, 항소법원의 결정
예	• 구속집행정지 결정(2011헌가36) • 접견교통권 제한 결정(96모18) • 구속기간 갱신 결정(86모57) • 보석허가 결정(97모26) • 보증금납입부 피의자석방결정(97모21) • 법원의 소년부 송치 결정(86모9) 19. 7급 국가직	• 공소장변경허가 결정 03. 행시, 12. 교정특채 • 국선변호인선임청구를 기각하는 결정(87모17) 12. 교정특채 • 위헌제청신청을 기각하는 하급심의 결정(85모49) • 증거보전청구를 기각하는 결정(86모25) • 검사에게 수사서류 등의 열람 · 등사 또는 서면의 교부를 허용할 것을 명한 결정(2012모1393) • 체포 · 구속적부심사청구에 대한 청구기각 결정 및 석방 결정(제214조의2 제5항)

고등법원의 보석취소결정에 대한 재항고는 즉시항고로서 형사소송법 제405조에서 정한 제기기간 내에 제기되어야 하지만, 형사소송법 제410조에서 정한 집행정지의 효력까지 인정되지는 않는다.

가. 고등법원이 한 보석취소결정에 대하여는 집행정지의 효력을 인정할 수 없다. 그 이유는 다음과 같다.

제1심 법원이 한 보석취소결정에 대하여 불복이 있으면 보통항고를 할 수 있고 (형사소송법 제102조 제2항, 제402조, 제403조 제2항), 보통항고에는 재판의 집행을 정지하는 효력이 없다(형사소송법 제409조). 이는 결정과 동시에 집행력을 인정함으로써 석방되었던 피고인의 신병을 신속히 확보하려는 것으로, 당해 보석취소결정이 제1심 절차에서 이루어졌는지 항소심 절차에서 이루어졌는지 여부에 따라 그 취지가 달라진다고 볼 수 없다.

즉시항고는 법률관계나 재판절차의 조속한 안정을 위해 일정한 기간 내에서만 제기할 수 있는 항고로서, 즉시항고의 제기기간 내와 그 제기가 있는 때에 재판의 집행을 정지하는 효력이 있다(형사소송법 제410조). 그러나 보통항고의 경우에도 법원의 결정으로 집행정지가 가능한 점(형사소송법 제409조)을 고려하면, 집행정지의 효력이 즉시항고의 본질적인 속성에서 비롯된 것이라고 볼 수는 없다.

형사소송법 제415조는 "고등법원의 결정에 대하여는 재판에 영향을 미친 헌법 · 법률 · 명령 또는 규칙의 위반이 있음을 이유로 하는 때에 한하여 대법원에 즉시항고를 할 수 있다."라고 규정하고 있다. 이는 재항고이유를 제한함과 동시에 재항고 제기기간을 즉시항고 제기기간 내로 정함으로써 재항고심의 심리부담을 경감하고 항소심 재판절차의 조속한 안정을 위한 것으로, 형사소송법 제415조가 고등법원의 결정에 대한 재항고를 즉시항고로 규정하고 있다고 하여 당연히 즉시항고가 가지는 집행정지의 효력이 인정된다고 볼 수는 없

다. 만약 고등법원의 결정에 대하여 일률적으로 집행정지의 효력을 인정하면, 보석허가, 구속집행정지 등 제1심 법원이 결정하였다면 신속한 집행이 이루어질 사안에서 고등법원이 결정하였다는 이유만으로 피고인을 신속히 석방하지 못하게 되는 등 부당한 결과가 발생하게 되고, 나아가 항소심 재판절차의 조속한 안정을 보장하고자 한 형사소송법 제415조의 입법목적을 달성할 수 없게 된다.

나. 형을 선고하는 경우 상소에 관한 사항의 고지를 규정한 형사소송법 제324조는 피고인에 대하여 상소권을 행사할 기회를 놓치지 않도록 하는 입법상 고려에 따른 것이다. 재항고와 관련하여서는 그와 같은 규정이 없고, 달리 고등법원이 보석취소결정을 고지하면서 재항고 관련 사항을 고지하여야 한다고 볼 근거도 찾을 수 없다(대법원 2020.10.29.자 2020모633 결정).

⑤ 재항고

1. 재항고(특별항고)

① 재항고란 항고법원 또는 고등법원의 결정에 대하여 대법원에 하는 항고를 말한다(제41조, 법원조직법 제14조 제2호).

② 항고법원, 항소법원 또는 고등법원의 결정에 대하여는 대법원에 재항고할 수 있다(제415조, 법원조직법 제14조). 12. 교정특채

③ 또한 준항고에 대한 관할법원의 결정에 대하여도 대법원에 재항고할 수 있다(제419조).

④ 재항고는 원심결정의 재판에 영향을 미친 헌법, 법률, 명령, 규칙의 위반이 있음을 이유로 하는 때에 한하여 제기할 수 있다(제415조).

⑤ 재항고는 즉시항고의 일종이므로 재항고 제기기간은 7일로 한정되는 등(제415조, 제405조), 재항고의 절차는 즉시항고의 절차와 같다. 12. 교정특채

2. 재항고 항소법원의 결정에 대한 불복

① 항소법원의 결정에 대하여도 대법원에 재항고하여 다투어야 한다.

② 항소법원이 피고인의 항고를 새로운 경정신청으로 보아 기각결정을 한 것은 권한 없는 법원이 한 결정이 된다.

③ 항소법원이 직권으로 한 판결문 경정결정에 대하여 피고인이 항고를 제기한 경우, 이를 재항고로 보고 기록을 대법원으로 송부하여야 한다(2007모726).

④ 고등법원의 보석취소결정에 대한 재항고는 즉시항고로서 형사소송법 제405조에서 정한 제기기간 내에 제기되어야 하지만, 형사소송법 제410조에서 정한 집행정지의 효력까지 인정되지는 않는다(2020모633).

3. 재정신청 기각 결정에 대한 불복

① 재정신청인도 재정신청을 기각하는 결정에 대해서는 헌법, 법률, 명령 또는 규칙 위반을 이유로 대법원에 재항고(즉시항고)를 할 수 있다(제262조 제4항, 2008헌마578, 2009헌마41,98).

② 재정신청에 관한 법원의 공소제기결정에 대하여는 재항고가 허용되지 않는다(제262조 제4항 전단). 17. 9급국가직 · 9급개론 ➡ 공소제기결정에 대하여 재항고가 제기된 경우에는 고등법원이 결정으로 이를 기각하여야 한다.

❻ 항고제기의 방식

1. 항고제기기간

① 항고를 함에는 항고장을 원심법원에 제출하여야 한다(제406조). 14. 9급국가직 ⇨ 원심법원에 도달한 때를 기준으로 판단하고, 법원의 내부적인 업무처리에 따른 문서의 접수, 결재과정 등을 필요로 하는 것은 아니다(96도3325). 14. 경찰간부

② 즉시항고의 제기기간은 7일로 한다(제405조).

③ 그러나 보통항고는 원심결정 취소의 실익이 없게 된 때를 제외하고는 언제든지 할 수 있다(제404조). 19. 경찰간부

④ 항소·상고와 달리 항고이유서 제출절차가 없으므로 07. 법원, 항고장 자체에 항고이유를 기재하게 되고, 항고이유에는 아무런 제한이 없다.

2. 집행정지의 효력

① 즉시항고의 제기기간 내와 즉시항고의 제기가 있는 때에는 재판의 집행은 정지된다(제410조). 17. 9급국가직

② 그러나 보통항고는 재판의 집행을 정지하는 효력이 없다.

③ 단, 원심법원 또는 항고법원은 항고에 대한 결정이 있을 때까지 집행정지결정을 할 수 있다(제409조). 17. 9급국가직

3. 원심법원의 조치

(1) 항고기각결정

① 항고의 제기가 법률상의 방식에 위반하거나 항고권 소멸 후인 것이 명백한 때에는 원심법원은 결정으로 항고를 기각하여야 한다(제407조 제1항). 17. 9급국가직

② 이 결정에 대하여는 즉시항고를 할 수 있다(동조 제2항).

(2) 경정결정

① 원심법원은 항고가 이유 있다고 인정한 때에는 결정을 경정하여야 한다(제408조 제1항).

② 여기서 경정이란 원결정 자체를 취소하거나 변경하는 것을 말한다.

③ 원심법원은 공소기각·항소기각·상고기각과 같은 종국재판에 대해서도 경정결정을 할 수 있다.

(3) 항고장, 소송기록의 송부

① 원심법원은 항고의 전부 또는 일부가 이유 없다고 인정한 때에는 항고장을 받은 날로부터 3일 이내에 의견서를 첨부하여 항고법원에 송부하여야 한다(동조 제2항). 12. 교정특채

② 원심법원이 필요하다고 인정한 때에는 소송기록과 증거물을 항고법원에 송부하여야 한다(제411조 제1항).

③ 항고법원은 소송기록과 증거물의 송부를 요구할 수 있다.

④ 항고법원은 소송기록과 증거물의 송부를 받은 날로부터 5일 이내에 당사자에게 그 사유를 통지하여야 한다(동조 제3항).

　㉠ 이러한 통지제도의 취지는 당사자에게 항고에 관하여 이유서를 제출하거나 의견을 진술하고 유리한 증거를 제출할 기회를 부여하려는 데 있다(2018모1698).

　㉡ 집행유예의 취소 청구를 인용한 제1심결정에 대하여 즉시항고를 하고, 즉시항고장에 항고이유를 적지 않았는데 원심이 제1심법원으로부터 소송기록을 송부받은 당일에 항고를 기각하는 결정을 하면서 항고를 제기한 재항고인에게 소송기록과 증거물을 송부받았다는 통지를 하지 않은 경우, 이는 위법하다(2018모1698).

　㉢ 소송기록접수통지서를 송달한 날 바로 즉시항고를 기각한 것은 위법하다(2007모601).

⑤ 항고심에서 항고인이 항고에 대한 의견진술을 한 경우에는 항고이유서를 제출하거나 의견을 진술하고 유리한 증거를 제출할 기회가 있었다고 봄이 상당하므로 형사소송법 제411조를 위반하였다고 볼 수 없다(2018모3621).

　㉠ 재항고인에게 항고기록접수통지서가 송달된 후 3일째인 항고를 기각하였고, 제1심 국선변호인이 제출한 즉시항고장에는 항고이유가 기재되어 있지 않지만 재항고인이 제출한 즉시항고장에는 항고이유가 기재되어 있는 경우, 형사소송법 제411조를 위반하였다고 볼 수 없다.

　㉡ 검사가 제1심결정에 대해 항고하면서 항고이유서를 첨부하였는데 항고심인 원심법원이 검사에게 소송기록접수통지서를 송달한 다음날 항고를 기각한 사안에서, 검사가 항고장에 상세한 항고이유서를 첨부하여 제출함으로써 의견진술을 하였으므로 형사소송법 제412조에 따라 별도로 의견을 진술하지 아니한 상태에서 원심이 항고를 기각하였더라도 그 결정에 위법이 없다(2012모459). 20. 7급국가직

❼ 준항고

1. 준항고의 의의

① 준항고란 재판장, 수명법관의 재판(명령) 또는 수사기관의 처분에 대하여 법원에 그 취소 변경을 청구하는 불복신청방법을 말한다.

② 준항고는 법관의 재판 또는 수사기관의 처분에 대한 불복신청이라는 점에서 법원의 결정에 대한 상소인 항고와 구별된다.

③ 준항고는 상급법원에 대하여 구제를 신청하는 것이 아니므로 상소가 아니나, 불복신청이라는 점에서 상소와 유사한 성질을 가지고 있으므로 항고에 관한 규정이 준용된다.

2. 준항고의 대상

(1) 재판장 또는 수명법관의 재판

① 재판장 또는 수명법관은 다음의 재판에 대해 불복이 있으면 그 법관소속의 법원에 재판의 취소 또는 변경을 청구할 수 있다(제416조 제1항).

㉠ 기피신청을 기각한 재판

㉡ 구금, 보석, 압수 또는 압수물 환부에 관한 재판

㉢ 감정하기 위하여 피고인의 유치를 명한 재판

㉣ 증인, 감정인, 통역인 또는 번역인에 대하여 과태료 또는 비용의 배상을 명한 재판

② 준항고는 '재판장 또는 수명법관'의 재판에 대해서만 허용된다. 따라서 수탁판사의 재판에 대해서는 준항고가 허용되지 않는다.

(2) 수사기관의 처분

1) 의 의

검사 또는 사법경찰관의 구금, 압수 또는 압수물의 환부에 관한 처분과 변호인의 참여 등에 관한 처분에 대하여 불복이 있으면 그 직무집행지의 관할법원 또는 검사의 소속검찰청에 대응한 법원에 그 처분의 취소 또는 변경을 청구할 수 있다(제417조).

2) 구금에 관한 처분

① 준항고 대상의 예

㉠ 변호인 접견, 참여 제한

㉡ 접견교통권을 부당하게 제한한 경우(2008모793) 16. 7급국가직

㉢ 부당하게 변호인의 접견을 지연시킨 경우(89모37) 07. 7급국가직, 10. 경찰1차, 11·12·13. 경찰승진, 12. 경찰3차

㉣ 구금된 피의자신문시 변호인의 참여를 제한한 경우(2008모793) 15. 7급국가직, 17. 여경·경찰특공대·법원, 18. 경찰승진·해경간부

㉤ 구금장소를 임의로 변경한 경우(95모94) 16. 7급국가직, 19. 경찰간부

㉥ 구속취소를 불허하는 처분

㉦ 검사 또는 사법경찰관이 구금된 피의자를 신문할 때 피의자 또는 변호인으로부터 보호장비를 해제해 달라는 요구를 받고도 거부한 경우(구금에 관한 처분에 해당)(2015모2357)

② 준항고 대상이 되지 않는 예

㉠ 검사가 법원의 명을 받아 강제처분을 집행하는 경우(74모28)

㉡ 재판의 집행에 관한 검사의 처분에 불복(74모28) ⇨ 준항고장이 제출된 경우 이의신청(제489조)으로 보아 판단한다(93모55).

3) 압수 · 압수물 환부에 관한 처분

① 준항고 대상의 예

　ㄱ 압수영장의 집행처분(70모13)

　ㄴ 압수물의 가환부에 관한 처분(71모67)

② 준항고 대상이 되지 않는 예

　ㄱ 검사가 압수 · 수색영장의 청구 등 강제처분을 위한 조치를 취하지 아니한 것 (2007모82) 08. 경찰1차, 10. 경찰2차, 14. 9급국가직, 19. 7급국가직

　ㄴ 몰수 선고가 없어 압수가 해제되었음에도(제332조) 검사가 그 해제된 압수물의 인도를 거부하는 조치(84모3) 10. 경찰1차, 13. 경찰승진 · 7급국가직, 20. 9급국가직 · 9급개론

3. 준항고 절차

(1) 관할법원

① 준항고의 청구는 서면으로 관할법원에 제출하여야 한다(제418조).

② 수사기관의 처분에 대한 준항고는 그 직무집행지의 관할법원 또는 검사의 소속검찰청에 대응한 법원을 관할법원으로 한다.

③ 다만, 지방법원이 준항고의 제기를 받은 때에는 합의부에서 결정을 하여야 한다(제416조 제2항). 17. 7급국가직

(2) 제기기간

① 제416조 소정의 재판장과 수명법관의 재판에 대한 준항고는 재판의 고지가 있는 날로부터 7일(5일 ×) 이내에 하여야 한다(동조 제3항). 02. 행시, 19. 9급개론 · 9급국가직, 21. 경찰간부

② 반면 수사기관의 처분에 대한 준항고(제417조)는 기간제한이 없다. 03. 경찰승진

③ 따라서 실익이 있는 한 언제든지 할 수 있으나, 실익이 없는 경우에는 허용되지 않는다(98모121). 16 · 17. 7급국가직, 17. 9급개론, 18. 경찰1차 ⇨ 수사기관의 압수물의 환부에 관한 처분의 취소를 구하는 준항고는 달성하고자 하는 목적이 이미 이루어졌거나 시일의 경과 또는 그 밖의 사정으로 인하여 그 이익이 상실된 경우에는 준항고는 그 이익이 없어 부적법하게 된다(2013모1970). 19. 해경간부 · 경찰승진

(3) 재판의 집행정지

① 준항고는 원칙적으로 집행정지의 효력이 없으나(제419조, 제409조),

② 과태료 또는 비용의 배상을 명한 재판(제416조 제1항 제4호)은 준항고 기간 내에 준항고의 청구가 있는 때에는 집행정지의 효력이 있다(제416조 제4항).

⑷ 준항고심의 재판

1) 항고규정의 준용

항고기각의 결정(제413조), 항고기각과 원심결정 취소결정(제414조) 및 재항고(제415조)에 관한 규정은 준항고에 대하여 준용된다(제419조).

2) 재항고의 허용

준항고에 대한 법원의 결정에 대해서는 법령위반을 이유로 대법원에 재항고할 수 있다(제419조, 제415조). 03. 경찰승진

01 검사의 항소이유가 실질적으로 구두변론을 거쳐 심리되지 않았다고 평가될 경우 항소심법원이 검사의 항소이유
□□□ 주장을 받아들여 피고인에게 불리하게 제1심 판결을 변경하는 것은 허용되지 않는다. (○)

02 피고인을 위하여 원심판결을 파기하는 경우에 파기의 이유가 항소한 공동피고인에게 공통되는 때에는 그 공동피
□□□ 고인에게 대하여도 원심판결을 파기하여야 한다. (○)

03 항소법원은 제1심의 공소기각판결이 위법한 경우 제1심 판결을 파기하고 사건을 제1심 법원에 환송하여야 한다. (○)
□□□

04 항소심에서 제1심 형량이 적절하다고 판단하여 항소기각의 판결을 선고하는 경우 양형의 조건이 되는 사유는 판결
□□□ 에 일일이 명시하지 아니하여도 위법이 아니다. (○)

05 항소심이 피고인의 항소에 대하여 양형부당을 이유로 제1심 판결을 파기, 자판하면서 피고인에 대한 범죄사실을
□□□ 모두 유죄로 인정한 경우 사실오인의 항소이유에 대해서는 배척한 것으로 볼 수 있다. (○)

06 항소심이 항소이유에 포함되지 아니한 사유를 직권으로 심리하여 제1심 판결을 파기하고 자판할 경우 항소이유의
□□□ 당부에 대한 판단도 명시하여야 한다. (×)

07 피고인이 항소심 공판기일에 출정하지 않아서 다시 정해진 기일에도 정당한 사유 없이 출정하지 않은 경우 피고인
□□□ 의 진술 없이 판결할 수 있다. (○)

08 제1심에서 위법한 공시송달 결정에 터 잡아 공소장 부본과 공판기일 소환장을 송달하고 피고인 출석 없이 재판절
□□□ 차를 진행한 위법이 있는데도, 항소심에서 직권으로 제1심의 위법을 시정하는 조치를 취하지 않은 채 제1심이 조
사·채택한 증거들에 기하여 검사의 항소이유만을 판단한 것은 법리오해의 위법이 있다. (○)

09 「즉결심판에 관한 절차법」 제14조의 즉결심판에 대한 정식재판청구기간은 3일이다. (×)
□□□

10 「형사소송법」 제23조의 기피신청기각결정에 대한 즉시항고기간은 7일이다. (○)
□□□

11 「소년법」 제43조의 보호처분결정에 대한 항고기간은 3일이다. (×)
□□□

12 「형사소송법」 제184조의 증거보전청구기각결정에 대한 항고기간은 3일이다. (○)
□□□

13
□□□
수사기관의 압수물의 환부에 관한 처분의 취소를 구하는 준항고는 소송 계속 중 준항고로써 달성하고자 하는 목적이 이미 이루어졌거나 시일의 경과 또는 그 밖의 사정으로 인하여 그 이익이 상실된 경우에도 적법하다.　　(×)

14
□□□
항고는 즉시항고 외에는 재판의 집행을 정지하는 효력이 없다. 단, 항고법원은 결정으로 항고에 대한 결정이 있을 때까지 집행을 정지할 수 있으나 원심법원에는 이러한 권한이 없다.　　(×)

15
□□□
즉시항고의 제기기간 내에 그 제기가 있는 때에는 재판의 집행은 정지된다.　　(○)

16
□□□
항고의 제기가 법률상의 방식에 위반하거나 항고권소멸 후인 것이 명백한 때에는 원심법원은 결정으로 항고를 기각하여야 한다.　　(×)

17
□□□
피고인과 국선변호인이 법정기간 내에 항소이유서를 제출하지 않은 경우, 국선변호인이 항소이유서를 제출하지 아니한 것에 대하여 피고인의 귀책사유의 존부를 불문하고 법원은 항소를 기각하여야 한다.　　(×)

18
□□□
상고법원은 필요한 경우 특정사항에 관하여 변론을 열고 참고인의 진술을 들을 수 있다.　　(○)

19
□□□
판결정정의 신청은 판결의 선고가 있은 날로부터 10일 이내에 하여야 한다.　　(○)

Chapter **16** 실전익히기

01
15. 법원직

항소절차와 관련된 다음 설명 중 가장 옳지 않은 것은?

① 항소의 제기기간은 7일로 한다.

② 항소를 함에는 항소장을 항소심법원에 제출하여야 한다.

③ 항소인 또는 변호인은 소송기록접수 통지를 받은 날로부터 20일 이내에 항소이유서를 항소법원에 제출하여야 한다.

④ 상대방은 항소이유서 부본 또는 등본을 송달받은 날로부터 10일 이내에 답변서를 항소법원에 제출하여야 한다.

02
15. 9급개론

항소심에 대한 설명으로 옳지 않은 것은? (다툼이 있는 경우 판례에 의함)

① 항소심이 항소이유에 포함되지 아니한 사유를 직권으로 심리하여 제1심 판결을 파기하고 자판할 경우 항소이유의 당부에 대한 판단도 명시하여야 한다.

② 피고인이 항소심 공판기일에 출정하지 않아서 다시 정해진 기일에도 정당한 사유 없이 출정하지 않은 경우 피고인의 진술없이 판결할 수 있다.

③ 항소심이 피고인의 항소에 대하여 양형부당을 이유로 제1심 판결을 파기·자판하면서 피고인에 대한 범죄사실을 모두 유죄로 인정한 경우 사실오인의 항소이유에 대해서는 배척한 것으로 볼 수 있다.

④ 항소법원은 제1심의 공소기각판결이 위법한 경우 제1심 판결을 파기하고 사건을 제1심 법원에 환송하여야 한다.

03
17. 9급법원직

항소법원의 소송기록접수통지에 관한 다음 설명 중 가장 옳지 않은 것은? (다툼이 있으면 판례에 의함)

① 피고인에게 소송기록접수통지가 되기 전에 사선변호인이 선임된 경우에는 사선변호인에게도 소송기록 접수통지를 하여야 한다.

② 피고인에게 소송기록 접수통지가 된 후에 사선변호인이 선임된 경우에는 사선변호인에게 별도로 소송기록접수통지를 하지 않는다.

③ 필요적 변호사건에서 법원이 정당한 이유없이 국선변호인을 선정하지 않고 있는 사이에 피고인 스스로 사선변호인을 선임하였으나 이미 피고인에 대한 항소이유서 제출기간이 도과한 경우에도 법원은 그 사선변호인에게 소송기록접수통지를 해야 한다.

④ 국선변호인 선정 이후 변호인이 없는 다른 사건이 병합된 경우 병합된 사건에 관하여는 그 국선변호인에게 소송기록접수통지를 하지 아니한다.

04
19. 법원직

상고심 절차에 대한 다음 설명 중 가장 옳지 않은 것은?

① 형사소송법상 상고 대상인 판결은 제2심판결이지만 제1심판결에 대하여도 항소를 제기하지 않고 바로 상고할 수 있는 경우가 있다.

② 형사소송법상 상고이유서에는 소송기록과 원심법원의 증거조사에 표현된 사실을 인용하여 그 이유를 명시하여야 하므로 원심에서 제출하였던 변론요지서를 그대로 원용한 방식의 상고이유는 부적법하다.

③ 형사소송법상 항소심판결에 중대한 사실의 오인이 있어 판결에 영향을 미쳤고 현저히 정의에 반하는 때에는 그러한 내용이 상고이유서에 포함되어 있지 않더라도 상고심이 이를 직권으로 심판할 수 있도록 되어 있다.

④ 상고장 및 상고이유서에 기재된 상고이유의 주장이 형사소송법 제383조 각호에 열거된 상고이유 중 어느 하나에 해당하지 아니함이 명백한 경우에는 결정으로 상고를 기각하여야 한다.

05

상고이유에 관한 다음 설명 중 가장 옳지 않은 것은?

① 사형, 무기 또는 10년 이상의 징역이나 금고가 선고된 사건에서만 피고인의 양형부당을 이유로 한 상고가 허용된다.

② 검사는 항소심의 형의 양정이 가볍다는 사유를 상고이유로 주장할 수 없다.

③ 제1심판결에 대하여 검사만이 양형부당을 이유로 항소하였을 뿐 피고인은 항소하지 아니한 경우에도 항소심이 검사의 항소를 받아들여 피고인에 대하여 제1심보다 무거운 형을 선고하였다면 피고인으로서는 항소심판결에 대하여 사실오인, 채증법칙 위반, 심리미진 또는 법령위반 등의 사유를 들어 상고이유로 삼을 수 있다.

④ 피고인이 제1심판결에 대하여 양형부당만을 항소이유로 내세운 경우, 이를 일부 인용한 항소심판결에 대하여 피고인은 법리오해나 사실오인의 점을 상고이유로 삼을 수 없다.

06

다음 ( ) 안에 들어갈 숫자를 모두 합한 것은?

> ㉠ 공소장 부본의 송달은 제1회 공판기일 ( )일 전까지 하여야 한다.
> ㉡ 판결의 선고는 변론을 종결한 기일에 해야 하지만 특별한 사정이 있는 때에는 변론종결 후 ( )일 이내에서 따로 선고기일을 정할 수 있다.
> ㉢ 상고이유서 부본을 송달받은 상대방은 송달을 받은 날로부터 ( )일 이내에 답변서를 상고법원에 제출할 수 있다.
> ㉣ 판결정정신청은 판결의 선고가 있은 날로부터 ( )일 이내에 하여야 한다.

① 36 　　　　② 39
③ 43 　　　　④ 49

07

상소에 대한 설명으로 옳지 않은 것은? (다툼이 있는 경우 판례에 의함)

① 즉시항고의 제기기간은 7일로 한다.

② 항소를 함에는 항소장을 원심법원에 제출하여야 한다.

③ 형사소송에서는 판결등본이 당사자에게 송달되는 여부에 관계없이 공판정에서 판결이 선고된 날부터 상소기간이 기산되며, 이는 피고인이 불출석한 상태에서 재판을 하는 경우에도 마찬가지이다.

④ 항고는 즉시항고 외에는 재판의 집행을 정지하는 효력이 없으므로 원심법원 또는 항고법원이 결정으로 항고에 대한 결정이 있을 때까지 집행을 정지할 수 없다.

08

형사재판에 대한 불복방법에 관한 설명 중 옳은 것은? (다툼이 있는 경우 판례에 의함)

① 약식명령에 대한 정식재판청구를 기각하는 결정에 대해서는 즉시항고를 할 수 있다.

② 재정신청 기각결정에 대해서는 항고는 물론 재항고도 할 수 없다.

③ 법관에 대한 기피신청 기각결정에 대해서는 즉시항고를 할 수 없다.

④ 재심개시 결정에 대해서는 즉시항고를 할 수 없다.

09

상소절차에 관한 설명 중 옳지 않은 것은? (다툼이 있는 경우 판례에 의함)

① 상소권회복청구는 그 사유가 종지한 날로부터 상소의 제기 기간에 상당한 기간 내에 서면으로 하여야 한다.

② 항소이유서는 소송기록접수통지를 받은 날로부터 20일 안에 제출하여야 한다.

③ 항소의 제기기간은 7일이고, 항소장을 항소법원에 제출하여야 한다.

④ 준항고의 청구는 재판의 고지 있는 날로부터 7일 이내에 하여야 한다.

10

항고에 관한 다음 설명 중 옳은 것은? (다툼이 있는 경우 판례에 의함)

① 공소장변경허가에 관한 결정에 대해서는 독립하여 항고할 수 있다.

② 즉시항고를 제기할 수 있는 기간 내에는 집행정지의 효력이 인정되지 않는다.

③ 항고법원 또는 고등법원의 결정에 대하여는 보통항고가 허용된다.

④ 국선변호인선임청구를 기각하는 결정에 대하여 독립하여 항고할 수 없다.

11

불복기간이 3일인 것을 모두 고른 것은?

> ㉠ 형사보상 및 명예회복에 관한 법률 제20조의 형사보상결정에 대한 즉시항고
> ㉡ 즉결심판법 제14조의 즉결심판에 대한 정식재판청구
> ㉢ 형사소송법 제23조의 기피신청기각결정에 대한 즉시항고
> ㉣ 소년법 제43조의 보호처분결정에 대한 항고
> ㉤ 형사소송법 제184조의 증거보전청구기각결정에 대한 항고

① ㉠, ㉡   ② ㉠, ㉢, ㉤

③ ㉤   ④ ㉢, ㉣, ㉤

Answer

01 ② [×] 항소를 함에는 항소장을 원심법원에 제출하여야 한다(제359조).

02 ① [×] 이 경우 항소이유의 당부에 대한 판단을 명시할 필요는 없다.

03 ④ [×] 소송기록접수통지를 하여야 한다.

04 ③ [×] 중대한 사실 오인은 직권으로 심판할 수 없다.

05 ③ [×] 상고이유로 삼을 수 없는 것이다.

06 ② 괄호 안에 들어갈 숫자의 합은 39이다.

07 ④ [×] 원심법원 또는 항고법원은 결정으로 항고에 대한 결정이 있을 때까지 집행을 정지할 수 있다(제409조).

08 ① [○] 제455조 제2항

09 ③ [×] 항소장을 원심법원(항소법원 ×)에 제출하여야 한다(제359조).

10 ④

11 ③ ㉤만 옳은 지문이다.

MEMO

박문각
공무원
기본서

김상천
형사소송법

CHAPTER

17

비상구제절차

제1절 재 심
제2절 비상상고

Chapter **17**

비상구제절차

제1절 재 심

1 재심의 의의

(1) 개 념

재심이란 유죄의 확정판결에 중대한 사실오인이 있는 경우에 판결을 받은 자의 이익을 위하여 그 오류를 시정하는 비상구제절차이다. 12. 교정특채

(2) 구 별

1) 상 소

재심은 확정판결에 대한 비상구제절차라는 점에서 미확정재판에 대한 불복신청제도인 상소와 구별된다.

2) 비상상고

재심은 확정판결의 사실오인을 시정하여 유죄판결을 받은 자를 구제하기 위한 제도라는 점에서, 법령위반의 시정을 통하여 법령해석의 통일을 목적으로 하는 비상상고와도 구별된다.

(3) 이익재심

현행법은 이익재심만을 인정하므로 판결을 받은 자에게 불이익이 되는 재심은 허용되지 않는다.

(4) 기 능

① 재심은 실질적 정의를 위하여 판결의 확정력을 제거하는 제도이다.

② 재심은 확정판결에 있어서의 사실인정의 오류를 시정함으로써 그 판결에 의해서 불이익을 받는 피고인을 구제하는 기능을 한다.

2 재심의 대상

1. 의 의

재심의 대상은 유죄의 확정판결과 항소 또는 상고의 기각판결이다. 03 · 11 · 19. 경찰승진, 14. 경찰2차, 18. 경찰간부

OX 재심의 대상은 유죄의 확정판결과 항소 또는 상고의 기각판결이다. (○, ×) 14. 경찰2차

Answer
OX
○

2. 유죄의 확정판결

① 재심의 대상은 유죄의 확정판결이다.

   ㉠ 확정된 약식명령이나 즉결심판, 경범죄처벌법 · 도로교통법 등에 따라 통고처분을 받고 범칙금을 납부한 경우 등도 재심의 대상이 된다. 02. 여경1차, 03 · 11. 경찰승진, 10. 교정특채

   ㉡ 유죄의 확정판결인 형면제판결(제322조)이나, 집행유예기간의 경과에 따라 형의 선고가 실효된 경우(형법 제65조)에도 재심청구가 가능하다.

   ㉢ 2년의 선고유예기간이 경과하여 면소된 것으로 간주되는 경우(형법 제60조)에는 유예기간 경과 이후에는 재심의 청구가 허용되지 않는다는 것이 일반적인 견해이다.

② 무죄판결과 면소(2015모3243), 공소기각, 관할위반의 판결에 대해서는 재심이 허용되지 않는다. 19. 9급국가직 · 경찰승진

3. 항소, 상고기각 판결

① 항소, 상고의 기각판결(제421조)은 유죄판결 자체는 아니지만 그 확정에 의하여 원심의 유죄판결이 확정되는 효과를 발생시키므로 유죄판결과 별개의 재심대상으로 인정된다. 12. 교정특채, 14. 경찰2차, 17. 법원 ⇨ 제1심 유죄판결, 피고인이 항소하였으나 항소기각판결, 피고인이 상고하였으나 상고기각판결 순으로 사건이 진행된 경우, 피고인은 제1심, 항소기각판결, 상고기각판결 3개에 대해 개별적 또는 동시에 재심을 청구할 수 있다.

② 다만, 제1심 확정판결에 대한 재심청구사건의 판결이 있은 후에는 항소기각판결에 대하여 다시 재심을 청구하지 못한다(제421조 제2항). 15. 변호사

③ 제1심 또는 제2심 확정판결에 대한 재심청구사건의 판결이 있은 후에는 상고기각판결에 대해서는 다시 재심을 청구하지 못한다(제421조 제3항).

④ 항소심이 원심을 파기하고 자판한 경우(항소심의 파기자판)에는 파기판결은 그 자체가 유죄판결로서 재심의 대상이 되나, 항소심에서 파기되어 버린 제1심판결에 대해서는 재심을 청구할 수 없다(2003모464). 07. 경찰1차, 11. 경찰승진, 16. 경찰간부

4. 재심청구의 경합

① 항소기각의 확정판결과 그 판결에 의하여 확정된 제1심판결에 대하여 재심의 청구가 있는 경우에 제1심법원이 재심의 판결을 한 때에는 항소법원은 결정으로 재심의 청구를 기각하여야 한다(제436조 제1항). 12. 경찰승진

② 제1심 또는 제2심판결에 대한 상고기각의 판결에 대하여 재심의 청구가 있는 경우에 판결과 그 판결에 의하여 확정된 제1심 또는 제2심의 제1심법원 또는 항소법원이 재심의 판결을 한 때에는 상고법원은 결정으로 재심의 청구를 기각하여야 한다(동조 제2항).

기출 키워드 체크

재심은 _____된 _____뿐만 아니라 _____도 그 대상이 될 수 있다.

OX 면소판결은 유죄 확정판결이라 할 수 없으므로 면소판결을 대상으로 한 재심청구는 부적법하다. (○, ×) 19. 9급국가직

Answer
기출 키워드 체크
확정, 유죄판결, 항소 또는 상고를 기각한 판결
OX
○

5. 판결서의 부재 등

① 재심대상판결의 판결서는 발견되지 않았으나, 다른 자료를 통하여 판결의 존재는 인정할 수 있는 경우 재심의 대상이 된다(2015모2229).

② 판결을 선고한 군법회의의 근거법령이나 절차, 내용 등이 위헌·위법한 경우도 재심의 대상이 된다((2015모2229)

③ 이 경우 판결이 당연무효가 되는 것은 별론으로 하고 판결의 성립을 부정할 수는 없다.

④ 판결이 위와 같은 위헌·위법 사유로 당연무효라고 하더라도 그것이 성립한 이상 형식적 확정력은 인정된다.

▶ 재심의 대상이 되는 경우

- 특별사면으로 형 선고의 효력이 상실된 유죄 확정판결(2012도2938) 16·17. 경찰1차, 17. 여경·경찰특공대, 18·19. 법원, 18. 변호사, 19. 해경간부, 21. 경찰간부
- 소송촉진 등에 관한 특례법에 의해 1심에서 송달불능보고서 접수 후 6월이 지나 불출석 재판을 하였으나, 피고인에게 귀책사유가 없었던 경우
- 귀책사유 없이 제1심과 항소심의 공판절차에 출석할 수 없었던 경우, 항소심 유죄판결(2014도17252) 17. 경찰간부
- 약식명령, 즉결심판
- 통고처분을 받고 범칙금을 납부한 경우
- 집행유예판결
- 비상상고에 의하여 일부파기된 유죄판결(4288형항3)
- 형면제 판결

▶ 재심의 대상이 되지 않는 경우

- 무죄판결, 면소판결, 공소기각판결 02. 여경1차, 03·11. 경찰승진, 10. 교정특채, 18. 변호사, 21. 경찰간부
- 효력이 상실된 판결
  - 항소심에서 파기되어버린 제1심판결(2003모464) 07. 경찰1차, 11·18. 경찰승진, 16·21. 경찰간부, 17. 법원, 18. 변호사
  - 2심 유죄 ⇨ 피고인 사망 ⇨ 3심 공소기각 ⇨ 2심은 재심대상 ×(2011도7931) 14·18. 법원, 17. 경찰1차·9급국가직·9급개론, 19. 경찰간부
  - 약식 ⇨ 정식재판 확정 ⇨ 약식명령은 재심대상 ×(2011도10626) 14·16. 법원, 15. 해경3차, 16. 9급국가직·9급개론, 17. 여경·경찰특공대, 18. 경찰승진·변호사, 19. 경찰간부·해경간부, 21. 경찰간부
- 기소유예처분 11. 경찰승진
- 결정
  - 재정신청기각결정 18. 변호사
  - 공소기각결정
  - 항고기각결정
  - 재항고기각결정
- 2년의 선고유예기간이 경과하여 면소된 것으로 간주되는 경우
- 구 사회보호법상 보호처분

기출 키워드 체크

소송촉진 등에 관한 특례법 제23조에 따라 진행된 제1심의 불출석 재판에 대하여 검사만 항소하고 항소심도 불출석 재판으로 진행한 후에 제1심판결을 파기하고 새로 또는 다시 유죄판결을 선고하여 유죄판결이 확정된 경우, 귀책사유 없이 제1심과 항소심의 공판절차에 출석할 수 없었던 피고인은 재심 규정을 유추 적용하여 재심 규정이 정한 기간 내에 _____ 법원에 유죄판결에 대한 재심을 청구할 수 있도록 하는 것이 타당하다.

OX 항소심에서 파기된 제1심 판결은 재심대상이 되지 않는다. (○, ×) 21. 경찰간부

OX 공소기각의 판결은 재심대상이 되지 않는다. (○, ×) 21. 경찰간부

OX 특별사면으로 형 선고의 효력이 상실된 유죄의 확정판결 재심의 대상이 된다. (○, ×) 21. 경찰간부

OX 약식명령에 대한 정식재판청구에 따라 유죄의 판결이 확정된 경우, 그 약식명령은 재심의 대상이 되지 않는다. (○, ×) 21. 경찰간부

Answer
기출 키워드 체크
항소심
OX
○, ○, ○, ○

❸ 재심의 구조

1. 재심개시절차와 재심심판절차

재심은 유죄의 확정판결에 일정한 사실오인의 흠이 개입되고 있는가를 판단하는 사전 절차(재심개시절차)와 사실오인의 흠이 판명된 경우에 진행되는 심판절차(재심심판절차)로 구성된다.

2. 재심개시절차

① 재심개시절차는 결정(제433조 내지 제435조)의 형식으로 종결됨에 반하여 재심심판절차는 통상의 종국재판의 형식에 따라 종결된다.

② 재심개시절차에서는 형사소송에서 규정하고 있는 재심사유(제420조, 제421조)가 있는지 여부만을 판단하여야 하고, 재심사유가 재심대상판결에 영향을 미칠 가능성(인용가능성)이 있는가의 실체적 사유는 고려할 수는 없다(2008모77). 12·17. 경찰승진

③ 따라서 증언이 확정판결에 의하여 허위임이 증명되면 허위증언 부분을 제외하고서도 다른 증거에 의하여 그 '죄로 되는 사실'이 유죄로 인정될 것인가 아닌가에 관계없이 바로 재심사유를 인정하고 재심을 개시해야 한다(87모11).

3. 재심심판절차

① 재심심판절차의 진행은 원판결의 심급에 따라 다시 심판한다(제438조 제1항).

② 재심심판절차에서는 무죄추정의 원칙이 적용되지 않는다.

❹ 재심사유

1. 개 요

① 형사소송법 제420조는 7가지의 재심사유를 열거하고 있는데, 이러한 재심사유는 제5호의 신규형(nova형) 재심사유와 기타의 오류형(false형) 재심사유로 나누어 볼 수 있다.

② 형사소송법 이외의 법에 재심사유가 규정된 경우도 있다.

③ 재심은 예외적인 비상구제절차이므로 제420조의 7가지 사유는 한정적 열거규정이다(94재도9).

▶ 재심사유

형사소송법
제420조【재심이유】재심은 다음 각 호의 1에 해당하는 이유가 있는 경우에 유죄의 확정판결에 대하여 그 선고를 받은 자의 이익을 위하여 청구할 수 있다.
  1. 원판결의 증거된 서류 또는 증거물이 확정판결에 의하여 위조 또는 변조인 것이 증명된 때

2. 원판결의 증거된 증언, 감정, 통역 또는 번역이 확정판결에 의하여 허위인 것이 증명된 때
3. 무고로 인하여 유죄의 선고를 받은 경우에 그 무고의 죄가 확정판결에 의하여 증명된 때
4. 원판결의 증거된 재판이 확정재판에 의하여 변경된 때
5. 유죄의 선고를 받은 자에 대하여 무죄 또는 면소를, 형의 선고를 받은 자에 대하여 형의 면제 또는 원판결이 인정한 죄보다 경한 죄를 인정할 명백한 증거가 새로 발견된 때
6. 저작권, 특허권, 실용신안권, 의장권 또는 상표권을 침해한 죄로 유죄의 선고를 받은 사건에 관하여 그 권리에 대한 무효의 심결 또는 무효의 판결이 확정된 때
7. 원판결, 전심판결 또는 그 판결의 기초된 조사에 관여한 법관, 공소의 제기 또는 그 공소의 기초된 수사에 관여한 검사나 사법경찰관이 그 직무에 관한 죄를 범한 것이 확정판결에 의하여 증명된 때 단, 원판결의 선고 전에 법관, 검사 또는 사법경찰관에 대하여 공소의 제기가 있는 경우에는 원판결의 법원이 그 사유를 알지 못한 때에 한한다.

제421조 【동전】 항소 또는 상고의 기각판결에 대하여는 전조 제1호, 제2호, 제7호의 사유 있는 경우에 한하여 그 선고를 받은 자의 이익을 위하여 재심을 청구할 수 있다.

2. 신규형 재심사유(제420조 제5호)

(1) 의 의

① 원판결의 사실인정을 변경할 만한 새로운 증거의 발견을 이유로 하는 재심이유이다.

② 유죄의 선고를 받은 자에 대하여 무죄 또는 면소를, 형의 선고를 받은 자에 대하여 형의 면제 또는 원판결이 인정한 죄보다 경한 죄를 인정할 명백한 증거가 새로 발견된 때에는 재심을 청구할 수 있다(제420조 제5항). 13. 경찰간부

(2) 적용범위

1) 유죄의 선고를 받은 자에 대하여 무죄 또는 면소를 인정해야 할 경우

① '유죄의 선고'에는 형선고의 판결뿐만 아니라 형면제의 판결과 형의 선고유예 판결도 포함된다(제321조 제1항).

② 형의 형벌법령이 당초부터 위헌·무효라고 선언된 경우도 무죄 등을 인정할 증거가 새로 발견된 때에 해당한다(2010모363). 18. 법원, 21. 경찰1차

③ 공소기각판결이나 공소기각결정을 인정해야 하는 경우에는 본조의 재심사유가 될 수 없다(96모51). 08. 법원, 09. 전의경, 21. 경찰1차

④ 조세의 부과처분을 취소하는 행정판결이 확정된 경우 부과처분의 효력은 처분시에 소급하여 효력을 잃게 되어 그에 따른 납세의무가 없으므로 확정된 행정판결은 조세포탈에 대한 무죄 내지 원심판결이 인정한 죄보다 경한 죄를 인정할 명백한 증거에 해당한다(2013도14716). ⇨ 조세심판원이 재조사결정을 하고 그에 따라 과세관청이 후속처분으로 당초 부과처분을 취소하였다면 부과처분은 처분시에 소급하여 효력을 잃게 되어 원칙적으로 그에 따른 납세의무도 없어지므로, 형사소송법 제420조 제5호에 정한 재심사유에 해당한다(2013도14716). 20. 법원, 21. 경찰1차

2) 형의 선고를 받은 자에 대하여 형의 면제 또는 원판결이 인정한 죄보다 경한 죄를 인정할 경우

① '형의 면제'의 경우 필요적 면제만을 의미하며 임의적 면제는 포함되지 않는다(84모32). 15. 경찰1차, 19. 법원

② '원판결이 인정한 죄보다 경한 죄'라 함은 원판결이 인정한 죄와는 별개의 죄로서 그 법정형이 가벼운 죄를 말한다.

③ 원판결에서 인정한 죄 자체에는 변함이 없고 다만 양형상의 자료에 변동을 가져올 사유에 불과한 것은 여기에 해당되지 아니한다.

④ 공소기각과 같은 형식재판을 받을 수 있는 경우도 여기에 해당되지 않는다(96모51).

▶ '경한 죄를 인정할 경우'에 해당하지 않는 경우

1. 자수감경을 하지 아니하였다고 주장하는 경우 12. 법원
2. 심신미약을 주장하는 경우
3. 종범을 주장하는 경우

(3) 증거의 신규성

① 제420조 제5호의 재심사유를 인정하기 위해서는 증거가 새로 발견된 경우이어야 한다.

② '증거가 새로 발견된 때'란 재심대상이 되는 확정판결의 소송절차에서 발견되지 못하였거나 또는 발견되었다 하더라도 제출할 수 없었던 증거를 새로 발견하였거나 비로소 제출할 수 있게 된 때를 말한다(2005모472). 16. 7급국가직, 17. 법원, 18. 경찰승진 ⇨ 유죄판결 확정 후, 범인이 변심하여 숨겨두었던 증거를 제출하였다면, 이는 '증거가 새로 발견된 때'에 해당하지 않는다. 19. 변호사

③ 원판결 당시 법원도 몰랐고 피고인 또한 과실 없이 몰랐던 증거에 한한다(2005모472). 16. 7급국가직

④ 형벌에 관한 법령(긴급조치 제9호)이 당초부터 헌법에 위반되어 법원에서 위헌·무효라고 선언한 때에도 형사소송법 제420조 제5호 소정의 무죄 등을 인정할 '증거가 새로 발견된 때'에 해당한다(2011초기689).

(4) 증거의 명백성

1) 명백성의 의미 - 개연성설

① 제420조 제5호의 재심사유를 인정하기 위해서는 유죄의 확정판결에 대하여 그 정당성이 의심되는 수준을 넘어,

② 그 판결을 그대로 유지할 수 없을 정도로 고도의 개연성(명백성)이 인정되어야 한다(2005모472).

신증거에 의한 재심이유에서 의미하는 증거의 명백성이라 함은 새로운 증거가 확정판결을 파기할 고도의 가능성 내지 개연성이 인정되는 것을 말한다. 이러한 명백성의 판단방법에 관하여 변경된 판례는 새로 발견된 증거만을 _____으로 고찰하여 그 증거가치만으로 재심의 개시 여부를 판단할 것이 아니라 사실인정의 기초로 삼은 증거들 가운데에서 새로 발견된 증거와 유기적으로 밀접하게 관련되고 모순되는 것들은 _____ 고려하여 평가하여야 하고, 그 결과 단순히 재심대상이 되는 유죄의 확정판결에 대하여 그 정당성이 의심되는 수준을 넘어 그 판결을 그대로 유지할 수 없을 정도로 _____이 인정되는 경우라면 그 새로운 증거는 '명백한 증거'에 해당한다고 보고 있다.

2) 명백성의 판단기준 − 제한적 종합평가설

① 새로 발견된 증거만을 독립적·고립적으로 고찰하여 그 증거가치만으로 재심의 개시 여부를 판단할 것이 아니라,

② 재심대상이 되는 확정판결을 선고한 법원이 사실인정의 기초로 삼은 증거들 가운데 새로 발견된 증거와 유기적으로 밀접하게 관련되고 모순되는 것들을 함께 고려하여 평가해야 한다(2005모472). 10·13·18. 경찰승진, 13·18. 경찰1차, 15. 해경3차, 16. 9급국가직·9급개론·7급국가직, 17. 경찰2차

3) 공범에 대한 판결과의 관계 − 공범의 무죄확정판결만으로 인정 ×

① 공범자 중 일부에 대하여는 무죄, 다른 일부에 대하여는 유죄의 확정판결이 있는 경우

② 무죄확정판결의 증거자료를 자기의 증거자료로 하지 못하였고 또 새로 발견된 것이 아닌 한 무죄확정판결 자체만으로는 새로운 증거에 해당하지 않는다. 16. 7급국가직

(5) 증거능력의 요부

① 엄격한 증명의 경우에는 증거능력을 요하지만 자유로운 증명의 경우에는 증거능력을 요하지 않는다.

② 새로운 증거에는 범죄사실에 관한 증거뿐만 아니라 범죄사실을 증명하는 증거의 증거능력이나 증명력에 관한 사실의 증거도 포함된다.

▶ **신규증거에 의해 재심이 인정되는 경우**

- 원판결에서 발견하지 못한 증거를 새로 발견한 경우(2005모472) 15. 경찰1차, 16. 7급국가직·경찰간부, 17. 경찰2차·경찰승진
- 원판결에서 제출할 수 없었던 증거를 제출 가능하게 된 경우(2005모472) 15. 경찰1차, 16. 경찰간부·7급국가직, 17. 경찰2차·경찰승진
- 확정판결을 그대로 유지할 수 없을 정도로 고도의 개연성이 인정되는 경우(2005모472) 16. 7급국가직
- 형벌에 관한 법령이 당초부터 헌법에 위반되어 법원에서 위헌·무효라고 선언한 때(2010모363) 16. 경찰간부, 18. 법원
- 조세심판원이 재조사결정을 하고 그에 따라 과세관청이 후속처분으로 당초 부과처분을 취소한 경우(조세의 부과처분을 취소하는 행정판결이 확정된 경우)(2013도14716) 20. 법원, 21. 경찰1차

▶ **신규증거에 의해 재심이 인정되지 않는 경우**

- 증거를 제출하지 못한 데 피고인의 과실이 있는 경우(2005모472) 10. 17. 경찰승진, 12·17. 경찰2차, 13·15. 경찰1차, 15. 해경3차·변호사, 16. 경찰간부·7급국가직, 17. 여경·경찰특공대
- 공범자 중 일부에 대하여는 무죄, 다른 일부에 대하여는 유죄의 확정판결이 있는 경우(84모14) 16. 7급국가직, 17. 경찰2차, 21. 경찰1차
- 헌법소원에서 한정위헌결정이 선고된 경우(95재다14) 15. 해경3차
- 피고인의 자백(67모30), 공동피고인의 진술(93모33), 증인의 증언(84모2) 등이 판결 확정 후에 번복된 경우

3. 오류형 재심사유

(1) 의 의

제420조 제5호 이외의 재심사유를 오류형 재심사유라고 부른다.

(2) **증거의 위조 · 변조**(제420조 제1호)

① "원판결의 증거된 서류 또는 증거물이 확정판결에 의하여 위조 또는 변조된 것이 증명된 때"이다. 11. 경찰승진

② 원판결의 증거

   ⊙ 원심판결의 증거요지에 인용되어 있는 증거를 말한다.

   ⊙ 따라서 증거조사를 하였지만 판결에 인용되지 않은 증거는 여기에 포함되지 않는다.

   ⓒ 다만, 범죄사실의 인정을 위한 증거가 진술증거인 때에는 그 증거능력을 인정하기 위한 증거도 원판결의 증거에 포함된다.

③ 확정판결 : 형사확정판결을 의미하므로 민사확정판결이나 이에 준하는 화해조서는 포함되지 않는다.

(3) **허위 증언 · 감정 · 통역 · 번역**(제420조 제2호)

① "원판결의 증거된 증언 · 감정 · 통역 또는 번역이 확정판결에 의하여 허위인 것이 증명된 때"(제420조 제2호)이다. 08. 법원, 09. 전의경

② 증언이 확정판결에 의하여 허위임이 증명된 이상, 허위증언 부분을 제외하고서도 다른 증거에 의하여 '그 죄로 되는 사실'이 유죄로 인정될 것인가 아닌가에 관계없이 바로 재심사유로 인정된다(87모11, 2011도8529). 12. 경찰2차, 20. 9급국가직 · 9급개론

③ 법률에 의하여 선서한 증인의 증언만을 말하고 공동피고인의 공판정에서의 진술은 여기에 해당하지 않는다(85모10).

④ 원판결의 증거된 증언을 한 자(甲)가 그 재판 과정에서 자신의 증언과 반대되는 취지의 증언을 한 다른 증인(乙)을 위증죄로 고소하였다가 그 고소가 허위임이 밝혀져 무고죄로 유죄의 확정판결을 받은 경우는 형사소송법 제420조 제2호의 재심사유에 포함되지 아니한다(2003도1080). 13. 경찰1차, 17. 경찰승진

⑤ 별개의 사건의 증인신문조서 등이 증거로 제출된 경우는 본조의 '원판결의 증거된 증언'에 해당하지 않는다(99모93).

⑥ 단순히 증거조사의 대상이 되었을 뿐 범죄사실을 인정하는 증거로 사용되지 않는 증언[증거로 채택된 증인(A)의 증언과 반대되는 증인(B)의 증언]은 그것이 위증임이 확정판결에 의하여 밝혀졌다 하더라도 위 재심사유로 삼을 수 없다(2003도1080).

OX 재심이유 중에서 '원판결의 증거된 증언이 확정판결에 의하여 허위인 것임이 증명된 때'라 함은 원판결의 증거된 증언을 한 자가 그 재판과정에서 자신의 증언과 반대되는 취지의 증언을 한 다른 증인을 위증죄로 고소하였다가 그 고소가 허위임이 밝혀져 무고죄로 유죄의 확정판결을 받은 경우를 포함한다.

(○, ×) 13. 경찰1차

Answer

OX

×

(4) 무 고

① "무고로 인하여 유죄의 선고를 받은 경우에 그 무고의 죄가 확정판결에 의하여 증명된 때"(제420조 제3호)이다. 08. 법원

② 허위의 고소장, 고소조서의 기재내용이 원판결의 증거로 된 경우뿐만 아니라 무고의 진술이 유죄의 증거로 사용된 때도 포함된다(99모93).

③ 그러나 단순히 무고에 대하여 수사가 개시되었다는 것만으로는 본호의 재심사유가 되지 않는다(72도1914).

(5) 증거된 재판의 변경

① "판결의 증거된 재판이 확정판결에 의하여 변경된 때"(제402조 제4호)이다. 08. 법원

② '원판결의 증거된 재판'이란 원판결의 이유 중에서 증거로 채택되어 범죄될 사실을 인정하는 데 인용된 다른 재판을 말한다(86모15).

③ 재판은 형사재판·민사재판 및 기타의 재판을 불문한다.

(6) 무체재산권의 무효

① "판결의 증거된 재판이 확정판결에 의하여 변경된 때"(제402조 제4호)이다. 08. 법원

② '원판결의 증거된 재판'이란 원판결의 이유 중에서 증거로 채택되어 범죄될 사실을 인정하는 데 인용된 다른 재판을 말한다(86모15).

③ 재판은 형사재판·민사재판 및 기타의 재판을 불문한다.

(7) 법관·검사·사법경찰관의 직무범죄

① "원판결, 전심판결 또는 그 판결의 기초된 조사에 관여한 법관, 공소의 제기 또는 그 공소의 기초된 조사에 관여한 검사나 사법경찰관이 그 직무에 관한 죄를 범한 것이 확정판결에 의하여 증명된 때"(제420조 제7호 본문)이다. 08. 법원, 09. 전의경

② 단, 원판결의 선고 전에 법관, 검사 또는 사법경찰관에 대하여 공소의 제기가 있는 경우에는 원판결의 법원이 그 사유를 알지 못한 때에 한한다(제420조 제7호 단서). 08. 법원, 09. 전의경

③ 일단 이러한 사정이 인정되면 사법경찰관 등이 범한 직무에 관한 죄가 사건의 실체관계에 관계된 것인지 여부나 당해 사법경찰관이 직접조사를 담당하였는지 여부와는 무관하게 재심사유에 해당하게 된다(2008모77). 15·16·17. 경찰1차

④ 수사기관이 영장주의를 배제하는 위헌적 법령에 따라 영장 없는 체포·구금을 한 경우에도 불법체포·감금의 직무범죄가 인정되는 경우에 준하는 것으로 보아 형사소송법 제420조 제7호의 재심사유가 있다고 보아야 한다(2015모3243). 19. 경찰승진

⑤ '직무에 관한 죄'란 형법 제2편 제7장에 규정된 뇌물수수, 폭행·가혹행위죄를 의미한다는 견해(한정설)도 있으나, 형법전에 규정된 공무원의 직무에 관한 죄로 한정할 필요는 없다는 것이 일반적인 견해이다(비한정설).

⑥ 법관이 증거서류를 위조·변조한 경우는 제420조 제1호에 해당한다.

⑦ 유죄의 선고를 받은 자가 직무에 관한 죄를 범하게 한 경우에는 검사만이 재심청구를 할 수 있다(제425조).

4. 상소기각의 확정판결에 대한 재심사유

(1) 의 의

① 항소 또는 상고의 기각판결에 대하여는 제420조 제1호(증거의 위조·변조), 제2호(증언·감정·통역·번역의 허위), 제7호(법관·검사·사법경찰관의 직무범죄)의 사유가 있는 경우에 한하여 그 선고를 받은 자의 이익을 위하여 재심을 청구할 수 있다(제421조 제1항).

② 원심판결 자체에는 재심사유가 없더라도 상소기각판결에 재심사유가 있는 경우에 상소기각판결의 확정력을 제거하여 사건을 상소심에 계속된 상태로 복원시킴으로써 사건의 실체에 관하여 다시 심판할 수 있게 한 것이다.

③ 따라서 상소기각판결 자체에 재심이유가 없는 한 본조에 따른 재심은 허용되지 않는다(75소4).

(2) 재심이유

① 항소 또는 상고의 기각판결에 대해서는 아래와 같이 그 사유가 제한된다.
 ㉠ 원판결의 증거된 서류 또는 증거물이 확정판결에 의하여 위조 또는 변조된 것이 증명된 때(제420조 제1호)
 ㉡ 원판결의 증거된 증언, 감정, 통역 또는 번역이 확정판결에 의하여 허위인 것이 증명된 때(동조 제2호)
 ㉢ 원판결, 전심판결 또는 그 판결의 기초된 조사에 관여한 법관, 공소의 제기 또는 그 공소의 기초된 조사에 관여한 검사나 사법경찰관이 그 직무에 관한 죄를 범한 것이 확정판결에 의하여 증명된 때(동조 제7호 본문)

② 원판결 후 진범인이 검거되어 현재 공판진행 중이라거나(86소1), 구체적으로 재심사유를 주장함이 없이 막연하게 공소제기가 허위이며 증거서류가 날조되었으니 재판을 잘못하였다고 말하는 것은 재심청구사유가 되지 못한다(95소5).

(3) 제 한

① 제1심 확정판결에 대한 재심청구사건의 판결이 있은 후에는 항소기각판결에 대하여 다시 재심을 청구하지 못한다(제421조 제2항). 19. 경찰승진

재심청구 이유의 유무를 판단함에 필요한 경우에는 사실을 조사할 수 있으며(형사소송법 제37조 제3항), 공판절차에 적용되는 엄격한 증거조사 방식에 따라야만 하는 것은 아니다. (생략)

1950년 당시 피고인이 헌병과 경찰 등의 국민보도연맹원 소집에 응하여 갔다가 체포되어 형무소에 수용된 후 계엄고등군법회의에서 구 국방경비법 제32조 위반죄로 사형을 선고받고 사망하였는데, 그 후 피고인의 유족이 위 유죄의 확정판결에 대하여 재심을 청구한 사안에서, 경찰 등 공무원이 피고인을 체포·감금한 행위는 법원이 발부한 사전 또는 사후 영장 없이 이루어진 것으로서 구 형법 제194조의 특별공무원 직권남용죄에 해당하고, 위 죄는 공소시효가 완성하여 형사소송법 제422조의 '확정판결을 얻을 수 없는 때'에 해당하므로 위 재심대상판결에 형사소송법 제420조 제7호, 제422조에서 정한 재심사유가 있다고 본 원심결정이 정당하다(대법원 2019.3.21.자 2015모2229 전원합의체 결정).

② 또한 제1심 또는 제2심의 확정판결에 대한 재심청구사건의 판결이 있은 후에는 상고기각판결에 대하여 다시 재심을 청구하지 못한다(동조 제3항).

5. 오류형 재심사유와 확정판결에 대신하는 증명

① 제420조, 제421조 규정에 의하여 확정판결로써 범죄의 증명됨을 재심청구의 이유로 할 경우에 그 확정판결을 얻을 수 없을 때에는 그 사실을 증명하여 재심의 청구를 할 수 있다.

② 단, 증거가 없다는 이유로 확정판결을 얻을 수 없는 때에는 예외로 한다(제422조).

▶ **확정판결을 얻을 수 없을 때로 인정되는 경우**

- 불법감금죄로 고소된 사법경찰관에 대한 무혐의결정에 관한 재정신청사건에서 법원이 불법감금 사실은 인정하면서 재정신청기각결정을 하여 확정된 경우(96모123) 13. 경찰승진
- 피고인을 불법감금하였다 하여 기소유예처분을 받은 사법경찰관에 대하여 피고인이 제기한 재정신청이 기각된 경우(2004모16)
- 고문기술자가 검찰수사과정에서 자백한 경우, 그 자백(서울고법 2000재노16)
- '당해사건의 수사와 재판이 고문 등 증거조작에 의한 것이라는 취지'의 의문사진상규명위원회의 결정
- 과거사 정리위원회의 여순사건 진실규명결정서에 의해 특별공무원의 직권남용죄가 인정되나, 공소시효가 완성된 경우(2015모2229)

▶ **확정판결을 얻을 수 없을 때로 인정되지 않는 경우**

- 공소시효완성을 이유로 한 불기소처분이 있었다고 하더라도, 해당 범죄사실의 존재가 적극적으로 입증되지 않는 경우 13. 경찰승진

6. 특별법상 재심사유

(I) 소송촉진 등에 관한 특례법상의 재심사유

1) 재심청구인의 귀책 없이 궐석재판이 이루어진 경우

① 제1심 공판절차에서 피고인에 대한 송달불능보고서가 접수된 때로부터 6월이 경과하도록 피고인의 소재를 확인할 수 없는 때에는 대법원규칙이 정하는 바에 따라 피고인의 진술 없이 재판할 수 있다(동법 제23조 본문).

② 이렇게 궐석재판이 진행되어 유죄판결을 받고 그 판결이 확정된 경우, 재심청구권자는 그 판결이 있었던 사실을 안 날로부터 14일 이내에, 재심청구인이 책임질 수 없는 사유로 위 기간 내에 재심청구를 하지 못한 때에는 그 사유가 없어진 날로부터 14일 이내에 제1심 법원에 재심을 청구할 수 있다(동법 제23조의2 제1항).

2) 항소심의 경우 준용

① 제1심의 불출석 재판에 대하여 검사만 항소하고 항소심도 불출석 재판으로 진행한 후에 제1심판결을 파기하고 새로 또는 다시 유죄판결을 선고하여 유죄판결이 확정된 경우,

② 귀책사유 없이 제1심과 항소심의 공판절차에 출석할 수 없었던 피고인은 재심 규정을 유추 적용하여 재심 규정이 정한 기간 내에 항소심 법원에 유죄판결에 대한 재심을 청구할 수 있다(2014도17252). 17. 경찰간부

③ 이때 피고인은 재심을 청구하지 않고 상소권 회복에 의한 상고를 제기하여 위 사유를 상고이유로 주장할 수 있다.

(2) 위헌결정

① 헌법재판소에 의하여 위헌으로 결정된 형벌에 관한 법률 또는 법률의 조항은 소급하여 그 효력을 상실하게 된다(헌법재판소법 제47조 제3항 본문). 15. 변호사

② 이때 위헌으로 결정된 법률 또는 법률의 조항에 근거한 유죄의 확정판결에 대하여는 재심을 청구할 순 있다(동조 제4항). 11. 경찰승진

③ 이 경우 재심에 대하여는 형사소송법의 규정이 준용된다(동조 제5항).

④ 한정위헌결정은 법원을 기속할 수 없고 재심사유가 될 수 없다(2012재두299).

⑤ 종전 합헌 결정이 있는 경우는 다음과 같다.

ㄱ 해당 법률 또는 법률의 조항에 대하여 종전에 합헌으로 결정한 사건이 있는 경우에는 그 결정이 있는 날의 다음 날로 소급하여 효력을 상실한다(동조 제3항 단서). 15. 변호사

ㄴ 이 경우 그 합헌결정이 있는 날의 다음 날 이후에 유죄 판결이 선고되어 확정(범행 ×)되었다면 재심을 청구할 수 있다(2015모1475). 20. 법원

(3) 5·18민주화운동 등에 관한 특별법의 재심사유

5·18민주화운동과 관련된 행위 또는 제2조의 범행을 저지하거나 반대한 행위로 유죄의 확정판결을 선고받은 자는 「형사소송법」 제420조 및 「군사법원법」 제469조에도 불구하고 재심(再審)을 청구할 수 있다(동법 제4조 제1항).

❺ 재심개시절차

1. 재심의 청구

(Ⅰ) 재심의 관할

1) 원판결 법원

① 재심의 청구는 원판결의 법원이 관할한다(제423조). 03. 행시, 09. 법원, 11. 경찰승진, 12. 교정특채

ㄱ 여기에서 원판결의 법원이란 재심청구인이 재심사유 있음을 주장하여 재심청구의 대상으로 삼은 판결을 말한다.

ㄴ 상소심이 원심을 파기하고 자판한 경우(파기자판)에는 파기자판한 상소심만이 재심의 관할법원이 되고 파기된 원심은 재심을 관할할 수 없다. 원심이 이미 파기됨으로써 존재하지 않기 때문이다.

관련 판례
재판 불출석에 대한 책임을 피고인에게 묻기 어려운 상황인데도 궐석상태에서 재판을 진행한 다음 유죄판결을 했다면 이는 재심사유에 해당한다(2020도15140).

관련 판례
재심이 개시된 사건에서 형벌에 관한 법령이 재심판결 당시 폐지되었더라도 그 폐지가 당초부터 헌법에 위배되어 효력이 없는 법령에 대한 것이었다면 형사소송법 제325조 전단에서 규정하는 '범죄로 되지 아니한 때'의 무죄사유에 해당한다(2018.11.29. 선고 2016도14781).

기출 키워드 체크
형벌에 관한 법률 또는 법률조항은 헌법재판소의 위헌 결정으로 소급하여 그 효력을 상실하지만, 해당 법률 또는 법률의 조항에 대하여 종전에 합헌으로 결정한 사건이 있는 경우에는 그 _____ 날로 소급하여 효력을 상실한다.

Answer
기출 키워드 체크
합헌결정이 있는 날의 다음

ⓒ 따라서 대법원이 하급심 판결을 파기하고 자판한 경우 재심관할법원은 파기된 판결의 선고법원(하급심)이 아니라 원판결을 선고한 법원(대법원)이 된다(4294형항20).

② 다만, 재심청구가 재심관할법원인 항소심법원이 아닌 제1심법원에 잘못 제기된 경우 제1심법원은 그 재심의 소를 부적법하다 하여 각하할 것이 아니라 재심관할법원인 항소심법원에 이송하여야 할 것이다(2002모334).

2) 군에서 제적된 자의 경우(같은 심급의 일반법원)

① 군사법원에서 판결이 확정된 후 군에서 제적된 자에 대하여는 군사법원에 재판권이 없으므로 같은 심급의 일반법원에 재심청구사건의 관할권이 인정된다(84도2972). 12. 법원, 13. 경찰승진

ⓐ 여기에서 '군사법원과 같은 심급의 일반법원'은 법원조직법과 형사소송법에 규정된 추상적 기준에 따라 획일적으로 결정하여야 한다.

ⓑ 계엄사령관의 조치에 응하지 아니한 자를 3년 이하의 징역형에 처하도록 한 구 계엄법 제15조 위반으로 육군고등군법회의에서 진행한 항소심에 대한 재심 관할은 지방법원 합의부에 있다.

② 재심청구를 받은 군사법원은 먼저 재판권 유무를 심사하여 군사법원에 재판권이 없다고 판단되면 재심개시절차로 나아가지 말고 곧바로 사건을 군사법원법 제2조 제3항에 따라 같은 심급의 일반법원으로 이송하여야 한다(2011도1932). 17. 법원

③ 군사법원이 재심개시결정을 한 후 일반법원으로 이송한 경우, 일반법원은 다시 처음부터 재심개시절차를 진행할 필요는 없고 군사법원의 재심개시결정을 유효한 것으로 보아 그 후속 절차를 진행할 수 있다(2011도1932). 17. 7급국가직, 19. 법원

3) 재심청구와 제척

① 재심청구의 대상이 된 판결은 재심청구사건과의 관계에 있어서 전심에 해당하지 않는다.

② 따라서 원판결의 심리에 관여한 법관이 재심청구사건의 심리에 임하더라도 제척, 기피사유에 해당하지 않는다(85모11). 19. 경찰간부

(2) 재심청구권자

① 재심을 청구할 수 있는 자는 다음의 자로 제한된다(제424조). 04. 경찰1차

ⓐ 검사

ⓑ 유죄의 선고를 받은 자

ⓒ 유죄의 선고를 받은 자의 법정대리인

ⓓ 유죄의 선고를 받은 자가 사망하거나 심신장애가 있는 경우에는 그 배우자 직계친족 또는 형제자매 09. 법원, 17. 경찰간부

② 검사 이외의 자가 재심청구를 하는 경우에는 변호인을 선임할 수 있고, 변호인의 선임은 재심의 판결이 있을 때까지 그 효력이 있다(제426조). ⇨ 이 경우 변호인도 대리권에 의하여 재심을 청구할 수 있다(4289형재항10).

③ 형사소송법은 공익의 대표자인 검사의 지위를 감안하여 검사도 피고인의 이익을 위하여 재심을 청구할 수 있도록 하고 있다(제421조 제1호).

④ 특히 법관, 검사 또는 사법경찰관의 직무상 범죄를 이유로 하는 재심(제420조 제7호)의 청구에 있어서 유죄의 선고를 받은 자가 그 죄를 범하게 한 경우에는, 검사가 아니면 재심을 청구하지 못한다(제425조).

(3) 재심청구시기

① 재심청구시기에 대해서는 제한이 없다. 04. 경찰1차, 11. 경찰승진, 19. 해경간부

② 따라서 재심은 형의 집행을 종료하거나 형의 집행을 받지 아니하게 된 때에도 청구할 수 있다(제427조). 08·09·14. 법원, 18. 경찰간부, 19. 해경간부

③ 확정판결을 선고받은 자가 사망한 경우에도 재심청구는 가능하다. 03. 경찰승진, 16. 법원
　⇨ 사망자의 경우에 재심청구를 허용한 것은 무죄판결의 공시(제440조)를 통하여 명예를 회복할 수 있고 형사보상을 위하여 집행된 벌금, 몰수된 물건이나 추징금의 환수 등과 같은 사실상, 법률상의 이익이 있기 때문이다.

(4) 재심청구방식

① 재심청구를 할 때에는 재심청구의 취지 및 재심청구이유를 구체적으로 기재한 재심청구서에 원판결의 등본 및 증거자료를 첨부하여 관할 법원에 제출하여야 한다(규칙 제166조).

② 즉, 구두에 의한 재심은 허용되지 않는다.

③ 재소자의 경우에는 재심청구서를 교도소장에게 제출하면 그때에 재심을 청구한 것으로 간주한다(제430조, 제344조).

(5) 재심청구효과

① 재심의 청구는 형의 집행을 정지하는 효력이 없다. 03. 행시, 04. 경찰1차, 10·14. 법원, 14. 경찰2차

② 단, 관할법원에 대응한 검찰청 검사는 재심청구에 대한 재판이 있을 때까지 형의 집행을 정지할 수 있다(제428조). 03. 행시, 04. 경찰1차, 04·14. 경찰2차, 06·09·10. 법원, 12. 경찰승진, 20. 7급국가직 ⇨ 이는 재심개시의 결정을 할 때 재심청구법원이 형의 집행을 임의적으로 정지할 수 있는 것(제435조 제2항)과 구별되는 점이다.

건을 지방법원 합의부가 제2심으로 심판할 사건으로 각각 정하고 있는 법원조직법 제32조 제1항, 제2항의 규정에 따라 지방법원 합의부에 있다. 그럼에도 육군고등군법회의에 대응하는 일반법원은 의정부지방법원 합의부가 아니라는 이유를 들어 재심청구를 기각한 원심결정에는 구 군법회의법에 의하여 설치된 고등군법회의의 항소심판결에 대한 재심사건의 관할법원에 관한 법리를 오해하여 결정에 영향을 미친 잘못이 있다. 이 점을 지적하는 검사의 재항고이유 주장은 이유 있다(2020.6.26.자 2019모3197 결정).

OX 재심의 청구는 형의 집행을 정지하는 효력이 없다. 다만, 관할법원에 대응한 검찰청 검사는 재심청구에 대한 재판이 있을 때까지 형의 집행을 정지할 수 있다. (○, ×)
14. 경찰2차

Answer

OX
○

(6) 재심청구취하 등

① 재심의 청구는 취하할 수 있다(제429조 제1항). 14. 경찰2차

② 재심청구를 취하한 자는 동일한 이유로써 다시 재심을 청구하지 못한다(제429조 제2항). 08. 법원, 14. 경찰2차, 18. 경찰간부, 19. 해경간부

③ 재심청구취하서의 제출은 원심법원에 제출하여야 한다. ⇨ 취하서의 제출에 있어서도 재소자특칙은 적용된다(제430조, 제344조).

④ 재심청구인이 재심의 청구를 한 후 청구에 대한 결정이 확정되기 전에 사망한 경우 재심청구절차는 재심청구인의 사망으로 당연히 종료하게 된다(2014모739). 16. 경찰2차, 16·17. 경찰1차, 17·20. 7급국가직, 18·20. 법원, 19. 경찰승진

2. 재심청구사건의 심리

(1) 재심개시절차와 사실조사

① 재심청구사건에 대한 심리는 결정의 형태로 종결되므로(제433조 내지 제435조), 판결의 경우와 달리 반드시 구두변론에 의할 필요가 없으며 공개할 필요도 없다.

② 사실조사는 재심관할법원이 직권으로 실시한다. 검사는 사실조사를 신청할 수 없고 사실조사에 대해 의견을 진술할 수 있을 뿐이다(제432조).

③ 재심사유의 존부를 판단하기 위한 사실조사는 법원의 의무사항이다. 재심개시절차에서는 형사소송법이 규정하고 있는 재심사유가 있는지 여부만을 판단하여야 하고, 나아가 재심사유가 재심대상판결에 영향을 미칠 가능성이 있는가의 실체적 사유는 고려하여서는 아니 된다(2008모77). 19. 법원

(2) 의견진술 기회 부여

① 재심청구에 대해 결정을 할 때에는 청구한 자와 상대방의 의견을 들어야 한다. 04. 경찰1차, 14. 경찰2차

② 유죄의 선고를 받은 자의 법정대리인이 재심을 청구한 경우에는 유죄의 선고를 받은 자의 의견을 들어야 한다(제432조). 08. 법원, 12. 경찰승진, 13. 경찰1차, 14. 경찰2차 ⇨ 변호인의 의견을 들을 것을 요하지는 않는다(4291형항28).

③ 재심청구서에 재심청구의 이유가 기재되어 있다고 하여 의견진술절차를 생략할 수는 없다(2004모86).

④ 의견진술의 기회를 주지 않고 재심청구기각결정을 한 경우는 결정에 영향을 미치는 중대한 법령위반으로서 위법하고 즉시항고(제437조) 및 재항고(제415조)의 대상이 된다(4294형재항13).

⑤ 그러나 재심을 청구한 자와 상대방에게 의견진술의 기회를 주었으면 족한 것이지 반드시 의견진술이 있어야 할 필요까지는 없다(82모11).

(3) 증거조사 방식

재심의 청구를 받은 법원은 재심청구 이유의 유무를 판단함에 필요한 경우에는 사실을 조사할 수 있으며 공판절차에 적용되는 엄격한 증거조사 방식에 따라야만 하는 것은 아니다(2015모2229). 20. 경찰1차 · 경찰간부

(4) 증거보전

재심청구시에 증거보전신청은 되지 않는다(84모15).

3. 재심개시절차의 재판

(1) 재심청구기각 결정

1) 부적법, 청구 이유 없음

① 재심관할법원은 재심청구가 법률상의 방식에 위반되거나 청구권이 소멸한 후인 것이 명백한 때(제433조)나 재심청구가 이유 없는 때(제434조 제1항)에는 재심청구기각결정을 한다.

② 재심청구가 이유 없음을 이유로 기각하는 경우(제434조 제1항)에는 누구든지 동일한 이유로써 다시 재심을 청구하지 못한다(제434조 제2항). 10. 7급국가직

2) 재심청구의 경합

① 상소기각의 확정판결과 그 판결에 의하여 확정된 하급심판결에 대하여 재심청구가 있는 경우에 하급심법원이 재심의 판결을 한 때에는 상소법원은 결정으로 재심청구를 기각하여야 한다(제436조). 14. 경찰간부

② 따라서 상소법원은 결정으로 하급심법원의 소송절차가 종료할 때까지 소송절차를 정지하여야 한다(규칙 제169조).

(2) 재심개시 결정

① 재심청구가 이유 있다고 인정한 때에는 재심개시의 결정을 하여야 한다(제435조). 03. 경찰승진

② 법원은 재심개시의 이유를 판단함에 있어서 청구한 자의 법률적 견해에 구속받지 않는다.

③ 재심개시결정을 할 때에는 법원은 결정으로 형의 집행을 정지할 수 있다(제435조 제2항). 12. 경찰승진 ⇨ 재심개시결정 그 자체만으로 형의 집행을 정지하는 효력이 있는 것은 아니다. 18. 경찰간부

(3) 즉시항고

① 재심청구에 대한 기각결정(제433조, 제434조 제1항, 제436조)과 재심개시결정(제435조 제1항)에 대하여는 즉시항고를 할 수 있다(제437조). 13. 7급국가직, 21. 경찰간부

② 그러나 최종심인 대법원의 재심청구에 관한 결정에 대해서는 즉시항고할 수 없다 (통설).

③ 재감자에 대한 재심기각결정의 송달을 교도소 등의 장에게 하지 아니하였다면 부적법하여 무효이므로, 제1심 법원이 재심청구기각결정을 재항고인에게 송달한 후 다시 구치소장에게 송달하였다면, 구치소장이 송달받은 때가 즉시항고의 기산점이 된다(2008모630).

(4) 경합범 일부에만 재심사유가 있는 경우

① 경합범 관계에 있는 수개의 범죄사실(A죄, B죄)에 대하여 1개의 형을 선고한 확정판결 중 일부(A죄)에 재심사유가 있는 경우에는 그 판결 전부(A죄, B죄)에 대하여 재심개시결정을 하여야 한다(96도477). 12. 경찰2차, 12·14. 법원, 17·20. 7급국가직·9급국가직·9급개론, 19. 경찰간부

② 그러나 재심사유가 없는 부분(B죄)은 심리하여 파기할 수 없고 양형을 위하여 필요한 범위 내에서만 심리가 가능하다(2001도1239). 17. 7급국가직·9급국가직·9급개론 ➪ B죄 부분을 다시 심리하여 유죄인정을 파기할 수는 없다.

③ 이 경우에도 불이익변경금지 원칙이 적용된다. 21. 9급국가직·9급개론

⑥ 재심심판절차

1. 재심개시결정의 확정과 심리의 진행

① 재심개시결정은 7일의 즉시항고기간(제405조)을 경과하거나 즉시항고가 기각됨으로써 확정되게 된다.

② 재심개시결정이 확정된 이상은 설령 재심개시결정이 부당하더라도 재심심판절차를 진행하여야 한다(2004도2154).

③ 재심개시결정이 확정되면 법원은 그 심급에 따라 다시 심판을 하여야 한다(제438조).
　㉠ 따라서 제1심의 확정판결에 대한 재심의 경우에는 제1심의 공판절차에 따라, 항소기각 또는 상고기각의 확정판결에 대하여는 항소심 또는 상고심의 절차에 따라 심판한다.
　㉡ 그 심급에 따라 심판하는 이상, 재심법원은 형사소송법 제70조에 의하여 구속영장을 발부하여 피고인을 구속할 수도 있다(64도690).
　㉢ 재심심판절차에 따라 이루어진 재심판결에 대해서도 그 심급에 따른 상소가 허용된다.

ⓔ 확정된 약식명령이나 즉결심판에 대해 재심개시결정이 있으면 제1심 공판절차에 따라 심판해야 한다(제450조, 즉결심판에 관한 절차법 제19조).

ⓜ 반면, 약식명령에 대해 정식재판이 청구되어 정식재판이 확정된 경우라면 정식재판으로 이미 효력을 상실한 약식명령은 재심청구의 대상이 될 수 없고 정식재판만이 재심청구의 대상이 된다.

ⓗ 그럼에도 불구하고 약식명령에 대해 재심이 청구되어 약식명령에 대한 재심개시결정이 확정된 경우, 법원은 심판대상이 없어 더 이상 심판할 수 없다(재심 대상을 유죄 확정판결로 변경할 수 있다 ×)(2011도10626). 19. 경찰2차

④ 재심대상사건의 기록이 보존기간의 만료로 이미 폐기되었다 하더라도 가능한 노력을 다하여 그 기록을 복구하여야 하며, 부득이 기록의 완전한 복구가 불가능한 경우에는 판결서 등 수집한 잔존자료에 의하여 알 수 있는 원판결의 증거들과 재심공판절차에서 새롭게 제출된 증거들의 증거가치를 종합적으로 평가하여야 한다(2004도2154). 13. 경찰승진

2. 재심공판절차의 특칙

(1) 사망자 · 심신장애자를 위한 재심공판절차와 국선변호인

① 사망자 또는 회복할 수 없는 심신장애자를 위하여 재심의 청구가 있는 때 및 유죄의 선고를 받은 자가 재심사건의 판결 전에 사망하거나 회복할 수 없는 심신장애자로 된 때에도 재심법원은 (재심공판절차를 통해) 판결을 해야 한다(제438조 제2항).

② 이 경우 변호인이 출정한 경우에는 피고인이 출정하지 아니하여도 심판을 할 수 있다.

③ 그러나 변호인이 출정하지 않으면 개정하지 못하고(동조 제3항) 재심을 청구한 자가 변호인을 선임하지 아니한 때에는 재판장은 직권으로 변호인을 선임하여야 한다(동조 제4항). 19. 7급국가직 ➡ 공판절차가 아닌 재심개시결정 전의 절차에서 재심청구인이 국선변호인 선임 청구를 할 수는 없다(92모49). 21. 경찰1차

④ 이 경우 법원은 심신상실을 이유로 공판절차를 정지해서는 안 되고, 사망하였음을 이유로 공소기각결정을 해서도 안 된다(제438조 제2항). 15. 변호사, 17. 경찰간부

(2) 공소취소의 금지

재심공판절차에서는 공소취소를 할 수 없다(76도3203). 16. 법원, 17. 여경 · 경찰특공대, 19. 해경간부

(3) 공소장 변경

재심의 공판절차에는 각 심급의 공판절차에 관한 규정이 적용되므로 공소장 변경도 가능하다.

(4) 무죄추정

이미 확정판결이 존재하므로 재심공판절차에서는 무죄추정의 원칙이 적용되지 않는다.

OX 재심심판절차에서 사망자를 위하여 재심청구를 하였거나, 유죄의 선고를 받은 자가 재심판결 전에 사망한 경우, 공소기각의 결정을 할 수 없고 실체판결을 하여야 한다. (○, ×) 15. 변호사

기출 키워드 체크
재심절차에서는 공소_____가 불가능하다.

Answer
기출 키워드 체크
취소
OX
○

(5) 불이익변경금지

① 재심공판절차에서는 원판결의 형보다 중한 형을 선고하지 못한다(제439조). 04. 경찰1차, 12. 교정특채, 16. 법원 ⇨ 단순히 원판결보다 무거운 형을 선고할 수 없다는 원칙만을 의미하는 것이 아니라 실체적 정의를 실현하기 위하여 재심을 허용하지만 피고인의 법적 안정성을 해치지 않는 범위 내에서 재심이 이루어져야 한다는 취지이다(2015도15782).

② 불이익변경금지의 원칙은 검사가 재심을 청구한 경우에도 마찬가지로 적용된다. 21. 9급국가직·9급개론

③ 재심판결의 확정에 따라 원판결이 효력이 잃게 되는 결과 그 집행유예의 법률적 효과까지 없어진다 하더라도 재심판결의 형이 원판결의 형보다 중하지 않다면 불이익변경금지의 원칙이나 이익재심의 원칙에 반한다고 볼 수 없다(2015도15782). 20. 경찰간부, 20. 7급국가직, 21. 경찰1차 ⇨ 재심판결이 확정됨에 따라 원판결이나 그 부수처분의 법률적 효과가 상실되고 형선고가 있었다는 기왕의 사실 자체의 효과가 소멸하는 것은 재심의 본질상 당연한 것으로서, 원판결의 효력 상실 그 자체로 인하여 피고인이 어떠한 불이익을 입는다 하더라도 이를 두고 재심에서 보호되어야 할 피고인의 법적 지위를 해치는 것이라고 볼 것은 아니다(2015도15782).

④ 원판결이 선고한 집행유예가 실효 또는 취소됨이 없이 유예기간이 지나 형선고의 효력이 상실된 경우, 재심판결에 의해 벌금형을 선고하더라도 불이익변경금지의 원칙이나 이익재심의 원칙에 반한다고 볼 수 없다(2015도15782). 20. 7급국가직

▶ **관련판례 − 재심과 불이익변경금지원칙**

경합범 관계에 있는 수개의 범죄사실을 유죄로 인정하여 1개의 형을 선고한 불가분의 확정판결에서 그중 일부의 범죄사실에 대하여만 재심청구의 이유가 있는 것으로 인정되었으나 형식적으로는 1개의 형이 선고된 판결에 대한 것이어서 그 판결 전부에 대하여 재심개시의 결정을 한 경우, 재심법원은 재심사유가 없는 범죄에 대하여는 새로이 양형을 하여야 하는 것이므로 이를 헌법상 이중처벌금지의 원칙을 위반한 것이라고 할 수 없고, 다만 불이익변경의 금지 원칙이 적용되어 원판결의 형보다 중한 형을 선고하지 못할 뿐이다.
제439조에서 "재심에는 원판결의 형보다 중한 형을 선고하지 못한다."라고 규정하고 있는데, 이는 단순히 원판결보다 무거운 형을 선고할 수 없다는 원칙만을 의미하는 것이 아니라 실체적 정의를 실현하기 위하여 재심을 허용하지만 피고인의 법적 안정성을 해치지 않는 범위 내에서 재심이 이루어져야 한다는 취지이다.
재심판결이 확정됨에 따라 원판결이나 그 부수처분의 법률적 효과가 상실되고 형 선고가 있었다는 기왕의 사실 자체의 효과가 소멸하는 것은 재심의 본질상 당연한 것으로서, 원판결의 효력 상실 그 자체로 인하여 피고인이 어떠한 불이익을 입는다 하더라도 이를 두고 재심에서 보호되어야 할 피고인의 법적 지위를 해치는 것이라고 볼 것은 아니다.
(생략)

재심판결의 확정에 따라 원판결이 효력을 잃게 되는 결과 그 집행유예의 법률적 효과까지 없어진다 하더라도 재심판결의 형이 원판결의 형보다 중하지 않다면 불이익변경금지의 원칙이나 이익재심의 원칙에 반한다고 볼 수 없다.

원판결이 선고한 집행유예가 실효 또는 취소됨이 없이 유예기간이 지나 형선고의 효력이 상실된 경우, 재심판결에 의해 벌금형을 선고하더라도 불이익변경금지의 원칙이나 이익재심의 원칙에 반한다고 볼 수 없다.

다만 재심심판절차는 원판결의 당부를 심사하는 종전 소송절차의 후속절차가 아니라 사건 자체를 처음부터 다시 심판하는 완전히 새로운 소송절차로서 재심판결이 확정되면 원판결은 당연히 효력을 잃는다(2018.2.28. 선고 2015도15782).

⑹ 무죄판결의 공시

① 재심에서 무죄의 선고를 한 때에는 그 판결을 관보와 그 법원소재지의 신문지에 기재하여 공고하여야 한다.

② 다만, 재심에서 무죄의 선고를 받은 사람(제424조 제1호~제3호) 또는 재심을 청구한 사람(동조 제4호)이 이를 원하지 아니하는 의사를 표시한 경우에는 그러하지 아니하다.

⑺ 재심판결과 원판결의 효력

① 재심판결이 확정된 때에는 유죄의 원판결은 당연히 효력을 잃는다(2015도15782).

② 원판결에 의해 자유형이 집행된 경우 그 집행부분은 재심판결에 의한 자유형의 집행에 통산된다. ⇨ 재심판결의 확정으로 원판결에 의한 형의 집행까지 무효로 되는 것은 아니다.

⑻ 재심판결시 적용될 법률

① 재심이 개시된 사건에서 범죄사실에 대하여 적용하여야 할 법령은 재심판결 당시의 법령이다.

② 재심이 개시된 사건에서 재심대상판결 당시의 법령이 변경된 경우 법원은 범죄사실에 대하여 재심판결 당시의 법령을 적용하여야 한다. 12·16. 경찰2차 ⇨ 재심판결 당시 법령이 폐지된 경우에는 면소를 선고하는 것이 원칙이다. 15. 변호사, 16. 경찰2차

③ 재심이 개시된 사건에서 형벌에 관한 법령이 재심판결 당시 폐지되었다 하더라도 그 폐지가 당초부터 헌법에 위배되어 효력이 없는 법령에 대한 것이었다면 무죄사유에 해당한다. 16. 9급국가직·9급개론

⑼ 재심사유 없는 범죄사실에 관한 법령 개정·폐지

① 재심사유가 없는 범죄사실에 관한 법령이 재심대상판결 후 개정·폐지된 경우에는 그 범죄사실에 관하여도 재심판결 당시의 법률을 적용하여야 하고 양형조건에 관하여도 재심대상판결 후 재심판결시까지의 새로운 정상도 참작하여야 하며,

② 재심사유 있는 사실에 관하여 심리 결과 만일 다시 유죄로 인정되는 경우에는 재심사유 없는 범죄사실과 경합범으로 처리하여 한 개의 형을 선고하여야 한다(96도477).

⑽ 보호감호

구 '사회보호법'이 재심대상판결 후 폐지된 경우 재심 개시된 피고인에 대해 보호감호 청구는 기각되어야 한다. ⇨ 재심이 개시된 피고인에 대한 재심대상판결의 범죄사실 중 보호감호 청구원인사실인 상습사기죄에는 재심사유가 없으나, 그 근거 법률인 구 '사회보호법'이 재심대상판결 후 폐지된 사안에서, 구 '사회보호법 폐지법률' 시행 당시 재판 계속 중에 있는 보호감호 청구사건에 관하여는 청구기각판결을 하도록 규정한 위 폐지법률 부칙 제3조에 따라 해당 보호감호청구가 기각되어야 한다(2010도13590).

⑾ 위헌인 형벌법령이 폐지된 경우

재심이 개시된 사건에서 형벌에 관한 법령이 재심판결 당시 폐지되었다 하더라도 그 폐지가 당초부터 헌법에 위배되어 효력이 없는 법령에 대한 것이었다면, 면소가 아닌 무죄를 선고하여야 한다(2010도5986). 20. 9급국가직·9급개론

⑿ 특별사면

① 재심대상판결 확정 후에 형선고의 효력을 상실케 하는 특별사면이 있었다고 하더라도 재심심판절차를 진행하는 법원은 실체에 관한 유·무죄 등의 판단을 해야지 특별사면이 있음을 들어 면소판결을 하여서는 아니 된다(2011도1932). 16. 변호사, 17. 경찰1차, 18. 법원 ⇨ 면소판결 사유인 '사면이 있는 때'에서 말하는 '사면'이란 일반사면을 의미할 뿐 특별사면은 해당하지 않는다.

② 특별사면으로 형 선고의 효력이 상실된 유죄의 확정판결에 대하여 재심개시결정이 이루어져 재심 심판법원이 심급에 따라 다시 심판한 결과 무죄로 인정되는 경우라면 무죄를 선고하여야 한다(2012도2938). 16. 경찰1차, 17. 9급국가직·9급개론 ⇨ 형을 다시 선고함으로써 특별사면에 따른 피고인의 법적 지위를 상실하게 하여서는 안 된다. 17. 7급국가직

③ 그와 달리 유죄로 인정되는 경우에는 재심심판법원으로서는 '피고인에 대하여 형을 선고하지 아니한다'는 주문을 선고할 수밖에 없다(2012도2938). 16. 경찰1차·경찰2차, 20. 경찰간부

OX 재심이 개시된 사건에 적용되어야 할 형벌에 관한 법령이 헌법재판소의 위헌결정으로 소급하여 그 효력을 상실하였다면 재심사건에 대하여 무죄를 선고하여야 한다. (○, ×) 20. 9급국가직

기출 키워드 체크
특별사면으로 형선고의 효력이 상실된 유죄의 확정판결에 대하여 재심개시결정이 이루어져 재심심판법원이 심급에 따라 다시 심판한 결과 무죄로 인정되는 경우에는 _____을 선고하여야 한다.

기출 키워드 체크
피고인이 원판결 이후에 형 _____의 효력을 상실하게 하는 특별사면을 받은 경우라면, 재심절차에서 형을 다시 _____함으로써 특별사면에 따른 피고인의 법적 지위를 상실하게 하여서는 안 된다.

OX 특별사면으로 형선고의 효력이 상실된 유죄의 확정판결에 대하여 재심개시결정이 이루어져 재심 심판법원이 심급에 따라 다시 심판한 결과 무죄로 인정되는 경우라면 무죄를 선고하여야 하겠지만, 그와 달리 유죄로 인정되는 경우에는, 재심심판법원으로서는 '피고인에 대하여 다시 형을 선고한다.'는 주문을 선고할 수밖에 없다. (○, ×) 20. 경찰간부

Answer
기출 키워드 체크
무죄판결
선고, 선고
OX
○, ×

⑬ 재심과 기판력 등

① 유죄의 확정판결 등에 대해 재심개시결정이 확정된 후 재심심판절차가 진행 중이라는 것만으로는 확정판결의 존재 내지 효력을 부정할 수 없고, 재심개시결정이 확정되어 법원이 그 사건에 대해 다시 심리를 한 후 재심의 판결을 선고하고 그 재심판결이 확정된 때에 종전의 확정판결이 효력을 상실한다(2018도20698). 20. 9급국가직·9급개론

② 재심심판절차에서는 특별한 사정이 없는 한 검사가 재심대상사건과 별개의 공소사실을 추가하는 내용으로 공소장을 변경하는 것은 허용되지 않고, 재심대상사건에 일반 절차로 진행 중인 별개의 형사사건을 병합하여 심리하는 것도 허용되지 않는다(2018도20698). 20. 9급국가직·9급개론, 21. 경찰1차

③ 상습범으로 유죄의 확정판결을 받은 사람이 그 후 동일한 습벽에 의해 범행을 저질렀는데 유죄의 확정판결에 대하여 재심이 개시된 경우, 동일한 습벽에 의한 후행범죄가 재심대상판결에 대한 재심판결 선고 전에 저질러진 범죄라 하더라도 재심판결의 기판력이 후행범죄에 미치지 않는다(2018도20698). 20. 7급국가직

제2절 비상상고

❶ 의 의

1. 개 념

① 비상상고란 확정판결에 대하여 그 심판의 법령위반을 시정하기 위하여 인정되는 비상구제절차를 말한다.

② 비상상고는 법령체계의 통일이라는 법률적 이익을 유지하는 데 주된 목적을 두고 있고, 부차적으로 피고인의 불이익을 구제하는 기능도 수행한다.

2. 확정판결

① 비상상고의 대상은 모든 확정판결이다(제441조). 11. 경찰승진, 15. 법원 ⇨ 확정판결은 유죄, 무죄의 실체판결에 한하지 않고 공소기각, 관할위반, 면소 등 형식판결도 포함하며, 심급 여하도 불문한다.

② 확정판결의 효력이 부여되는 약식명령 즉결심판[피고인들에 대한 각 구류 3일을 형의 선고를 유예한다는 즉결심판(93오1)], 경범죄처벌법, 도로교통법상의 범칙금의 납부 등도 같은 이유에서 비상상고의 대상이 된다.

③ 판결의 형식이 아닌 공소기각의 결정, 상소기각의 결정, 관할위반의 결정 등 일체의 종국재판으로 비상상고의 대상이 된다(62오4).

OX 상습범으로 유죄의 확정판결을 받은 사람이 그 후 동일한 습벽에 의해 범행을 저질렀는데 유죄의 확정판결에 대하여 재심이 개시된 경우, 동일한 습벽에 의한 후행범죄가 재심 대상판결에 대한 재심판결 선고 전에 저지른 범죄라 하더라도 재심판결의 기판력이 후행범죄에 미치지 않는다. (○, ×) 20. 경찰간부

OX 재심은 확정된 유죄판결을 대상으로 하지만, 비상상고는 확정된 모든 판결을 대상으로 한다. (○, ×) 15. 법원

관련 **판례** ❶
징역형만 있는 특수절도죄에 벌금형 선고[비상상고 대상 ○]
원심법원은 2019. 9. 3. 약식명령으로 '피고인들이 합동하여 타인의 재물을 절취하였다'는 피고인들에 대한 특수절도의 공소사실, 피고인 A에 대한 업무방해와 절도의 공소사실을 모두 유죄로 인정한 다음, 특수절도죄를 규정한 형법 제331조 제2항, 제1항 등을 적용하여 피고인 A에 대하여 벌금 150만원으로, 피고인 B에 대하여 벌금 100만원으로 처벌하였고, 정식재판청구기간이 지나 위 약식명령이 그대로 확정되었다. 2인 이상이 합동하여 타인의 재물을 절취한 때에 성립하는 특수절도죄의 법정형은 '1년 이상 10년 이하의 징역'

Answer

OX
○, ○

이고(형법 제331조 제2항, 제1항), 위와 같은 징역형은 약식명령을 통해 처벌할 수 있는 형에 해당하지 않는다(군사법원법 제501조의2 제1항). 피고사건은 약식명령으로 할 수 없으므로, 원심은 군사법원법 제501조의4에 따라 피고사건을 공판절차에 따라 심판하였어야 한다.

그런데도 원심이 피고인들의 특수절도죄에 대하여 법정형으로 규정되지 않은 벌금형을 선택하여 약식명령을 통해 피고인들을 벌금형으로 처벌한 것은 심판이 법령에 위반한 경우에 해당한다. 이를 지적하는 비상상고 이유 주장은 정당하다(대법원 2020. 11.26. 선고 2020오5 판결).

관련 판례
이중 기소[비상상고 대상 ○]
피고인은 이미 이 사건 공소사실과 기본적 사실관계가 동일한 '2017. 11. 6. 울산 이하 불상지의 B에서 새마을금고 계좌(E)의 체크카드를 성명을 알 수 없는 자에게 교부하는 방법으로 전자금융거래 접근매체를 양도하였다.'는 전자금융거래법위반의 공소사실로 기소되어 벌금 400만원에 처하는 판결(울산지방법원 2018.5.30. 선고 2018고정365 판결)을 선고받았고, 그 판결이 항소기간의 도과로 2018. 6. 8. 확정된 사실을 알 수 있으므로, 이 사건 공소사실은 확정판결이 있은 때에 해당하므로 형사소송법 제326조 제1호에 따라 면소를 선고하여야 한다.
그럼에도 위와 같은 사실을 간과한 채 피고인에 대하여 벌금형을 선고한 원판결은 법령을 위반한 잘못이 있고, 또한 피고인에게 불이익하므로, 이를 지적하는 비상상고이유 주장은 정당하다(대법원 2020.11.26. 선고 2020오2 판결).

3. 당연무효의 판결

판결이 당연무효라 할지라도 판결은 확정되어 존재하므로 비상상고에 의해 당연무효를 확인할 필요가 있다는 점에서 당연무효판결도 비상상고의 대상이 된다.

❷ 비상상고의 이유

① 비상상고는 '판결이 확정된 후 그 사건의 심판이 법령에 위반한 것을 발견한 때'에 이를 이유로 제기할 수 있다(제441조).

② 여기서 '심판'은 확정판결에 이르게 된 심리와 판결을 의미하고, '법령위반'은 실체법의 적용에 관한 위반과 그 과정에서의 절차법상의 위반을 모두 포함한다(2004오2).

③ 원칙적으로 사실오인은 비상상고의 이유가 될 수 없다.

▶ **사실오인은 비상상고의 대상이 되지 않는다고 본 판례**

- 누범가중사유에 해당하는 전과가 있는 것으로 오인하여 누범가중을 한 판결(62오1)
- 원판결 선고 전에 피고인이 이미 사망하였으나 이러한 사실을 알지 못하고 원판결법원이 공소기각결정을 하지 않고 유죄판결에 나아간 사안(2004오2) 17. 변호사, 19. 9급국가직 · 9급개론
- 훈령이 상위법령에 저촉되어 무효임을 간과한 경우(2018오2)
- 상급심의 파기판결에 의해 효력을 상실한 재판(2018오2)

▶ **사실오인이라도 법령위반을 야기하여 비상상고의 대상이 된다고 본 판례**

- 소년범의 연령을 오인하여 소년에 대해 정기형을 선고한 판례(63오1)
- 성년을 소년으로 오인하고 성년에 대해 부정기형을 선고한 판례(63오2)
- 피고인이 군인임에도 불구하고 일반인으로 오인하여 재판한 경우(76오1)
- 사면된 범죄에 대하여 사면된 것을 간과하고 상고기각의 결정을 한 경우(62오4) 08. 경찰승진
- 피고인에게 공소시효가 완성된 사실을 간과하여 약식명령을 발령한 경우(2006오2) 08. 경찰승진
- 판결선고 당시에 군인으로 복무 중이었던 사실을 모르고 피고인에 대하여 재판권을 행사한 경우(2006오1, 90오1)
- 친고죄에서 고소가 있음을 기록상 인정할 자료가 없음에도 유죄판결을 선고한 경우(99오1)
- 친고죄에 있어서 고소취소가 있는데도 유죄판결을 한 경우(4280비상2) 08. 경찰승진
- 반의사불벌죄에서 원판결 선고 전에 피고인에 대한 처벌을 희망하지 아니하는 피해자의 의사표시가 있었는데도 유죄판결을 선고한 경우(2009오1)
- 징역형만 있는 특수절도죄에 벌금형 선고(2020오5)
- 이중 기소되어 두 개의 확정판결이 있는 경우(2020오2)
- 징역 3년 6월, 집행유예 5년을 선고한 경우(2020오1)

❸ 비상상고의 절차

1. 비상상고의 신청

(1) 주 체

비상상고의 주체는 검찰총장에 한정된다(제441조). 02. 행시, 11. 경찰승진, 15. 법원

(2) 관할법원

검찰총장은 판결이 확정된 이후 그 사건의 심판이 법령에 위반한 것을 발견한 때에는 대법원에 비상상고를 할 수 있다(제441조).

(3) 방 식

① 비상상고를 함에는 그 이유를 기재한 신청서를 대법원에 제출하여야 한다(제442조).

② 신청서에는 비상상고의 대상인 확정판결을 특정하고 신청의 취지와 이유를 기재해야 한다. 별도로 이유서를 제출하지 않고 신청서 자체에 이유를 기재한다.

(4) 시 기

① 비상상고의 신청에는 시기의 제한이 없다. 11. 경찰승진, 15. 법원

② 신청기간의 제한은 없으므로 형의 시효완성(형법 제77조), 형의 실효(형법 제81조), 복권(형법 제82조), 선고유예기간이나 집행유예기간의 경과(형법 제60조, 제65조), 확정판결을 받은 자의 사망 등의 사유가 있어도 신청이 가능하다.

(5) 취하의 허용

비상상고의 취하가 가능한지에 대해서는 명문의 규정을 두고 있지 않지만 취하도 가능하다.

2. 비상상고의 심리절차

(1) 공판정의 개정

① 비상상고의 신청이 있으면 대법원은 반드시 공판기일을 열어야 하고 검사는 신청서에 의하여 진술하여야 한다(제443조).

② 상고심에서 피고인에게 변론권이 인정되지 않는 점(제387조)에 비추어 비상상고절차에서 피고인의 출석은 요구되지 않는다고 보는 것이 통설이다.

③ 변호인이 공판기일에 출석하여 의견을 진술할 수 있는지 여부에 대해서는 견해의 대립이 있다.

(2) 사실조사

① 비상상고신청이 있으면 대법원은 신청서에 포함된 이유에 한하여 조사를 하여야 한다(제444조 제1항).

② 비상상고의 경우에는 법원의 직권조사사항이 없으므로 대법원은 신청서의 이유 이외의 사항에 관하여는 조사할 권한도 의무도 없다.

③ 다만, 대법원은 예외적으로 법원의 관할, 공소의 수리와 소송절차에 관하여는 사실조사를 할 수 있다(동조 제2항, 직권조사권한의 인정).

　　㉠ 법원은 필요하다고 인정할 때에는 합의부원에게 비상상고신청의 이유에 대한 사실조사를 명하거나 지방법원과 같은 다른 법원 판사에게 이를 촉탁할 수 있다.

　　㉡ 이 경우에는 수명법관 또는 수탁판사는 법원 또는 재판장과 동일한 권한이 있다(동조 제3항, 제431조).

3. 비상상고에 대한 재판

(1) 기각판결

① 비상상고가 이유 없다고 인정할 때에는 판결로써 이를 기각하여야 한다(제445조).

② 비상상고가 부적법한 경우에도 기각판결의 대상이 된다. 이 경우 판결의 주문은 '이 사건 비상상고를 기각한다.'가 된다.

(2) 파기판결

비상상고가 이유 있다고 인정할 때에는 대법원은 법령위반의 부분을 파기하게 된다.

(3) 비상상고에 대한 판결의 효력

① 비상상고의 판결은 파기자판의 경우 이외에는 그 효력이 피고인에게 미치지 아니한다(제447조).

② 따라서 일부파기가 있는 경우에는 확정판결 자체는 그대로 유지되며 종결된 소송계속은 부활하지 않는다.

③ 그러나 피고인에게 불이익함을 이유로 파기자판하는 경우에는 예외적으로 원판결이 파기되고 비상상고에 대한 판결의 효력이 피고인에게 미치게 된다(제447조, 제446조 제1호 단서).

▶ 재심과 비상상고의 비교

구 분	재 심	비상상고
목 적	사실인정의 오류시정	법령위반의 오류시정
대 상 15. 법원	유죄의 확정판결 유죄확정판결에 대한 상소기각판결	확정판결 기타 모든 종국재판(결정 포함)
신청권자	• 검사 • 유죄의 선고를 받은 자 • 유죄의 선고를 받은 자의 법정대리인 • 유죄의 판결을 선고받은 자가 사망·심신장애시 그 배우자, 직계친족 또는 형제자매	검찰총장
청구기간 04. 경찰3차, 15. 법원	제한 없음	제한 없음
관 할	재심의 대상이 된 원판결법원	대법원
판결효력	• 원판결효력상실 • 피고인에게 미침	원판결 효력유지가 원칙(부분파기 원칙) ⇨ 부분파기시 피고인에게 효력이 미치지 않으나 전부파기시 예외적으로 피고인에게 효력미침
판결공시	무죄선고시 공보에 공시의무 있음(예외 있음)	판결공시하지 않음

(중략)

이러한 관점에서 볼 때, 원판결에 대한 비상상고의 허용 여부는 이 사건의 본질에 대한 인식이나 피해자들에 대한 피해 회복 조치의 필요성과는 별개로 판단되어야 할 문제이다. 사법의 영역을 담당하는 법원으로서는 비상상고이유의 당부 판단에 앞서 비상상고이유로 주장하는 사정이 형사소송법에서 비상상고이유로 정한 법령위반에 해당하는지를 판단하여야 하고, 이때 적법한 비상상고이유인 법령위반의 의미와 범위에 관하여는 종래 대법원이 다른 비상상고 사건에서 적용하여 온 것과 동일한 기준으로 판단할 수밖에 없다(대법원 2021.3.11. 선고 2018오2 판결).

1. 재심 - 사유

01
□□□
'증거가 새로 발견된 때'란 재심대상이 되는 확정판결의 소송 절차에서 발견되지 못하였거나 또는 발견되었다 하더라도 제출할 수 없었던 증거를 새로 발견하였거나 비로소 제출할 수 있게 된 때를 말한다.　　　　　(○)

02
□□□
당해 사건의 증거가 아니고 공범자 중 1인에 대하여는 무죄, 다른 1인에 대하여는 유죄의 확정판결이 있는 경우에 무죄확정 판결의 증거자료를 자기의 증거자료로 하지 못하였고 또 새로 발견된 것이 아닌 한 무죄확정판결 자체만으로는 유죄확정판결에 대한 새로운 증거로서의 재심사유에 해당한다고 할 수 없다.　　　　　(○)

03
□□□
재심을 청구한 피고인이 재심대상이 되는 확정판결의 소송절차 중에 그러한 증거를 제출하지 못한 데 과실이 있는 경우에는 그 증거는 재심사유에서의 '증거가 새로 발견된 때'에서 제외된다.　　　　　(○)

04
□□□
'무죄 등을 인정할 명백한 증거'에 해당하는지 여부를 판단할 때에는 법원으로서는 새로 발견된 증거만을 독립적·고립적으로 고찰하여 그 증거가치만으로 재심의 개시 여부를 판단하여야 한다.　　　　　(×)

05
□□□
형사소송법 제420조 제5호의 '형의 면제를 인정할 명백한 증거가 새로 발견될 때'에서 '형의 면제'는 형의 필요적 면제만을 의미하고 임의적 면제는 해당하지 않는다.　　　　　(○)

06
□□□
형사소송법 제420조 제7호의 재심사유에 해당하는지 여부를 판단함에 있어 '사법경찰관 등이 범한 직무에 관한 죄'가 사건의 실체관계에 관계된 것인지 여부나 당해 사법경찰관이 직접 피의자에 대한 조사를 담당하였는지 여부도 고려해야 한다.　　　　　(×)

2. 재심 - 절차

07
□□□
재심의 대상은 유죄의 확정판결과 항소 또는 상고의 기각판결이다.　　　　　(○)

08
□□□
약식명령에 대한 정식재판절차에서 유죄판결이 선고되어 확정된 경우라도 그 약식명령은 재심청구의 대상이 된다.　　　　　(×)

09
□□□
항소심의 유죄판결에 대하여 상고가 제기되어 상고심 재판이 계속되던 중 피고인이 사망하여 형사소송법 제382조, 제328조 제1항 제2호에 따라 공소기각결정이 확정되었더라도 항소심의 유죄판결은 이로써 당연히 그 효력을 상실하게 되는 것은 아니고, 이러한 경우에는 형사소송법상 재심절차의 전제가 되는 '유죄의 확정판결'이 존재하는 경우에 해당한다.　　　　　(×)

10
□□□
재심대상판결 확정 후에 형 선고의 효력을 상실케 하는 특별사면이 있는 경우 재심개시결정이 확정되어 재심심판절차를 진행하는 법원은 특별사면이 있음을 들어 면소판결을 하여야 한다.　　　　　(×)

11 □□□ 특별사면으로 형 선고의 효력이 상실된 유죄의 확정판결에 대하여 재심개시결정이 이루어져 재심심판법원이 심급에 따라 다시 심판한 결과 무죄로 인정되는 경우라면 무죄를 선고하여야 하겠지만, 그와 달리 유죄로 인정되는 경우에는, 재심심판법원으로서는 '피고인에 대하여 다시 형을 선고 한다'는 주문을 선고할 수밖에 없다. (×)

12 □□□ 재심이 개시된 사건에서 범죄사실에 대하여 적용하여야 할 법령은 재심판결 당시의 법령이므로, 법원은 재심대상판결 당시의 법령이 변경된 경우에는 그 범죄사실에 대하여 재심판결 당시의 법령을 적용하여야 하고, 폐지된 경우에는 「형사소송법」 제326조 제4호를 적용하여 그 범죄사실에 대하여 면소를 선고하는 것이 원칙이다. (○)

13 □□□ 재심의 청구는 형의 집행을 정지하는 효력이 없다. 다만, 관할법원에 대응한 검찰청 검사는 재심청구에 대한 재판이 있을 때까지 형의 집행을 정지할 수 있다. (○)

14 □□□ 재심의 청구에 대하여 결정을 함에는 청구한 자와 상대방의 의견을 들어야 한다. 단, 유죄 선고를 받은 자의 법정대리인이 청구한 경우에는 유죄의 선고를 받은 자의 의견을 들어야 한다. (○)

15 □□□ 재심의 청구는 취하할 수 있고, 재심의 청구를 취하한 자는 동일한 이유로써 다시 재심을 청구할 수 있다. (×)

16 □□□ 재심절차에서는 공소취소가 불가능하다. (○)

17 □□□ 재심청구인이 재심의 청구를 한 후 청구에 대한 결정이 확정되기 전에 사망한 경우라도 재심청구절차는 재심청구인의 사망으로 당연히 종료하게 되는 것은 아니다. (×)

18 □□□ 재심이 개시된 사건에서 형벌에 관한 법령이 재심판결 당시 폐지되었다 하더라도 그 폐지가 당초부터 헌법에 위배되어 효력이 없는 법령에 대한 것이었다면 형사소송법 제325조 전단이 규정하는 '범죄로 되지 아니한 때'의 무죄사유에 해당한다. (○)

19 □□□ 경합범 관계에 있는 수개의 범죄사실을 유죄로 인정하여 한 개의 형을 선고한 불가분의 확정판결에서 그중 일부의 범죄사실에 대해서만 재심청구의 이유가 있는 것으로 인정된 경우에는 그 일부에 대해서만 재심개시의 결정을 하여야 하고 양형을 위해 필요한 범위에 한하여 나머지 범죄사실을 심리할 수 있다. (×)

Chapter 17 실전익히기

01
21. 경찰간부

재심의 대상에 해당하는 것은? (다툼이 있는 경우 판례에 의함)

① 항소심에서 파기된 제1심 판결
② 공소기각의 판결
③ 특별사면으로 형 선고의 효력이 상실된 유죄의 확정판결
④ 약식명령에 대한 정식재판청구에 따라 유죄의 판결이 확정된 경우, 그 약식명령

02
20. 7급 국가직

재심에 대한 설명으로 옳지 않은 것은? (다툼이 있는 경우 판례에 의함)

① 형사소송법상 재심청구는 형의 집행을 정지하는 효력이 없지만, 관할법원에 대응한 검찰청 검사는 재심청구에 대한 재판이 있을 때까지 형의 집행을 정지할 수 있다.
② 경합범 관계에 있는 수개의 범죄사실을 유죄로 인정하여 1개의 형을 선고한 불가분의 확정판결에서 그중 일부의 범죄사실에 대하여만 재심청구의 이유가 있는 것으로 인정된 경우, 그 판결 전부에 대하여 재심개시결정을 할 수밖에 없지만 재심사유가 없는 범죄사실에 대하여는 이를 다시 심리하여 유죄인정을 파기할 수 없고, 그 부분에 관하여는 양형을 위하여 필요한 범위에 한하여만 심리할 수 있을 뿐이다.
③ 특별사면으로 형 선고의 효력이 상실된 유죄의 확정판결은 형사소송법 제420조의 '유죄의 확정판결'에 해당하므로 재심청구의 대상이 될 수 있다.
④ 재심청구인이 재심청구를 한 후 그 청구에 대한 결정이 확정되기 전에 사망하더라도 재심청구절차가 재심청구인의 사망으로 종료하지 않는다.

03
19. 경찰승진

재심에 대한 설명으로 가장 적절하지 않은 것은? (다툼이 있는 경우 판례에 의함)

① 유죄 확정판결 및 유죄판결에 대한 항소 또는 상고를 기각한 확정판결에 대하여는 재심을 청구할 수 있으나, 면소판결을 대상으로 한 재심청구는 부적법하다.
② 수사기관이 영장주의를 배제하는 위헌적 법령에 따라 영장 없는 체포·구금을 한 경우에도 불법체포·감금의 직무범죄가 인정되는 경우에 준하는 것으로 보아 「형사소송법」 제420조 제7호의 재심사유가 있다고 보아야 한다.
③ 제1심 확정판결에 대한 재심청구사건의 판결이 있은 후에는 항소기각 판결에 대하여 다시 재심을 청구하지 못한다.
④ 재심청구인이 재심의 청구를 한 후 청구에 대한 결정이 확정되기 전에 사망한 경우라도 재심청구절차는 재심청구인의 사망으로 당연히 종료하게 되는 것은 아니다.

04
20. 경찰간부

재심에 관한 설명 중 가장 옳지 않은 것은? (다툼이 있으면 판례에 의함)

① 상습범으로 유죄의 확정판결을 받은 사람이 그 후 동일한 습벽에 의해 범행을 저질렀는데 유죄의 확정판결에 대하여 재심이 개시된 경우, 동일한 습벽에 의한 후행범죄가 재심 대상판결에 대한 재심판결 선고 전에 저지른 범죄라 하더라도 재심판결의 기판력이 후행범죄에 미치지 않는다.
② 재심의 청구를 받은 법원은 재심청구 이유의 유무를 판단함에 필요한 경우에는 사실을 조사할 수 있으며 공판절차에 적용되는 엄격한 증거조사 방식에 따라야만 하는 것은 아니다.
③ 재심판결의 확정에 따라 원판결이 효력을 잃게 되는 결과 그 집행유예의 법률적 효과까지 없어진다 하더라도 재심판결의 형이 원판결의 형보다 중하지 않다면 불이익변경금지의 원칙이나 이익재심의 원칙에 반한다고 볼 수 없다.

④ 특별사면으로 형선고의 효력이 상실된 유죄의 확정판결에 대하여 재심개시결정이 이루어져 재심 심판법원이 심급에 따라 다시 심판한 결과 무죄로 인정되는 경우라면 무죄를 선고하여야 하겠지만, 그와 달리 유죄로 인정되는 경우에는, 재심심판법원으로서는 '피고인에 대하여 다시 형을 선고 한다.'는 주문을 선고할 수밖에 없다.

05

재심에 관한 다음 설명 중 가장 옳지 않은 것은?

① 유죄판결 확정 후에 형선고의 효력을 상실케 하는 특별사면이 있는 경우 특별사면으로 형선고의 효력이 상실된 위 유죄의 확정판결도 재심청구의 대상이 된다.

② 재심청구를 받은 군사법원이 재판권이 없음에도 재심개시결정을 한 후에 비로소 사건을 일반법원으로 이송한 경우, 이는 위법한 재판권의 행사나 사건을 이송 받은 일반법원은 다시 처음부터 재심개시절차를 진행할 필요는 없다.

③ 형사소송법 제420조 제5호는 형의 선고를 받은 자에 대하여 형의 면제를 인정할 명백한 증거가 새로 발견된 때를 재심사유로 들고 있는바, 여기에서 형의 면제라 함은 형의 필요적 면제의 경우만을 말하고 임의적인 면제는 이에 해당하지 않는다.

④ 재심개시절차에서는 형사소송법에서 규정하고 있는 재심사유가 있는지 여부와 함께 재심사유가 재심대상판결에 영향을 미칠 가능성이 있는가의 실체적 사유도 고려하여야 한다.

06

재심에 관한 다음 설명 중 가장 적절하지 않은 것은?

① 재심의 대상은 유죄의 확정판결과 항소 또는 상고의 기각판결이다.

② 재심의 청구는 형의 집행을 정지하는 효력이 없다. 다만, 관할법원에 대응한 검찰청 검사는 재심청구에 대한 재판이 있을 때까지 형의 집행을 정지할 수 있다.

③ 재심의 청구에 대하여 결정을 함에는 청구한 자와 상대방의 의견을 들어야 한다. 단, 유죄 선고를 받은 자의 법정대리인이 청구한 경우에는 유죄의 선고를 받은 자의 의견을 들어야 한다.

④ 재심의 청구는 취하할 수 있고, 재심의 청구를 취하한 자는 동일한 이유로써 다시 재심을 청구할 수 있다.

07

재심과 비상상고에 관한 다음 설명 중 가장 옳지 않은 것은?

① 재심은 확정된 유죄판결을 대상으로 하지만, 비상상고는 확정된 모든 판결을 대상으로 한다.

② 재심 및 비상상고의 관할은 원판결을 선고한 법원이다.

③ 재심 및 비상상고의 청구시기는 제한이 없다.

④ 비상상고의 신청권자는 검찰총장에 한한다.

Answer

01 ④ [×] 약식명령에 대한 정식재판청구에 따라 유죄의 판결이 확정된 경우, 그 약식명령은 재심의 대상이 되지 않는다(2011도10626).

02 ④ [×] 재심청구인이 재심청구를 한 후 그 청구에 대한 결정이 확정되기 전에 사망한 경우 재심청구절차는 재심청구인의 사망으로 당연히 종료한다(대결 2014.5.30. 2014모739).

03 ④ [×] 당연히 종료하게 된다.

04 ④ [×] 유죄로 인정되는 경우에는 '피고인에 대하여 형을 선고하지 아니한다'는 주문을 선고한다(2012도2938).

05 ④ [×] 실체적 사유는 고려하여서는 아니 된다.

06 ④ [×] 재심의 청구를 취하한 자는 동일한 이유로써 다시 재심을 청구하지 못한다(제439조 제2항).

07 ② [×] 검찰총장은 판결이 확정한 후 그 사건의 심판이 법령에 위반한 것을 발견한 때에는 대법원에 비상상고를 할 수 있다(제441조).

김상천
형사소송법

CHAPTER

18

특별형사절차 등

제1절 약식절차

제2절 즉결심판절차

제3절 소년에 대한 형사절차

제4절 형사조정절차

제5절 배상명령제도

제6절 범죄피해자구조제도

제7절 형사보상

Chapter 18 특별형사절차 등

약식명령을 청구 할 수 있는 사건은 지방법원의 관할에 속하는 사건으로서 벌금, 과료, _____에 처할 수 있는 사건에 한한다.

관련 판례①

가. 형사피해자를 약식명령의 고지 대상자에서 제외하고 있는 형사소송법 제452조는 형사피해자의 재판절차진술권을 침해하지 않는다.
　형사피해자는 약식명령을 고지 받지 않으나, 신청을 하는 경우 형사사건의 진행 및 처리 결과에 대한 통지를 받을 수 있고, 고소인인 경우에는 신청 없이도 검사가 약식명령을 청구한 사실을 알 수 있어, 법원이나 수사기관에 자신의 진술을 기재한 진술서나 탄원서 등을 제출하는 등 의견을 밝힐 수 있는 기회를 가질 수 있다. 또한, 약식명령은 경미하고 간이한 사건을 대상으로 하기 때문에, 대부분 범죄사실에 다툼이 없는 경우가 많고, 형사피해자도 이미 범죄사실을 충분히 인지하고 있어, 범죄사실에 대한 별도의 확인 없이도 얼마든지 법원이나 수사기관에 의견을 제출할 수 있으며, 직접 범죄사실의 확인을 원하는 경우에는 소송기록의 열람·등사를 신청하는 것도 가능하므로, 형사피해자가 약식명령을 고지받지 못한다고 하여 형사재판절차에서의 참여기회가 완전히 봉쇄되어 있다고 볼 수 없다. 따라서 이 사건 고지조항은 형사피해자의 재판절차진술권을 침해하지 않는다.

Answer
기출 키워드 체크
몰수

제1절 약식절차

❶ 약식절차의 의의

1. 개 념

① 약식절차란 공판절차를 거치지 않고 서면심리만으로 피고인에게 벌금, 과료 또는 몰수를 과하는 간이한 형사절차를 의미한다. 18. 경찰1차

② 약식절차에 의하여 재산형을 과하는 재판을 약식명령이라고 한다.

③ 약식명령은 명칭과는 달리 명령이라는 형식의 재판이 아니고 판결, 결정, 명령과는 다른 특별한 형식의 재판이다. 04. 행시

2. 기 능

① 약식절차는 경미한 사건의 경우에 피고인의 공판정 출석 없이 서면심리로 재판을 진행함으로써 신속한 재판과 소송경제의 이념을 달성할 수 있다.

② 또한 공개재판에 대한 피고인의 사회적·심리적 부담을 덜어주고, 공판정 출석을 위한 불필요한 시간과 노력의 낭비를 줄일 수 있다.

❷ 약식명령의 청구

1. 청구권자

약식명령의 청구권자는 검사이다.

2. 지방법원의 관할

지방법원의 관할이면 사물관할이 단독판사에 속하는 사건은 물론 합의부에 속하는 사건도 가능하다.

3. 청구의 대상

① 약식명령을 청구할 수 있는 사건은 지방법원의 관할에 속하는 사건으로서 벌금, 과료 또는 몰수(구류 ×)에 처할 수 있는 사건에 한한다(제448조 제1항). 03·04. 행시, 05·08·16. 법원, 08. 경찰3차, 09. 전의경, 10·12·21. 경찰승진, 12. 경찰2차, 15. 변호사, 18. 9급국가직·9급개론, 20. 경찰1차

② 벌금, 과료, 몰수는 선고형을 의미하므로 이러한 재산형이 법정형으로서 징역·금고, 구류와 선택적으로 규정되어 있어도 무방하다. 06·20. 법원, 10. 경찰2차

③ 구류형 선고는 할 수 없다. 17. 해경2차

4. 공소제기와 동시에 청구

약식명령의 청구는 검사가 공소제기와 동시에 서면으로 하여야 한다. 08. 경찰3차, 12. 경찰간부, 13. 법원, 21. 경찰승진

5. 공소장일본주의 적용 배제

① 검사는 약식명령을 청구하면서 약식명령을 하는데 필요한 증거서류 및 증거물을 법원에 제출하여야 한다(규칙 제170조). 04. 행시, 08. 경찰3차, 10. 경찰1차, 12. 경찰간부, 16. 7급국가직, 18. 경찰승진 ⇨ 공소장 일본주의는 적용되지 않는다. 19. 경찰간부

② 약식명령의 청구에는 약식명령청구서의 부본을 첨부할 필요가 없다.

6. 공소사실 특정

① 약식명령의 청구에 있어서도 공소장을 제출해야 하므로, 그 특정은 공소장 특정의 일반원칙에 의한다.

② 약식명령청구서에 공소사실을 기재하지 아니하고 고발장의 기재사실을 인용하는 것은 형사소송법상의 공소사실 기재로는 볼 수 없다(4288형상212).

7. 벌금, 과료 액수 기재

검사는 약식명령청구서에 청구하는 벌금 또는 과료의 액수를 미리 기재한다.

8. 구속된 피의자 석방

검사가 구속 중인 피의자에 대해 약식명령을 청구하는 경우에는 석방지휘서에 의하여 피의자를 석방하여야 한다(검찰사건사무규칙 제65조 제3항).

나. 형사피해자를 정식재판청구권자에서 제외하고 있는 형사소송법 제453조 제1항은 형사피해자의 재판절차진술권을 침해하지 않는다. 형사피해자에게 정식재판청구권을인정하게 된다면 공공의 이익을 위하여 실현되어야 할 형벌권을 형사피해자의 사적 응보관념에 의존하게 만들어 형벌의 목적에 부합하지 않을 뿐만 아니라, 남소로 인한 법원의 업무량 폭증으로 본래 약식절차를 도입함으로써 달성하고자 하였던 신속한 재판과 사법자원의 효율적인 배분을 통한 국민의 재판청구권 보장이라는 목적을 저해할 위험도 있다. 또한, 약식절차에서는 수사기관에서 한 형사피해자의 진술조서가 형사기록에 편철되어 오는 것이 보통이고, 형사피해자는 자신의 진술을 기재한 진술서나 탄원서 등을 법원에 제출함으로써 재판절차에 참여할 기회를 가지며, 법관은 약식명령으로 하는 것이 적당하지 않다고 인정하는 경우 정식재판절차에 회부할 수도 있으므로, 약식명령이 청구되었다고 하여 형사피해자의 공판정에서의 진술권이 완전히 배제되는 것은 아니다. 따라서 이 사건 정식재판청구조항은 형사피해자의 재판절차진술권을 침해하지 않는다(헌법재판소 2019.9.26. 2018헌마1015 결정).

기출 키워드 체크

약식명령은 공소제기와 _____에 _____으로 청구하여야 한다.

Answer
기출 키워드 체크
동시, 서면

❸ 약식절차의 심판

1. 법원의 심리

(1) 관 할

① 약식명령이 청구된 사건은 사건의 경중에 따라 지방법원합의부 또는 단독판사의 관할에 속한다.

② 약식사건이 합의부 관할사건과 관련사건인 경우에는 합의부가 관할하게 된다.

(2) 서면심리

① 약식명령의 청구가 있으면 법원은 검사가 그 청구와 함께 제출한 증거서류 및 증거물을 토대로 약식명령의 발부를 위한 서면심리를 하게 된다. 04. 경찰1차

② 따라서 공소장일본주의, 구두변론주의, 직접심리주의, 공소장변경 등은 적용되지 않는다. 10. 경찰1차, 19. 경찰간부

(3) 사실조사

① 약식절차에서도 법원이 서면심리만으로 판단하기 어려운 경우에는 사실조사를 할 수가 있다. 04. 경찰1차

② 그러나 증인신문, 검증, 감정 등과 같은 통상의 증거조사 또는 피고인신문을 하거나 압수·수색 등의 강제처분은 원칙적으로 허용되지 않는다. ⇨ 약식절차는 공판절차에 의하지 않고 신속하게 사건을 처리하기 위한 제도라는 점에서 사실조사를 하는 경우라도 한계가 있을 수밖에 없다.

(4) 공소장 변경

공소장변경(제298조)은 공판절차에서만 허용되므로 약식절차에서는 허용되지 않는다.

(5) 증거법칙

① 공판절차를 전제로 하는 전문법칙과 그 예외(제310조의2 이하)의 규정은 적용되지 않는다. 02. 행시, 10. 경찰1차, 15. 해경3차, 19. 경찰간부

② 그러나 공판절차와 직접 관련 없는 증거법의 일반원칙이나 위법수사의 배제 등을 위한 증거재판주의, 자유심증주의, 위법수집증거배제법칙, 자백배제법칙, 자백의 보강법칙 등은 약식절차에서도 적용된다. 02. 행시, 05. 경찰2차, 10. 경찰1차·경찰승진, 12·19. 경찰간부, 15. 해경3차, 17. 해경2차, 18. 9급국가직·9급개론, 21. 경찰승진 ⇨ 참고로 즉결심판절차에서는 약식절차와 달리 자백의 보강법칙이 적용되지 않는다(즉결심판에 관한 절차법 제10조). 17. 해경2차, 18. 경찰2차, 21. 경찰승진

기출 키워드 체크

약식절차에서는 _____법칙이 적용되지 않는다.

OX 즉결심판에 있어서는 자백배제법칙은 적용되나 자백보강법칙은 적용되지 아니한다. (○, ×)
21. 경찰승진

Answer

기출 키워드 체크
전문
OX
×

▶ 약식절차에서 적용되는 규정 비교

약식절차에서 적용이 배제되는 규정	약식절차에서 적용되는 규정
• 공개주의 • 공소장변경 • 직접심리주의 • 전문법칙(제310조의2) • 증거설명의 기재(제451조)	• 증거재판주의 • 자유심증주의 • 위법수집증거배제법칙(제308조의2) • 자백배제법칙(제309조) • 자백보강법칙(제310조)

2. 공판절차에의 이행

(1) 공판절차회부

① 법원은 약식명령의 청구가 있는 경우에 그 사건이 약식명령으로 할 수 없거나 약식명령으로 하는 것이 적당하지 아니하다고 인정한 때에는 공판절차에 의하여 심판(기각 ×)하여야 한다(제450조). 04. 행시, 09·10. 법원, 11·18. 경찰승진, 15. 경찰3차, 16. 7급국가직

② 또한 약식명령이 청구된 후 치료감호가 청구되었을 때에는 약식명령청구는 그 치료감호가 청구되었을 때부터 공판절차에 따라 심판하여야 한다(치료감호법 제10조 제3항).

③ 약식명령청구사건을 공판절차에 의하여 심판하기로 하는 경우에 별도의 결정이 필요하지 않다(2003도2735).

(2) 회부절차

① 법원사무관 등은 약식명령의 청구가 있는 사건을 공판절차에 의하여 심판하기로 한 때에는 즉시 그 취지를 검사에게 통지하여야 한다(규칙 제172조 제1항).

② 통지를 받은 검사는 5일 이내에 피고인 수에 상응한 공소장 부본을 법원에 제출하여야 하고(규칙 제172조 제2항),

③ 법원은 공소장 부본을 지체 없이 피고인, 변호인에게 송달하여야 한다(동조 제3항, 법 제266조). ⇨ 약식명령을 청구할 때에는 공소장 부본을 피고인 등에게 송달하지 않았기 때문에 공판절차회부에 따라 새롭게 공판절차의 진행을 위하여 송달하는 것이다.

④ 약식명령에 대한 정식재판청구가 제기되었음에도 법원이 증거서류 및 증거물을 검사에게 반환하지 않고 보관하고 있다고 하여 그 이전에 이미 적법하게 제기된 공소제기의 절차가 위법하게 된다고 할 수도 없다(2007도3906). 15·17. 변호사, 18. 경찰승진

3. 약식명령의 발령

(1) 약식명령의 발령

1) 14일 이내 발령

① 법원은 검사의 약식명령 청구를 심리한 결과 약식명령으로 하는 것이 적당하다고 인정하는 경우에는 약식명령 청구가 있는 날로부터 14일 이내에 약식명령을 하여야 한다(소송촉진법 제22조, 규칙 제171조). 16. 7급국가직, 18. 경찰승진

② 그러나 위 규정은 훈시규정으로 실제로는 잘 지켜지지 않으며, 기간이 경과된 약식명령은 유효하다.

2) 약식명령서

① 약식명령에는 범죄사실, 적용법조, 주형, 부수처분과 약식명령의 고지를 받은 날로부터 7일 이내에 정식재판을 청구할 수 있다는 사실을 명시하여야 한다(제451조).

② 일반적인 유죄판결의 이유에서와 달리 '증거의 요지'는 기재할 필요가 없다. 04. 행시, 09·13. 법원, 11. 경찰승진

③ 검사가 약식명령을 청구할 때에 약식명령청구서에 벌금 또는 과료의 액수를 미리 기재하지만 법원은 이에 기속되지 않고 자유로운 양형판단에 따라 벌금 또는 과료의 액수를 결정할 수 있다.

④ 약식명령을 발령함에는 추징 기타 부수처분을 할 수 있다(제448조 제2항). 부수처분에는 압수물의 환부, 추징, 가납명령(제334조 제1항)이 포함된다. 03. 행시, 05. 경찰2차

3) 재판서 송달에 의한 고지

① 약식명령의 고지는 검사와 피고인에 대한 재판서의 송달에 의한다(제452조). 10. 법원, 12. 경찰승진

② 약식명령은 그 재판서를 피고인에게 송달함으로써 효력이 발생하고, 변호인이 있는 경우라도 반드시 변호인에게 약식명령 등본을 송달해야 하는 것은 아니다(2017모1557). 18·20. 경찰1차·법원, 18·19. 7급국가직, 19. 경찰2차

③ 따라서 정식재판 청구기간은 피고인에 대한 약식명령 고지일을 기준으로 하여 기산하여야 한다(제453조 제1항)(2017모1557). 21. 경찰승진

④ 재감자에 대한 약식명령의 송달은 교도소 등의 장에게 하여야 하고, 수감되기 전의 종전 주소, 거소에 대하여 한 송달은 부적법하여 무효이다(95모14).

⑤ 재판서의 송달 이외의 방법에 의한 고지는 허용되지 않는다.

⑥ 형사피해자를 약식명령의 고지 대상자에서 제외한 것은 헌법에 위반되지 않는다(2018헌마1015).

4) 무죄 등 불가

무죄, 면소, 공소기각, 관할위반의 재판은 약식명령에 의하여 할 수 없다. 16. 법원

---

(2) 약식명령의 효력

1) 확정판결과 동일한 효력

① 약식명령은 ⓐ 정식재판의 청구기간이 경과하거나 ⓑ 그 청구의 취하 또는 ⓒ 청구 기각의 결정이 확정된 때에는 확정판결과 동일한 효력이 있다(제457조). 14·15·16. 법원

② 유죄의 확정판결과 동일한 효력이 있으므로 집행력과 기판력이 발생하며, 재심 또는 비상상고의 대상이 될 수 있다.

2) 기판력의 시적 범위

① 약식명령에 대한 기판력의 시적 범위는 약식명령의 발령시를 기준으로 한다(2013 도4737). 03. 경찰2차·여경3차, 06·14·15·16. 법원, 12·18. 경찰승진, 13. 경찰간부, 14. 7급국가직, 15. 해경3차, 16·17. 변호사

② 따라서 포괄일죄의 관계에 있는 범행 일부에 관하여 이에 따라 영업범과 같은 포괄일죄의 일부에 대해 약식명령이 확정된 때에는 약식명령을 발령한 때까지 행하여진 행위에 대하여 기판력이 미치므로 만일 그 이전의 행위에 대하여 공소제기가 되면 법원은 '확정판결이 있은 때'에 해당되어(제326조 제1호) 면소판결을 선고하여야 한다. 그 이후의 범행에 대하여는 일개의 범죄로 처벌하여야 한다(94도1318).

❹ 정식재판의 청구

1. 의 의

① 정식재판의 청구란 약식명령에 대하여 불복이 있는 자가 법원에 대하여 통상의 절차에 의한 심판을 구하는 소송행위를 말한다.

② 정식재판의 청구는 동일심급의 법원에 대하여 절차를 달리하여 원재판의 시정을 구하는 것이므로 상급법원에 대해 원재판의 시정을 구하는 상소와 구별된다. 02. 경찰승진

2. 정식재판의 청구절차

(1) 청구권자

1) 검사와 피고인

① 검사 또는 피고인은 약식명령의 고지를 받은 날로부터 7일 이내에 정식재판의 청구를 할 수 있다(제453조 제1항). 11. 교정특채, 16. 7급국가직, 17. 경찰간부, 18. 경찰승진, 19. 경찰1차

② 피고인은 정식재판청구권을 포기할 수 없으나(제453조 제1항 단서), 검사가 정식재판청구권을 포기하는 것은 무방하다(제458조, 제349조). 04. 여경1차, 05·10. 경찰2차, 09. 전의경, 09·11·13·18. 법원, 09·12·19. 경찰1차, 10·11·18. 경찰승진, 11. 교정특채, 16. 7급국가직

2) 피고인 이외의 청구권자

피고인의 법정대리인은 피고인의 의사와 관계없이 정식재판을 청구할 수 있고, 피고인의 배우자, 직계친족, 형제자매, 원심의 대리인 또는 변호인은 피고인의 명시적 의사에 반하지 않는 한 독립하여 정식재판을 청구할 수 있다(제458조, 제340조, 제341조).

3) 성명모용의 경우

① 성명모용의 경우에 성명을 모용당한 피모용자에게 약식명령이 송달된 경우 약식명령의 효력은 모용자에게만 미치고 모용자만 피고인이 되므로 원칙적으로 피모용자는 정식재판을 청구할 수 없다.

② 그러나 피모용자가 현실적으로 정식재판을 청구하여 직접 공판절차에 참여하면 사실상 소송계속이 발생하게 되고 이 경우에는 피모용자도 형식적 피고인의 지위를 가지게 된다.

③ 이 과정에서 성명모용사실이 밝혀지게 되면 법원은 피모용자에 대해서 적법한 공소제기가 없었음을 이유로(제327조 제2호) 공소기각판결을 선고하여야 한다(97도2215).

(2) 방 식

1) 청구방법

① 정식재판청구는 약식명령을 한 법원에 7일 이내에 서면(정식재판청구서)으로 하여야 한다(제453조 제2항). 05. 경찰2차, 09. 경찰1차, 10·11. 교정특채, 10·11·13. 법원, 15·17. 경찰간부

② 공소불가분의 원칙에 반하지 않는 한 약식명령의 일부에 대해서도 할 수 있다(제458조 제1항, 제342조).

③ 정식재판청구서에 청구인의 기명날인이 없는 경우에는 정식재판의 청구가 법령상의 방식을 위반한 것으로서 그 청구를 기각한다.

  ㉠ 정식재판의 청구를 접수하는 법원공무원이 청구인의 기명날인이 없는데도 이에 대한 보정을 구하지 아니하고 적법한 청구가 있는 것으로 오인하여 청구서를 접수한 경우에도 정식재판청구를 기각하여야 하기는 하나,

  ㉡ 법원공무원의 위와 같은 잘못으로 인하여 적법한 정식재판청구가 제기된 것으로 신뢰한 채 정식재판청구기간을 넘긴 피고인은 자기의 책임질 수 없는 사유에 의하여 청구기간 내에 정식재판을 청구하지 못한 때에 해당하여 정식재판청구권의 회복을 구할 수 있다(2008모605).

2) 청구기간

① 정식재판은 약식명령의 고지를 받은 날로부터 7일 이내에 청구하여야 한다(제453조 제1항).

OX 약식명령에 대한 정식재판의 청구는 약식명령을 한 법원에 서면으로 제출하여야 하며, 법원은 지체 없이 검사 또는 피고인에게 그 사유를 통지하여야 한다. (○, ×)
17. 경찰간부

② 재소자에 대한 특칙에 대해서는 명문의 규정은 없으나 정식재판의 청구에 있어서도 준용된다(제344조, 2005모552). ⇨ 즉, 다른 사건 등으로 수감 중인 피고인이 약식명령을 고지받고 정식재판청구기간 내에 정식재판청구서를 교도소장이나 구치소장 또는 그 직무를 대리하는 자에게 제출한 때에는 정식재판청구기간 내에 청구한 것으로 간주한다.

3) 사유의 통지

정식재판의 청구가 있는 때에는 법원은 지체 없이 검사 또는 피고인에게 그 사유를 통지하여야 한다(제453조). 17. 경찰간부

4) 공소장 부본의 송달 불요

공판절차로의 이행의 경우와는 달리 공소장 부본을 송달할 필요가 없다. ⇨ 피고인에게 이미 공소장 부본과 동일한 내용의 약식명령서가 송달되었으므로 피고인의 방어에 불이익이 없기 때문이다.

5) 상소에 관한 규정의 준용

① 약식명령에 대한 정식재판의 청구는 재판에 대한 불복이라는 점에서 상소와 유사하므로 상소에 관한 규정이 준용된다(제458조).

② 7일의 기간 내에 정식재판을 청구하지 못한 때에는 상소권회복의 규정이 준용된다(제458조, 제345조). ⇨ 약식명령에 대한 정식재판청구권자가 자신이 책임질 수 없는 사유로 정식재판청구기간 내에 정식재판청구를 하지 못한 때에는 정식재판청구권의 회복을 구할 수 있다. 18. 경찰간부

(3) 취 하

① 검사와 피고인은 정식재판청구를 제1심 판결선고 전까지 취하할 수 있다(제454조). 05·12. 경찰2차, 09. 전의경, 10·11. 경찰승진·교정특채, 10·11·13·15·16. 법원, 21. 경찰승진

② 정식재판청구의 취하는 상소의 취하에 관한 규정이 준용된다(제458조 제1항).

ㄱ 따라서 법정대리인이 있는 피고인이 정식재판청구를 취하함에는 법정대리인의 동의를 얻어야 하며(제458조 제1항, 제350조 본문), 피고인의 법정대리인 또는 피고인의 변호인 등 피고인을 위하여 정식재판청구를 할 수 있는 자는 피고인의 동의를 얻어 정식재판청구를 취하할 수 있다(제458조 제1항, 제351조).

ㄴ 정식재판청구의 취하는 서면으로 하여야 하고, 공판정에서는 구술로써 할 수 있다(제458조 제1항, 제352조). 정식재판청구를 취하한 자는 그 사건에 대하여 다시 정식재판청구를 하지 못한다(제458조 제1항, 제354조).

기출 키워드 체크

정식재판의 청구가 법령상의 방식에 위반하거나 청구권의 소멸 후인 것이 명백한 때에는 _____하여야 하고, 그 결정에 대하여는 _____를 할 수 있다.

3. 정식재판청구에 대한 재판

(1) 기각결정

① 정식재판의 청구가 법령상의 방식에 위반하거나 청구권의 소멸 후인 것이 명백한 때에는 결정으로 기각하여야 한다(제455조 제1항). 12. 경찰2차, 17. 경찰간부, 18. 경찰승진

② 정식재판청구 기각결정에 대해서는 즉시항고할 수 있다(동조 제2항). 10 · 12 · 18. 경찰승진, 17 · 21. 경찰간부, 20. 9급국가직 · 9급개론

(2) 공판절차에 의한 심판

1) 공판절차에 의한 심판

① 정식재판의 청구가 적법한 때에는 공판절차에 의하여 심판하여야 한다(제455조 제3항). 통상의 공판절차에 관한 규정이 그대로 적용된다. 05. 경사

② 이 경우에 사실인정, 법령적용, 양형 등 모든 부분에 대해 법원은 약식명령에 구속되지 않고 자유롭게 판단할 수 있다. 05. 경사

2) 궐석재판(피고인불출석의 예외)

① 정식재판절차의 공판기일에 정식재판을 청구한 피고인이 출석하지 아니한 때에는 다시 기일을 정해야 하며 피고인이 정당한 이유 없이 다시 정한 기일에 출정하지 않은 때에는 피고인의 진술 없이 판결할 수 있다(제458조 제2항, 제365조). 09. 경찰1차, 10. 교정특채

ㄱ 이와 같이 피고인의 진술 없이 판결할 수 있기 위해서는 피고인이 적법한 공판기일통지를 받고서도 2회 연속으로 정당한 사유 없이 출정하지 않은 경우이어야 한다(2011도16166).

ㄴ 소송촉진 등에 관한 특례법 제23조 및 소송촉진 등에 관한 특례규칙 제19조에서는 피고인에 대한 송달불능보고서가 접수된 때로부터 6월이 경과하도록 피고인의 소재가 확인되지 아니한 때에는 그 후 피고인에 대한 송달은 공시송달의 방법에 의하도록 하고 있다.

ㄷ 그런데 약식명령에 대한 정식재판청구사건에 피고인이 적법한 소환을 받고도 정당한 사유 없이 2회 이상 불출석하면 피고인의 진술 없이 판결을 할 수 있으므로 피고인에 대한 송달불능보고서가 접수된 때로부터 6개월이 경과하지 아니한 채 피고인에 대한 송달을 공시송달로 하도록 한 것은 위법하지 않다(2012도12843).

ㄹ 위와 같은 경우에는 피고인의 출정 없이 증거조사를 할 수 있으므로 피고인의 증거동의가 있는 것으로 간주한다(제318조 제2항).

② 피고인만이 정식재판의 청구를 하여 판결을 선고하는 사건에서는 피고인의 출석을 요하지 아니하고, 이 경우에 피고인은 대리인을 출석하게 할 수 있다(제277조 제4호).

ㄱ 이와 같이 판결만을 선고하는 경우는 다른 공판절차와 달리 피고인의 1회 불출석으로도 가능하므로 법원은 지정한 선고기일에 피고인이 출석하지 않으면 바로 판결을 선고할 수가 있다(2011도16166).

Answer

기출 키워드 체크
결정으로 기각, 즉시항고
OX
×

ⓛ 그러나 피고인이 위 선고기일에 출석하지 아니하여 다시 선고기일을 지정한 경우, 새로 정한 기일에 대하여 적법한 기일소환의 통지를 하지 않았다면, 피고인의 출석 없이 공판기일을 열어 판결을 선고한 원심의 조치가 위법하다(2011도16166).

3) 형종 상향 금지

① 피고인이 정식재판을 청구한 사건에 대하여는 약식명령의 형보다 중한 종류의 형 (중한 형 ×)을 선고하지 못한다(제457조의2 제1항). 02·03. 행시, 05·14. 경찰2차, 06·11· 14. 법원, 14·19. 9급국가직, 17. 변호사·경찰간부, 18·20. 경찰1차, 19. 9급개론

기출 키워드 체크

피고인이 정식재판을 청구한 사건에 대하여는 약식명령의 형보다 _____ 을 선고하지 못한다. 피고인이 정식 재판을 청구한 사건에 대하여 약식 명령의 형보다 중한 형을 선고하는 경우에는 판결서에 _____를 적어 야 한다.

㉠ 따라서 약식명령보다 중한 벌금을 선고하는 것은 가능하나, 징역형 등을 선고할 수는 없다. 18. 9급국가직·9급개론, 19. 경찰1차

㉡ 피고인이 정식재판을 청구한 사건에 대하여 약식명령의 형보다 중한 형을 선고 하는 경우에는 판결서에 양형의 이유를 적어야 한다(제547조의2 제2항). 18. 경찰1차, 19. 9급개론·9급국가직

㉢ 약식명령에 대하여 피고인만 정식재판을 청구한 사건에서 법정형에 유기징역형 만 있는 죄의 공소사실을 예비적으로 추가하는 공소장변경도 허용된다(2011도 14986). 16. 7급국가직, 16·17. 변호사

㉣ 이전에는 '중한 형'을 선고하지 못하였으나, 2017. 12. 19. 중한 종류의 형을 선 고하지 못하도록 개정되었다.

② 그러나 검사가 정식재판을 청구한 경우, 검사와 피고인이 모두 정식재판을 청구한 경우, 피고인이 정식재판을 청구하였더라도 정식재판에서 다른 사건이 병합된 경우 에는 불이익변경금지의 원칙이 적용되지 않는다(2001도3212).

4) 변호인 선임의 효력

약식절차와 정식재판청구에 따른 공판절차는 동일한 심급의 재판이므로 약식절차에서 의 변호인선임의 효력은 계속 유지된다.

5) 제척 또는 기피

약식명령을 한 판사가 제1심의 정식재판에 관여한 경우는 제척사유가 되지 아니하나, 약식명령을 발부한 법관이 그 정식재판절차의 항소심판결에 관여한 때에는 법관이 사 건에 관하여 전심재판 또는 그 기초되는 조사심리에 관여한 때에 해당하여 제척, 기피 의 원인이 된다.

(3) 약식명령의 실효

① 약식명령은 정식재판의 청구에 의한 판결이 있는 때에는 효력을 잃는다(제456조). 09·11·18. 법원, 17. 경찰간부, 18. 9급국가직·9급개론

㉠ 그러나 정식재판이 청구되었다는 사유만으로는 약식명령이 효력을 잃는 것은 아 니다. 03. 경찰2차, 10. 법원

㉡ 정식재판청구가 부적법 할지라도 일단 판결이 확정되면 약식명령은 실효된다.

㉢ 반대로 정식재판청구기간이 경과하여 약식명령이 확정되면 그 후 정식재판의 청구에 의한 판결이 확정되더라도 먼저 확정된 약식명령의 효력에 영향을 미치지 못한다.

Answer

기출 키워드 체크

중한 종류의 형, 양형의 이유

   ⓔ 여기서 '판결'이란 종국재판을 의미하므로 공소기각의 결정도 포함된다.

   ⓜ 이와 같이 정식재판의 청구에 의해 판결이 확정된 경우에는 약식명령이 그 효력을 상실하였으므로 만일 재심을 청구하려면 약식명령이 아니라 확정판결을 대상으로 하여야 할 것이다(2011도10626).

  ② 정식재판청구권회복결정이 부당하더라도 이미 그 결정이 확정되었다면 정식재판청구사건을 처리하는 법원으로서는 정식재판청구권회복청구가 적법한 기간 내에 제기되었는지 여부나 그 회복사유의 존부 등에 대하여는 살펴볼 필요 없이 통상의 공판절차를 진행하여 본안에 관하여 심판하여야 한다(2004모351). 14. 법원

제2절 즉결심판절차

① 즉결심판절차의 의의

  ① 즉결심판절차란 지방법원, 지원 또는 시·군법원의 판사가 경찰서장의 청구에 의하여 경미한 범죄사건에 관하여 공판절차에 의하지 아니하고 20만원 이하의 벌금, 구류 또는 과료에 처하는 간이한 심판절차를 말한다(즉결심판법 제2조). 18. 해경2차

  ② 즉결심판절차는 범증이 명백하고 죄질이 경미한 범죄사건을 신속·적정한 절차로 심판함으로써 재판의 신속과 소송경제를 도모하려는 데 주된 목적이 있다.

  ③ 또한 즉결심판절차는 피고인을 형사절차로부터 신속히 해방시킴으로써 피고인의 시간적·정신적 부담을 경감시켜준다.

  ④ 공판 전의 절차이다. ⇨ 즉결심판절차는 피고인의 정식재판청구로 인하여 공판절차로 이행되고, 특히 판사의 기각결정이 있을 때에는 검사에게 송치됨에 그친다는 점에서 형사소송법상의 공판절차가 아니라 공판 전의 절차이다. 14. 경찰간부

② 즉결심판의 청구

1. 관 할

(I) 청구권자

  ① 즉결심판은 관할 경찰서장 또는 관할 해양경찰서장(이하 "경찰서장"이라고 함)이 관할법원에 청구한다(즉결심판법 제3조 제1항). 04. 경찰3차, 09·11·21. 경찰승진, 14. 경찰간부·9급개론, 15. 경찰2차, 17. 해경2차

  ② 즉결심판의 청구는 약식명령의 청구와는 달리 별도의 공소제기를 요하지 않는다는 점에서 검사의 기소독점주의에 대한 예외가 된다.

OX 지방법원, 지원 또는 시·군법원의 판사는 즉결심판절차에 의하여 피고인에게 20만원 이하의 벌금, 구류 또는 과료에 처할 수 있다. (○, ×)
   15. 경찰3차

Answer

OX
○

(2) 청구의 대상

① 즉결심판의 대상은 20만원(50만원 ×) 이하의 벌금, 구류 또는 과료(몰수 ×)에 처할 범죄사건이다. 06·14·15. 경찰2차, 09·17. 경찰승진, 13·14·17·18. 경찰간부, 15. 경찰3차·해경3차, 17. 해경간부

② 법정형이 아니라 선고형을 기준으로 한다. 05. 경찰3차, 13·14. 경찰간부 15. 해경3차

(3) 관할법원

① 즉결심판은 지방법원 또는 그 지원 및 시·군법원의 판사의 관할에 속한다(즉결심판법 제3조의2, 법원조직법 제33조). 17. 경찰승진, 17·18. 경찰간부

② 지방법원 또는 그 지원의 판사는 소속지방법원장의 명령을 받아 소속법원의 관할 사무와 관계없이 즉결심판청구사건을 심판할 수 있다(즉결심판법 제3조의2). 16. 경찰2차, 17. 경찰1차

2. 방식

(1) 즉결심판청구서의 제출

① 즉결심판을 청구함에는 즉결심판청구서를 제출하여야 한다.

② 즉결심판청구서에는 피고인의 성명, 기타 피고인을 특정할 수 있는 사항, 죄명, 범죄사실과 적용법조를 기재하여야 한다(즉결심판법 제3조 제2항). 12·21. 경찰승진 ➭ 즉결심판청구서에는 약식절차의 경우와는 달리 즉결심판에 의하여 선고할 형량은 기재대상이 되지 않는다(즉결심판법 제3조 제2항). 13. 경찰간부

③ 즉결심판을 청구할 때에는 사전에 피고인에게 즉결심판의 절차를 이해하는 데 필요한 사항을 서면 또는 구두로 알려주어야 한다. 17. 경찰1차

(2) 공소장일본주의 적용배제

① 경찰서장은 즉결심판의 청구와 동시에 즉결심판을 함에 필요한 서류 또는 증거물을 판사에게 제출하여야 한다(즉결심판법 제4조). 09. 경찰승진, 14. 경찰2차, 17. 해경간부·경찰2차, 18. 경찰간부·해경2차

② 따라서 공소장일본주의가 적용되지 아니한다. 18. 경찰간부

3 즉결심판청구사건의 심판

1. 판사의 심사와 경찰서장의 송치

(1) 판사의 심사

즉결심판의 청구가 있으면 판사는 그 사건이 즉결심판이 가능한 사건인지와 즉결심판 절차에 의하여 심판함이 적당한지를 심사하여야 한다.

(2) 기각결정

① 심사 결과 판사는 사건이 즉결심판을 할 수 없거나 즉결심판절차에 의하여 심판함이 적당하지 아니하다고 인정할 때에는 결정(판결 ×)으로 즉결심판의 청구를 기각(공판절차에 의하여 심판 ×)하여야 한다(즉결심판법 제5조 제1항). 10 · 19. 경찰승진, 15 · 17. 경찰2차, 17. 7급국가직 · 해경간부, 18. 경찰간부 · 해경2차

② '즉결심판을 할 수 없는 경우'란 즉결심판에 필요한 실체법적 절차법적 요건을 갖추지 못한 경우를 말한다. 예를 들어 사건에 대한 형벌규정에 벌금 · 구류 · 과료의 형이 없는 경우, 관할에 위반한 경우 등이다.

③ '즉결심판절차에 의하여 심판함이 적당하지 아니한 경우'란 즉결심판에 필요한 요건은 갖추었지만 사건의 특수성을 고려할 때 벌금 · 구류 · 과료 이외의 형을 선고하거나 정식의 공판절차에서 심리하는 것이 타당하다고 인정되는 경우를 말한다.

▶ **즉결심판청구 기각시 절차 개요**

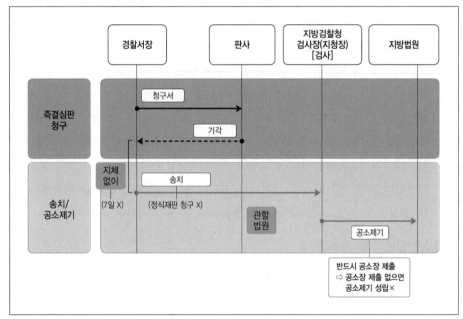

(3) 경찰서장의 송치

① 즉결심판청구 기각결정이 있는 때에는 경찰서장은 지체 없이 사건을 관할 지방검찰청 또는 지청의 장에게 송치(정식재판 청구 ×)하여야 한다(동조 제2항). 02 · 06 · 15 · 17. 경찰2차, 14 · 15. 경찰승진, 17. 해경간부

   ㉠ 이 점에서 법원이 약식명령의 청구를 받아들이지 않을 경우에는 바로 공판절차로 이행되는 약식절차와 다르다.

   ㉡ 이 경우 검사가 기소 여부를 결정하게 된다.

② 기각결정 후, 공소제기의 본질적 요소라고 할 수 있는 검사에 의한 공소장의 제출이 없는 이상 기록을 법원에 송부한 사실만으로 공소제기가 성립되었다고 볼 수 없다(2003도2735). 05 · 17. 경찰1차, 13. 경찰2차, 18. 경찰승진

(4) 심판 및 심리장소

사건이 즉결심판을 함이 적당하다고 인정되는 경우에는 기일을 정하여 심판을 하며 이때에는 경찰관서(해양경찰관서) 이외의 공개장소에서 심리와 재판의 선고가 행해져야 한다(즉결심판법 제7조 제1항).

2. 증거에 관한 특칙

(1) 증거조사의 범위

① 판사는 필요하다고 인정할 때에는 적당한 방법에 의하여 재정하는 증거에 한하여 조사할 수 있다. 16 · 18. 경찰간부, 17. 경찰1차, 18. 해경2차

② 신속한 심리를 위해 통상의 증거조사 방법에 의할 것을 요하지 않는다.

(2) 전문법칙의 제한적 적용

① 즉결심판절차에 있어서는 (일부) 전문법칙은 적용되지 않는다. 04 · 05. 경찰3차, 05 · 06. 경찰2차, 06. 경찰1차, 11 · 14 · 16. 경찰승진, 15. 해경3차, 16. 9급국가직, 17. 경찰간부

② 형사소송법 제312조 제3항(사법경찰관작성 피의자신문조서의 증거능력) 및 제313조 제1항(진술서, 진술서면의 증거능력)의 규정은 적용하지 아니한다(즉결심판법 제10조).

③ 즉결심판절차에서 사법경찰관 작성의 피의자 신문조서는 피고인이 그 내용을 인정하지 않는 경우에도 이를 유죄의 증거로 사용할 수 있다. 15. 변호사, 16 · 18. 경찰간부, 17 · 18. 해경2차, 20. 법원

(3) 자백보강 법칙의 적용배제

즉결심판절차에서 자백의 보강법칙(제310조)이 적용되지 아니하므로 보강증거가 없는 경우에도 피고인의 자백에 의하여 유죄를 선고할 수 있다. 04 · 05. 경찰3차, 05 · 06 · 10 · 17 · 18. 경찰2차, 06. 경찰1차, 11 · 14 · 16 · 21. 경찰승진, 15. 변호사, 16. 9급국가직 · 9급개론, 17. 경찰간부 · 여경 · 경찰특공대 · 해경2차, 19. 해경간부

(4) 기타의 경우

① 형사소송법이 준용되므로 자백배제법칙과 위법수집증거배제법칙은 즉결심판절차에도 적용된다. 05. 경찰3차, 10 · 16. 경찰승진, 17. 경찰간부 · 여경 · 경찰특공대 · 경찰2차 · 해경2차, 19. 해경간부

② 따라서 임의성 없는 자백은 즉결심판에서도 증거로 사용할 수 없다.

OX 법원이 경찰서장의 즉결심판 청구를 기각하여 경찰서장이 사건을 관할 지방검찰청으로 송치하였으나 검사가 이를 즉결심판에 대한 피고인의 정식재판청구가 있는 사건으로 오인하여 그 사건 기록을 법원에 송부한 것만으로는 공소제기가 성립되었다고 볼 수 없다. (○, ×) 21. 경찰간부

기출 키워드 체크

즉결심판절차에 의한 심리와 재판의 선고는 _____에서 행하되, 그 법정은 _____(_____)_____의 장소에 설치되어야 한다.

OX 즉결심판에 있어서는 자백배제법칙은 적용되나 자백보강법칙은 적용되지 아니한다. (○, ×)
21. 경찰승진

기출 키워드 체크

즉결심판에 있어서는 자백_____ 법칙은 적용되나 자백_____법칙은 적용되지 아니한다.

Answer

기출 키워드 체크
공개된 법정, 경찰관서, 해양경찰관서, 외
배제, 보강
OX
○, ×

3. 심리상의 특칙

(1) 즉시심판

① 즉결심판 청구에 대하여 판사가 기각결정을 하지 않는 경우에는 즉시 심판을 하여야 한다(즉결심판법 제6조).

② 따라서 공소장 부본 송달, 제1회 공판기일 유예기간 등과 같이 통상의 공판절차에서 요구되는 준비절차들은 생략된다.

(2) 심리의 장소

① 심리와 선고는 경찰관서 이외(경찰관서 포함 ×)의 공개된 법정(비공개 법정 ×)에서 행한다(즉결심판법 제7조 제1항). 03. 여경2차, 05. 경찰3차, 11·16·19. 경찰승진, 12. 해경간부, 13. 경찰2차, 16. 경찰간부·해경, 17. 여경·경찰특공대

② 법정은 판사와 법원서기관, 법원사무관, 법원주사 또는 법원주사보가 열석하여 개정한다(동조 제2항).

(3) 피고인의 출석

1) 원칙

① 즉결심판의 경우에도, 피고인의 출정은 개정의 요건이다. 11. 경찰2차, 13. 경찰승진 ⇨ 그러나 경찰서장이나 변호인의 출석은 개정요건이 아니다.

② 따라서 피고인이 기일에 출석하지 아니한 때에는 특별한 규정이 있는 경우를 제외하고는 개정할 수 없다.

2) 예외: 불출석 심판이 허용되는 경우

① 벌금·과료를 선고하는 경우(즉결심판법 제8조의2 제1항) 04. 행시, 06·11·13. 경찰2차, 13. 9급국가직, 13·14·18. 경찰승진, 15. 경찰3차, 16. 경찰2차·해경, 17. 경찰간부

② 피고인 또는 즉결심판출석통지서를 받은 자가 법원에 불출석심판을 청구하고 법원이 이를 허가한 때(즉결심판법 제8조의2 제2항) 13. 9급국가직, 17. 경찰간부

(4) 심리방법

1) 개정원칙 – 서면심리 가능(구류 제외)

① 판사는 구류에 처하는 경우를 제외하고는 상당한 이유가 있는 경우에는 개정 없이 피고인의 진술서와 경찰서장이 송부한 서류 또는 증거물에 의하여 심판할 수 있다(즉결심판법 제7조 제3항). 04. 경찰1차, 14. 경찰승진, 15·16·17. 경찰2차, 20. 경찰간부

② 피고인을 구류에 처할 경우에는 개정해야 한다. 16·17. 경찰2차

2) 진술거부권의 고지

판사는 피고인에게 피고사건의 내용과 진술거부권이 있음을 알리고 변명할 기회를 주어야 한다(즉결심판법 제9조 제1항). 16. 9급국가직·9급개론

3) 증거조사

판사는 필요하다고 인정할 때에는 적당한 방법에 의하여 재정하는 증거에 한하여 조사를 할 수 있다(즉결심판법 제9조 제2항). 16. 경찰간부, 17. 경찰2차

4) 변호인의 참여

변호인은 기일에 출석하여 증거조사에 참여할 수 있으며 의견을 진술할 수 있다(즉결심판법 제9조 제3항). ⇨ 변호인 참여는 임의적이며 공판정개정 요건은 아니다. 19. 해경간부

▶ 즉결심판에서 적용되는 규정과 적용되지 않는 규정

적용되는 규정	적용되지 않는 규정
• 자백배제법칙 09·11. 경찰2차 • 위법수집증거배제법칙 09·11. 경찰2차 • 국가소추주의 09. 경찰2차 • 구두변론주의 09. 경찰2차 • 자유심증주의 09. 경찰2차 • 제척·기피 08. 경찰2차	• 기소독점주의 09. 경찰2차 • 공소장일본주의 09. 경찰2차 • 자백보강법칙 09. 경찰2차 • 배상명령 07. 경찰승진, 13. 법원 • 공소장 부본 송달 • 공판기일 유예기간 • 검사의 모두 진술 • 증거조사와 증거결정 방법 • 필요적 변호 • 국선 변호

4. 즉결심판의 선고

(1) 무죄 등 선고 가능

즉결심판절차에서는 유죄의 선고뿐만 아니라 무죄, 면소 또는 공소기각의 선고를 할 수 있다(즉결심판법 제11조 제5항). 04. 경찰3차, 10·14. 경찰2차, 11·17·19. 경찰승진, 15. 해경3차, 16·20. 경찰간부·해경, 17. 여경·경찰특공대, 19. 해경간부

(2) 선고의 방식

① 즉결심판의 선고는 피고인 출석시에는 선고에 의하고, 불출석시에는 즉결심판서 등본의 교부에 의한다.

② 선고시 고지 : 즉결심판으로 유죄를 선고하는 경우에는 형, 범죄사실, 적용법조를 명시하고 7일 이내 정식재판을 청구할 수 있다는 것을 고지하여야 한다(즉결심판법 제11조 제1항). 19. 경찰승진

③ 유죄의 즉결심판서에는 피고인의 성명 기타 피고인을 특정할 수 있는 사항, 주문, 범죄 사실과 적용법조를 명시하고 판사가 서명·날인하여야 한다(즉결심판법 제12조). 11. 경찰1차, 12. 해경간부, 15. 경찰3차

④ 송달 : 개정 없이 심판한 경우에는 법원사무관 등은 7일 이내에 정식재판을 청구할 수 있음을 부기한 즉결심판서의 등본을 피고인에게 송달하여 고지한다(즉결심판법 제11조 제4항).

(3) 유치명령과 가납명령

1) 유치명령

① 판사는 구류 선고를 받은 피고인이 일정한 주소가 없거나 도망할 염려가 있는 때에는 5일(7일 ×)을 초과하지 아니한 범위 내에서 경찰서 유치장에 유치할 것을 명할 수 있다(동법 제17조 제1항). 02 · 04. 행시, 05 · 13 · 14 · 17. 경찰2차, 09 · 10. 경찰승진, 15. 경찰3차, 16. 해경, 20. 경찰간부

② 이 경우 유치명령은 형 확정 전에도 할 수 있다. 07. 경찰1차

③ 이 기간은 선고기간을 초과할 수 없다. 15. 경찰3차, 16. 해경, 17. 경찰2차

④ 집행된 유치기간은 본형의 집행에 산입한다(즉결심판법 제17조 제2항).

⑤ 판사의 유치명령이 있는 구류의 선고를 받은 자는 정식재판을 청구하더라도 석방되지 않는다. 11. 경찰승진

2) 가납명령의 선고

① 판사가 벌금 또는 과료를 선고할 경우에는 노역장유치기간을 선고하여야 하고(형법 제70조), 가납명령을 할 수 있다.

② 가납의 재판은 벌금 또는 과료의 선고와 동시에 하여야 하며 그 재판을 즉시 집행할 수 있다(즉결심판법 제17조 제3항).

(4) 기록의 보관

즉결심판의 판결이 확정된 때에는 즉결심판서 및 관계서류와 증거는 관할경찰서(또는 해양경찰관서)(지방검찰청 ×)가 이를 보존한다(즉결심판법 제13조). 11. 경찰1차, 12 · 17 · 18 · 21. 경찰승진 19. 해경간부, 20. 경찰간부

5. 즉결심판의 효력

① 즉결심판은 정식재판의 청구기간의 경과, 정식재판청구권의 포기 또는 그 청구의 취하에 의하여 확정판결과 동일한 효력이 생긴다. 05. 경찰3차, 09 · 13 · 16. 경찰승진, 13 · 17. 경찰간부, 15. 경찰2차, 20. 법원

② 정식재판청구를 기각하는 재판이 확정된 때에도 같다(즉결심판법 제16조). 11. 경찰2차

6. 형의 집행

(1) 집행자

① 형의 집행은 경찰서장이 하고 그 집행결과를 지체 없이 검사에게 보고하여야 한다 (즉결심판법 제18조 제1항). 12. 해경간부

② 형사소송법이나 경찰관 직무집행법 등의 법률에 정하여진 구금 또는 보호유치 요건에 의하지 아니하고는 즉결심판 피의자라는 사유만으로 피의자를 구금, 유치할 수 있는 아무런 법률상 근거가 없다(97도877). 12. 경찰승진 ⇨ 즉결심판 피의자의 정당한 귀가요청을 거절한 채 다음 날 즉결심판법정이 열릴 때까지 피의자를 경찰서 보호실에 강제유치시키려고 함으로써 피의자를 경찰서 내 즉결피의자 대기실에 10~20분 동안 있게 한 행위는 불법한 감금행위에 해당한다(97도877). 18. 경찰2차

(2) 집행장소

구류는 경찰서 유치장 · 구치소 또는 교도소에서 집행하며, 구치소 · 교도소에서 집행할 때에는 검사가 이를 지휘한다(즉결심판법 제18조 제2항).

(3) 집행종료시 조치

① 벌금, 과료, 몰수는 그 집행을 종료하면 지체 없이 검사에게 이를 인계하여야 한다 (즉결심판법 제18조 제3항). 03. 여경1차

② 다만, 즉결심판 확정 후 상당기간 내에 집행할 수 없을 때에는 검사에게 통지하여야 한다.

③ 통지를 받은 검사는 형사소송법 제477조에 의하여 집행할 수 있다.

(4) 집행정지

형의 집행정지는 사전에 검사의 허가를 얻어야 한다.

❹ 정식재판의 청구

1. 청구권자

① 정식재판청구권자는 피고인과 경찰서장이다. 16. 경찰간부, 17. 여경 · 경찰특공대

② 정식재판을 청구하고자 하는 피고인은 즉결심판의 선고 · 고지를 받은 날부터 7일 이내에 정식재판청구서를 경찰서장에게 제출하여야 한다. 04 · 06 · 12 · 18. 경찰1차, 16. 9급 국가직 · 9급개론 · 경찰2차, 17. 경찰승진

  ㉠ 정식재판청구서를 받은 경찰서장은 지체 없이 판사에게 이를 송부하여야 한다.

  ㉡ 2017년 12월 형사소송법 개정 전 작성된 정식재판청구서에 피고인의 날인은 없고 서명만 있더라도 그의 진정한 의사에 따라 청구서가 작성됐다는 사실이 명백하다면 정식재판청구는 적법하다(2017모3458).

관련 판례

형사소송법 제57조는 "공무원이 작성하는 서류에는 법률에 다른 규정이 없는 때에는 작성 연월일과 소속 공무소를 기재하고 기명날인 또는 서명하여야 한다."라고 정하여 공무원이 작성하는 서류에 대한 본인확인 방법으로 기명날인 외에 서명을 허용하고 있다. 형사소송 서류에 대한 본인확인 방법과 관련하여 공무원이 아닌 사람이 작성하는 서류를 공무원이 작성하는 서류와 달리 적용할 이유가 없고, 생활 저변에 서명이 보편화되는 추세에 따라 행정기관에 제출되는 서류의 본인확인 표식으로 인장이나 지장뿐만 아니라 서명도 인정될 필요성이 높아지고 있다. 이를 고려하여 2017. 12. 12. 법률 제15164호로 형사소송법을 개정할 당시 제59조에서도 본인확인 방법으로 기명날인 외에 서명을 허용하였다.

구 형사소송법 제59조에서 정한 기명날인의 의미, 이 규정이 개정되어 기명날인 외에 서명도 허용한 경위와 취지 등을 종합하면, 피고인이 즉결심판에 대하여 제출한 정식재판청구서에 피고인의 자필로 보이는 이름이 기재되어 있고 그 옆에 서명이 되어 있어 위 서류가 작성자 본인인 피고인의 진정한 의사에 따라 작성되었다는 것을 명백하게 확인할 수 있으며 형사소송절차의 명확성과 안정성을 저해할 우려가 없으므로, 정식재판청구는 적법하다고 보아야 한다. 피고인의 인장이나 지장이 찍혀 있지 않다고 해서 이와 달리 볼 것이 아니다 (2019.11.29.자 2017모3458 결정).

기출 키워드 체크

즉결심판에 대한 정식재판청구권자는 _____과 _____이다.

Answer
기출 키워드 체크
피고인, 경찰서장

③ 경찰서장은 무죄·면소 또는 공소기각의 선고·고지일로부터 7일 이내에 정식재판을 청구할 수 있다. ⇨ 이 경우 경찰서장은 관할지방검찰청 또는 지청의 검사의 승인을 얻어 정식재판청구서를 판사에게 제출하여야 한다.

2. 판사의 처리 등

① 판사는 정식재판청구서를 받은 날부터 7일 이내에 경찰서장에게 정식재판청구서를 첨부한 사건기록과 증거물을 송부하고,

② 경찰서장은 지체 없이 관할지방검찰청 또는 지청의 장에게 이를 송부하여야 하며

③ 그 검찰청 또는 지청의 장은 지체 없이 관할법원에 이를 송부하여야 한다(동법 제14조 제3항).

④ 검사는 공소장을 제출하지 않는다.

　　㉠ **경찰서장의 청구에 의해 즉결심판을 받은 피고인으로부터 적법한 정식재판의 청구가 있는 경우 경찰서장의 즉결심판청구는 공소제기와 동일한 소송행위이므로 공판절차에 의하여 심판하여야 한다(2011도8503).** 19. 9급개론·경찰2차

　　㉡ **검사가 정식재판을 청구한 즉결심판 사건에 대하여 법원에 사건기록과 증거물을 그대로 송부하지 아니하고 즉결심판이 청구된 위반 내용과 동일성 있는 범죄사실에 대하여 약식명령을 청구한 경우, 공소제기 절차가 법률의 규정에 위반하여 무효인 때에 해당하거나 공소가 제기된 사건에 대하여 다시 공소가 제기되었을 때에 해당하여 공소를 기각하여야 한다(공소기각판결)(2017도10368).** 19. 경찰2차

3. 청구의 효과

① 정식재판청구의 효과에 대해서는 형사소송법의 약식절차에 관한 규정이 준용된다(즉결심판법 제19조).

② 기각결정 : 정식재판의 청구가 법령상의 방식에 위반하거나 청구권의 소멸 후인 것이 명백한 때에는 결정으로 기각해야 한다. 이 결정에 대하여 즉시항고할 수 있다(형소법 제455조).

③ 공판절차에 의한 심판

　　㉠ **정식재판청구가 적법한 때에는 공판절차에 의하여 심판하여야 한다(형소법 제455조 제3항, 즉결심판법 제14조 제4항).**

　　㉡ **공판절차에 관한 규정으로서 즉결심판에 대한 정식재판에 적용되는 규정**

　　㉢ **국선변호인의 선정에 관한 규정(제283조)(96도3059)** 16. 9급국가직·9급개론, 20. 경찰간부

　　㉣ **불이익변경금지원칙(즉결심판법 제19조, 형소법 제457조의2)(98도2550)** 05·11·
13. 경찰승진, 07. 경찰1차, 11. 경찰2차, 12. 9급국가직

　　㉤ **공소장변경, 공소취소 등** 12. 해경간부

OX 경찰서장의 청구에 의해 즉결심판을 받은 피고인으로부터 적법한 정식재판의 청구가 있더라도 경찰서장의 즉결심판청구를 공소제기와 동일한 소송행위로 볼 수는 없다.
(○, ×) 21. 경찰간부

Answer
OX
×

④ 정식재판에서는 공소장일본주의가 적용되지 않는다(2008도7375). 20. 법원 ⇨ 정식재판청구에 의한 제1회 공판기일 전에 사건기록 및 증거물이 경찰서장, 관할 지방검찰청 또는 지청의 장을 거쳐 관할 법원에 송부된다고 하여 그 이전에 이미 적법하게 제기된 경찰서장의 즉결심판청구의 절차가 위법하게 된다고 볼 수 없고, 그 과정에서 정식재판이 청구된 이후에 작성된 피해자에 대한 진술조서 등 이 사건기록에 편철되어 송부되었다고 하더라도 달리 볼 것은 아니다(2008도7375). 12·13. 경찰승진

▶ **정식재판청구 후 절차**

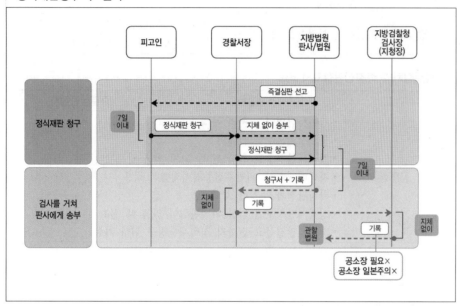

4. 청구권의 포기·취하

(1) 포기·취하

① 정식재판청구권자는 정식재판청구권을 포기하거나 취하할 수 있다. 01·10·15·16. 경찰승진, 16. 경찰간부, 17. 여경·경찰특공대 ⇨ 피고인도 정식재판의 청구를 포기할 수 있다(즉결심판법 제12조 제2항, 제16조).

② 포기·취하한 자는 다시 정식재판을 청구할 수 없다. 09. 경찰승진

(2) 취하시기

정식재판청구의 취하는 제1심판결 선고 전까지 할 수 있다(제454조).

관련 판례 ❶

즉결심판에 관한 절차법 제14조 제1항, 제3항, 제4항 및 형사소송법 제455조 제3항에 의하면, 경찰서장의 청구에 의해 즉결심판을 받은 피고인으로부터 적법한 정식재판의 청구가 있는 경우 경찰서장의 즉결심판청구는 공소제기와 동일한 소송행위이므로 공판절차에 의하여 심판하여야 한다(대법원 2012.3.29. 선고 2011도8503 판결 참조).

원심판결 이유에 의하면, 원심은 그 판시와 같은 사실을 인정한 다음, 즉결심판에 대하여 피고인의 정식재판 청구가 있는 경우 경찰서는 검찰청으로, 검찰청은 법원으로 정식재판 청구서를 첨부한 사건기록과 증거물을 그대로 송부하여야 하고 검사의 별도의 공소제기는 필요하지 아니한데도 검사가 정식재판을 청구한 즉결심판 사건에 대하여 법원에 사건기록과 증거물을 그대로 송부하지 아니하고 즉결심판이 청구된 위반내용과 동일성 있는 범죄사실에 대하여 약식명령을 청구하였다는 이유로, 이 사건 공소제기 절차는 법률의 규정에 위반하여 무효인 때에 해당하거나 공소가 제기된 사건에 대하여 다시 공소가 제기되었을 때에 해당한다고 판단하여 이 사건 공소를 기각하였다.

원심판결 이유를 앞서 본 법리에 비추어 살펴보면, 위와 같은 원심의 판단은 정당하고, 거기에 상고이유 주장과 같이 즉결심판에 대한 정식재판청구 후의 사건기록 송부 및 소송행위 하자의 치유에 관한 법리를 오해한 잘못이 없다(대법원 2017.10.12. 선고 2017도10368 판결).

OX 즉결심판절차에서 피고인은 정식재판의 청구를 포기할 수 있다. (○, ×) 16. 경찰승진

Answer

OX
○

▶ **정식재판청구권자의 비교**(피고인, 경찰서장)

구 분	피고인	경찰서장 10. 경찰승진
청구기간	즉결심판의 선고·고지를 받은 날부터 7일 이내	즉결심판의 선고 또는 고지를 한 날로부터 7일 이내
방 식	정식재판청구서의 제출	정식재판청구서의 제출
청구기관	경찰서장에게 제출 ⇨ 경찰서장은 지체 없이 판사에게 송부해야 함 12. 경찰1차	판사에게 제출 ⇨ 검사의 승인 필요
절 차	특별한 승인절차를 요하지 않음	관할지방검찰청 또는 지청의 검사의 승인을 요함 13. 경찰간부

▶ **약식절차와 즉결심판절차의 비교**

구 분	약식절차	즉결심판절차
공통점	• 경미사건의 신속처리 목적 • 공소장일본주의의 예외 • 정식재판청구권 보장(선고·고지 받은 날로부터 7일 이내) • 자백배제법칙, 위법수집증거배제법칙 적용 • 확정판결과 동일한 효력 • 정식재판청구에 의한 확정판결이 있을 때 실효 • 제1심 판결선고 전까지 정식재판청구 취하 가능	
근 거	형사소송법 제448조	즉결심판에 관한 절차법
청구권자	검사	경찰서장
청구대상	벌금, 과료, 몰수에 처할 사건	20만원 이하의 벌금, 과료, 구류에 처할 사건
요건 ×	정식재판 이행	기각
정식재판청구권자	검사, 피고인	경찰서장, 피고인
정식재판청구방법	약식명령을 한 법원에 서면으로 제출	정식재판청구서를 경찰서장에게 제출
정식재판청구의 포기	검사는 가능, 피고인은 불가능	경찰서장, 피고인 모두 가능
기소독점주의와의 관계	기소독점주의의 예외 아님	기소독점주의의 예외
청구서에 형량 기재	기재	기재하지 않음
관할법원	지방법원 단독판사 또는 합의부	(지방법원, 지원, 시·군법원) 판사
청구기각시의 결정	명문규정 없음 (실무상 공판절차회부서 작성)	청구기각 결정
심리의 방법	서면심리	공개법정에서 신문
피고인 출석	불필요	원칙적 출석
자백보강법칙	적용	적용 안 됨
전문법칙	적용 안 됨	적용 안 됨(제312조 제3항, 제313조)

OX 확인학습

01
□□□
경찰서장은 즉결심판의 청구와 동시에 즉결심판을 함에 필요한 서류 또는 증거물을 검사에게 제출하여야 한다. (×)

02
□□□
법원이 경찰서장의 즉결심판 청구를 기각하여 경찰서장이 사건을 관할 지방검찰청으로 송치하였으나 검사가 이를 즉결심판에 대한 피고인의 정식재판청구가 있은 사건으로 오인하여 그 사건기록을 법원에 송부한 경우, 검사에 의한 공소장의 제출이 없더라도 기록을 법원에 송부한 사실만으로 공소제기가 성립되었다고 볼 수 있다. (×)

03
□□□
정식재판을 청구하고자 하는 피고인은 즉결심판의 선고·고지를 받은 날부터 7일 이내에 정식재판청구서를 경찰서장에게 제출하여야 한다. (○)

04
□□□
즉결심판에 대하여 경찰서장과 피고인 모두 정식재판을 청구할 수 있고, 피고인은 정식재판의 청구를 포기할 수 없다. (×)

05
□□□
즉결심판에 있어서는 자백배제법칙은 적용되나 자백보강법칙은 적용되지 아니한다. (○)

06
□□□
즉결심판을 청구할 때에는 사전에 피고인에게 즉결심판의 절차를 이해하는 데 필요한 사항을 서면 또는 구두로 알려주어야 한다. (○)

07
□□□
즉결심판의 대상은 20만원 이하의 벌금 또는 구류나 몰수에 처할 범죄사건이다. (×)

08
□□□
즉결심판절차에 의한 심리와 재판의 선고는 공개된 법정에서 행하되, 그 법정은 경찰관서(해양경찰관서 포함) 외의 장소에 설치되어야 한다. (○)

09
□□□
판사는 피고인에게 피고사건의 내용과 형사소송법 제283조의2에 규정된 진술거부권이 있음을 알리고 변명할 기회를 주어야 한다. (○)

10
□□□
지방법원 또는 그 지원의 판사는 소속지방법원장의 명령을 받아 소속법원의 관할사무와 관계없이 즉결심판청구사건을 심판할 수 있다. (○)

11
□□□
즉결심판을 받은 피고인이 정식재판청구를 함으로써 공판절차가 개시된 경우에는 통상의 공판절차와 달리 국선변호인의 선정에 관한 형사소송법 제283조의 규정이 적용되지 않는다. (×)

12
□□□
판사가 사건이 즉결심판을 할 수 없다고 인정하여 즉결심판청구를 기각하는 결정을 내린 경우에 경찰서장은 검사의 승인을 얻어 정식재판을 청구할 수 있다. (×)

13
☐☐☐
판사가 피고인에게 과료를 선고하는 경우에는 피고인이 출석하지 아니하더라도 심판할 수 있으나 벌금을 선고하기 위해서는 피고인이 출석한 상태에서 심판해야 한다. (×)

14
☐☐☐
판사는 구류의 선고를 받은 피고인이 일정한 주소가 없거나 또는 도망할 염려가 있을 때에는 7일을 초과하지 아니하는 기간을 경찰서유치장(지방해양경찰서의 유치장을 포함한다)에 유치할 것을 명령할 수 있다. 다만, 이 기간은 선고기간을 초과할 수 없다. (×)

15
☐☐☐
판사는 상당한 이유가 있는 경우 개정 없이 피고인의 진술서와 경찰서장이 제출한 서류 또는 증거물에 의하여 심판할 수 있으나 피고인을 구류에 처할 경우에는 개정해야 한다. (○)

16
☐☐☐
판사는 즉결심판이 청구된 사건이 무죄·면소 또는 공소기각을 함이 명백하다고 인정할 때에는 이를 선고할 수 있다. (○)

17
☐☐☐
판사는 필요하다고 인정할 때에는 적당한 방법에 의하여 재정하는 증거에 한하여 조사할 수 있고, 사법경찰관이 작성한 피의자신문조서에 대하여 피고인이 내용을 인정하지 않더라도 증거로 사용할 수 있다. (○)

18
☐☐☐
지방법원은 그 관할에 속한 사건에 대하여 검사의 청구가 있는 때에는 공판절차 없이 약식명령으로 피고인을 벌금, 구류, 과료 또는 몰수에 처할 수 있다. (×)

19
☐☐☐
약식절차에서 자백배제법칙은 적용되지만 자백보강법칙과 전문법칙은 적용되지 않는다. (×)

20
☐☐☐
피고인이 정식재판을 청구한 사건에 대하여는 약식명령의 형보다 중한 종류의 형을 선고하지 못한다. 피고인이 정식재판을 청구한 사건에 대하여 약식명령의 형보다 중한 형을 선고하는 경우에는 판결서에 양형의 이유를 적어야 한다. (○)

21
☐☐☐
벌금형이 고지된 약식명령에 대해 피고인만이 정식재판을 청구한 경우 법원은 벌금액을 상향하여 선고할 수 있다. (○)

22
☐☐☐
약식명령에 대한 정식재판청구가 있으면 약식명령은 효력을 상실한다. (×)

23
☐☐☐
변호인이 약식명령에 대해 정식재판청구서를 제출할 것으로 믿고 피고인이 스스로 적법한 정식재판의 청구기간 내에 정식재판청구서를 제출하지 못하였다면 그것은 피고인 또는 대리인이 책임질 수 없는 사유로 인하여 정식재판의 청구기간 내에 정식재판을 청구하지 못한 때에 해당한다. (×)

24
☐☐☐
약식명령의 고지는 검사와 피고인에 대한 재판서의 송달에 의하도록 규정하고 있으므로 약식명령은 그 재판서를 피고인에게 송달함으로써 효력이 발생하고, 변호인이 있는 경우에는 반드시 변호인에게 약식명령 등본을 송달해야 한다. (×)

Chapter 18 실전익히기

01 20. 경찰1차

약식절차에 대한 설명 중 가장 적절한 것은? (다툼이 있는 경우 판례에 의함)

① 지방법원은 그 관할에 속한 사건에 대하여 검사의 청구가 있는 때에는 공판절차 없이 약식명령으로 피고인을 벌금, 구류, 과료 또는 몰수에 처할 수 있으며, 이 경우에는 추징 기타 부수의 처분을 할 수 있다.

② 변호인이 약식명령에 대해 정식재판청구서를 제출할 것으로 믿고 피고인이 스스로 적법한 정식재판의 청구기간 내에 정식재판청구서를 제출하지 못하였다면 그것은 피고인 또는 대리인이 책임질 수 없는 사유로 인하여 정식재판의 청구기간 내에 정식재판을 청구하지 못한 때에 해당한다.

③ 약식명령의 고지는 검사와 피고인에 대한 재판서의 송달에 의하도록 규정하고 있으므로 약식명령은 그 재판서를 피고인에게 송달함으로써 효력이 발생하고, 변호인이 있는 경우라도 반드시 변호인에게 약식명령 등본을 송달해야 하는 것은 아니다.

④ 피고인이 정식재판을 청구한 사건에 대하여는 약식명령의 형보다 중한 형을 선고하지 못한다.

02 21. 경찰승진

약식절차에 대한 설명으로 가장 적절하지 않은 것은? (다툼이 있는 경우 판례에 의함)

① 약식명령으로 과할 수 있는 형은 벌금, 과료, 몰수에 한정된다.

② 약식명령의 청구는 공소의 제기와 동시에 서면으로 하여야 한다.

③ 약식명령에 대한 정식재판의 청구는 제1심판결이 확정되기 전까지 취하할 수 있다.

④ 약식명령에 대한 정식재판의 청구기간은 피고인에 대한 약식명령 고지일을 기준으로 하여 기산하여야 한다.

03 18. 경찰승진

약식명령에 대한 설명 중 가장 적절하지 않은 것은? (다툼이 있는 경우 판례에 의함)

① 약식명령의 청구가 있는 경우에 그 사건이 약식명령으로 할 수 없거나 약식명령으로 하는 것이 적당하지 아니하다고 인정한 때에는 청구를 기각하여야 한다.

② 검사는 약식명령의 청구와 동시에 약식명령을 하는데 필요한 증거서류 및 증거물을 법원에 제출하여야 하고, 약식명령은 그 청구가 있은 날로부터 14일 내에 이를 하여야 한다.

③ 검사 또는 피고인은 약식명령의 고지를 받은 날로부터 7일 이내에 정식재판의 청구를 할 수 있다. 단, 피고인은 정식재판의 청구를 포기할 수 없다.

④ 정식재판의 청구가 법령상의 방식에 위반하거나 청구권의 소멸 후인 것이 명백한 때에는 결정으로 기각하여야 하고, 그 결정에 대하여는 즉시항고를 할 수 있다.

04 19. 경찰승진

즉결심판에 대한 설명으로 가장 적절하지 않은 것은?

① 판사는 사건이 즉결심판을 할 수 없거나 즉결심판절차에 의하여 심판함이 적당하지 아니하다고 인정할 때에는 결정으로 즉결심판의 청구를 기각하여야 한다.

② 즉결심판절차에 의한 심리와 재판의 선고는 공개된 법정에서 행하되, 그 법정은 경찰관서(해양경찰관서를 포함한다)에 설치되어야 한다.

③ 판사는 즉결심판이 청구된 사건이 무죄·면소 또는 공소기각을 함이 명백하다고 인정할 때에는 이를 선고·고지할 수 있다.

④ 즉결심판으로 유죄를 선고할 때에는 형, 범죄사실과 적용법조를 명시하고 피고인은 7일 이내에 정식재판을 청구할 수 있다는 것을 고지하여야 한다.

05

즉결심판절차에 관한 설명 중 가장 적절하지 않은 것은?

① 즉결심판에 있어서도 피고인의 출석은 개정요건이나 벌금 또는 과료를 선고하는 경우에는 피고인이 출석하지 아니 하더라도 심판할 수 있다.

② 판사는 개정 없이 피고인의 진술서와 경찰서장이 제출한 서류 또는 증거물에 의하여 심판할 수 있으나 이 경우 벌 금 또는 과료는 선고할 수 있지만 구류는 선고할 수 없다.

③ 즉결심판절차에 있어서는 자백배제법칙은 적용되나 자백 보강법칙은 적용되지 아니한다.

④ 판사가 사건이 즉결심판을 할 수 없다고 인정하여 즉결심 판청구 기각결정을 한 경우 경찰서장은 검사의 승인을 얻 어 정식재판을 청구할 수 있다.

Answer

01 ③ [○] 대결 2017.7.27. 2017모1577

02 ③ [×] 약식명령에 대한 정식재판의 청구는 제1심판결이 선고되기 전까지 취하할 수 있다(제454조).

03 ① [×] 약식명령의 청구가 있는 경우에 그 사건이 약식명령으로 할 수 없거나 약식명령으로 하는 것이 적당하지 아니하다고 인정한 때에는 공판절차 에 의하여 심판하여야 한다(제450조).

04 ② [×] 즉결심판절차에 의한 심리와 재판의 선고는 공개된 법정에서 행하되, 그 법정은 경찰관서(해양경찰관서를 포함한다) 외의 장소에 설치되어야 한다(즉결심판법 제7조 제1항).

05 ④ [×] 판사가 사건이 즉결심판을 할 수 없다고 인정하여 즉결심판청구를 기각하는 결정을 내린 경우 경찰서장은 지체 없이 사건을 관할지방검찰청 또는 지청의 장에게 송치하여야 한다(즉결심판법 제5조 제2항).

제3절 소년에 대한 형사절차

❶ 소년법

① 소년법은 비행소년에 대하여 그 환경의 조정과 성행의 교정에 관한 보호처분을 행하거나 또는 형사처분에 관한 특별조치를 행함으로써 소년의 건전한 육성을 기하고자 제정된 법률이다(소년법 제1조).

② 소년에 대한 형사사건도 일반형사사건과 마찬가지로 형사소송법에 의해 처리되는 것이 원칙이지만(소년법 제48조), 소년법은 인격형성의 과정에 있는 소년의 특수성을 감안하여 몇 가지 특칙을 규정하고 있다.

❷ 소 년

1. 의 의

① 소년법에서의 "소년"이란 19세 미만인 자를 말한다(소년법 제2조).

② 소년법 제60조 제2항의 적용대상인 '소년'인지의 여부도 심판시, 즉 사실심판결 선고시를 기준으로 판단되어야 한다. 20. 경찰2차

③ 이러한 법리는 '소년'의 범위를 20세 미만에서 19세 미만으로 축소한 소년법 개정법률(2007. 12. 21. 법률 제8722호로 공포되어, 2008. 6. 22.에 시행되었다)이 시행되기 전에 범행을 저지르고, 20세가 되기 전에 원심판결이 선고되었다고 해서 달라지지 아니한다(2009도2682). 10. 경찰승진

④ 소년법은 19세 미만자에 대해 보호처분이 필요한 경우 소년보호사건으로, 형사처벌이 필요한 경우 소년보호사건으로 구분하여 규율하고 있다.

2. 종 류

(1) 범죄소년

죄를 범한 소년을 말한다.

(2) 촉법소년

형벌 법령에 저촉되는 행위를 한 10세 이상 14세 미만인 소년을 말한다.

(3) 우범소년

다음의 사유가 있고 그의 성격이나 환경에 비추어 앞으로 형벌 법령에 저촉되는 행위를 할 우려가 있는 10세 이상인 소년을 말한다.
ㄱ 집단적으로 몰려다니며 주위 사람들에게 불안감을 조성하는 성벽이 있는 것
ㄴ 정당한 이유 없이 가출하는 것
ㄷ 술을 마시고 소란을 피우거나 유해환경에 접하는 성벽이 있는 것

❸ 소년형사범과 소년보호사건

① 소년법은 19세 미만인 사람에 대해 보안처분의 일종인 보호처분을 과하는 소년보호사건(소년법 제2장)과 형사처벌을 하는 소년형사사건(소년법 제3장)으로 나누어 규율하고 있다.

② 검사가 소년에 대한 피의사건을 수사한 결과 보호처분에 해당하는 사유가 있을 경우에는 사건을 관할 소년부에 송치하여 소년보호사건으로 처리하고(소년법 제49조 제1항),

③ 금고 이상의 형에 해당하는 범죄사실이 발견되고 그 동기와 죄질이 형사처분을 할 필요가 있다고 인정되면 소년형사사건으로 처리한다(소년법 즉결심판법 제1항, 제49조 제2항).

④ 촉법소년과 우범소년에 대해서는 소년보호처분만이 가능하다.

▶ **소년의 구분**

구 분	정 의				보호처분	형사처벌
범죄소년	죄를 범한 소년	10세	14세(**이상**) ⇔ 19세(**미만**)			가능
촉법소년	형벌 법령 저촉	10세(**이상**) ⇔ 14세(**미만**)		19세	가능	불가
우범소년	형벌 법령 저촉 우려	10세(**이상**)	⇔	19세(**미만**)		불가

▶ **소년사건의 처리절차**

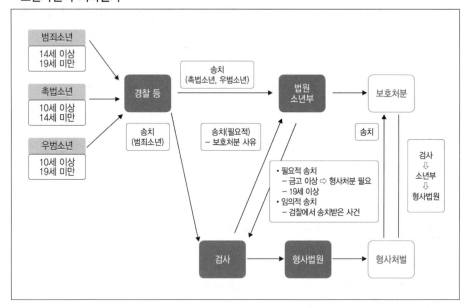

❹ 소년의 수사상 특칙

1. 경찰서장의 소년에 대한 처리(관할 소년부로의 송치)

촉법소년과 우범소년이 있을 때에는 경찰서장은 직접 관할소년부에 송치하여야 한다 (소년법 제4조 제2항). 05. 경찰3차, 09. 7급국가직, 10 · 17. 경찰2차, 11. 경찰승진, 19. 경찰간부 · 해경간부

2. 검사선의주의

소년형사사건(범죄소년)에 대한 사건이 경찰에 접수된 경우 일단 검사에게 송치되어 검사의 판단을 받아야 한다. 이를 검사선의주의라 한다.

3. 검사의 소년부송치

(1) 검사의 소년부송치

검사는 소년에 대한 피의사건을 수사한 결과 보호처분에 해당하는 사유가 있다고 인정한 경우(벌금 이하의 형에 해당하는 범죄인 경우 ×)에는 사건을 관할 소년부에 송치하여야 한다(소년법 제49조 제1항). 09. 7급국가직, 10. 경찰2차, 11. 경찰승진, 12. 경찰1차, 19. 해경간부

(2) 법원의 소년부 송치

법원은 소년에 대한 피고사건을 심리한 결과 보호처분에 해당할 사유가 있다고 인정하면 결정으로써 사건을 관할 소년부에 송치하여야 한다(소년법 제50조). 09. 7급국가직, 10. 경찰2차, 11. 경찰승진, 14 · 18. 경찰간부

(3) 소년부의 검사에의 송치

1) 필요적 송치

① 소년부는 검사가 송치한 사건을 조사 · 심리한 결과 다음의 사유에 해당하는 경우 인정할 때에는 결정으로써 사건을 관할 지방법원에 대응한 검찰청 검사에게 송치하여야 한다(소년법 제7조).
  ㉠ 금고 이상의 형에 해당하는 범죄사실이 발견된 경우에 그 동기와 죄질이 형사처분의 필요가 있다고 인정한 때 11. 경찰승진
  ㉡ 19세 이상인 것으로 판명된 때(형사법원으로부터 이송받은 사건은 제외)

2) 임의적 송치

① 소년부는 검사로부터 송치받은 사건을 조사 또는 심리한 결과 그 동기와 죄질이 금고 이상의 형사처분을 할 필요가 있다고 인정할 때에는 결정으로써 해당 검찰청 검사에게 송치할 수 있다(소년법 제49조 제2항). 10. 경찰승진, 14. 경찰간부

② 이 경우 검사는 사건을 다시 소년부에 송치할 수 없다.

⑷ 구속영장의 제한적 발부 및 구속시 분리 수용

① 소년법에 대한 형사절차에 있어서 구속영장은 부득이한 경우가 아니면 발부하지 못하며,

② 소년을 구속하는 경우에는 특별한 사정이 없으면 다른 피의자나 피고인과 분리하여 수용하여야 한다(소년법 제55조). 10. 경찰2차

4. 공소제기에 관한 특칙

⑴ 공소제기의 제한

검사는 소년 피의사건을 조사한 결과 금고 이상의 형에 해당하는 범죄사실이 발견되고 그 동기와 죄질이 형사처분을 필요로 한다고 판단한 경우에만 공소를 제기한다.

⑵ 선도조건부 기소유예

① 검사는 소년인 피의자에 대하여 1) 범죄 예방 자원봉사위원의 선도나 2) 소년의 선도, 교육과 관련된 단체, 시설에서의 상담, 교육, 활동 등의 선도 등을 받게 하고, 피의사건에 대한 공소를 제기하지 아니할 수 있다.

② 다만, 선도조건부 기소유예처분을 하기 위해서는 소년과 소년의 친권자, 후견인 등 법정대리인의 동의를 받아야 한다(소년법 제49조의3). 14. 경찰간부, 20. 경찰2차

③ 소년보호처분을 받은 사건에 대한 공소제기의 금지 등

㉠ 소년부 판사에 의하여 보호처분을 받은 사건에 대해서는 검사는 다시 공소를 제기하거나 소년부에 송치할 수 없다(소년법 제53조 본문). 15. 경찰간부

㉡ 소년보호처분을 받은 사건에 대해 공소가 제기되면 법원은 공소기각판결(제327조 제2호)로 사건을 종결하여야 한다.

㉢ 보호처분이 계속 중일 때, 사건 본인이 처분 당시 19세 이상인 것으로 밝혀진 경우에는 다시 공소를 제기할 수 있다(소년법 제53조 단서). 10. 경찰승진, 15·19. 경찰간부

㉣ 소년보호결정에 대해서는 사건 본인, 보호자, 보조인 또는 그 법정대리인만이 7일 내(3일 ×) 항고를 제기할 수 있다. 18. 경찰차 ⇨ 검사는 항고를 제기할 수 없다(소년법 제43조 제1항).

㉤ 소년심판절차에서는 검사에게 상소권이 인정되지 아니하여 소년 심판절차에서의 피해자도 상소 여부에 관하여 전혀 관여할 수 있는 방법이 없지만, 소년심판절차의 전단계에서 검사가 관여하고 있고, 소년심판절차의 1심에서 피해자 등의 진술권이 보장되고 있는 점 등을 감안할 때 이를 위헌이라 보기는 어렵다(2011헌마232).

(3) 소년보호사건의 심리개시결정과 공소시효의 정지

소년보호처분에 대한 심리개시결정이 있는 때에는 그때로부터 보호처분의 결정이 확정될 때까지 공소시효는 그 진행이 정지된다(소년법 제54조).

5. 소년의 형사절차상 특칙

(1) 소년형사사건의 처리

① 소년에 대한 형사사건에 관하여는 소년법에 특별한 규정이 없으면 일반 형사사건의 예에 따른다(소년법 제48조). ⇨ 따라서 공판절차의 정지 등의 규정도 그대로 적용된다. 11. 경찰승진

② 소년의 형사범에 대한 공판절차도 성인에 대한 공판절차와 동일하게 사건의 경중에 따라 합의부 또는 단독판사가 심리를 담당한다. ⇨ 재판장은 피고인이 소년인 형사사건에 관하여 공소제기가 있는 때에는 지체 없이 다른 사건에 우선하여 제1회 공판기일을 지정하여야 한다(규칙 제179조).

③ 소년 형사사건의 피고인은 미성년자이므로 필요국선사건에 해당하므로(제33조 제1항 제1호) 변호인이 없거나 출석하지 아니하는 때에는 법원은 국선변호인을 선정하여야 한다(제282조·제283조).

(2) 형사법원의 소년부송치

① 법원은 소년에 대한 피고사건을 심리한 결과 보호처분에 해당할 사유가 있다고 인정하면 결정으로써 사건을 관할 소년부에 송치하여야 한다(소년법 제50조).

② 이때 사건을 송치받은 소년부는 조사 또는 심리한 결과 사건의 본인이 19세 이상인 것으로 밝혀지면 결정으로써 송치한 법원에 사건을 다시 이송하여야 한다(소년법 제51조).

(3) 조사관 제도

수소법원은 소년에 대한 형사사건에 관하여 그 필요사항의 조사를 조사관에게 위촉할 수 있다(소년법 제56조).

(4) 다른 절차와 분리

① 소년에 대한 형사사건의 심리는 다른 피의사건과 관련된 경우에도 심리에 지장이 없으면 그 절차를 분리하여야 한다(소년법 제57조).

② 기타 소년에 대한 형사사건의 심리는 친절하고 온화하게 하여야 하며(동법 제58조 제1항), 그 심리에는 소년의 심신상태, 성행, 경력, 가정상황 기타 환경 등에 대하여 정확한 사실을 규명함에 특별한 유의를 하여야 한다(동조 제2항).

6. 소년의 보호절차상 특칙

(1) 소년보호사건

소년보호사건의 심리는 비공개가 원칙이다(소년법 제24조). 17. 9급국가직

(2) 임시조치

① 소년부 판사는 사건을 조사 또는 심리하는 데에 필요하다고 인정하면 소년의 감호에 관하여 결정으로써 다음의 어느 하나에 해당하는 조치를 할 수 있다(소년법 제18조 제1항).

ㄱ 보호자, 소년을 보호할 수 있는 적당한 자 또는 시설에 위탁

ㄴ 병원이나 그 밖의 요양소에 위탁

ㄷ 소년분류심사원에 위탁

② 동행된 소년 또는 소년부 송치에 따라 인도된 소년에 대하여는 도착한 때로부터 24시간 이내에 제1항의 조치를 하여야 한다(소년법 제18조 제2항).

③ 제1호(보호시설 등 위탁) 및 제2호(병원 등 위탁)의 위탁기간은 3개월을, 제3호(소년분류심사원 위탁)의 위탁기간은 1개월을 초과하지 못한다(소년법 제18조 제3항).
⇨ 다만, 특별히 계속 조치할 필요가 있을 때에는 한 번에 한하여 결정으로써 연장할 수 있다.

④ 제1호(보호시설 등 위탁) 및 제2호(병원 등 위탁)의 조치를 할 때에는 보호자 또는 위탁받은 자에게 소년의 감호에 관한 필요 사항을 지시할 수 있다(소년법 제18조 제4항).

⑤ 소년부 판사는 임시조치의 결정을 하였을 때에는 소년부 법원서기관·법원사무관·법원주사·법원주사보, 소년분류심사원 소속 공무원, 교도소 또는 구치소 소속 공무원, 보호관찰관 또는 사법경찰관리에게 그 결정을 집행하게 할 수 있다(소년법 제18조 제5항).

⑥ 임시조치는 언제든지 결정으로써 취소하거나 변경할 수 있다(소년법 제18조 제6항).

⑦ 제3호(소년분류심사원 위탁)의 조치가 있었을 때에는 그 위탁기간은 판결선고 전 구금일수로 본다. 20. 경찰2차

7. 소년에 대한 양형상의 특칙

(1) 사형 또는 무기의 완화

① 죄를 범할 때에 18세 미만인 소년에 대하여는 사형 또는 무기형에 처할 것인 때에는 15년의 유기징역으로 한다(소년법 제59조). 04·11. 경찰승진, 05. 경찰3차, 13. 법원

② 이때 사형 또는 무기형은 법정형이 사형 또는 무기형인 경우를 의미하는 것이 아니라 처단형을 의미한다(86도2314).

(2) 부정기형

1) 부정기형 선고의 요건(재판시 소년인 경우)

① 소년이 법정형 장기 2년 이상의 유기형에 해당하는 죄를 범한 때에는 그 형의 범위 안에서 장기와 단기를 정하여 선고한다. 13. 법원, 18. 경찰간부 ⇨ 다만, 장기는 10년, 단기는 5년을 초과하지 못한다(소년법 제60조 제1항). 03·11. 경찰승진, 13. 법원, 15·18. 경찰간부

② 집행유예, 형의 선고유예를 선고할 때에는 부정기형을 선고하지 않는다. 01. 101단2차, 05. 경찰3차, 10·11. 경찰승진, 18. 경찰간부 ⇨ 소년피고인에 대하여도 형의 집행유예, 선고유예를 선고할 수 있다(소년법 제60조 제3항). 17. 경찰2차, 18. 경찰간부

2) 소년의 기준시점(사실심 판결선고시)

① 소년인지를 판단하는 최종시점은 사실심리가 가능한 최후시점인 사실심판결선고시를 기준으로 한다. 03·04. 경찰승진

② 따라서 소년이었던 피고인이 제1심판결 선고시에 성년에 이를 경우에는 부정기형을 선고할 수 없고(75도72), 항소심의 판결시에 성년자가 된 때에도 부정기형을 선고할 수 없다(90도539).

③ 항소심판결 선고 당시 미성년이었던 피고인이 상고 이후에 성년이 되었다고 하여 항소심의 부정기형의 선고가 위법이 되는 것은 아니다(97도3421). 16. 법원, 17. 경찰2차·7급국가직

④ 항소심 계속 중 소년이 성년(19세)이 된 경우, 항소심판결이 불이익변경금지의 원칙에 위배되는지의 기준은 제1심판결의 단기와 항소심판결의 정기형을 비교, 결정하여야 한다(69도114).

3) 환형처분의 금지(재판시 18세 미만)

① 18세 미만인 소년에 대하여 벌금 또는 과료를 선고하는 경우에는 벌금액 또는 과료액의 미납에 대비한 노역장유치의 선고를 하지 못한다(소년법 제62조 본문). 13. 법원, 14. 경찰간부, 17. 경찰2차 ⇨ 18세 미만의 소년에 대해 노역장유치의 선고를 한 판결이 확정되었다고 하더라도 집행할 수 없다. 18. 법원

② 소년에 대해서도 벌금형 선고가 가능하다. 다만, 환형유치가 불가능할 뿐이다.

③ 다만, 판결선고 전에 구속되었거나 보호사건의 조사, 심리를 위하여 소년분류심사원에 위탁되었던 경우에는 그 구속 또는 위탁의 기간에 해당하는 기간은 노역장에 유치된 것으로 보아 미결구금일수에 통산할 수 있다(소년법 제62조 단서).

8. 소년에 대한 형의 집행

(1) 형의 집행

① 보호처분의 계속 중에 징역, 금고 또는 구류의 선고를 받은 소년에 대하여는 먼저 그 형을 집행한다(소년법 제64조). 15·19. 경찰간부

OX 소년피고인에 대하여는 형의 집행유예가 허용되지 않는다. (○, ×) 17. 경찰2차

OX 소년 피고인에 대해서도 형의 집행유예나 선고유예를 선고할 수 있고, 이 경우에는 부정기형도 선고할 수 있다. (○, ×) 18. 경찰간부

OX 소년이 법정형으로 장기 2년 이상의 유기형에 해당하는 죄를 범한 경우에는 그 형의 범위에서 장기와 단기를 정하여 선고한다. 다만, 장기는 10년, 단기는 5년을 초과하지 못한다. (○, ×) 18. 경찰간부

기출 키워드 체크

소년이 법정형으로 장기 _____년 이상의 유기형에 해당하는 죄를 범한 경우에는 그 형의 범위에서 장기와 단기를 정하여 선고한다. 다만, 장기는 _____년, 단기는 _____년을 초과하지 못한다.

OX 항소심판결 선고 당시 미성년이었던 피고인이 상고 이후에 성년이 되었다고 하여 항소심의 부정기형의 선고가 위법이 되는 것은 아니다. (○, ×) 16. 법원

OX 항소심판결 당시 피고인이 미성년이었으나 상고심 계속 중에 성년이 된 경우 항소심의 부정기형 선고는 위법이 된다. (○, ×) 17. 경찰2차

기출 키워드 체크

상고심은 _____ 판결 당시를 기준으로 하여 그 당부를 심사해야 하므로 _____ 판결 선고 당시 미성년이었던 피고인이 상고 이후에 성년이 되었다고 하여 _____의 부정기형의 선고가 위법이 되는 것은 아니다.

OX 18세 미만의 소년피고인에 대해서도 원칙적으로 벌금형의 환형유치는 허용된다. (○, ×) 17. 경찰2차

Answer
기출 키워드 체크
2, 10, 5
항소심, 항소심, 항소심
OX
×, ×, ○, ○, ×, ×

② 징역 또는 금고의 선고를 받은 소년에 대하여는 특히 설치된 교도소 또는 일반교도소 내에 특히 분리된 장소에서 형을 집행한다. ⇨ 다만, 소년이 형의 집행 중에 23세에 달한 때에는 일반교도소에서 집행할 수 있다(소년법 제63조). 20. 경찰2차

(2) 가석방

징역 또는 금고의 선고를 받은 소년에 대하여는 다음의 기간이 경과하면 가석방을 허가할 수 있다(소년법 제65조). 05. 경찰3차, 10 · 11. 경찰승진, 15. 경찰간부

㉠ 무기형의 경우에는 5년
㉡ 15년의 유기형의 경우에는 3년
㉢ 부정기형의 경우에는 단기의 3분의 1

(3) 보호관찰

① 법원이 성폭력범죄를 범한 사람에 대하여 형의 선고를 유예하는 경우에는 1년 동안 보호관찰을 받을 것을 명할 수 있다.

② 성폭력범죄를 범한 소년에 대하여 형의 선고를 유예하는 경우에는 반드시 보호관찰을 명하여야 한다(성폭력범죄의 처벌 등에 관한 특례법 제16조 제1항). 10. 경찰승진, 18. 경찰간부

(4) 자격에 관한 법령의 적용

① 소년이었을 때 범한 죄에 의하여 형의 선고 등을 받은 자에 대하여 다음의 경우 자격에 관한 법령을 적용할 때 장래에 향하여 형의 선고를 받지 아니한 것으로 본다(소년법 제67조 제1항).

㉠ 형을 선고받은 자가 그 집행을 종료하거나 면제받은 경우
㉡ 형의 선고유예나 집행유예를 선고받은 경우

② 다만, 형의 선고유예가 실효되거나 집행유예가 실효·취소된 때에는 그 때에 형을 선고받은 것으로 본다(소년법 제67조 제2항).

▶ 소년보호사건과 소년형사사건의 비교

구 분	소년보호사건	소년형사사건
제 재	보호처분	형벌
대 상	범죄소년, 촉법소년, 우범소년	범죄소년
개 시	(경찰서장 등, 검사, 법원) 송치	(검사) 공소제기
공 개	비공개 원칙 17. 9급국가직	공개 원칙
기판력	×(재기소시 ⇨ 공소기각판결)	○

기출 키워드 체크
징역 또는 금고의 선고를 받은 소년에 대하여는 무기형은 _____년, 15년의 유기형은 _____년, 부정기형에는 _____기간을 경과하면 가석방을 허가할 수 있다.

OX 성폭력범죄를 범한 소년법상 소년에 대하여 형의 선고를 유예하는 경우에는 반드시 보호관찰을 명하여야 한다. (○, ×) 18. 경찰간부

관련 판례 소년범 중 형의 집행이 종료되거나 면제된 자에 한하여 자격에 관한 법령의 적용에 있어 장래에 향하여 형의 선고를 받지 아니한 것으로 본다고 규정한 구 소년법 제67조는 평등원칙에 위반된다(헌법재판소 2018. 1.25. 선고 2017헌가7·12·13).

Answer
기출 키워드 체크
10, 3, 장기의 3분의 1
OX
○

01 18세 미만의 소년피고인에 대해서도 원칙적으로 벌금형의 환형유치는 허용된다. (×)
□□□

02 소년피고인에 대하여는 형의 집행유예가 허용되지 않는다. (×)
□□□

03 항소심판결 당시 피고인이 미성년이었으나 상고심 계속 중에 성년이 된 경우 항소심의 부정기형 선고는 위법이
□□□ 된다. (×)

04 형벌법령에 저촉되는 행위를 한 10세 이상 14세 미만의 소년이 있는 때 경찰서장은 직접 관할 소년부에 송치하여
□□□ 야 한다. (○)

05 소년에 대한 형사사건의 심리는 공개하지 아니하나, 법원은 적당하다고 인정하는 자에게 참석을 허가할 수 있다. (×)
□□□

06 정식재판청구기간을 도과한 약식명령에 기하여 피고인을 노역장에 유치한 후 정식재판청구권회복결정에 따라 사
□□□ 건을 공판절차에 의하여 심리하는 경우, 법원은 노역장유치기간을 미결구금일수로 보아 이를 본형에 산입할 수
있다. (×)

07 판결선고 후 판결확정 전 구금일수는 판결선고 당일의 구금일수를 포함하여 전부를 본형에 산입한다. (○)
□□□

08 기피신청에 의하여 소송진행이 정지된 기간은 미결구금일수에 산입되지 않는다. (×)
□□□

09 피고인에 대한 감정유치기간은 미결구금일수에 산입되지 않는다. (×)
□□□

제4절 형사조정절차

❶ 의 의

① 형사조정절차란 형사조정위원회의 조정에 의하여 피의자와 범죄피해자 사이의 공정하고 원만한 화해와 범죄피해자가 입은 피해의 실질적인 회복을 도모하는 제도를 말한다.

② 형사조정절차는 수사단계에서의 화해와 피해회복제도라는 점에서 공판절차에서 행해지는 배상명령절차나 화해제도와 구별된다.

❷ 대상사건

① 형사조정에 회부할 수 있는 형사사건의 구체적인 범위는 대통령령으로 정한다.

② 다만, 피의자가 도주하거나 증거를 인멸할 염려가 있는 경우, 공소시효의 완성이 임박한 경우, 기소유예처분의 사유에 해당하는 경우를 제외한 불기소처분의 사유에 해당함이 명백한 경우에는 형사조정에 회부하여서는 아니 된다(범죄피해자 보호법 제41조 제2항).

❸ 절 차

1. 검사의 형사조정 회부

검사는 피의자와 범죄피해자(이하 "당사자"라 한다) 사이에 형사분쟁을 공정하고 원만하게 해결하여 범죄피해자가 입은 피해를 실질적으로 회복하는 데 필요하다고 인정하면 당사자의 신청 또는 직권으로 수사 중인 형사사건을 형사조정에 회부할 수 있다(범죄피해자 보호법 제41조 제1항).

2. 형사조정위원회

① 검사가 회부한 형사조정을 담당하기 위하여 각급 지방검찰청 및 지청에 형사조정위원회를 둔다.

② 형사조정위원회는 2명 이상의 형사조정위원으로 구성한다.

③ 형사조정위원은 형사조정에 필요한 법적 지식 등 전문성과 덕망을 갖춘 사람 중에서 관할 지방검찰청 또는 지청의 장이 미리 위촉한다(범죄피해자 보호법 제3항).

3. 형사조정

(1) 절차의 진행과 이해관계인의 참여

① 형사조정위원회는 당사자 사이의 공정하고 원만한 화해와 범죄피해자가 입은 피해의 실질적인 회복을 위하여 노력하여야 한다(범죄피해자 보호법 제43조 제1항).

② 형사조정위원회는 형사조정이 회부되면 지체 없이 형사조정절차를 진행하여야 한다(동조 제2항).

③ 형사조정위원회는 필요하다고 인정하면 형사조정의 결과에 이해관계가 있는 사람의 신청 또는 직권으로 이해관계인을 형사조정에 참여하게 할 수 있다(동조 제3항).

(2) 관련자료의 송부, 제출, 열람

① 형사조정위원회는 형사사건을 형사조정에 회부한 검사에게 해당 형사사건에 관하여 당사자가 제출한 서류, 수사서류 및 증거물 등 관련 자료의 사본을 보내줄 것을 요청할 수 있다.

② 이 요청을 받은 검사는 그 관련 자료가 형사조정에 필요하다고 판단하면 형사조정위원회에 보낼 수 있다.

③ 다만, 당사자 또는 제3자의 사생활의 비밀이나 명예를 침해할 우려가 있거나 수사상 비밀을 유지할 필요가 있다고 인정하는 부분은 제외할 수 있다(동조 제2항).

④ 당사자는 해당 형사사건에 관한 사실의 주장과 관련된 자료를 형사조정위원회에 제출할 수 있다(동조 제3항).

⑤ 형사조정위원회는 자료의 제출자 또는 진술자의 동의를 받아 그 자료를 상대방 당사자에게 열람하게 하거나 사본을 교부 또는 송부할 수 있다(동조 제4항).

(3) 절차의 종료

① 형사조정위원회는 조정기일마다 형사조정의 과정을 서면으로 작성하고, 형사조정이 성립되면 그 결과를 서면으로 작성하여야 한다(범죄피해자 보호법 제45조 제1항).

② 형사조정위원회는 조정과정에서 증거위조나 거짓 진술 등의 사유로 명백히 혐의가 없는 것으로 인정하는 경우에는 조정을 중단하고 담당 검사에게 회송하여야 한다(동조 제2항).

③ 형사조정위원회는 형사조정절차가 끝나면 그 과정과 결과에 대한 서면을 붙여 해당 형사사건을 형사조정에 회부한 검사에게 보내야 한다(동조 제3항).

(4) 형사조정 성립의 효과

① 검사는 형사사건을 수사하고 처리할 때 형사조정 결과를 고려할 수 있다.

② 다만, 형사조정이 성립되지 아니하였다는 사정을 피의자에게 불리하게 고려하여서는 아니 된다(동조 제4항).

제5절 배상명령제도

❶ 의 의

① 배상명령절차란 법원이 피고인에게 피고사건의 범죄행위로 인하여 피해자에게 발생한 손해를 배상할 것을 명하는 절차를 말한다.

② 배상명령절차의 취지는 간편하고 신속한 피해자의 피해회복에 있다. 18. 경찰간부 ⟹ 배상명령제도는 피해자로 하여금 번잡한 민사소송을 거치지 않고 형사판결에 의하여 신속한 손해배상을 받게 하기 위한 제도이다.

❷ 요 건

1. 대 상

(1) 대상범죄의 제한

① 배상명령을 할 수 있는 피고사건은 제1심 또는 제2심 형사공판절차에서 다음의 죄에 대한 유죄판결을 선고하는 경우에 한한다(소송촉진법 제25조 제1항).

㉠ 상해죄·중상해죄·상해치사와 존속폭행을 제외한 폭행치사상(존속폭행치사상죄 제외) 11. 경찰승진, 12. 경찰1차, 과실치사상죄

㉡ 절도와 강도의 죄, 사기와 공갈의 죄, 횡령과 배임의 죄, 손괴의 죄 및

㉢ 성폭력특별법상 업무상위력추행, 공중밀집장소추행, 통신매체이용음란, 카메라 등 이용촬영 및 그 미수범

㉣ 아동·청소년의 성보호에 관한 법률 제9조(성매수행위 등), 제11조(아동·청소년에 대한 성매매강요 등)에 규정된 죄

② 피고인과 피해자 사이에 합의된 손해배상액에 관하여는 이들 범죄 이외의 피고사건에 대하여도 배상명령을 할 수 있다(동조 제2항). 07. 경찰승진 ⟹ 피고인이 재판과정에서 배상신청인과 민사적으로 합의하였다는 내용의 합의서를 제출하였고, 합의서 기재 내용만으로는 배상신청인이 변제를 받았는지 여부 등 피고인의 민사책임에 관한 구체적인 합의 내용을 알 수 없다면, 사실심법원으로서는 배상신청인이 처음 신청한 금액을 바로 인용할 것이 아니라 구체적인 합의 내용에 관하여 심리하여 피고인의 배상책임의 유무 또는 그 범위에 관하여 살펴보는 것이 합당하다(2013도9616). 20. 경찰2차

(2) 유죄판결

① 배상명령은 유죄판결을 선고할 경우에만 가능하다(소송촉진법 제25조 제1항). 09. 9급국가직, 12. 경찰3차·경찰승진, 13. 경찰1차

② 따라서 피고사건에 대하여 무죄, 면소, 공소기각의 재판을 할 경우에는 배상명령을 할 수 없다. 13. 경찰1차, 13·16. 법원, 15. 지능특채, 18. 경찰간부

OX 배상명령은 제1심 또는 제2심의 형사사건으로 유죄판결을 선고하는 경우 및 면소판결을 선고하는 경우에 가능하다. (○, ×) 13. 경찰1차

Answer
OX
×

(3) 공판절차

배상명령제도는 공판절차를 거친 경우에만 허용되고, 즉결심판 청구의 경우와 같이 공판절차를 거치지 않는 경우에는 허용되지 아니한다.

2. 범 위

① 배상명령은 피고사건의 범죄행위로 인하여 발생한 직접적인 물적 피해, 치료비 손해 및 위자료의 배상에 한정된다(소송촉진법 제25조 제1항). 07. 경장, 09. 9급국가직, 12. 경찰승진, 13. 경찰1차, 15. 지능특채, 18. 경찰간부

② 따라서 간접적 손해나, 일실이익, 기대이익의 상실 등은 배상명령의 범위에서 제외된다. 10·13. 법원

3. 불허사유

① 법원은 다음의 사유가 있으면 배상명령을 할 수 없다(소송촉진법 제25조 제3항). 15. 경찰간부

   ㉠ 피해자의 성명, 주소가 분명하지 아니한 때
   ㉡ 피해금액이 특정되지 아니한 때
   ㉢ 피고인의 배상책임의 유무 또는 그 범위가 명백하지 아니한 때
   ㉣ 배상명령으로 인하여 공판절차가 현저히 지연될 우려가 있거나 형사소송절차에서 배상명령을 함이 상당하지 아니하다고 인정한 때

② 피해자가 이미 그 재산상 피해 회복에 관한 집행권원을 가지고 있는 경우에는 별도 배상명령신청의 이익이 없다(82도1217). 10. 경찰승진

③ 상대방을 기망하여 매매계약을 체결하고 금원을 편취한 경우, 피해자가 피고인과의 매매계약을 기망에 의한 의사표시를 이유로 취소 또는 해제하지 않으면 특단의 사정이 없는 한, 대금 전액 상당의 손해배상을 구할 수 없다(85도1765). 10. 경찰승진

❸ 절 차

1. 직권에 의한 배상명령

① 배상명령은 법원의 직권에 의해서도 가능하다(소송촉진법 제25조 제1항). 11. 경찰승진, 11·15·16. 법원, 12. 경찰3차, 13. 경찰1차

② 이 경우에도 피고인에게 배상책임의 유무와 범위를 설명하고 의견을 진술할 기회를 주어야 한다.

2. 신청에 의한 배상명령

(1) 배상신청 대상 사건 통지

검사는 제25조 제1항에 규정된 죄로 공소를 제기한 경우에는 지체 없이 피해자 또는 그 법정대리인(피해자가 사망한 경우에는 그 배우자, 직계친족, 형제자매를 포함한다)에게 배상신청을 할 수 있음을 통지하여야 한다(소송촉진법 제25조의2). 13. 경찰1차, 16. 경찰간부

(2) 배상명령 신청

1) 신청권자

① 피해자나 그 상속인은 배상명령을 신청할 수 있다(동법 제25조 제1항). 21. 9급국가직 · 9급개론

② 피해자는 법원의 허가를 받아 그의 배우자, 직계혈족 또는 형제자매에게 배상신청에 관하여 소송행위를 대리하게 할 수 있다(동법 제27조 제1항).

③ 이미 피해의 회복에 관한 채무명의를 가지고 있는 경우에는 이와 별도로 배상명령신청을 할 이익이 없다(82도1217). 10 · 11. 경찰승진

2) 신청의 방법

① 피해자는 제1심 또는 제2심 공판의 변론이 종결될 때까지 사건이 계속된 법원에 피해배상을 신청할 수 있다. 10 · 13 · 16. 법원, 13. 경찰1차, 18. 경찰간부

② 이 경우 신청서에 인지를 붙이지 아니한다(동법 제26조 제1항). 12. 법원

③ 상고심에서는 배상신청이 허용되지 않는다.

④ 피해자는 배상신청을 할 때에는 신청서와 상대방 피고인 수만큼의 신청서 부본을 제출하여야 하고(동조 제2항), 법원은 지체 없이 그 신청서 부본을 피고인에게 송달하여야 한다.

⑤ 신청서에는 필요한 증거서류를 첨부할 수 있다.

⑥ 그러나 피해자가 증인으로 법정에 출석한 경우에는 말로써 배상을 신청할 수 있다. 10 · 16. 법원 ⇨ 이때에는 공판조서에 신청의 취지를 적어야 한다(동조 제5항).

3) 신청의 효과

① 배상신청은 민사소송에서의 소의 제기와 동일한 효력이 있다(동조 제8항). 03. 경찰3차, 11. 법원

② 따라서 피해자는 피고사건의 범죄행위로 인하여 발생한 피해에 관하여 다른 절차에 따른 손해배상청구가 법원에 계속 중일 때에는 배상신청을 할 수 없다(동조 제7항). 11. 법원 · 경찰승진, 20. 경찰간부

③ 신청인은 배상명령이 확정되기 전까지는 언제든지 배상신청을 취하할 수 있다(동조 제6항).

⑶ 심리의 방법

1) 신청인 등의 참여

① 법원은 배상신청이 있을 때에는 신청인에게 공판기일을 알려야 한다(소송촉진법 제29조 제1항). 11·13. 법원, 13. 경찰1차, 16·18. 경찰간부, 19. 해경간부

② 신청인은 공판정에 출석할 권리를 가지지만, 신청인이 공판기일을 통지받고도 출석하지 아니하였을 때에는 신청인의 진술 없이 재판할 수 있다(동조 제2항). 11·12·13. 법원, 12. 경찰3차, 13. 경찰1차, 15. 지능특채, 16. 경찰간부, 19. 해경간부

③ 신청인 및 그 대리인은 공판절차를 현저히 지연시키지 아니하는 범위에서 재판장의 허가를 받아 소송기록을 열람할 수 있고, 공판기일에 피고인이나 증인을 신문할 수 있으며, 그 밖에 필요한 증거를 제출할 수 있다(소송촉진법 제30조 제1항). 13. 경찰1차, 20. 경찰간부

④ 이러한 허가를 하지 아니한 재판에 대하여는 불복을 신청하지 못한다(동조 제2항). 13. 경찰1차

⑤ 피고인의 변호인은 배상신청에 관하여 피고인의 대리인으로서 소송행위를 할 수 있다(소송촉진법 제27조 제2항).

2) 직권증거조사

① 법원은 필요한 때에는 언제든지 피고인의 배상책임 유무와 그 범위를 인정함에 필요한 증거를 조사할 수 있다(소송촉진 등에 관한 특례규칙 제24조 제1항). ⇨ 배상책임의 유무 및 그 범위는 법원이 직권으로 조사하고, 피고인이 이를 입증하여야 하는 것은 아니다. 20. 경찰간부

② 법원은 피고사건의 범죄사실에 관한 증거를 조사할 경우 피고인의 배상책임 유무와 그 범위에 관련된 사실을 함께 조사할 수 있다(동조 제2항).

③ 피고사건의 범죄사실을 인정할 증거는 피고인의 배상책임 유무와 그 범위를 인정할 증거로 할 수 있고(동조 제3항), 이 증거 이외의 증거를 조사할 경우 증거조사의 방식 및 증거능력에 관하여는 '형사소송법'의 관계규정에 의한다(동조 제4항).

❹ 배상명령신청에 대한 재판

1. 배상신청의 각하

① 법원은 배상신청이 적법하지 아니한 경우, 배상신청이 이유 없다고 인정되는 경우, 배상명령을 하는 것이 타당하지 아니하다고 인정되는 경우에는 결정으로 배상신청을 각하하여야 한다(소송촉진법 제32조 제1항). 10. 법원

② 피고인의 배상책임의 유무 또는 그 범위가 명백하지 아니한 경우에는 배상신청을 각하하여야 한다(96도945). 10. 경찰승진, 16. 경찰간부

OX 법원은 배상신청이 있을 때에는 신청인에게 공판기일을 알려야 하며, 신청인이 공판기일을 통지받고도 출석하지 아니한 경우에는 제1회에 한하여 반드시 다시 공판기일을 정하여 통지하여야 한다. (○, ×) 13. 경찰1차

OX 배상명령의 신청인은 공판절차를 현저히 지연시키지 아니하는 범위에서 재판장의 허가를 받아 소송기록을 열람할 수 있다. 이때 법원의 허가를 받지 못한 때에는 불복신청이 가능하다. (○, ×) 13. 경찰1차

Answer

OX

×, ×

③ 유죄판결의 선고와 동시에 각하결정을 할 때에는 이를 유죄판결의 주문에 표시할 수 있다(동조 제2항). 20. 경찰간부

2. 배상명령의 선고

① 상명령은 유죄판결의 선고와 동시에 하여야 한다(동법 제31조 제1항).
긴급을 요하는 경우라도 유죄판결선고 이전에 할 수 없다. 19. 해경간부
무죄, 면소, 공소기각재판을 할 경우에는 배상명령을 할 수 없다. 19. 해경간부

② 배상명령은 일정액의 금전 지급을 명함으로써 하고 배상의 대상과 금액을 유죄판결의 주문에 표시하여야 하지만, 배상명령의 이유는 특히 필요하다고 인정되는 경우가 아니면 적지 아니한다(동조 제2항).

③ 배상명령은 가집행할 수 있음을 선고할 수 있다(동조 제3항). 03. 경찰3차, 19. 해경간부, 20. 경찰간부

④ 배상명령을 하였을 때에는 유죄판결서의 정본을 피고인과 피해자에게 지체 없이 송달하여야 한다(동조 제5항).

⑤ 배상명령의 절차비용은 특별히 그 비용을 부담할 자를 정한 경우를 제외하고는 국고의 부담으로 한다(동법 제35조).

3. 불 복

(1) 신청인의 불복(×)

① 배상신청을 각하하거나 그 일부를 인용한 재판에 대하여 신청인은 불복을 신청하지 못하며 다시 동일한 배상신청을 할 수 없다(동법 제32조 제3항). 03. 경찰3차, 09. 9급 국가직, 12. 경찰1차, 13. 법원, 16. 경찰간부, 20. 경찰2차

② 그러나 별도로 민사소송을 통한 손해배상청구는 할 수 있다.

(2) 피고인의 불복

1) 유죄판결에 대한 상소

① 유죄판결에 대한 상소가 제기된 경우에는 배상명령은 피고사건과 함께 상소심으로 이심된다. ⇨ 상소를 제기한 자는 피고인 검사를 불문한다.

② 상소심에서 원심의 유죄판결을 항소심이 제1심의 공소기각판결이 법령에 위반됨을 이유로 파기할 경우 본안에 들어가 심리한 후 피고인에게 유죄를 선고하는 판결을 할 것이 아니라 제1심법원에 환송하는 판결을 선고해야 한다. 파기하고 피고사건에 대하여 무죄·면소·공소기각의 재판을 할 때에는 원심의 배상명령을 취소하여야 한다(제33조 제2항). 20. 경찰2차

ⓐ 이 경우 상소심에서 원심의 배상명령을 취소하지 아니한 경우에는 그 배상명령을 취소한 것으로 본다. 04. 법원

ⓑ 다만, 원심에서 피고인과 피해자 사이에 합의된 손해배상액에 따라 배상명령을 하였을 때에는 취소할 수 없다.

③ 상소심에서 원심판결을 유지하는 경우에도 원심의 배상명령을 취소하거나 변경할 수 있다. 12. 경찰3차

2) 즉시항고

① 피고인은 유죄판결에 대하여 상소를 제기하지 아니하고 배상명령에 대하여만 상소 제기기간(7일)에 형사소송법에 따른 즉시항고를 할 수 있다. 09. 9급국가직, 10. 경찰2차, 10·11. 경찰승진, 11. 법원, 13. 경찰1차, 15. 지능특채

② 다만, 즉시항고 제기 후 상소권자의 적법한 상소가 있는 경우에는 즉시항고는 취하된 것으로 본다(동조 제5항). 10. 경찰승진 ⇨ 여기의 상소권자에 검사는 포함되지 않는다. 검사는 민사상 손해배상의 문제인 배상명령 사건에서는 당사자가 될 수 없기 때문이다.

❺ 배상명령의 효력

1. 집행력

① 확정된 배상명령 또는 가집행선고가 있는 배상명령이 기재된 유죄판결서의 정본은 '민사집행법'에 따른 강제집행에 관하여는 집행력 있는 민사판결 정본과 동일한 효력이 있다(소송촉진법 제34조 제1항). 03. 경찰3차, 15. 법원, 20. 경찰2차

② 따라서 배상명령이 확정된 경우 피해자는 그 인용된 금액의 범위에서 다른 절차에 따른 손해배상을 청구할 수 없지만(동조 제2항), 12. 경찰승진
인용금액을 초과하는 부분에 대해서는 별소를 제기할 수 있다.

2. 청구에 대한 이의의 소

① 지방법원이 민사지방법원과 형사지방법원으로 분리 설치된 경우에 배상명령에 따른 청구에 관한 이의의 소는 형사지방법원의 소재지를 관할하는 민사지방법원을 제1심 판결법원으로 한다(동조 제3항).

② 청구에 대한 이의의 주장은 그 원인이 변론종결 전에 생긴 때에도 할 수 있다(동조 제4항, 민사집행법 제44조 제2항).

OX 피고인은 유죄판결에 대하여 상소를 제기함이 없이 배상명령에 대해서만 상소제기 기간 내에 형사소송법 규정에 따른 즉시항고를 할 수 있다. (○, ×) 21. 경찰간부

OX 피고인은 배상명령에 대해서만 즉시항고할 수 없다. (○, ×) 13. 경찰1차

기출 키워드 체크
피고인은 유죄판결에 대하여 상소를 제기함이 없이 배상명령에 대해서만 상소제기 기간내에 형사소송법 규정에 따른 _____를 할 수 있다.

기출 키워드 체크
확정된 배상명령이 기재된 유죄판결서의 정본은 집행력 있는 _____ 정본과 동일한 효력이 있다.

Answer
기출 키워드 체크
즉시항고
민사판결
OX
○, ×

제6절 범죄피해자구조제도

❶ 의 의

① 범죄피해자구조제도란 범죄행위로 인하여 생명·신체에 대한 피해를 입은 국민이 국가로부터 구조를 받을 수 있는 제도를 말한다.

② 헌법 제30조는 범죄피해자구조제도를 국민의 기본권으로 보장하고 있고, 이에 근거하여 제정된 것이 '범죄피해자 보호법'이다.

❷ 범죄피해자의 범위

① '범죄피해자 보호법'에서의 범죄피해자란 타인의 범죄행위로 피해를 당한 사람과 그 배우자(사실상의 혼인관계를 포함한다), 직계친족 및 형제자매를 말한다(동법 제3조 제1항 제2호).

② 이 외에 범죄피해의 방지 및 범죄피해자 구조활동으로 피해를 당한 사람도 범죄피해자로 본다(동조 제2항).

❸ 범죄피해자구조의 요건

1. 구조의 대상

대한민국 영역 안이나 대한민국 선박 또는 항공기 내에서 발생한 "생명 또는 신체를 해하는 죄"로 인하여 피해자가 사망하거나 장해 또는 중상해를 입은 경우가 대상이 된다.

2. 적용 제외

① 형법상의 정당행위나 정당방위에 해당하여 처벌되지 아니하는 행위

② 과실에 의한 행위로 인한 경우

3. 가해자 요건(제16조)

① 구조피해자가 피해의 전부 또는 일부를 배상받지 못하는 경우(가해자가 무자력이 아니어도 무방)

② 자기 또는 타인의 형사사건의 수사 또는 재판에 있어서 고소, 고발 등 수사단서의 제공, 진술, 증언 또는 자료제출과 관련하여 피해자로 된 때

4. 미지급 사유(제19조)

(1) 전부 미지급 사유

① 긴밀한 친족관계가 있는 경우 : 가해자와 부부(사실상의 혼인관계를 포함), 직계혈족, 4촌 이내의 친족, 동거친족

② 가해 범죄행위와의 관련성이 있는 경우

   ㉠ 해당 범죄행위를 교사 또는 방조하는 행위

   ㉡ 과도한 폭행, 협박 또는 중대한 모욕 등 해당 범죄행위를 유발하는 행위 15. 경찰간부

   ㉢ 해당 범죄행위와 관련하여 현저하게 부정한 행위

   ㉣ 해당 범죄행위를 용인하는 행위

   ㉤ 집단적 또는 상습적으로 불법행위를 행할 우려가 있는 조직에 속하는 행위(다만, 그 조직에 속하고 있는 것이 해당 범죄피해를 당한 것과 관련이 없다고 인정되는 경우는 제외한다)

   ㉥ 범죄행위에 대한 보복으로 가해자 또는 그 친족이나 그 밖에 가해자와 밀접한 관계가 있는 사람의 생명을 해치거나 신체를 중대하게 침해하는 행위

(2) 일부 미지급 사유

① 기타친족 : 전부미지급 사유가 되는 친족관계 이외의 기타 친족관계인 자

② 가해범죄를 유발하거나 가해범죄에 가공한 경우

   ㉠ 폭행·협박 또는 모욕 등 해당 범죄행위를 유발하는 행위

   ㉡ 해당 범죄피해의 발생 또는 증대에 가공한 부주의한 행위 또는 부적절한 행위

(3) 구조금의 임의적 미지급

① 구조 피해자 또는 그 유족과 가해자 사이의 관계, 그 밖의 사정을 고려하여 구조금의 전부 또는 일부를 지급하는 것이 사회통념에 위배된다고 인정될 때에는 구조금의 전부 또는 일부를 지급하지 아니할 수 있다(동법 제19조 제6항).

② 동법 제1항부터 제6항까지(미지급 사유)의 규정에도 불구하고 구조금을 지급하지 아니하는 것이 사회통념에 위배된다고 인정할 만한 특별한 사정이 있는 경우에는 구조금의 일부를 지급할 수 있다(동조 제7항).

④ 범죄피해구조금의 신청과 지급

1. 관할기관

① 구조금 지급에 관한 사항을 심의·결정하기 위하여 각 지방검찰청에 범죄 피해구조심의회(지구심의회)를 두고 법무부에 범죄피해구조본부심의회(본부심의회)를 둔다.

② 지구심의회는 설치된 지방검찰청 관할 구역(지청이 있는 경우에는 지청의 관할 구역을 포함한다)의 구조금 지급에 관한 사항을 심의·결정한다(동법 제24조).

③ 구조금을 받으려는 사람은 법무부령으로 정하는 바에 따라 그 주소지, 거주지 또는 범죄 발생지를 관할하는 지구심의회에 신청하여야 한다(동법 제25조 제1항).

2. 신청기간

지급신청은 범죄피해발생을 안 날부터 3년, 범죄피해가 발생한 날부터 10년 내 지방검찰청산하 범죄피해구조심의회에 청구한다(동법 제25조 제2항).

3. 지급결정

지구심의회는 구조신청을 받으면 신속하게 구조금을 지급하거나 지급하지 아니한다는 결정을 하여야 한다. 지급한다는 결정을 하는 경우에는 그 금액을 정하는 것을 포함한다(동법 제26조).

4. 구조금의 종류

① 구조금은 유족구조금·장해구조금 및 중상해구조금으로 구분하며, 일시금으로 지급한다(동법 제17조).

② 지구심의회는 구조신청을 받았을 때 구조피해자의 장해 또는 중상해 정도가 명확하지 아니하거나 그 밖의 사유로 인하여 신속하게 결정을 할 수 없는 사정이 있으면 신청 또는 직권으로 대통령령으로 정하는 금액의 범위에서 긴급구조금을 지급하는 결정을 할 수 있다(동법 제28조 제1항).

5. 구조금의 수령

구조금을 받을 권리는 그 구조결정이 해당 신청인에게 송달된 날부터 2년간 행사하지 아니하면 시효로 인하여 소멸된다.

6. 구조금의 환수

국가는 이 법에 따라 구조금을 받은 사람이 다음의 어느 하나에 해당하면 지구심의회 또는 본부심의회의 결정을 거쳐 그가 받은 구조금의 전부 또는 일부를 환수할 수 있다.

㉠ 거짓이나 그 밖의 부정한 방법으로 구조금을 받은 경우
㉡ 구조금을 받은 후 동법 제19조에 규정된 사유(구조금 미지급 사유)가 발견된 경우
㉢ 구조금이 잘못 지급된 경우

제7절 형사보상

① 의 의

① 국가의 형사사법의 과정에서 억울하게 구금되었거나 형의 집행을 받은 사람에 대하여 국가가 그 손해를 보상하여 주는 제도를 말한다. 11. 경찰승진

② 「헌법」은 형사피의자 또는 형사피고인으로서 구금되었던 자가 법률이 정하는 불기소처분을 받거나 무죄판결을 받은 때에는 법률이 정하는 바에 의하여 국가에 정당한 보상을 청구할 수 있음을 규정한다. 18. 경찰간부

③ 이를 구체화하기 위해 '형사보상 및 명예회복에 관한 법률'(이하 '형사보상법'이라 함)을 제정·시행하고 있다.

② 성 격

1. 무과실손해배상

공무원의 고의, 과실을 묻지 않고 국가가 이를 배상하여 주는 공법상의 무과실손해배상이다(2008헌마514, 2010헌마220 병합). 08. 경찰승진

2. 타 손해배상과 관계

(1) 원 칙

① 형사보상의 청구는 국가배상법 또는 민법에 의한 손해배상청구와 경합 가능하다.

② 형사보상을 받은 자가 형사보상뿐만 아니라 다른 법률의 규정에 의하여 손해배상을 청구하는 것을 금하지 않는다(형사보상법 제6조 제1항). 08·11. 경찰승진, 21. 9급국가직·9급개론

(2) 예외(손해배상액은 제한)

① 보상을 받을 자가 동일한 원인에 대하여 다른 법률의 규정(「국가배상법」 또는 「민법」 등)에 의하여 손해배상을 받았을 경우에 그 손해배상의 액수가 형사보상법에 의하여 받을 보상금의 액수와 동일하거나 또는 이를 초과할 때에는 보상하지 아니한다. 18. 경찰간부

② 즉, 동일한 원인에 대하여 어느 한 사유로 배상을 받았을 때에는 다른 사유로 인한 청구에는 그 액이 공제되어야 하며, 손해배상의 액수가 형사보상의 액과 동일하거나 초과할 때에는 형사보상을 하지 않는 것으로 하고 있다.

❸ 형사보상의 요건

1. 피의자 보상과 피고인 보상

형사보상은 피고인으로서 무죄판결을 받은 자나 그에 준하는 자에게 미결구금 및 형집행으로 인한 피해를 보상하는 경우(피고인 보상)와 피의자로서 불기소처분을 받은 자에게 미결구금으로 인한 피해를 보상하는 경우(피의자 보상)가 있다.

2. 피의자 보상의 요건

(1) 보상 청구권자

1) 미결구금된 협의의 불기소처분을 받은 자 03. 경찰승진

피의자로서 구금되었던 자 중 검사로부터 공소를 제기하지 아니하는 처분(협의의 불기소처분)을 받은 사람은 국가에 대하여 그 구금에 관한 보상을 청구할 수 있다.

2) 예외 – 보상 대상이 되지 않는 경우

① 구금된 이후 불기소처분을 할 사유가 생긴 경우

② 불기소처분이 종국적인 것이 아닌 경우(기소중지 등)

③ 기소유예처분 11. 교정특채, 18. 경찰간부

(2) 보상 배제사유

다음의 경우에는 피의자보상의 전부 또는 일부를 하지 아니할 수 있다(형사보상법 제27조 제2항).

① 본인이 수사 또는 재판을 그르칠 목적으로 거짓 자백을 하거나 다른 유죄의 증거를 만듦으로써 구금된 것으로 인정되는 경우

② 구금기간 중에 다른 사실에 대하여 수사가 이루어지고 그 사실에 관하여 범죄가 성립한 경우

③ 보상을 하는 것이 선량한 풍속이나 그 밖에 사회질서에 위배된다고 인정할 특별한 사정이 있는 경우

3. 피고인 보상의 요건

(1) 보상 청구권자

1) 무죄판결을 받은 자

① 형사소송법에 의한 일반 절차 또는 재심이나 비상상고절차에서 무죄판결을 받은 자가 미결구금을 당하였을 때에는 형사보상법에 의하여 국가에 대하여 그 구금에 관한 보상을 청구할 수 있다(형사보상법 제2조 제1항).

② 상소권회복에 의한 상소, 재심 또는 비상상고의 절차에서 무죄재판을 받을 자가 원판결에 의하여 구금 또는 형의 집행을 받았을 때에는 구금 또는 형의 집행에 대한 보상을 청구할 수 있다(동조 제2항).

2) 면소 및 공소기각의 재판의 경우, 치료감호사건 : 무죄받을 만한 현저한 사유 18. 경찰간부

① 다음의 어느 하나에 해당하는 경우에도 국가에 대하여 구금에 대한 보상을 청구할 수 있다(형사보상법 제26조 제1항).

② 「형사소송법」에 따라 면소(免訴) 또는 공소기각(公訴棄却)의 재판을 받아 확정된 피고인이 면소 또는 공소기각의 재판을 할 만한 사유가 없었더라면 무죄재판을 받을 만한 현저한 사유가 있었을 경우

③ 「치료감호법」 제7조에 따라 치료감호의 독립 청구를 받은 피치료감호청구인의 치료감호사건이 범죄로 되지 아니하거나 범죄사실의 증명이 없는 때에 해당되어 청구기각의 판결을 받아 확정된 경우 12. 경찰1차

3) 미결구금 또는 형의 집행

① 피고인 보상의 대상은 미결구금과 형의 집행이다.

   ㉠ 몰수 또는 추징에 대한 보상을 청구할 수 없다(65도537).

   ㉡ 판결주문이 아니라 판결이유에서 무죄로 판단된 부분과 관련한 미결구금부분에 대해서도 형사보상이 가능하다(99코14).

② 피고인은 무죄의 재판을 받을 당시 구금상태에 있음을 요하지 아니한다.

③ 따라서 체포, 구속적부심사 또는 보석으로 석방된 피고인도 미결구금에 대한 형사보상청구가 가능하다.

④ 자유형의 집행이 심신장애의 사유로 정지된 경우에 병원 기타 적당한 장소에 수용할 수 있을 때까지 교도소 또는 구치소에 구치하는 경우(제470조)는 이를 구금으로, 확정판결 후 검사가 사형이나 자유형을 집행하기 위하여 형집행장을 발부하여 피고인을 구금한 경우(제473조 내지 제477조)에는 이를 형의 집행으로 본다(형사보상법 제2조 제3항).

(2) 보상 배제사유

① 다음의 경우에는 법원은 재량에 의하여 보상청구의 전부 또는 일부를 기각할 수 있다(형사보상법 제4조).

   ㉠ 형법 제9조(형사미성년) 및 제10조 제1항(심신상실)의 사유에 의하여 무죄재판을 받은 경우

   ㉡ 본인이 수사 또는 심판을 그르칠 목적으로 거짓 자백을 하거나 다른 유죄의 증거를 만듦으로써 기소(起訴), 미결구금 또는 유죄재판을 받게 된 것으로 인정된 경우 ⇨ 자신이 범인으로 몰리고 있어서 형사처벌을 면하기 어려울 것이라는 생각과 거짓말탐지기 검사 등으로 인한 심리적인 압박 때문에 허위의 자백을 한 경우, 형사보상청구의 기각 요건인 '수사 또는 심판을 그르칠 목적'에 해당하지 않는다(2008모577). 17. 경찰승진

관련 판례 ❶

판결 주문에서 경합범의 일부에 대하여 유죄가 선고되더라도 다른 부분에 대하여 무죄가 선고되었다면 형사보상을 청구할 수 있다. 그러나 그 경우라도 미결구금일수의 전부 또는 일부가 유죄에 대한 본형에 산입되는 것으로 확정되었다면, 그 본형이 실형이든 집행유예가 부가된 형이든 불문하고 그 산입된 미결구금일수는 형사보상의 대상이 되지 않는다. 그 미결구금은 유죄에 대한 본형에 산입되는 것으로 확정된 이상 형의 집행과 동일시되므로, 형사보상할 미결구금 자체가 아닌 셈이기 때문이다.
한편 판결 주문에서 무죄가 선고되지 아니하고 판결이유에서만 무죄로 판단된 경우에도 미결구금 가운데 무죄로 판단된 부분의 수사와 심리에 필요하였다고 인정된 부분에 관하여는 판결 주문에서 무죄가 선고된 경우와 마찬가지로 보상을 청구할 수 있다. 그러나 앞서 본 법리 역시 그대로 적용되어 미결구금일수의 전부 또는 일부가 선고된 형에 산입되는 것으로 확정되었다면, 그 산입된 미결구금일수는 형사보상의 대상이 되지 않는다.
피고인의 미결구금일수 273일은 형법 제57조 제1항에 의하여 그 전부가 특수상해죄에 대한 징역형에 산입되었으므로, 미결구금 가운데 무죄로 판단된 부분의 수사와 심리에 필요하였다고 인정되는 부분이 있는지에 관계없이, 형사보상법 제4조 제3호에 의한 재량에 의할 것도 없이 그 구금일수는 형사보상의 대상이 되지 않는다(대법원 2017.11.28.자 2017모1990 결정).

② 1개의 재판으로 경합범(競合犯)의 일부에 대하여 무죄재판을 받고 다른 부분에 대하여 유죄재판을 받았을 경우 21. 9급국가직 · 9급개론 ▷ 판결 주문에서 무죄가 선고된 경우뿐만 아니라 판결 이유에서 무죄로 판단된 경우에도 형사보상을 청구할 수 있고, 경합범 규정(동법 제4조 제3호)을 유추적용하여 재량으로 보상청구의 전부 또는 일부를 기각할 수 있다(2014모2521). 20. 법원

③ 형사보상청구권 제한사유에 대한 입증책임은 형사보상청구권을 제한하고자 하는 자에게 있다(2008모577).

❹ 형사보상의 내용

1. 구금에 대한 보상

① 구금일수에 따라 1일당 보상청구의 원인이 발생한 연도의 '최저임금법'에 따른 일급 최저임금액 이상 대통령령으로 정하는 금액 이하의 비율에 의한 보상금을 지급한다. 12. 경찰1차

② 법원은 보상금액을 산정할 때 다음의 사항을 고려하여야 한다(형사보상법 제5조 제2항).
　㉠ 구금의 종류 및 기간의 장단(長短)
　㉡ 구금기간 중에 입은 재산상의 손실과 얻을 수 있었던 이익의 상실 또는 정신적인 고통과 신체 손상
　㉢ 경찰 · 검찰 · 법원의 각 기관의 고의 또는 과실 유무
　㉣ 그 밖에 보상금액 산정과 관련되는 모든 사정

2. 사형집행에 대한 보상

① 집행 전 구금에 대한 보상금 외에 3천만원 이내에서 모든 사정을 고려하여 법원이 상당하다고 인정하는 액을 가산하여 보상한다.

② 본인의 사망에 의하여 생긴 재산상의 손실액이 증명된 때에는 그 손실액도 보상한다.

3. 벌금, 과료의 집행에 대한 보상

벌금 또는 과료의 집행에 대한 보상에 있어서는 이미 징수한 벌금 또는 과료의 액에 징수일의 익일부터 보상결정일까지 일수에 따라 민법상의 법정이율(민법 제379조, 연 5%)에 의한 금액을 가산한 액을 보상한다.

4. 몰수, 추징의 집행에 대한 보상

① 몰수집행에 대한 보상에 있어서는 그 몰수물을 반환하고, 그것이 이미 처분되었을 때에는 보상결정시의 시가를 보상한다.

② 추징금에 대한 보상에 있어서는 그 액수에 징수한 익일부터 보상결정일까지의 일수에 따라 민법상의 법정이율에 의한 금액을 가산한 액을 보상한다.

5. 명예회복

① 무죄재판이 확정된 때부터 3년 이내에 확정된 무죄재판사건의 재판서를 법무부 인터넷 홈페이지에 게재하도록 해당 사건을 기소한 검사가 소속된 지방검찰청에 청구할 수 있다.

② 면소나 공소기각의 재판을 받은 자에게 무죄판결을 할 만한 현저한 사유가 있는 경우에도 명예회복에 관한 조치를 청구할 수 있다.

③ 청구를 받은 날부터 1개월 이내에 무죄재판서를 법무부 인터넷 홈페이지에 게재하여야 한다.

④ 청구를 받은 때에 무죄재판사건의 확정재판기록이 해당 지방검찰청에 송부되지 아니한 경우에는 무죄재판사건의 확정재판기록이 해당 지방검찰청에 송부된 날부터 1개월 이내에 게재하여야 한다.

⑤ 다음의 경우에는 무죄재판서의 일부를 삭제하여 게재할 수 있다.
  ㉠ **청구인이 무죄재판서 중 일부 내용의 삭제를 원하는 의사를 명시적으로 밝힌 경우**
  ㉡ **무죄재판서의 공개로 인하여 사건 관계인의 명예나 사생활의 비밀 또는 생명·신체의 안전이나 생활의 평온을 현저히 해칠 우려가 있는 경우 등**

❺ 형사보상의 청구

1. 관할법원

① 피고인 보상청구 : 무죄재판 등을 한 법원

② 피의자 보상청구 : 불기소처분을 한 검사가 소속하는 지방검찰청의 심의회

③ 형사보상에 관한 결정이 관할법원이 틀렸다는 이유만으로서는 그 결정이 당연히 무효라고는 할 수 없다(65다532). 04. 여경1차

2. 청구시기

(1) 피고인 보상청구

① 무죄재판이 확정된 사실을 안 날부터 3년

② 무죄재판이 확정된 때부터 5년 이내 17. 경찰승진, 20. 경찰간부

(2) 피의자 보상청구

검사로부터 공소를 제기하지 아니하는 처분의 고지 또는 통지를 받은 날부터 3년 이내

기출 키워드 체크

형사보상청구는 무죄재판이 확정된 사실을 안 날로부터 _____년, 무죄재판이 확정된 때부터 _____년 이내에 하여야 한다.

OX 피고인의 보상청구는 무죄재판이 확정된 때부터 3년 이내에 하여야 한다. (○, ×) 14. 경찰승진

Answer
기출 키워드 체크
3, 5
OX
×

OX 피고인의 보상청구는 무죄재판이 확정된 때부터 5년 이내에 하여야 한다. (○, ×) 17. 경찰승진

OX 보상청구권은 양도하거나 압류할 수 없다. (○, ×) 14. 경찰승진

OX 미결구금을 당하여 이 법에 따라 보상을 청구할 수 있는 자가 그 청구를 하지 아니하고 사망한 경우, 그 상속인이 이를 청구할 수 있다. (○, ×) 21. 9급국가직·9급개론

3. 보상청구권의 양도(불가), 상속(가능)

① 보상청구권은 양도 또는 압류할 수 없다. 03·11·14. 경찰승진

② 그러나 보상청구권의 상속은 인정된다. 12. 경찰1차, 14. 경찰승진, 20. 경찰간부 ⇨ 따라서 본인이 청구하지 않고 사망한 때에는 상속인이 이를 청구할 수 있다.

❻ 피고인 보상청구에 대한 재판

1. 심 리

(1) 심리법원

무죄의 재판을 받은 자가 한 보상청구는 법원합의부에서 재판한다.

04. 여경1차

(2) 심리방법

보상청구에 대하여 법원은 검사와 청구인의 의견을 들은 후에 결정하여야 한다.

(3) 보상청구의 중단과 승계

① 보상을 청구한 자가 청구절차 중 사망하거나 또는 상속인의 신분을 상실한 경우에 다른 청구인이 없을 때에는 청구절차는 중단된다.

② 상속인은 2월 이내에 청구절차를 승계할 수 있다.

2. 결 정

(1) 각하결정

다음의 경우 법원은 각하의 결정을 하여야 한다.

① 보상청구절차가 법령상의 방식에 위반하여 보정할 수 없을 때, 청구인이 법원의 보정명령에 응하지 아니할 때 04. 경찰승진

② 청구기간 경과 후에 보상을 청구하였을 때, 청구절차가 중단된 후 2월 이내에 승계의 신청이 없는 때

(2) 기각결정, 보상결정

① 보상청구가 이유 없는 때에는 청구기각결정을 하고 이유 있을 때에는 보상의 결정을 하여야 한다. 04. 경찰승진

② 보상결정이 확정되었을 때에는 법원은 2주일 내에 보상결정의 요지를 관보에 게재하여 공시하여야 한다. 이 경우 보상결정을 받은 자의 신청이 있을 때에는 그 결정의 요지를 신청인이 선택하는 두 종류 이상의 일간신문에 각각 한 번씩 공시하여야 하며 그 공시는 신청일부터 30일 이내에 하여야 한다. 14. 법원

Answer

OX
○, ○, ○

(3) 불 복 04 · 14. 경찰승진, 12 · 18. 경찰1차

① 보상결정에 대하여는 1주일 이내에 즉시항고를 할 수 있다. 17. 경찰승진, 20. 경찰간부

② 기각결정에 대하여는 7일 이내에 즉시항고를 할 수 있다.

⑦ 피의자 보상의 결정

1. 피의자보상 심의회

① 피의자보상에 관한 사항은 지방검찰청에 둔 피의자 보상심의회에서 심사 · 결정한다.

② 심의회는 법무부장관의 지휘 · 감독을 받는다.

③ 피의자보상에 대한 심의회의 결정에 대하여는 법무부장관의 재결을 거쳐 행정소송을 제기할 수 있다.

2. 심리절차

피의자보상의 결정에는 형사보상법에 특별한 규정이 있는 경우를 제외하고는 그 성질에 반하지 않는 범위 내에서 피고인보상에 관한 규정이 준용된다.

3. 불복수단(행정소송)

피의자보상의 청구에 대한 심의회의 결정에 대하여는 법무부장관의 재결을 거쳐 행정소송을 제기할 수 있다.

⑧ 보상금 지급의 청구

1. 지급청구의 방식

① 보상결정의 확정에 의하여 보상금지급청구권이 발생한다. 보상금지급청구권은 양도 또는 압류할 수 없다.

② 보상의 지급을 청구하고자 하는 자는 보상결정이 송달된 후 2년 이내에 보상을 결정한 법원에 대응한 검찰청(법원 ×)에 보상지급청구서를 제출하여야 한다. 17. 경찰승진, 20. 경찰간부

③ 청구서에는 법원의 보상결정서를 첨부하여야 한다.

2. 보상금 지급의 효과

보상지급을 받을 수 있는 자가 수인인 경우에는 그중 1인에 대한 보상금지급은 그 전원에 대하여 효력을 발생한다.

Chapter 18 실전익히기

01
21. 경찰간부

형사재판에 관한 설명 중 옳지 않은 것은? (다툼이 있는 경우 판례에 의함)

① 항소심이 제1심의 공소기각 판결이 법령에 위반됨을 이유로 파기할 경우 본안에 들어가 심리한 후 피고인에게 유죄를 선고하는 판결을 할 것이 아니라 제1심법원에 환송하는 판결을 선고해야 한다.

② 동일사건이 사물관할을 같이하는 수개의 법원에 계속되어 먼저 공소를 받은 법원이 심판하게 된 경우, 뒤에 공소를 받은 법원은 공소기각결정을 해야 한다.

③ 구 형법상 위계간음죄(제304조)로 기소된 경우에 이 사건 심리 중 해당 조문의 혼인빙자간음죄 부분이 헌법재판소의 결정에 의하여 위헌으로 판단되어 이를 삭제하는 형법 개정이 이루어진 경우, 무죄판결을 선고해야 한다.

④ 소년법의 보호처분을 받은 사건과 동일한 사건에 대하여 다시 공소제기가 된 경우 공소기각판결을 선고해야 한다.

02
20. 경찰2차

소년사건에 대한 설명으로 가장 적절한 것은? (다툼이 있는 경우 판례에 의함)

① 소년법 제60조 제2항의 적용대상인 '소년'인지 여부는 범죄 행위시를 기준으로 판단한다.

② 검사는 소년과 소년의 친권자·후견인 등 법정대리인의 동의가 없더라도 피의자에 대하여 범죄예방자원봉사위원회의 선도, 소년의 선도·교육과 관련된 단체·시설에서의 상담·교육·활동 등에 해당하는 선도 등을 받게 하고, 피의사건에 대한 공소를 제기하지 아니할 수 있다.

③ 소년법 제18조 제1항 제3호에 따른 소년분류심사원에 위탁하는 임시조치에 따른 위탁기간은 형법 제57조 제1항의 판결 선고 전 구금일수에 포함되지 않는다.

④ 징역 또는 금고를 선고받은 소년에 대하여는 특별히 설치된 교도소 또는 일반 교도소 안에 특별히 분리된 장소에서 그 형을 집행한다. 다만, 소년이 형의 집행 중에 23세가 되면 일반 교도소에서 집행할 수 있다.

03

소년에 대한 형사절차 내용 중 옳지 않은 것은 모두 몇 개인가?

> ㉠ 보호처분을 받은 소년에 대하여는 그 심리·결정된 사건은 다시 공소제기할 수 없으나, 다만 보호처분 계속 중 본인이 처분 당시에 19세 이상인 것이 판명된 경우에는 공소제기할 수 있다.
> ㉡ 소년이 법정형 장기 3년 이상의 유기형에 해당하는 죄를 범한 때에는 그 형의 범위 안에서 장기와 단기를 선고할 수 있는데, 이때 장기는 10년, 단기는 6년을 초과하지 못한다.
> ㉢ 징역 또는 금고의 선고를 받은 소년에 대하여는 무기형은 10년, 15년의 유기형은 3년, 부정기형에는 장기의 3분의 1 기간을 경과하면 가석방을 허가할 수 있다.
> ㉣ 보호처분 계속 중에 징역·금고 또는 구류의 선고를 받은 소년에 대하여는 먼저 그 형을 집행한다.

① 1개   ② 2개
③ 3개   ④ 4개

04

배상명령제도에 대한 설명으로 가장 적절하지 않은 것은? (다툼이 있는 경우 판례에 의함)

① 상소심에서 원심의 유죄판결을 파기하고 피고사건에 대하여 무죄, 면소 또는 공소기각의 재판을 할 때에는 원심의 배상명령을 취소하여야 한다.

② 배상신청을 각하하거나 그 일부를 인용한 재판에 대하여 신청인은 동일한 배상신청은 할 수 없으나, 불복신청은 할 수 있다.

③ 피고인이 재판과정에서 배상신청인과 민사적으로 합의하였다는 내용의 합의서를 제출하였을지라도 그 합의서 내용만으로는 피고인의 민사책임에 관한 구체적인 합의 내용을 알 수 없다면 사실심법원은 배상신청인이 처음 신청한 금액을 바로 인용할 수 없다.

④ 확정된 배상명령 또는 가집행선고가 있는 배상명령이 기재된 유죄판결서의 정본은 민사집행법에 따른 강제집행에 관하여는 집행력 있는 민사판결 정본과 동일한 효력이 있다.

05

배상명령에 관한 설명 중 가장 옳은 것은? (다툼이 있으면 판례에 의함)

① 배상명령의 신청인은 공판절차를 현저히 지연시키지 아니하는 범위에서 재판장의 허가를 받아 소송기록을 열람할 수 있다. 이때 법원의 허가를 받지 못한 때에는 불복신청이 가능하다.

② 피해자는 피고사건의 범죄행위로 인하여 발생한 피해에 관하여 다른 절차에 의한 손해배상청구가 법원에 계속 중인 때에는 배상신청을 할 수 없다.

③ 배상명령은 긴급을 요하는 경우 유죄판결 선고 이전에도 할 수 있으며, 가집행할 수 있음을 선고할 수도 있다.

④ 배상신청인은 공판기일에 출석하여 피고인의 배상책임의 유무 또는 그 범위에 관하여 입증하여야 한다.

06

배상명령에 관한 설명 중 틀린 것은?

① 배상명령은 제1심 또는 제2심의 형사사건으로 유죄판결을 선고하는 경우 및 면소의 판결시 가능하다.

② 배상명령신청은 제1심 또는 제2심 변론종결시까지 사건이 계속된 법원에 신청한다.

③ 배상명령은 유죄판결의 선고와 동시에 하여야 한다.

④ 법원은 물질적 피해뿐만 아니라 정신적 손해에 대한 위자료도 배상명령할 수 있으나 간접적인 손해에 대하여는 배상명령할 수 없다.

07

형사보상에 관한 설명 중 가장 적절하지 않은 것은? (다툼이 있는 경우 판례에 의함)

① 피고인의 보상청구는 무죄재판이 확정된 때부터 3년 이내에 하여야 한다.

② 보상청구권은 양도하거나 압류할 수 없다.

③ 군용물손괴죄로 구금된 공군 중사가 수사기관에서 범행을 자백하다가 다시 부인하며 다투어 무죄의 확정판결을 받고 형사보상청구를 한 사안에서 자신이 범인으로 몰리고 있어서 형사처벌을 면하기 어려울 것이라는 생각과 거짓말탐지기 검사 등으로 인한 심리적인 압박 때문에 허위의 자백을 한 것은 형사보상청구의 기각 요건인 '수사 또는 심판을 그르칠 목적'에 해당하지 않는다.

④ 보상의 청구가 이유 있을 때에는 보상결정을 하여야 하고 그 보상결정에 대하여는 1주일 이내에 즉시항고를 할 수 있다.

08

형사보상에 관한 다음 설명 중 가장 적절하지 않은 것은?

① 구금에 대한 보상을 할 때에는 그 구금일수에 따라 1일당 보상청구의 원인이 발생한 연도의 「최저임금법」에 따른 일급 최저임금액 이상 대통령령으로 정하는 금액 이하의 비율에 의한 보상금을 지급한다.

② 「치료감호 등에 관한 법률」 제7조에 따라 치료감호의 독립청구를 받은 피치료감호청구인의 치료감호사건이 범죄로 되지 아니하거나 범죄사실의 증명이 없는 때에 해당되어 청구기각의 판결을 받아 확정된 경우에도 국가에 대하여 구금에 대한 보상을 청구할 수 있다.

③ 보상의 청구가 이유 있을 때에는 보상결정을 하여야 하고, 그 보상결정에 대하여는 1주일 이내에 즉시항고를 할 수 있다.

④ 피고인의 보상청구는 무죄재판이 확정된 때부터 3년 이내에 하여야 한다.

Answer

01 ③ [×] 면소를 선고하여야 한다.

02 ④ [○] 소년법 제63조

03 ② ⓒ, ⓒ이 옳지 않다.

04 ② [×] 배상신청을 각하하거나 그 일부를 인용한 재판에 대하여 신청인은 불복신청을 할 수 없으며, 동일한 배상신청을 할 수 없다(소송촉진 등에 관한 특례법 제32조 제4항).

05 ② [○] 소송촉진법 제26조 제7항

06 ① [×] 배상명령은 제1심 또는 제2심의 형사사건으로 유죄판결을 선고하는 경우에 가능하다(소송촉진 등에 관한 특례법 제31조 제1항).

07 ① [×] 보상청구는 무죄재판이 확정된 사실을 안 날부터 3년, 무죄재판이 확정된 때부터 5년 이내에 하여야 한다(형사보상 및 명예회복에 관한 법률 제8조).

08 ④ [×] 형사보상청구는 무죄재판이 확정된 사실을 안 날로부터 3년, 무죄재판이 확정된 때부터 5년 이내에 하여야 한다(형사보상 및 명예회복에 관한 법률 제8조).

MEMO

CHAPTER

19

집 행

제1절 재판의 집행
제2절 재판해석에 대한 의의신청
제3절 재판집행에 대한 이의신청

Chapter **19**

집 행

제1절 재판의 집행

❶ 의 의

재판의 집행이란 재판의 의사표시적 내용을 국가권력에 의하여 강제적으로 실현하는 것을 말한다.

❷ 범 위

재판의 집행에는 아래의 사항이 포함된다.
① 형의 집행
② 부수처분의 집행 **예** 추징, 소송비용
③ 형 이외의 제재의 집행 **예** 과태료, 보증금의 몰수, 비용배상
④ 강제처분을 위한 영장의 집행
⑤ 법정경찰권이나 소송지휘권에 의한 재판장의 명령의 집행 **예** 퇴정명령, 퇴정의 제지

❸ 재판집행의 시기

1. 즉시집행의 원칙
① 재판은 확정된 후에 즉시 집행함이 원칙이다(제459조). 03. 행시, 06. 법원
② 검사의 집행지휘를 요하는 재판은 재판서 또는 재판을 기재한 조서의 등본 또는 초본을 재판의 선고 또는 고지한 때로부터 10일 이내에 검사에게 송부하여야 한다.
⇨ 다만, 법률에 다른 규정이 있는 때에는 예외로 한다.

2. 확정 후 집행 원칙
재판은 특별한 규정이 없으면 확정된 후에 집행한다.

3. 확정 전 집행 허용

(1) 결정과 명령의 재판

결정이나 명령은 즉시항고 또는 이에 준하는 불복신청이 허용되는 경우를 제외하고는 확정되기 전에 즉시 집행할 수 있다. 03. 행시, 15. 경찰간부

(2) 벌금, 과료 또는 추징의 선고를 하는 경우

벌금, 과료 또는 추징을 선고한 경우에 가납재판이 있으면 재판의 확정을 기다리지 않고 바로 집행할 수 있다. 03. 행시, 15 · 16. 경찰간부

④ 집행의 지휘

1. 검사지휘

① 재판의 집행은 재판을 한 법원에 대응한 검찰청 검사가 지휘한다. 08. 경찰3차, 12. 경찰간부, 19. 경찰간부

② 상소의 재판 또는 상소의 취하로 하급심법원의 재판을 집행할 경우에는 상소법원에 대응한 검찰청 검사가 지휘한다.

③ 단, 소송기록이 하급심법원이나 대응검찰청에 있는 때에는 그 검찰청 검사가 집행지휘한다.

2. 검사지휘 예외

(1) 법률에 명문규정이 있는 경우

① 급속을 요하는 영장집행: 공판절차에서 구속영장은 급속을 요하는 경우에 재판장, 수명법관 또는 수탁판사가 그 집행을 지휘할 수 있다.

② 공판절차에서의 압수·수색영장: 공판절차에서 압수·수색영장은 필요한 경우에 재판장은 법원사무관 등에게 그 집행을 명할 수 있다.

(2) 성질상 법원, 법관이 집행해야 하는 경우

법원에서 보관하는 압수장물의 환부·매각·보관 등의 조치나 법정경찰권에 의한 퇴정명령 등의 경우는 성질상 법원 또는 법관이 지휘할 수밖에 없다.

⑤ 집행 지휘의 방식

1. 형집행 지휘

집행의 지휘는 재판서 또는 재판을 기재한 조서의 등본 또는 초본을 첨부한 서면(재판집행지휘서)으로 하여야 한다.

OX 결정이나 명령에 대한 불복은 즉시항고 외에는 집행정지효가 없기 때문에 즉시항고 또는 이에 준하는 불복신청이 허용되는 경우를 제외하고는 확정 전에도 즉시 집행할 수 없다. (O, X) 15. 경찰간부

OX 벌금·과료·추징의 선고를 하는 경우에 가납판결이 있는 때에는 재판확정을 기다리지 않고 가납판결이 있는 날로부터 10일 이내에 집행할 수 있다. (O, X) 15. 경찰간부

Answer
OX
×, ×

2. 형집행 지휘 이외의 집행 지휘

① 형의 집행을 지휘하는 경우를 제외하고는 재판서의 원본이나 초본 또는 조서의 등본이나 초본에 인정하는 날인으로 대신할 수 있다.

② 합법적으로 발부된 구속영장이 사법경찰관리에 의하여 집행된 경우 검사의 날인 또는 집행지휘서가 없다하여 곧 불법집행이 되는 것은 아니다(84모222).

❻ 형집행을 위한 소환

1. 소환 및 구인

① 사형, 징역, 금고 또는 구류의 선고를 받은 자가 구금되지 아니한 때에는 검사는 형을 집행하기 위하여 이를 소환하여야 한다.

② 소환에 응하지 아니한 때에는 검사(법원 ×, 법관 ×)는 형집행장을 발부하여 구인하여야 한다. 06. 경찰1차, 14. 법원, 18. 해경간부, 19. 경찰간부 ⇨ 형집행장은 영장에 해당하지 않는다.

③ 형선고를 받은 자가 도망하거나 도망할 염려가 있는 때 또는 현재지를 알 수 없는 때에는 소환함이 없이 형집행장을 발부하여 구인할 수 있다.

2. 형집행장

① 형집행장에는 형의 선고를 받은 자의 성명, 주거, 연령, 형명, 형기 기타 필요한 사항을 기재하여야 한다.

② 형집행장은 구속영장과 동일한 효력이 있다(제474조 제2항).

③ 형집행장의 집행에는 피고인의 구속에 관한 규정을 준용한다(제475조).

　ⓐ 따라서 형집행장의 집행에 있어서도 형집행장을 사전에 제시하여야 하며, 형집행장을 소지하지 아니한 경우에 급속을 요하는 때에는 그 상대방에 대하여 형집행 사유와 형집행장이 발부되었음을 고지하고 집행할 수 있다(2012도2349).

　ⓑ '피고인의 구속에 관한 규정'은 '피고인의 구속영장의 집행에 관한 규정'을 의미한다고 할 것이므로, 형집행장의 집행에 관하여는 구속의 사유에 관한 형사소송법 제70조나 구속이유의 고지에 관한 형사소송법 제72조가 준용되지 아니한다(2012도2349). 19. 변호사

　ⓒ 사법경찰관리가 벌금형을 받은 사람을 그에 따르는 노역장유치의 집행을 위하여 구인하려면 검사로부터 발부받은 형집행장을 그 상대방에게 제시하여야 하지만(형사소송법 제85조 제1항 참조), 18. 법원

　ⓓ 형집행장을 소지하지 아니한 경우에 급속을 요하는 때에는 그 상대방에 대하여 형집행 사유와 형집행장이 발부되었음을 고하고 집행할 수 있다(형사소송법 제85조 제3항 참조).

OX 사법경찰관리가 벌금형을 받은 자를 노역장 유치의 집행을 위하여 구인하려면, 검사로부터 발부받은 형집행장을 그 상대방에게 제시하여야 함이 원칙이다. (O, ×) 16. 경찰간부

OX 사법경찰관리가 노역장 유치의 집행을 위하여 벌금미납자를 구인하는 것은 사법경찰관의 직무범위 안에 속하므로, 그 상대방에게 형집행장을 제시할 필요가 없다. (O, ×) 15. 7급국가직

기출 키워드 체크
형집행장은 사형 또는 자유형을 집행하기 위해 _____가 발부하는 것이며, 수형자를 대상으로 한다. 따라서 형집행장은 _____에 해당하지 않는다.

Answer
기출 키워드 체크
검사, 영장
OX
O, ×

④ 형집행장의 제시 없이 구인할 수 있는 '급속을 요하는 때'란 애초 사법경찰관리가 적법하게 발부된 형집행장을 소지할 여유가 없이 형집행의 상대방을 조우한 경우 등을 가리킨다(2012도2349). 15. 7급국가직, 16. 경찰간부

❼ 형의 집행

1. 형집행의 순서

(1) 중형우선의 원칙

① 2개 이상의 형의 집행은 자격상실, 자격정지, 벌금, 과료와 몰수 외에는 그 중한 형을 먼저 집행하는 것이 원칙이다. 07. 법원, 08. 경찰3차, 12·16. 경찰간부

② 형의 경중은 형법 제41조 및 제50조에 의하여 결정하므로, 결국 2개 이상의 형은 사형, 징역, 금고, 구류의 순으로 집행한다.

(2) 집행순서의 변경

① 검사는 소속 장관의 허가를 얻어 중한 형의 집행을 정지하고 다른 형의 집행을 할 수 있다. 08. 경찰3차, 13. 9급국가직

② 자유형과 노역장유치가 병존하는 경우에는 검사는 후자를 먼저 집행할 수도 있다.

2. 사형의 집행

(1) 집행절차

① 사형을 선고한 판결이 확정된 때에는 검사는 지체 없이 소송기록을 법무부장관에게 제출하여야 한다(제464조).

② 사형은 법무부장관의 명령에 의하여 집행하는데(제463조) 06. 경찰1차, 19. 경찰간부, 사형 집행의 명령은 판결이 확정된 날로부터 6월 이내에 하여야 한다. 12. 경찰2차 ⇨ 그러나 상소권회복의 청구, 재심의 청구 또는 비상상고의 신청이 있는 때에는 그 절차가 종료할 때까지의 기간은 이 기간에 산입하지 아니한다(제465조).

③ 법무부장관이 사형의 집행을 명한 때에는 5일 이내에 집행하여야 한다(제466조). 19. 경찰간부

(2) 집행방법

① 사형은 교도소 또는 구치소 내에서 교수하여 집행한다(형법 제66조).

② 사형의 집행에는 검사와 검찰청 서기관과 교도소장 또는 구치소장이나 그 대리자가 참여하여야 한다(제467조 제1항). 검사 또는 교도소장 또는 구치소장의 허가가 없으면 누구든지 형의 집행장소에 들어가지 못한다(동조 제2항).

③ 사형의 집행에 참여한 검찰청 서기관은 집행조서를 작성하고 검사와 교도소장 또는 구치소장이나 그 대리자와 함께 기명날인 또는 서명하여야 한다(제468조).

(3) 집행정지

① 사형선고를 받은 자가 심신장애로 의사능력이 없는 상태에 있거나 잉태 중에 있는 여자인 때에는 법무부장관의 명령으로 집행을 정지한다(제469조 제1항). 08. 경찰3차, 13. 9급국가직

② 사형의 집행을 정지한 경우에는 심신장애의 회복 또는 출산 후 법무부장관이 명령에 의하여 형을 집행한다(동조 제2항).

3. 자유형의 집행

(1) 집행방법

① 자유형인 징역, 금고, 구류의 집행은 검사가 형집행지휘서에 의하여 지휘한다(제460조).

② 징역은 교도소 내에 구치하여 징역에 복무하게 하고(형법 제67조), 금고와 구류는 교도소에 구치하여 집행한다(형법 제68조).

③ 검사는 자유형의 집행을 위해서 형집행장을 발부할 수 있다(제473조). 14. 법원

④ 형집행장은 구속영장과 동일한 효력이 있다(제474조 제2항). 06. 경찰1차

⑤ 형집행장의 집행에는 피고인 구속에 관한 규정을 준용한다(제475조). 01. 여경1차, 06. 경찰1차·경찰2차, 14. 법원

(2) 형기의 계산방법

① 형기는 판결이 확정된 날로부터 기산하지만(형법 제84조 제1항), 징역, 금고, 구류와 유치에 있어서는 구속되지 아니한 일수는 형기에 산입하지 아니한다(동조 제2항).

② 형의 집행의 초일은 시간을 계산함이 없이 1일로 산정한다(형법 제85조). 석방은 형기종료일에 하여야 한다(형법 제86조).

(3) 미결구금일수의 산입

① 미결구금일수란 구금당한 날로부터 판결확정일 전날까지 실제로 구금된 일수를 말한다.

② 원칙적으로 전부 산입한다.
  ㉠ 판결선고 전의 구금일수는 그 전부를 유기징역, 유기금고, 벌금이나 과료에 관한 유치 또는 구류에 산입한다(형법 제57조 제1항).
  ㉡ 그러나 실제로 구속되지 아니한 일수는 형기에 산입하지 아니한다(형법 제84조 제2항).
  ㉢ 구금일수의 1일은 징역, 금고, 벌금이나 과료에 관한 유치 또는 구류의 기간의 1일로 계산한다(형법 제57조 제2항).

② 판결선고 후 판결확정 전 구금일수는 판결선고 당일의 구금일수를 포함하여 전부를 본형에 산입한다. 17. 9급개론

⑩ 상소심절차에서의 판결선고 전 미결구금일수도 전부 통산해야 한다(2008헌가13). 16. 경찰간부

⑭ 판결에서 별도로 미결구금일수 산입에 관한 사항을 판단(선고)할 필요가 없다(2009도1148). 15. 7급국가직

㊉ 피고인이 수사기관에 의해 체포되었다가 당일 석방된 경우, 피고인에 대하여 벌금형을 선고하면서 위 미결구금일수를 노역장유치기간에 산입하여야 한다(2006도7837).

㊊ 집행을 유예하는 징역형에 고액의 벌금형을 병과하여 판결을 선고하는 경우, 징역형은 그 집행이 유예되고 벌금형은 그대로 집행되므로 피고인에게 더 유리하도록 벌금형에 대한 노역장 유치기간에 미결구금일수를 산입할 수 있다(서울중앙지법 2005.8.11. 선고, 2005고합476).

③ 미결구금기간이 확정된 징역 또는 금고의 본형기간을 초과한 결과가 생겼다 하여 위법하다고 할 수 없다(89도1711). 15. 7급국가직

④ 다음의 경우, 미결구금일수에 산입하지 않는다.
㉠ 정식재판청구기간을 도과한 약식명령에 기하여 피고인을 노역장에 유치한 후 정식재판청구권회복결정에 따라 사건을 공판절차에 의하여 심리하는 경우, 노역장유치기간(2007도2517) 17. 9급개론
㉡ 외국 법원에 기소되었다가 무죄판결을 받기까지 미결구금기간(2017도5977)
㉢ 형법 제7조("죄를 지어 외국에서 형의 전부 또는 일부가 집행된 사람에 대해서는 그 집행된 형의 전부 또는 일부를 선고하는 형에 산입한다.")는 외국 법원의 유죄판결에 의하여 자유형이나 벌금형 등 형의 전부 또는 일부가 실제로 집행된 사람에 대해 적용된다.
㉣ 외국 법원에 기소되었다가 무죄판결을 받기까지 미결구금기간은 형법 제7조의 산입대상이 아니다(2017도5977). 18. 변호사, 20. 9급국가직·9급개론
㉤ 범죄 후 미국으로 도주하였다가 대한민국 정부와 미합중국정부 간의 범죄인인도조약에 따라 미국에서 체포된 후 송환되어 구속되기까지의 기간(2009도1446) 16. 경찰간부

⑤ 다음의 경우, 구속기간에는 산입되지 않지만 미결구금일수에는 산입된다.
㉠ 기피신청(제22조) 17. 9급개론, 감정유치 17. 9급개론, 피고인의 심신상실, 질병(제306조), 공소장변경(제298조 제4항) 등의 사유로 공판절차가 정지되는 경우
㉡ 구속전피의자심문, 체포, 구속적부심사절차에서 법원이 수사관계서류와 증거물을 접수한 때부터 결정 후 검찰청에 반환된 때까지의 기간(제314조의2 제13항)

기출 키워드 체크

판결선고 후 판결확정 전 구금일수(판결선고 당일의 구금일수를 포함한다)는 _____를 본형에 산입한다.

OX 판결 전 미결구금일수는 그 전부가 법률상 당연히 본형에 산입하게 되었으므로 판결에서 별도로 미결구금일수 산입에 관한 사항을 판단할 필요가 없다. (O, ×) 15. 7급국가직

OX 피고인이 상소제기 후 상소취하한 때까지의 구금일수에 관하여는 형사소송법 제482조 제2항을 유추적용하여 그 전부를 본형에 산입하여야 한다. (O, ×) 15. 7급국가직

OX 미결구금기간이 확정된 징역 또는 금고의 본형기간을 초과한 결과가 생겼다고 하여 위법하다고 할 수 없다. (O, ×) 15. 7급국가직

OX 상소기각 결정시에 송달기간이나 즉시항고기간 중의 미결구금일수는 전부를 본형에 산입한다. (O, ×) 16. 경찰간부

관련 판례

형사사건으로 외국 법원에 기소되었다가 무죄판결을 받은 사람은, 설령 그가 무죄판결을 받기까지 상당 기간 미결구금되었더라도 이를 유죄판결에 의하여 형이 실제로 집행된 것으로 볼 수는 없으므로, '외국에서 형의 전부 또는 일부가 집행된 사람'에 해당한다고 볼 수 없고, 그 미결구금기간은 형법 제7조에 의한 산입의 대상이 될 수 없다.
결국 미결구금이 자유 박탈이라는 효과 면에서 형의 집행과 일부 유사하다는 점만을 근거로, 외국에서 형이 집행된 것이 아니라 단지 미결구금되었다가 무죄판결을 받은 사람의 미결구금일수를 형법 제7조의 유추적용에 의하여 그가 국내에서 같은 행위로 인하여 선고받는 형에 산입하여야 한다는 것은 허용되기 어렵다(대법원 2017.8.24. 선고 2017도5977 전원합의체 판결).

Answer
기출 키워드 체크
전부
OX
O, O, O, O

(4) 집행정지

1) 필요적 집행정지

① 징역, 금고, 구류의 선고를 받은 자가 심신의 장애로 의사능력이 없는 상태에 있는 때에는 형을 선고한 법원에 대응한 검찰청 검사 또는 형의 선고를 받은 자의 현재지를 관할하는 검찰청 검사의 지휘에 의하여 심신장애가 회복될 때까지 형의 집행을 정지한다(치료감호소로 위탁한다 ×)(제470조 제1항). 12·19. 경찰간부

② 형의 집행을 정지한 경우에는 검사는 형의 선고를 받은 자를 감호의무자 또는 지방 공공단체에 인도하여 병원 기타 적당한 장소에 수용하게 할 수 있다(동조 제2항).

③ 형의 집행이 정지된 자는 위의 처분이 있을 때까지 교도소, 구치소에 구치하고 그 기간을 형기에 산입한다(동조 제3항).

2) 임의적 집행정지

① 징역, 금고, 구류의 선고를 받은 자에 대하여 아래와 같은 사유가 있는 때에는 형을 선고한 법원에 대응한 검찰청 검사 또는 형의 선고를 받은 자의 현재지를 관할하는 검찰청 검사의 지휘에 의하여 형의 집행을 정지할 수 있다(제471조 제1항).

　㉠ **형의 집행으로 인하여 현저히 건강을 해하거나 생명을 보전할 수 없을 염려가 있는 때**

　㉡ **연령 70세 이상인 때** 12. 경찰간부

　㉢ **잉태 후 6월 이상인 때**

　㉣ **출산 후 60일을 경과하지 아니한 때** 11. 교정특채

　㉤ **직계존속이 연령 70세 이상 또는 중병이나 장애인으로 보호할 다른 친족이 없는 때**

　㉥ **직계비속이 유년으로 보호할 다른 친족이 없는 때**

　㉦ **기타 중대한 사유가 있는 때**

② 검사가 위 ①의 지휘를 함에는 소속 고등검찰청검사장 또는(및 ×) 지방검찰청검사장의 허가를 얻어야 한다(동조 제2항).

③ '현저히 건강을 해하거나 생명을 보전할 수 없을 염려가 있는 때'를 이유로 형의 집행을 정지할 때는 형집행정지 심의위원회에서 이를 심의한다(제471조의2).

　㉠ **각 지방검찰청에 형집행정지 심의위원회(이하 이 조에서 "심의위원회"라 한다)를 둔다.**

　㉡ **심의위원회는 위원장 1명을 포함한 10명 이내의 의원으로 구성하고, 위원은 학계, 법조계, 의료계, 시민단체 인사 등 학식과 경험이 있는 사람 중에서 각 지방검찰청 검사장이 임명 또는 위촉한다.**

4. 자격형의 집행

자격상실 또는 자격정지의 선고를 받은 자에 대하여는 이를 수형자원부에 기재하고 지체 없이 그 등본을 형의 선고를 받은 자의 등록기준지와 주거지의 시·구·읍·면장에게 송부하여야 한다(제476조).

5. 재산형의 집행

⑴ 집행명령

① 벌금, 과료, 몰수, 추징, 과태료, 소송비용, 비용배상 또는 가납의 재판은 검사의 명령에 의하여 집행한다(제477조 제1항). 이 경우 검사의 명령은 집행력 있는 채무명의와 동일한 효력이 있다(동조 제2항). 17. 경찰간부

② 재산형 재판의 집행에는 '민사집행법'의 집행에 관한 규정을 준용하지만, '국세징수법'에 따른 국세체납처분의 예에 따라 집행할 수도 있다(동조 제4항). 17. 경찰간부, 18. 법원 ⇨ 집행 전에 재판의 송달은 요하지 아니한다(동조 제3항).

③ 검사는 위 재판을 집행하기 위하여 필요한 조사를 할 수 있고, 공무소 기타 공사단체에 조회하여 필요한 사항의 보고를 요구할 수 있다(동조 제5항, 제199조 제2항).

④ 벌금, 과료, 추징, 과태료, 소송비용 또는 비용배상의 분할납부, 납부연기 및 납부대행기관을 통한 납부 등 납부방법에 필요한 사항은 법무부령으로 정한다(제477조 제6항). 21. 경찰간부

⑤ 재산형의 재판집행비용은 집행을 받은 자의 부담으로 하고 '민사집행법'의 규정에 준하여 집행과 동시에 징수하여야 한다(제493조).

⑵ 집행방법

1) 벌금과 과료의 집행

① 벌금과 과료는 판결확정일로부터 30일 내에 납입하여야 한다(형법 제69조 제1항 본문).

② 단, 벌금을 선고할 때에는 동시에 그 금액을 완납할 때까지 노역장에 유치할 것을 명할 수 있다(형법 제69조 제1항 단서).

③ 벌금을 납입하지 아니한 자는 1일 이상 3년 이하, 과료를 납입하지 아니한 자는 1일 이상 30일 미만의 기간 노역장에 유치하여 작업에 복무하게 한다(형법 제69조 제2항).

2) 집행의 대상

① 원칙 : 재산형은 원칙적으로 형선고를 받은 본인의 재산에 대하여만 집행할 수 있다.

OX 형사소송법은 벌금의 분할납부와 납부연기 및 납부대행 기관을 통한 납부 등 납부방법에 필요한 사항을 법무부령으로 정하도록 규정하고 있다. (○, ×) 21. 경찰간부

OX 벌금과 과료는 판결 확정일로부터 30일 내에 납입하여야 한다. 단, 벌금을 선고할 때에는 동시에 그 금액을 완납할 때까지 노역장에 유치할 것을 명할 수 있다. (○, ×) 15. 경찰간부

Answer
OX
○, ○

② 예외 : 다음과 같은 예외가 인정된다.

　㉠ **상속재산에 대한 집행**

　㉡ **몰수 또는 조세·전매 기타 공과에 관한 법령에 의하여 재판한 벌금 또는 추징은 그 재판을 받은 자가 재판확정 후 사망한 경우에는 그 상속재산에 대하여 집행할 수 있다**(제478조). 11. 교정특채, 13. 9급국가직, 16·17. 경찰간부

　㉢ 그러나 재판확정 전에 사망한 경우에는 상속재산에 대하여 집행할 수 없다.

　㉣ **합병 후 법인에 대한 집행** : 법인에 대하여 벌금, 과료, 몰수, 추징, 소송비용 또는 비용배상을 명한 경우에 법인이 그 재판확정 후 합병에 의하여 소멸한 때에는 **합병 후 존속한 법인 또는 합병에 의하여 설립된 법인에 대하여 집행할 수 있다**(제479조). 09. 법원, 17. 경찰간부

3) 가납재판의 집행조정

① 제1심 가납의 재판을 집행한 후에 제2심 가납의 재판이 있는 때에는 제1심 재판의 집행은 제2심 가납금액의 한도에서 제2심 재판의 집행으로 간주한다(제480조).

② 가납의 재판을 집행한 후 벌금, 과료 또는 추징의 재판이 확정한 때에는 그 금액의 한도에서 형의 집행이 된 것으로 간주한다(제481조).

(3) 노역장유치의 집행

① 벌금 또는 과료를 완납하지 못한 자에 대한 노역장유치의 집행에는 형의 집행에 관한 규정을 준용한다(제492조). 준용되는 규정은 집행의 일반원칙(제459조, 제460조)과 자유형의 집행에 관한 규정이다.

② 사법경찰관리가 벌금형을 받은 사람을 그에 따르는 노역장유치의 집행을 위하여 구인하려면 검사로부터 발부받은 형집행장을 그 상대방에게 제시하여야 하지만(제85조 제1항 참조), 형집행장을 소지하지 아니한 경우에 급속을 요하는 때에는 그 상대방에 대하여 형집행 사유와 형집행장이 발부되었음을 고하고 집행할 수 있다(제85조 제3항 참조).

③ 사법경찰관리도 검사의 지휘를 받아 벌금미납자에 대한 노역장유치의 집행을 위하여 형집행장의 집행 등을 할 권한이 있다(2009도13371). 12. 경찰2차

(4) 벌금 미납자의 사회봉사

① 300만원(500만원 ×) 벌금형이 확정된 벌금 미납자는 검사의 납부명령일부터 30일 이내에 주거지를 관할하는 지방검찰청(지방검찰청지청을 포함한다. 이하 같다)의 검사에게 사회봉사를 신청할 수 있다(벌금 미납자의 사회봉사 집행에 관한 특례법 제4조 제1항). 18. 법원 ⇨ 벌금형이 확정된 때부터 가능하고 그 종기(終期)는 검사의 납부명령일이 아니라 납부명령이 벌금 미납자에게 '고지된 날'로부터 30일이 되는 날이라고 해석함이 상당하다(2011모16). 16. 경찰간부

② 다만, 검사로부터 벌금의 일부납부 또는 납부연기를 허가받은 자는 그 허가기한 내에 사회봉사를 신청할 수 있다.

③ 다음 어느 하나에 해당하는 사람은 사회봉사를 신청할 수 없다(동조 제2항).

  ㉠ 징역 또는 금고와 동시에 벌금을 선고받은 사람

  ㉡ 법원으로부터 벌금 선고와 동시에 벌금을 완납할 때까지 노역장에 유치할 것을 명받은 사람

  ㉢ 다른 사건으로 형 또는 구속영장이 집행되거나 노역장에 유치되어 구금 중인 사람

  ㉣ 사회봉사를 신청하는 해당 벌금에 대하여 법원으로부터 사회봉사를 허가받지 못하거나 취소당한 사람. 다만, 사회봉사 불허가 사유가 소멸한 경우에는 그러하지 아니하다.

6. 몰수물, 압수물의 처분

(1) 몰수물의 처분

① 몰수물은 검사가 처분하여야 한다(제483조).

② 그 처분방법에는 공매처분, 국고납입처분, 폐기처분, 인계처분, 특별처분이 있다(검찰압수물사무규칙 제28조 이하).

(2) 몰수물의 교부

① 몰수를 집행한 후 3월 이내에 그 몰수물에 대하여 정당한 권리 있는 자가 몰수물의 교부를 청구한 때에는 검사는 파괴 또는 폐기할 것이 아니면 이를 교부하여야 한다(제484조 제1항).

② 몰수물을 처분한 후 교부청구가 있는 경우에는 검사는 공매에 의하여 취득한 대가를 교부하여야 한다(동조 제2항).

(3) 압수물의 환부

① 위조 또는 변조한 물건을 환부하는 경우에는 그 물건의 전부 또는 일부에 위조나 변조인 것을 표시하여야 한다(제485조 제1항).

② 위조 또는 변조한 물건이 압수되지 아니한 경우에는 그 물건을 제출하게 하여 위의 처분을 하여야 한다.

② 단, 그 물건이 공무소에 속한 것인 때에는 위조나 변조의 사유를 공무소에 통지하여 적당한 처분을 하게 하여야 한다(동조 제2항).

(4) 환부불능공고

① 압수물의 환부를 받을 자의 소재가 불명하거나 기타 사유로 인하여 환부를 할 수 없는 경우에는 검사는 그 사유를 관보에 공고하여야 한다(제486조 제1항).

② 공고한 후 3월 이내에 환부의 청구가 없는 때에는 그 물건은 국고에 귀속한다(동조 제2항). 그러나 위 기간 내에도 가치 없는 물건은 폐기할 수 있고 보관하기 어려운 물건은 공매하여 그 대가를 보관할 수 있다(동조 제3항).

제2절 재판해석에 대한 의의신청

❶ 의 의

① 형의 선고를 받은 자는 집행에 관하여 재판의 해석에 대한 의의가 있는 때에는 재판을 선고한 법원(검사 ×)에 의의신청을 할 수 있다(제488조). 20. 9급국가직

② 이는 판결의 취지가 불분명하여 부당한 집행의 염려가 있을 경우에 법원에 그 해석을 구하여 의미를 분명하게 하는 절차이다.

❷ 요 건

① 의의신청은 판결주문의 취지가 불분명하여 주문의 해석에 의문이 있는 경우에 한하여 제기할 수 있다.

② 따라서 판결이유의 모순, 불명확 또는 부당을 주장하는 의의신청은 허용되지 않는다(86모32). 16. 경찰간부

③ 또한 미결구금일수의 통산에 대한 의의는 검사의 형집행처분에 대한 것이므로 여기에 포함되지 않는다(79모44).

❸ 절 차

1. 신청권자

의의신청은 형의 선고를 받은 자만이 할 수 있다. 따라서 그의 법정대리인 등이나 검사에게는 의의신청권이 없다.

2. 관 할

① 의의신청의 관할법원은 재판을 선고한 법원이다.

② 재판을 선고한 법원이란 형을 선고한 법원을 말하므로 상소기각의 경우에는 원심법원이 관할 법원이 된다(67초23). 03. 경찰승진, 05. 경찰2차

3. 결정 및 불복

① 의의신청이 있는 때에는 법원은 결정을 하여야 한다(제491조 제1항).

② 이 결정에 대하여는 즉시항고를 할 수 있다(동조 제2항).

③ 의의신청은 법원의 결정이 있을 때까지 취하할 수 있다(제490조 제1항).

④ 의의신청과 그 취하에 대해서도 재소자에 대한 특칙이 적용된다(제490조 제2항, 제344조).

제3절 재판집행에 대한 이의신청

❶ 의 의

① 재판의 집행을 받은 자 또는 그 법정대리인이나 배우자는 집행에 관한 검사의 처분이 부당함을 이유로 재판을 선고한 법원에 이의신청을 할 수 있다(제489조). 12. 9급국가직, 21. 경찰간부

② 이는 부당한 재판의 집행으로부터 형을 선고받은 자를 구제하기 위한 절차이다.

❷ 요 건

① 이의신청은 재판의 집행에 관한 검사의 처분이 부당한 경우에 할 수 있다.

② '재판의 집행에 관한 검사의 처분'이란 형집행지휘뿐만 아니라 형사소송법상 검사의 재판집행에 관한 일체의 처분을 말한다.

③ 따라서 재판의 집행에 관한 것이 아니라 검사의 공소제기 또는 재판 그 자체나 판결 내용 자체의 부당함을 이유로 하는 이의신청은 허용되지 않는다(86모32, 87초34). 16. 경찰간부

④ 보호감호 집행에 관한 준항고를 한 경우 재판에 관한 검사의 처분에 대한 이의신청을 한 것으로 보아야 한다고 보았다(93모55). 10. 경찰1차, 13. 경찰승진

⑤ 이의신청은 검사의 처분에 대해서만 허용되므로 교도소장의 처분에 대해서는 이의신청을 할 수 없다(83초20).

⑥ 이의신청은 검사의 집행처분이 위법한 경우뿐만 아니라 부당한 경우까지 그 대상이 된다.

⑦ 이의신청은 재판의 확정 전에도 가능하다. 03. 경찰승진

⑧ 그러나 집행이 종료된 후에는 실익이 없으므로 이의신청이 허용되지 않는다.

OX 재판의 집행을 받은 자 또는 그 법정대리인이나 배우자는 집행에 관한 검사의 처분이 부당함을 이유로 재판을 선고한 법원에 이의신청을 할 수 있다. (○, ×) 21. 경찰간부

기출 키워드 체크

확정된 재판의 집행에 관한 검사의 처분에 대해 준항고의 형식으로 불복하는 경우에는 이를 「형사소송법」 제489조의 _____으로 보아 판단하여야 한다.

OX 형사소송법 제488조의 의의신청은 판결의 취지가 명료하지 않아 그 해석에 대한 의의가 있는 경우에 적용되는 것이고, 같은 법 제489조의 이의신청은 재판의 집행에 관한 검사의 처분이 부당함을 이유로 하는 경우에 적용되는 것이므로 재판의 내용 자체를 부당하다고 주장하는 것은 이에 해당되지 아니한다. (○, ×) 16. 경찰간부

Answer

기출 키워드 체크
재판집행에 대한 이의신청
OX
○, ○

❸ 절 차

1. 그 외 절차(의의신청과 동일)

기타 관할법원, 법원의 결정, 즉시항고, 신청의 취하, 재소자에 대한 특칙의 절차는 의의 신청의 경우와 같다. 따라서 이의신청은 재판을 선고한 법원에 하며 재판을 선고한 법 원이란 형을 선고한 법원을 말한다. 03. 경찰승진, 05. 경찰2차

2. 결정 및 불복

① 이의신청이 있는 때에는 법원은 결정을 하여야 한다(제491조 제1항).

② 이 결정에 대하여는 즉시항고를 할 수 있다(동조 제2항).

③ 이의신청은 법원의 결정이 있을 때까지 취하할 수 있다(제490조 제1항).

④ 이의신청과 그 취하에 대해서도 재소자에 대한 특칙이 적용된다(제490조 제2항, 제344조).

Chapter 19 실전익히기

01
21. 경찰간부

형의 집행과 형사보상 및 배상명령에 관한 설명 중 옳지 않은 것은?

① 재판의 집행을 받은 자 또는 그 법정대리인이나 배우자는 집행에 관한 검사의 처분이 부당함을 이유로 재판을 선고한 법원에 이의신청을 할 수 있다.

② 형사소송법은 벌금의 분할납부와 납부연기 및 납부대행기관을 통한 납부 등 납부방법에 필요한 사항을 법무부령으로 정하도록 규정하고 있다.

③ 현행법은 불기소처분되거나 무죄로 확정된 사람이 미결구금이나 형의 집행으로 받은 피해에 대한 보상은 인정하고 있으나 무죄로 확정된 피고인이 그 재판에서 사용한 비용에 대한 보상은 인정하고 있지 않다.

④ 피고인은 유죄판결에 대하여 상소를 제기함이 없이 배상명령에 대해서만 상소제기 기간 내에 형사소송법 규정에 따른 즉시항고를 할 수 있다.

02
15. 7급국가직

재판의 집행에 대한 설명으로 옳지 않은 것은? (다툼이 있는 경우 판례에 의함)

① 판결 전 미결구금일수는 그 전부가 법률상 당연히 본형에 산입하게 되었으므로 판결에서 별도로 미결구금일수 산입에 관한 사항을 판단할 필요가 없다.

② 사법경찰관리가 노역장 유치의 집행을 위하여 벌금미납자를 구인하는 것은 사법경찰관의 직무범위 안에 속하므로, 그 상대방에게 형집행장을 제시할 필요가 없다.

③ 피고인이 상소제기 후 상소취하한 때까지의 구금일수에 관하여는 형사소송법 제482조 제2항을 유추적용하여 그 전부를 본형에 산입하여야 한다.

④ 미결구금기간이 확정된 징역 또는 금고의 본형기간을 초과한 결과가 생겼다고 하여 위법하다고 할 수 없다.

03
16. 경찰간부

형의 집행에 대한 다음 설명 중 가장 옳지 않은 것은? (다툼이 있으면 판례에 의함)

① 벌금·과료 또는 추징의 선고를 하는 경우에 가납의 판결이 있는 때에는 확정을 기다리지 않고 즉시로 집행할 수 있다.

② 범죄 후 미국으로 도주하였다가 대한민국 정부와 미합중국정부 간의 범죄인인도조약에 따라 미국에서 체포된 후 송환되어 구속되기까지의 기간은 형법 제47조에 의하여 본형에 산입될 미결구금일수에 해당하지 않는다.

③ 2개 이상의 형의 집행은 자격상실, 자격정지, 벌금, 과료와 몰수 외에는 그 중한 형을 먼저 집행하는 것이 원칙이다.

④ '벌금 미납자의 사회봉사 집행에 관한 특례법'은 벌금형이 확정된 벌금 미납자는 검사의 '납부명령일 부터 30일 이내에' 사회봉사를 신청할 수 있다고 규정하고 있는바, 사회봉사 대체집행 신청을 할 수 있는 종기(終期)는 납부명령이 벌금 미납자에게 '고지된 날'이 아니라 검사의 납부'명령일'로부터 30일이 되는 날이라고 해석하여야 한다.

04

벌금형의 집행에 관한 다음 설명 중 가장 옳지 않은 것은?

① 벌금형이 확정된 사람이 납부명령이나 납부독촉을 받고도 일정한 기간 내에 벌금을 완납하지 아 니할 경우 검사는 민사집행법에 의한 강제집행 또는 국세징수법에 의한 체납처분 절차를 진행하여 벌금액을 강제로 징수할 수 있다.

② 사법경찰관리가 벌금형을 받은 사람에 대한 노역장 유치의 집행을 위하여 구인하려면 검사로부터 발부받은 형집행장을 상대방에게 제시하여야 한다.

③ 1,000만원 이하의 벌금형이 확정된 벌금 미납자로서 경제적 능력이 없는 사람은 검사의 납부명령일부터 30일 이내에 노역장 유치를 대체하는 사회봉사를 신청할 수 있는 제도가 마련되어 있다.

④ 18세 미만의 소년에 대해서는 벌금형을 선고할 때 노역장 유치의 선고를 하지 못하므로 이를 간과하여 18세 미만의 소년에 대해 노역장유치의 선고를 한 판결이 확정되었다고 하더라도 집행할 수는 없다.

05

재판의 집행에 대한 설명 중 가장 옳지 않은 것은? (다툼이 있으면 판례에 의함)

① 몰수 또는 조세·전매 기타 공과에 관한 법령에 의하여 재판한 벌금 또는 추징은 그 재판을 받은 자가 재판 도중 사망한 경우에는 재판확정 후 그 상속재산에 대하여 집행할 수 있다.

② 상소기각 결정시에 송달기간이나 즉시항고기간 중의 미결구금일수는 전부를 본형에 산입한다.

③ 사법경찰관리가 벌금형을 받은 자를 노역장 유치의 집행을 위하여 구인하려면, 검사로부터 발부받은 형집행장을 그 상대방에게 제시하여야 함이 원칙이다.

④ 형사소송법 제488조의 의의신청은 판결의 취지가 명료하지 않아 그 해석에 대한 의의가 있는 경우에 적용되는 것이고, 같은 법 제489조의 이의신청은 재판의 집행에 관한 검사의 처분이 부당함을 이유로 하 는 경우에 적용되는 것이므로 재판의 내용 자체를 부당하다고 주장하는 것은 이에 해당되지 아니한다.

06

준항고에 대한 다음 설명 중 틀린 것은? (다툼이 있으면 판례에 의함)

① 검사 또는 사법경찰관이 수사단계에서 압수물의 환부에 관한 처분을 할 수 있는 권한을 가지고 있을 경우에 그 처분에 대하여 불복이 있으면 준항고가 허용된다.

② 구속피고인에 대한 접견신청에 대해 수사기관이 아무런 조치를 취하지 않는 경우에는 준항고를 제기할 수 있다.

③ 확정된 재판의 집행에 관한 검사의 처분에 대해 준항고의 형식으로 불복하는 경우에는 이를 「형사소송법」 제489조의 재판집행에 대한 이의신청으로 보아 판단하여야 한다.

④ 「형사소송법」 제332조의 규정에 의하여 압수가 해제된 것으로 되었음에도 불구하고 검사가 그 해제된 압수물의 인도를 거부하는 조치에 대해서는 준항고로 불복할 수 있다.

Answer

01 ③ [×] 국가는 무죄판결이 확정된 경우에는 당해사건의 피고인이었던 자에 대하여 그 재판에 소요된 비용을 보상하여야 한다(제194조의2 제1항).

02 ② [×] 사법경찰관리가 벌금형을 받은 사람을 그에 따르는 노역장 유치의 집행을 위하여 구인하려면 검사로부터 발부받은 형집행장을 그 상대방에게 제시하여야 한다(제85조 제1항 참조).

03 ④ [×] '고지된 날'로부터 30일이 되는 날이라고 해석하여야 한다.

04 ③ [×] 500만원 이하의 벌금형이 대상이다.

05 ① [×] '확정' 후 사망인 경우이어야 한다.

06 ④ [×] 준항고 대상이 되지 않는다.

MEMO

김상천
형사소송법

CHAPTER

20

기 타

제1절 고위공직자범죄수사처

Chapter 20 기 타

제1절 고위공직자범죄수사처

❶ 고위공직자와 고위공직자범죄 등

1. 고위공직자

(1) 고위공직자

"고위공직자"란 다음의 어느 하나의 직(職)에 재직 중인 사람 또는 그 직에서 퇴직한 사람을 말한다. 다만, 장성급 장교는 현역을 면한 이후도 포함된다.

가. 대통령

나. 국회의장 및 국회의원

다. 대법원장 및 대법관

라. 헌법재판소장 및 헌법재판관

마. 국무총리와 국무총리비서실 소속의 정무직공무원

바. 중앙선거관리위원회의 정무직공무원

사. 「공공감사에 관한 법률」 제2조 제2호에 따른 중앙행정기관의 정무직공무원

아. 대통령비서실·국가안보실·대통령경호처·국가정보원 소속의 3급 이상 공무원

자. 국회사무처, 국회도서관, 국회예산정책처, 국회입법조사처의 정무직공무원

차. 대법원장비서실, 사법정책연구원, 법원공무원교육원, 헌법재판소 사무처의 정무직공무원

카. 검찰총장

타. 특별시장·광역시장·특별자치시장·도지사·특별자치도지사 및 교육감

파. 판사 및 검사

하. 경무관 이상 경찰공무원

거. 장성급 장교

너. 금융감독원 원장·부원장·감사

더. 감사원·국세청·공정거래위원회·금융위원회 3급 이상 공무원

(2) 가 족

① "가족"이란 배우자, 직계존비속을 말한다.

② 다만, 대통령의 경우에는 배우자와 4촌 이내의 친족을 말한다.

2. 고위공직자범죄 등

(1) 의 의

"고위공직자범죄 등"이란 고위공직자범죄와 관련범죄를 말한다.

(2) **고위공직자범죄**

"고위공직자범죄"란 고위공직자로 재직 중에 본인 또는 본인의 가족이 범한 다음의 어느 하나에 해당하는 죄를 말한다. 다만, 가족의 경우에는 고위공직자의 직무와 관련하여 범한 죄에 한정한다.

가. 「형법」 제122조부터 제133조까지의 죄(다른 법률에 따라 가중처벌되는 경우를 포함)

나. 직무와 관련되는 「형법」 제141조, 제225조, 제227조, 제227조의2, 제229조(제225조, 제227조 및 제227조의2의 행사죄에 한정한다), 제355조부터 제357조까지 및 제359조의 죄(다른 법률에 따라 가중처벌되는 경우를 포함한다)

다. 「특정범죄 가중처벌 등에 관한 법률」 제3조의 죄

라. 「변호사법」 제111조의 죄

마. 「정치자금법」 제45조의 죄

바. 「국가정보원법」 제18조, 제19조의 죄

사. 「국회에서의 증언·감정 등에 관한 법률」 제14조 제1항의 죄

아. 가목부터 마목까지의 죄에 해당하는 범죄행위로 인한 「범죄수익은닉의 규제 및 처벌 등에 관한 법률」 제2조 제4호의 범죄수익 등과 관련된 같은 법 제3조 및 제4조의 죄

(3) **관련범죄**

"관련범죄"란 다음의 어느 하나에 해당하는 죄를 말한다.

가. 고위공직자와 「형법」 제30조부터 제32조까지의 관계에 있는 자가 범한 제3호 각 목의 어느 하나에 해당하는 죄

나. 고위공직자를 상대로 한 자의 「형법」 제133조, 제357조 제2항의 죄

다. 고위공직자범죄와 관련된 「형법」 제151조 제1항, 제152조, 제154조부터 제156조까지의 죄 및 「국회에서의 증언·감정 등에 관한 법률」 제14조 제1항의 죄

라. 고위공직자범죄 수사 과정에서 인지한 그 고위공직자범죄와 직접 관련성이 있는 죄로서 해당 고위공직자가 범한 죄

▶ **고위공직자범죄(형법)**

1. 직무유기
2. 직권남용권리행사방해, 직권남용(체포·감금), 독직(폭행·가혹행위)
3. 피의사실공표
4. 공무상비밀누설
5. 선거방해
6. 뇌물(수수·요구·약속), 사전뇌물(수수·요구·약속), 제3자뇌물(수수·요구·약속), 수뢰후부정처사, 부정처사후수뢰, 사후수뢰죄, 알선뇌물(수수·요구·약속), 뇌물(공여·공여약속공여의사표시), 제3자뇌물(교부·취득)
7. 공용(서류·물건·전자기록)(손상·은닉·무효), 공용(건조물·선박·기차·항공기)파괴
8. (공문서·공도화)(위조·변조) 및 행사, 허위(공문서·공도화)(작성·변개) 및 행사, 공전자기록등(위작·변작) 및 행사
9. (업무상)(횡령·배임), 배임(수재·증재)
※ 7.부터 9. 범죄는 직무와 관련되는 경우에 한정
※ 다른 법률에 따라 가중처벌되는 경우 포함

▶ **고위공직자범죄(특별법)**

1. 알선수재(특정범죄 가중처벌 등에 관한 법률 제3조)
2. 알선수재(변호사법 제111조)
3. 정치자금부정수수(정치자금법 제45조)
4. 국가정보원법 제18조(정치관여), 동법 제19조(직권남용)
5. 국회위증(국회에서의 증언·감정 등에 관한 법률 제14조 제1항)
※ 범죄수익은닉규제법 – 고위공직자범죄 관련 범죄수익 은닉, 가장, 수수

▶ **관련범죄**

1. 고위공직자와 공동정범·교사범·방조범 관계에 있는 자가 범한 고위공직자범죄 해당 범죄
2. 고위공직자를 상대로 한 자의 뇌물(공여·공여약속·공여의사표시, 제3자뇌물(교부·취득), 배임증재
3. 고위공직자범죄와 관련된 범인(은닉·도피), 위증, 모해위증, (허위·모해허위)(감정·통역·번역), 증거(인멸·은닉·위조·변조), (위조·변조)증거사용, 증인(은닉·도피, 무고, 국회위증
4. 고위공직자범죄 수사 과정에서 인지한 그 고위공직자범죄와 직접 관련성이 있는 죄로서 해당 고위공직자가 범한 죄

❷ 고위공직자범죄수사처 설치와 조직 등

1. 고위공직자범죄수사처 설치

(1) 설 치

① 고위공직자범죄 등에 관하여 사수 등에 필요한 직무를 수행하기 위하여 고위공직자범죄수사처(이하 "수사처"라 한다)를 둔다(제3조 제1항).

② 대법원장 및 대법관, 검찰총장, 판사 및 검사, 경무관 이상 경찰공무원의 재직 중에 본인 또는 본인의 가족인 범한 고위공직자범죄 등의 공소제기·유지도 수행한다.
⇨ 그 외의 경우에는 수사만 수행한다.

(2) 독립성

① 수사처는 그 권한에 속하는 직무를 독립하여 수행한다(제3조 제2항).

② 대통령, 대통령비서실의 공무원은 수사처의 사무에 관하여 업무보고나 자료제출 요구, 지시, 의견제시, 협의, 그 밖에 직무수행에 관여하는 일체의 행위를 하여서는 아니 된다(제3조 제3항).

2. 고위공직저범죄수사처 처장과 차장

(1) 의 의

① 수사처에 처장 1명과 차장 1명을 두고, 각각 특정직공무원으로 보한다(제4조 제1항).

② 수사처에 수사처검사와 수사처수사관 및 그 밖에 필요한 직원을 둔다(제4조 제2항).

(2) 처 장

① 처장은 다음의 직에 15년 이상 있던 사람 중에서 제6조에 따른 고위공직자범죄수사처장후보추천위원회가 2명을 추천하고, 대통령이 그중 1명을 지명한 후 인사청문회를 거쳐 임명한다(제5조 제1항).

> 1. 판사, 검사 또는 변호사
> 2. 변호사 자격이 있는 사람으로서 국가기관, 지방자치단체, 「공공기관의 운영에 관한 법률」 제4조에 따른 공공기관 또는 그 밖의 법인에서 법률에 관한 사무에 종사한 사람
> 3. 변호사 자격이 있는 사람으로서 대학의 법률학 조교수 이상으로 재직하였던 사람

② 위 ①의 각 호에 규정된 둘 이상의 직에 재직한 사람에 대해서는 그 연수를 합산한다(제5조 제2항).

③ 처장의 임기는 3년으로 하고 중임할 수 없으며, 정년은 65세로 한다(제5조 제3항).

④ 처장이 궐위된 때에는 위 ①에 따른 절차를 거쳐 60일 이내에 후임자를 임명하여야한다. 이 경우 새로 임명된 처장의 임기는 새로이 개시된다(제5조 제4항).

⑤ 처장은 수사처의 사무를 통할하고 소속 직원을 지휘·감독한다(제17조 제1항).

⑥ 처장은 국회에 출석하여 수사처의 소관 사무에 관하여 의견을 진술할 수 있고, 국회의 요구가 있을 때에는 수사나 재판에 영향을 미치지 않는 한 국회에 출석하여보고하거나 답변하여야 한다(제17조 제2항).

⑦ 처장은 소관 사무와 관련된 안건이 상정될 경우 국무회의에 출석하여 발언할 수 있으며, 그 소관 사무에 관하여 법무부장관에게 의안(이 법의 시행에 관한 대통령령안을 포함한다)의 제출을 건의할 수 있다(제17조 제3항).

⑧ 처장은 그 직무를 수행함에 있어서 필요한 경우 대검찰청, 경찰청 등 관계기관의장에게 고위공직자범죄 등과 관련된 사건의 수사기록 및 증거 등 자료의 제출과 수사활동의 지원 등 수사협조를 요청할 수 있다(제17조 제4항).

⑨ 처장은 제8조에 따른 수사처검사의 직을 겸한다(제17조 제5항).

⑩ 처장은 수사처의 예산 관련 업무를 수행하는 경우에 「국가재정법」 제6조 제2항에따른 중앙관서의 장으로 본다(제17조 제6항).

(3) 추천위원회

① 처장후보자의 추천을 위하여 국회에 고위공직자범죄수사처장후보추천위원회(이하"추천위원회"라 한다)를 둔다(제6조 제1항).

② 추천위원회는 위원장 1명을 포함하여 7명의 위원으로 구성한다(제6조 제2항).

③ 위원장은 다음의 ④의 위원 중에서 호선한다(제6호 제3항).

④ 국회의장은 다음의 사람을 위원으로 임명하거나 위촉한다(제6조 제4항).

> 1. 법무부장관
> 2. 법원행정처장
> 3. 대한변호사협회장
> 4. 대통령이 소속되거나 소속되었던 정당의 교섭단체가 추천한 2명
> 5. 전 호의 교섭단체 외 교섭단체가 추천한 2명

⑤ 국회의장은 위 교섭단체에 10일 이내에 기한을 정하여 위원의 추천을 서면으로 요청할수 있고, 각 교섭단체는 요청받은 기한 내에 위원을 추천하여야 한다(제6조 제5항).

⑥ 교섭단체가 요청받은 기한 내에 위원을 추천하지 아니한 교섭단체가 있는 경우, 국회의장은 해당 교섭단체의 추천에 갈음하여 다음의 사람을 위원으로 위촉한다.

> 1. 사단법인 한국법학교수회 회장
> 2. 사단법인 법학전문대학원협의회 이사장

⑦ 추천위원회는 국회의장의 요청 또는 위원 3분의 1 이상의 요청이 있거나 위원장이
필요하다고 인정할 때 위원장이 소집하고, 재적위원 3분의 2 이상의 찬성으로 의결한다
(제6조 제7항).

⑧ 추천위원회 위원은 정치적으로 중립을 지키고 독립하여 그 직무를 수행한다(제6조
제8항).

⑨ 추천위원회가 위와 같은 방법에 따라 처장 후보자를 추천하면 해당 추천위원회는
해산된 것으로 본다(제6조 제9항).

⑩ 그 밖에 추천위원회의 운영 등에 필요한 사항은 국회규칙으로 정한다(제6조 제
10항).

⑷ 차 장

① 차장은 10년 이상 제5조 제1항(위 ⑵의 ①) 각 호의 직위에 재직하였던 사람 중에서
처장의 제청으로 대통령이 임명한다(제7조 제1항).

② 제5조 제2항(위 ⑵의 ②)은 차장의 임명에 준용한다(제7조 제2항).

③ 차장의 임기는 3년으로 하고 중임할 수 없으며, 정년은 63세로 한다(제7조 제3항).

④ 차장은 처장을 보좌하며, 처장이 부득이한 사유로 그 직무를 수행할 수 없는 때에
는 그 직무를 대행한다(제18조 제1항).

⑤ 차장은 제8조에 따른 수사처검사의 직을 겸한다(제18조 제2항).

3. 수사처검사

⑴ 수사처검사

① 수사처검사는 7년 이상 변호사의 자격이 있는 사람 중에서 제9조에 따른 인사위원
회의 추천을 거쳐 대통령이 임명한다. 이 경우 검사의 직에 있었던 사람은 ②에 따
른 수사처검사 정원의 2분의 1을 넘을 수 없다(제8조 제1항).

② 수사처검사는 특정직공무원으로 보하고, 처장과 차장을 포함하여 25명 이내로 한다
(제8조 제2항).

③ 수사처검사의 임기는 3년으로 하고, 3회에 한하여 연임할 수 있으며, 정년은 63세로
한다(제8조 제3항).

④ 수사처검사는 직무를 수행함에 있어서 검찰청법 제4조에 따른 검사의 직무 및 군사
법원법 제37조에 따른 군검사의 직무를 수행할 수 있다(제8조 제4항).

⑤ 수사처검사는 제3조 제1항 각 호에 따른 수사와 공소의 제기 및 유지에 필요한 행
위를 한다(제20조 제1항).

⑥ 수사처검사는 처장의 지휘·감독에 따르며, 수사처수사관을 지휘·감독한다(제
20조 제2항).

⑦ 수사처검사는 구체적 사건과 관련된 위 ⑥의 지휘·감독의 적법성 또는 정당성에 대하여 이견이 있을 때에는 이의를 제기할 수 있다(제20조 제3항).

(2) 인사위원회

① 처장과 차장을 제외한 수사처검사의 임용, 전보, 그 밖에 인사에 관한 중요 사항을 심의·의결하기 위하여 수사처에 인사위원회를 둔다(제9조 제1항).

② 인사위원회는 위원장 1명을 포함한 7명의 위원으로 구성하고, 인사위원회의 위원장은 처장이 된다(제9조 제2항).

③ 인사위원회 위원 구성은 다음과 같다(제9조 제3항).

> 1. 처장
> 2. 차장
> 3. 학식과 덕망이 있고 각계 전문 분야에서 경험이 풍부한 사람으로서 처장이 위촉한 사람 1명
> 4. 대통령이 소속되거나 소속되었던 정당의 교섭단체가 추천한 2명
> 5. 제4호의 교섭단체 외 교섭단체가 추천한 2명

④ 위 ③의 제3호부터 제5호까지에 규정된 위원의 임기는 3년으로 한다(제9조 제4항).

⑤ 인사위원회는 재적위원 과반수의 찬성으로 의결한다(제9조 제5항).

⑥ 그 밖에 인사위원회의 구성과 운영 등에 필요한 사항은 수사처규칙으로 정한다(제9조 제6항).

(3) 수사처검사 징계위원회

① 수사처검사의 징계 사건을 심의하기 위하여 수사처에 수사처검사징계위원회(이하 "징계위원회"라 한다)를 둔다(제33조 제1항).

② 징계위원회는 위원장 1명을 포함한 7명의 위원으로 구성하고, 예비위원 3명을 둔다(제33조 제1항).

③ 징계위원회의 위원장은 차장이 된다. 다만, 차장이 징계혐의자인 경우에는 처장이 위원장이 되고, 처장과 차장이 모두 징계혐의자인 경우에는 수사처규칙으로 정하는 수사처검사가 위원장이 된다(제34조 제1항).

④ 위원은 다음의 사람이 된다(제34조 제2항).

> 1. 위원장이 지명하는 수사처검사 2명
> 2. 변호사, 법학교수 및 학식과 경험이 풍부한 사람으로서 위원장이 위촉하는 4명

⑤ 예비위원은 수사처검사 중에서 위원장이 지명하는 사람이 된다(제34조 제3항).

⑥ 위 ④의 제2호의 위원 임기는 3년으로 한다(제34조 제4항).

⑦ 위원장은 징계위원회의 업무를 총괄하고, 회의를 소집하며, 그 의장이 된다(제34조 제5항).

⑧ 위원장이 부득이한 사유로 직무를 수행할 수 없을 때에는 위원장이 지정하는 위원이 그 직무를 대리하고, 위원장이 지정한 위원이 부득이한 사유로 직무를 수행할 수 없을 때에는 위원장이 지명하는 예비위원이 그 직무를 대리한다(제34조 제6항).

4. 수사처수사관 등

(1) 수사처수사관

① 수사처수사관은 다음의 어느 하나에 해당하는 사람 중에서 처장이 임명한다(제10조 제1항).

> 1. 변호사 자격을 보유한 사람
> 2. 7급 이상 공무원으로서 조사, 수사업무에 종사하였던 사람
> 3. 수사처규칙으로 정하는 조사업무의 실무를 5년 이상 수행한 경력이 있는 사람

② 수사처수사관은 일반직공무원으로 하며, 40명 이내로 한다. 다만, 검찰청으로부터 검찰수사관을 파견받은 경우에는 이를 수사처수사관의 정원에 포함한다(제10조 제2항).

③ 수사처수사관의 임기는 6년으로 하고, 연임할 수 있으며, 정년은 60세로 한다(제10조 제3항).

④ 수사처수사관은 수사처검사의 지휘·감독을 받아 직무를 수행한다(제21조 제1항).

⑤ 수사처수사관은 고위공직자범죄 등에 대한 수사에 관하여 「형사소송법」 제196조 위 ①에 따른 사법경찰관의 직무를 수행한다(제21조 제2항).

(2) 그 밖의 직원

① 수사처의 행정에 관한 사무처리를 위하여 필요한 직원을 둘 수 있다(제11조 제1항).

② 제1항에 따른 직원의 수는 20명 이내로 한다(제11조 제2항).

5. 신분보장 등

(1) 보수 등

① 처장의 보수와 대우는 차관의 예에 준한다(제12조 제1항).

② 차장의 보수와 대우는 고위공무원단 직위 중 가장 높은 직무등급의 예에 준한다(제12조 제2항).

③ 수사처검사의 보수와 대우는 검사의 예에 준한다(제12조 제3항).

④ 수사처수사관의 보수와 대우는 4급 이하 7급 이상의 검찰직공무원의 예에 준한다(제12조 제4항).

(2) 결격사유

① 다음의 어느 하나에 해당하는 사람은 처장, 차장, 수사처검사, 수사처수사관으로 임명될 수 없다(제13조 제1항).

> 1. 대한민국 국민이 아닌 사람
> 2. 「국가공무원법」 제33조 각 호의 어느 하나에 해당하는 사람
> 3. 금고 이상의 형을 선고받은 사람
> 4. 탄핵결정에 의하여 파면된 후 5년이 지나지 아니한 사람
> 5. 대통령비서실 소속의 공무원으로서 퇴직 후 2년이 지나지 아니한 사람

③ 검사의 경우 퇴직한 후 3년이 지나지 아니하면 처장이 될 수 없고, 퇴직한 후 1년이 지나지 아니하면 차장이 될 수 없다(제13조 제2항).

(3) 신분보장

처장, 차장, 수사처검사는 탄핵이나 금고 이상의 형을 선고받은 경우를 제외하고는 파면되지 아니하며, 징계처분에 의하지 아니하고는 해임·면직·정직·감봉·견책 또는 퇴직의 처분을 받지 아니한다(제14조).

(4) 퇴직명령

수사처검사가 중대한 심신상의 장애로 인하여 직무를 수행할 수 없을 때 대통령은 처장의 제청에 의하여 그 수사처검사에게 퇴직을 명할 수 있다(제15조).

(5) 공직임용제한

① 처장과 차장은 퇴직 후 2년 이내에 헌법재판관(헌법 제111조 제3항에 따라 임명되는 헌법재판관은 제외한다), 검찰총장, 국무총리 및 중앙행정기관·대통령비서실·국가안보실·대통령경호처·국가정보원의 정무직공무원으로 임용될 수 없다(제16조 제1항).

② 처장, 차장, 수사처검사는 퇴직 후 2년이 지나지 아니하면 검사로 임용될 수 없다(제16조 제2항).

③ 수사처검사로서 퇴직 후 1년이 지나지 아니한 사람은 대통령비서실의 직위에 임용될 수 없다(제16조 제3항).

④ 수사처에 근무하였던 사람은 퇴직 후 1년 동안 수사처의 사건을 변호사로서 수임할 수 없다(제16조 제4항).

6. 징 계

(1) 사 유

수사처검사가 다음의 어느 하나에 해당하면 그 수사처검사를 징계한다(제32조).

> 1. 재직 중 다음의 어느 하나에 해당하는 행위를 한 때
>   가. 정치운동에 관여하는 일
>   나. 금전상의 이익을 목적으로 하는 업무에 종사하는 일
>   다. 처장의 허가 없이 보수를 받는 직무에 종사하는 일
> 2. 직무상의 의무를 위반하거나 직무를 게을리 하였을 때
> 3. 직무 관련 여부에 상관없이 수사처검사로서의 체면이나 위신을 손상하는 행위를 하였을 때

(2) 절 차

① 징계위원회의 징계심의는 처장(처장이 징계혐의자인 경우에는 차장을, 처장 및 차장이 모두 징계혐의자인 경우에는 수사처규칙으로 정하는 수사처검사를 말한다. 이하 이 조 및 제38조 제1항, 제39조, 제40조 제2항, 제43조 제1항에서 같다)의 청구에 의하여 시작한다(제36조 제1항).

② 처장은 수사처검사가 제32조 각 호의 어느 하나에 해당하는 행위를 하였다고 인정할 때에는 위 ①의 청구를 하여야 한다(제36조 제2항).

③ 징계의 청구는 징계위원회에 서면으로 제출하여야 한다(제36조 제3항).

(3) 의 결

① 징계위원회는 사건심의를 마치면 재적위원 과반수의 찬성으로 징계를 의결한다(제41조 제1항).

② 위원장은 의결에서 표결권을 가지며, 찬성과 반대가 같은 수인 경우에는 결정권을 가진다(제41조 제2항).

(4) 집 행

① 징계의 집행은 견책의 경우에는 처장이 하고, 해임·면직·정직·감봉의 경우에는 처장의 제청으로 대통령이 한다(제42조 제1항).

② 수사처검사에 대한 징계처분을 한 때에는 그 사실을 관보에 게재하여야 한다(제42조 제2항).

❷ 고위공직자범죄수사처의 직무

1. 수사처의 수사, 공소제기 · 유지, 집행 등

(1) 수 사

수사처검사는 고위공직자범죄의 혐의가 있다고 사료하는 때에는 범인, 범죄사실과 증거를 수사하여야 한다(제23조).

(2) 수사경합 등

① 수사처의 범죄수사와 중복되는 다른 수사기관의 범죄수사는 처장이 수사의 진행정도 및 공정성 논란 등에 비추어 수사처에서 수사하는 것이 적절하다고 판단하여 이첩을 요청하는 경우 해당 수사기관은 이를 응하여야 한다(제24조 제1항).

② 다른 수사기관이 범죄를 수사하는 과정에서 고위공직자범죄 등을 인지한 경우 그 사실을 즉시 수사처에 통보하여야 한다(제24조 제2항).

③ 처장은 피의자, 피해자, 사건의 내용과 규모 등에 비추어 다른 수사기관이 고위공직자범죄 등을 수사하는 것이 적절하다고 판단될 때에는 해당 수사기관에 사건을 이첩할 수 있다(제24조 제3항).

④ 위 ②에 따라 고위공직자범죄 등 사실의 통보를 받은 처장은 통보를 한 다른 수사기관의 장에게 수사처규칙으로 정한 기간과 방법으로 수사개시 여부를 회신하여야 한다(제24조 제4항).

(3) 검사에 송부

① 수사처검사는 일부 사건을 제외하고 고위공직자범죄 등에 관한 수사를 한 때에는 관계 서류와 증거물을 지체 없이 서울중앙지방검찰청 소속 검사에게 송부하여야 한다(제26조 제1항). ⇨ 대법원장 및 대법관, 검찰총장, 판사 및 검사, 경무관 이상 경찰공무원의 재직 중에 본인 또는 본인의 가족이 범한 고위공직자범죄 등의 공소제기 · 유지도 수행한다.

② 관계서류와 증거물을 송부받아 사건을 처리하는 검사는 처장에게 해당 사건의 공소제기 여부를 신속하게 통보하여야 한다(제26조 제2항).

(4) 수사처검사에 대한 수사

① 처장은 수사처검사의 범죄 혐의를 발견한 경우에 관련 자료와 함께 이를 대검찰청에 통보하여야 한다(제25조 제1항).

② 수사처 외의 다른 수사기관이 검사의 고위공직자범죄 혐의를 발견한 경우 그 수사기관의 장은 사건을 수사처에 이첩하여야 한다(제25조 제2항).

(5) 관련사건 이첩

처장은 고위공직자범죄에 대하여 불기소결정을 하는 때에는 해당 범죄의 수사과정에서 알게 된 관련범죄 사건을 대검찰청에 이첩하여야 한다.

(6) 재판관할

① 수사처검사가 공소를 제기하는 고위공직자범죄 등 사건의 제1심 재판은 서울중앙 지방법원의 관할로 한다.

② 다만, 범죄지, 증거의 소재지, 피고인의 특별한 사정 등을 고려하여 수사처검사는 「형사소송법」에 따른 관할 법원에 공소를 제기할 수 있다(제31조).

(7) 형의 집행

① 수사처검사가 공소를 제기하는 고위공직자범죄 등 사건에 관한 재판이 확정된 경우 제1심 관할지방법원에 대응하는 검찰청 소속 검사가 그 형을 집행한다(제28조 제1항).

② 위 ①의 경우 처장은 원활한 형의 집행을 위하여 해당 사건 및 기록 일체를 관할 검찰청의 장에게 인계한다(제28조 제2항).

▶ **수사와 공소제기 · 유지** ⇨ **공수처**

- 대법원장 및 대법관
- 검찰총장
- 판사 및 검사
- 경무관 이상 경찰공무원

▶ **수사** ⇨ **공수처, 공소제기 · 유지** ⇨ **검찰**

- 대통령
- 국회의장 및 국회의원
- 헌법재판소장 및 헌법재판관
- 국무총리와 국무총리비서실 소속의 정무직공무원
- 중앙선거관리위원회의 정무직공무원
- 「공공감사에 관한 법률」 제2조 제2호에 따른 중앙행정기관의 정무직공무원
- 대통령비서실 · 국가안보실 · 대통령경호처 · 국가정보원 소속의 3급 이상 공무원
- 국회사무처, 국회도서관, 국회예산정책처, 국회입법조사처의 정무직공무원
- 대법원장비서실, 사법정책연구원, 법원공무원교육원, 헌법재판소 사무처의 정무직공무원
- 특별시장 · 광역시장 · 특별자치시장 · 도지사 · 특별자치도지사 및 교육감
- 장성급 장교
- 금융감독원 원장 · 부원장 · 감사
- 감사원 · 국세청 · 공정거래위원회 · 금융위원회 3급 이상 공무원

2. 재정신청

① 고소·고발인은 수사처검사로부터 공소를 제기하지 아니한다는 통지를 받은 때에는 서울고등법원에 그 당부에 관한 재정을 신청할 수 있다(제29조 제1항).

② 재정신청을 하려는 사람은 공소를 제기하지 아니한다는 통지를 받은 날부터 30일 이내에 처장에게 재정신청서를 제출하여야 한다(제29조 제2항).

③ 재정신청서에는 재정신청의 대상이 되는 사건의 범죄사실 및 증거 등 재정신청을 이유 있게 하는 사유를 기재하여야 한다(제29조 제3항).

④ 재정신청서를 제출받은 처장은 재정신청서를 제출받은 날부터 7일 이내에 재정신청서·의견서·수사 관계 서류 및 증거물을 서울고등법원에 송부하여야 한다. 다만, 신청이 이유 있는 것으로 인정하는 때에는 즉시 공소를 제기하고 그 취지를 서울고등법원과 재정신청인에게 통지한다(제29조 제4항).

⑤ 이 법에서 정한 사항 외에 재정신청에 관하여는 「형사소송법」 제262조(심리와 결정) 및 제262조의2부터 제262조의4(기록의 열람·등사 제한, 비용부담, 공소시효의 정지 등)까지의 규정을 준용한다. 이 경우 관할법원은 서울고등법원으로 하고, "지방검찰청검사장 또는 지청장"은 "처장", "검사"는 "수사처검사"로 본다(제29조 제5항).

김상천

주요 약력

現) 박문각 공무원 형사소송법 담당
現) 변호사
前) 검사(서울중앙지검 첨단범죄수사부 등)

3차 개정판
김상천 **형사소송법** # 2권

초판인쇄 | 2021. 7. 5. **초판발행** | 2021. 7. 10. **저자** | 김상천 **발행인** | 박 용 **발행처** | (주)박문각출판
등록 | 2015년 4월 29일 제2015-000104호 **주소** | 06654 서울시 서초구 효령로 283 서경 B/D 4층
팩스 | (02)584-2927 **전화** | 교재 주문·내용 문의 (02)6466-7202

이 책의 무단 전재 또는 복제 행위를 금합니다.

정가 54,000원(전2권)   ISBN 979-11-6704-213-2
                            ISBN 979-11-6704-211-8(세트)

저자와의
협의하에
인지생략

────────────────────────────────────

교재관련 문의 02-6466-7202   **홈페이지** www.pmg.co.kr   **편지** 서울시 서초구 효령로 283 서경B/D 4층
동영상강의 문의 www.pmg.co.kr(Tel. 02-6466-7201)

* 본 교재의 정오표는 박문각출판 홈페이지에서 확인하실 수 있습니다.